李氏朝鮮
最後の王

李垠《り・ぎん／イ・ウン》

第1巻
大韓帝国
1897–1907

Lee kenji
李 建志

作品社

李氏朝鮮 最後の王

李垠《り・ぎん／イ・ウン》

第１巻 大韓帝国

1897－1907

関西学院大学
社会学部研究叢書
第９編

第2章　英王李垠

第3章 英親王府の李垠

第4章 漱玉軒と講学庁での李垠——日露戦下の大韓帝国

結章 皇太子・李垠

はじめに

私はいま、朝鮮半島というとても小さな地域のことについて書こうと思っている。この半島は小さいながら、近代化の過程で、日本、ロシア、清国そしてアメリカといった国々に翻弄され、大規模な戦争の舞台にもなっており、また日本の植民地として苦難の時代を刻んだ。そして日本が第二次世界大戦で敗北するや、南北に分断され、ソ連とアメリカに介入され、ふたたび大規模な戦争へと引きずり込まれるという悲劇に見舞われる。思えば、朝鮮半島はその近代化の初期である一九世紀末以来ずっと、隣国である清国（のちに中華民国、そして中華人民共和国）とロシア（のちにソビエト連邦を経てロシア連邦共和国）、日本そしてアメリカという国々に、入れかわり立ちかわりに介入され続けているのである。

私の専門は比較文学比較文化であり、また朝鮮近代文学である。その私が、少し大きな風呂敷をひろげようとしている。それは、近代化の過程にあった朝鮮が大韓帝国と名を変えることで、大日本帝国やロシア帝国、大英帝国、大清帝国といった朝鮮より先に近代化の道を歩んだ国々と肩を並べたいという意思表示をしはじめた頃から、解放後（一九四五年以後）にわたる七〇年ほどの時代を描くということだ。朝鮮の近代化から七〇年後といえば、朝鮮半島の南半分にあたる大韓民国で朴正熙という軍人が軍事クーデターを起こし、「開発独裁」体制と呼ばれる時代を築き、韓国の近代化の礎が固められた時期にあたる。朴正熙といえば、その政権奪取の方法は決してよいとはされないが、大韓民国繁栄の基礎を創りあげた功績は、国民に高く評価され、現代韓国では韓国歴代大統領のなかで不動の一番人気を維持し続けている。ふり返ってみると、王朝に支配されていた朝鮮が、近代化の過程で戦争や植民地転落を経験し、分断とそれに続く北朝鮮からの侵略的戦争により焦土と化したあと、本当の意味で復活するのは、この朴正熙時代以降のことだ。このような紆余曲折を経た朝鮮半島の長い近代化の話を、私はいま語ろうとしている。

ここに李垠という男がいる。彼は、日本では「り・ぎん」、韓国では「イ・ウン」と呼ばれている。のちに大日本帝国陸軍の幹部となる者ではあるが、この人物は朝鮮最後の皇太子として冊封され、朝鮮が日本の植民地になってもその「王世子」としての待遇を維持、のちに「昌徳宮李王」という「王」位を継いでいる。要するに、朝鮮が植民地として苦しんでいるとき、彼は朝鮮王族という大日本帝国の準皇族として一家をなし、さまざまな邸宅を所有していた。その意味では、彼を朝鮮の「英雄」と表現するのは決して妥当ではないだろう。しかし、彼はとても特別な人生を歩んだことだけは間違いないのだ。大韓帝国初代皇帝である高宗の息子すなわち皇子として生を受け、前例に依り英王ついで皇太子に冊封されたこと。伊藤博文に従って日本に「留学」したが、当初は日本の皇太子と同格とされたにもかかわらず、朝鮮が植民地に転落するや「準皇族」として「高貴な者の義務」を実践すべく陸軍将校になる道を歩んだこと。その過程で欧州を周遊したり、美術館を朝鮮につくったり、文化的な活動も行っていたこと。日本が敗戦するや身位を失い、いわゆる「三国人」として暮らしていたこと。最後にはカトリックの信者となって、朴正熙が率いる大韓民国に帰国し、生まれ故郷であるソウルで死去したこと。これらのことを、私はひとつの「物語」として描いていこうと考えている。

もちろん、一冊でそれを書ききるのは不可能であった。私に「簡潔にまとめる能力」が欠けていることも一因だろうが、どちらかというとこの李垠という人物を中心に、朝鮮半島と日本の関係を、文化研究的な方法でかき分けていくことに面白さをおぼえ、つい筆が長くなったというのが真相だ。いま読者のみなさんが手に取っているこの本は、その長い長い「物語」の最初の一冊目にあたる。時代的には一八九七年から一九〇七年までを対象に、朝鮮と日本、そしてそれ以外の国々との文化的な摩擦について、文化研究者として取り組んだ内容だ。そういった意味では、李垠は「主人公」というよりも、日朝を中心とした文化摩擦あるいは文化交流を描くために用いる「時代の表現者」といった方がいいかもしれない。李垠という特殊な生まれの人物が、どのように育ったのか。周囲はどのような思惑で彼を見ていたのか。まずは大韓帝国と名を変えたばかりの、朝鮮半島を舞台に設定し、読み込んでみたい。

序章

朝鮮にとって王とは何か

現代韓国および北朝鮮における「君主」

テロ行為は許されないとは思うが、
圧倒的弱者が、圧倒的強者に立ち向かうとき、
テロしかないのは事実だ。

（田原総一朗の発言。座・高円寺での「ドキュメンタリーフェスティバル公開シンポジウム」において。2015年2月11日）

［章扉の写真］
高宗《コジョン》（1852～1919年）。先代の国王である哲宗（1831～1863年）が継嗣なく死去したため、入養によって国王を継いだ。本名は李煕。1897年、大韓帝国初代皇帝となった。（1890年代撮影）

一、「内地平民」と「外地の王」
――日本的カーストのなかの大日本帝国

「昔陸軍、今総評」ということばは、敗戦後の日本社会に関心があるひとなら聞き覚えがあるのではないかと思う。「総評」というのは、敗戦後の昭和史に燦然とその名を残した労働組合のことだ。一九五〇年に発足した全国的な労組の中央組織で、正式名称は日本労働組合総評議会。手元にある『太田薫とその時代――「総評」労働運動の栄光と敗退』には、長年総評を率いた太田薫氏からの発言として、次のようなことばを記載している。

幹部と大衆との間にズレがある。活動家に「職場で働け」というが、ベルトコンベアの中で会社や御用幹部にマークされて追いまわされている活動家の状態を、われわれは知らなすぎるのではないか。「昔陸軍、いま総評」といわれたのが、今では「病める巨象」といわれている。労働者をふるいたたせるのが労働運動の任務だが、岩井事務局長は総評の今日の状態をどう考えるか。（水野、2002b、47頁）

これは、太田薫が議長を退任したあとの一九六八年に開かれた、総評第三六回大会での運動方針をめぐる質疑として飛び出したものだ。これに対して岩井事務局長は「総評の危機といわれているもの」として、組織の停滞、指導力の低下、統率力の低下、そして国民への影響力の低下の四つを挙げている（水野、2002b、50頁）。総評が六〇年代ですでに停滞していたことがよくわかる挿話ではないか。この「昔陸軍、今総評」というのは、単に影響力が強いとか権力をにぎっているなどといった「陰で社会を動かしている」という意味だけではなく、その組織で働いていたらそれなりの生活のたつきは与えられるという、より生活に密着した意味を込めているだろうと思われる。敗戦後の一時期、総評はそれほどの力を持っていたということだ。

さて、私はここで何も総評について論じたいわけではない。問題はこの「今総評」に対する引きあいとして提示されている「昔陸軍」の部分に注目したいのだ。明治維新を経て成立した大日本帝国では、陸海軍が創設され、国民皆兵を実行すべく徴兵が行われ、なかでも「陸主海従」という秩序が生まれていった。まさに明治から昭和敗戦前までの期間、陸軍は日本の主たる暴力装置として君臨していたし、とくに昭和一〇年代には政治的にも最大の圧力団体として機能していたことは疑いようがない。そしてこの軍という組織に、高貴な者の義務として皇族が士官として配置されていたことは、周知の事実である。

明治以降から敗戦前までの日本は、天皇が陸海軍の大元帥として統括する帝国であり、皇族はその大元帥の藩屏《はんぺい》として存在していたのだから、軍人になるのは当然だとは思う。しかし、少し待って欲しい。一口に皇族というが、いったい「皇族」とは誰のことなのだろうか。浅見雅男氏は明治維新を前後する時期に「宮家」が新立されていったこと、そしてその新立「宮家」の大部分も伏見宮家という中世以来の世襲親王家から派生していることを丁寧に解き明かしている。浅見氏曰く「明治初年から昭和の敗戦までのあいだ、日本に存在した宮家は十八だった」が、有栖川宮家、華頂宮家、桂宮家、小松宮家の四家は明治期に絶家しており、その他、いわゆる「直宮家《じきみやけ》」である高松宮家、秩父宮家、三笠宮家の三家を除く「十一の宮家は同じ血脈でつながっている」すなわち「〝本家〟の伏見宮」から派生したものである◆（浅見、2012、10頁）。

この伏見宮家は、江戸時代末期に存在していた四つの世襲親王家（伏見宮家、有栖川宮家、桂宮家、閑院宮家）のなかでもっとも古く、南北朝時代の北朝の崇光天皇から連なる「〝崇光嫡流〟が〝実系相続〟してきたことに大きな誇りを抱いてきた」（同書、41頁）経緯がある。ここが他の三つの世襲親王家とは違うところだ。

もともと世襲親王家の最大の役割は、天皇家に適当な皇位継承者が不在の場合、代わって次代の天皇を出すことである。〔中略〕そして皇位はなるべく先代の天皇と血縁の濃いものによって継がれるのが望ましいとすれば、天皇家の皇子による宮家相続は、時とともに必然的に疎遠となる天皇家と世襲親王家との血縁をあらためて濃くする、リフレッシュするという重要な意味を持っていた。（同書、39頁）

だとすれば、崇光天皇からの実系を保ち続けてきた伏見宮家は、天皇家からもっとも疎遠な世襲親王家だったといっていい。そして、この伏見宮家から派生した一〇の宮家（絶家した小松宮家を含む）と、天皇家ならぬ伏見宮家からの養子で存続した閑院宮家など、最大で本家を含む一二家を擁する大きな勢力として存在していたことがわかる。

その後、財政問題などがあり、宮家を無制限に増やすことをせず、むしろ臣籍降下させる動きがあったものの、一部の例外を除き、なし崩しに存続が認められていったという。これは明治天皇にいたるまで「三代にわたる事実上のひとりっ子の皇子による践祚と、皇位継承はきわどい綱渡りをつづけていた」ことによる「皇統維持への強い不安」を明治天皇が感じていたからではないかと論じている◆（同書、191頁）。

とすれば、問題はこの伏見宮家系の宮家である。もちろん明治天皇の内親王（娘）を妃とした宮家もあるが、やはり天皇家からの血縁は決して濃いとはいえない。いいかえれば、天皇家とはかなり隔たった位置にいる家系が、皇族における最大の人数を誇っており、「一つの新しい天皇家を創立したも同然である」（大宅、１９５２、253頁）という評価がなされているのも不思議ではない。そして、天皇家は「〝血〟のストックがほとんどなかつたので、やむをえず傍系である伏見宮の大量生産に依存せざるをえなかつた」（同書、257頁）わけだ。

さて、ながながとこの伏見宮を含む皇族について述べてきたが、これには訳《わけ》がある。敗戦前までの日本には、天皇家（およびその直宮家）、伏見宮家を本家とする一一宮家の他に、もうひとつ「宮様」が存在していたからだ。それが日本が植民地として支配した朝鮮の王族およびその傍流たる公族である。朝鮮の王公族は日本の天皇家とも伏見宮家とも明らかに血縁関係がない、「外地」の王族の家系であるが、この一族は韓国併合条約の規定により「準皇族」として扱われていたというのである。

この王公族の研究は、日本の朝鮮史研究の若き気鋭・新城道彦氏によってずいぶんと明らかになってきた。そこで、この王公族については新城氏に語ってもらおう。

〔大韓帝国の〕純宗皇帝を天皇の属臣のように扱えば、大規模な暴動を招きかねないことは容易に推測された。それゆえ、併合準備委員会では「対韓細目要綱基礎案」を踏まえて、純宗《スンジョン》◆皇帝を華族ではなく世襲の大公とし、高宗《コジョン》◆は一代限りの大公とするとした。また、彼らの生活に急激な変化を加えないとい

◆……から派生したものである　ただし有栖川宮家に関しては、その家産などを含め、大正天皇の皇子である宣仁によって新立された高松宮家に引き継がれている。そのため、第三皇子であるにもかかわらず、最初に直宮家を創設したのは宣仁であった。なお、閑院宮家は明治初期に、伏見宮家からの養子によって継承されたため、いわゆる直宮家を除く一一宮家は、絶家せずに昭和を迎えた唯一の世襲親王家であった伏見宮家の血縁として繁栄していたといえよう。

◆……と論じている　大正九年五月の皇室会議で皇室典範が改正され、「降下準則」が制定されることを経て、各宮家の次男、三男などが臣籍降下が順次行われていく。浅見、２０１２、第六章「ゆれる皇室」参照。

◆純宗　大韓帝国二代皇帝。李坧の兄。

う寺内〔正毅〕統監の方針にもとづいて、大公家の歳費は大韓帝国の皇室費と同額の一五〇万円と定めた。この処遇案は一九一〇年七月八日に閣議決定されている。（新城、２０１５、39頁）

李完用を首班とする大韓帝国政府は、「大公」ではなく、「王」という尊称を求めるが、将来的に「朝鮮王」を名乗る危険性があったため、「寺内は、大韓帝国皇室の姓である『李』を付けて『李王』を提案」（同書、44頁）し、傍系のふたつの「公家《こうけ》」とともに、世襲とした。具体的には、本論で詳しく見ていくが、高宗は「徳寿宮李太王」、純宗は「昌徳宮李王」と呼びならわし、皇太子だった李垠《イ・ウン》は「王世子」として冊立され、これを「王族」とし、傍系のふたつの公家（公族）ともども「皇族の礼」の待遇を受けた。その「班位」すなわち「天皇を頂点とした皇族の序列」は、韓国皇帝（昌徳宮李王）と太皇帝（徳寿宮李太王）が「皇太子嘉仁と皇太子妃の次に、皇太子李垠と義親王李堈〔および李熹公〕は宣下親王同妃の次」（新城、２０１１、58頁）とされ、あくまでも皇族とは区別されながら、「殿下」の敬称が許された（ただし、王族とは違い、公族の子に関しては「殿下」ではなく、男子には「様」、女子には「姫」としたという（新城、２０１５、52頁））。

しかし、これはあくまで「韓国併合条約」（一九一〇年）における「冊立詔書」を根拠としているのみであり、その法的根拠となる「王公家規範」は昭和になるまで成立しなかった。すなわち、法的な根拠はあとまわしにされ、「韓国併合」という大きな事業の前に、王家およびふたつの公家は、王族、公族として冊立され、皇族に準ずる「準皇族」といえる存在となったのだ。ちなみに、先に見た「昌徳宮李王」という呼称は、純宗が死んだあとに李垠が「李王」の尊称を継承したあとも使われている。これは「皇族の宮号（梨本宮、伏見宮など）に似た意味合いを持たせるため、東京在住であっても代々継承させることにしたと考えられる」（同書、192～193頁）。新城氏が語る、朝鮮の王公族が「準皇族」として扱われたということも、かなりの説得力がある。

だとすれば、これまでの議論を総合すると、次のようにもいえるだろう。明治以降の大日本帝国では、天皇が主権者であり統治者として君臨していた。天皇とその妃である皇后は、とくに「陛下」と呼ばれる。そして昭和期には皇太子の他、直宮家が三家存在していた。かりにこの天皇の一家を天皇家と呼び、それを皇族の中核に置くとすれば、そこからは少し離れた位置には他の皇族すなわち伏見宮家以下一一家の「宮様」が存在しており、文字通り天皇を守る藩屏となっていた。そして明治末年から日本国に「編入」された朝鮮の王族、公族は、「準皇族」として天皇を中心とした皇族の一員として、「殿下」の呼称を許された「宮様」として存在していたのである。もちろん、この皇族の同心円の向こうには、公侯伯子男の爵位を持つ華族――明治維新の元勲の伊藤家を筆頭に徳川宗家やその他の旧大名や旧公家、さらには臣籍降下した元皇族がそれぞれの爵位を持って華族に列せられ、そのさらに向こうには新華族といわれる新参の華族が同心円的に展開している――、そして華族に準ずる位置づけとされた「朝鮮貴族」が藩屏として周囲を囲んでいた。平民――その中心は「内地」平民だが――は、「内地」であれば華族のさらなる藩屏として存在していた。そのさらに向こうには、「外地」（台湾、朝鮮など）の「平民」◆、「支那」人など東洋系外国人、さらにその向こう側に、旧被差別部落出身者のような「新平民」や朝鮮の被差別階級である「白丁《ペクチョン》」、日本の非定住民たる「山窩《さんか》」、そして「台湾生藩」や「北海道旧土人」という差別的な呼称をあてがわれていた先住民がより周縁へと、同心円状に配置されていたといってもいいだろう。忘れてならないのは、華族でも平民でも、またそれ以外の民でも、男性が優位であり女性はより周縁に位置づけられていたことだ。このように、敗戦前の大日本帝国は、植民地を持っているがゆえに必然的に「意識的多民族国家」として成立しており、その体制は「日本的カースト」とでもいうべき細かい上下関係を維持した〝血〟の帝国主義だったといってもいいかも知れない。

もちろん、沖縄、朝鮮などでは、現地の「華族（貴族）」の藩屏として現地の「平民」がおり、台湾では「内地」平民の支配下に現地「平民」、そしてそのさらに向こうに「生藩」が支配されるかたちになっている。同じことは北海道でもいえ、支配者である内地「平民」の支配下に「旧土人」すなわちアイヌがいたが、そのアイヌも「コタンコロクル（伝統首長の血筋）」とそれ以外という階梯があったわけだ。すなわち単純な同心円では描

◆高宗　李氏朝鮮王朝二六代王にして、一八九七年に成立した大韓帝国初代皇帝。李垠の父。

◆平民　朝鮮では「平民」のことを「常民」という。ちなみに、朝鮮の貴族階級は、本来は「両班《ヤンバン》」といわれる人びとなのだが、この両班がそのまま朝鮮貴族になったわけではなく、韓国併合での功労者を中心として朝鮮貴族がえらばれていることから、「模範的な外地人」として彼らが認定されていることがわかる。ゆえに常民は、この模範的な「外地」人である朝鮮貴族の藩屏のより（天皇家から）遠い位置に存在していたといえよう。

ききれない複雑さがあるものの、表面上はきわめて「きれいな」同心円となっているところに、この大日本帝国的カーストの支配構造の巧妙さがあらわれている。

　例えば、私が二〇〇七年に北海道でアイヌの「民族」運動家である宇梶静江氏に会ってうかがった話では、戦前の北海道で炭鉱労働者として働いていた朝鮮人が「格好良く見えた」とのことだった。正直言って、耳を疑った。朝鮮人であることを「格好良い」といわれたことなど、聞いたことがなかったからだ。おそらくは、不当にも「旧土人」という「未開」の人間として扱われてきたアイヌにとって、朝鮮人は日本帝国の植民地ではあれど、文化的にも高い水準を保っており、決して「日本人」に劣っていないと考えられていたのではないか。それが、直接の差別者である「日本人」に対する対抗的な意味あいを持っていたとしても、朝鮮人の存在を「格好良い」とまでいわれるのは、かなり驚異的な経験だった。

　もちろん、差別される者同士の関係もあり、アイヌと朝鮮人は対等な関係を維持していたと思う。現実に、アイヌの多くは朝鮮人と婚姻関係を結んでおり、現在のアイヌにとって朝鮮人は決して遠い存在ではない。そのような関係が、宇梶氏のことばに滲んでいるのかも知れない。しかし、アイヌにとって朝鮮人が「格好良かった」＝頼もしかったという事実も、無視してはならないような気がする。そうなのだ、朝鮮人の頂点には「李王」がおり、その藩屏として「公族」そして「朝鮮貴族」がおり、そのさらなる藩屏として「朝鮮平民」がいた。アイヌでは考えられない「優遇」がそこには存在しているのだ。そのようなすぐれて社会的な事象が、アイヌをして朝鮮人を「格好良く」思わしめたとしても、無理からぬことのように思える。

　私はかつて、大日本帝国の版図が、「内地」（本州）を中心に、「準内地」（四国、九州）、非「内地」（沖縄、北海道）、「外地」（台湾、朝鮮）、非「外地」（完全な「外地」ではない領土＝租借地や委任統治領）が「『内地』を取り囲む屏風のように布陣している」ことから、丸山真男のいう「『ウルトラ・ナショナリズム』の『権威・権力の委譲』のメカニズム」（丸山、１９６４、25頁）を「空間へと置き換えたような」地理的装置となっていると論じたことがある（李建志、２００８、95頁）。だとすれば、この地理的装置と、すでに述べた日本的カースト＝〝血〟の帝国主義は、複雑に絡みつつ補完しあっているといえよう。これの傍証として、たわむれに昭和戦前期に出版された元警視庁刑事が書いた『刑事手帖秘録 捕物日記』を見てみよう。著者の伊東清蔵は、一九三二年三月に発覚したいわゆる「玉の井バラバラ事件」を詳述するくだりで、バラバラに切断された屍体が通称「お歯黒ドブ」

に捨てられたことから、屍体をどのように運んだかを研究する。伊東曰く、運搬は「附近に屠殺場があるので、肉類運搬用のリヤカー」を使ったのではないか、とあたりをつけ、被害者の生首が「顔面に髯が極めて少い」ため、「此の点から鮮人《せんじん》ではあるまいか」と考えて、「鮮人《せんじん》土工《どこう》の家」を調べるという場面が見られる（伊東、１９４２ｂ、19頁）。実際にはタクシーで屍体を運んでおり、被害者も東北出身の無職の男であることがわかるのだが、このような捜査をしていたら、冤罪が増えるのも無理はない。

　伊東はこの本に先行して、『昭和探偵秘帖――刑事の手記』という本も一九四一年に同じ出版社から上梓している。ここでも「説教強盗◆」に関する章で、「玄関前の土台下を深さ約五六寸ばかり掘り下げ」ていることから、「山窩《さんくわ》の仕業」だとあたりをつけ（伊東、１９４２ａ、15頁）、しかものちにはこの捜査が間違ったあとであるにもかかわらず、「山守が彼（説教強盗）の父親だつた」と述べ、「其の生活は山窩を隔ること遠いものではない」、「彼は生れながらにして怖るべき運命を背負つて来た」（同書、76頁）と、いささか牽強付会に論じている◆。この警視庁の刑事たち（内地平民）は、「被差別部落（新平民）」や「朝鮮人（外地の民）」、「山窩」あるいはそれらにより近しいという印象を受けがちな生活をする民へと、事件の尻を当然のように持っていっていることは、注意していいだろう◆。

　ちなみにこれらの本の「出自」について簡単に解説しよう。まず前者すなわち『刑事手帖秘録』は、これに先立つ一九三七年にやはり伊東清蔵がものした『捕物日

◆説教強盗　妻木松吉という左官職人が、一九二五年から一九二九年まで数十件に及ぶ窃盗、強盗、暴行を繰り返した事件。侵入した家で、犬を飼え、電灯を明るくしろなどと、泥棒にはいられないようにいろいろと説教をしたことから、新聞が「説教強盗」と報道されたことによって「説教強盗」という名称が定着した。

◆……に論じている　本論とはあまり関係のない話ではあるが、念のために註を付け加えよう。説教強盗サンカ説は何が根拠となっているのか、当時の新聞などではこの説は取り上げられていないため、礫川全次氏は、敗戦後の一九五一年に三角寛が雑誌『人世』に書いた「山窩が世に出るまで」という文章が参照されたのではないか、と推定している（礫川、２０１０、103頁）。しかし、伊東清蔵の書物が一九四一年に上梓されていたことを考えると、私には礫川氏の説には同意しかねる。

記』を再刊したものといってよく、内容はほぼ一致している。しかしここには、『捕物日記』に収録されていた「主計中佐の殺人」という一章のみが削られているところが違っている。詳しくは本評伝『第4巻〝大東亜戦争〟・昭和期』（未刊）でも触れる予定であるが、警察と軍（とくに陸軍）とは微妙な関係にあり、しかもこの一九三七年という時期は、いわゆる「ゴー・ストップ事件◆」からわずか四年後、しかも「二・二六事件」があった年であったことから考えて、退役中佐の殺人事件について詳述した章は陸軍にとっては面白くない内容だったため、削除が命じられたのではないだろうか。この『捕物日記』の版元である「警世社」がどのような出版社であるかは判然としないものの、警察関係にわりあい近かったのではないかと思われるが、続編『探偵実話　捕物日記』を準備していると巻末の広告にあるにもかかわらず、出版できなかった◆ことなどを考えると、陸軍の圧力というのは、あながち無理な推理だとは思えない。

ちなみに、これらの二冊の本は、出版から一年で三八刷を数える売り上げを誇っており、当時としては相当に人気があったことは間違いない。だとすれば、この本の著者＝「内地平民」が「外地の民」、「新平民」そして「山窩」を見つめる視点は、当時の平均的読者の意識に寄り添うものであっただろうと、私は考えている。なぜなら、もしも当時の読者がこの著者の視点を共有していなかったとしたら、刷りを重ねたときや続編で書き方をあらためるような動きがあったはずだからだ。当時の「内地平民」が〝血〟の帝国主義を内面化しており、劣位にある者を容易に犯罪にかかわる者とみなし、それに何ら良心の呵責なく語られていることが手に取るようにわかるではないか。軍の圧力は受けても、〝血〟の帝国主義の周縁者への差別的視線は追認され、肯定されてしまっているわけだ。

二、朝鮮にとっての「王」、日本にとっての「朝鮮王」

いよいよ本題に入ろう。すでに見たように、この〝血〟をめぐる相互の位置づけは、とくに「内地平民」などを中心に共有されていたといっていい。彼らは天皇を中心とした皇族を畏怖し、華族の生活にあこがれ、「外地」や「外地の民」を一格下の者として認識していた。すなわち、「内地」および「内地平民」が大日本帝国における地理的あるいは階級的な「標準」であり、その上下に自分たちからは隔絶した者◆が存在していると考えていたわけだ。

しかし、ここで私は引っかかりをおぼえる。いったい「内地平民」にとって「外地」はあくまでも隔絶した

◆**注意していいだろう**　伊東とともに事件を解決した梅野という刑事は、「大正三年」の連続殺人事件の捜査について述懐しながら「やうやく『科学捜査』への気運がおきかけた頃で、古い型の、見込み捜査が、まだ根強く刑事の頭の中に、はびこつてゐた時代」（三角、1948、47頁）といっている。このことは本評伝『第4巻〝大東亜戦争〟・昭和期』（未刊）で触れるが、すでに見たように昭和敗戦前の「科学捜査」も多分に「見込捜査」的であったことを考えると、明治期の「見込捜査」がどのようなものだったか、想像すると背筋が寒くなる。ちなみに、永井良和氏によれば「江戸・明治期の犯罪捜査の特色」は「見込捜査」であり、思想関係の「国事探偵」および「犯罪捜査に利用された探偵」（永井、2000、133頁）すなわち江戸時代の「岡っ引きや下っ引き、目明かしと呼ばれる者」（同書、130頁）と同様の「不良探偵」を使って犯人を検挙し、自白に導いたという。これが高等警察による制度整備や、刑事課の設置などで「科学捜査」へとじょじょに変わっていったという。この件に関しても本評伝の後続の巻で触れる。

◆**ゴー・ストップ事件**　一九三三年に大阪市天六交差点で、休暇中の陸軍兵士が交通警察の指示を無視して道路を横断したことに端を発し、陸軍対内務省の全面対決にまで拡大した事件。本評伝『第4巻〝大東亜戦争〟・昭和期』（未刊）で詳しく触れる。

◆**出版できなかった**　ただしこの「幻の本」は、一九三七年刊『捕物日記』末尾の広告を見る限り、一九四一年に出版された『昭和探偵秘帖――刑事の手記』と収録事件が一致している。おそらく「幻の本」は、もともと出版の準備までは終わっていながら、陸軍の圧力をくらい出版できなくなったのち、あらためて一九四一年に題名を『昭和探偵秘帖――刑事の手記』と変えて出版したのではないかと考える。

◆**隔絶した者**　伊東は「皇恩四海に洽《あまね》く、昨年皇紀二千六百年に当り彼の上にも亦、恩命を拝したと聞く。聖恩の有難さに松吉も感泣《かんきふ》してゐるであらう」（伊東、1942a、93頁）と記している。ここから、遙か遠い位置にいる天皇が、その天皇の赤子である人びとを、善人悪人を問わず、そしておそらく「外地」「内地」の隔てもなく、階級的な差別もなく人びとを、それこそ〝均等〟に愛してくれるという意味合いが見てとれる。天皇はありとあらゆる意味で超越的であり、それゆえに「内地平民」とは隔絶した位置にいることがはっきりと浮き出ている。ちなみに、陸軍少将の娘を陵辱して殺すという凶悪事件を描いた「令嬢殺し」では、犯人の母親を「正直相《しやうぢきさう》な五十五六の婦人」（同書、204頁）と表現し、犯人ではない「内地平民」は、たとえ犯人の親族でも善良な者として描いていることも付け加えよう。もとより私もこの書物をもって全体を評価するわけではないが、この本が実録ものであり、退職警官が過去に携わった事件を詳述するものであるという性格およびその本が相当に売れていたという事実から、ある程度当時の状況を映す鏡となっているのではないかと考えるのである。

世界であるにもかかわらず、その「外地の王」たる李王家および公族は、「準皇族」として畏怖されていたのだろうか。もしそうだとしたら、それはどのような帝国内の空間的階級的認識に影響を与えていたのだろうか。このことを考究することは、それこそ大日本帝国の歪みそのものを映す鏡の役割を果たすのではないかと、私は思うのである。

よって私は、これから、この「準皇族」とされる朝鮮王族あるいは公族のなかで、とくに最後の「王」として生きた李垠について考察することとする。彼らの位置づけは敗戦前の日本のなかでもとくに目立った存在であり、日本の「外地」としての朝鮮とはどのようなものだったのか、どのように日本からまなざされていたのかを考えるときに、とくに有効だろうと思うからである。

現在までのところ、李垠についての研究は徐々に深みを増している。ただし、李垠そのものを主たる対象として描いたものはそれほど多くはない。彼の妃となった李方子の生涯については、小田部雄次氏の『李方子——一韓国人として悔いなく』や渡辺みどり氏の『日韓皇室秘話 李方子妃』、また本田節子氏の『朝鮮最後の皇太子妃』、赤瀬川隼氏の『青磁の人』など評伝が数多く書かれていることとは対照的だ。李垠の場合は金乙漢の書いた『朝鮮最後の皇太子——英親◆』や、陸軍士官学校の同窓生が編纂した『英親王李垠伝——李王朝最後の皇太子◆』があるものの、これらはやはり資料的な意味合いが強いものだといっていい。また、これとは別に李垠の人生を描いたものとして、張赫宙が李垠本人から聞き取り調査をした上で書かれた小説『李王家悲史——秘苑の花◆』、そして歴史の研究者でもある韓国の作家の小説◆があるだけで、決して充実した内容の評伝があるわけではない。ただし、李垠研究の最大の功績としては、すでに紹介した新城道彦氏の『天皇の韓国併合』と『朝鮮王公族——帝国日本の準皇族』があり、丹念な史料の収集、読解、批判を加えた高い水準のものとなっている。本書も新城氏の業績に負うところは多い。

このように、すでに多くのひとが関与している李垠の研究をなぜ私がするのかについて語らなければなるまい。それは現代韓国および北朝鮮の問題を考えるためには、この問題を避けては通れないと考えているからである。

韓国に行くと、数々の「民族の英雄」が銅像などになっており、それこそ高く顕彰されているといっていい。伊藤博文を暗殺した安重根や、陸軍大将の白川義則を暗殺した尹奉吉がその例としてあげられる。しかし、ふり返ってみると、彼らはテロリストに他ならない。それにもかかわらず、彼らのテロ活動は、成功したか失敗したかを問わず「義挙」とされ、彼ら自身は「義士」とされているのだ。これについて少し突っ込んで考えてみたい。

二〇一五年二月一一日に開かれた「座・高円寺ドキュメンタリーフェスティバル 公開シンポジウム」で、田原総一朗氏が次のようなことを語っていた。「テロ行為は許されないとは思うが、圧倒的弱者が、圧倒的強者に立ち向かうとき、テロしかないのは事実だ」と。これはいわゆる「イスラム国」の問題を念頭に置いて話しているのだが、植民地時代の朝鮮と日本の間でも成立する議論ではないか。そして私は、こうも考える。もしもテロリストたちの側がその満願叶った際には、「英雄」として顕彰されるだろうと。いまの韓国の民族主義的思考は、ある意味で「イスラム国」のテロリストたちと地続きな

◆『朝鮮最後の皇太子――英親』 金乙漢は、日本の敗戦後、東京で李垠と直接交流を持っており、その意味では非常に重要な証言を残しているといえる。しかし、李方子の手記を含めて、彼の引用している文献は曖昧であったり、あるいは意図的な潤色があったりと、問題も多い。また、この本のなかで金乙漢は、第二次大戦末期に、日本陸軍中将であった洪思翊に向かって「光復軍がいる重慶に行ってはどうでしょうか?」と、洪中将を韓国光復軍に向かわせるようたきつけたことが書かれているが（金、2010、197頁）、このようなことはとうていありえないと思う。これはほんの一例であって、細かいところで潤色されているだろうと思われることは、まだある。以上のことから、私はこの書について、重要な証言があるものの、充分に批判をした上でしか引用できないと考えている。

◆『英親王李垠伝――李王朝最後の皇太子』 この本は、李垠の陸軍幼年学校時代や、陸軍士官学校時代、そして陸軍将校として勤めていたときの同僚たちからの証言がおさめられており、非常に有益だ。しかし、その生涯を描いたというより、陸軍との関係で見えてくる李垠像に限定されているため、朝鮮での李垠のことなどがあまり考慮されていない。また、日本敗戦後のことはやはりあまり記されていない。このような制約があるため、私はこの本を資料的に扱うこととした。

◆『李王家悲史――秘苑の花』 小説とはいうものの、インタビューを受けた李垠自身が「手元にあった極秘の材料をことごとく提供」し、内容も「皆正しき事実であります」（張、1950、2頁）といっている以上、それなりに参照すべきことが多いと考えている。

◆韓国の作家の小説 ソン・ウヘ氏の『最後の皇太子』シリーズは、韓国でも評判となった小説だ。歴史家としての側面もあるソン氏が、当時の新聞など多くの史料を渉猟して書いたものではあるが、やはり「小説」に過ぎない。例えばこの小説では、李垠の結婚を、朝鮮の王家に日本の血を混ぜていくという陰謀という描き方をしているため、新城氏の業績を通過した現在ではやすやすと受けいれられない部分がある。

のだ。

韓国でこのようなテロリストたちの銅像が建てられていることについて、ひとことだけ述べておこう。丸山泰明氏は八甲田山雪中行軍遭難事件（一九〇二年）の紀念碑建設に触れながら、メディア論的にこれを解釈している。

> モニュメントは出来事を可視化して物質的に固定することによって記憶の唯一性・正当性・完結性を自称し、ある記憶のあり方へと人々の想像を誘導することによって、ほかの、あるいは新たな記憶のあり方を抑圧する政治性を帯びていることも確認しておきたい。モニュメントの建立とは、出来事の清算と終結を宣言するものであり、忘却の始まりでもあるのだ。したがって、モニュメントがそのフォルムと空間設計によってどのような出来事の記憶を媒介しているのかを検討することはまた、どのような記憶を抑圧し排除しているのかを検討することでもある。（丸山、２０１０、209頁）

だとすれば、テロリストたちの銅像を建立することは、彼らを「愛国者」としてしか見ることを許さないという、政治性がひそんでいるということになる。そして、昨今問題となっている韓国社会によるいわゆる「慰安婦像」の各地での設置問題は、韓国内にとどまらず海外にまで出張し、慰安婦問題に関する韓国社会の主張を固定させるために「想像を誘導」する、すなわち思考停止を要求する行為だといえまいか。慰安婦問題の是非以前に、私がこの問題に拒否反応を示すのは、韓国社会による世界への発信＝従軍慰安婦を韓国社会によって想像＝創造された「正史」からのみの解釈で「清算」させてしまうという「政治」に不安を禁じ得ないからだ。これは「徴用工像」の問題でも同じだ。

この「清算」についてもう少し議論を進めてみよう。韓国「民族」主義というものに関しては、私はかなり批判的な視線で見つめている。そしてこの「民族」主義が、韓国内で沈静化する方向へと進んでいるとは思えない。例えば、次のような側面から考えてみよう。今世紀に入って、韓国では「日帝強制占領下反民族行為の真相究明に関する特別法」（二〇〇四年）という法律が盧武鉉《ノ・ムヒョン》政権下で施行され、「解放」前すなわち日本の植民地統治を受けていた時代に蓄財した、いわゆる「親日派」が弾劾され、その「子孫」に対する財産没収などが行われた。これを称して「過去清算」という。

あくまでも私個人の考えではあるが、この「過去清算」はいかにも野蛮で横暴な処置だったと思う。何ゆえに過去の親日行為によって、その「子孫」が問われなければならないのか。これについては、日本の郵便学者である内藤陽介氏も「法の不遡及の原則に反しているほか、何ら罪のない子孫の財産を没収する連座制も近代法の原則にそぐわない」（内藤、2008、387頁）と述べている通り、きわめて問題の多い法律だったといえよう。この法の施行にともなう「過去清算」は、盧武鉉政権支持者の間では、いまでも画期的な成果として評価されており、ともすればこの運動が「民族主義批判」であった、すなわち進歩的な運動であったとさえいわれていることに、私は違和感を通りこして憤りさえおぼえる。すでに見たように、この「過去清算」は、徹底的な「親日派の子孫」攻撃であり、むしろ反日「民族」主義をより声高に叫んでいるようにしか思えないからだ。

この法律の評価はこのぐらいにしておこう。私の疑問はそれにとどまらない。なぜなら、じつはこの親日派糾弾のなかで、おそらく植民地時代を通じて最大の親日派だったといっても差しつかえない李氏朝鮮王朝の末裔たる王公族（以下、李王家と称する）は不問に付されたからである。これはなぜだろう（ただし、公族の李熹とその子息李埈は、親日民族行為者として名前が刻まれた（新城、2015、245頁））。李王家の本流は「忌避された」としか思えない。だとすれば、ロラン・バルトが『表徴の帝国』で日本を分析するにあたって使用した「ゼロ記号」という概念が、韓国社会における李王家の存在でも確認できそうだ。いや、日本の天皇のように、憲法で「象徴」として位置づけられている存在と違い、法的にすでに失効し、李王家の直系の後継者もいないといっていい状態なのにもかかわらず、否、むしろそれゆえに誰からも攻撃されず、賛辞もおくられないという非常に不思議な存在だといっていいのではないか。だとすれば、多少逆説的ないい方になるが、韓国社会がこの李王家の問題を避けるがゆえに、この問題を考えることを抜きに、現代韓国は論じられないと思うのである。これが、私が李垠を論じることになった、最初の理由だ。

さらに、現在の北朝鮮の問題をふりかえってみよう。北朝鮮は正式名称「朝鮮民主主義人民共和国」であり、社会主義を標榜している国家だ。しかし、この「共和国」という名称には、違和感をおぼえる。周知の通り、北朝鮮の政権は、金日成によって独裁体制がつくられ、その子孫すなわち息子の金正日、さらに孫の金正恩へと相次いで政権を委譲されているからだ。この政権委譲は、選挙といった民主的な方法で国の指導者を選択するのが一般的な「共和国」という政体にまったくそぐわない。これについては、決して私だけが語っているのではない。例えば、次のような議論を参照しよう。

共和国を名乗りながら実質上君主国のような国もあって、その最たるものが北朝鮮であり、川村湊などは「金氏朝鮮」と呼んでいる。シリアでは、アサド大統領が死んだあと、憲法を改正してまで、その息子バッシャール・アサドが大統領になっているし、アフリカの旧ザイールでは、カビラがクーデタを起こしてコンゴ民主共和国となったあと、カビラが暗殺され、その息子ジョセフ・カビラが後を継いで大統領になっている。（小谷野、２０１０、167〜168頁）

この議論を見ると、現代の「共和国」のなかに、事実上の君主となった「大統領」などは、ちらほらと見られるようだ。しかし、問題はそこではない。より注目すべきは、北朝鮮が「人民共和国」という朝鮮労働党によって指導される、社会主義の国家であるため、表面的には君主（王）など存在しえない状態であるにもかかわらず、「首領制」という独特の体制を構築した社会であるということだ。

革命的首領観の形成をたどってみると、われわれは自らの歴史的記憶を想起する。それは国体論である。構造的に天皇と臣民の関係を、首領と人民大衆の関係に類比することはそれほど困難ではない。人民大衆は首領に無限の忠誠を誓い、それを尽くすために、命までを捨てることを求められる「滅私」の存在である。他方、首領は人民大衆の革命闘争のために心血を注ぎ、すべてを捧げて闘う革命家であった。首領は人民のためだけを思う「無私」の存在であった。首領の愛こそが人民の社会関係を規定するものになった。これは無私の存在である天皇と、天皇に滅私奉公する臣民の関係である。（鐸木、１９９２、128頁）

北朝鮮の「首領」とは、もともと金日成のことを指していたが、その後継である金正日、そしておそらく現在では金正恩といった指導者を意味し、「首領、党、大衆はひとつの生命体として結合され、運命をともにしつつ、永遠に生きる生命体、すなわち社会政治的生命体をなしている」（同書、135頁）という。すでに死んでいる金日成あっての「首領」制であるからには、その後の指導者の正統性はその血筋によって担保されるといっていい。まさに「ウルトラ・ナショナリズム」（丸山真男）そのものだ。この「首領」としての指導者のあり方が、大日本帝国における天皇の位置に立っているとすれば、それはもう「共和国」ではない。事実上の「王国」だ。そして何よりも、この国は表面上は社会主義の「人民共和国」をうたっているがゆえに、君主の権限を大幅に制限して民主的な国家運営をするという「立憲君主」制にはとうていなり得ず、なし崩し的に「世襲君主による（擬似）絶対王制」とでもいうべきものになってしまっているということは、指摘しなければなるまい。

　現実に金正恩は、父である金正日の死後すぐに、前政権時代の有力者である張成沢《チャン・ソンテク》を粛清しているが、これは王権の委譲とともに、前王権の残滓が一掃されるという、絶対王制的な処置だといっていい。新たな王が、自分と並び立ち得る実力者を滅ぼすという〝血の粛清〟は、絶対王制の社会では珍しくもなく、それこそ繰り返し行われてきたことではないか。

　このような事情を踏まえて、北朝鮮内部での指導者への私的な呼称についても触れておこう。金正日の妻で、長男の金正男を産んだ成恵琳《ソン・ヘリム》の姉・成恵琅《ソン・ヘラン》は、その手記で「その当時（一九七〇年ごろ）、王子（金正日のこと）が自由奔放だという噂が広がっていた」（成、2003、339頁）と書いており、その後も金正日を「王子」と呼んでいる。また北朝鮮で料理人の仕事をしていたという藤本健二氏は、「高英姫《コ・ヨンヒ》夫人（金正日の妻）は『奥様』、子どもたちは『王子様』『お姫様』と呼ばれていた」（藤本、2008、196頁）ともいっている。これらが正式な呼び名とは思えないが、事実上の「王室」なのだから、「王」の世継ぎ（金日成時代には金正日、金正日時代にはその息子たち）が、「王子様」と呼ばれたとしても不思議はない。

　また、金正日の長男である金正男氏は、

　北朝鮮が今後集団指導体制に行くにしてもその中心を「白頭の血統」にしない場合、権力層を維持できないと判断して、北朝鮮の内部的特殊性を考慮して「白頭の血統」に続く「三代世襲」を断行したと

◆……そのものだ　経済学者の木村光彦氏は、北朝鮮の体制について「金日成体制と戦前日本の天皇制の類似が指摘される」が、「北朝鮮の全体主義は独裁者を生んだが、戦時期日本帝国を支配したのは独裁者の存在しない（したがって「独裁モデル」が妥当しない）全体主義であった」（木村、1999、190頁）と述べている。もちろん私も、この議論が間違っているとはいわない。問題は、「首領制」が敗戦前の日本における「ウルトラ・ナショナリズム」を彷彿とさせるものであるという鐸木氏の指摘と、この「独裁者を生んだ」という北朝鮮社会の特性の双方ともに妥当性があるがゆえ、むしろ北朝鮮は「絶対王制」に近い、すなわち「（擬似）絶対王制」であると、私は考えるのである。

見ています。

（五味、２０１２、59頁）

と述べている。文章が多少乱れているようにも思えるが、ここでいう「白頭の血統」とは金日成の子孫という意味であり、北朝鮮には「王室」が実態として存在していることがうかがえる。◆

このようなことから、北朝鮮の政権を「世襲君主」制、「（擬似）絶対王制」などといえば、おそらくは朝鮮総連をはじめとした「民主的」在日朝鮮人団体や、それを支持する「進歩的」知識人から、「絶対王制」ではない、北朝鮮独特ではあるが、社会主義政権における指導体制であり、李建志は事実を歪めている、という批判が飛んでくることはわかっている。北朝鮮が社会主義の「人民共和国」という体裁をとっている以上、正式な文書に「王室」やその「血脈」についての動かぬ証拠など出てくるわけがない。しかし、それでも事実は事実だ。問題は実態の方なのだと、私は思うのである。

なぜこのような問題が起きているのか、それを考えるためにも、やはりその前の時代に存在した、大韓帝国皇帝や皇太子の問題、そして日本の天皇と李王の関係を、一度考えてみなければならないのではないか。それをすることで、何ゆえに北朝鮮で（擬似）絶対王制が成立してしまったのか、より深く考えられるのではないかと信じるのである。これが、本書で李垠を扱うことにいたったもうひとつの理由だ。

以上のような問題への解法として、まず本当の「王」であった人間、そして誰よりも「親日派」であった人間を研究することとする。そのために、韓国学中央学院の蔵書閣や宮内庁公文書館、靖国神社偕行社文庫など、日韓に存在するさまざまな施設で文書を渉猟し、李垠の人生を追究することとした。だから本書は、基本的に編年体的な構成となる。はからずも朝鮮王朝の「実録」や、「大正天皇実録」「昭和天皇実録」と同じ編年体だが、事実の羅列をするつもりはない。その時々に応じて、深めるべき議論は深めていこうと考えている。

調査をしながら、李垠が一八九七年に生まれ、一九七〇年に死んだという事実から、日本と朝鮮の相互にとってとても重要な時期を生きたということに、ときおり立ち止まって考えさせられた。彼の生まれた年は、朝鮮が大韓帝国へと国号を変更した時代であった。その後、彼は植民地時代と日本敗戦後の一時期を日本で過ごし、一九六〇年代という日本の高度経済成長期に韓国に帰還している。そしてその時期は、朴正熙が大統領として韓国を主導し、韓国の近代化を成し遂げたていた時代に重なるということも忘れてはなるまい。李垠の伝記は、日本と朝鮮の問題を考えるときおのずととても重要な鍵となると、私には思えてならないのだ。その意味で、朝鮮を出自として生まれた私は、いつかはこの問題と向き合わざるを得なかったのだと考えている。

＊　＊　＊

最後に、留意事項として次のようなことを述べておきたい。

引用文献などでは、常用漢字はできるだけ新字体にあらためた。ただし、仮名遣いはできるだけ旧仮名遣いのままとした。ただし、新字体に改めると意味がかわりかねないところはそのまま旧字体を使うこととする。また、朝鮮語の文献は、特記したもの以外は拙訳である。

また、朝鮮の高宗、純宗といった王（皇帝）の名は、実際には死後に諡《いみな》されたものであるが、煩雑さを避けるために、基本的にそのまま「高宗」「純宗」と呼ぶこととする。それと同時に、明治天皇、大正天皇、昭和天皇も、在位時代から「明治天皇」「大正天皇」「昭和天皇」と呼び、皇太子の頃などは適宜「睦仁」「嘉仁」「裕仁」などという名前も使うこととしよう。より人口に膾炙されている呼び方を尊重するものである。また、李氏朝鮮時代には、国王のことを「大君主」などと呼び習わされてもいたが、煩雑さを避けるため国王で統一した。

さらに、李氏朝鮮王朝や植民地期の朝鮮、そして現代韓国の首都に関してだが、さまざまな呼び方がされてきているため、ソウルという名称で統一し、引用文献などでは適宜「漢城」「京城」などということばも使う。ちなみに、原田環氏に依れば、ソウルの呼称は次のように変遷している。少し長いが引用してみたい。

> 開港期の朝鮮の王朝は李朝（李氏朝鮮時代）（一三九二〜一九一〇年）であったが、李朝の制度上の正式な都は建国当初は開城で、一三九四年に今日のソウルの地である漢陽（府）に遷都し、翌一三九五

◆……**がうかがえる**　李相哲氏は「北朝鮮が後継者の法的根拠となる『王室典範』のようなものをつくり、正式に発表するかは不明だが、今、『王政復古』が北朝鮮では現実味を帯び始めている」（李相哲、２０１１、236頁）と述べ、その動きを警戒している。しかし、私はこれとは意見を異にする。もしも法的な根拠をつくったとしたら、むしろ歓迎すべきことではないか。なぜならば、それは「立憲君主制」への第一歩となり、（擬似）絶対王制よりはいくぶんマシなものになりえると考えるからだ。ただし管見では、北朝鮮がこのような建設的な方向へと進むとは考えられない。

年に漢城（府）と改め、一九一〇年までこの地に都を置いた。李朝では首都の呼称として制度上の正式な首都である「漢城（府）」（Hansŏng）のほかに、「漢城」の地の旧称である「漢陽」（Hanyang）と、「みやこ」を意味する「京城」（訓は“Seoul”音はKyŏngsŏng）もそれぞれが固有名詞として同時に用いられた。

開港期（一九世紀後半）の対外条約において、朝鮮は自国の首都名として、漢字表記としては正式な呼称の「漢城」のほかに、「漢京」、「漢陽京城」を用い、アルファベット表記としては“Hanyang”（Seoul）”や“Seoul”を用いたために、“Hansŏng”よりは“Seoul”が国際的に定着した。日本による「京城」への制度的改称に先立って、“Seoul”が国際的に定着していた事実は本稿がはじめて明らかにするものである。

その後一九一〇年の日韓併合に際し、日本は朝鮮の首都を、“Seoul”の漢字語である「京城（府）」に改称した。

一九四五年八月一五日、日本は連合国に降伏したが、朝鮮はすぐに独立するにはいたらず、北緯38度線を境に北はソ連軍、南は米軍の支配下にそれぞれ置かれた。一九四六年九月一八日、米軍政庁長官A・L・ローチ少将は、「軍政法令第一〇六号」を公布して「京城（府）」を「ソウル（特別市）」と改称し、今日に至っている。（原田、1997、337～338頁）

すなわち、「ソウル」という都市名は、開化期と呼ばれる李氏朝鮮王朝末期、そして大韓帝国期には、すでに西洋で一般化したあとであり、それが米軍政期に正式名称となったということだ。そこで、本書では統一した都市名として「ソウル」を使用する。

また、朝鮮半島全体を指すことばとしては「朝鮮」と呼びならわし、朝鮮半島、朝鮮人、朝鮮語といった呼称を用いる。そのうえで、一八九七年以降に大韓帝国を宣言したあとの朝鮮を「大韓帝国」と呼ぼう。そして、現代の大韓民国を指すことばとして「韓国」、朝鮮民主主義人民共和国を指すことばとして「北朝鮮」ということばを使うこととする。すでに述べたようにこの国は事実上の「（擬似）絶対王制」であり、「民主主義人民共和国」という呼称はふさわしくないと考えるし、また表記する上で非常に長いからだ。

そのほか私が引用する文献のなかに「引用」があった場合、煩雑さを避けるため、省略することもある。

そして、すでにこの文章に目を通してくれているひとは気付いていることと思うが、基本的に本書は「私」が語るかたちにしてある。これにはわけがある。

> 文系研究者たちが当たり前のように発する「筆者」「分析」などの言葉づかいが、それが科学的、合理的、客観的な装いを凝らそうとすればするほど、鬱陶しくてならなかった。（真鍋、２０１４、261頁）

私はこの議論に同調する。現実問題として、「私」の部分を「筆者」といいかえただけで、どれだけの客観性が担保されるというのか。事実上、書き手の自己満足ではないのか。あるいは、いわゆる「科学」への単なる劣等意識ではないのか。私は、この問題とも向き合うこととした。それは、私が「在日朝鮮人」と他称されることへの「鬱陶しさ」であり、「筆者」と自分を書き表すことで、この「鬱陶しさ」から逃げているのではないかと思うがゆえの決断である。本評伝の後続の巻でも詳しく述べるが、李垠はおそらく最初の「在日朝鮮人」とでもいうべき存在であると思うがゆえ、李垠を論じることとはこの「他称される存在」を論じることと通いあっており、ついには自分の問題を直視することとならざるをえないと考えるのだ。もちろん内容は実証研究であることを自負しているが、それでも私はあえて「科学的、合理的、客観的な装い」を離れてみたいと思うのである。

なお、本書は歴史家の手による「歴史書」ではないことを告げておこう。もちろん歴史研究を参照しているのではあるが、私の本意はあくまでも李垠という日本と朝鮮の双方に回路を持った人物を、その時代の日本と朝鮮の文化現象を映す鏡として使いたいとたくらんでおり、そこには文化研究の手法が使われているからだ。この小さなたくらみが、文学や歴史学といった人文学の小さな部屋にとどまるのではなく、日本と朝鮮半島を往還しつつ、なおかつ学際的な成果へと届くものであることを祈っている。

最後に、引用文以外のところでは、できうる限りカタカナことばを使わないということを、自分なりの基準として採用した。若き日、よく指導教員（日本文学の泰斗延広真治先生）に「カタカナことばを使わなくても書けるものを、わざわざカタカナことばで書く必要はない」といわれていたのだが、そのことの意味を、いま頃になってわかってきたためだ。

なお、引用文中の〔　〕は、引用者である私が挿入した補足である。また引用文の読み仮名は最低限必要と思われるもの以外省略した。

常用漢字は一部を除いて新字を用いた。

第１章

「皇子」誕生

上曰
我邦乃三韓之地
而国初受命統合為一
今定有天下之号
曰大韓未為不可

（『高宗実録』1897 年 10 月 11 日）

［章扉の写真］

厳《オム》氏（1854 ～ 1911 年）。高宗の妃であった閔氏（のちに明成皇后と称される）の死後、高宗の子である李垠を産み、事実上の皇后格として宮中に君臨した。李垠の出産直後に「貴人」に、1900 年に「淳妃」に、さらに 1902 年には「純献皇貴妃」に冊封される。1911 年、ソウルにて死去。（1900 年頃撮影）

一、◆李垠誕生までの朝鮮王朝

李垠の父である高宗《コジョン》は、一八六四年に王位についた。これは、継嗣なく死去した前国王である哲宗《チョルジョン》のあとに「全州李氏《チョンジュイ》」の宗家に近い人物からえらばれた結果だ。この李氏の前についている「全州」というのは、朝鮮半島南部にある全羅道の都市の名称であり、この地から興った氏族であることをあらわす「本貫」といわれるものである。朝鮮ではこの「本貫」はとても大切なものであり、近年まで法的に「同姓同本」すなわち同じ姓で、しかも本貫もいっしょの人間は結婚できないという制度◆になっていた。李氏朝鮮王朝の場合、その中心となるのは全州李氏の宗家たる王家であり、ここに継嗣がない場合、当然数代前の国王の子孫へとさかのぼって王位につけるべき人材をさがし、養子として宗家をつがせるということを行っていた。じつは哲宗自身も養子として王位についた経歴の持ち主であり、この頃、朝鮮王朝は二代にわたる入養によって宗家の存続をはかっていたわけだ。

ちなみに、この入養は恣意的には行えない。儒教という李氏朝鮮王朝の国教とでもいうべき教義のもと、「厳格なルールを定めている」。それは「養子が養父と同じ父方の血族に属すること、もう一つは、養子が系図上、養父の子供の『世代』に属しているということである」（木村、２００７、21頁）。また、儒教的なものの考え方でいうと、「男子を残すこと」はきわめて重要なこととなる。なぜならば、男子により父親の「血」を維持する家を継承するのが、祖先祭祀を行う上で大切な原理となるからだ。この「男子を残す」ということは、現在の韓国社会でも通俗儒教（深い儒教的な教養を知らないままひろまっている断片的な儒教）として享受されている。また、「不肖の息子」などというが、この「不肖」というのは「親（父）に似ていない」という意味であり、息子は父親の似姿として生きていく必要があるとされるのである。これがもっとも素朴な意味での儒教の「孝」の概念で、徹頭徹尾、男尊女卑なのである。

◆一、……　この節の内容は、大幅に木村幹氏の業績（木村、２００７）に依拠している。直接引用している部分はその頁数を示すが、それ以外の部分も木村氏の業績を大いに参照していることを明らかにしておく。

◆**制度**　韓国では、一九九七年にこの「同姓同本不婚」という制度が憲法裁判所で違憲とされたため、いまでは同姓で同じ本貫の者同士でも結婚は可能である。しかし、民間ではこれを忌避する傾向はまだ残っている。

ということは、親の祭祀を行うことが息子には求められるのであり、もしも息子がいなかったら、当然父の世代（養父）よりひとつ下の世代（養子）に属する男子を「同姓同本」の人間の中からさがすことになる。ただし、さがされる方も実父の家の祖先祭祀を放って別の家に入養などできないから、二人以上の男子をもうけている家の次男、三男などから養子をとることとなるわけだ。そうなると、養子として入る資格がある人間など、それこそかなり限定されてくるといえよう。これは李氏朝鮮王朝の王家（宗家）とて同じことなのである。

ただし、この養子を選択するのは、国王が死去したあとであることから、王妃、そして先代国王の妃など、存命中の歴代国王の妃であった女性たちによってえらばれることになる。例えば、高宗が即位する前の朝鮮の国王は、純祖《スンジョ》（→翼宗《イクチョン》）→憲宗《ホンジョン》→哲宗→高宗という順になっている。このなかの翼宗は、実際には王位につく前に死んでしまっている。翼宗は本来、純祖の元子《ウォンジャ》（長男で、のちに王世子となる子）たる孝明世子だったが、死ぬ前に元孫《ウォンソン》（王世子《ワンセジャ》の嫡男）を残していたため、純祖の孫である憲宗が王位を継ぎ、その父である孝明世子には翼宗という諡号が追贈されたのである。彼は王位についていないものの、その妃である趙氏は王妃と同じ扱いを受ける。憲宗死去後には、まだ純祖の妃である安東金《アンドンキム》氏が金大王大妃として存命しており、翼宗の妃の豊壌趙《プンセンチョ》氏は趙王大妃、そして憲宗の妃である南陽洪《ナミャンホン》氏は洪大妃と呼ばる。権限としては、金大王大妃がもっとも強く、その下に趙大王妃、洪大妃がいるかたちになるわけだ。そして安東金氏出身の金大王大妃は、本来なら憲宗の子どもの世代の養子をとるべきところを、あえて翼宗と同列の人材を養子とした。

なぜなら、憲宗の養子として新しい国王を選べば、結果、その新国王は憲宗の妻である洪大妃の養子ということになる。そうなれば、洪大妃とその戚族である南陽洪氏に政治的発言権が残り、自らが死去した後には彼らの勢力が台頭することになる。しかし、新国王を純祖の養子とすれば、洪大妃と南陽洪氏には外戚としての権利は発生しない。だからこそ、彼女はあえて自らの子供の祭祀を犠牲にしてでも、自らと自らの一族の地位を維持するために、憲宗と同じ「世代」のなかから王位継承者を選んだのである。ちなみに彼女は、養子である哲宗に対しても、同じ安東金氏の娘を娶らせている。哲宗死去時の金妃がその人である。哲宗の治世下、安東金氏が全盛を誇った背景には、このように注意深く、そして人工的に構築された血縁関係が存在したのである。

（同書、27～28頁）

こうしてえらばれたのが哲宗だ。そして、哲宗亡きあと、金大王大妃も死んでいるため、もっとも発言力があったのが趙大王大妃（翼宗の妃）だった。そして、憲宗の妃は洪王大妃として、また哲宗の妻の金氏は金大妃と敬称が繰り上がるのだが、趙氏は「次なる国王を、憲宗や哲宗ではなく、自らの亡夫である翼宗と自分自身の養子として位置づける」（同書、28頁）。いうまでもなく、国王の外戚を「人工的に構築」し、安東金氏の勢力をそぎ、豊壌趙氏に勢いをつけるためである。

さて、一八六四年一月の段階で、この「世代」の嫡出男子を二名以上もっている家となると、のちに興宣大院君と呼ばれることになる李昰応を除くとほとんどいない。この李昰応の次男であり、当時満一一歳だった男子こそ、王位についてのちに高宗と諡号を贈られる李載晃そのひとである。ちなみにこの大院君とは、入養するなどして国王となった人物の直系の尊属に与えられる尊号で、それまでも多く存在している。

ついでに高宗の父についても述べよう。日本では大院君という呼び名で知られるこの人物、李王家に連なる一族に生まれたものの、決して日本の「皇族」のような扱いを受けていたわけではない。李氏朝鮮の王宮である昌徳宮《チャンドククン》にほど近い位置、のちに大院君の号である「雲峴《ウンヒョン》」にちなんで「雲峴宮《ウンヒョングン》」と呼ばれる建物ができる場所に住んでいた下級官吏だった。ちなみに現在残っている雲峴宮は二一四八坪だが、李是応が大院君となった最盛期には一万坪にも及んでいたという。当時は国王の嫡子である大君《テグン》も三〇負（一一七〇坪）と住まいの規模が決められていたことを考えるとかなり広壮な建物であり、「王宮並み」と称されてもおかしくないものであった（武井、２０００、134～135頁）。場所としては韓国ソウル市の日本文化院の北側にあり、大院君の家を継いだ嫡子（高宗の兄）である李載冕がついだ家（日本によって公族と認められた）の本拠として、李埈、その養子の李鍝と三代にわたって維持された。

このように、李昰応は王宮に近いところに暮らしていたわけで、決して零落しているというほどではない。彼の全州李氏のなかでの位置づけとしては「延齢君《ヨンリョングン》派」に属している。これは延齢君という君号をもった人物を始祖として分家した一族という意味であり、「延齢君とは、一七世紀後半から一八世紀初頭に在位した国王、粛宗《スクチョン》の子であり、高宗から系図を遡り、粛宗に至るには、六代を経る必要があった」（木村、２００７、６頁）。宗家はその後、粛宗の長男が景宗《キョンジョン》として、そしてその弟が英祖《ヨンジョ》として、相次いで即位した。そして英祖の孫の正祖《チョンジョ》、さらに正祖の子の純祖《スンジョ》へと受け継がれている。この英祖そして正祖は英明な君主とされ、このふたりの治世は「英正時代」と呼ばれるほど、評価が高い国王である。

　すでに述べたように、純祖の孫の憲宗が王位につくものの、憲宗は継嗣を残さないまま死去したため、安東金氏の利益を代表する金大王大妃の思惑で、哲宗が養子として入った。じつはこの哲宗の祖父である恩彦君《ウンホングン》は、「自らの長男である常渓君《サンゲグン》を王位に就かせようとしたという嫌疑により」江華島《カンファド》に配流された人物だった（同書、9頁）。そのため哲宗の家は零落しており、哲宗も教育を受けられず、「国王即位後も読み書きができず、王宮で用いられる難解な宮中用語を理解することもできなかった」（同書、10頁）という。

　豊壌趙氏の利益を優先し、高宗を、哲宗の子どもの世代ではなく自分の子どもの世代として養子にした趙大王大妃だが、高宗が王位につくや、「垂簾聴政《すいれんちょうせい》」を宣言する。幼い王に変わって趙大王大妃が政治を行うというのだが（同書、32頁）、現実には「趙大王大妃には深刻な問題が存在した。それは、彼女には『垂簾聴政』を行うに当たって、十分な政治的基盤が存在しなかったことだった」（同書、34頁）。そこで、趙氏は大院君を後ろ盾とするのである。

　すでに述べたように、大院君とは国王として即位した人物の父親に与えられる尊号であり、それまでも多く存在した。しかし、李昰応の場合は多少勝手が違っている。それは「先立つ例がいずれも、国王が即位した後、すでに死亡していた人々に大院君の称号が追贈されたものだったのに対し、このときの大院君、つまり、興宣大院君の場合は、朝鮮王朝史上初めて出現した、生存する、つまり政治的影響力を行使しうる国王の生父だった」（同書、33頁）という点だ。趙氏はそこに目をつけたのである。

　ちなみに、朝鮮王朝の意思決定機関というべき御前会議に当たるものについて見てみよう。時代によって呼び方が違うこの御前会議のことを、木村氏は「廟堂」と統一して呼んでいる。

> 　廟堂においては、序列があり、彼らは廟堂において、この序列にしたがって席を与えられていた。国王に近い、つまり上位の席を占めるのは、「時原任大臣」と呼ばれる人々である。すなわち朝鮮王朝の官職において最上位を占める、領議政、左議政、右議政（わが国の律令制における太政大臣、左大臣、右大臣に相当する）の現職、およびその経験者が彼らである。興味深いのは、会議では、時任《じにん》、すなわち現職の議政のみならず、原任《げんにん》、つまり過去の議政経験者もほぼ同等の発言権を有していることである。

時原任大臣の発言権は国政の全般に及び、事実上、彼らが廟堂での議論を主導する存在となる。大臣経験者の数は時によって変わるから、ここには少ない時には時任大臣を中心に二、三名程度、多い時には一〇名近くの人々が並ぶことになる。〔中略〕

時原任大臣の下座には、「堂上《どうじょう》」と呼ばれる人々が並んでいる。その数は一定ではないものの、通常その数は三〇名から五〇名程度である。〔中略〕堂上の廟堂における発言権は一般的に小さく、彼らは主として、国王に担当分野について説明を求められた時のために、ここに並んでいる。（同書、35〜36頁）

この廟堂には、有力な氏族が大きな発言力を持って存在している。高宗が即位する前の廟堂では、安東金氏が国王の外戚という立場を使って勢力を張っていた。このような国王外戚による政治を「勢道政治」という。趙大王大妃が高宗を養子として選択しても、まだ廟堂には豊壌趙氏の力は大きくなく、いくら「垂簾聴政」を宣言しても、実際には廟堂で主導権をにぎることは難しいだろう。それゆえに、「生きている大院君」を「もっとも地位の高い臣下」（同書、41頁）として、君臨させることで調整をはかったわけだ。ただし、国王の父であるという立場は、その儀礼上国王に迫る礼遇を保証せざるを得ないため、廟堂に国王がふたりいるかのような事態を招きかねない。そこで、「名前を呼ばない」ことで、いないはずの人間として大院君は廟堂に君臨することになる。そしてこの後、大院君は一〇年にわたって政権を維持するのだ。

大院君は二七〇年以上も放置されていた、朝鮮王朝の正王宮である景福宮《キョンボククン》を再建する。「一八六五年四月二六日、趙大王大妃は自らの名前で、この景福宮再建の命を下し、大院君が自らその責任者に就くことになる。大院君は、まずその『形』から王朝再建に着手したことになる」（同書、47頁）。ただし、このような土木事業はお金のかかるものであり、その資金を捻出するため増税に着手する。具体的には、地方有力氏族が経営していた儒教の学校である書院は、歴代保護されてきたため免税特権があったが、大院君はこれを大幅に見直し、一八七一年には「朝鮮王朝によって特に認められた四七の書院を除く、すべての書院を厳禁する方向へと進む」（同書、50頁）。さらには、景福宮の工事のために「『募金』を集めることとなり、それはすぐに強制的な性格を持つようになる。同時に、『当百銭』という、従来の百倍の額面価値を持つ銅銭を鋳造する」（同書、57頁）。これによって朝鮮は極端なインフレ状態になる。

このような大院君治世を経て、高宗は親政を試みる。

のちに見るように、歴代の国王は、王世子の頃から儒教教育を受けてきた。しかし、養子である高宗には、そのような教育の時期は限られたものであったに違いない。だが、もしも聡明な人物が、本来備えているべき国王としての教養がないと感じたら、どのような行動に出るだろうか。おそらく、自ら書を読む機会を増やし、多くのすぐれた学者に就いて学ぼうと努力するのではないかと、私は考える。実際、高宗自身は哲宗のように無学であったわけではない。だとすれば、高宗は儒教を必要以上に神聖視し、それを学び取ろうと努力をしたのではないか。

二〇歳を過ぎた高宗は、一八八六年に閔《ミン》氏を妃（正妻）として迎え入れた。驪興閔《ヨフンミン》氏出身のこの女性は、のちに「閔妃暗殺」の悲劇性ともあいまって、朝鮮でもっとも有名な王妃のひとりになる。またこの驪興閔氏は、大院君の妻の家系でもある。すなわち、高宗は自らの母の一族と同じ閔氏から王妃を迎えたということだ。彼女は一八五一年にソウルに近い京畿道《キョンギド》驪州《ヨジュ》近東面《クンドンミョン》蟾楽里《ソンナンリ》で生まれたという（同書、62頁）。高宗との間に四男一女をもうけるが、元子である純宗（一八七四年生まれ）を除くと流産したり、誕生後まもなく死んでしまっている（同書、70~71頁）。ちなみに、木村氏は彼女の出産時に「産室庁」が設置されたことを「特別なもの」であるという（同書、69頁）。のちの節で述べるように、王妃の出産はやはり特別で、常に産室庁は設けられている。しかし、正式な史書には残らないものの、後宮（側室）たる「嬪」の出産でも「護産庁」が設置されていることは、ここで触れておこう。なぜなら、李垠は当時「嬪」にさえなっていなかった厳氏という「宮人」の産んだ子であるが、この出産に際して「護産庁」が設置されているからだ。

ついでに高宗のその他の子どもたちについても述べておこう。一八六八年にはやはり「宮人」の李氏（一九〇〇年に「貴人」に封ぜられる）との間に男子をもうけており、これが庶長子の李墡で、のちに完和君《ワンファグン》に封じられているが、一八八〇年には死んでしまっている（同書、68頁）。また、一八七七年に「宮人」張《チャン》氏（やはり一九〇〇年に「貴人」に封じられる）との間に李堈が生まれている。だから一八九七年生まれの李垠は、正確には第七皇子ということになる。さらに、一九一二年に彼の妹として徳恵《トクヘ》翁主《オンジュ》◆が産まれているが、これはやはり「宮人」梁《ヤン》◆氏が産んだ娘だ。

高宗と閔妃は、一八七三年末に廟堂から大院君を排除し、「親政」を開始する。

大院君は依然として政治的実権を握り、高宗の存在を無視するかのように、保護者然として朝鮮王朝に君臨し続けていた。成長した高宗が、このような自らの生父による過大な干渉に不満を持ち、自立を求めていなかったとしたら、そのほうが、むしろ不思議だったというべきであろう。何しろ、彼こそが、この王朝で最も大きな権力を行使すべき国王だったのだから。（同書、74頁）

しかし、高宗の成長のみで彼の親政＝自立への希求を説明するのは少し足りないような気がする。どちらかといえば、すでに述べたように一九七三年の春に元子（のちの純宗《スンジョン》）を得ていたということが関連していると、私は考える。満一一歳で王宮たる昌徳宮に迎えられ、ほとんど実父である大院君に実権を握られていた彼もようやく二〇歳を過ぎ、閔妃との間に次の国王となる嫡男を得ようとするなら、この閔妃や実子のためにも、飾り物ではない本当の意味での国王になろうとあせったのではないか。実際、大院君排除に関して高宗は意志を貫き、「通常、温和でどちらかといえば優柔不断だったと言われることの多い高宗が、強い意志と政治指導力を発揮した、若き日の鮮やかな瞬間」（同書、81頁）というのも、この若き国王の「父としての自立欲求」と解釈できるではないか。

木村氏は王宮を便宜的に「内宮《ないきゅう》」と「外宮《がいきゅう》」と呼び、廟堂＝「外宮」に対して、「内宮」を「国王とその家族を中心として、時に数百名をも超える様々な肩書きを有する妃や女官が勤めて」いた国王にとっての私的空間と規定している（同書、8頁）。そして、国王にとってより

◆**翁主**　李氏朝鮮王朝では、正妻である王妃が産んだ女子なら「公主《コンジュ》」、それ以外の庶子の娘なら「翁主」と呼びならわしている。

◆**梁氏**　彼女の墓には「貴人梁氏墓」とあることから、「貴人」の扱いを受けていたのは間違いないが、出産時にはすでに朝鮮王朝は存在せず、日本の植民地になっていたことから、それ以前の「貴人」のような正式なものではなかったのではないかと推定される。梁氏は一九二九年に死亡しているが、それまでに男子を二回出産しているものの、ふたりとも産後すぐに死亡している。彼女が側室であったことから、その出産は王族譜に載っておらず、不遇な人生を想像すると同情を禁じ得ない。もしも男子がひとりでもいたら、まったく違った対応をされた可能性もあったと思う。
　また、高宗の庶子として、李堉《イ・イク》（生母李氏・一九一四年生）と李堣《イ・ウ》（生母鄭氏・一九一五年生）もいるが、ともに二歳にもならないうちに死んでいる。

落ち着いてものを考える空間があるとすれば、それは「身内」に守られた「内宮」であったといえる。王世子となるべき男子の出生などは、それこそ国家の慶事といってもよく、のちの節で詳しく論じるように、国家的な行事として位置づけられていた。だとすれば、国王に対する男子誕生が与える影響を軽視してはならないと、私は考える。以下、本書でも木村氏にならって、この「内宮」と「外宮」というい方をしよう。

さて、高宗は親政を開始すると、「農本主義的で、民のことを慮る、『優しい政治家』」を目指したがゆえに、朝鮮で大量に出回っていた「清銭〔清国の貨幣〕」の流通を禁じてしまったため（同書、89頁）、「市井の民は、常平銭と呼ばれた数少ない朝鮮の貨幣や銀との交換を求めて、清銭を握って市場へ殺到」するという、「ハイパーデフレーション政策により、経済を崩壊へと導」いてしまった（同書、90頁）。その結果、「これ以後、朝鮮王朝は一貫して財政難に悩まされることとなり、その結果、王朝がとることのできる政策の範囲は極端に限られるようになる」（同書、101頁）という。納得のいく議論だ。

すでに述べたように、朝鮮では王世子に対して儒教教育を行う。しかし、高宗はこの教育を受けることなく、すなわち王世子としての教育を受けられないままに国王に即位した。しかし、彼の王妃となった閔妃は「『内訓』『列女伝』のような婦女子の徳を強調する本よりは、『春秋』や『春秋左氏伝』などに興味を持った」といい、これは「後日、閔氏が政権を摑み、列強と駆け引きをする過程で、このときの読書はとても役に立った」（以上、尹、２０１０、379頁）。これが「大院君が、『女博士』として彼女を嫌った」（木村、２００７、69頁）ゆえんだ。もちろん彼女が読書にふけったのは、当初は高宗とうまくいっておらず、しかも庶長子（李墡）さえ生まれてしまった時期のことだが、それにしても彼女が四書五経の「経」のうちのひとつである「春秋左氏伝」を読んでいたというのは興味深い。なぜなら、のちに見るように、王世子教育は一歳の誕生日に「小学」が与えられ、まずは「小学」にとりくみ、その後四書五経へと進んでいくからだ（キム、２０１３、27頁）。おそらく庶長子たる完和君李墡も、このような教育を元子に準じて受けていただろうし、それゆえに閔妃はあせってもいたのではないか。そして王世子教育を受けられなかった高宗は、時間をみては四書五経に親しんだろうし、おそらくは聡明であったであろう閔妃が儒教の経典を読んでいたのは、高宗にとって非常に頼もしく思えたのではないか。やがてふたりの仲は改善され、元子たる純宗をもうけるほどの関係になっていくのである。

そしてこの「帝王学としての儒教」を遅れてはじめた

がゆえに、逆により儒教的な考え方を進めがちになってしまっていた高宗は、大院君を排除したのち、「農本主義」すなわち教条的な儒教社会の実現へと舵を切ってしまう。これは民俗学でいうところの「父親殺し」にあたるが、結果的に朝鮮王朝を大きく歪めてしまうことになったのは、「青春の蹉跌」などということばではまとめられない、不幸な結果だったといわざるを得ない。

国家運営の方策がより狭められた朝鮮は、その後、軍への給与未払いなどの不満から壬午軍乱（一八八二年）、さらに親日開化派による甲申政変（一八八四年）により、清国への依存度が高まっていく。それぞれの軍乱、クーデターは収拾されるものの、結果的に清国軍閥の李鴻章、その配下の袁世凱によって朝鮮はおさえられていくことになるからだ。しかし、一八九四年に起きた「甲午《こうご》農民戦争（東学農民の反乱）」に際して、清国と日本があいついで朝鮮に軍を送り、日清戦争が勃発、日本が勝利することで朝鮮の勢力図は塗りかえられる。廟堂はそれまでの「領議政」ではなく、「総理大臣」を首班とする内閣に再編され、国王が直接政権を運営する状態から、（日本の影響下にある）内閣が政治を行うかたちへと変更されていく。しかし、そう簡単に日本の思惑通りにことが進むわけではなかった。

当時の（朝鮮王朝の政治）状況は三つ巴だった。絶対的な「君権」を何が何でも守ろうとする高宗・閔妃と、「内政改革」によりこの権力を内閣に移そうとする日本と諸大臣、そして、王位を狙う大院君と李埈鎔《イ・ジュニョン》（のちの李埈）。（木村、２００７、233頁）

そして日本は、直接行動に出る。それが「壮士」による閔妃殺害（一八九五年）である。

二、「宮人」厳氏と露館播遷

一八九五年一〇月八日早朝、日本の「壮士」は、高宗と閔妃の居所である乾清宮に侵入し、閔妃を殺害した。これについてはすでに詳細な研究◆がでているため、ここでは繰り返さない。ただ、彼女の居所が乾清宮の坤寧閣であり、高宗の居所が長安堂であったということを明記しておくにとどめる（金文子、２００９、266頁）。この乾清宮◆は景福宮の奥深くにあり、まさに「内宮」中の「内宮」にあたるもので、一八七三年に建てられた（武井、２０００、49頁）。すなわち、高宗が「親政」を開始するにあたって造営された「内宮」であり、高宗と閔妃が関係を深めていった舞台でもある。ここを足蹴にして王妃を殺して焼くという野蛮な行為がなされたことは、高宗をして日本に対する信頼を完全に失わせるに充分な内容であった。木村幹氏がその著書で強調するように「高宗にとって最も重要なもの、それは自らと自らの家族の安全であった」（木村、２００７、212頁）のであり、彼にとってまずは自分の家族が安定してこそ、国家や政治のことを治めることができると考えているふしがあるのだ。これは、朱子学でいう「修身斉家治国平天下◆」という考え方と一脈通じている可能性もある。彼の遅まきの帝王学は、「まずは自分の家族が大事」という若干歪んだ方向で理解されていたのではないかと、私には思える。

そして閔妃暗殺の二日後、高宗自らの手によって、閔妃は勢道政治を行う悪人だと規定し、「廃妃」に処される。もちろん、日本の思惑とそれを受けて立ちまわる親日開化派の金弘集政権が高宗に詔勅を出させたことは明白であった。その証拠に、高宗は思いきった手に出て、日本および金弘集内閣を出し抜いてしまうからだ。事件が起こったのは、一八九六年二月一一日の午前六時（木村、２００８、263頁）。日本と対抗するためにロシアへと接近していた高宗はこの日、王太子◆そして王太子妃閔氏などとともに、こっそりと王宮である景福宮を出て、ロシア公使館◆に移ってしまったのだ（露館播遷もしくは俄館播遷）。

ロシアの力を借りることとした高宗は、俄館播遷を断行した。このとき尚宮（王宮の女官）の厳《オム》氏は日本の監視を逃れて高宗と王世子（純宗）をロシア公使館へと無事に逃避させる際に、重要な役割を担った。まず景福宮の門を何度も出入りすることで警備の者を油断させておいて、その隙に乗じて高宗と王世子を宮女が載る輿に載せて逃がしたのだ。当時朝鮮に入国していたカルネフ・ミハイロフなどのロシア将校たちの記録『私が見た朝鮮、朝鮮人』によれば、輿一台には宮女一名と王が載っており、もうひとつの輿には宮女と王世子が載っていた。彼らの脱出は午前七時三〇分ぐらいになされたのだが、いつもは高宗が夜遅くまで仕事をしてから明け方になってやっと寝入っていたため、王が寝静まっている明け方には監視も少しおろそかになりがちだったのだ。輿を担ぐ人足さえも、なかに王が載っているとはつゆ知らず、公使館に到着してはじめてその事実を知ったというほど、計画はかなり綿密に練られていた。

高宗がロシア公使館に御移動なさるや、実権はロシアの側へとうつっていった。総理大臣の金弘集は逮捕され、怒り狂った民衆の手で惨殺され、内部大臣兪吉濬は日本軍の保護を受けて日本へと脱出した。

（チェ、２０１０、209～210頁）

抜け出した時刻が多少ずれて報告されているが、ここに厳氏の名前が出ていることが重要だ。この厳氏こそ、李垠の母に他ならないからだ。しかし、である。もとよりこれほどのことを高宗が単独で行える道理はない。やはり「漢城では二月一一日、ロシア公使ウェーベルと提携した貞洞《チョンドン》派の中の親露派である李範晋・李完用らが、ロシア水兵の護送によって国王をロシア公使館に移す」（趙、２０１２、131頁）というものだった。この「貞洞派とは、漢城の貞洞にあったロシア公使館・アメリカ公使館などに出入りしていた官僚たち」で、「欧米外交官らとの社交の貞洞倶楽部を結成していた」人びとだ（同書、124頁）。現在の徳寿宮、当時の慶運宮の近くにある「貞洞

◆詳細な研究　金文子《キム・ムンジャ》氏の『朝鮮王妃殺害と日本人』（高文研、２００９）は、この事件を豊富な第一次史料を用いて検討している。例えば、「壮士」というが、日本の陸軍も関与していることなど、画期的な証明がなされている。ただ一点だけ付け加えると、この本では、角田房子氏が『閔妃暗殺』（新潮社、１９８８）で閔妃の真影として公開した写真を否定的にとられているが、これについては日の出書房社長の郭日出《クワク・イルチュル》氏（大阪市在住）が綿密な調査の結果、やはり閔妃の真影に間違いないと証明しつつある。

◆乾清宮　金玟廷《キム・ミンジョン》氏によると、この「乾清宮の造営は、極めて秘密裏に進められ、朝鮮の大臣らは造営について全く気が付かず、その経費についても把握していなかった」といい、用途としては「御真〔高宗の真影〕を奉安する場所」とされていたらしい（金玟廷、２００９、16頁）。そして金玟廷氏は、費用は高宗の個人的な経費である内帑金から出資していたとも述べている（同前）。

◆修身斉家治国平天下　本来は、身を処し、家中のことをきちんとこなすことができる人間こそが、政治を行い、国を治めるにふさわしいという意味であろうが、これを「自分の家族第一」と誤認することはそれほど珍しいことではないだろう。そして高宗は自分に有利なように考えたのだろう。

◆王太子　王世子は、親日開化派政権の改革のなかで「王太子」と呼び方がかえられている。

◆ロシア公使館　この建物は慶運宮の南門たる仁和門を西へと進むとぶつかる「三叉路を右手に上がっていった」「高い丘の上」にあり、「ルネサンス様式でロシア人のサバティン（仁川《インチョン》海関に所属）の設計により、一八九〇年に完成した」（武井、２０００、126～127頁）。

一帯は一八八三年にアメリカ公使館が建って以来、欧米人が住みはじめ、同時にフランス、イギリス、ロシア公使館が並び、この一帯は外交街となっていた」（武井、２０００、127頁）。欧米諸国と結ぶ官僚がこのあたりに出入りしたのはこのような背景がある。

またこのときのロシアの動きも組織的であり、この事件の直前の一八九五年一二月に、駐韓ロシア公使のウェーベルを駐メキシコ公使へ転出させ、駐日ロシア公使館書記官スピエルを駐韓公使として辞令を出していながら「ウェーベルのメキシコ赴任への出発（一八九六年一月）を中止させて」「前・現職公使が約二ケ月もの間、韓国内でごく自然な状態をよそおいながら、共に俄館播遷を推進することができたのだった」（崔、２００４、62頁）。周到な準備を経て、露館播遷が実行に移されたことがわかる。

ちなみに当時の国際関係に触れると、ドイツはフランスの潜在的な敵対勢力であったため、フランスはドイツへの牽制としてロシアと同盟関係を結んでいた。ドイツは東アジアでは中国南部の膠州湾に足がかりを得たため、むしろロシアの旧満州地区（以下、満州と略記）の旅順、大連の占領に対して積極的な反対はしていない。日本が日清戦争に勝利して手にしたはずだった満州の利権を放棄させようと、ロシア、フランス、ドイツの三国が干渉してきたいわゆる「三国干渉」は、このような背景によって成立したものだったのだ。ドイツの皇帝とロシアの皇帝が親類関係にあることもそこには関係している可能性があるが、むしろこの独露の結びつきのより積極的な意味は、右に述べたような国際関係にある。またロシアは「産業基盤が脆弱で工業部品の自給自足さえ不可能であったため」、「ロシアは満州での鉄道敷設と経済開発に必要な資材を、ほとんどアメリカに依存していた。そのためアメリカとロシアの利害はむしろ一致する要素が多かった」（同書、41頁）。こうして朝鮮半島内の西洋社会がゆるやかにつながる素地ができていたことが、この貞洞派といわれる官僚たちがそれなりの勢力へと化し得た理由となるだろう。ただし、イギリスだけはこれとは別に、ロシアの南下政策とぶつかっており、また米西戦争でフィリピンを領有したアメリカも中国の門戸開放を求めるなどアジア市場を直視する時期に来ていた。朝鮮半島内では日本、イギリス、アメリカの三国で「緩やかな紐帯が可能」（同書、44頁）になっていたということも忘れてはならない。やはり朝鮮半島内の国際社会は、ロシアと日本を基軸に、他の西洋社会がどのようにそれと結びつくかという側面が強くあったといっていい。

このような関係をふまえた上で考えてみよう。国王が王宮を脱出し、ロシア公使館へと移動するのだから、国王の側でもロシア公使館と綿密な情報交換をした上で、周到な準備が必要だったはずだ。だとすれば、すでに引用したチェ氏の議論は、多少割り引いて考える必要があろう。王宮から警備の者の目を盗んで脱出したこと、それが極秘行動であり、厳氏が関与していたということは信じられても、護衛がついていないとは思えないからだ。

また、金文子氏によれば、のちに「最初で最後の」駐露大韓帝国公使となった李範晋は、「一八九五年一〇月八日の日本軍による明成皇后（閔妃）殺害時、王宮（景福宮）から脱出して真っ先にロシア公使館に急報した人物で」、「以後ロシア公使館に身を隠しながら」『露館播遷』を成功させた中心人物」（金文子、２０１４、436頁）だったという。彼は国王と同じ全州李氏に属してはいるものの、庶子出身であった。彼の父は「高宗即位後、捕盗大将、御営大将、禁営大将、判義禁府事を歴任し、二〇年間にわたって兵権、警察権を掌握した李景夏」だが、「母は妓生《キセン》であったと言われている」（同書、439頁）からだ。にもかかわらず彼が官吏として登用されたのは、庶子が「応試できず、官僚への道を閉ざされていた」のを高宗が打破し、「人材登用を進めた」ことによる（同前）。金文子氏によれば、高宗は李範晋を信頼し、「王族として待遇し」、「高宗が範晋を『愛する甥』と呼」んでいたともいう（同書、440頁）。彼については、第3章で「ハーグ密使事件」に極まる高宗の外交戦略を述べる際に再び見ることとしよう。

さて、露館播遷に戻そう。実際には、乾清宮が存在していた景福宮北端にほど近い北門の神武門から高宗と王太子（純宗）は「軽装のまま徒歩で」抜け出したようだ（木村、２００７、263頁）。南門が正門であることを考えると、この時代、この門は実質的には使われていない門だといっていい。ロシア公使館は景福宮から南にまっすぐ下がったところにある慶運宮《キョンウングン》◆の近所にあるから、北側から遠

◆**独露の結びつき**　ドイツは当時、イギリスと同盟交渉にのぞんでいた（一八九八年〜一九〇一年）。結果的にはこの交渉は同盟成立まで達していないのだが、イギリスはその頃、南アフリカ戦争の最中であり、アジア・アフリカでの既得権益をフランスやロシアから守るためにも何らかの対処が必要であり、さらにヨーロッパでの外交上の相対的な影響力の低下に対処することも念頭にあったようだ（藤井、２００４、参照）。しかし、ドイツはアジアにおいてはロシアと対立するより、むしろ協調しあっている部分が目につく。このような複雑な国際関係が朝鮮半島の政界に影を落としているわけだ。

回りして脱出したということになる。もちろん、景福宮から慶運宮は徒歩でも行けるほどの距離であり、慶運宮とロシア公使館も歩いてすぐ近くの距離にある。

　しかし、ロシア公使館には朝鮮の人びとはおろか、日本など他の外国公使も容易に立ち入れる場所ではない。考えてみれば、国王が外国の公使館に保護してもらうというのは、かなりせっぱ詰まった事情がなければあり得ないことだ。事実、このときの高宗は正王宮である景福宮を軍靴で踏みにじられ、自分の妻を殺害され、あまつさえ「廃妃」することを要求された。すでに述べたように、朝鮮王朝は経済的に破綻状態にかなり近く、そのため選択肢は限られている。現実的に考えて、日本の脅威をかわすには、ロシアの力を導入することぐらいしか思いつかなかったのだろう。

　ともあれ、ロシア公使館に保護された高宗は、王太子妃（一八九五年に親日開化派政権によって王世子嬪から名称変更）である閔氏や先代国王である哲宗の妃だった王太后金氏などをロシア公使館近くの慶運宮に移し、開化派政権精算に着手する。すでに触れたように金弘集は謁見しようと公使館を訪れるが、それもかなわず、民衆に殺されてしまう。日本の介入を受けた性急な「改革」は、いったん頓挫してしまったわけだ。

◆

　一方、ロシアに守られ、日本の力を相対化するのに成功した高宗は、即日、閔妃の「廃妃」を取り消す。そして、「王宮襲撃に直接手を貸した臣下」を排除し、「有力な家門に属さない人々」による内閣を組織するなど、「親露・親米派の台頭をもたらした」（同書、264頁および267頁）。趙景達《チョ・ギョンダル》氏のことばでいうと、「高宗や閔妃の息もかかっていた」（趙、2012、124頁）貞洞倶楽部・貞洞派が政権に入り込んだということになる。彼らが有力な氏族でなかったということは、それだけ国王の権力が強くなることを意味する。ここに国王、大院君、親日開化派という「三つ巴」状態が解消し、再び国王である高宗の強力な指導力を発揮する政権（高宗専制）が誕生したわけだ。これは一見すると、日本の勢力を排除した「壮挙」のようにも見えるが、よく考えると金弘集政権は国王を国家の象徴として責任内閣を編成するという立憲君主制を実現する可能性があるものであり、開化派政権の打倒は立憲君主制の実現が遠のいた、あるいはご破算になったことをも意味するのではないか。もちろん日本による王宮襲撃や閔妃暗殺事件、そしてそのあとの内閣での日本の影響力＝外圧を考慮すると、それらを排除しようとするのは当然のことではある。しかし、現実問題として「親露派の台頭」という木村氏のことばからもわかる通り、また別の「外圧」が朝鮮政界に流れ込んできていることも事実なのだから。

このように、日本に継いでロシアが朝鮮政界に「外圧」として入り込んだことは、当時の朝鮮における外国語教育の面でもあらわれている。例えば、「官立外国語学校は、一八九一年六月設立の日語学堂と、同文学・育英公院の跡を受けて一八九四年二月に開設されていた英語学校に『外国語学校官制』を適用し、同時に仁川支校を新設する形で一八九五年六月にスタートした」（稲葉、1997、13頁）という。この一八九五年とは、日本の勢力を背景とした金弘集を首班とする開化派政権が、さまざまな近代化を進めていた時期である。そしてそれは、教育にも影響を及ぼしており、この一八九五年には「漢城師範学校官制」および「漢城師範学校規則」、「小学校令」および「小学校規則大綱」、「成均館《ソンギュングワン》◆官制」および「成均館経学科規則」といった、教育関係の整備がほぼ同時進行で進められている（同書、12頁）。要するに、初等教育から高等教育まで、この年に基本的な路線がつくられたといっていい。そして、それらとともに位置づけられる外国語学校は「仁川に支校を新設する形で」制度化されており、その「仁川支校は紛れもない日語学校であった」（同書、13頁）。つまり、朝鮮での近代的外国語学校は、日本の朝鮮での影響力をあらわすように、日本語優位で展開されていたわけだ。しかし、高宗が露館播遷を行ってから、この方針は少し変わってくる。「一八九六年五月に俄語（露語）学校、一八九七年五月に漢語（中国語）学校、一八九八年九月に徳語（ドイツ語）学校が開設され」（同前）た。ここにはロシアを背景とした高宗専制時代の影響を見てとることは容易だ。露館播遷後、いくらも経たないうちに高宗はロシア語学校を整備しているのだから。フランス語に関しては、まだ親日開化派政権時代の一八九五年一〇月に開設されているが、高宗専制期にはロシア語はもちろん、漢語（中国語）、ドイツ語と教育範囲を拡げており、相対的に日本語の位置は

◆**慶運宮**　のちに徳寿宮と称される王宮。元は成宗《ソンジョン》の時代の王子である月山大君《ウォルサンテグン》の私邸があった場所である。ちなみに徳寿宮とは、一九〇七年に高宗が日本の圧力によって純宗に譲位したあと、純宗が父である高宗の長寿を願って付けた名称。

◆**頓挫してしまった**　農商工部大臣の鄭秉夏《チョン・ビョンハ》も庶民の手で殺され、度支部大臣（財務大臣）の魚允中もやはり庶民に殺されている。

◆**成均館**　高麗時代末から李氏朝鮮時代を通じて、国の最高教育機関として存在していた儒教教育の施設である。現在、大韓民国にある成均館大学は私立大学ではあるがその流れをくむ。

絶対的優位とまではいえなくなっているのがわかる。

ともかくも、高宗はロシアを重要視していたのは間違いないし、日本を相対化しているのも間違いない事実だ。しかし、その前後の内容については次の節に譲ることとしよう。ここでは、厳氏のことをもう少し詳しく見ておきたいからだ。厳氏は「宮人」であったが、高宗の寵愛を受けた女性だ。

> 寧越《ヨンウォル》を本貫とする厳氏は、哲宗五年（一八五四年）に厳鎮三のもうけた二男二女のうち長女として生まれ、八歳で宮女として王宮に入った。のちに明成皇后閔氏の侍衛尚宮となったが、その当時の厳氏の年齢は三二歳で、これは正五品内命婦にあたる尚宮である。その上、厳尚宮はそこでの責任者たる至密尚宮であったが、王妃にもっとも近くに随行し、安全の責任を請け負う至密尚宮といえば、宮女のなかでももっとも地位が高かった。
>
> （チェ、２０１０、206頁）

ここでいう年齢は数え年で、「哲宗五年一二月二五日生れ」（チ、２００９、298頁）。満年齢でいうと六～七歳のとき、すなわち一八六一年、まだ哲宗在世中に宮女となり、三一歳（一八八四年）で至密尚宮として正五品内命婦にまで出世していることになる。命婦とは女官を指すことばで、内命婦とは「王妃はじめ宮中にいる女はみんなこれに属していて、王妃が内命婦の大将」（黄・石毛、１９９５、33頁）だという。王妃の下に「嬪」「貴人」といった国王の後宮（側室）がおり、実際に家事をするのは尚宮と呼ばれる女官だったが、この王妃こそがこの女官を統《す》べているわけだ。逆にいうと、王妃のそばでその統括の補助をする至密尚宮は、王宮内の秩序を守るという意味では王妃に準ずる存在であるともいえる。この尚宮になるにはまず尚宮に弟子入りし、娘格となって二〇年間修行しなければならないという（同書、28頁）。だとすれば、厳氏は数え八歳で娘格として宮中に入り、おそらく一八八一年頃に尚宮に昇格しただろうと思われる。それから四年、一八八五年で侍衛尚宮として閔氏を守り、補佐する地位に達している。これが本当なら、厳氏の能力はかなり高い評価を受けていたといっていい。ちなみに外命婦というのもいて、「宮中の外に住んでいて、位のある女性たち」で、高級官僚たちは士大夫といい、その奥さんは貞夫人や淑夫人という称号を得て、特別なときにだけ宮中に正装して上がってくる存在だ（同書、34頁）。

当時はのちに純宗となる王世子が誕生したあとで、高宗と閔妃の関係は良好だった時期だ。このような出世をしたのは、彼女が閔妃にも、高宗にも信頼されていたということだろう。しかし、厳氏がただの宮女として仕えていたのは、このときまでである。「ある日突然に、厳尚宮が国王の寵愛を受けて、チマ（スカート）を裏返してはいてあらわれた」（チェ、２０１０、206頁）。チェ氏の見解◆では、国王の寵愛を受けた宮女は慣例上こうしたといい、彼女は一八八五年頃から国王に愛されたようだ。

高宗が乙未事変（閔妃暗殺事件）からたった五日で厳氏を呼び寄せた理由はなんであろうか？　まず、王妃が殺害されたことで、王室の混乱をおさめて内宮の秩序を取り戻す能力のある人物が必要だった。明成皇后閔氏は国母の役割を代行できそうな後宮（側室）はすべて追い出してしまったあとなので、高宗は内命婦を指揮した経験のある厳尚宮が適任者だと考えたのだろう。（同書、206〜207頁）

厳氏は中国語に通じ、歌や踊りがよくできたという（同書、206頁）。要するに才能のある女性だったわけだ。高宗がもっとも大切にした「家族」は、自身を中心とした、閔妃と王太子（純宗）の三人であったことはいうまでもないが、それ以外の後宮（側室）たちが追い出されている、というのは注目していい。高宗は愛妻家であり、恐妻家でもあったということはおさえておいていいと思うからだ。現実に、李堈を産んだ張氏は閔妃の悋気をかっている（細井、２０００、11〜12頁）。

厳氏が高宗の寵愛を受けたというが、彼女がもしも閔妃存命中に男子を産んでいたら、もしかしたら王宮から追放されたかも知れない。◆しかし、彼女は幸運にも高宗

◆**至密尚宮**　「至密」とは、国王の居所を指すことば。至密尚宮は、国王や王妃の近くでその安全を守る随行員の役割を担う宮女のことを指す。

◆**チェ氏の見解**　チェ氏はいわゆる歴史学者ではなく、ジャーナリストであり、このチマを云々という話は信憑性がそれほど高くないかも知れない。しかし、他の引用部分はある程度事実に基づいていることや、細井肇も、閔氏存命中に高宗が「内人の厳氏をお愛《いつく》しみになる」（細井、２０００、155頁）と述べていることから、ある程度の信憑性があると考える。

◆**追放されたかも知れない**　ただし、厳氏も閔妃の嫉妬から宮殿から追い出されたことがあったという（金用淑、２００８、86頁）。おそらく一時的なものだったのだろう。またこの挿話からも、厳氏がかなり早い時期に高宗と結ばれていることが推定される。

の子をみごもるのは閔妃の死後、むしろロシア公使館に移り住んでからであった。彼らがロシア公使館にかくまわれていたのは一八九六年二月一一日から翌年一八九七年二月二〇日までのほぼ一年である。この間に厳氏は高宗の子を妊娠している。おそらく高宗にとって、閔妃亡きあと、自分の「家族」として考えていたのは、彼自身と王太子、それに厳氏を加えた人びとが核になっていたに違いない。すでに述べたように、彼女は高宗の寵愛を受けながら、閔妃に完全には排除されずにすんだ数少ない宮女であり、しかも「内宮の秩序を取り戻す能力」に長けた女傑だったのだから。ただし、厳氏はこのとき四〇歳を越えている。今風にいえば高齢出産だったというところはおさえておく必要があるかも知れない。彼女が右も左もわからない若い宮女ではなく、むしろ女傑というべき胆力のある、しかも中年に達した女性であったからこそ、高宗も彼女に期待し、家族として頼ったのだと考えられるからだ。

ここですでに見た引用について、若干考えてみよう。チェ氏の研究をどこまで信じるかは、研究者によって意見の分かれるところだ。しかし、私には厳氏と高宗の関係が「〔厳氏は〕初め高宗の食事係としてロシア公使館に入ったが、ともに過ごす時間が多くなると、男女の情のなりゆきとして寵愛を受けるようになった」（尹、2010、398頁）というが、その「なりゆき」が偶然の結果とも思えない。なぜならのちに見るように、厳氏の出産に際する待遇が、ほとんど王妃と同じ格であったことから考えて、彼女が長く高宗から相当な愛情を受けていたということは断言できるからだ。後宮（側室）にさえなっていない「宮人」であるにもかかわらず「王妃並み」の待遇を受けた彼女の立ち位置は、一朝一夕にできたとはとうてい考えられないではないか。おそらくは、国王たる高宗は厳氏の能力を知っていたがゆえに、彼女に頼ったのだろうし、そのときにはすでに情が通っていた状態だったと考えるのが自然だ。第一、彼女は閔妃についていた尚宮であったのだから、高宗もよく顔を合わせていただろうし、だとすれば彼女の内宮を治める能力に気がついていたはずだ。だから、この高宗と厳氏の関係に関しては、チェ氏の議論を参照したのだ。

もちろん、高宗が厳氏に頼っていたとしても、閔妃への愛情が薄くなったとはいえないだろう。現実に、高宗は次のような行動をとっている。

明成皇后のために国葬を盛大に行い〔一八九六年一一月二一日〕、その魂を安置した慶運宮内の景孝殿へはほとんど毎日訪ねては茶礼を上げるほどに心をくだいていた。甚だしくは、忠州《チュンジュ》に霊を呼ぶことができるというソン・ガンホというひとを招いて、茶礼をあげるときに皇后の霊が見えるかどうかを尋ねてみたりした。彼が「皇后がお見えになりました」というや、高宗はその場を撫でさすりながら、激しく痛哭した。（チェ、２０１０、217頁）

実際には、茶礼は慶運宮に移ってから毎月（おそらく吉日をえらんで）欠かさず行っていることが『高宗実録』から読み取れるが、「毎日尋ねて」というのはどういうことだろう。慶運宮は狭い王宮なので足繁く景孝殿に行くことは可能だっただろうし、実際そうしていたかも知れないが、それなりに儀式をともなう「茶礼」を毎日上げていた、というのは首肯しがたい。やはりチェ氏の書き方には誇張が目に付く。ただし、霊媒師のような人物を宮中に出入りさせていたことは事実で、ソン・ガンホという人物がいたかどうかはわからないものの、神霊君という巫女や、李裕寅《イ・ユイン》という卜者《ぼくしゃ》（細井、２０００、15、20〜21頁）が閔妃のもとにおとずれていたとしたら、やはり霊媒師ぐらい王宮に呼ばれても不思議はない。これはのちに伊藤博文によって問題視され、排除される方向へと向かうのだが、それはのちのことだ。ともあれ、高宗は死してなお閔妃を愛していたということだろう。「皇子」を産み、その子をのちには皇太子にさせた厳氏であるが、彼女がついに皇后になれなかったのも、このあたりに理由があるように私には思える。

かくして、高宗はロシア公使館を出て、王太后金氏や王太子妃閔氏の移された慶運宮へと移った。そして、この慶運宮で「皇子」が誕生することになるのである。

三、光武元年、大韓に「皇子」生まれる

「皇子」誕生について見てみる前に、元号について話してみようか。李垠が誕生したのは、朝鮮の独自の年号である光武元年一〇月二〇日となっている。彼がこの日に生まれたというのは興味深い。李氏朝鮮の正史である『李朝実録』のうち『高宗実録』のこの時期の記事を見てみよう。このとき朝鮮は、清国との冊封関係がすでに絶たれており、「建陽」という元号を使っていた。じつはこの「建陽」建元に際して、いわゆる太陽暦での日付が採用されており、単なる朝鮮独自の元号をつくるという意味にとどまらない。おそらく太陽暦を受け容れ、新たに元号を建てるという意味が、この「建陽」という元号に込められている。

ちなみに、一八九五年四月に成立した下関条約を根拠に、朝鮮は清国との宗属関係が清算され、「独立」したということになるのだが、その前後に開化派の官吏たち

による政権が建てられ、矢継ぎ早に近代的な法制度がかためられていく。まずは親日開化派である金弘集政権は日本との間に借款条約を結び◆、この日本からの借款によって政権運営をはかる。そして、二九の勅令とふたつの法をわずか数日で頒布して、近代的な政体すなわち内閣および行政機関をつくりあげる基礎となる法整備◆をした。そして、その仕上げのようなかたちで、陰暦一八九五年一一月一五日に断髪令を発布、翌一一月一六日を最後に暦を陽暦へと切り替えた。陰暦一一月一七日を、陽暦一八九六年一月一日としたのである。そして、その徴として「建陽」という元号を宣布したのだ。

　この元号にあらわれているのは、清国の冊封体制から完全に自立したという意味合いとともに、内閣制度や断髪などに見られるように日本を媒介とした近代の導入という徴《しるし》であろう。この「断髪」が、民衆の大きな不満となっており、それが金弘集などへの民衆の暴力として発動するのだが、それはさておこう。しかし、これも長くは続かない。すでに述べたように、二月一一日には高宗によるロシア公使館播遷とともに倒閣が行われ、国王の親政が再開した。そして、一八九七年二月のいわゆる「慶運宮移御」以降、これは加速する。

> 　この露館播遷中、高宗は一八九四年に日本が漢城府を軍事占領して以来、様々な勢力により自らの意思を無視して行われた改革を次から次へと廃止することになる。朝鮮半島中に混乱をもたらした断髪令も廃止され、八月一六日には新たに光武という元号が制定された。
> （木村、２００７、273頁）

　先に述べたように、李垠が生まれた一八九七年一〇月は、改元してなければ「建陽二年」にあたるのだが、このときも一八九四年から「建陽」建元の間に起きた制度的変更を凌駕する勢いで「変更」があった。まず「外宮」たる廟堂の内部では、総理大臣が「議政大臣」と、かつての「領議政」を思わせるような名称へと替わるなど、復古的な意味合いが強い。このようなかにあって、

◆**太陽暦を受け容れ**　当時の朝鮮では、中国の太陰太陽暦である時憲暦が採用されていた。一八九六年一月一日から、「建陽」という元号の採用とともに、「実録」の次元では確かに太陽暦を用いているが、国全体が太陽暦で動きはじめたわけではない。月脚氏は「一八九七年一一月二九日詔勅で、『敬天而授時』との理由から『時憲暦』が廃止されて、新たに『明時暦』が定められ、これが一九〇八年まで使用されるが、学部〔日本の文部省にあたる〕が発行するこの暦も陰

暦が主で、陽暦は欄外下に小さく印刷されているにすぎない」。このような暦の改定は、朝鮮が「日本及び清との対等性確保」（月脚、２００９、159頁）すなわち「いったん朝鮮の君主が清と同等の皇帝になる必要がある」という論理と通底しているという（同書、160頁）。要するに、「実録」などの次元（あるいは対外的な文書などの次元）では、太陽暦そのものを受け容れたというより、「西暦（キリスト紀元）」の時間の流れを受け容れたといった方があたっているかも知れない。もちろんそれが、日本の影響下で行われたものであることはいうまでもなく、その意味ではこの太陽暦の受け容れは「日本を受け容れる」という意味もあるだろう。このとき「建陽」という元号は、明治日本さながらに、「一世一元」として制定している。

◆**日本との間に借款条約を結び**　『高宗実録』によると、この条約の日付は「大日本暦明治二十八年三月三十日」と「大朝鮮暦開国五百四年三月五日」と併記されており（『李朝実録第五十五冊』、１９９９、227〜228頁）、朝鮮ではまだ陽暦になっていないことがわかる。

◆**法整備**　これにともなって最初に裁可された法は裁判所構成法、そして勅令による政体の整備は、勅令第三八号内閣官制、勅令第三九号内閣所属職員官制、勅令第四〇号中枢院官制及事務章程、勅令第四一号各部官制通則、勅令第四二号外部官制、勅令第四三号外交官官制及領事館官制、勅令第四四号公使館領事館職員令、勅令第四五号法部官制、勅令第四六号学部官制、勅令第四七号観象所官制、勅令第四八号農商工部官制、勅令第四九号法官養成所規定、勅令第五〇号裁判所処務規定通則、勅令第五一号判事検事官等棒給令、勅令第五二号廷吏棒給에（に）関한（する）件（以上、三月二五日）、勅令第五三号内部官制、勅令第五四号度支部官制、勅令第五五号軍部官制、勅令第五六号管税司及徴税署官制、勅令第五七号官等棒給令（以上、三月二六日）などたった二日で二〇に及ぶ。これらはおおむね大枠の部署の設定などが示された法と勅令だといっていい。ちなみに勅令にたびたび登場する「部」とは、日本でいうところの「省」にあたるといっていい。続いて二七日には、勅令第五九号中枢院議長副議長及議官棒給令、勅令六〇号雇員棒給에（に）関한（する）件が、二九日には勅令第五八号叙品令、勅令第六一号公使館領事館費用令、勅令第六二号官員非職令、勅令第六三号公文式改正件、勅令第六四号閣令部令訓令告示及指令의（の）区分規定、勅令第六五号官員服務規律中改正件、勅令第六六号官員懲戒令といった九勅令が、さらに三〇日には会計法が裁可されている。この法と勅令は、大枠の組織が決まったあとに、その内部をどのように処遇するかを決めたものだといえよう。ちなみに、これらの法や勅令には、その最終条文として「開国五百四年四月一日로븟터（から）施行홈（すること）」とあり、陰暦一八九五年四月の新体制構築に向けて一気呵成に制度面が整備されていく様子が見てとれる（『李朝実録第五十五冊』、１９９９、230〜246頁）。そしてこれが日本の影響下での改革であることはいうまでもない。

高宗がそれでもいままでにない大きな「変更」をもたらしたこともあった。それは、「大韓帝国」への国号の変更と、高宗の「皇帝」即位である。

　まず、八月一四日に新元号を「光武」とすることを決めたが、『高宗実録』の同月一六日には「圜丘社稷宗廟永寧殿景慕宮行建元告由祭」（『李朝実録第五十五冊』、１９９、321頁）とあるように、改元は伝統的な「まつりごと」として挙行されているのだ。この日の記事には「陰暦丁酉七月十九日」とあることも付け加えておこう。先の親日派内閣での法制度改革と違い、このような「まつりごと」は、むしろ伝統的な装いで進められていくものであったといっていい。しかし、単なる復古ではなく、大清帝国や大日本帝国、ひいては大英帝国などといった諸外国と対等な「帝国」であることを宣言する大きな変革だ。高宗は「建元告由祭」を、「圜丘壇」という国王が祭天の儀式を行う場や、宗廟などといった歴代王を祀るところで、それこそ古式ゆかしく行ったわけだ（同書、320〜321頁）。

　この「光武」という元号を見ていると、ずいぶんと勇ましいものだと思わせられる。日本の「明治」の「明」や「昭和」の「昭」も、何か光があふれ出すような力強い印象を与える文字だが、「光武」はやはりそれと同じく強力な印象を与える「光」という文字が使われている。その上、「武」という文字があわせられているわけで、それだけ躍動感がある、雄々しいものだといえよう。先にも触れた、「建陽」という元号のもつ穏健な印象とはずいぶんと違う。この「建陽」という元号は、一八九五年一二月に決定し、一八九六年一月一日から使用されている。日本の影響下で進められた「近代化」への反発として「一世一元」の制度をあえて無視して、すなわち「日本からの自立」（趙、２０１２、136頁）、日本の影響を脱するという意志によって制定されたのが、この「光武」という元号だ。だが、もしもこの光武改元が、高宗の親政への揺り戻しの「仕上げ」という意味があるのなら、何ゆえに慶運宮に入ってから半年もして改元したのだろうか。私が考えるに、この一八九七年の夏から秋にかけてがきわめて重要な秋《とき》だったからに他ならない。それはいったい何なのか、以下に見ていこう。

　先にも触れたが、この年には改元に先立って国号が刷新され、さらに国王が皇帝へと即位している。一八九七年一〇月一一日のこと、高宗は議政である沈舜沢や特進官趙秉世、宮内府大臣閔泳奎、掌礼卿金永寿とともに開いた会議で、「天下之号」をどのようにすべきかを問う、すなわち国号をあらためることが議題としてとられている。

上曰　我邦乃三韓之地　而国初受命統合為一　今定有天下之号　曰大韓未為不可　且毎嘗見各国文字不曰朝鮮　而曰韓者抑有符験　於前而有竢　於今日無待声明　於天下而天下皆知大韓之号矣。舜沢曰　自三代以来有天下之号　未有承襲于前者矣　而朝鮮之箕子旧封之号也　堂堂帝国不宜因仍其号且矣　大韓之号稽之帝統之国無襲旧者矣　聖旨切当無敢賛辞矣秉世曰各国人之以朝鮮称韓者其祥已兆　於平昔而政待天命維新之日矣　且韓字扁旁朝字扁旁亦奇合而不偶矣　此万世開太平之応也　臣不勝欽仰攅頌矣。上曰有天下之号既定圜丘壇告由祭文及頒詔文並以大韓書之可也。

（『李朝実録第五十五冊』、１９９９、330頁）

この「天下」ということばに、まだ近代化しきらない政府の考え方の古さが見てとれるが、それはさておこう。高宗が国号として、いままで使われてきた「朝鮮」という国号は時代にあっていない、「大韓」に変更したいがどうだろうか、と政府高官に問うと、沈舜沢は「朝鮮という国号は、古代の箕子《キジャ》朝鮮◆からとったもので、中国との関係を強調するものだといえます。堂々たる帝国の国号としては、大韓こそがふさわしいでしょう」と述べ、趙秉世も「韓という字は現在までの国号である朝鮮の『朝』の字と扁《へん》が同じで、非常によいと思います」と答えている。すなわち、朝鮮は中国に追随する名前で、中国との宗属関係が断たれたからには、それにふさわしい国名がいいだろう。大韓はいままで使われたこともな

◆**高宗の「皇帝」即位**　この高宗の「称帝（皇帝と称すること）」問題に関しては、日清戦争開戦直後から政府で議論されはじめ、「〔一八〕九五年末頃に、『主上殿下』という呼称を『大君主陛下』に格上げするに止まった」。それは、金弘集内閣の日本人顧問たちが、「ロシアからの『自主独立』を明確にするために推進されたものであった」。一八九五年一〇月に「称帝計画がもち上がったが」、「アメリカ、ロシア、フランスなどの反対で流産してしまった」ことによる。この議論が本格化するのは、高宗の慶運宮還宮後である一八九七年春頃から「称帝を要請する上疏が続いた」ことなどから「称帝上疏運動的な様相が見られるようにな」り、高宗に対し影響力を持つロシアが「他の列強の朝鮮への干渉を防御する」意味で強く推し、露仏同盟の立場からフランスもこれを支持したという（以上、趙、２０１２、134〜135頁）。やがて、本論で述べたような大韓帝国という国号の選択と、高宗の皇帝即位へと動いていった。

◆**箕子朝鮮**　箕子とは、古代において箕子朝鮮を建国したとされる中国（殷）出自の人物。周の武帝が箕子を敬い、家臣とはせずに朝鮮に封じたとされる、伝説上の君子。

いし、それに古くから伝わるものでもある、「韓」という字体も朝鮮の「朝」の字に似ているから、もっともふさわしい名称だと、ほとんどお追従といった具合の返答が重ねられる。すなわち、臣下一同が高宗の提案に諸手で賛成し、「大韓」への国号の変更が決まっていった。

　そして、同日の夜からは、国王が「大韓」の皇帝に即位する儀式が行われている。いや、これは順序を逆に考えてみてもいいかも知れない。皇帝が治める新しい国家にふさわしい国名が模索され、「大韓」がえらばれたのであろう。よってここに「大韓」という「皇帝」が君臨する国家が成立した、すなわち「大韓帝国◆」が成立したわけだ。そして、国王が「皇帝」になったように、日本の策謀で殺害された王妃閔氏は「皇后」に、そして長男（のちの純宗）も「王太子」から「皇太子」へとそれぞれ格上げされている。このようにして、皇帝の君臨する「大韓帝国」が、内外に宣言◆されたわけだ。

　繰り返しになるが、一八九五年春には日本からの借款を得て、親日開化派による近代化が進められるようになった。最初に手をつけたのは政府を近代的組織に変更することであり、そのための法整備が急速度で進められ、いちおうは世界基準としての西暦を受けいれていく。それに対して、一八九七年の高宗の親政は、夏には元号を「光武」へとあらため、さらに一〇月には、国号を「大韓」にあらためた上で、高宗も皇帝に即位するなど、近代国家としての体面を決して否定するのではなく、むしろより明確にそれを世界に発信しようと努力しているともいえる。もちろん、それは多分に復古的要素が見られるとしてもだ。

　さて、この変化のさなかに、高宗がかわいがったあの厳氏が子を産んでいる。『英親王府日記◆』の最初の記載は次のようにはじめられている。

光武元年陰暦丁酉九月二十五日　陽十月二十日
詔曰宮人厳氏今日亥時生男護産等節依例挙行

厳氏が一〇月二〇日の午後一〇時頃に男の子を産み、王宮のしきたりによって「護産等節」の儀式を挙行した、ということがわかる。これと同じ文面が『高宗実録』光武元年一〇月二〇日に記載されているが、この記事の前に「皇子生」（同書、332頁）とあることから、李垠は生まれながらにして「皇子」であったことがわかる。

　英親王府とは、高宗の皇子として生まれた李垠を司る王宮内の部署で、彼がのちに英王に封じられたがゆえ「英親王府」と呼ばれている。ちなみに、この「親王」は、日本の「親王」とは違う。韓国皇室関係の研究で分厚い業績を残している新城道彦氏は、これについて次のように説明している。

英親王や義親王のように大韓帝国でも「親王」を用いたが、これは敬意を込めて「〇王」を呼称するときに用いるものであって、日本のように皇帝（天皇）との血縁的な近さを表すものではない。つまり、李垠や李堈の正式の称号は英王、義王である。
（新城、２０１５、49頁）

前掲の「日記」にも、李垠は「英王」として登場する。新城氏の議論を少し敷衍していうなら、日本の「親王」は天皇に「親王宣下」を受けた者とされ、序章で登場した「世襲親王家」などは、実際の血縁としては天皇から遠いものの、歴代の当主が天皇あるいは上皇の猶子――養子と似たものであるが、養父と養子の間に同居や養育の事実がないものをも含む――となって「親王宣下」されるしきたりになっていた。「現在の皇室典範では天皇の子と孫は自動的に親王（女性は内親王。なお旧皇室典範では曾孫までが親王、内親王）だが、皇室典範が成立する前は「天皇の子や孫であっても、親王宣下を受けなければ王（女王）であった」（浅見、２０１２、26頁）。

しかし、高宗の「慶運宮移御」以降の日本の影響下にあった開化派を排除した政治姿勢を考えると、参照すべきは日本ではあるまい。この「親王」という名称は、日本から影響を受けてはいない。がんらい、「親王」というのは、中国の王朝としては隋の時代以前から使われて

◆**大韓帝国**　李王家に関する研究の気鋭である新城道彦氏は、この「帝国」について、次のように述べている。「帝国とは本来、『皇帝が統治する国』という国体を表す言葉である。一方、帝国主義とは他国の犠牲において自国の利益や領土を拡大しようとする思想や政策を意味し、主に共産主義者が軍国主義や資本主義を否定するために体系化した」（新城、２０１５、３頁）。すなわち、「帝国」と「帝国主義」という政治的な概念はそれほどの差異があるということだ。「大韓帝国」とはどのような国なのかを考えるとき、きわめて示唆的な議論だ。

◆**内外に宣言**　もちろん、朝鮮国王の「皇帝即位」とのちに見る「国号改定」が国際社会に認められるのには、数年の間が必要となり、とくに清国に認められるのは一八九九年になってからだという（月脚、２００９、160～161頁）。

◆**『英親王府日記』**　韓国京畿道にある韓国学中央学院の蔵書閣が所蔵する日記。以下、煩雑さを避けるために、この日記や、のちに見る『丁酉年護産庁小日記』に関しては、ページ数を示さず、日記の書かれた日時だけを示すこととする。

おり、明の頃には冊封国の王などと皇帝の息子たる王を差別化するために、より高い地位として「親王」と呼んだという。高宗の慶運宮での親政が、その復古的な意味合いとともに、「大韓帝国」すなわち「大清帝国や大日本帝国、さらにはロシア帝国や大英帝国と対等の独立国であるということを内外に示す」（木村、２００７、276頁）ものであることを考えると、この「帝国」宣言と「皇帝」即位、そして「皇子」をのちに「親王」へと封ずるのは、むしろ明国の制度にならった、「中華」の宣言と見るべきではないか。

だとすれば、朝鮮王朝での古い呼び名――王子は「大君」、ただし国王の庶子あるいは王位を剝奪された国王は「君」とされた――を廃しつつも、ここに大明国同様の「中華」としての朝鮮を目指すことが読み取れてくる。森万佑子氏はこれを清朝の公的な中華の継承と、中華主義を正統に継承する朝鮮という「二元的中華」から脱した「一元的中華」への転換と呼んでいる（森、２０１７、21頁）。もちろん、称号の変化を大きいととらえるか、小さいととらえるかは判断が分かれるところだろうが、李垠の問題に限定するとこうはいえまいか。大韓帝国宣言以前であれば、平民出身で「宮人」の身分であった厳氏の息子（庶子）である李垠は「君」という称号をつけられていたはずであり、「皇子」として認識されることはなく、ましてや「英王」に冊封されたり、「英親王」という敬称をうけることもなかっただろう。その分、国王の庶子の地位が微妙に上昇しているようにもとれる。もちろん、大韓帝国成立以後に「皇后」が産んだ男子がひとりもいなかったため、これははっきりとはいえないが、「英王」や「義王」といった「王」の称号にはそれなりの重みがあるではないかと、私は思うのである。

ただし、それは庶子である男子自身に対する地位上昇であり、いわば出産後の彼の立場に関してそういえるだろうということであり、彼が「生まれる以前」については別に考える必要があろう。出産をめぐる祭儀では、やはり「依例」すなわち前例によっていることから考えて、平民出身で宮女である厳氏には、王妃が出産する際の祭儀がそのまま適用されたとは考えられない。先走っていえば、厳氏はのちに「英王」に封じられる男子――従来の庶子としての「君」より地位が上昇した「皇子」――を産むことができたがゆえに、出産後に彼女自身の地位が向上したと考える。

話を戻そう。先に、李垠は「皇子」として生まれたと述べたが、それは逆なのではないか。もちろん、当時のことだから、生まれてくる子が男の子か女の子かはわからないだろうが、ともかく久しぶりに高宗が子をもうけるわけであり、閔氏亡きあとの悲しみを癒すいい機会でもある。それにあわせて、元号をあらため、国号まで一新し、自らを皇帝としたのではないか。だとすれば、李垠の誕生は、新たなる出発をする大韓帝国◆の最初の、そして大きな慶事であり、むしろその慶事と改元、国号変更、皇帝即位は相乗効果をもたらすものとして想定されていたと考える方が自然だろう。先に述べた「一八九七年がきわめて重要な秋《とき》」だという意味は、ここに来て明らかとなる。しかも「偶然」にも、そのような意図を汲むかのように、男の子が生まれてきてくれた。そう、高宗にとっては李垠の誕生こそがこの年のもっとも大きな事件であり、そうであるがゆえに近代から揺り戻しがあり高宗自身に政権が握られる政府にふさわしい国号と元号を選択していったのだ。だとすれば、李垠は高宗の「慶運宮移御」と「中華」たる大韓帝国の申し子であったともいえる。

　このように、李垠は「大韓帝国」に生をうけた。先に引用した『英親王府日記』のふたつめの記事は、「光武元年陰暦丁酉九月二十七日　陽十月二十二日」で、この日は「詔曰宮人厳氏貴人封爵」とある。大韓帝国の申し子たる李垠の母は、皇子の母として栄誉ある地位を与えられた。男子を産むというのは、やはり特別なことなのだ。

　この日記の記載は、それからおよそ三年間何もない。おそらくは、幼い皇子をめぐって、それなりの世話をしていたのだろうが、公式記録としての日記に書くような儀式などなかったということだろう。逆にいうと、先

◆**地位が微妙に上昇**　一八九四年の「甲午更張」では、親日開化派官僚による近代化政策がとられたが、このとき「嫡出と庶子の差別撤廃」や「身分差別撤廃」がうたわれている。のちに見るように、李垠も庶子でありながら「英王」に封ぜれており、それ以前の時代における「大君」並の扱いを受けているといっていい。もちろん変化の途上にある時代なので何ともいいがたいが、少なくとも制度上は「大君」の位置に立っているといっていい。

◆**男子がひとりもいなかった**　のちに皇太子となった李垠とその妻である方子の間にはふたりの男子がいるが、それは朝鮮が日本の植民地に転落したあとである。詳しくは本評伝の第3巻と第4巻で見るが、このとき「称号」についてもさらに変化している。

◆**新たなる出発をする大韓帝国**　正確には、大韓帝国国制が発表されたのは光武三年（一八九九年）八月であるが、この光武元年の「一〇月一一日夜から一二日に行われた皇帝即位儀礼」（月脚、２００９、159頁）があったわけで、この光武元年一〇月一二日をもって大韓帝国成立ととりあえず考えることとしよう。

に見たように、李垠誕生直後に行われた「護産等節」と、厳氏に対する「封爵」とは、大きな儀式だったということもできる。まずこの「護産」だが、後述する「護産庁」を意味すると考えられる。そしてそれにまつわる「節」＝行事を「挙行」したということだろう。これは「捲草祭」（後述）と「洗胎」（後述）を中心とした、諸祭儀を指しているに違いない。そうなのだ。国王の子どもをみごもった女性は、特別なしきたりに基づいて＝「依例《れいによりて》」、さまざまな手順を踏んで出産に備えなければならないのだ。そして子どもが誕生したあとも、やはり「依例」さまざまな祭儀を執り行っていく。だとすれば、朝鮮王朝の出産についてある程度知らないと、これは理解できないことになるだろう。次に、これについて詳しく論じてみる。

四、国王の子を産むということ

「護産等節」で明らかになったように、五〇〇年にわたる長い歴史を誇示する朝鮮の王宮では、妊娠、出産にかかわるさまざまな儀式があった。李垠の誕生後について見る前に、いったん時計を一〇ヶ月前、すなわち「宮人」厳氏が李垠をみごもったときにまで戻してみよう。そこでは、国王の子どもをみごもるということの意味、そして妊娠の事実が判明したあとの「胎教」という、朝鮮の王宮独特の行動が見てとれる。だから、それらについて詳しく紹介しておく必要があると考えるのだ。

　まず、王妃をはじめとした国王の寵愛を受けた女たちは、どうやって国王の子をみごもるのだろうか。伝統的には、国王と王妃は同じ寝室で眠るのではなく、同衾するときだけ国王が王妃の寝室に入ったという。これは「夫婦有別」という儒教倫理の影響で、同衾すること自体が儀式的になっていることによる。例えば、朝鮮王朝の正王宮である景福宮では、国王は康寧殿に、王妃は交泰殿、また一九〇七年に即位した純宗皇帝は昌徳宮に住んでいたが、皇帝である純宗は熙政堂に、皇后閔氏の死後（一九〇四年）皇后となった尹氏は大造殿といった具合に、住んでいる殿閣自体が違っていた。慶運宮の場合、咸寧殿に国王（皇帝）と厳氏がいたが、「寝室を分けることにより、夫婦有別の原則を守った」（キム、２０１３、21頁）。国王が王妃などのもとへと向かうこと――これを合宮《ハプクン》という――は、秘密ではなく、次のような儀式的な色彩を帯びることとなる。

　はじめに、天文や暦を司る官庁である観象監で、不吉な日、すなわち蛇の日と寅の日がまず避けられ、さらに一日、晦日、一五日とその前後の日が避けられた上で、吉日を占って合宮の日がえらばれたという。しかし、その「吉日」も雨が降ったり、雷が落ちたり、霧がおりたり、風が強かったり、あるいは国王自身が病気だったりしたら、合宮することはなかったのだから、同衾する日などそれほどなかっただろうと推察される（キン・ムンシク／キム・ジョンホ、２００３、21〜22頁）。国王たちが女官に手を出すというのは、こういう状況が産み出した副産物だといえよう。窮屈な「合宮」よりは、自由な「恋愛」といったところだろうか。

ところで、高宗と閔妃の場合、ふたりとも景福宮でも乾清宮のなかで暮らしていた。もちろん乾清宮は、長安堂（高宗）、坤寧閤（閔妃）というぐあいに、ふたつの殿閣を維持していたわけで、それらが回廊でつながっていたとしても、夫婦有別は守っていたといえよう。先に述べた「国王は康寧殿に、王妃は交泰殿」というのは、大院君による景福宮再建以前、すなわち一六世紀以前のことだったと思われる。先にも述べたように、乾清宮の建立は一八七三年で、王宮の北西角にあった湧水を利用した香遠池もともにつくられ、乾清宮と香遠亭――六角形の東屋で、高宗が臣下をねぎらったり、詩を詠んだりしたといわれている建物――があり、景福宮の後苑にあたる。これらは「風水的に優れている」とされ、また朝鮮で最初に電灯をともした場所とされている（武井、２００

◆**それらについて詳しく紹介**　以下、妊娠や、胎教、出産そして出産後のことに関しては、主に『朝鮮の王世子教育』（キム・ムンシク／キム・ジョンホ、２００３）を参照した。また、『朝鮮朝宮中風俗の研究』（金用淑、２００８）、『朝鮮王室の儀礼と生活、宮中文化』（シン・ミョンホ、２００７）も参考としている。

◆**国王の寵愛を受けた女たち**　正式には、朝鮮王朝時代の国王の正室のことを「王妃」、側室のことを「嬪」と呼んでいたが、これは朝鮮王朝が諸侯国（明、清など中国と冊封関係にある国）であることとかかわるものだった。大韓帝国は「帝国」であるため、呼称は引きあげられ、国王は皇帝、王世子は皇太子、その正室は皇后と呼ばれるようになった。そして側室たちは「妃」とされ、その敬称として「貴妃」が用いられるようになる。本書では、混乱を避けるため、朝鮮王朝の歴代国王の正室を「王妃」と統一し、側室は「後宮」と呼ぶこととする。また厳氏のような場合、のちに「皇貴妃」に封じられ、死後に「純献皇貴妃」と諡号されたので、適宜その呼称を使うこととする。大韓帝国成立以後の皇室に関しては、すべて皇帝、皇后、皇太子などということばを使う。

◆**蛇の日と寅の日**　中国出自の十干十二支の考え方は、もともと日付を表すのに使われ、のちに年、月、時刻、方位などにも用いられた。ここでいう蛇の日や寅の日とは、この十二支によって蛇や寅の日とされた日のことを指す。

0、47〜49頁）。高宗が親政を開始するにあたり、内宮を整備したといった方がよいだろう。高宗は電灯の設置などでもわかる通り、決して古い因習にとらわれるのではなく、むしろ西洋近代の新しい文物を取り入れる性質を備えていたといってもよい。

ここで問題は、高宗と厳氏の関係である。高宗が彼女を事実上の後宮（側室）としたのは、一八八五年のことだという（チェ、2010、206頁）。比較的自由に会えたであろうこの「宮人」は、当時すでに「正五品内命婦」の地位を得ている。この正五品というのは、当時の女官としては最高位であった。そして、閔妃暗殺後には高宗のそばに仕え、ロシア公使館に移ってからは、王宮とは比べものにならないほど狭い建物のなかで同居していたのである。もちろん、部屋は別だったと考えるが、それにしても右に見たような「儀式」を経て合宮をすることはなかっただろうと推定される。彼女は身分が高いとはいえ、やはり「臣下」であるわけで、あとは高宗の気持ちひとつという状態であったはずだ。やがて彼女は妊娠する。

さて、厳氏が李垠をみごもるのは、一八九六年末だったと推定される。問題は妊娠してからだ。国王が子どもを授かったというのは、国全体の慶事である。とくに大韓帝国が成立してからは、皇帝の誕生日や皇太子の誕生日を「万寿聖節」、「千秋慶節」として国慶日とし、国民の祝日とするなど、近代国家における「国民」の創出の根拠として皇帝や皇太子の慶賀を利用しているが、近代化以前でも「王子」誕生は国全体で祝っているわけで、このような「前史」があるからこそ、国民国家創設のために統合の象徴として大韓帝国皇室が利用されたということだろう。これは一足早く近代国家への道を歩みはじめた日本の天皇を中心とした国民創造、ひいては英国の国民創造を参照しているかのようだ。このような意味を踏まえても、李氏朝鮮時代、いや、李垠の誕生を言祝ぐように大韓帝国の皇帝となった高宗が子どもを、それも男子を授かったというのは、偶然にしてはでき過ぎではないか。

では、実際に妊娠していた女性——王妃や側室たる後宮と呼ばれる女性たちをはじめ、寵愛を受けた宮女まで——は、どのような処遇を受けていたのか、気になるところだ。以下に、その一般的なあり方について、簡単に見ておこう。

まず妊娠した女性はもちろん、そのそばに仕える内官、女官である尚宮や宮女にいたるまで手厚く賞与が与えられた（キム・ムンシク／キム・ジョンホ、2003、23頁）。もちろん、男子を産んだ女性の実家は、それなりに発言力や官職などで優遇されるため、それこそ一族の浮沈がかかった事業ともいえる。現在と違って、生まれてくる子どもが男の子か、女の子かについては、神のみぞ知るという状態だった。それゆえに、ひとえに「男子が欲しい」という切実な思いから、さまざまなことが行われていく。

まず第一に、「名山大川」にひとを送って祈禱をあげるとか、甚だしくはお腹のなかの子どもを男の子にするために、「鮸《にべ》の腹の身を煮込んで長い間食べていると、男の子が産めるという」（同書、28頁）など、民間の秘術のたぐいも動員されている。

もちろん、当時の正式な「胎教」というのもあり、それは儒教に基づく『聖学輯要』という書物にあらわれている。この本は李珥（号は栗谷。一五三六〜一五八四年）という朝鮮王朝時代の中期の哲学者で、現在の韓国では五〇〇〇ウォン札の肖像画になっている人物が書いたものだ。これによると本格的な胎教は妊娠三ヶ月目からはじめられるという。

> 王室の胎教は朝に眼をさましたときからはじまる。妊婦は聖賢の教訓を刻み込んだ玉板を見てそのことばを覚えることで朝を迎える。玉板が使われた理由は、玉自体が身体にいいとされるからだが、その色合いも情緒を和ませてくれるという考えからきたものだ。声を出して聖賢のことばを読むのは、その声が胎児にいい影響を与えると信じられていたからだ。そして常に赤水晶か紫水晶でつくった指輪と腕輪、そして首飾りなどを撫でさすりながら眺めた。綺麗な色彩を見ながら鉄壁の信念で玉のような王子の誕生を祈ったのだ。（同書、25頁）

居所も別宮へと移るというが、李坧をみごもった厳氏も、妊娠三ヶ月ぐらいのとき、すなわち一八九七年春には別宮に移動していたと見ていいだろう。この別宮の名称だが、おそらくは「粛雝斎」と呼ばれたところだ。これは現在は残っていないので、あるいは臨時に建てたものなのか、判然としない。詳しくはあとで述べるが、厳氏はここでさまざまな儀式をしており、出産のための産室も慣例上いつも寝起きしていた場所とされたことから、この別宮にそのまま「産室」が設けられた可能性が

◆**皇帝の誕生日や皇太子の誕生日**　高宗の誕生日はもともと「大君主陛下誕辰」であり、のちの純宗となる皇太子の誕生日の「千秋慶節」も「かつて清に対する君主誕生日呼称だった」という。これらの祝日は「一八九七年七月二四日詔勅で国家祭祀は陰暦に復す」（月脚、２００９、158〜159頁）としたため、陰暦で行われた。

高い。そこでは「外部の世界と連絡を絶ち、甚だしくは国王とのやりとりさえも手紙で行うほどに神経をつかった」「居所は静粛にし、宮中楽士たちを居所の周辺に配置して、伽耶琴や玄琴を演奏するようにした」（同前）。要するに、すばらしいことば、美しいもの、美しい音楽といったものを、妊婦を通じて胎児に与えるという発想だ。ただし、「笛の独奏は妊婦の感情を激しく刺激する心配があるので避けられた」（同前）という。とくに五ヶ月目からは、「昼には当直の内侍が、夜には尚宮や下女が『千字文』や『童蒙先習』、『明心宝鑑』といった漢籍を朗読させた」（同前）というから、五ヶ月を過ぎたあたりで、朝から晩まで妊婦も哲学漬けになっていたといえよう。至密尚宮という地位にあったとはいえ、出産前は一介の「宮人」に過ぎなかった常民（平民のこと）出身の厳氏がここまでの待遇を受けたかどうか判然としない。しかし、すでに慶運宮へと移動したあとのことでもあり、少なくともロシア公使館のなかほどには狭くない王宮にいたという事実や、これらのうち多くは決して技術的に難しいことではないということなどから、やはり忠実に履行されたと考えていいのではないかと、私は考えている。

それでは、宮廷楽師による音楽の胎教が、厳氏にあてがわれたのかどうか、少し考えてみよう。朝鮮の雅楽についていは、山本華子氏の研究が参考になる。彼女の研究は李王職雅楽部、すなわち朝鮮が日本の植民地に転落したあとの雅楽部についての考察だが、「韓国併合以降、楽師たちの待遇は最低のものであった」が、一九二二年の官制改定で待遇が大幅に改善されたことが述べられている（山本、２０１１、64頁）。改定後も、李王職雅楽部の官吏たちは、宮内省式部職楽部より相対的に低い地位になっている。しかし、これは李王職が宮内省に属している、すなわち宮内省式部職楽部は宮内省内の下部組織であることを考えると、宜《むべ》なるかなというところだ。だとすれば、大韓帝国期の掌楽院と呼ばれていた雅楽の官庁の官吏たちは、それなりに高い地位を維持していた人びとだともいえる。だとすれば、かりに国王の子を宿していたとしても、まだ「宮人」たる厳氏の妊娠中に、彼女のために多く配置されたのだろうか。普通ならば、彼女の女官としての地位や、高宗の寵愛というものを考えても、額面通りの胎教を受けられたか疑わしいと思うのではないか。しかし、私はある根拠をもって、彼女は出産に際してほぼ王妃並みの待遇を受けていたと考えている。おそらくは音楽による胎教に関しても、惜しげもなく遂行されたのではないか。もとより慶運宮は狭い王宮である。一ヶ所で演奏がはじまれば、だいたいの場所でそれを聴くことは可能だ。だとすれば、国王である高宗の無聊を慰めることをかねて、厳氏への胎教としての雅楽の演奏はなされただろう。

では、その「根拠」とは何か。それは蔵書閣に保存されている『丁酉年護産庁小日記』の記述なのだが、これを明らかにする前に、まずは王妃が出産に際してどのような待遇を受けていたのかについてまとめてみたい。

妊婦の身体の管理も大切にされている。別宮の生活では「椿油、蜜、杏の種、卵などで頭や肌を綺麗にし、顔を洗うのも小豆、緑豆、大豆を粉にして、石けんのかわりに使った」り、食べるものに関しても、「医師たちの意見に従い、甘いものも警戒」（キム・ムンシク／キム・ジョンホ、２００３、25頁）するなど、尋常な気配りではない。これが七ヶ月目に入ったら、「お膳には肉を避け、朝の食前に豆腐を食べた。豆でできた料理は胎児の脳の発達によいという定説」（同書、26頁）を根拠に食事の変更がはじまる。

そして各種の青物野菜と海苔、わかめ、海老、白身魚などの海産物がお膳にのぼった。このとき蟹と蛸は避けなければならない。蟹は横に歩くという習性から、蛸は「骨がない生き物」だという先入観のためのようだ。妊婦の特別な栄養食として、龍鳳湯（鯉、烏骨鶏、牛肉、鮑、海鼠が主たる材料）が膳にあがったりした。とくに「王の魚」と呼ばれる鯉は、王子を産もうとしている妊婦には特別な意味を込めた栄養食であった。（同前）

七ヶ月目からは牛肉を避けるというなら、この龍鳳湯に牛肉が入っているのは矛盾しているようで気にかかる。おそらく、中心的な食材は鯉と烏骨鶏（すなわち龍と鳳）であろうと推察できることから、七ヶ月目からはその食材から牛肉を外すのかも知れない。いずれにせよ、視覚、聴覚、触覚、味覚、嗅覚という五感のほぼすべてにおいて胎教は行われているといっていいだろう。ただし、この食事に関しては、王妃と後宮などそれ以外の女性のときで差があったように思われる。出産間際になってからの話で触れるが、王妃の場合、他の地位の女性とは違い、ふんだんにお金と人員をかけてもらっているという印象を受けるからだ。しかしこの龍鳳湯などは、「宮人」に過ぎない厳氏にもふんだんにふるまわれたことだろう。なぜなら、「王子を産」むために必要なものだったといえるからだ。

縁起物としては、その居所には「十長生図」（太陽、雲、山あるいは石、水、松、竹、不老草、鶴、亀、鹿といった不老長生を意味するものを描く）の屏風が置かれていたという。そして「王妃の日課のひとつとして、十長生図を見ながらひと縫い、ひと縫い、真心込めて刺繍をし」、「生まれてくる子に着せるために刺し子の服を直接つくった」。「刺し子の服をつくろうとすれば、まず精巧に縫う才能と、繊細な気持ち、そして集中力が必要」なので、それを王妃に養わせるのが目的だという（同前）。のちに見るように、これは王妃とそれ以外の後宮などとを分ける必要のない、王子の母としての訓練とでもいうべきものであるから、おそらく李垠の母たる厳氏のように、王妃という地位になくとも、国王の子を産む女性ならひと通り経験することであったろうと思われる。

そしていよいよ臨月を迎える。このときには「頭を洗ったり、足を洗ったりしてはならない」「斜に寝たり、うつぶせになってはならない」「悲しい鳴き声や、騒がしい音、哀切な虫の音、みだらな歌などを聴いてはならない」とされた（同前）。一〇月が産み月だった厳氏の場合、鈴虫や松虫などの寂しくも楽しい虫の音を遠ざけるのに苦労したに違いない。そして、いよいよ「護産庁」が設定された。

この「護産庁」とは何か。じつは、王妃あるいは王世子の妻である世子嬪◆が産み月に近づくと「産室庁」というものが組織されるのだが、それ以外の後宮や国王の寵愛は受けたもののまだ一般の「宮人」である女性のような場合は、もともとはこのような組織はつくられず、「後宮以下の側室たちは、宮廷の外に出て、実家で産んでいた」という。だが、一六世紀後半に国王となった宣祖《ソンジョ》のとき、ふたりの後宮が出産のために実家に帰ったところ、ふたりとも出産中に死んでしまったため、王妃以外の後宮（側室）のために「護産室」を設けることを決めたという（以上、同書、34頁）。これが正室たる王妃以外の者の出産で特別なはからいがなされた経緯である。厳氏が出産した際には、設置されたのは「護産庁」であったことは確実だ。前出の『英親王府日記』に「護産等節」と「護産」の二文字が入っていること、また何よりも『丁酉年護産庁小日記』が残されているのだから、間違いない。

この護産庁だが、明らかに産室庁と差がつけられていた。まず産室庁は産み月の三ヶ月ほど前に設置されるものとされているのに対し◆、護産庁は臨月になってやっと設置された。また人員に関しても、産室庁であれば都提調、提調、副提調といった組織を維持する三提調の官吏や、医官などをはじめとした人びとをあわせて二〇名以上の人員が割かれるが、護産庁の場合は三提調も任命されず、医官他数名程度であったという。ただし女官に関しては、産み月が近づけば二倍に増えたというので（同書、25～26頁）、決して何のはからいもなかったわけではないものの、それでも護産庁では宿直の医官もおらず、産室庁が設置されたときには必ず行われる「笞刑・杖刑などのうるさい音の出ることは厳禁され、屠殺も禁止」といった措置もとられなかった（同書、36～37頁）。厳氏の出産に際して、このような触《ふれ》が出されたのか、文献的根拠がないのでわからない。しかし、もしもこのような措置がとられていたら、正史である『高宗実録』に記載されてもいいはずだが、それが見あたらないため、これはなかったのかも知れない。先に「王妃並み」と述べたが、逆にいうと彼女への待遇は王妃の待遇そのものではないことも確かだ。もし本当に王妃と同じ対応をするなら、護産庁ではなく産室庁を設置しているはずだからだ。私が「王妃と同じ」ではなく「王妃並み」というゆえんがここにある。

　また、臨月には妊婦の親が産室庁あるいは護産庁に入ることを許され、父は妊婦の居所の付近で宿直し、母は心理的な支えとなって出産前後を助けた（同書、38頁）。平民出身の厳氏の場合、国王との連絡ぐらいは頻繁にあったであろうし、もちろん充分な配慮はされていたことだろう。すでに触れた通り、慶運宮は狭いのだ。放《ほう》っておいても国王と顔を合わす機会はふんだんにある。だから彼女は、ひたすらに男子を産むことに専念し、漢籍を読み聞かせられていたはずだ。また、あるいは「鮸《にべ》の腹の身」も食べただろうし、「十長生図」を見て無聊をなぐさめつつ、刺し子を縫い続けていたに違いない。何しろ、もしも男子を産むことができれば、彼女だけでなく彼女の一族は李王家（李垠出産直前に皇室となる）の親族となり、幸運がめぐってくるのだから。だが彼女のもとに、実の両親が駆けつけることはなかった。彼女の両親はこの時点ですでに死んでいるからだ。兄弟がきた可能性はあるが、四三歳という年齢での出産であり、しかも初産だとすれば、母親がそばにいて欲しかっただろう。そういった意味でも、彼女は孤独だったのだ。

　そして産気づくと、産室がつくられる。これはかなり複雑なものだが、「物品の種類は産室庁も護産庁も基本的に同一だったが、ただし物品の数量や行事を執行する人びとの地位が違っていただけだった」（同書、39、41頁）。

◆「産室庁」というものが組織される　『李朝実録』で確認できる範囲でいうと、産室庁の設置は、宣祖三六年（一六〇三年）が最初だ。そして閔妃の出産でも設置され、それは『高宗実録』に記載されている。

◆三ヶ月ほど前に設置されるものとされている　実際には二ヶ月ほど前に設置されたようだ。おそらくは、吉日をえらぶなどの作業が必要であったため、どうしても準備に時間がかかったのであろう。

つまり、厳氏は地位の低い「宮人」として、医官や助産婦の他、数名の官吏という小さな集団で産室を形成していったに違いない。これが王妃ならば、三提調が中心となって医官別掌務官（事務官）などを引き連れ、妊婦が寝起きしているところに行き、国王に親しく来臨してもらって、確認作業を行うなど、産室をつくる作業を厳粛に進行させていった（同書、38頁）。

後宮の場合、すなわち護産庁の場合、基本的にはこの「三提調」がいないため、右に見たような厳格なものになるとは思えない。基本的に「護産庁の官員とは、医官と職員のほか、医女（宮中の内医院を手伝っていた女性）」など六人ほどだったようだ。そして、産室をつくる際に必要な事務官である内官（担当官吏）、泛饌官《しせんかん》（地の吉凶を判断する官吏）、択日官（吉日を判断する官吏）、奏時官（時間を知らせる官吏）、別掌務官といった人びとが選定されるようだが、後宮の産室では、出産過程を総括するというそれなりに高い官職である「三提調」がいない以上、すでに見たような国王の来臨を請うことは難しかったと思う。また、捲草官（のちに見るように、出産するときに産婦が使っていた莫蓙などの敷物を、出産後に産室の戸の上に捲いて掛ける専門の官吏）が配属されているわけではない（同書、36～37頁）。

では、その産室とはどのようにつくられていたのだろうか。

産婦の精神的な安定のために、いつも寝起きしていた部屋を産室とするのが原則であった。執事官（担当官吏たる内官）は産室の北側の壁に「二十四方位図（十干十二支を使って方向を示す図）」と催産符（催生符ともいう、安産のお祈りの意味がある）、そして借地符（産婦の安全と安産を促す一種のお札）をはった。そして執事は吉方を決めて、お産する場所にさまざまなものを敷くのだが、このときにも面倒な順序にならった。

次に示すのは、一八七一年（高宗八年）一一月、明成皇后〔この時点ではまだ王妃〕が出産したときに設置した産室の物品だ。

いちばん最初に、藁草（稲藁でできた敷物）、藁席（藁でできた叺）、白紋席（莫蓙）、羊毛氈（羊の毛で編んだ敷物）、油芚（油紙）、白馬皮、細藁席（綺麗な藁でつくった敷物）を順序通りに敷く。白馬皮が使用された理由は、陽の気を象徴し、白も縁起がよい色だから、出産の安全と迅速さを祈る意味があった。このとき、白馬皮は両耳が十全な状態で出ているものを使った。そして白馬の皮の頭の下には麻糸を敷いて、その上で多男を祈願する意味で、鼠の皮や鼬の皮を敷いた。

（同書、38〜39頁）

さらに胎衣を置く方向に朱砂で書いたお札を貼り、鹿の革でつくった手綱を、妊婦が横たわる床の頭の方の壁に設置して、分娩で力むときに握りしめるように垂らしていた。ちなみに先に登場した白馬皮は、頭をこの鹿革の方に向けて敷く。「寝起きしていた部屋を産室とする」ということは、国王の子を妊娠した女性は別宮に入るとされるが、その別宮に産室がつくられるということを意味する。のちに見るように、厳氏の産室は「甬雖斎」であったことから、これが別宮の名称であったと見てよいだろう。産室をつくると、医官あるいは担当の官吏が、前出の「借地法」を三度読みあげる。この内容は、次のようなものだった。

東借十歩　西借十歩　南借十歩　北借十歩　上借十歩　下借十歩　壁房之中四十余歩
安産借地恐有穢法　或有東海神王　或有西海神王
或有南海神王　或有北海神王
或有日遊将軍　白虎夫人　遠去十丈　軒轅招揺　挙高十丈　天符地軸　入地十丈
合此地空閑　産婦某氏　安居無所妨碍　無所畏忌
諸臣擁護　百邪逐去　急急如律令勅

（金用淑《キム・ヨンスク》、２００８、293頁）

これは安産のお祈りで、「産婦某氏が安産すべき席として上下左右、東西南北の空間を借りるから雑鬼たちはみな立ち去って清らかな席で安産できるようにしてくれという意味」（同前）だ。四方だけでなく上下の空間も借りているのが面白い。そしてこの「産婦某氏」のところは、実際には「産婦　○○氏」あるいは「中宮殿（王妃）○○氏」と、王妃の姓を呼ばなければならないため、一介の医官では失礼なことなので、あらかじめ国王に允許《いんきょ》を得なければならなかった。またこの産室で産婦が出産をするわけだが、出産が少し遅れて、もしも月をまたいでしまえば、あらためて方位を選択し直し、産室を作り直した（キム・ムンシク／キム・ジョンホ、２００３、41頁）。

しかし、厳氏の場合は「宮人」、すなわち女官のひとりなので、ここで国王に允許をとる必要はなかったと考える。その分、儀式も簡略化したものだったに違いない。少なくとも彼女が「貴人」の位を授かる——「貴人」として後宮の扱いを受ける——のは、男子（李垠）を産んだあとなのだから。逆にいえば、もし産んだ子が女の子だったら、そののち彼女がどの程度の厚遇をされたかは微妙なところだろう。李垠誕生から十数年後、やはり「宮人」の梁《ヤン》氏が高宗の子を産んだが、生まれたのは女の子だった。のちに日本に渡って対馬の宗伯爵家に嫁入りした李徳恵その人だ。しかし、その母である梁氏は厳氏のように「皇貴妃」（後述）という高い地位に列せられることはなかった。

ちなみに、この出産風習だが、民間でもかなり簡略なかたちで行われていた。鷗外森林太郎と東大医学部での同期生だった小池正直という軍医は、明治二〇年（一八八七年）に『鶏林医事』という本を著している。ここには以下のような記述がある。

韓婦ノ分娩ハ概子軽易ニシテ一二時乃至五六時ヲ費スモノニ似タリ之ヲ韓医ニ問フ曰ク児将レ産之日、先択二吉方一、藉レ草為レ茵、妊婦親族一人、乳母一人、并在レ側、候二其児生一、而児生即以レ手断レ胎、（切勿レ用レ刃）、七寸連レ臍、余胎埋二吉地一、（或投レ水或焼レ火）、即以三柔細紬与二新綿一抱レ児、又以二温湯一洗レ児、（児生一百日洗レ之、夜不レ滅レ燭、則児必明敏）

（小池、1887、28～29頁）

これは、李垠が生まれる一〇年前に書かれたものであり、当時の一般人の出産に関する風俗が知れて興味深い。要するに「子どもが生まれる日にのぞんで、まずは吉方をえらび、草でつくったものを敷いて褥《しとね》とする」というあたりは、すでに見た王妃の産室の作り方を簡略化したものといっていい。さらに、「あまった臍の緒は吉地に埋める」という記述も、のちに見る「洗胎」の儀式を連想させるものだ。また「生まれて百日目に湯で子どもを洗い、一晩中ろうそくの火を絶やさないようにすると子どもが賢くなる」という風俗は、現在の韓国における「百日の祝宴《ペギルチャンチ》」を想起させる興味深い内容だ。しかし、ここに「乳母」がいることを考えると、一般の農民までがこのような儀式で出産したとは考えがたい。両班といわれる貴族階級や余裕のある農家で行われていたことなのではないか。だとすれば、李王家の出産風俗は、これをもっとも発達させたものだといっていい。あるいは、李王家の風俗が両班や農家へと下へ下へとひろがったのかも知れない。

ただし、近代化が進むこの時代、「高宗の後宮たちが王子女を出産する時には、すでに新式女医師と産婆たちがいたそうで、産室の設備ももちろん前と同じではなかった」（金用淑、2008、294頁）ともいわれている。この「女医師」について、少し見てみよう。

済衆院◆最初の産婦人科医はエリスという女医師だったが、一八八八年にバンカー氏と結婚して病院を辞任した。その後任として来た者がリリアス・ホートン◆という未婚の女医師であった。韓国に来て一年で延禧大学〔専門学校の誤り〕の創立者アンダーウッド牧師◆と結婚し、さらに一年後には最初の息子であるウォン・ハンギョン氏◆を産んだ。彼らは韓国最初の女医師として、ふたりともに明成皇后〔閔氏、当時はまだ王妃〕の侍医として活動した。彼らは一八八六年から一八九五年に明成皇后が暗殺されるまで宮中に出入りしていた。

（金乙漢、２０１０、67～68頁）

確かに高宗の周囲には、近代的な産婦人科医がいたし、彼らが侍医として王宮に出入りしていたのは間違いない。しかし、閔妃が殺されるまでしか出入りしていなかったということは、その後は彼らに育てられた、少なくとも近代的医学教育を受けた医官や「新式女医師」が出産を担当していたということだろう。だとすれば、胎教や食事の変更はさておいたとして、産室庁や護産庁のようなものはつくられていなかったのだろうか。いや、そんなことはない。すでに述べたように、「護産庁」は設置された。庶出ゆえに元子のようなわけにはいかないが、簡略になっているとはいえ、「護産等節依例挙行」すなわち「しきたりとしての祭儀」が挙行されていたと考えるしかないからだ。

おそらくは、衛生面や薬、あるいは分娩にともなう技術的な部分で、より近代的な知識に裏打ちされた女医、助産婦などが動員されていたのではないか。例えば、そ

◆済衆院　一八八五年に宣教師で医師のＨ・Ｎ・アレン（Horace Newton Allen　一八五八～一九三二年）が高宗の援助を受けてつくった、朝鮮最初の近代的病院。当初は広恵院といったが、すぐに済衆院と改称、医学校も併設した。一九〇四年に米国人実業家セブランス（Louis H. Severance）の寄附をうけてセブランス病院へと発展、一九〇九年にセブランス医学校を併設、日本統治時代である一九一七年からセブランス医学専門学校へと改称される。現在の延世大学医科大学（医学部）の前身である。

◆リリアス・ホートン　Lillias Horton　一八五一～一九二一年。

◆アンダーウッド牧師　Horace Grant Underwood（一八五九年～一九一六年）、元杜尤（ウォン・ドウ）の朝鮮名を名乗る。

◆ウォン・ハンギョン　ホレイス・ホートン・アンダーウッドの朝鮮名。Horace Horton Underwood　一八九〇～一九五一年。

れ以前の産室庁では、「海馬」と「石燕」のふたつを出産時に使用していたという。これらは産婦がにぎっているもので、出産と同時に手から離さなければならない、その手を離す間合いをしくじるとよくないことが起きるとされた。これらは「中国で催産薬剤に使われるもの」で、「秘薬」と呼ばれる（金用淑、2008、294頁）。このような科学的根拠のない「秘薬」などは使用しなかった可能性はあるが、詳しいことはわからない。李垠誕生の時代、朝鮮の近代化は進みつつあったものの、まだ完全に近代化されているわけもなく、それが政治的な制度であれ、経済的な制度であれ、まだ途上であったように、李王家の出産風景も近代化の途上にあったと思われる。

だから、次のような非合理的な施術はしなかったのではないかと思う。例えば、「医官が王妃の手首を直接とって脈拍をはかるのではなく、手首に絹の糸を巻き、糸を簾の外に出して、その振動で脈をとる」（キム・ムンシク／キム・ジョンホ、2003、37頁）という不合理なことが実行されたとは思えない。合理的でない上に、厳氏はこの時点ではまだ「宮人」に過ぎないため、医官も決して「畏れおおくて、お手をとることができない」などということはなさそうだからだ。

いよいよ出産だ。産室には産神床というお膳が準備されており、産米（産婦が出産後に食べるご飯の米）と長いわかめを切らずにそのままのせ、清浄な水も同じく置いておいた。当然、産婦の頭上には、鹿革の手綱が壁から垂れていた。

産室の軒下には銅製の鐘が掛けられており、出産後には国王が親しく鐘を鳴らして出産を知らせたというが、それが元子や元孫であれば「本日何時に元子が誕生したから、それぞれ担当部署では諸般のこと、前例に従って挙行せよ」と教旨を告げ、ついで誕生から三日目に宗廟（李氏朝鮮王朝の歴代国王のみたまや）に行って元子または元孫の誕生を報告し、誕生から七日目には百官の進賀を受けて大宴会をひらいたという（同書、46〜47頁）。李垠はのちに皇太子となるが、この時点ではまだ単なる「皇子」に過ぎないので、これには該当せず、「本日何時に大君あるいは公主がうまれたから、内医院はそれをよくわきまえるように」という程度で、宗廟にも行かなければ、百官の祝賀も受けなかった（同書、43頁）という、元子や元孫以外の子の誕生ときの格式に準じただろう。また元子や元孫が生まれた場合、重罪人を除く多くの罪人を赦免するなどの措置をとっていたが、すでに見たように刑の延期さえもしなかったであろう護産庁の性格を考えると、この赦免もなかったと見る方が自然だろう。

そこで一歩踏み込もうか。いまだ対外的には認められているとはいいがたくとも、かたち上「大韓帝国」となっていた「皇室」で「皇子」として生まれたわけだから、李垠誕生のときの教旨は「本日何時に皇子が生まれた」だったに違いない。そしてこのような祭儀をもって生まれたのは、李垠が最後だろう。のちに見るように、李垠の兄である李堈にも多くの子どもがいた。しかし、李堈は王族に準ずる公族で、国王の子女誕生と同じ祭儀を実践していたとは考えがたい。その分彼は、気楽な立場にたっていたといっていい。その他にも彼の妹として生まれた李徳恵は、朝鮮が日本の植民地になったあとであることや、李徳恵の母である梁氏も身分が低く、生まれてきたときも翁主（国王の庶子としての姫）であったことから考えて、かなり省略された出産風景◆だったのではないかと、私は考えるからだ。そういった意味で、李垠は近代化を急ぐ大韓帝国の申し子として生まれたという表面上の立場とは別に、古い朝鮮王朝の末尾に連なり、それを背負って生きることを宿命とした、相矛盾する二重性をまとって生まれてきたといえるだろう。

　また泛饌官《しせんかん》が産室の戸の上に三寸ほどの釘を三つ打ち付け、その釘に赤い紐を掛けて垂らしておいた。しかし、庶子の場合この泛饌官は任命されていないことが多いため、おそらく医官や内官など執事がこれを代行したのではないか。ここには、出産後に、産婦が使った莫蓙《ござ》などの敷物を丸めて掛けるという儀式――これを懸草という――があり、本来は「安産したら医官がただちに『藁ござを渡してください』と請う。産室で藁ござを渡すと、捲草官が受け取ってくるくる巻いて、戸の上の長押に赤い紐で吊る」（金用淑、２００８、296頁）。「護産庁」では必ずしもこれらの官吏は任命されなかっただろう。しかし、この捲草官が厳氏の場合は任命されている。おそらく医官などがこれを代行したに違いない。そして、産婦の苦労を労《ねぎら》うように、産米（産母が食べるご飯を炊く米）でご飯を炊き、わかめでスープをつくって、それぞれ三つずつ産神にあげて感謝しつつ、お産の終わった産婦にこのスープとご飯で最初の食事を与える（キム・ムンシク／キム・ジョンホ、２００３、42頁）。スープとご飯を混ぜて食べるのは、朝鮮では普通に行われていることで、朝鮮料理が好きな読者ならクッパといえばわかるだろう。これは「국（スープ）」と「밥（ご飯）」を組み合わせた複合名詞

◆かなり省略された出産風景　『徳寿宮李太王実記』（李王職、１９４３）にも、徳恵が生まれた一九一二年五月二五日の記事は「宮人梁氏女子ヲ生ム。梁氏ニ堂号ヲ福寧ト賜フ」（同書、781頁）とあるのみだ。

なのだが、これは厳氏のときも「依例」与えられたはずだ。『丁酉年護産庁小日記』にも「光武元年丁酉九月二十六日」すなわち李垠誕生の翌日、「宮人厳氏分娩後気候連為平安以和飯藿湯三巡而新生阿只氏善為吮乳且放糞気息安穏之意書」とあることから、厳氏は分娩後、きわめて良好な状態であり、天候も恵まれていた、そして右記のようなご飯などをとり、新生児たる「阿只氏《アギシ》」（後述）も乳を吸い便も出し、元気にしている様子が描かれている。

五、「護産等節」は粛々と進められて
——『丁酉年護産庁小日記』から読み解く

いよいよ前々節で紹介した「護産等節」について見てみよう。護産庁で行われる祭儀のうち、出産後のものを指すと思われるこのことば、「等」という一文字に何やら簡単ではない、複数の儀式があるように想像をかき立てられるではないか。

さて、前節で厳氏の出産は「王妃並み」であったと述べた。このことについて触れておこう。がんらい、護産庁では「三提調」は任命されないのだが、この出産ではまがりなりにも任命されているのだ。『丁酉年護産庁小日記』を見てみよう。

光武元年丁酉九月二十五日辛亥晴吹西風亥初二刻十二分
宮人厳氏　誕生男阿只氏于慶運宮書雖斎
（中略）
都提調意
奏曰湯薬雇員金龍煥劉浩栄待令医女竹葉真香　差下何如
尤
前郡主李海昌兼典医　差下仍為小児別入直事
勅下

「阿只氏《アギシ》」が「書雖斎」——厳氏が出産に際して起居した別宮——で生まれた。ここにある「阿只氏」については、説明が必要だろう。これは国王の子どもを指すことばだ。そう、いままで李垠という名前を使って議論を進めてきたが、厳密にいうとこれは少し事実と異なっている。じつは王子、王女が生まれると「阿只氏」という尊称で呼ばれる。通用期間は結婚までだという（金用淑、２００８、293頁）。だから、誕生の時点では、単に「アギシ」と呼ばれていたことがわかる。「垠」という名前が付けられるのは、しばらくあとのことだ。

また右の引用文では、ここでは李垠誕生の時間がより細かく書かれていることが特徴だが、亥刻といえば午後

九時から一一時を指す時間帯であり、その「初二刻一二分」とある。かなり複雑なのでひとつずつ解いていくが、「初二刻」の「初」とは、亥刻の初刻（九時から一〇時まで、ちなみに一〇時から一一時は正刻）を指す。さらに、その下の「二刻」とは、一五分を「一刻」として四分割したうちの「二刻」すなわち九時一五分から三〇分を意味し、そのあとに「十二分」とあることから、初二刻のうち一二分目すなわち午後九時二七分に李垠が生まれたことがわかる。最後に記されている「十二分」に、近代化されつつある李王家の姿を見ることも可能だ。例えば厳氏よりも古い時代の記録で蔵書閣に残されている『癸酉九月崔淑媛房護産庁日記』（一六九七年）には、「辰初一刻誕生男阿只氏」とあるのみで、「分」までは書かれていない。当たり前といえば当たり前だが、この『小日記』ひいては李垠の誕生には、陽暦を採用しながら旧暦で日記が付けられ、前近代的な時間の表現をしつつも「十二分」と正確に計量化された近代の時間が入り込むなど、近代と前近代がせめぎあう部分があるのだ。

このような古い時間で誕生時間があらわされていることとともにまず注意したいところは、この日記が旧暦で書かれていることだ。その分古い慣習通りの儀式を行っていたであろうことがわかるではないか。しかし、私が強調したいのはそのあとの「都提調」の進言だ。この役職の官吏が任命されていたことがここからわかる。さらには、湯薬雇員の二名（金龍煥と劉浩栄《ユウ・ファリョン》）医女の二名（竹葉《チュギョプ》と真香《チンヒャン》）、さらには新生児を担当する別入直御医（李海昌）が任命されており、それらの名前もはっきりしていることが見てとれる。

この日記は、「小日記」とあることからもわかる通り、それほど長い期間書かれているわけではない。旧暦九月二五日から一〇月一日まで、すなわち陽暦の一〇月二〇日から二六日までのごく短い期間内にあったことを克明に記しているという特徴がある。おそらく、男子が生まれたからこそ、この日記が書かれたのではないだろうか。皇子誕生後にこの日記が書かれ、その最初の項目で湯薬雇員や医女を任命すべきことが述べられているということは、それまでにはそれらの役職の人間がいなかったことを意味している。

じつは蔵書閣には『大君公主御誕生ノ制』というのがあるのだが、そこには次のように書かれている。

> 大君公主誕生の制は李朝以前は尚のこと、李朝以後にも記録に現れたもの――顕宗以后の例が有るが、具体的に詳細ではないため、近代高宗の例が頗る詳細であることから、此を根拠にして六典条例・春秋日記・稽制司日記・実録・林下筆記及び産室庁日記

等を参考に左の如く記述す。　（1頁）

高宗以前には、これらの制度についてはそれほど明らかではなかったということか。だとすれば、上記に見たような制度は、閔妃の出産を基礎にした記録（もちろん、それまでの制度を憶えていた宮中の人間の記憶は参照されただろうが）であったといっていい。そして、同書には「産室庁職制」として以下のように記述している。

内医院都提調一人　大臣
同　提調一人　正二品
同　副提調一人　都承旨
捲草官　一人　正二品
別入直御医　五人
鍼医　一人
議薬同参　二人
医女　二人
別掌務官　一人
待令書員　四人
蔵胎時安胎使一人　正卿或亜卿陞資差下
陪胎官　一人
伝香奏時官　一人　以上観象教授
泛饌官　一人
日択官（日官ともいう）一人　（同書、4頁）

以上が、産室庁における布陣であるとすれば、護産庁ではこのうち提調副提調などがいないさびしいものだったわけだ。しかし、『小日記』の引用に戻ると、都提調（名前は明らかではないが、右の引用文献によると高宗の時期には大臣がなったというのであるから、一八九七年一〇月一日付で宮内府大臣に任命された閔泳奎であった可能性が高い）が、湯薬員や医女を具体的に名前を挙げて推薦している。そしてこれが、出産の日である旧暦九月二五日、陽暦一〇月二〇日のことであることをふまえると、要するに「皇子」誕生によって、高宗がこれをとても喜び、都提調をはじめとする官吏だけでなく、医女などを手厚くあてがうことを希望し、それに応じて、先に見たように人員が整えられたといっていい。

上記の官職のなかで、この『護産庁小日記』で明らかになっているのは、「草席次知（次知とは担当官を意味する語）、名前不詳」「捲草官、朴準承」「従事官、名前不詳」「護産官、朴準承　崔錫祐《チェ・ソグ》」「主事、玄東完」「別入直御医（医官）、李海昌」がまず挙げられている。さらに、のちに述べる「安胎」の儀式での人員として「安胎中使、金圭復」「従事官、崔錫斗」「清道警務官員二名」「奏時官一員」「相土官一員」「別官一人」「看投書員一人」「陪胎書員一人」「武官六人」とかなり大がかりであることがわかる。この「護産官」というのが何なのか推し量ってみると、おそらく「提調」および「副提調」に該当する官職ではないかと私は思う。「草席次知」は他の官吏などと対比すると「泛饌官」に相当する官職だろうと考える。ただし、名前不詳というから、途中から別の官吏、例えば朴準承が兼務したのかも知れない。捲草官は正二品という高い地位の人間がなるものであり、提調も同じ正二品であることを考えると、朴準承は正二品の位階にあったこと、さらには「護産官」という役職もおそらく「提調」と「副提調」と重なりあうものだと推察可能である。大臣職の者が都提調を務め、実際の運営は提調格の朴準承が中心となり、同じ護産官である崔錫祐はそれを助けた――副提調格だったのだろうとわかるではないか。さらに、「安胎中使」も「蔵胎時安胎使」に該当するものと思われる。総じて、産室庁に遜色のない、すなわち閔妃が純宗を出産したときとほとんど変わらない体制が敷かれていたのは間違いない。ただし、それらの官職名が一段下がっている――提調と副提調が護産官へ、蔵胎時安胎使が安胎中使へ――のは、出産時でまだ「宮人」に過ぎず、李垠誕生後に「貴人」になったとはいえ、身分上は王妃と比べて大きく劣るという問題があってのことだと指摘しておく必要があるだろう。

先の引用でも明らかなように、高宗までの朝鮮王朝での大君（王子）公主（王女）の誕生について書かれた記録文書のたぐいがあまりなかったことを考えると、産室庁と護産庁の区別は、畢竟閔妃とそれ以外の女性の区別であり、そして厳氏は王妃ではない「宮人」に過ぎない立場であるにもかかわらず、都提調のいる手厚い体制で出産し、誕生した子どもが男子であることがわかるや、一気に産室庁での布陣と同等のものへと人員が拡張されていく様が見てとれるのである。厳氏の出産が「王妃並み」といった理由はここにある。厳氏以外の後宮たちは、おそらくこのような手厚い対応をしてもらっていないだろう。それは護産庁を設置した段階で、都提調などを任命することもなく、仮に男子が出生しても（庶長子の完和君のときのように）閔妃にはばかって大々的なものにはしなかっただろうと考えられるからだ。閔妃亡きいま、その位置に厳氏が座ることが予兆される出来事が、この李垠出産の風景なのである。また、もしも生まれてきた子が女子であれば、おそらく出産後に護産庁の人員を産室庁並みに引き上げることはなかったと考えられる。皇帝の子なかんずく男子を産むということはそれほど大きなことなのである。

さて、出産後の厳氏の「護産等節」すなわち儀式について順次見ていこう。出産後最初に行われるのは、「懸草」だが、それと並行して「壁に貼っておいた催生符を剝がして燃やすのだが、このとき催生符の灰が飛んで行かないように注意して焼いた。そしてその灰をあつめておいて、あとでお湯に溶かして産婦にのませる。これは次の出産でも安産であるようにという祈りの意味があった」（キム・ムンシク／キム・ジョンホ、２００３、44頁）。

出産三日目になると、「開福神醮礼」というのがあり、「斎戒した士（官吏）に新生児を背負わせて天に見せ恭敬を悟らせる」（同書、51頁）というが、これは元子、元孫に限定されたものであり、朝鮮王朝の初期によく見られた儀式で、中期以降には行われてこなかったものだから、李垠の場合、これを行ったとは思えない。だとすれば、彼の誕生をめぐって挙行されたおもだった祭儀は、まず「捲草祭」だったはずだ。

これは李氏朝鮮時代の前期（おおむね一五～一七世紀）では、誕生三日目に行われたが、後期（一八世紀～一九世紀）には七日目に移っていたという。

まず日官（諏吉官）が占卜して時間を定めたら、定刻前にまず産室の前庭に地衣（地面にしくござ）を敷いて馬木（四脚の台）を左右に置き、その上に大きい厚板を載せて祭膳を準備する。その上に次のような品物を陳列する。

「命白米十包（一包に十斗ずつ入れて一包を作るから合計十かます）、命糸十斤（黄色い絹糸）、命紬十匹（白貢紬）、命銀百両、香炉一個、香盒一個（その中には紫丹香が入れてある）、燭台一双（安肉燭）」

上記の品物の中の米・糸・絹・お金等にみな「命字」を付けるのは、寿命長寿を祈るためである。その置く場所は次のとおりである。

命白米は前の列に陳列し、命糸はその右側に、命紬はその左側に、命銀は真ん中に、燭台はその次の左右に、香床はその前に置き、香盒は香床の上に、排席は階段の下に敷いておく。

祭膳の前列に捲草官が席に就き、再拝してから板の間の上にあがって、産室の入口の上の長押に吊っておいた懸草（捲草）の前に進む。この時差備官一人が函をもって従う。次に捲草官が一人で、出入口の上に吊ってあった藁莫蓙を取って函の中に入れると、差備官がその函を膳の上に置く。再び捲草官が香案の前に出て、焚香礼を上げてから階下の席に戻って再拝する。

それから、都提調と共に捲草を苧の袋に入れ、それを赤い風呂敷で包んだあと、都提調が署名する。これを差備官が彩輿（彩色した輿）に載せると、次のような行列をつくって捲草閣まで行き、そこに奉

安するのである。（金用淑、２００８、299～300頁）

これは、先に見た『大君公主御誕生ノ制』にも記載されている。その他にも、懸草した「藁を漆ぬりの櫃に入れて紅褓で包み、王子の捲草は内資寺（ネジャシ）に蔵し、公主・翁主のものは内贍寺（ネチョムシ）の倉の中に保管する」といい、これを「捲草礼という」と伝えられている。また、李氏朝鮮王朝末には、捲草閣というものをつくったという。これは前記のふたつの倉を「一緒にして別途に捲草閣を設置」したものだ（以上、同書、296頁）。奉安するときの行列は「炬火（松明）、炬火、炬火、細仗、鼓吹、差備官、彩輿（彩色した輿）、捲草官、炬火、炬火、炬火、細仗、鼓吹、差備官」（同書、300頁）とかなり大がかりだ。しかし、多くの人員――都提調や捲草官、「草席次知」が任命されていた護産庁では、この祭儀は滞りなく行えたといっていい。出産三日目◆すなわち陽暦一〇月二〇日に出産したその日を一日目と考えて、三日目である一〇月二二日に、「貴人」に「封爵」された厳氏は、いよいよ高宗の「家族」として迎え入れられたことになる。これはかなり迅速な対応だといえよう。おそらくはただの「宮人」ではなく、少なくとも国王の後宮として認め、それなりの対応をしようと思ったからこその「封爵」だったといえまいか。何度もいうように、「皇子」を産むというのはそういうことなのだ。

『丁酉年護産庁小日記』によると、厳氏の「捲草祭」は旧暦一〇月一日、すなわち陽暦一〇月二六日に挙行されている。皇子の誕生日を一日目と考えて、七日目に挙行されているわけだ。じつはこの儀式、民間でもかたちを変えて行われている。「〔懸草は〕民間で行われる禁索のようなものだ。民間では左側に綯った縄に男の子なら炭と唐辛子を、女の子なら炭と松の木の枝を差し込んで禁索の縄をはって、不浄な人間の出入りを禁じた」（キム・ムンシク／キム・ジョンホ、２００３、51頁）とあるように、それなりに広がっていた儀式だったといえるからだ。

光武元年丁酉十月初一日丁巳晴　即一七日也辰時

捲草祭物

命正銀八十両命絹十疋命紬十疋命紬黄糸十斤命白米

◆出産三日目　この三日目は七日目とともに、王の子どもの誕生としては重要な節目だったと考える。のちにもさまざまな儀式について述べるが、これらはみな三日目あるいは七日目に行う儀式だ。

一百斗分十袋　本院挙行
排設所用　捲草時
塗朱為木二坐塗朱大板子五立香案一坐高足床画辺油紙六張四両黄燭一双鍮大燭台一双鍮香炉一坐鍮香盒一坐鍮大炉一坐鍮大也一坐火箸一部沈香捲草入盛全添函一坐白紋九張付地衣一浮拝席二立　本院挙行
捲草封裹所用
捲草初裹次白苧袋　再裹次紅紬長三尺二幅袱　函外裹次紅紬六幅袱
封裹次紅郷緑三甲所　負函次紅綿緑三甲所　封裹後覆函次紅紬五幅袱
紅木牌　葉紙硯筆墨
捲草行礼于書雖斎大庁排設挙行而献官朴準承為之行祭後捲草函護産庁使令以支機負奉陪　進于内資時行路諸般挙行自外為之門路以錫類門宣陽門南新建門木柵門為之
（『丁酉年護産庁小日記』）

辰時◆といえば、だいたい午前八時ぐらいだろうか。祭物に関しては、すでに引用した文献で書かれているものが挙げられている。ただし、「赤く塗った木坐」をはじめとして「朱塗大板子五立香案」「鍮大也◆」すなわち「真鍮の盥《たらい》」以下、多くの道具が追加されている。また、慶運宮内に設置された「書雖斎」――おそらくは厳氏のためにつくられた別宮、産婦の居所に産室がつくられたことからそのように推定される――で捲草祭が行われ、護産庁自体は廃止された（後述）。これらのことは、護産官の朴準承がそれを中心となって儀式を行う。その後、捲草の入った函――先の引用でいう「漆塗りの櫃」、日記にも旧暦二五日の項に「捲草入盛次四隅紅添無蓋函」とあるから、蓋はなく赤い漆で塗った函に入れたのだろう――を内資時（寺）へと持って行くのだが、その移動の際にもさまざまな儀礼を行った。まずは捲草祭の儀礼として、厳氏が居所として使っている書雖斎に設置した護産庁を廃止する。献官として朴準承がその儀式を行ってのち、捲草函（敷いていた蓆などを入れた函）を護産庁の使令が持って内資寺へと進む。行く途中にさまざまな儀礼を行い、錫類門、宣陽門、南新建門、木柵門などの門を通って行った、とのことだ。このようにして、慶運宮内につくられた「内資寺」へと納めたと見ていいかと思う。そしてもし、内資寺が慶運宮内にあるならば、先に見た錫類門、宣陽門、南新建門、木柵門といった門もすべて王宮内にあったはずだ。そのすべての門が現在は残っていないのでよくわからないが、とくに「木柵門」はその名称からして、内資寺の前に臨時でつくられた儀式的な門だという印象を受ける。このように、厳氏の出産は、繰り返しになるが王妃の出産に準ずる儀礼を踏んでいるといっていい。

余談になるが、じつはこの当時、慶運宮は造成の最中であり、正殿に当たる中和殿——正門である南門の仁化門の北に建てられた——が完成するのは一九〇二年のことだった。だから、先に登場した内資寺や四つの門といった建築物は、すべて中和殿ができる前の、仁化門の北にあったと考えるのが妥当ではないか。のちに見るように、安胎使は胎を持って仁化門から王宮の外に出るのだから。

さて、李垠は——このときはまだ「阿只氏」と呼ばれているが——このように古式ゆかしく出産儀礼を受けて生まれてきた。それに対して、のちに生まれてきた李垠の妹たる李徳恵はどうだっただろう。まったく推理するしかないのだが、彼女の出生は韓国併合条約以後、すなわち朝鮮が植民地になったあとだということ、生まれてきたのが女子であったということ、側室である梁氏が産んだ徳恵は、李垠と違ってかなり簡略化した儀式ですまされていると見ざるを得ない。また第3章で述べるが、李垠の兄である李坧も、その生母が高宗の王妃だった閔氏の嫉妬などを受け、孤独な少年時代を送っていたのは間違いない。だとすれば、李垠のような儀礼を受けて生まれてくることはなかったはずだ。そういった意味でも、李垠は「朝鮮最後の王」たる運命を背負って生まれているようにも思える。

出産七日目（陽暦一〇月二六日）の「捲草祭」の儀式をもって護産庁が「排設」、すなわち廃止されたと述べた。これは、もともと産室庁が出産七日目の「捲草祭」後にその使命を終え、廃止されるという前例によった（「依例」）ものである。護産庁もこれに準ずる組織であり、当然この日で廃止となる。つまり、誕生後七日でこの祭儀に彩られた出産の風俗はいったん終了ということだ。この七日目の祭儀のあとに、「わかめスープと白飯と白ソルギ（粳米の粉を蒸篭で蒸した餅）を産室庁の職員たちに下賜する」（金用淑、２００８、302頁）とある。また、この日にはおくるみ（襁褓）ではなく、はじめて衣服を着せるという。

その衣服は衿のない衣服（無領衣）である。二週

◆**辰時**　辰時初と書かれれば七時を意味する。
◆**大也**　朝鮮語「대야《テヤ》」で盥《たらい》を意味する。

間目になると衿のついた衣服を、二十一日目には初めて上下別々の衣服を着せる。そしてこの日初めて産室のすべての禁忌が解除され外部の人の出入りが許される。（同前）

こうしてみると、出産前一ヶ月ほどから、出産後三週間ぐらいまでの、だいたい二ヶ月前後が国王の血をひくもののお産をめぐる儀式の期間だといっていい。それまでの胎教の時期とはまったく異質な、そして現代からみると複雑な祭儀が延々と準備されており、厳氏も「貴人」となったその身分に応じてこれに従っていたことがわかる。

それにしても、わかめのスープと白飯というのが、出産後散見される。このわかめのスープと白飯のクッパには、それなりの意味があるらしい。じつは、王子、王女が生まれたあとは、褒賞が手厚く行われるが、このなかに「羹飯の待令」（同書、300頁）というものがあるのだ。「羹飯とは『汁かけご飯』という意味だが、宮中で功のあった内人に王子女が誕生後に、『わかめスープ』を添えた、立派な飯膳を下賜されること」であり、「大変光栄な褒賞の一つだった」という（同書、301頁）。

もちろん、本格的な褒賞（これを「賞格」という）としては、職階の上昇、馬などの下賜などが行われる。そしてもちろん、出産中に事故など「不幸なことが起これば、その責任は担当した人びとがともに背負わなければならなかった」（キム・ムンシク／キム・ジョンホ、２００３、47頁）。おそらく、職階の引き下げもあっただろうし、女官たちは場合によっては王宮から去ることもあっただろう。

幸い、厳氏の出産は見事に成功した例となっている。少し先走るが、実際に「（旧暦）十月十五日」すなわち陽暦一一月一〇日に護産庁の功労者に「賞格」を与えたという記事で『丁酉年護産庁小日記』は締めくくられている。

次知金圭復熟馬一匹　面給従事官崔錫斗白木二疋
賜給次知房使令二名房直一名飯工一名水工一名各布
一疋　賜給従事官房使令二名房直一名飯工一名水工
一名各布一疋　賜給司鑰一人別監二人各白木一疋木
一疋水工一名布一疋飯監一人員役二人各白木一疋木
一疋飯工一名布一疋　賜給護産官朴準承崔錫祐各熟
馬　面給別入直李海昌主事玄東完各綿紬一疋白木一
疋　賜給
捲草官朴準承花方紬一疋雇員金龍煥劉浩栄各白木一
疋官木一疋待令雇員朴胤錫趙衡鎮池殷錫各木一疋
医女竹葉真香各綿紬一（疋・欠字）白木一疋木一疋
賜給抄奴金永順使令趙元俊咸福龍各木一疋待令使令

二名軍士英釗基永待令軍士三名童便軍士二名各布一疋　賜給

じつに手厚い賞与だ。延べ三六人に支給されている。「熟馬」とはよく仕込まれた馬のことで、一六三六年（仁祖《インジョ》の時代）に元孫が生まれたときは、都提調（領議政が兼任）には「鞍具馬（鞍をつけた馬）」を、提調には「半熟馬」を、捲草官には「熟馬」を与えたというから（キム・ムンシク／キム・ジョンホ、２００３、45～46頁）、提調格の朴準承と副提調格の崔錫祐が「熟馬」を与えられたということは、この賞格がやはり元子・元孫誕生並みのものであったことを示唆する。この朴準承は二ヶ所で登場し、捲草官と護産官の双方で賞格を与えられている。

そのほか、名前のない水工や飯工が重複しているかどうかわからないが、おそらく重なってないだろうと考える。なぜなら、彼らが名前を記述されず、しかも水工、飯工といった比較的身分が低いであろうと思われる役職——当然『大君公主御誕生ノ制』でも登場しなかったいわゆる水汲みや飯炊きを専門とする人員——だとすれば、それぞれがひとりではなかっただろうと考えられるからだ。◆それだけではない。どの水工も飯工も、布一疋◆しか与えられてないことから、もちろんそれらの布が別種のものであった可能性はあるものの、ひとりにひとつずつというのが妥当だと思われるからだ。もともと、この賞格の書き方は、前半が護産庁に対するもの、「捲草官」ではじまる後半が捲草祭と洗胎および安胎（次節で詳述）に

◆**大変光栄な褒賞の一つ**　『小日記』陽暦一一月一〇日には、「羹飯分排　同日　羹一盒　飯一盒／護産官／護産庁医女／護産庁使令／護産庁軍士／護産庁以下」とある。今まで登場した人物以外にも、下級職員にまでこの栄誉が与えられているわけだ。

◆**……と考えられるからだ**　この『丁酉年護産庁小日記』の人員記載に関していえば、官職のあとに姓名が書かれる場合、単に「○名」と書かれる場合、「○人」と書かれる場合、そして「○員」と書かれる場合がある。官職の種類から考えて、のちの引用で見える相士官などが「○員」と書かれているため上位の役職者には「○員」とし、「○名」「○人」と書かれるのは、順次より下位の役職者をあらわしている。私はこの『小日記』や『英親王府日記』（後述）では、これを細かく書き分けていると確信している。

◆**布一疋**　「白木」はまだ染色などをしていない木綿の布を指し、「木」は布にする前の木綿のことかと思われる。なお「一疋」とは布二反を意味する。

対する賞格だといえるため、朴準承の名前が二回も登場するのは、彼が異質なふたつの役割を負担していたからに他ならないと考えられる。賞格は人間に与えるというより、役職に与えられるのかも知れない。そう考えると、護産庁および捲草祭、洗胎、安胎の儀式での褒賞者は総勢三六名（朴準承の重複を含む）で、このなかで名前が明らかなのは一六名であるが、都提調を務めたであろう閔泳奎宮内府大臣を入れれば一七人となる（朴準承をひとりと数えると一六名）。これが官職に就いている人間だとひとまず考えると、先に挙げた『大君公主御誕生ノ制度』で見られた二〇名より若干少ない。「使令」は名前が挙がっている者とそうでない者があるため、もしもこれら「使令」がすべて官職があると考えると、名前の出ていない使令が前半で二名、後半で二名入るため、ちょうど二〇名に達する。もちろんこれは私の推量によるものだが、仮にこれら使令が役職を持たなかったとしても、宮内府大臣を都提調とする護産官以下一六名が常駐したわけであり、厳氏が充分に「王妃並み」の待遇――それはとりもなおさず「産室庁」並みの組織ということになるが――を享受していることは疑いようがないではないか。

蛇足ではあるが、これは出産が成功したために祝いとして、下々にいたるまで賞与が与えられたということで、もしも出産で何か不幸なことでもあれば、担当官吏は大変な罪を負わされることは忘れてはならない（同書、47頁）。

六、「洗胎」と「安胎」

このように護産庁を中心として見る祭儀は粛々と遂行されたのだが、これとはまた別に、大きな儀式が残っている。それが「洗胎」の祭儀だ。王子であれ王女であれ、誕生したらへその緒や胎盤（これを「胎」という）をとるわけで、これを洗滌するのがこの儀式だ。第三日あるいは第七日に挙行されるという。李垠の誕生時には、三日目に挙行されたので、先に述べた「捲草祭」と前後することになるが、最後の「安胎」まで含めて議論する必要があるため、あえてこのように記述する。

洗胎とは文字どおり胎をきれいに洗うことを意味する。王子や王女の誕生後、洗胎の儀式は第三日、あるいは第七日に挙行する。〔中略〕この洗胎もやはり格式が複雑である。アギが生まれたら胎を即時白瓷（白磁）の壺に入れて、産室内に前もって占卜しておいた吉方に安置しておき、洗胎する日、定刻になると、都提調以下が黒団領（黒い官服の一種）をまとい産室の裏庭に序立する。この時医女が産室から恭しく壺を持って出てきて、チルチャベギ（たらいのような陶器）に胎を移す。そして前もって汲んでおいた月徳方（月の徳神である月徳に吉方を占う秘術、その方位。陰暦で考えるので、李坧は九月生まれとなり、丙方（南南東））の水を注いで百回洗う（百度洗滌）。この時、その洗った水は捨てずに別の甕に入れておいて月徳方に捨てる。次に香醞酒でまた洗う。このように真心をこめてきれいに洗滌した胎は、ふたたび白い壺に入れるが、その手順は次のようである。

古い銅銭（開元通宝）一個を、字面が上になるようにして小さい白い壺の底の中央に置き、洗滌した胎をその上に載せる。そして油紙と藍色の絹で壺の口を覆い、赤い紐でしっかり結封したあと封標して出すと、三提調と医官が一緒に坐ってこれを受け取り、さらにもっと大きい壺にこの胎壺を入れる。まず壺の底に綿を敷いて胎壺を詰めたあと、さらにその周囲の空間を綿でうめる。綿を胎壺の口と同じ高さまでいっぱいに詰めたあと、草注紙でさらにその上を覆う。

こうして中の胎壺が絶対に動かないように固定させたあと、さらに外側の壺の口から指一本の長さに満たない空白ができるまで綿を詰めたあと、その空白に甘糖でつくった円片を入れ、それに火気をあて密封し、またその上に「栓」をすると完全に密封できる。それから赤い紐で壺の四面を結ぶ。これが出来上がると赤い牌をつける。（金用淑、２００８、297頁）

この牌の表面には、「×年×月×日×時　中宮殿（あるいは○○嬪）阿只氏　胎也」と書き、後面には三提調と医官が署名する（同書、298頁）。李坧出産のときに三提調に類する官職の人間がいたことはすでに述べた通りだ。要するに、それまでの朝鮮王朝における「大君」に準ずる◆ぐらいの祭儀は行われていたことだろうと考えていいだろう。

では、『丁酉年護産庁小日記』では、この儀式をどのように記述しているのだろうか。

◆「大君」に準ずる　59頁の註「地位が微妙に上昇」にあるように、当時の「英王」など「皇子」たちは、それ以前の王妃の第二、第三王子たる「大君」と庶出の「君」という差別は緩和されているのではないかと考える。

光武元年丁酉九月二十七日癸丑晴吹西風辰時
洗胎次月徳丙方水子正汲取時仁化門請留排甕四坐于
胄雖斎北庭　咸有斎前庭
洗胎時卯正初刻自禁漏奏時後
護産官主事以黒団領卒員役人就胄雖斎後庭与次知従
事官序立医女竹葉真香奉出胎缸移盛于陶所羅注丙方
水洗之洗胎水移盛盈另排甕内洗百度後以香醞酒更洗
而古銅銭一個　開元通宝　以字面先入白缸底中央仍
入洗胎以油紙藍綿紬覆缸口以紅桜子結封自　内封標
後覆缸蓋以紅桜子貫缸四耳及盖丁四穴結封自　内封
標出送後先於外白缸底籍以白綿花以白缸入於外白缸
中以白綿花堅隔斉缸口以草注紙覆綿花上堅隔勿動又
以白綿花厚覆紙上甘糖作片如缸口円切比缸口四面剰
一指許焙於火上待其柔和覆缸盖以紅桜子貫缸四耳及
盖丁四穴二甲結封書次知中官姓　護産医官姓而并着
署懸紅木牌於盖丁上前面以雙行書　光武元年九月二
十五日

少し長い引用になったが、洗胎の儀式は誕生三日目である旧暦九月二七日朝八時に行われ、その月の吉方である丙の方角（南南東）に水を汲んでおく。洗胎のときはまず卯正初刻すなわち六時に時を告げる。護産官や主事は黒団領をまとって従事官とともに胄雖斎の北庭（後庭）に序立する。医女である竹葉と真香葉は胎の入った缸（甕のようなもの）を持って陶所羅（陶器でできたたらいのようなもの）に移し、産室の丙の方位に置いた水をそこに注いで胎を洗い、その水は別の甕に流す。甕のなかで一〇〇度洗い、最後によい香りの酒で洗う。そして開元通宝をひとつ字面が上になるように白缸（白い壺）の底の真ん中に置き、洗った胎をその上に置く。油紙や藍の綿紬でその缸に蓋をして、紅桜子（赤い紐）でそれを縛って結封をする。それを封標（封のしるしを貼ること）したあと、そしてその缸についている四つの耳（紐を通すためのもの）と蓋の四つの穴を、それぞれ紅桜子という紐で結封する。また封標すると、それを白い綿がいっぱいに敷き詰めてある外白缸（封標した缸を入れる白い甕）に入れる。入れたあとも、隙間がなくものが動かなくなるぐらい綿を厚く覆い、缸の口と同じような甘糖でつくった円片を入れる。そして、缸の口からまんべんなく指一本分以下の隙間を空けておく。火で加熱して柔かにしてから蓋をして、缸の四つの耳と蓋の四つの穴を、やはり紅桜子で密封する。この封に担当官すなわち安胎中使である金圭復と、護産医官すなわち小児別入直御医の李海昌の「姓」すなわち「金」と「李」という文字が木牌に書かれ、その木牌が缸に懸けられる。そして蓋の上には「雙行書」が貼られ、そこには「光武元年九月二十五日」と書かれていたという。

これらはおおむね、先の引用の通りだが、若干違うところもある。もっとも違うところは牌面に書かれた名前のところだ。金用淑氏の研究に依拠すると、この木牌に書かれるべきこととしては、表に誕生時間などを記し、裏面に三提調の名前と医官の名前とあったが、そうだとすれば、当然、表には「光武元年丁酉九月二十五日亥時厳氏阿只氏　胎也」と書かれ、裏には三提調すなわち宮内府大臣の閔泳奎と、護産官の朴準承、崔錫祐の名前が書かれるべきである。もちろん「小日記」という性格上、少し簡略に書かれている可能性はある。表面は「光武元年九月二十五日」だけでなく、そのあとの部分も書かれていても不思議はない。しかし、裏面の名前に関しては、明らかに安胎中使と医官の二名しか記述されていないし、しかも姓のみが書かれたと読める。まさか実際に宮内府大臣たる都提調や正二品である護産官（提調格）の名前を書いておいて、その事実をここで省略して表記するというのは考えられない。だとすれば、牌の表面こそ「亥時」という時刻や「厳氏阿只氏」という文字が書かれていたかも知れないものの、裏面は安胎中使と医官の姓だけが書かれていたわけであり、違和感はぬぐえない。

この李垠誕生時の「洗胎」について、もう少し詳しく見てみよう。


宮人厳氏順生男阿只氏胎後面列書次知内官姓名護産医官姓名後四耳陶豆毛中舗常毛氈一立以胎缸入陶豆毛内四面堅隔而又以常毛氈覆之後覆盖以紅桜子貫豆毛四耳及盖丁四穴十字結封書謹封次知内官着署医女奉納于　内次知従事官奉納于産室安于月徳丙方洗胎水棄浚於月空壬方所用器皿等物従事率納于本房護産庁書　辰時

この文章は、先の引用から段落を変えて書き加えてある。ここからは、宮人厳氏が阿只氏を無事に出産した旨が、胎の納められた缸の後ろに「次知内官」と「護産医官」の「姓名」が書かれたことが認められる。この内官は、おそらく護産官の朴準承と崔錫祐の二名の名前すなわち提調、副提調の名前が書かれ（あるいは提調格の朴準承だけかも知れないが）、そのほか医官の李海昌も名前を連ねたとしか読めない。じつは、すでに引用した金用淑氏の論攷は、『大君公主御誕生ノ制』を参考に書かれたものであり、少なくとも洗胎の儀式に関しては両者の内容が一致している。しかし、この『大君公主御誕生ノ制』は高宗のときの出産、具体的には元子である純宗の誕生にかかわる儀式が記述化されている。事実、同書には「高宗十一年甲戌純宗誕生時には御誕朔が二月なので、入診は十二月二十八日に、産室設庁は正月初三日午《うま》時と択定す」（『大君公主御誕生ノ制』、2頁目）とある。純宗と李坧の誕生時の儀式の微差は、いかに「王妃並み」の出産だったとしても「宮人」であった厳氏の子＝庶子に対しては、少し違った儀礼を行ったゆえなのだろうか。それとも、この『大君公主御誕生ノ制』の記述自体が、記憶をもとに書かれたがために間違っているのかも知れない。

それはそうと、内容を追ってみると、名前を書いたあと、四つの耳が付いた「陶豆毛（缸を入れるたらいのようなもの）」に、それまで儀式に従って封をされた缸を入れる。ちなみに『大君公主御誕生ノ制』によれば、この「陶豆毛」は蓋付きのものをふたつ準備し、最初のひとつは月徳方に水を汲んでおくときに使うとされるという（同書、17頁）。中に入れた缸と陶豆毛の間には隙間なく常毛氈を詰めて、動かなくなるぐらいにする。そしてその上も常毛氈で覆って、さらに蓋をして、紅桜子を四つの耳と蓋の穴をそれぞれ通した上で十文字に縛り、結封書で謹封する。『丁酉年護産庁小日記』では、担当官立ち会いのもと、医女がそれを奉納し、従事官は産室の月徳方である丙の方角（南）にそれを奉納する。そして洗胎に使った水は月空方（月徳方とは別の方位を示す）の壬の方角（北北西）に棄て、その水を入れていた器は本房へと納めたという。

なるほど、金用淑氏の研究でも、『大君公主御誕生ノ制』でも触れられていない、洗胎の締めくくりがここに記されている。だとすれば、『大君公主御誕生ノ制』は、この『小日記』を参照しなかった可能性が高い。そして、より確実な儀式の次第がここに書かれていると見ていいだろう。だから、牌の表裏に書かれたものなどはむしろ『小日記』の方が信頼できるように、私には思える。蛇足ながら、最後に「辰時」とあることから、これらの儀式をおよそ一時間以内に終えていたといっていい。

さて、このように無事洗胎を終えた李坧だが、同じ阿只氏誕生から三日目に、母と阿只氏は洗浴するというしきたりがある。『小日記』にも「洗浴水三東海自内出／洗浴次陳艾湯水一鍮東海手巾次白正布白苧布各三尺陳艾二編入之　洗浴吉時自漏局入之正時巳時」とある。ちなみに金用淑氏は「よもぎ湯を入れたチャベルギ（たらいのような陶器）二個、薬用よもぎ（陳艾）一束、手巾用白苧布三尺、同白正布三尺、白馬尾篩（白馬の尾の毛で作った篩《ふるい》）一部（よもぎ湯を濾すのに使う）」と書いている（金用淑、2008、298頁）。この記述も『大君公主御誕生ノ制』（19～20頁）の記述と一致している。『小日記』では、よもぎ湯が使われている点と、布類の使用は大差ないが、白馬尾篩は使われてないようだし、よもぎも二編とあるので、よもぎがより多く使われているなど、多少の出入りがある。洗浴の水は東海（日本海）から汲みだしたので、真鍮のたらいで洗浴したのだろう。時間的には、正時巳時というから、午前一〇時に行われたわけだ。

ちなみに阿只氏も洗浴するのだが、金用淑氏は「梅根一本、桃根一本、李根（すももの根）一本、虎頭（くるみ）一個、猪胆（いのししの胆嚢）一部、鍮東海（真鍮の洗面器）一個、手巾用の白い絹三尺」が準備され、「梅、桃、李根と胡桃を煮た湯に猪胆をまぜ、真鍮の洗面器に入れてアギを洗浴させる」（同書、298～299頁）という。朝鮮人蔘が入っていないのが気になるところだが、それはさておき、金用淑氏のことばに耳を傾けてみよう。「『虎頭』とは『胡桃』の借用だが、その薬理的な効果よりも、その音をとったように思われる」（同書、298頁）と金用淑氏は述べるが、本当だろうか。確かに「虎頭」と書いて朝鮮語では「호두《ホドゥ》」と、くるみと同音になるが、『丁酉年護産庁小日記』の記載を見ると、少し様相が変わって見えてくる。そこには「阿只氏洗浴次李根桃根梅根煎水虒頭骨煎水和猪胆汁一鍮大也入之従事官　捧入」（傍点は引用者）と書かれている。つまり阿只氏が洗浴するときには、「スモモ、モモ、ウメの根を煎じた湯と、トラの頭の骨を煎じた湯、そしてイノシシの胆をまぜ、真鍮の『大也（たらい）』いっぱいにこれを入れて、従事官が阿只氏を湯に入れる」とはっきりと書き込まれているのだ。もしもこの虒頭（虒は虎の異体字）がくるみを指すのなら、「骨煎水」はどう読めばいいのか。金用淑氏の研究にはこのことは触れられていない。ちなみに、『癸丑九月崔淑媛房護産庁日記』には、阿只氏の洗浴に「桃梅李三根虎頭煎湯和猪胆」とあり、「骨」という字が見あたらない。だから、こちらだけを見るのならば、あるいはくるみかも知れないという気にはなるが。

そこで私はこう考える。崔淑媛の産んだ子も男子なのだが、やはりそのことと虎が結びついているのではないか。この解釈に関しては、金用淑氏は間違っていると思うのだ。そう、生まれてきた子が皇子であったがゆえに、虎の頭の骨を煎じた湯が与えられたのではないか。朝鮮のみならず、前近代の中国を中心とした漢字文化圏では、虎といえば独特な「威厳」をまとわされた生物とされていた。多少回り道になるが、これについて少し触れておこう。

　トラの場合、「その産品」として挙げられるのが、皮と骨である。森の王者である私たち（虎たち）の皮は権威の象徴であり、歴代の王朝は私たちが多く住む土地の猟師たちに、献上することを義務づけていた。明代末に李自珍《りじちん》がまとめた『本草項目』の獣部には、「瘧疾《ぎゃくしつ》」つまりマラリアに効果があるとあ

り、また「邪魅《じゃみ》」を避けるとも記す。（上田、２００２、177〜178頁）

皮よりも広い需要の裾野《すその》をもっているものが、虎骨である。虎骨が漢方薬として登場する時期は古く、南北朝時代の陶弘景《とうこうけい》『本草経集注』にすでに虎骨酒の記載がみられる。『本草項目』には「虎のさまざまな骨を用いる。砕いて髄を取り去り、酥《そ》（クリーム）や酒あるいは酢を塗り、それぞれの方法に従って、炭火で黄色くなるまであぶってから薬に入れる」とある。薬味は「辛、微熱、無毒」であり、効能としては実にさまざまな病を挙げている。一般的には、虚弱体質の改善、滋養強壮の薬として認識されている。（同書、178、180頁）

実際には虎などに薬用成分など無いに等しく、「力強さにあやかりたいという、イメージに基づく」「ほとんど信仰に近い虎骨偏愛」（同書、180頁）によって虎が乱獲されてきたわけだ。これが「虚弱体質の改善、滋養強壮」といった、いわば何にでも効くようないわれ方をしていることからも、逆に虎の骨が何にも効かなかったことが透けて見える。上田氏のいう通り、ひたすらに力強い虎のイメージにあやかるだけの「信仰」に過ぎないわけだ。この「信仰」はかたちを変えていまも生きており、例えば「タイガーバーム」という薬などに、虎のイメージは引き継がれているのだが、私が強調すべきことはそこではない。朝鮮には固有の生薬といっていい朝鮮人蔘があり、これが李王家の専売となっているにもかかわらず、なぜこれを使わないのかという疑問である。これは推理していくことぐらいしかできないのだが、まず「虎骨」というのが「信仰」であったがゆえに、国王の子である元子、元孫、大君、そして皇子といった人びとに、神話的な力を与えようとして加えられたものなのではないかと推察することが可能だ。やはり虎の頭の骨を煎じたのではないだろうか。それに対して、朝鮮人蔘◆には、国王を継ぐ者へと与えられる力強いイメージはなかったため、これを用いることはなかったのではないだろうか。

さらに、朝鮮の虎についてであるが、やはり信仰の対象となっている。「山神閣を建てて、そこに山神と虎の絵をかかげて、祭って」いる（遠藤、１９８６、34頁）とある。また、加藤清正を気取った日本人が朝鮮で「虎退治」をしていたといい、一九一八年に日本人の藤木鶴山が虎を撃ち、「一九一八年、加里山で射ったのは（中略）虎の重量は四十六貫（一七二・五キログラム）、皮と骨は三百三十一円二十五銭で中国人に売られて」いる。第3章で触れるが、当時（大正半ば）の一円は現在の貨幣価値にして七〇〇〇円ほどだと思われるので、この虎の皮と骨は、いまの感覚でいうと二五〇万円ほどだろうか。もちろん朝鮮でも「虎骨酒《ここつしゅ》」はあったといい「精力強壮剤」とされていたようだ（以上、同書、36～37頁）。私は虎や漢方薬の専門家ではないが、これらの記述から、大金を払ってでも虎の皮と骨を手に入れたいほど中国にこそより強い「信仰」があったのではないかという印象を受ける。遠藤氏によれば、虎はひとを襲うことから駆除の対象となり、北朝鮮はまだいる可能性があるが、南朝鮮では昭和一七年頃までには絶滅してしまったという（同書、219～220頁）。おそらく駆除された虎の一部が薬として売られ、皮も装飾として売られたのだろうが、薬にするためにこそ撃たれたわけではなさそうだ。だとすれば、李垠をはじめとした李王家の男子たちが虎の頭の骨を煎じた湯で洗浴をしたのは、中国から入ってきた風習なのかも知れない。では、なぜこの虎の骨を煎じた湯を洗浴に使ったということが、『大君公主御誕生ノ制』に記載されなかったのだろうか。これも推理するしかないが、朝鮮的な思考によるものではなく、中国前近代出自の思想に近いからではないのか。この書が成立したのは一九二〇年代のことだったとすれば、わざわざこれを割愛した理由が、その思想の出自（中国前近代）を疑問視する支配国日本（近代）の思想にあるのではないかという推察も決して無理なものではないと私は考えるのだ。

ところで、この洗浴の儀式が終わったあと、この日にもうひとつだけ重要なことが行われた。それは厳氏の

◆**朝鮮人蔘**　なぜ朝鮮人参が阿只氏の洗浴に用いられなかったのかだが、これも『本草綱目』には「神農本草経」とその集註のなかの「名医別録」の記事が載っており、前者としては「人蔘　味甘。微寒。主補五臓。安精神。定魂魄。止驚悸。除邪気。明目。開心。益智。久服軽身延年」とあり、後者には「人蔘　微温。無毒。療腸胃中冷、兹心腹鼓痛、胸逆満。消霍乱吐逆。調中。止消渇。通血脈。破堅積。令人不忘」とあり、そのほかにそれ以後の時代の諸家の主張が書かれているという（川島、1993、172頁）。一目見て感じるのは、効くとされる症例が大人のかかる病気（「霍乱吐逆」や「通血脈」）などが多く、しかも内服が前提となっており、新生児を対象とする医療（産湯）には相応しくないような印象を受けるということだ。ちなみに川島氏は、朝鮮人蔘の薬効についても詳しく述べている（同書、参照）。

また虎の骨の薬効については、諸橋轍次の『大漢和辞典』によれば、「虎骨」なかんずく「頭及頭骨」は、薬用とされたことが『本草綱目』に記載されているという。これは、前関西学院大学文学部名誉教授の阪倉篤秀氏のご教示による。この場を借りて感謝のことばを述べたい。

「貴人」への封爵である。『丁酉年護産庁小日記』によれば、「酉時」すなわち夕方の六時のことだった。迅速な対応であるとは思うが、逆にいえば、あくまでも皇子の洗胎、洗浴が終わり、無事に皇子として育っていくその道筋がつくられるまで、お預けにされていたともいえる。

さて、一連の「胎」をめぐる祭儀は、「安胎」で締めくくられる。これは「白磁の壺に入れて吉方に安置しておいた『胎』を、胎峰を選定して埋める儀式」で、朝鮮で発達した儀式だという（金用淑、2008、304頁）。これは阿只氏の生後五ヶ月目の月に、「地官を派遣し風水説に依拠して胎峰が選定された後、胎奉出の儀式がある」（同書、306頁）。この「胎峰とは卵形の地表高さ五十メートルから百メートル程度の平野近くの低い山を選んで頂上に安胎したもので」、「下に守衛所をたてる」（同書、308頁）。

定刻に承旨（承政院という国王の命令を臣下に伝え、臣下の上奏を国王に伝える官庁の官吏）が胎室（これまで胎壺を安置しておいた）に着き、中使（王命を伝える宦官）は胎壺を捧げもって承旨にわたす。承旨がこれを受け取りさらに安胎使に渡すと、安胎使はこれを受け取って幕次に奉る。次にこれを紅氈と毛獐皮で包み、箱の中に入れて楼子（上に載せておくように作っておいた梯子のようなもの）に安置する。

次に鼓吹（軍楽隊）が先導し、松明を先頭にした行列をつくって、安胎使以下が胎峰に向かって出発する。〔中略〕

まず祭場に幕を張ってござをしく。献官、大祝、賛者、謁者、祝吏、斉郎の席を設ける。定刻になったら献官以下祭服を着て祭場の外の席につく。賛者の号令によって謁者は諸執事を引率して着席し四拝する。次に謁者は諸執事を引率して盥洗位（洗面器の水で手を洗う所）に行き、手を洗ってから各々自分の席に座る。次に賛者の号令によって謁者は献官と共に四拝する。謁者は献官を引導して盥洗所に進み、焚香、献幣、献爵礼をする。〔中略〕献官が四拝したところで祝吏、神饌をさげ再度献官が四拝する。献官が望幣位に進み祝幣を埋めて後にさがり、諸執事が四拝してから退出する。

このほかに胎峰出に従う儀式は「告后土祭」、「胎神安慰祭」と「謝后土祭」があるが、格式は大体上と同様である。（同書、306〜307頁）

またこの安胎に際しての供物は「宗廟祭祀」に準ずるといい（同書、307頁）、ずいぶん大がかりな儀式であることがわかる。すでに述べたように厳氏の場合、このときは王妃（皇后）とまったく同じ扱いはされなかったかも知れないが、この安胎に関してはきちんと履行されていた。また、李垠の妹にあたる李徳恵翁主も「胎峰が江原道のある山だった」というから（同書、308頁）、すでに日本の支配下にあった朝鮮で、平民出身の梁氏の産んだ李徳恵でさえも、まがりなりにもこの儀式はしたということがわかる。ましてや厳氏なら、安胎の儀式は略されるはずはない。

　何度か引用している『丁酉年護産庁小日記』には大韓帝国の「皇子」たる李垠の「安胎」の祭儀をきちんと記録している。李垠の母である厳氏はこのときすでに「貴人」になっており、また先に述べたように厳氏の出産が「王妃並み」の扱いを受けていたことを考えると、李垠の「安胎」はそれ以前の時代における「大君」並みの扱いを受けていた可能性が高い。その祭儀は元子や元孫ほどではないにしろ、それなりに立派な儀式となったはずだ。

　蔵胎次進発時　同日（陽暦一〇月二六日、捲草祭のあと）午時
　安胎中使金圭復従事官崔錫斗清道警務官員二員奏時官一員相土官一員別監一人看役書員一人陪胎書員一人武監六人奉　胎缸安于函盛于楼子担持軍四名　主殿司挙行　望炬六炳　会計院挙行　奉炬軍六名奉楼子軍四名扶囑軍二名　侍従院挙行　内吹六名依例挙行今番則進而不作進発程路自錫類門宣陽門新建木柵門銀行所前路貞洞明礼宮前路篩洞黄土峴恵政橋把子廛石橋敦化門前路全甫門進善門書章門建陽門銅龍門景化門集礼門崇智門明光門青陽門金馬門演慶堂前路詣凌虚亭蔵胎于凌虚亭南麓子坐

　前節で見たように、捲草祭は陽暦一〇月二六日午前八時にはじめられた。おそらく数時間かけて行事を行ったのだろう。そしてその後、もうひとつの大きな、そして最後の締めくくりの儀式として「安胎」が挙行された。同日の正午のことである。金用淑氏の研究では、「生後の五ヶ月目になる月」（金用淑、２００８、306頁）とされるが、李垠の場合誕生から七日目にこれを行っている。

　時刻は午時というから、正午からはじめられたようだ。当時のソウルでは、時報として正午には午砲と大鐘の音が鳴らされていたから、この音を合図に出発したに違いない。安胎中使金圭復と従事官崔錫斗が中心となり、そのほか儀式の警備をする清道警務官が二名、時刻を告げる奏時官が一名、埋める場所を決める相土官一名、『大君公主御誕生ノ制』でいうところの「別掌務官」すなわち事務官にあたるであろう「別監」が一名、記録係である看役書員一名、「陪胎官」にあたる陪胎書員一名、護

衛の武官が六名という、都合一五人の官吏が挙げられている。さらに、楼子の上に「胎缸」（李垠の胎が入った甕）を安置して四人で担ぎ（これは主殿司という役所が担当）、奉炬軍という松明を持つ者が六人、楼子を捧げ持つ者四人、それを補佐する扶属軍に二人（ここまでは侍従員という役所が担当）、内吹（軍楽隊）六人が列をなす。総勢三七名にのぼる大行列だ。これが古式ゆかしく行進するのだが、その道のりは、慶運宮内の錫類門から宣陽門、新建木冊門を通る、すなわち出発してしばらくは「捲草祭」のときと同じ行程をなぞっていることがわかる。

そして、慶運宮の正門たる仁化門から「銀行路◆」——慶運宮を正門たる南門◆から出て北西に向かう道——現在は石塀の道と俗称されている道——を通り、貞洞の明礼宮——七代国王世祖《セジョ》が首陽大君だった頃の邸宅、ロシア公使館と慶運宮の間に位置していた——の前を通り、餙洞（不明）を経て鐘路にぶつかったところを東に折れる。景福宮から南に延びる大路と鐘路の交差する黄土峴◆

◆大鐘の音が鳴らされていた　鐘路では時を告げる鐘を鳴らしていた。何時頃に鐘を鳴らしていたかだが、それにはまず前近代の朝鮮で夜の時間をどのように数えていたかを見なくてはなるまい。日の長さによって時間が変動するが、朝鮮では夜を五更にわけて考えていた。もちろん中国や日本でも同じ時刻の考え方はあるのだが、だいたい夜の七時ぐらいから二時間が初更であり、九時からが二更、そして明け方三時から五時までが五更と呼ばれていた。そして各々の「更」を五等分して、それぞれを「点」と呼んでおり、その「初更三点（だいたい夜八時頃）」から「五更三点（だいたい明け方四時頃）」は夜間通行禁止であった。そして「更ごとに鼓をたたき、点ごとに鉦をならした」という。この鼓と鉦は、「景福宮の南側にある報漏閣に自撃漏（水時計）が設置されたときから制度化」（以上、孫、1984、280頁）されていた。洗胎などのときの『小日記』引用文で「禁漏奏時」とあったが、これはこの時報のことを指すと思われる。ただし通行禁止時間である「二更」とその解除時間である「五更」を知らせるために、鐘路に鐘閣をつくり、そこに大鐘を吊るしてこれを打ったという。「二更（夜一〇時）には大鐘を二八回打ち、城内外に知らせたが、これを『人定』といい」「五更（朝四時頃）には大鐘を三三回打ってやはり城内外に知らせたが、これを『罷漏』と呼んだ」。人定の二八回というのは日月星辰二八宿に打って夜の安寧を祈願し、罷漏の三三回は帝釈天が率いる天の三三天に告げるという意味があるという（同書、281頁）。この大鐘を吊して打ったのは太祖すなわち李氏朝鮮王朝の開祖がはじめたもので（同書、289頁）、紆余曲折はあるものの鐘閣で時報が鳴らされ続けた。それはとりもなおさず、中国に淵源を持つ東洋思想に裏

打ちされた多分に「神話」的な意味合いの上に、国王権力の象徴としての「時間」の独占が、この鐘路を舞台に行われていたというわけだ。それゆえに大鐘のかかる道は鐘路という名称が与えられたのだが、「高宗二一年（一八八四年）閏五月二〇日から昌徳宮内にある禁川橋で、正午と人定・罷漏に大砲を撃ちはじめていた。これがこの地における午砲（noon gun）制度のはじめであり、そのときから人定・罷漏の大鐘の音と大砲の音が重なったのである」。さぞうるさかったことだろう。そして「高宗三二年（一八九五年）九月二九日に人定と罷漏および時報の鼓と鉦も廃止され、代わって正午に鐘を撞くものへと変更」し、「午正（昼の一二時）と子正（夜中の一二時）に鐘を打つようになった」。時期的には日本の影響力が強い開化派政権の時代のことではあるが、この変更には旧宗主国だった中国の影響から脱する意味があるだろう。李垠が誕生したときには、正午には午砲と大鐘が鳴り響き、夜中にも大鐘が打たれていたわけだ。だから、この安胎使が出発したのは午砲と大鐘の音を合図に出発したに違いないと考えるのだ。蛇足ながら、一九〇八年四月一日から韓国統監府令により、日本の標準時にあわせて午砲を打つようになり、鐘は撞かなくなったという（以上、孫、１９８４、300～301頁）。

◆**銀行路**　この頃朝鮮には第一銀行（日本の資本）が、日本人街が形成されつつあった南山に支店をかまえていた。また、昌徳宮や雲峴宮の近くである安国洞に朝鮮人資本の「漢城銀行」ができてはいた。しかし、本論にも論じたように、行列は慶運宮南門から北西に進んだわけであり、ここにいう銀行はロシア系の露韓銀行しか考えられない。この銀行は一八九七年末に設立、一八九八年三月一日にロシア公使館内に開業し、同年五月九日に廃業した（『京城府史』一巻、650頁）。このロシア公使館の建物は、現在もソウルの徳寿宮（慶運宮）の北西に少し進んだところにある。『小日記』を見る限り、一八九七年一〇月後半にはこの銀行は設立され、ロシア公使館内にあったことになる。露韓銀行廃業の裏には、一八九八年四月の「西－ローゼン協定」がある。これは露館播遷以降ロシアが朝鮮に維持していた財政顧問や軍事顧問を引き揚げ、朝鮮半島における日本の商工業上の優位を認めるという内容で、そのために露韓銀行をたたむという行動が起こされたという（崔、２００４、74頁）。

◆**南門**　当初は南門である仁化門が正門であったが、のちに高宗が皇帝に即位する儀礼を行った圜丘壇が慶運宮の東側にあることや、東側の通りの方が大きいことなどから、東門を正門とし、大漢門とした。ちなみにこの大漢門は当初「大安門」といっていたが、一九〇六年の改修の際に大漢門へと名称が変わったという。その理由はよくわかっていないということだ（武井、２０００、115頁）。

◆**黄土峴**　光化門からまっすぐ南に下る大路に重要な政府庁舎が集まっており、それを六曹大路という。本文にある通り、この道が鐘路と交差するあたりが黄土峴と呼ばれていた。

を東に進むと、恵政橋――六曹大路から鐘路の方へ東に進むとすぐにあった橋、現在の光化門郵便局の北側――があるので、それを越えてそのまま鐘路を東に進むと把子廛石橋――把子橋ともいう。石橋だったらしい、鐘路三街あたりか――があり、そこを北へと進路を変えると、昌徳宮《チャンドククン》の正門である敦化門へと向かう道に出る。さらに昌徳宮内に入り、現在も残っている進善門、粛章門などを通って、後苑（秘苑）へと進む。この進善門、粛章門を通るということは、昌徳宮の正殿たる仁政殿の前を行くということだ。ここからも、この行列がいかに公的な性格のものだったかが見えてくるだろう。さらに王宮の奥深くへと進むのだが、演慶堂（国王が士大夫の生活を体験するためにつくった一九世紀の建築物）の前道を通って凌虚亭に詣でて、胎をそこにおさめ、さらに南麓子に胎缸を安置したというわけだ。短いながらもソウルの街を北西に進み、鐘路を東にまっすぐ進み、さらに敦化門が見えるところからはまっすぐ北へ行っていること、さらに昌徳宮のなかでも正殿の前をきちんと通りながら、後園へと粛々と行列が過ぎていった様子が手に取るようにわかる。◆

　ちなみに最後に出てきた「凌虚亭」は粛宗七年（一六九一年）につくられた殿閣で、「〔昌徳宮の〕庭園の面積は三三haで、宮全体面積の約六〇%を占める。地理的な特徴は北嶽の梅峰裾に位置し、全体的に北西に行くほどに高くなる地形」で、「比較的平坦な南側に殿閣が多く配置され」た（咸・孫・三谷・章、2012、394頁）。李垠の「胎缸」が安置＝安胎された場所は、その昌徳宮の後園部分のなかでも真ん中ぐらいの位置にあり、それは「虚空に上がる」という世俗から超越したところを意味する殿閣たる凌虚亭のほとりであった。北に行くほどに高くなっていく土地だから、凌虚亭の南側は「南麓」というべき谷間になっているといえよう。この「安胎」のあり方は、すでに引用した小池正直の『鶏林医事』の「七寸連レ臍、余胎埋二吉地一」（小池、1887、28頁）とも連関性があるものだと私は考えている。

　総じていえば、本来は五ヶ月ほど先にすべき安胎の儀式を七日目の捲草祭と同じ日に行ったということや、またその安胎も昌徳宮という王宮の後苑で行ったという事実から、その分だけ簡略化した印象も受ける。ただしそれは単なる省略ではなく、むしろより合理的な判断――儀式を長々とすることの経済的な損失の部分などに対する配慮――をともなっているように思える。何しろ当時の大韓帝国政府は財政難にあえいでいたのだから、これは当然の処置だともいえる。しかし、ことはそれにとどまるものではあるまい。この安胎使が通った道順も、さまざまな意味があったといえよう。例えば、慶運宮で捲草祭の際に設置された門などを通って、正門たる仁化門をくぐり、ロシア公使館や露韓銀行がある道を通っている。高宗はこのロシア公使館に一年にわたって住んでいたのであり、また日本への牽制としてロシアの力に期待していることから考えて、ロシア公使館の前を通るのは一種の表敬訪問のような意味合いもあるといえよう。もしも最短距離を取りたければ、むしろ仁化門から南東に出て、そのまま北上すれば、黄土峴によほど近くたどりつける。しかし、わざわざこの行列はロシア公使館前を通ったのだ。そこに意味がないと考えることはできない。

さらには、鐘路を通っているというのも無視できない。鐘路は東大門と西大門を結ぶ道であるが「四小門から進入する道路は、景福宮の北側にある彰義門からの進入路以外、すべていったん鐘路に入ってから王宮と結びついている。こうしてみると、南大門路でさえも鐘路の支線的性格が強く、漢城は鐘路を単一基軸として街路網を構成していると言える」（吉田、1992、105頁）ほどソウルの背骨ともいうべき中心街路であった。しかもこの道は、「鐘」（時間を知らせるもの）が設置されていることからこの名が付けられており、時間を把握して民にそれを知らせる国王の力を目に見えるかたちで示す場所でもあるといえよう（94頁の註「大鐘の音が鳴らされていた」参照）。この道を通って、大院君によって景福宮が復元されるまでの長きにわたって正王宮の位置にあった昌徳宮へと入り、「安胎」するという行列の通り道は、大韓帝国の皇帝の威信をあらわす時間と空間と歴史、そしてロシアを頼みとした大韓帝国の新しい国際関係を表現しているといえまいか。そこにはすでに清国の影はなく、かたち上は自立した「帝国」の意識も見え隠れする。そしてそこを、皇子の「胎」が厳粛に儀式を遂行すべく移動してい

◆様子が手に取るようにわかる　この洗胎、安胎のような儀式は、当時の朝鮮半島の貴族階級にあたる両班でも見られるようだ。もちろん、ここまでの大きな行事ではないが、イ・ボクキュ氏によれば「胎盤の処理はやはり重要だった。伝統社会では胎盤をどのように処理するかによって、そのあとに弟妹を妊娠できるか否かが決まるというほど影響力があった。〔中略〕胎盤は①川辺で綺麗にあらう。②壺に入れて油紙で包む。③生気の方角である東側につるしておいて、草の上に置いて焼く。④〔胎盤を処理したときに流れた〕血水に浸していったん地に埋める。ここまでが生後二日目にすること。⑤生後四日目に北山に埋めるように指示する。」（イ、2012、44頁）。これは王家の胎盤の処理が両班と共有されている部分が多いことを証明しているように思える。

ったのだ。蛇足ながら、じつは李垠の胎室は現在、昌徳宮後苑にはない。韓国京畿道高陽市にある西三陵◆に現存する。

ちなみに「胎室」とは、胎峰の「山上に石物で安置するが、石物は円形（挽き臼型）で下の方に穴があいている。そして上には胎函を石物で被せて安置する」（金用淑、２００８、308頁）とあるように、その性格上かなり丁重に祀られたものだったといっていい。李垠の「胎」もこのような扱いを受けたのだ。

以上の諸儀式が「護産等節」であり、これがそれまでの慣例通り執り行われていたということの内実となる。すでに述べたように、李垠の生誕は、「中華」主義的、復古的な政治思想を持つ大韓帝国の申し子であり、李氏朝鮮時代の慣例をまがりなりにも引き継ぐ最後の人物としての側面も強く持つ。大韓帝国が近代化を志向しなければならないときであったことを考え合わせると、これは一種の「矛盾」だといえよう。この「矛盾」が、彼のこの後の人生の複雑さ――朝鮮の王族にして日本の皇族に準ずる存在になるという二面性・日本陸軍の将校として活動しながら朝鮮に美術館をつくる文化人としての側面を持つという重層性・そして日本語を朝鮮語以上の母語として使い、宮中歌会始で和歌を詠む日本語の文脈のなかのひとでありながら、日本の敗戦後は「在日朝鮮人」となり、朝鮮語の教科書を書くほどに朝鮮語を他者化するという「矛盾」――を予見させるかのようではないか。

七、寧越厳氏とはどんな人びとか

前節までに、李垠の誕生にかかわるさまざまな儀礼、儀式のたぐいを少し詳しくおさらいしてみた。これらのことはいままであまり顧みられてこなかった嫌いがあるからだ。ただし、この時点では彼の名前はまだ「阿只氏」であり、「垠」という名前はまだ付けられていない。正式な名付けはしばらくあとのことである。ただし、幼名のようなものはあったようで、厳氏が「善英《ソニョン》」と名づけたらしい（尹、２０１０、399頁）。これを信じるなら、おそらく母たる厳氏は、幼い我が子をそう呼んでいたのであろう。

すでに見たように、厳氏は陽暦の光武元年一〇月二二日に「貴人」に封爵された。いうまでもなく、「皇子」を産んだことが、彼女の人生を一変させたわけだ。さて、護産庁が廃止されるのは七日目の「捲草祭」のあとだということはすでに述べたが、一〇月二六日にこの行事を行ったあと護産庁は廃止され、安胎の儀式も終わり、旧暦一〇月一五日すなわち陽暦一一月一〇日に賞格が与えられ、皇子の誕生をめぐる儀礼は終了したといえよう。

じつはこの直後、大院君が世を去った。一八九八年二月二二日であった。皇子誕生から四ヶ月、高宗即位直後に「生きている大院君」として実権を握った風雲児も、ついに歴史から姿を消す。◆これで、高宗が即位してからの朝鮮政界を左右し、相対立してきた閔妃と大院君の両者が過去の人間となり、名実ともに朝鮮政界の指導者――立憲君主ではなく絶対王として――となった高宗の政権を、貴人厳氏が支えるという時代が幕を開ける。

そこでいったん論点を厳氏の実家へと移してみよう。事実、厳氏の一族はこののち、大いに勢力を振るうことになり、その厳氏の一族から李垠の学友も登場するわけで、彼らについては少し予備知識があった方がいいだろうと考えるからだ。

貴人厳氏の父である厳鎮三とはどのような人物なのか、『厳鎮三碑銘』を参考にまとめてみよう。じつはこの碑銘は、文中に「純献皇貴妃」などとある。詳しくはのちに述べるが、この純献皇貴妃とは一九〇三年に厳氏がのぼりつめた地位だ。この碑銘の最後には「李王職長官従三位勲二等法学博士篠田治策　撰／李王職次官従三位勲一等男爵李恒九書」とあることから、篠田が文章を作り、李恒九がそれを碑銘として書いたということだ。彼らは李垠の意を受けて、この碑銘を成立させたといっていい。

まずは厳氏の父親のことから述べてみよう。この碑銘の冒頭には「贈資憲大夫議政府賛政厳公鎮三之墓」とある。これによると、厳鎮三は寧越厳氏の出で字《あざな》を仲省といった。純祖時代の壬申年（一八一二年）一〇月九日生まれで、高宗己卯年（一八七九年）七月二二日に六八歳

◆**西三陵**　李氏朝鮮時代中期の中宗《チュンジョン》妃の禧陵、仁宗《インジョン》の孝陵、仁宗妃の睿陵の三つの陵があることから命名される。朝鮮総督府は「全国各地に散在しているこの胎峰の管理と維持に頭を痛めたあげく、一九三九年に、みな西三陵の陵域に移葬してしまった」（金用淑、２００８、308頁）。ただし、李垠の妹である徳恵翁主の胎室はここに移されてはいない。また、「李王世子胎室」すなわち李垠の次男である李玖氏の胎室もここにある。もちろん、彼は東京で生まれているので、本論で述べたような祭儀をすべて行ったとは思えない。かなり簡略なかたちだったのではないかと思われるし、洗胎、安胎の儀式に関してもその例外ではなかっただろう。第一に、それらを執り行う人材が東京には不足していたに違いない。

◆**歴史から姿を消す**　大院君の別邸は、保存されており、彼の号である石坡にちなみ「石坡廊《ソクパラン》」という名の高級レストランになっている。

（数え年）で死んでいる。つまり、李垠が生まれたときにはすでに死んでいたということだ。そして娘である厳氏が皇子を産んだという事実が、彼の「死後」を変えた。厳鎮三は光武七年（一九〇三年）に先に触れた「資憲大夫議政府賛政」というものものしい位を追贈され、高陽郡延禧面麻根洞にあらためて埋葬されたという。この延禧という地名は、その後「延禧専門学校」がつくられる場所であり、現在の延世大学校の所在地だ。このあたりが市街地化されたからなのか、癸酉年（一九三三年）に同じ高陽郡纛島面華陽里に墓所が移転された。

　厳鎮三の妻は密陽朴《ミリャンパク》氏だった。「贈協弁致淳女生」とあるから、朴致淳《パク・チスン》の娘だとわかるし、やはり彼女自身も「贈貞夫人」とあるので、「貴人」の母として相応の地位を追贈されている。生年の記述はないのでよくわからないが、没年については記録がある。ただし、碑銘には「憲宗甲申卒」とされているのだが、これは誤記であろう。憲宗在位期間は一八三四年から一八四九年で、その期間中に「甲申年」は無いからだ。では「憲宗年間」であることが間違いなのか、「甲申年」が間違いなのか、どちらだろうか。李垠の母である厳氏自身が一八五四年生まれであることから、それ以前ではあり得ない。だとすれば、憲宗の時代に死んだというのは誤りだ。もしかりに「甲申年」に死んだのが正しいとするなら、候補になるのは一八八四年だ。このときはすでに高宗の治世であり、「甲申政変」があった年でもある。はたしてこんな大事な年を、しかも李垠の父である高宗在位期間と憲宗の時代と勘違いするだろうか。高宗以前という意味で、甲申と間違いかねない年といえば、一八六〇年の「庚申年」があるが、この年にしても哲宗在位期間であり、こともあろうか国王の治世を間違って憶えているということになる。この碑銘が書かれたのは昭和九年（一九三四年）であり、李垠も三七歳になっていた。もちろん篠田や李恒九の書き間違いの可能性はあるが、だとすれば李垠にとってのみならず篠田や李恒九にとっても、「甲申年」が誰の治世だったのか曖昧になってしまうほど、「李氏朝鮮王朝」は遠いものになっていたといわざるを得ない。先に父である鎮三のところで見たように、少なくとも純祖に関しては在位期間を間違って憶えてはないといえるが、その後の憲宗と哲宗に関しての知識はかなりあやしいわけだ。しかし、李垠はもちろん、篠田や李恒九も高宗が在位した期間を間違えるとはとうてい思えない。だとすれば、私としては一八六〇年の「庚申年」に、すなわち厳鎮三が死ぬ一九年前に密陽朴氏が死んでいたと考える方が自然だろうと判断する。また、甲申年と庚申年は、朝鮮語ではまったく違う発音になるが、日本語では同音異義語となることにも注目したい。この墓碑銘にどこまで李垠がからんでいるかわからないが、まったく報告もなくこの碑銘がつくられたとは思えない。先走っていうことになるが、満一〇歳で日本にわたり、日本で陸軍士官学校や陸軍大学などで教育を受けた李垠は、それほどまでに日本化されていたと考えざるを得ない。

　厳氏の両親についてはそのぐらいにして、その後の墓碑銘の記述を見てみよう。

> 高宗乙未墓合祔二男二女男長鳳源夭贈内部協弁次鶴源亦夭俱無嗣取兄子俊源為後資憲漢城府判尹元帥府総長勲二等今中枢院参議女長　純献皇貴妃是誕我王殿下次適李容世判尹俊源一男二女男柱明嗣鳳源後我　王殿下在皇儲時遊学東京陪往随学為陸軍中尉二女適朴基洪主事閔元植参議柱明三男二女男英燮宗燮恒燮女貞燮敬燮

　この碑文の「我」は厳柱明、李垠の母方のいとこにあたる。乙未年（一八九五年）に夭折した長男鳳源《ポンウォン》と次男鶴源《ハグォン》を合葬したことや、「兄子」すなわち厳鎮三の兄の子である俊源《チュヌォン》を、継嗣としてとったことなどがわかる。逆にいえば、このときにすでに厳氏は高宗の寵愛を受けていて、家族にそれなりの待遇をするぐらいにはなっていたということだ。一八九五年一〇月に正王宮である景福宮が軍靴に踏みにじられ、閔妃も殺害された（当初は生死不明だったが）あと、厳氏は「内宮の秩序を取り戻す能力」ある女性として、かなり早い段階から活躍している。夭折したふたりの兄に対して、厳氏はかわいそうに思っていたに違いない。おそらく一八九五年の年末に彼らは合葬されたのであろう。そして、俊源は李垠の母の親族として出世し、「漢城府判尹元帥府総長勲二等」という仰々《ぎょうぎょう》しい地位に付き、この碑銘が書かれた一九三四年には中枢院参議になっている。韓国併合後、大韓帝国宮内省は李王職となり、日本国宮内省に所属し、朝鮮総督府の監督を受ける二重所属の官庁となったが、俊源はこの李王職の重責を担う中枢院の参議へと進むという順調な出世をしている。長女は純献皇貴妃すなわち高宗の継妃となり、二女は李容世判尹に嫁いだという。本書の末にも触れるが、厳柱明は「王殿下在皇儲時遊学東京陪往随学為陸軍中尉」とあるように、李垠が「皇儲」すなわち「もうけのきみ＝皇太子」だったとき、いっしょに東京へと遊学し、陸軍士官学校を出て陸軍中尉にまでなっているとある。俊源には一男二女が生まれており、長男柱明は絶えていた鳳源のあとの家を嗣いだ。じつはこの人物、李垠の東京留学だけでなく、解放後に韓国へと帰るときに、本評伝の後続の巻で何度も登場することになる。また俊厳の二人の娘は、朴基洪主事（密陽朴氏）と閔元植参議（驪興閔《ヨフンミン》氏）へとそれぞれ嫁いでいる。この閔元植は韓国併合後に民族派の青年につけねらわれ、一九二一年に東京で暗殺される（本評伝『第3巻 大日本帝国・大正期』（未刊）で触れる）。さらに厳柱明には三男二女があり、男兄弟は英燮《ヨンソプ》、宗燮《チョンソプ》、恒燮《ハンソプ》といい、娘は貞燮《チョンソプ》、敬燮《キョンソプ》という。このうち英燮はのちに墓碑銘を紹介するように、夭折している。

ちなみに、厳鳳源、厳俊源、厳英燮の三人に関しては、やはり墓碑銘が残っている。以下に紹介しよう。まず「貴人」厳氏の兄にあたる鳳源の墓碑である『厳協弁墓碑榻本』には、やはり冒頭に「贈内部協弁厳公鳳源墓」とあり、丁重に扱われている様が見てとれる。鳳源は「憲宗甲辰十二月二十九日生」で、「高宗癸酉三月二十四日卒丁酉冊封」と書いてある。これは「昭和十三年七月」に建てられた墓碑であり、先の『厳鎮三碑銘』より新しく書かれた文面だ。「憲宗甲辰」とは一八四四年のことであり、さらに「高宗癸酉」とは一八七三年にあたる。厳氏は一八五四年生まれだから、彼女が数え年二〇歳のときに、鳳源は数え年三〇歳で死んだわけだ。そして、その二四年後の丁酉＝一八九七年に厳氏が「貴人」に冊封された年、若くして死んだ兄の鳳源にも内部協弁（日本風にいうと内務省次官）という地位に冊封したという。彼の墓は当初「高陽郡神道面津寛里」にあったが、昭和一三年に「高陽郡纛島面毛陳里」の「賛政公墓左岡坤坐原配」すなわち父である厳鎮三の墓の左側の岡の坤《ひつじさる》の方角に、鳳源の墓も移されたという。彼のふたりの妻、南陽洪《ナミャンホン》氏（「憲宗戊申生」すなわち夫の鳳源より四つ若い一八四八年生まれ、「高宗己巳九月二十七日卒」すなわち一八六九年九月二七日死去、享年数え年二二歳）と後妻の金海金《キム・ヘキム》氏（「哲宗癸丑生」すなわち夫の鳳源より九つ若い一八五三年生まれ、「高宗乙亥八月初五日卒」すなわち夫が死んで二年後の一八七五年八月五日死去、享年数え年二三歳）も「貞夫人」を追贈され合葬されている。

さらに、厳氏の家に養子に入った俊源の墓碑銘である『厳校長墓碑榻本』には、「進明女子高等普通学校長正五位勲四等厳公俊源墓」と書かれている。この女子高等普通学校については、本書の続編で触れる機会があると思うが、ここでは女子の中等教育機関であり、日本の教育制度における高等女学校にあたるものだと考えて欲しい。そしてこの碑銘では、彼の華やかな経歴が語られている。「哲宗乙卯三月二十六日生」というから、一八五五年生まれ、厳氏よりひとつ若い。そして、次のように昇進していくのである。

高宗辛卯中武科試己亥特陞正三品庚子中枢院議官内

蔵院種牧課長辛丑陞従二品漢城判尹裁判所首班判事軍部協弁陸軍歩兵参領壬寅陞副領癸卯警務使特陞陸軍参将転任元帥府記録局総長甲辰兼任済用司長軍制議定官参謀部第二局長乙巳憲兵司令官陞正二品特叙勲二等賜八卦章大正十年中枢院参議勅任待遇十二年正五位昭和二年勲四等瑞宝章三年従四位此公前後歴官叙次也公以昭和十三年二月十三日考終于内需町第正寝葬于高陽郡纛島面毛陳里先阡下酉坐原配

高宗辛卯すなわち一八九一年に科挙の武科に合格し、その後軍関係の職場を渡り歩いている。彼は教育関係で名をなしたが、もとは軍人だったのだ。庚子すなわち一九〇〇年に中枢院参議官と内蔵院（宮内府のなかで皇室財産を管理する部署）種牧課長に、翌年の辛丑年（一九〇一年）に従二品漢城判尹裁判所首席判事（ソウル裁判所の首席判事）とともに軍部協弁陸軍歩兵参領（陸軍歩兵少佐）に昇進し、さらに翌年の壬寅年（一九〇二年）に副領（中佐）、癸卯年（一九〇三年）には警務使を務めながら陸軍参将（少将）として元帥府記録局総長へと進んでいる。そしてまた次の年である甲辰年（一九〇四年）には参謀部第二局長、乙巳年（一九〇五年）には憲兵司令官となって正二品勲二等へとのぼりつめている。しかし、彼の大韓帝国での昇任はここまでであり、韓国併合後の大正一〇年（一九二一年）に勅任官待遇の朝鮮総督府中枢院参議へ、大正一一年には正五位に叙せられ、昭和二年（一九二七年）に勲四等瑞宝章、翌年に従四位になっているが、このときすでに彼は七〇を過ぎており、総督府などでの役職はほとんど名誉職だったことだろう。妻は仁同張《インドンチャン》氏（「哲宗壬戌十一月十一日生」すなわち夫である俊源より七つ年下の一八六二年一一月一一日生まれ、「高宗丁亥六月十五日卒」すなわち一八八七年六月一五日に数え年二六歳で死去）と慶州金《キョンジュキム》氏（「高宗辛未八月初八日」すなわち夫である俊源より一六歳若い一八七一年生まれ、「一男二女男柱明中尉娶藩南朴允緒女」とあるから、碑銘を彫った当時まだ存命で、厳柱明を筆頭に一男二女をもうけ、長男の厳柱明は陸軍中尉となり、藩南朴《パンナムパク》氏と結婚したということだ）のふたりに「貞夫人」と追贈されている。そして俊源自身は昭和一三年（一九三八年）に八三歳で死んでいる。葬られたのはやはり同じ「高陽郡纛島面毛陳里」である。

ついでに『厳英燮墓碑榻本』も見てみよう。これには「寧越厳英燮墓」とあり、他の碑銘と比べて簡素だ。「大正十一年七月十一日生」そして「在京城中学校成績優秀方期以大成不幸罹疾昭和十二年九月二十日歿年止十七時」とあるから、一九二二年に生まれ、韓国併合後の日本人のための中学校である京城中学に通っていたときに病気になり、一九三七年にわずか一五歳で死んだとあり、末尾に「昭和十三年七月二十三日」と墓碑が建てられた日時が明記されている。もちろん葬られた場所は「高陽郡纛島面毛陳里」である。

何度もいうが、厳氏の実家は平民であり、かりに科挙に合格してもこれほどの出世は望めない。厳俊源が朝鮮社会でより高く評価されている「文科」ではなく、あえて「武科」に進んだのは、文科では後進の寧越厳氏出身では入り込む隙間が無いと判断したからであろう。もちろん、のちに「皇子」を産む「貴人」厳氏は、一八九〇年代には高宗に認められていると見ていい。だから、一八九一年に数え年三七歳でやっと武科に合格したのも、まだ「宮人」ではあれ厳氏の力に依るところが大きかったのかも知れない。そして、この俊源の軍人としての履歴が、その子息である柱明の将来を開く——李垠の学友として東京へ同行し、陸軍幼年学校から陸軍士官学校で教育を受け、日本陸軍の将校、そして大韓民国の将官になっていく——ことになるのである。

その他、王妃となった厳氏の父・鎮三の従兄弟である厳鎮弼の養子（鎮弼の弟・鎮国《チングク》の長子）厳仁永の遺したふたりの兄弟・柱承《チュスン》と柱益《チュイク》のうち、弟の柱益は出世している。彼は一八七二年生まれだが、一八七三年に死んだ鳳源の養子になった。養子とはいえ、貴人厳氏の甥ということになる。数え二二歳の一八九三年（厳氏が事実上の王妃の地位へと近づく一八九六年以前）に武官の副司果（従六品）に取りたてられているのだから、当時の価値観としては文官には見劣りする職ではあるものの、それなりに能力があったのではないかと思わせる。彼は寧越厳氏の出身で、しかものちに皇貴妃となる厳氏の又従兄弟たる仁永の息子だという比較的近い血縁にあることが追い風となり、一九〇二年には内蔵院種牧課長の職にあったが、軍部砲工局長、次いで漢城府判尹（現在でいうソウル市長）、翌〇三年には軍部協弁（次官）、〇四年にはわずか数え三三歳で軍部参将（日本でいう少将）へと上りつめていく。そして〇六年の陸軍法院長（軍事裁判を行う裁判長）を経て、〇七年には従二品宮内府特進官へと、まるで羽根の生えた自転車に乗るがごとくに出世していくのだ。そして彼は子どもにも恵まれ、長男の敬燮を筆頭に五男を得、敬燮には長男の圭白《キュベク》を筆頭に四男に恵まれている。また一方で、一九〇四年九月には日本の軍事および教育制度を視察し、一九〇五年に私財を投じて設立した養正義塾（のちの養正高等普通学校、日本の旧制中学に相当）の運営に専心する。厳氏はこの義理の甥たる柱益を文字通り「柱」に、柱明を李垠の「脇柱」に据え、我が子李垠と一族の将来を託すことになるのだ。◆

以上のように、厳氏の実家である寧越厳氏の墓碑銘などを見る限り、いくつかの特徴が見い出せる。まず、厳氏の母である密陽朴氏の生没年があまりにもあやふやであることからもわかる通り、女性への視線はかなりいいかげんであるということ。もちろんこれはこの一族に限ったことではないだろうが、いくら何でも「英王」から「皇太子」、「李王世子」そして「李王」へとなっていく李垠の母方の祖母の生没年がこれほどまでに粗略に扱われているのは驚きを禁じ得ない。

また、厳氏が皇子を出産したときにはすでに厳鎮三とその妻の密陽朴氏がこの世にいなかったり、厳氏の兄である鳳源や鶴源が夭折していることからもわかる通り、どうもこの一族は長寿の人間はかなり少ないということがわかる。厳氏自身も一九一一年に数え年五八歳で死んでいる（本評伝『第2巻 大日本帝国・明治期』で詳述）。長く生きたといえるのは、すでに登場した厳氏の家系を嗣いだ俊源と、このあとも本書にたびたび登場することになる俊源の嫡子である柱明、そして鳳源の養子で厳氏の義理の甥となった柱益ぐらいなものなのだから。その分、厳氏も心細い思いをしていただろうし、また外戚（寧越厳氏一族）に頼ることができないために、厳氏自身が直接教育界へと目を向けたとき、俊源と柱益を除くと誰も彼女の周囲におらず、女子教育など大きな事業を起こすとき彼女自らがそれを行っていくことになるのである。

それに付随することではあるが、夭折していく寧越厳氏の人びとは、多くは「追贈」され、墓碑にも「厳公〇〇」と名前に「公」の字が付けられるなど、優遇されている。しかし、厳英燮に関してはこの限りではない。彼が一五歳という若さで死んだことも影響しているかも知れないが、どちらかというと大韓帝国がまだ存在していたときにそれなりの地位を「追贈」されていた厳鎮三や鳳源といった人物には、その「追贈」は剝奪されず、それどころか存命中の妻まで「貞夫人」として丁重に扱われている。大韓帝国が日本に併合されて植民地へと転落したあとで生まれた英燮には、この手厚い対応はあり得なかった。このことから大韓帝国の威信は剝奪せず、しかし植民地転落後を生きた李垠の外戚にはそこまでの栄誉は与えることがなかったという、当時の植民地統治の空気を感じることができる。

◆……になるのだ　以上は、養正同窓会が編集した『養正の顔』の第一編「養正六十年史」（養正同窓会、1965、21～28頁）と、第二編「歴代校長略伝」のうち「春庭 厳柱益先生」（同書、91～100頁）を参照した。この学校については、本評伝『第3巻 大日本帝国・大正期』（未刊）で厳氏の女子教育について考える際に再び触れることとする。

　さらに、これらの墓碑が一九三〇年代に集中的につくられていることも特徴として挙げられるだろう。この時期に厳俊源が死んだという部分もあるのだが、それまでに死んでいた他の人びとの墓も、あらためてこの時期に「高陽郡纛島面」に合葬しているのは、注目に値するのではないか。本評伝第4巻で詳しく述べるが、一九三〇年代は李垠が文化事業＝李王家美術館創設を行った時期と重なる。この頃には、彼の子どもである玖《グ／きゅう》が生まれており、李垠自身も陸軍で大佐から少将へと昇進しているなど、彼がもっとも輝いていた時期だといっていい。彼はそのとき、自分の母の一族、そして李王家である父の一族へと関心を深めていたと私は考えている。多少先走った議論になったが、このことを念頭に置いて、話を進めていくこととしよう。

　こうした人間関係のなかで生まれた李垠であるが、まだこの「垠」という名前は付けられていないと、すでに述べた。この名前が付けられるのは、光武四年（一九〇〇年）のことであった。この年、皇子阿只氏は、英王に冊封され、李垠という名前を持つのだが、そのことを詳しく述べる前に終えてしまわなければならない話がある。すでに見た胎教の延長ともいえることだ。国王の息子は儒教教育を受けることになるのだが、その最初の一歩となるのが『小学』だったという。「王子が最初に学ぶ本は『小学』で、その内容は初学者が五倫を習得することができるよう、基本的な礼節教育で埋めつくされていた」（キム、2013、27頁）。そしてキム・ムンシク氏は英祖《ヨンジョ》王が思悼世子《サドセジャ》の一歳の祝いに下賜したとされる『小学』を紹介している。確かに帝王学を学ばせる意味でも、儒教教育はゆるがせにしてはいなかっただろうし、その意味では李垠も同じような道を歩んだとは思うが、はたして一歳の子どもが『小学』を理解できるだろうか。これはすでに見た胎教と大差ない、おそらくまじないのような意味、儀礼的あるいは儀式的なものとして、幼い王子（皇子）に『小学』を与え、徐々にその世界に親しむようにしていったと理解すべきだろう。この後の帝王学あるいは儒教教育については、皇子の教育全般にかかわる問題としてあらためて取り上げようと考える。

　ちなみに、皇子阿只氏の父である高宗は養子として李王家に入っているので、このような儀礼的教育は受けていない。また、高宗の先代である哲宗も同じであった。高宗は自分が儒教的帝王学を学んでいなかったことで恥をかくこともあった。「〔国王〕即位後すぐにはじめられた経筵〔国王に儒教を講義する席〕で、高宗は『孔子と朱子は同時代の人間ではないのか』と尋ねるなど、基礎的な常識さえ知らない姿をのぞかせた」（ハム、2012、162頁）。おそらく、我が子にはこのようなことがないように、幼い頃からの儒教教育をほどこしたことだろうと思われる。しかしこの歴代国王の多くが受けた幼少時からの儒教教育は、「きわめて残酷であって、稚《いとけな》き子供たちに（わけの解らない）『四書五経』四五万字を完全に暗記させて立派な『大人』にしようとする知的暴力装置」（三石、１９９６、228頁）だったともいえよう。この暴力性の片鱗が、一歳の子どもに『小学』を与えるという行為ににじみ出ている。

ともあれ皇子阿只氏は、光武二年一〇月に一歳の祝いを迎え、多分に儀礼的な意味を持っているとはいえ、いちおうは帝王学の一環として『小学』が与えられた。高宗は再び絶対王に返り咲いたものの、大韓帝国は経済的には破綻寸前の状態で、日本とロシアというふたつの帝国が相互に相手の動きをうかがっていた。日露戦争は目前に迫っていたのだ。

第2章

英王李垠

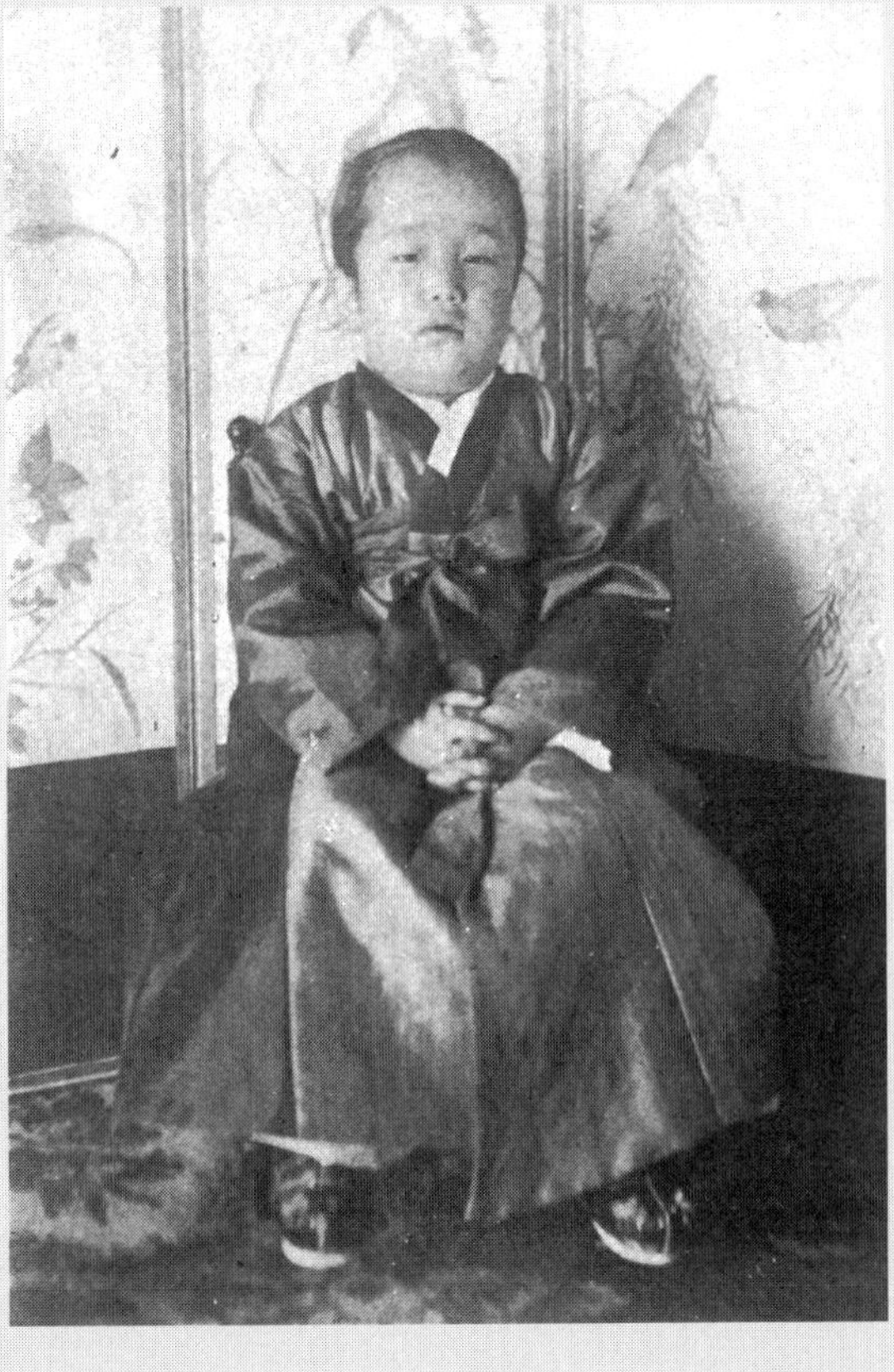

やはり、ここでも我々は
厳妃の存在を考えてみても良いかもしれない。
皇太子が障害を抱えるなか、
皇太子が子をなすことができないこともよく知られていた。
この状況下、彼女は自らの子、李垠が
現皇太子の次の皇太子になることを熱望していた。

（木村幹『高宗・閔妃』より）

［章扉の写真］

李　垠《イ・ウン／り・ぎん》（1897 ～ 1970 年）。高宗の第 7 皇子（実質的には第 3 皇子）として生まれる。1900 年に「英王」に、1907 年に「皇太子」に冊封されるが、伊藤博文に従って日本へと「留学」する。1910 年の韓国併合条約で「李王世子」となり、兄である純宗の亡きあと「李王」となる。（1900 年頃撮影）

一、光武二年「万寿節」――毒茶事件とその顚末

比較的小さな政府として再出発した大韓帝国は、高宗の絶対王政を放棄せず、むしろそれを強化する方向で進んでいった。しかし、そこへいたるまでも決して平坦な道ばかりではなかった。例えば、皇子の誕生一周年にあたる光武二年秋に、大韓帝国の象徴たる高宗皇帝の誕生日を祝う「万寿聖節」がはじめて執り行われたが、このときに不穏な事件が起きている。いわゆる「毒茶事件」である。

第1章でも触れたように、大韓帝国は皇室の記念日を祝日とすることで、皇帝を中心とした近代的な国民創造の第一歩を踏み出そうとしていた。もちろんこれには前史がある。一八九四年に勃発し、日清戦争の引き金となった甲午農民戦争◆では、農民軍が政府軍と戦うという大規模な抗争に発展しているのだが、このときに一君万民思想が民衆にひろがっており、これを梃子として高宗皇帝を頂点とする国民創造が可能となっていると、趙景達氏は述べている（趙、2012、136頁）。

甲午農民戦争は、近代朝鮮史上、画期的な民衆運動であった。それは、儒教的民本主義の政治文化を背景に、武力的に仲介勢力を排除し、一君万民の論

◆甲午農民戦争　一八六〇年代に崔済愚によって創始された新興宗教である東学は、政府に弾圧され、一八六四年には教祖の崔済愚も処刑された。その後も弾圧は続くが、教祖伸冤運動に端を発した運動が蜂起へとつながっていく。一八九二年頃から穀倉地帯である全羅道で飢饉がひろがりはじめ、地方官が虐政を行い続けたことに対する反発から、一八九四年二月に全琫準を中心とした東学の農民軍が蜂起したことに端を発する事件。一時は全羅道の中心都市である全州に無血入城さえした（同年五月）。朝鮮政府では清国に出兵を要請、日本も対抗して清国を上回る数の軍を投入した。これが日清戦争の発端となる。日本は金弘集を首班とする開化派政権を成立させるわけだ（同年八月）。また、それと並行して、朝鮮政府も洪啓勲を全州に派遣し、農民軍と対決した。農繁期が近づいていたということも手伝い、双方大きな痛手を負いながら農民軍は政府軍との和約が成立した（全州和約、六月）。日本が清国に勝利したあと（同年一〇月）、農民軍は再度蜂起するが（同年一一月）、日本軍と朝鮮政府軍の連合軍の前に破れていく（同年一二月）。逮捕された全琫準を筆頭とした東学農民軍の首魁は、翌一八九五年四月に死刑判決を受け、処刑されている。（以上、趙、2012、94〜121頁。および李建志、1994、参照）

理に訴えて、民衆的要求を実現しようとするものであった。そして、半年にも満たない期間であるとはいえ、民衆自治を敷いたことは朝鮮史上いまだかつてないことであった。
（同書、120頁）

農民運動が本当に「儒教的民本主義の政治文化」だったのか、少なくとも民衆全体に儒教の教義がそれほど広まっていたのか、私にはわからない。ただし、現代韓国にも残っている「男子を残し、家を継続する」というごく限られた意味での儒教、いわば「通俗儒教」がこの頃には民衆に浸透していたのではないかという気はする。また、民本主義的政治文化まで農民たちが理解していたとは思えないが、少なくとも農民軍の統率者の水準では理解されていたし、その思想に一般の農民もついて行ったからこそ、「民衆自治」にまで発展する力を持ち得たという意味では納得できる話だ。ともあれ、一九世紀末の朝鮮では民衆思想の地平でも、一君万民を受け容れる素地があったというのは興味深い。

そして大韓帝国の宣言とともに、国王たる高宗は皇帝に即位し、すでに前章で見たように、自らの誕生日（陰暦）を「万寿節（万寿聖節）」という祝日にした。一君万民思想が民衆にまで達していたとされる当時の朝鮮でこの日を「国民」の祝日にするというのは、大韓帝国皇室を核とした近代的国民創造への一里塚として認識されていたはずだ。少なくとも、大日本帝国の「天長節」と同じような国民の祭日へと発展していくことは官民ともに了解していただろう。しかし、最初の万寿節から、つまずいてしまった。それが「毒茶事件」である。この「茶」は、東洋の茶葉から抽出したものではない。コーヒーのことだ。

慶運宮にある清穆斎《チョンモクチェ》の一角にて、高宗と皇太子（純宗）は、宮内大臣李載純、軍部大臣沈相薫、度支部大臣閔泳綺の三大臣と、十数名の近侍とともにくつろいでいた。そして、くつろぎの場にふさわしく、高宗と皇太子、そして三大臣や近侍らの前に、当時はまだ目新しかったコーヒーが運ばれてきた。王宮における皇族の一日に相応しい優雅な光景である。ロシア公使館で親しんだのか、皇太子は平素からコーヒーを大変好んでいたという。この時のコーヒーもあるいは、それを熟知する高宗の特別のはからいであったかもしれない。

もっともこの日のコーヒーにはいつもとは異なる点があった。彼らのもとに運ばれてきたコーヒーには明らかな刺激臭があり、高宗はこれを一口、口にしただけで飲むのを止めた。しかし、ずいぶんのどでも渇いていたのか、あるいは「万寿節」における高宗のはからいを無にしてはならないと考えたのか、皇太子は、同じコーヒーを一挙に飲み干した。途端に皇太子は悶絶し、その場に倒れこんだ。すかさず高宗は「毒茶」と叫んだという。コーヒーには、何らかの毒物が混ぜられていたのである。高宗と皇太子以外の人々は誰一人、このコーヒーに口をつけていなかった。

（木村、２００７、285～286頁）

木村氏はこの日が九月八日だったといい、その後「コーヒーを出した料理人金鍾和と大膳頭孔洪植が直ちに逮捕され、その背後関係が追求され」、ロシア公使館の朝鮮語通訳であった金鴻陸が逮捕されたという（以上、同書、286頁）。しかし、『高宗実録』の光武二年九月八日の項にはこの「万寿節」の記載がない。この日の記述としてはむしろ、日本人佐佐木清麿と乾長次郎を代理人として京釜鉄道会社（ソウルと釜山を結ぶ鉄道）の設立を許可しているということが書かれている。一方、九月一〇日の記述として「召見政府大臣以下于咸有斎以万寿聖節也」（『李朝実録第五十五冊』、１９９９、374頁）とあるから、この日が「万寿節」だったといえよう。同じく政府文書である『承政院日記』には、この日に出席した政府高官四一名の名前と官職が列挙されている。記録によれば、当時の大韓帝国政府の要人（大臣および協弁（次官）から、侍従官にいたるまで）が総出で祝ったこと、その時間が「丁時」すなわち朝早い時間だったということ、その場所が「咸有斎」であったこと、そして高宗が「近日日気甚熱」と気候を話題としており、すなわちそれだけ平穏な日だと高宗自身も考えていたことなどが見てとれる（『承政院日記』高宗三五年七月二五日、陽暦九月一〇日）。ちなみに、翌九月一一日には『高宗実録』にも『承政院日記』にも記述らしい記述がない。前日である九月一〇日にそれだけ大変なことが起きていたということだろう。「万寿節」は陰暦七月二五日とされ（月脚、２００８、159頁）、これは金弘集政権の親日開化派政権（甲午改革）が決めた国慶日「大君主陛下誕辰」と同じだ。事件当日の九月一〇日が、陰暦七月二五日であったのだ。国民統合の象徴たる国慶日が、陰暦で行われるというあり方自体、近代と前近代がせめぎあっているともとれまいか。ちなみに、茶会が開かれた場所はどこだったのだろうか。『高宗実録』『承政院日記』ともに記載がなく、祝いをした咸有斎とは別だった可能性もある。なぜなら、四一名の高官に対し高宗は「上命退、諸臣以次退出」（『承政院日記』）とあるように、もう下がってよいといい、高官たちもそれに従ったからである。大勢の官吏が退出したあと、茶会がひらかれたのなら、場所を移動したと考えられる。その後、木村氏のいう「清穆斎」へと移って、茶会となったのだろうか。私には、咸有斎のすぐ北にあった、高宗の私的な娯楽のための建物である精観軒（次節で詳述）の方が、茶会にはふさわしい場所だし、自然であったと考えるが、よくわからない。

話を先に進めよう。九月一二日には、この事件の後処理が記述されはじめる。

> 太医院都提調沈舜沢卿閔泳駿少卿趙秉聖口奏以為即伏聞待令医官所伝之言則以痰滞之崇有靡寧之節云下情不勝驚惶亟許臣等率医官入診批曰愆候漸有差道湯剤当自内議定卿等不必入侍矣又奏以為太子宮以滞泄之候有靡寧云不勝憂慮之至亟許臣等率医官入診批曰泄症向差当自内議定卿等不必入侍矣又奏以為太子宮以滞泄之候有靡寧之節云伏不勝憂慮之至亟許臣等率医官入診批日泄症向差当自内議薬卿等不必入侍矣再奏批曰当自内入診卿等本院輪直三奏批曰漸有差道不必入診仍為輪直○宮内府大臣李載純奏即伏聞玉度睿候同時愆和水刺進供之際初不審慎以致違予之節万万驚悚挙行諸人並令法部到底鉤覈查問根由以正邦刑何如批曰令警務庁厳覈根由
>
> （『李朝実録第五十五冊』、１９９９、374頁）

この文面からも、当時の混乱した状況が目に浮かぶ。待令医官（王宮専属の医官）が伝えることには、皇帝はのどがつまって体調がすぐれない状態だというので、王宮の人びとが驚き恐れていた。医官が診るに、薬のおかげで徐々に病状はよくなっているが、官吏閣僚などの立ち入りを禁じて様子を見ることとした。また皇太子（純宗）は（毒物の）排泄がうまくいっておらず、それによって具合が悪くなっているといい、きわめて憂慮する事態だ。やはり医官に診せることを許すと、病状は快方に向かっているが、立ち入りは禁止とした。さらに奏上していうには、臣下たちが太医院で輪直（交代で当直をすること）することとした。その後、病状がよくなっているが、なおも輪直は続けた。その後、宮内府大臣李載純が次のように奏上した。病気と水刺《スラ》（朝鮮の国王＝大韓帝国皇帝の食事、ここではコーヒー）が供されたことがかかわっている。どうしてこのような病気になったかわからないが、驚き恐れている。人を動員し、法部にこの原

◆金鴻陸　生年他、詳しい経歴はわかっていないが、ロシア語通訳官であったことは間違いないようだ。金玫廷氏の研究

によれば、一八九一年三月二八日に景福宮の宝賢堂で開かれた、日本公使として赴任した梶浦鼎介の歓迎宴会で、日本公使に次ぐ第二賓客として招待された「露使韋貝」すなわちロシア公使ウェーベル（Waeber）の隣に「金監察鴻陸」と名前が書かれている（金玟廷、２００９、45〜46頁）。この頃、彼はすでに活躍していたといえよう。当時の朝鮮では伝統的な訳官を輩出してきた日本語や中国語とは違い、ロシア語が使える人物はまだ少なかったと思われるため、彼は早くからロシアとの交渉の際には欠かすことのできない人材として名前が挙がっていた可能性が高い。ちなみに、当時の王宮での宴会は、東西に長い卓を囲んで、西側に主人が着座し、南北の席の南側に一、北側に二番目の賓客を配置していた。そして東側には主人に準ずる人物が座り（座らないこともある）、その北側の席に第三の賓客、南側に第四の賓客が着座する習わしだった（同前）。この順でいうと、この日本公使を迎える宴会でロシア公使は第二の賓客という高い順位におり、自然とその右手（六位の席次）に金鴻陸が座っていたわけだ。ドイツ領事が九位の席に座っていることからも、ロシア公使およびその通訳である金鴻陸の扱いが非常に丁重であったことがうかがえる。おそらくロシア側からの信頼があったであろう彼は、この特殊な立場を利用して這い上がろうとし、恨まれたのかも知れない。現実に露館播遷時にも金鴻陸は通訳として高宗と当時王太子だった純宗の傍で活動した（木村、２００７、263〜264頁）。以後、さまざまな意味でロシア語通訳の存在は大きな意味があったと思われるし、彼がロシア公使と高宗の橋渡しをしているということを鼻にかけたことにより、疎まれていく理由にもなったように、私には思えてならない。ちなみに、『京城府史』一巻には、「金鴻陸は咸鏡道の産光武元年（明治三十年）頃露国勢力の旺盛時にあたり、秘書院丞（宮中秘書官）に任ぜられ、露語に精通せるを以て通訳として皇帝に近侍し」（654〜655頁）と経歴を記しているが、これは右の宴会での記録を考えると誤りだと断定できる。

◆政府高官四一名の名前と官職　『承政院日記』高宗三五年七月二五日（陽暦九月一〇日）の記述によれば、このときの参加者は「秘書卿李道宰、秘書丞趙秉聖・金思濬・李鍾翊・李承淵、秘書郎李種完・李肇栄・趙善九・宋鍾民、議政府参政尹容善、賛政徐正淳・李鍾健・閔丙奭・李允用・金明圭、参賛権在衡、法部大臣申箕善、宮内府大臣李載純、軍部大臣沈相薫、度支部大臣閔泳綺、内部大臣李根命、農商工部大臣李道宰、法部協弁李寅祐、軍部協弁兪箕煥、外部協弁朴斉純、学部協弁高永喜、内部協弁尹雄烈、漢城府判尹李采淵、侍講院詹事閔丙漢、副詹事李載克、侍読官李範翊・趙夔夏・洪淳九・金炳禹、侍従官閔泰植・李範喬・李龍九・鄭粛朝・金永淑・権沇・尹甯求」の四一名である。すべての部署の高官が参加しているのは一目瞭然だ。

◆咸有斎　現存していない建物だが、のちに見る高宗が私的な時間を楽しんだ静観軒のすぐ南に隣接している。そして、残念ながら「清穆斎」がどこにあったのか、私には確認できなかった。

因を徹底的に究明させ、我が国の法で犯人を刑に処したらどうか、と。皇帝は警務庁をして厳しく原因を究明させるようにいった。

　そしてこのあとに、のちに裁かれることになる金鴻陸について、注記されている。彼は事件に先立つ陰暦七月一〇日（陽暦八月二五日）に「承流配詔勅同日発配之路」すなわち流配の詔を承けてその日のうちに配流先に向かうが、「暫住金光植家捜出一両鴉片」というから、途中で金光植というひとの家に寄って「鴉片《アヘン》」を手に入れたということだろうか。ただし、この「鴉片」とは、「単なる『毒物』という程度の意味」（木村、2008、287頁）だろう。そして「於所携手倅猝発凶逆之心」とあるから、薬物（毒）を手に入れてみたらよからぬ凶暴な気持ちが頭をもたげたという。つまり、毒を入手してから「凶逆之心」が起こったわけだ。だとすれば彼は当初、おそらく知人であろう金光植の家に寄って毒を手に入れ、もしかしたら自殺でもしようとしてたのかも知れないが、毒を手にして悪い気持ちが頭をもたげたわけだ。そして「親人孔洪植密嗾」「七月二十六日洪植逢金鍾和備説受嗾」とある。孔洪植をそそのかし、毒を盛った。「万寿節」当日である陰暦七月二六日（陽暦九月一〇日）に孔洪植は金鍾和をつぶさに口説いてそそのかしたという。その直後に次のように記している。

於鴻陸之状以此薬物調進於御供茶則当以一千元銀酬労云鍾和曽以宝賢堂庫直御供洋料理挙行因不善挙行而見汰者也即袖該薬入厨房投下珈琲茶讙◆竟至進御

（『李朝実録第五十五冊』、1999、374頁）

　これを読むと、「薬物」を皇帝にさしあげる「珈琲茶缶」のなかに入れさせた。その報酬として「一千元銀」を与えたというが、これをもらったのは孔洪植だろう。金鍾和は宝賢堂の庫で西洋料理を供するところに出向いていき、よからぬことを行った。袖からサッと例の薬物を珈琲に入れ、皇帝以下に進呈してしまった。先に金鴻陸は流配される途中だったというが、これについては八月二五日の記述を見てみよう。「罪人金鴻陸」とあり、罪状と刑は「照大典通禁制条憑藉彼人居間受賂者減死定配律処笞一百流終身」。誰にどういう賄賂をもらったかわからないが、金品を受け取った罪で、本来死罪のところを鞭打ち百回と終身の流刑で許されている。流刑の場所は「智島郡黒山島」だ（以上、同書、372頁）。これは現在の韓国全羅南道の西にある多島海上の郡および島で、もちろん現存している。笞打ちの刑の上に流配とは厳しい条件だと思うが、それにしても最初は死罪になりかけていたというのも気にかかる。はたして賄賂を取ったぐらいで、しかも政府高官ともいえない一通訳が、どうしてこんな罪を得たのだろうか。詳しいことはこれ以上わからないのだが、木村幹氏は「ロシア公使と近すぎたこと、また家柄の良くない彼が権力を握るのを、高宗をはじめとする人々が嫌ったためだとも言われている」（木村、2007、286～287頁）と説明している。しかし、家柄云々は少しおかしいような気がする。科挙が廃止され（一八九四年）、前章でも触れたように高宗の個人的な信頼のみを拠り所として「勤皇勢力が育成され、胥吏や賤民出身の者までもが大官に起用される事態となった」（趙、2012、138頁）ことを考えると、これはひとり金鴻陸だけの問題ではないからだ。蛇足だが、家柄や派閥とは離れて、実力で官吏として登用された者のなかには、単に高宗の気に入られただけの人間ではなく、西洋諸国と連携を模索する貞洞派など有能な人材もいた。筆頭となるのが、前章で紹介した李範晋や、閔泳瓚など、高宗に忠誠を尽くす有能な人材――若く優秀で、しかも高宗と血縁などが近い人びと――がいたことも忘れてはならない。閔泳瓚に関しては、パリ万博について述べる際にまた触れる。そして、李範晋と閔泳瓚の双方については、次章のハーグ密使事件を考察する際にも詳しく述べよう。

話をもとに戻す。そもそも、この記述が陽暦九月一二日すなわち事件からたった二日後に書かれているということは、事件直後にすべての真相が明らかになっていることいえるわけで、そのあとに「厳覈根由」するまでもない事件だといえよう。そしてその事件の真相については、字義通りとれば人間関係の複雑さもない底の浅い短絡的な犯行で、じつに容易に事件は解決してしまったという印象を受ける。しかも、この内容は一〇月一〇日の記事（『李朝実録第五十五冊』、1999、381頁）にほとんど同じ内容で繰り返されているのだ。本当だろうか。当時の空気を一切知らない者が見ても、おそらく説得される人間はいないだろう。皇帝や皇太子の命にかかわるような事件にしては、動機も役者もちゃちではないか。

ちなみに、調査の結果は同年一〇月一〇日に出ており、事件の構造は変わらないが、登場人物が微妙に増減しているのが眼に付く。まずは「発配之路猝発凶逆之心」とあるように、やはり流配される途中で「突然凶暴な気持

◆茶譴　九月一二日の記載には「茶譴」とあるが、一〇月一〇日の捜査結果の報告では「茶罐」と書かれている（『李朝実録第五十五冊』、1999、381頁）。意味から考えて、九月一二日の記載は誤記であったと判断する。

ちになった」。先の九月一二日の記載（注記）では、毒を手に入れたあとでこういう「皇帝を殺してやろう」という気持ちになっているというのだが、この最終報告では毒を手に入れた場所＝「金光植家」が伏せられており、流配の道中ですでに「殺してやろう」と思ったと変更している。ここでは毒を手に入れた場所および人名が隠蔽された上で、金鴻陸が最初から殺意を持っていたことになっているわけだ。このあたりで、何か文章の「作者」の意図が透けて見えはじめている。

その後の展開としては、孔洪植と金鍾和が「一千元銀」の報酬で仲間に入ったことまではいっしょだが、「被告金永基厳順石金連興金興吉姜興根等供称倶以熟手」と続き、罪状を明らかにしないまま待令熟手《テリョンスクス》すなわち王宮専属の料理人たちを被告に連座させている。

1章でも述べたが、尚宮というのは自立した内命婦であり、それぞれ仕事によって呼び名が違っている。例えば、国王の水刺床《スラサン》（食事）を作る尚宮は「厨房尚宮」と呼ばれ、そのほかにも針房《チムバン》（針仕事）、繍房《スウバン》（刺繍）、洗踏房《セタプバン》（洗濯）など仕事の機能によって細かく「六つか七つ」に分かれているらしい（黄・石毛、1995、27頁）。だとすれば、厨房尚宮と待令熟手はどのような関係だったのだろうか。

> 宮中には内厨房と外厨房があるんですが、内厨房というのは王族のふだんの食事をつくるところで、外厨房はお客さんとか、宴会の料理をつくるところだという区別がありました。〔中略〕
> 内厨房はアンジュバン、外厨房はパクジュバンといいます。外厨房のほうが人数も多いし、男たちが料理して、内厨房は女だけです。厨房女官は位をもらうから、厨房尚宮と書きます。（同書、26〜27頁）

要するに、高宗のふだんの食事は内厨房で厨房尚宮が、宴会などの特別な席の料理は外厨房で待令熟手がつくるということだ。今回は「万寿節」の茶会なので、外厨房が担当したに違いない。だから、右記のように五人の待令熟手が被告となっているわけだ。ただし、この頃の宮中には人員は多く、のちに見るように伊藤博文による冗員整理後に厨房尚宮となった黄慧性氏の頃には「厨房に属していた人は、五人ぐらいいました。ようやく残った人たちですね」（同書、27頁）とあるから、この「毒茶事件」が起こったときの外厨房は少なく見積もっても二、三〇人はいたはずだ。そのなかで五人が被告となっているというのは、おそらく彼らが珈琲を淹れた人間あるいは外厨房の責任者だったからではないだろうか。

先を急ごう。「被告金在沢趙漢奎等倶以宝賢堂書記看検挙行」と、毒を混入した現場で書記のふたりを「看検」すなわち現場を監督していた廉で被告としている。この「看検」していたにもかかわらず、事件を未然に防げなかったという責めを受けてたのは、彼らだけではない。待令武監すなわち王宮専属の武官の金在順も同じく「看検」していたが事件を収められなかったという理由で被告となっている。さらに「被告金召史供称渠夫金鴻陸発配時作別於新門外金鴻陸言内有所托事於孔洪植矣」とある。ここはかなり重要だ。「召史」とは現在では未亡人を指すことばだが、ここでは金鴻陸の妻として紹介されており、流配されるとき新門の外で別れを告げ、孔洪植に「事」を托してあると告げているという。そして「孔若付書則信伝云而事之裏許未能得知云」、もしも孔洪植から何かいってきたら、きっと手紙を渡すようにいわれたということか。ただし、その内容については何のことかはわからなかったと附記されている。そのほか「被告朴大福」は「軍士」であり、「只是担運来往而已」つまりは単に宝賢堂のそばで荷を運んでいただけで「初無干渉造膳之節云」、すなわちハナから無関係と書かれている。

彼らへの刑は金鴻陸、孔洪植、金鍾和に関しては「照大明律賊盗編謀反大逆条」に照らし「謀反」およびその「共謀者」として「処絞」＝絞首刑による死罪。待令熟手の金永基、厳順石、金連興、金興吉、姜興根ら五名と、書記の金在沢、趙漢奎ら二名、そして武官の金在順を合わせた八名は、やはり「照同律儀制編合和御薬条若餅食之物不品嘗者律」と食品関係の不手際があったときの法に照らされて「処笞五十」＝笞打ち五〇回となっている。さらに、金召史と朴大福は「無罪放免何如云矣」といったんは無罪でどうかと尋ねられているが、「渠夫之托做謀裏許必無不知之理」つまり夫がやろうとしていた悪だくみを知らなかったはずはないと断じ、「照大明律詐偽編対制上書詐不以実条詐不以実者律」という御上に対し嘘偽りを申し上げたという罪で「笞一百処懲役三年」を妥当とし、「依奏金召史懲役代以流配」と結局流罪で結審している（以上、『李朝実録第五十五冊』、1999、381頁）。

こうして判決を読んでいて、どうしても気になることがある。まずは毒の入手経路だが、九月一二日の記載では金光植の家に寄って毒を入手した旨がはっきり書かれているのに、ここではそれが省かれている。だいたい、金鴻陸は陰暦七月一〇日（陽暦八月二五日）に、あまりはっきりしない罪状のもと、笞で一〇〇回もたたかれたあと、遙か全羅南道の島嶼部へと流配される途中だった。だとすれば、息も絶え絶えという状況だろうし、よからぬことを考えるにしても身体がついてこないだろう。それに、彼は流配される途中だったのだ。身体的にも時間的にも、彼が悪だくみをする余裕があるようには思えない。もしも仮に金光植の家に寄って毒を入手したのなら、おそらく流配される途中に彼の家の近くを通り過ぎる際に、吏員に「知人に別れを告げたい」とか、そのほか尿意など生理的な訴えをして認めてもらったということなら納得できるが、その後、その毒を手にするや謀反の気持ちが頭をもたげたことになったというのが信用できない。例えば二度とソウルに戻れない立場を悲観し、また身体的な苦痛を感じたことで、彼は毒をあおって死のうとした――。少なくともそういう理由であれば、読んでいるものとしても納得できる。仮にそこで悪い心が頭をもたげても、すでに述べたようにもうそれ以上の工作をする時間は彼には残されていないだろう。流配される途中の人間がどうやって孔洪植という宮中にいる人物に接触するというのか。妻に会ったのも、おそらく流配の前だろうし、その後――毒を手に入れたあとに後事を託すなどということは不可能だと考える。

おそらく、警務庁でもこの犯罪に対する当初の説明の青写真――金鴻陸が金光植から毒を手に入れ、謀反の気持ちがむらむらとわき、孔洪植を仲間に入れ、金鍾和とともに毒茶事件を起こした――に相当な無理を感じたのだろう。やがて、この金光植は登場人物から消え、毒の入手経路は不問に付され、金鴻陸は最初から皇帝と皇太子を狙うつもりだったという新たな「絵」を描くことになったのではないか。ひとつ無理をすると、あとはもっと難しくなる。毒の入手経路を「不問」にしてしまうと、あとは彼がもともと毒を所持していたと「におわせる」ことしかできなくなる。そして、その代わりに登場するのが金召史だ。政府だって鬼ではない。たとえ流配される人間であったとしても、妻に最後の別れぐらいはさせるものだ。そしてこの「新門」での別れで「あとのことは孔洪植に托してある」といったという。彼は本当にこういうことをいったかも知れない。しかし、それが毒を混入して皇帝を殺そうとしているなどということであるとは、ちょっと考えにくい。指示が曖昧すぎるからだ。もしも妻の金召史に袋に入ったものなり何なりを示し、それを孔洪植に渡すようにいったのなら、孔洪植に毒と金がわたったのは妻を介してだ、と考えられる。しかし、このような経緯は一切書かれていないし、そもそも毒の入手経路が不明である以上、妻には孔洪植との仲介役になりようもないほど、何も知らされていないようにしか見えない。

このように考えると、警務庁の調査で「暫住金光植家」の段が削られた理由が見えてくる。そうなのだ、彼が「配流される途中に」毒を手にしてから、皇帝毒殺を思いついたとしたら、どうやって孔洪植と会ったか、どこで毒を渡したかなど、つじつまが合わないことが出てくるのだ。だから、いっそのことこの「毒入手経路」を不問に付し、前々から皇帝暗殺を考えていたという筋書きへと書き換えたのだろう。もしそうなると、金召史が何も知らなかったでは済まなくなる。当たり前のことだが、金鴻陸が用意周到に事件を起こそうとしていたのなら、後事を託された金召史にも何らかの役割があるわけで、具体的には孔洪植との仲介という重要なものになってしまう。よって、彼女は「無罪」というわけにいかなくなってしまうのだ。それどころか、もし報告の通りなら、彼女は金鴻陸、孔洪植、金鍾和とともに事件の主要構成員となってしまい、「笞一百」と「流配」などで済むはずもない。

おそらく、警務庁としても金召史を罪に落とすのは忍びなかったのだろう。彼女は何も知らなかったという報告を出した所以《ゆえん》だ。しかし、それではさらにつじつまが合わなくなる。どうしても、彼女には罪をかぶせるしかなく、そして所払いのようなかたちで、懲役に代えて流配となったのではないか。もとより待令熟手以下の人びとはほとんどとばっちり以外の何ものでもないが、とにかくこうして「政治的落としどころ」として、毒茶事件はけりがついた。

私はこの事件について、詳しく考えるつもりはなかった。しかし、読めば読むほど異常な幕引きで終わってしまったこの怪事件に、どうしても「答え」を出したくなったためにつっこんで考えてみた。そう、この事件はおおむね「なにゆえ同席した高宗と皇太子以外の人々は、コーヒーに手さえつけなかったのか、またもっと大きな背景は存在しなかったのか。真相は、今日でも謎に包まれている」(木村、2008、287頁)や「親ロシア派の金鴻陸が待令熟手金鍾和を使って犯した暗殺未遂事件として記録が残っているが、その真犯人は本当に金鴻陸なのかは疑問が残る」(ハム、2012、164頁)という、スカッとしないいい方がされ続けているので、あえて挑戦してみようと思った次第だ。以下、多少の推論を含めて議論を継続してみよう。

第一の問題として、実行犯は誰だったのか。これはおそらく九月一二日の段階で明らかになっている孔洪植と金鍾和で間違いないだろう。誰かが毒を入れているのは事実だし、毒物混入の経緯からはやばやと判明したのではないかと考える。こんなすぐにばれるようなことをしたのはなぜか、よくわからないが「大きな力」によって命じられていたとしたら、彼らとしては最終的に自分の命は守られるだろうと判断したとしても無理はない。そうなのだ、この事件には「大きな力」が背後になければ成立し得ないのだ。ではその「背後」はどこの誰なのか。

少なくとも金鴻陸ではないだろう。それには次のようなわけがある。まず、金鴻陸は八月二五日に死罪のところを免じられて流配となっているのだから、高宗はじめ高官にかなり嫌われていたことだけは間違いない。彼の立場はロシア語通訳で、階級的には中人《チュンイン》と見ていいだろう。ただし、ロシアに近い位置にいるわけで、貞洞派の末端には名を連ねていたのかも知れない。それにしても、大物とは思えない、いわば小物の方だろう。彼が当初は死罪、それが免じられて終身の流配になるということから考えて、仲間内での評価があまりよくなかったのだろうと思うが、高宗もロシアとの関係を鼻にかけるような人物をそれほど好んではいなかったということだろう。やがて彼を排除することに賛成する。ただし、それはすでに見たようにほとんどいいがかりのようなはっきりしない罪状なので、死刑はあまりにもかわいそうだと思ったのか、流配で許したということなのではないか。

そして、誰が背後で糸を引いていたかはとりあえず括弧にくるとして、毒茶事件が起きてしまった。金鴻陸が流配された日から数えて一六日後のことだ。金鴻陸が流配される当日に彼が動いた、と報告されていることからわかる通り、八月二五日に笞で一〇〇回たたかれたあと、すぐに流されているのは間違いない。だとすれば、事件当日の九月一〇日には、そろそろ笞の痛みは少し和らぎはじめた頃だろうし、またその流配の行程も三〇〇キロぐらいは進んでいたはずだ。もし仮に、報告通りに毒を入手し、皇帝を殺そうとしていたとしたら、なぜ「万寿節」まで待っていたのか。流配の当日でも、翌日でも、夜食に混ぜて出した方がよっぽど効果があったはずだ。そうなのだ、彼が犯行にかかわったと考えるのは、むしろ謎が脹らむだけであまり説得力がないのだ。

例えば事件が起きたそのとき、事件を担当した警務庁の人びとも、毒茶事件は背後関係が複雑で、とても事実をそのまま報告することはできないと考えたとする。そこで思いついたのが、つい数日前に高宗の怒りを買って死罪を免れて流配された金鴻陸だ。彼はもともと死罪にするつもりだったのだから、警務庁としてもここであらためて彼を死罪にしても良心の呵責はそれほど大きくないと考えたのか。そこで彼を事件の下手人として、「絵」を描くことに専念する。しかし当初考えていた通り、流配される途中で毒を手に入れ、そこで皇帝を殺そうと考えて……というのは、どう考えても無理がある。仕方なく、彼は最初から皇帝を殺そうとしていたという筋書きへと書き換えるが、今度は毒の入手経路を不問にしなければならなくなるし、また事件を起こす指示を妻の金召史を使ってやったことにしなければならない。警務庁はさすがにまったくの「無罪」である金召史に罪をかぶせるのを躊躇して、知らなかったこととして無罪放免を訴えるが、「もしも報告書の通りなら彼女が何も知らないはずがない」という正論を高宗は述べて、ほとんど腹いせのように彼女にも罰を与える。それが「笞一百」そして懲役三年の代わりの「流配」だ。彼女に適応された罪は「大明律詐偽編詐不以実条」に照らされており、謀反ではない。しかし、本当に彼女が金鴻陸と孔洪植の橋渡しをしたとしたら、「嘘をついた」程度ではなく、やはり謀反を犯した罪に列するのが道理だ。にもかかわらず、ここでも罪を一等免じている。彼女の判決に流配先が書かれていないことからも、この刑が文字通り執行されたかはわからない。いや、おそらくソウルからの所払いぐらいで許されているのではないかと思わせる。ひとつ無理をしたために、まわりにもっと大きな無理をさせざるを得なくなっているのであり、金鴻陸とその妻である金召史にしわ寄せされているのだ。そして高宗は、自らも体調を崩し、皇太子（純宗）にいたってはかなりの痛手を被ったにもかかわらず、この「絵」を受け容れてしまったのである。

さて、なぜ確実に存在するであろう「背後関係」が、はっきりと表に出ないのであろうか。それに対する解答はひとつしかない。「出せない」のだ。なぜ出せないのか。私には以下のような理由しか思い浮かばない。それは、(1) 政府高官が絡んでいる、(2) 外国公使館が絡んでいる、(3) 皇族が絡んでいる、の三つだ。まず(1)だが、これはあり得ないだろう。この時代は金弘集政権（甲午改革）以降であり、政界には大きな人物はすでにいなくなっているばかりか、高位高官の席にも高宗の個人的な信頼関係だけで何とでもなる時代だったことを考えあわせると、暴露できない背後関係としての「強力な政治勢力」はすでになくなっていたといっていい。第一、高宗にすべてゆだねられた人事であることを考えると、こんな事件を犯した人物を隠すことなどできようはずもない。仮にかつての政治勢力がこの事件を起こしたとすれば、その「背後関係」を暴露することは、高宗の歓心を買うのに充分だろうし、これを明らかにすることで調査した役人も出世の糸口をつかめる可能性が高い。ましてや、それを隠蔽するとしたら、あとで高宗に激怒され、命の

◆中人　貴族階級である両班と、平民階級である常民の間にある階級で、医官、訳官、天文官など専門職を輩出した。3章で触れる川寧玄《チョンニョンヒョン》氏はこの訳官の家門である。

危険さえあるかも知れない。そう考えると、これはあり得ないではないか。

では、(2)の外国公使館はどうだろうか。高宗は日本の強い影響力を嫌い、ロシア公使館に避難した経緯がある。要するに、高宗はどこかの国に全面的に依存することで、皇帝権力が削減――立憲君主制の導入など――されることをもっとも嫌がっており、できればその外国の力の均衡の上に皇室の安全を守ろうとしていたと考えられる。そして、この頃の大韓帝国の国際関係では、ロシアがもっとも突出しており、日本がそれに次ぎ、さらにそれに次ぐのがアメリカだが、まずロシアがこの事件を起こすとは思えない。すでに述べたように、日本が景福宮に侵入し、閔妃を殺害したことで高宗の日本への不信感は高まり、ついにロシア公使館に保護を求めて脱出したという経緯がある。だとすればロシアにとって、高宗も皇太子（純宗）も、生かしておいた方がいい存在であるばかりか、彼らにもしものことがあったら、むしろ朝鮮半島への足がかりを失いかねないからだ。

それに対して日本はどうだろう。高宗がロシア公使館に逃げたことで、もっとも不利益を被ったのは日本だったから、あるいはという気がしなくもない。しかし、この頃には閔妃暗殺などの事件が西洋のマスコミに流れ、面目を失っている時機であり、さすがに皇帝に直接手を出そうという行動に出るかどうか。もしもそのようなことをするとすれば、調査の段階で日本の影が見えてくるだろうし、そのとき高宗が日本の関与を公表すれば、むしろ日本の大韓帝国での立場をさらに悪くする格好のネタになる。朝鮮が日本の保護国に転落したあとならまだしも――いやあとであってもあまり考えられないが――この時期に日本が皇帝を殺そうとしたうえで、そのことを隠蔽できるなど考えられない。また、アメリカなどは、日本のそういう野蛮な行為を批判することで、大韓帝国への門戸を開かせようとしている立場であるから、やはりアメリカ犯人説も成立し得ない。

だとすれば、(3)の皇族しか考えられない。しかし、皇族といっても、こういう野心的なことをいちばんやりそうな大院君はすでに亡く、さらに閔妃も死んでいる。高宗と皇太子（純宗）は被害者であること勘案すると、あとは高宗の実兄の李載冕がいるが「かつて一度たりとも露骨な政治的野心を見せたことのない、『好々爺』然とした人物」（木村、2007、305頁）で、どうもこのひとが黒幕とも思えない。さらに、高宗の次男にあたる李堈は、3章で紹介するように日本やアメリカといった海外に留学中であり、これもあり得ない。また大院君の庶子で高宗の兄にあたる李載先は、父に似て豪胆な性格の男子ではあったが、一八八一年に「クーデタ予備事件」を起こし、江華島に流され、のちに死を賜ったというから（同書、121〜122頁）、これもあり得ない。さらに、王位に野心を燃やしている可能性のある李埈鎔は、◆金弘集政権（甲午改革）のときに日本に渡り、一八九七年夏からはヨーロッパ各国を遊覧している状態で、とてもこの事件とかかわってるとは思えない。じつは、高宗のまわりには皇太子以外に皇族といえる人物はほとんどいなくなっているのである。ただし、ひとりだけ皇族に準ずる位置にいる女性を除いて。

この名前を出すと、いろいろな意味で問題になるかも知れないが、私にはこの女性しかこの事件の黒幕となり得る人物はいないと思う。それは貴人となったばかりの厳氏だ。前章で述べたように、彼女は内宮を掌握する能力があるとされていたし、高宗の寵愛も受けていた。王妃＝皇后が内宮の女官たちの頂点にいるとするなら、閔氏のそばで補佐していた厳氏は、内宮の女官たちの秩序の上では第二位の存在であり、内宮の手綱は彼女がしっかり握っている。皇帝の男子を産んでからは、貴人に冊

◆これはあり得ない　英祖の子息であり世子であった思悼世子は、何者かによって殺された可能性が高いが、誰がそれを行ったかわかっていない。はっきりしているのは、政治的な権力をあらそう両班の派閥が、老論、少論、南人、北人などさまざまに存在し、それぞれ敵対していたということだ。思悼世子の死は、おそらくこの政治権力を狙う派閥間の抗争に巻き込まれたことによるものだと見るべきだろう。このように、かつての朝鮮王朝では、王世子を殺すような事件でも、発覚しない「背後関係」として、政治権力者の派閥が存在し得たという事実がある。高宗の時代には、このような派閥の強権はもう見られないものの、老論を筆頭とした派閥自体は消滅したわけではない。糟谷氏によると、官職に就く人員の派閥や氏族を分析し、甲午改革期から露館播遷期の間に老論がそれまでの圧倒的な力量を示していた状況からやや勢力が減退していること、そのため大臣や協弁などの多くを輩出しながらも、閔氏政権期（甲午改革以前）とは違い、老論なかんずく驪興閔氏の勢力は弱まっていったことを証明している。さらに、のちに見る独立協会運動が終わったあとの高宗皇帝専制期に入ると、老論の勢力はかなり回復し、驪興閔氏も充分な人員を輩出できるようになっていると論じている（糟谷、2011、参照）。しかし、時代は「高宗皇帝専制」時代へと進むわけで、驪興閔氏も高宗に気に入られる人物がとりたてられている。彼らがかつてのように陰謀によって皇太子をあやめるとは思えない。あくまでも「比較的力のある一族」として復活したに過ぎないのである。

◆李埈鎔　李載冕の子息で、のちに日本による韓国併合後、公族に取り立てられている。

封され、文字通り内宮の頂上に上りつめていると見ていい。彼女には背後で支えてくれるような有力な政治家、官吏はいなかった。しかし、この時期に高宗が登用していた人物は「一名両班」＝有力な背後関係を持たず単独で廟堂に参加している両班（同書、267頁）だったことは、むしろ厳氏には好都合だったのかも知れない。なぜなら、彼女でも自分の力だけで、それなりの勢力圏をつくることができる時代◆だったといってもいいからだ。

　さて、男子を産んだ厳氏だが、ひとつだけ不満があるとすれば、皇子の地位がまだ何もないということだろう。生まれたばかりだから当たり前ではあるのだが、彼女は生まれた子を皇太子すなわち未来の皇帝にしたいと熱望していたという（同書、308頁）。もともと皇太子（純宗）は「閔妃在世中から、性機能に障害があることが知られており、彼が子をなすことができないであろうこともよく知られていた」（同書、287頁）ことから、ここで厳氏は皇太子を主たる攻撃対象として、毒物を盛った可能性はありそうだ。おそらく致死量に達しない毒を入れていたのだろうと思うが、身体がよくない皇太子が毒を飲めば場合によっては寝たきりになる可能性もあるし、もし死ななくとも決定的な後遺症が残るだろうと考え、この事件を起こしたのではないか。そうなれば、厳氏の産んだ皇子（李垠）が皇太子となる可能性が高まるのだから。そう考えると、高官たちが誰もコーヒーに手をつけなかった理由がわかる。宮中の手綱を握る彼女の行動は、前もって高官に伝わっていたのかも知れないからだ。ただし、もしも高宗にこの話が漏れていたら、おそらく高宗自身が毒を盛ることを阻止したと予想できるため、あえて高宗にはこのことを告げずに毒茶をふるまったのではないか。

　もちろんこの仮説にも穴はあるようにも思える。万が一にも高宗が死んでしまったら、厳氏は後ろ盾のすべてを失うだろうし、仮に高宗が死ななくとも、事件が発覚すれば高宗の怒りを買う可能性も高い。しかし、そこは「内宮を掌握」していた彼女のこと、自らの存在を徹底的に隠し、少なくとも高宗の耳には入れないように工作したのではなかろうか。もともとめざとい高宗のこと、異臭のするコーヒーなど飲み干さないという予想もしていただろうし、父の誕生を祝う大事な日のコーヒーであれば皇太子は飲んでしまうだろうとも考えていたのかも知れない。そして孔洪植や金鍾和に毒を入れるようにそそのかしたのだろう。要するに、多少の出血をしてでも皇太子の身体をさらに弱めるという賭けに出たと推察されるのだ。

　そもそも皇太子（純宗）は、閔妃の長子として生まれ、王世子として教育を受けていた。これは養子として王宮に入った高宗とは違うところだ。王世子は、将来の国王として教育を受ける。帝王学として最初に学ぶのは『小学』——初学者が五倫を習得できるように基本的な礼節を教える書——だった。その教えでは「朝起きれば、真っ先に両親にご挨拶をさしあげ、晩になれば両親の寝所をうかがうようにし」、「両親が食事をとるときは視膳といって、料理の味がいいか、スープが冷めてないかを確かめ、両親が病気になれば侍湯といって、漢方薬を煎じるのに心を砕く」（キム、2013、27〜28頁）ようにたたき込む。だとすれば、異臭がするからこそ愚直な皇太子（純宗）は、むしろまず自分の身体で毒がないかどうか試すであろうと想定し得た人物が犯人だともいえる。ここまで頭がまわる人間がいたとすれば、内宮を把握し、指揮している厳氏以外に考えられない。

高宗は大韓帝国成立の前後に、両手から砂が漏れていくように、信頼する家族を次々と失っていた。そして最後に残った信頼すべき家族は、一に皇太子（純宗）と皇太子妃閔氏であり、二に厳氏と厳氏が産んだ子＝李垠であった。いかに内緒にしていても、事件の概要は高宗に伝わってくるだろう。厳氏には高宗に対する殺意だけはなかったということも気づいていたかも知れない。そしてそのとき、高宗は決断したのだ。あえて孔洪植と金鍾和といった実行犯は処刑しよう、そして金鴻陸をその黒幕として描く警務庁の「絵」に乗ろうと。もしもそのような「絵」では納得ができないとして、本当の真相究明を命令したら、自分とその家族にとってもっと悲惨な現実を見てしまうことになる。それに幼い皇子は王宮から追い出さざるを得なくなるかも知れない。それよりはと、あえてここは目をつぶろうとしたのではないか。そうでなければ、あんな「政治的な落としどころ」で事件を終わらせる理由がないのだ。そしてやり場のない怒りは、金鴻陸と金召史に対する腹いせともいうべき罪状で片を

◆**勢力圏をつくることができる時代**　125頁の註「これはあり得ない」で述べたように、糟谷憲一氏は、この時期の大臣や勅任官の出身党派を分析しつつ、老論の優位は動かないものの、露館播遷以降に老論が少し弱くなっていること、そして高宗が「無限の君権」を発揮する専制時代に、驪興閔氏が多く登用されていることを証明している。（以上、糟谷、2011、参照）。また、この高宗の専制時代にわずかではあるが寧越厳氏が登用され、皇子を産んだ厳氏の出身母体の一族に出世の機会が与えられているように思えるが、これについては、のちの厳氏について考える節で詳しく見ることとしよう。

付けた。いや、もうひとつ、大事なことがあるかも知れない。それは報告と事件の処理を一〇月一〇日にした理由と重なっている。それは、高宗と貴人厳氏の間の子・李垠の一歳の誕生日が、一〇月二〇日に迫っているということだ。高宗は、はやく政治的にこの事件に決着をつけ、幼い皇子にだけは影響しないようにはからった――。これが私の考えた毒茶事件幕引きの裏事情だ。私もこの解答が満点だとは思わないが、あながち荒唐無稽ではないと思うが、読者諸氏はどう思われるだろうか。

二、高宗のフクロウ生活

さて視点を換えてみよう。いまでも、コーヒーを午後に飲むと眠れなくなるとうったえる向き多いが、高宗は平気だったのだろうか。のちにも触れるように、高宗の朝はずいぶん遅く、夜は明け方まで起きていたというから、右に見たようなコーヒーを飲む会などは、おそらく午後に開かれていたはずだ。そして、コーヒーを飲んでも朝まで起きているのであれば、睡眠との相関関係はないといっていい。では、このコーヒーなる飲み物は、いつ頃から王宮に取り入れられていたものだったのだろうか。

> 高宗は乙巳事変〔日本の浪人が王宮を軍靴で踏み荒らし、閔妃を殺害した事件のこと〕で、妻であり政治的同伴者でもあった明成皇后〔生前は王妃〕を失ったあと、しばらくの間ひどい恐怖症に苦しめられたが、あんなにも余裕満々だった人物が毒殺を恐れるあまり王宮内の料理を避けるようになった。そして信頼している西洋から来た宣教師たちが調理して差し出したものしか食べなかったという。自然と西洋料理を多く食べるようになったのだが、一八九六年の露館播遷によりロシア公使館で生活するようになると、今度はコーヒーをはじめて飲んでみて、その味に惚れ込むあまり、慶運宮に還御して大韓帝国を宣言したあとでも精観軒という名の〝カフェ〟を王宮内につくって賓客をコーヒーでもてなしたりした。
> （ハム、２０１２、163～164頁）

この精観軒は、現在も徳寿宮内に残っている。さして広くもない東西に長い王宮のなかの、ほぼ中間ぐらいの北側の小高い丘にこの建物はある。「心あらわれる眺めの建物」というぐらいの意味だろうか。先の「万寿節」の祝いを行った咸有斎は、ここからすぐ南側に見下ろす位置にあったようだ。実際、当時は高い建物もなかっただろうから、遠く南大門ぐらいは見えたかも知れない。

当然この建物にも電灯は引かれており、蓄音機まであった。ここで心を休めながらコーヒーを飲んだというのは、いかにも優雅だと思わず感嘆してしまうようなところだ。このような前史があるからこそ、先にも触れたように「万寿節」でコーヒーをふるまうということがあったのだろう。

蓄音機の話が出たところで、もう少し高宗の「西洋文物」との接点を見てみよう。

高宗と明成皇后は外国からの客をもてなすためにだけ西洋料理を利用したのではなく、自分たちも味わい、楽しみもした。彼ら夫婦は、まだ開国する前である一八七〇年代初頭や中盤から、夜も遅くまで起きていて、朝の日が昇る頃になってはじめて寝床につくという「フクロウ生活」を習慣化していた。また、一八八〇年代ぐらいには、景福宮の後苑に乾清宮を新たに建て、夜になればそこを主な生活の場として、電灯を煌々と照らしたまま、西洋音楽を聴き、西洋の料理と酒を楽しみながら、にぎやかなパーティを開いていたという。特にコーヒーについては、公式的には高宗が韓国人としてはじめて飲んだものとされている。(同書、163頁)

前章でも触れたように、乾清宮は朝鮮で最初に電灯◆を入れた場所でもある。その近代的な明るさは、高宗と閔妃をして「夜の私的なパーティ」を開かせる誘因となっていたに違いない。だとすれば、高宗の膳には西洋料理もしばしば上がっただろうし、ワインやウィスキー、ウ

◆**李垠の一歳の誕生日**　李垠誕生は陽暦一〇月二〇日、陰暦九月二五日であった。この一八九八年一〇月一〇日は陰暦八月二五日であり、ちょうど李垠の誕生日の一ヶ月前にあたる。

◆**徳寿宮**　のちに見るように、一九〇七年のハーグ密使事件を経て、高宗が退位させられたあと、皇帝位を継いだ純宗によって、慶運宮は徳寿宮と名称をあらためた。これは高宗の長寿を祈念しての名称である。

◆**電灯**　朝鮮における電気事業は、一八八四年九月四日の米国エジソン（Edison）商会に対して行った電灯設置の注文にはじまる（孫、１９８２、126頁）。これは、欧米諸国を見てきた紳士遊覧団が一八八四年に帰国したこととも関連する。一八八五年末頃に景福宮内に発電機が二台取り付けられ、乾清宮付近に一〇〇ワットの電灯がついたとされる（同書、127〜128頁）。すでに見た、高宗と閔妃の乾清宮でのフクロウ生活は、この電灯の明るさによって担保されている。

ォッカなども飲んでいたのかも知れない。外厨房には宣教師や彼らから調理を学んだ人間が配置されていたということだろうか。そうなのだ、王宮内には正規の内命婦や外命婦、官吏などの他に、このようなどういう資格かわからない人間がうろうろしている面もあり、それが高宗の亡き閔氏に対する茶礼のときに、霊能者のような人士が入り込む隙間を与えてしまっているわけだ。そのような素地があるからこそ、下手人が皇帝の口にするものをつくる場所に入り込めてしまい、あげくの果てに毒茶事件のような問題が引き起こされてしまう元凶となっているといっていい。独自の刑法がなくて明の刑法を使っていることや祝日を祝う祝い方（吉日をえらぶ）が前近代的なだけではない。王宮の人員にかかわることそのものが、到底近代国家における国家元首の安全対策さえ一顧だにしていない、旧態依然たるものであることはここで確認しておかなければなるまい。現に、毒茶事件のあとである光武二年（一八九八年）九月一八日には、次のようなことが外宮で議論されている。

前副護軍玄学杓疏略乱臣賊子世或有之而豈有如今日凶毒之醜亙万古所不聞之変怪乎大抵逆賊之戮身滅族是上古以来不易之正法夫何新式以後凶徒則只絞其首不問其族使巨魁得以逃躲漏網而其遺種偃然自居於聖域之内暗作鳥鼠之行竟肆爬蜮之毒而致有今日之事新式乃是乙未凶賊輩之所刱則其法固不可施行而収司孥戮之典自有祖宗朝関石之莫厳矣噫逆魁鴻陸前後幾年猥蒙隆恩果何如而反懐罔測之凶肚陰謀不軌乃至於此也伏願陛下大会軍民梟其首分其体使八域人民各自臠肉寝皮少洩憤惋之情焉臣等未復国母之讎方腐心湔血而又見此欲害君父之賊心胆俱裂手足戦慄寧死不願与此賊並立於天地之間伏乞厳命有司亟加連坐之律使悪逆之種無得滋蔓而凶毒之手不復暗肆且伏念禁中是陛下深居至厳之地也今者無秩之輩托於別入侍無難出入於禁中者抑不無為凶徒之内応窺伺上之動静暗伝国之機密則為今之計莫若厳禁而隔絶之且洋料理即泰西人所食而凡我東土人腸胃異於泰西人凡人不可飲食況可進御於至尊乎伏願陛下莫御異饌殊味但以惟正之供則錦玉之憂少紓閤門之内清粛矣批曰声討出於公憤尾陳当雷念矣

（『李朝実録第五十五冊』、1999、375頁）

多少長くなったが、玄学杓《ヒョン・ハクピョ》という官吏が、高宗に奏上したことをまとめてある。世の中には乱臣がおり、今回の毒茶事件のようなことはいままであり得なかった変事です。逆賊には死を賜い、その一族も滅ぼすというのが上古以来受け継がれてきた法です。西洋化した新しい体制では、ただ凶徒を絞首刑にするのみで、何ゆえにその一味の罪を問わず、悪の巨魁を取り逃がしてしまうのでしょうか。その逃した逆賊は余裕綽々で王宮内で鳥や鼠のようにこそこそと動きまわり、おぞましい蛇のような毒をほしいままにばらまき、このような事件が起こってしまったのです。乙未（一八九五年）に、景福宮に日本の軍などの凶賊が乱入し、閔妃を殺害したようなときも、すでに述べたようにいままで通りに処罰ができず、逆臣の一族郎党までも罰するという我が国の古くからの法は、厳格ではなくなってしまいました。ああ、金鴻陸のような逆臣が皇帝の大いなる恵みをみだりに受けてきましたが、これはよかったのでしょうか。非常にけしからぬ気持ちで悪だくみをするようになってしまったではないですか。私が伏してお願いするところは、皇帝陛下が軍民を集めて賊の首をさらし、その肉体を切り離し、肉をそぎ、皮をしいて寝るほどに、大韓帝国全土の人びとをして恨み骨髄に徹せしめるとしても、その怒りや嘆きの気持ちはおさまりません。我ら臣下の者は、まだ亡き国母たる皇后陛下の仇を打つことができず、腐心洗血しているさなかに、今度は国父たる皇帝陛下を害せんとする事件が起こりました。この賊の心胆はともに裂き、手足もふるえおののかせ、死すともこの賊と同じ天地にいることを願いません。ですから何とぞすみやかに連坐の法を適用し、悪逆の者をして勢力ますます大きくなることのなきよう厳命してください。そして毒を混入した賊の好き勝手にはさせず、宮中を陛下のいらっしゃるもっとも厳かな場所であるということを伏して念じております。いま、秩序の何たるかもわきまえない者どもが、難なく宮中に入り込んでおり、凶徒がその動静をうかがい知り、国家機密をもらすこともなくはありません。だから、こういうことがないように厳禁して、この災いを絶つべきです。また、西洋料理は西洋人が食べるもので、我々東洋人の胃腸と西洋人の胃腸は違うので、それを食べるということはよろしくありません。ましてや皇帝陛下に勧めさしだすなどあっていいのでしょうか。伏して願いますに、異国の変わった味のする食物を陛下が召し上がらず、ただ供せられる伝統的な正しいもののみをお召し上がりになれば、陛下の憂いも少し和らぎ、内宮でのご生活も落ち着くことかと存じます。

これに対して高宗は、公憤に声を上げ、激しい思いを伝えてくれていることよと述べた。

玄学杓の話に耳を傾けると、まずは毒茶事件が金鴻陸の仕業であると断定していること、近代化の動きのなかで見落とされがちな朝鮮で古くから行われている連坐の制度を反映させて逆賊を一掃すべきだということ、そして新しもの好きの高宗が西洋料理などを食べたがることを戒めていることが話の骨子となっている。彼は西洋化を決して快く思っていないのだろうが、しかし胃や腸が西洋人と東洋人で違っているというのは、おそらく当時でもばかばかしく響いたことではないかと邪推する。だから高宗も、進言にはありがたいけど、彼のいう通りにするつもりはないといわんばかりの回答でやり過ごしているのだ。

このような議論に鑑《かんが》みても、高宗が新しいものを積極的に取り入れていたことはわかる。しかし、少し考えればそれが宮中の内宮、外宮のすべてに行き渡っているというよりも、むしろ反対意見も多く、部分的あるいは消極的な受け容れ方でしかできなかったという、とても残念な状況が見えてくる。例えば料理についても、あくまでも高宗は彼個人の生活を満足させるために、西洋料理を受け容れていたのだから。だとすると、制度の近代化についても、近代国家としての大韓帝国を守るというより、自分とその家族の安楽が優先されていると断言せざるを得ない。

だが、矛盾するようだが、ここでいったん立ち止まって考えてみよう。王宮という「変化を嫌う場所」――妙な人員がうろうろするところなど前近代性を含んだ不変更の場所――で、どうして高宗は西洋料理の受け容れなどというそれなりの変革＝生活の西洋化ができたのか。常識的に考えれば、やはりそのような変化を内宮なかんずく厨房は嫌ったはずではないか。これについては、彼が養子として王宮に入ったため幼い頃からの帝王学＝儒教教育を受けることがなかったという面が影響していると、ハム氏はいう。実際、帝王学を遅れて身につけたことが、王宮内での孤立を深めると同時に、新しい文物への柔軟な対応を可能としているというのは、納得がいく議論だ（ハム、２０１２、162頁）。しかも、養子で入ったのは哲宗に続く二代連続であったわけで、儒教的帝王学を幼少時からたたきこまれたわけではない国王が二代続けば、否が応でも変化は避けられない。

高宗は皇太子を王宮の奥深くに閉じこめるようにして守ってきた。高宗は皇太子を将来の王位につけるために、将来の皇帝にふさわしく、自らに対してさえ敬語を使わせず、対等の言葉で話したという。国王や皇帝たるもの、誰に対しても敬語を使うのは好ましくなく、将来のその日に備えて、高宗は皇太子に、国王や皇帝としての話し方をも伝授したのである。あるいはその背景には、一一歳にて王宮入りした高宗が、かつて苦労した経験があったのかもしれない。

（木村、２００７、284頁）

このことばの問題は、私にはわからない。父に対しても敬語を使わないことが、はたして国王や皇帝としての話し方を身につけることへとつながるのか、納得しかねる部分があるからだ。いや、さすがに儒教的な王宮内でのこと、このような対等なことばを皇太子が皇帝に対して使っていたら、違和感を通り越して、それなりの政治的問題に発展しかねないような気がする。だとすれば、このことばに関する問題は、むしろ皇太子（純宗）の個人的な資質の問題と絡んでいるかも知れない。

前節で、皇太子（純宗）がもともと不能であったことが知られていたと触れたが、毒茶事件を経てさらに体調を崩した。「皇太子の身体に後々まで大きな影響を残すこと」となり、「二度と大韓帝国において、重要な政治的役割を果たすことが難しくなった」（同書、287頁）とあり、また「前歯が抜け、慢性消化不良、心臓病などを患いながら生きた」（ハム、2012、168〜169頁）ともいわれている。もしもそうであるなら、皇太子（純宗）は、まともに会話ができないほどに衰弱していたのかも知れない。彼は性的に不能であるばかりか、生活者としても半病人として生きていかざるを得なかったわけだ。このようなことは、外国からの記者たちにも認識されており、スウェーデンから朝鮮に来ていたクレブストは彼のことを「ひどい醜男」で、「顔は白くむくんでいるようで生気がなく、唇はぶ厚く肉感的で、鼻は低く、太い眉の間にはしわがいっぱい寄っている」とその見た目を酷評し、「黄色い両目を神経質そうにしきりにしばたたかせ、片時も休まずあちこちに視線を送っている」、「全体的に見た印象としては豚の渋面といったところで、何か変な怪物を見ているような感じがした」（クレブスト、1989、178頁）と、ほとんど正常ではない人間のように描写している。また第3章でも取りあげるが、日露戦争当時から第二次日韓協約まで伊藤博文の通訳を務めた対馬出身の前間恭作は、この皇太子（純宗）について次のように述べている。

> 他人の顔と名とを強記する事に就いて直に思ひ出すのは、前韓国皇帝たる故李王殿下、即ち現李王殿下の御実兄〔純宗〕に在せられた方で、彼のお方は御聡明との評は聞かなかつたが人の顔と名とを御強記の一点は実に驚く許りで、一度に二十人も謁見されても、其を一々記憶されて居る。
>
> （白井、2015、23頁）

前間恭作はここで、「昔の大名とか家老とかいふ様な人物は、遺伝的に人の顔や名を強記して居るのではないか」（同書、23頁）と述べている。そして、その「遺伝」を持たない伊藤博文が名前を覚えるのに努力している様子を伝え、伊藤を褒めそやすのだが、それはさておこう。前間も韓国在住当時に皇太子（純宗）に対して「聡明」とは感じなかったこと、それにもかかわらず彼は謁見した人間の名前を強記していることが伝えられている。はたして「強記」が遺伝的なものかきわめて疑わしいが、聡明ではないとみなされた純宗が、謁見した人物の名前を決しておろそかにしていなかったことは特筆できる。例えば、我々がある人物を評価するとき、その人物が優秀かどうかを判断する基準のひとつとして、会話での論理的な展開などがあげられよう。論文などを発表することのない皇帝や皇太子などを聡明かどうか考えるにいたっては、会話での印象がかなり強く作用するに違いない。やはり純宗が「聡明」に見えないのは、そのやりとりがうまくいかないから、すなわち言語によるやりとりがうまくいかない人物であったことを想起させる。だが、純宗は謁見した人間の名を忘れないという、すぐれた記憶力の持ち主であることもあわせておぼえておく必要があろう。純宗は決して愚鈍な人間ではないのだ。しかし、言語能力はかなり劣っていたし、見た目も不健康だった。ゆえに彼は「聡明ではない」と判断されてしまったわけだ。このようなことをあわせて考えれば、純宗という人物については、次のようにいえまいか。彼は言語能力こそ劣っていたものの、頭脳は正常だったのではないか、と。

これらの情報を総合すると、おそらく純宗は正常な言語のやりとりをすることが難しいほどに、肉体がむしばまれ、精神を病んでいたのではないかと思われる。もちろん、これらは毒茶事件以後の状況だが、もともと身体に不安を抱えていた彼のこと、もしかしたらそもそも言語活動そのものに問題があったのかも知れない。そのために、父である高宗と対等な口の利き方をせざるを得なかった――敬語を使えなかった――のではあるまいかと、私には思えるのだ。

話を宮中の食事に戻そう。そもそも国王は五回の食事をとったという。まず「朝の六時か七時にとるお粥膳を初朝飯《チョジョバン》」という。「朝起きぬけだからお粥のような軟らかいもの」が良いと考えられていた（黄・石毛、1995、56頁）。そして九時、一〇時頃に「朝水剌《アチムスラ》」をとるが、これはのちに述べる夕食と同じく「五汁十二菜」だったというから、ずいぶんたくさん食べるわけだ。さらに「お昼ご飯は点心といい」、「お茶と餅と菓子と飲みものがいろいろある茶菓床《タクワサン》」で、「十二時から一時に」軽くとったという（以上、同書、57頁）。おそらく「万寿節」のコーヒーも、ハレの日の茶菓床だったと思える。そして午後の五時頃に夕水剌《ソクスラ》という夕ご飯を食べるが、これも「五汁十二菜」。しかし、もしも「ハレの日」であれば「酒肴膳」が出されたというから、「万寿節」も本来なら、夕刻に「酒肴膳」で宴となる予定だっただろうが、事件によって台無しになったに違いない。

　ちなみに、この「酒肴膳」では、現在の韓国料理で神仙炉《シンソルロ》と呼ばれている鍋料理なども出たらしい。これは宮中では「悦口資湯《ヨルグジャタン》と書かれ」ていたというものの、神仙炉ととくに大きな差はなく、「〔鍋の真ん中に煙突のようなものがあり〕炭火が入るのは中国の火鍋子《ママ》と同じ」だが、「その周りに海のもの、山のものをみんな入れ」「黄色、白、黒、赤、緑という五色を必ずつくる」（同書、81～82頁）。そして「お酒のお膳のときはご飯がつかないから〔中略〕いちばん最後に温麺で締めくく」る（同書、83頁）。その後、「ときによっては晩にも召し上がる」。これを「番茶小盤菓《バンタサンバンクァ》」という（同書、57～58頁）。

　しかし、高宗はすでに述べたようにフクロウ生活をしていたわけだから、必ずしもこの通りにしていたとは思えない。逆に「純宗は高宗とは違い、朝に起きて晩に寝るという正常な生活をしており、よってより格式にあわせて、伝統的な五回の食事をとった」（ハム、２０１２、170頁）。本書の続編で「李王職日記」を見るときに純宗の生活についてものぞくことになるが、純宗は朝はほぼ毎日、一一時から活動している。これは「遅い王様は〔朝水刺を〕一時間以上かかって召し上がるから政務は十一時になる」（黄・石毛、１９９５、59頁）という記述とも一致する。そう、黄慧性氏が宮中で修行をしていたときは、純宗の時代だったから、彼女が語る内容は純宗のときの「常識」だと考えていい。だとすれば、彼女が「ときによっては晩にも召し上がり」というのは、慢性的に胃腸を弱らせていた純宗が、晩は食べられないことが多かったからではないかと推察される。

　さて、神仙炉のときに出てきた「麺」だが、どうも高宗はこれが好きだったようで、ハム氏の書物には次のようなことが書かれている。

> 食事を担当する尚宮が伝える高宗の食べ物の好みは、辛いものやしょっぱいものを嫌い、酒はまったく飲まなかった。夏には冷麺、冬には温麺とソルロンタンを特別に好んであいまあいまによく食べた。肉はそれほど喜んで食べてはおらず、汁も牛肉のスープより大根キムチの汁の方が好きだった。寝床に入る前にはよく好んでシッケを飲んだのだが、これがあとで問題となる。（ハム、２０１２、166～167頁）

引用最後の「問題」とは、一九一九年に高宗が死んだとき、このシッケに毒が入っていたのではないかという疑いが向けられたことを指すが、これについてはここでは深く立ち入らないこととする。ともかく、高宗が冷麺、温麺のたぐいを好んでいたことと、その事実は先の黄慧性氏の議論と齟齬がない――おそらく高宗の時代からこの麺料理を出す機会が増えたのではないか――ということが察せられるのではないかと指摘するだけに留めておこう。

　このように高宗には近代的、西洋的なものを受け容れる開明的な側面があるかと思えば、やはり一般的な膳では伝統的なもの、しかも決して高級なものを好むのではなく、シッケや冷麺といった比較的庶民の口に入るものに目がないという嗜好があったようだ。しかし、それでは先の引用にある「西洋から来た宣教師たちが調理」したものを食べたというくだりとかみ合わない印象も受ける。以上のような事実に鑑みると、前節で触れた毒茶事件がきっかけとなり、「西洋人」のつくる西洋料理により依存するようになっていったという見方をすべきではないかと思う。その証拠に、高宗は慶運宮にほど近い場所にソンタグホテルという西洋式のホテルの建設をし、そこから料理を運んでもらっていたという事実があるからだ。このホテルは、ドイツ系のソンタグという女性に対して、高宗が下賜した洋館で経営されていたものである。彼女はいったいどのような人物なのだろうか。多少回り道になるが、ソンタグとその周辺の事実から語ってみたい。

> ソンダ《マ》ク《マ》（Antoinette Sontag）は、一八八五年一〇月六日に初代在韓ロシア公使であり、彼女の親戚であったウェイベル（Karl Waeber）と共に朝鮮に来た。それ以来彼女は一九〇九年まで二五年間、朝鮮に滞留する。〔中略〕
>
> 　一八八五年に来訪して以降、ソンタグはウェベ《マ》ー《マ》ルの紹介で宮殿に出入りするようになった。そして彼女は高宗と閔妃の信頼を得、遂に朝鮮王室で開かれる晩餐会や宴会で西洋料理を担当する役割を任された。これがきっかけでソンタグは一八九〇年四月一日に朝鮮の宮内府の外国人接待係を勤めることになる。例えば一八九五年八月二五日の王の誕生日に向けて、六〇名の参加を予定した洋風宴会を準備する責任を果たした。（金玟廷、２００９、79頁）

　ソンタグが料理（主に「外厨」）の担当者として、一八九〇年から王宮に入り、国王である高宗の信頼を勝ち得ている様子が見てとれる。金玟廷《キム・ミンジョン》氏の議論では「〔外国使節などの〕謁見においては韓国伝統の儀礼が守られ、謁見前後の迎接や宴会では洋風の要素が多かった」（同前）といっているが、ソンタグの存在はそれを裏付けているように思える。さらに金玟廷氏は、景福宮や昌徳宮では、朝鮮の伝統的な建物で謁見などをしていた高宗だが、慶運宮に移ってからは西洋式の建築物を建てていったこと、そしてソンタグが「王と王妃（厳氏のこと）の生活空間に設けられる洋風の室内装飾と家具に関与し、さらに慶運宮の西洋館の造営工事にも関わっていた」（同書、140頁）ことなどを明らかにしている。この西洋館は石造殿と呼ばれ、完成時期は一九〇九年頃とされている（武井、２０００、121頁）。

ソンタグは「英仏語及び朝鮮語に熟達し」（『京城府史』一巻、651頁）ていたといい、高宗も彼女をよほど気に入っていたのだろう、一八九五年には彼女に私邸を下賜した。場所はソウルの貞洞二九番地で、現在の梨花女子高等学校のある場所だ。そしてソンタグ邸は「当時ソウルを訪れる貴賓たちの宿所として使用される一方、政治倶楽部の役割も果たしていた」（金玟廷、２００９、141頁）ことから、貞洞倶楽部の主要な舞台となる。

ソンタク《ママ》嬢は明治二十八年に至り高宗より、慶運
宮と道路を隔てたる西方の地所家屋を賜はつたが、
其の邸宅は外人の集会所となつたのみならず、日清
戦役後親米派の一味が組織した貞洞倶楽部も、そ
の会館を今の法院（西小門町三七番地）前に建設し

◆**ソルロンタン**　白い牛骨でつくった汁のなかに牛肉とそうめんのような麺が入っていて、キムチや大根キムチなどを混ぜて食べる料理。朝鮮近代文学の初期にあたる一九二〇年代に玄鎮健が「運のよい日」という小説を書いているが、そこにも主人公の人力車夫が思い出して食べたがる料理として登場する。この小説は日本語に翻訳されており、岩波文庫『朝鮮短編小説選（上）』（１９８４）に収録されている。ちなみに、この玄鎮健と同じ一族に、玄公廉という人物がおり、一九〇〇年代に日本に渡り、日本の落語や講談のネタのひとつである「文七元結」を『東閣寒梅』という題名で朝鮮語に訳している（李建志、２０００、参照）。玄公廉は日本語の訳官の生まれであり、123頁の註「中人」に解説した中人の階級にあたる。他に朝鮮には、清語（満州語）や漢語（中国語）などの訳官がいた。

◆**シッケ**　朝鮮の代表的な飲みもので、麦芽の溶液にかためのご飯を入れて発酵させたもの。日本の甘酒にやや似ているものの、甘酒よりもかるく、うすい感じがする。

◆**ここでは深く立ち入らない**　李昇燁氏はこれを取り上げ、「李太王（高宗）毒殺説の検討」という論文を書いているが、高宗の毒殺には否定的である（李昇燁、２００９、参照）。この件に関しても、本評伝『第３巻 大日本帝国・大正期』（未刊）で詳しく述べる。

た迄は、ソンタク《ママ》宅を以て集会所としたのである。

（『京城府史』一巻、652頁）


親米派のことも記されているように、このあたりにはアメリカ、イギリス、フランスなどの公使館があったことが関係しているだろう。ソンタグも単なる料理や宴会、部屋の内装などの指南をしていただけでなく、政治的な存在であったことは疑いようもない。もちろん彼女の立場は、ロシアにこそ近かったはずだ。やがて露館播遷という政治的事件が出来《しゅったい》する素地は、このようにつくられていったわけだ。


〔前略〕一八九八年に高宗から煉瓦造の洋館が再び下賜されることになる。その件について「洋館下賜証書」の一八九八年三月一六日条には下記のとおりに書かれている。

「漢城貞洞のロシア公使館の正門左側に王室所有の煉瓦造の建築物一軒（部屋五室あり）をドイツ女性のソンタグに下賜し、彼女の功に報いた。それに従い宮内府はドイツ女性ソンタグにこの洋館を授与した」（『旧韓国外交文書』巻一八（俄二）、254頁）〔引用は金玟廷による〕

すでに彼女には、高宗から下賜された韓国伝統の私邸があったのだが、それにも係わらず再び、しかも王室所有の西洋館が与えられた理由はどこにあろう。

対外関係が複雑になるにつれ、外国貴賓らの訪問が頻繁になっていき、彼らの迎接と宿泊が可能な迎賓館の役割を担ぐ《ママ》場所が絶対的に必要とされたと考えられる。それで王室所有の西洋館を建設、その経営をソンタグに委任する計画が立っていた可能性である。またロシアをはじめ欧米諸国の力を借りるとした政治的な意図もあったのではないだろうか。

（以上、金玟廷、２００９、159頁）


ただし、この一八九八年時点ではまだ「ソンタグの私邸でありながら政治倶楽部の集会所」（同書、160頁）であり、一九〇二年にソンタグホテルとして開業されたようだ。場所は貞洞にあったため、やはり西洋人を主な対象とした迎賓館としての機能が想定されていたといっていい。ホテルは「お風呂（トイレ）付きの客室二五個で構成され」、「各種の大小宴会場、結婚式場、結婚披露宴場、武道会《ママ》〔舞踏会場か〕」の他、「Bar と Large Billiard room が設けられた」（同書、161頁）。当時の広告を見ると Attendance of the best Large Garden, Hot and Cold Warter, Electric Lights, the Excellent Cuisine French,

French, Italian, Spanish and English Spokenなどのことばが踊っている。そのフランス料理のレストランでつくられるものが、高宗にも提供されたのだろう。ただし、このホテルの開業が、建物を下賜されてから足かけ五年かかっているというのは、おそらく下賜された洋館ではホテルになり得ず、壊して建てなおしたからなのではないか。『京城府史』一巻にも「明治三十五年十月より旧家屋を毀はし洋館を建て、ホテルを経営し、階上は貴人の客室とし階下を普通の客室食堂に充てた。ソンタク《ママ》ホテルとはこれである」（652頁）と記されていること、そしてすでにあげた広告にある部屋数やLarge Gardenが存在したことなどを考えあわせると、一八九八年に下賜された「王室所有の煉瓦造建築物一軒（部屋五室あり）」と一八九五年に下賜された私邸のふたつを取り壊して作り直したのがこのソンタグホテルだったとわかる◆。

このように、高宗はソンタグを自分のそばに置き、そしてその料理を楽しんだということは事実のようだ。そしてそのような西洋料理への傾斜は、そもそも彼が備え

◆当時の広告　T. Phillip Terry, Houghton Mifflin Company, 1914. 金玟廷（２００９）からの再引用（160頁）。

◆……とわかる　「電話番号簿　明治四十四年七月末日現行」はいろは順に加入者の名前が並んでおり、その三八頁に「七三九　ソンタク《ママ》ホテル　貞洞」とのみあり、番地が書かれていない。貞洞一帯にひろがるほど大きかったとは思えないのだが、おそらく番地を書く必要がないほど知られた存在だったのか、貞洞という地域に一般の家屋などが存在しなかったのか、あるいはその両方なのかも知れない。しかし、のちの梨花女子大学校の百年史にある通り、この場所は貞洞二九番地だった。このホテルは一九〇九年にボーヘル（J. Boher）に売却されしばらくはホテルとして営業していた。そして一九一七年に梨花学堂（梨花女子大の前身）に売却され、寮として利用されたが、一九二三年に撤去され、新たにフライホールを新築したと、金玟廷氏は述べている（金玟廷、２００９、161頁）。梨花女子大の記録を読むと、確かに「学堂長のフライ（Frey 一九〇七・六〜一九二一・三、在職）は貞洞二九番地にある土地一八四坪のソンタグホテルを買い入れ、修理して大学科の教室兼寄宿舎として使用した」、「ソンタグがこのホテルをつくり、近所にあった貞洞倶楽部とともに外交と社交の中心地であったが、買い入れ当時はもうとても古い建物だった」ため、寄付を集めて取り壊し、新しくフライホールを建て「一九二三年一一月から学生が入居し、一九三五年に専門学校が新村《シンチョン》に移転したあとには、梨花女子高等普通学校〔日本「内地」の高等女学校に該当する〕・梨花女子高等学校で使用していたが、〔中略〕一九七五年五月一二日の火災で二階と三階が完全に消失した」（百年史編纂委員会、１９９４、175〜176頁）と述べられている。

ていた進取の気風というか、養子として王宮に入ったがゆえに古い儒教的な帝王学を幼少時にたたきこまれず、その分西洋近代の文物を吸収しやすかったという側面に支えられつつも、毒茶事件という決定的な不祥事によって、王宮内さえも信用できなくなってしまったことによってもたらされたものだったといえよう。このような空気が漂う慶運宮で、皇子李垠は一歳の誕生日を迎えていたわけだ。そこには、古い因習にとらわれない自由さと、国王自身が臣下を信用しきれない息のつまるような不自由さが、奇妙なかたちで同居していたといえよう。

三、大韓国国制と孤独な皇帝

さて、毒茶事件を見ていく際に指摘した通り、その法的根拠が大韓帝国刑法ではなく（この時点でまだ成立していない）「大明律」という旧宗主国のものであるということは、もう少し注目されてもいいだろう。「万寿節」が陰暦の吉日をえらんで行われたこととあわせて考えると、いかにこのときの朝鮮が近代的な国民国家創成と距離があるかわかるというものだ。そう、このとき大韓帝国という威勢のいい国号を名乗ってみても、じつは革袋だけは新しくとも、なかの酒は非常に古いものだったのである。

その「古さ」がはっきりと出た制度として、大韓国国制が発布される。一八九九年八月一七日のことだ。それは以下のような内容だった。原文は国漢文（漢文とハングルの混じり文）。

第一条　大韓国は世界万国の公認されたところの自主独立の帝国である。
第二条　大韓帝国の政治は前《さき》にすなわち五〇〇年伝来し、これより後に万世不変たる専制政治である。
第三条　大韓国大皇帝におかれては無限の君権を享有なさっており、公法で謂うところの自立政体である。
第四条　大韓国臣民が大皇帝の享有している君権を侵損する行為が有る場合、その已行未行を問わず臣民の道理を失った者と認ず。
第五条　大韓国大皇帝におかれては国内陸海軍を統率し、編成を定められ、戒厳解厳を命ぜられる。
第六条　大韓国大皇帝におかれては法律を制定し、其の頒布と執行を命じ、万国の公共の法律を効倣し、国内法律も改正し、大赦特赦減刑復権を命ぜられる。公法で謂うところの自定律例である。
第七条　大韓国大皇帝におかれては行政各府部の官制と文武官の棒給を制定或いは改正なさり、行政上必要な各項勅令を発せられる。公法で謂うところの自行治理である。

第八条　大韓国大皇帝におかれては文武官の黜陟《しゅっちょく》任免〔降格昇任・任用免官〕を行われ、爵位勲章及び其の他栄典を授与或いは逓奪なさる。公法で謂うところの自選臣工である。

第九条　大韓国大皇帝におかれては各有約国に使臣を派送駐紮させ、宣戦講和及び諸般約条を締結なさる。公法で謂うところの自遣使臣である。

（『李朝実録第五十五冊』、1999、431〜432頁）

この条文を一読すると、国家の制度を規定した法文すなわち憲法に類似したものに見られるかも知れないが、少し考えれば近代的な憲法とは距離があることがわかる。まず九条という非常に短いものであること、しかもそのすべてが皇帝（高宗）にかかわることであり、じつに六条までが「大韓国大皇帝」ではじまることを考えると、皇帝の権力を明文化することがこの「国制」の意味だといえる。そこで規定された権力は、「無限の君権」を持ち、「陸海軍を統率し」、「法律を制定し」、「文武官の棒給」など人事権のすべてを握り、対外的な条約締結や宣戦布告などを決める権利もすべて皇帝にあるのだ。◆そして私は、この条文のなかでもっとも重要だと考えるのは第四条なのであるが、このことに関しては、のちの節で義和団事件について論じる際に触れることとする。

これらのことは、かつての金弘集親日開化派政権で、権力が内閣へ移ってしまったことに不満を持った高宗の、自身の権力を永遠化するための行動の具現化であった。それほどまでに、高宗が自分以外の者を信じられない状態へと落ち込んでいることがわかる。もっとも信頼していた皇太子（純宗）が毒茶事件で弱りきってしまったことも災いしていたといえるかも知れない。ともかく、開

◆すべて皇帝にある　森万佑子氏は「朝鮮の対外関係は、公的な継承者である清朝が体現する中華と、正統な継承者を自任する朝鮮にとっての中華の、いわば『二元的中華』を背景に展開された」と語り、清朝と朝鮮の「宗属関係が終焉する一八九五年の下関条約以後を『一元的中華』の時代と時期区分ができ、『二元的中華』から『一元的中華』への転換という中華の存在形態が朝鮮の対外関係の展開と外交の形成に深く関わっていた」（森、2017、21頁）と論じている。だとすれば、この「大韓国国制」は、皇帝の地位を確定し、高宗専制体制を唱えた「一元的中華」が可視化したものだといっていい。

化派政権では立憲君主制に近づく可能性が少しだけ見えていた朝鮮の政体も、これで完全に唯一者による絶対王政へと揺り戻ったのである。しかし、「国制として堂々とそれを明示し得たのは、朝鮮における王権史の観点から見た場合、一君万民思想の到達点であり、君主独裁制の確立という点で、画期的意義を有している」（趙、2012、138頁）というほど、朝鮮の王権がここにいたってようやく「君主独裁」を許す「一君万民思想」を成立させたと考えることも可能なようだ。

序章でも語ったところだが、朝鮮において「国王」とは立法、司法、行政のすべてに君臨し、しかも統治者としての実態を持っていないと気がすまないのであろう。現在の北朝鮮はこの「王権史」の末尾に連なっており、歴代「王」が「君主独裁」を踏襲していることは背筋の寒くなるようなことではないか。

さて、このような法文がつくられるにいたる背景を少し見ておくことにしよう。具体的には、独立協会に対する対応と、軍隊の充実のふたつの側面から考えていくこととする。まずは独立協会だが、これは当初、貞洞倶楽部などが中心になってつくった「御用団体的性格の強い組織」（木村、2007、289頁）で、「甲午改革（金弘集政権）が挫折した後、改革の精神を継承すべく、大韓帝国の成立に先立って一八九六年七月二日に安駟寿を会長として設立された」（趙、2012、141頁）政治組織だ。時期的に見て、露館播遷以後の政治勢力の動きであり、当初の目的は「〔朝鮮の〕事大外交の象徴的な建造物である慕華館《モファグワン》に独立館《トンニプクワン》の看板を掲げ、迎恩門《ヨンウンムン》を打ち壊して独立門《トンニムムン》◆を建造することにあった」（同前）。それに先立つ四月にはアメリカ国籍を持つ徐載弼を社主兼主筆として純国文（ハングルのみ使用）による『独立新聞』を創刊した。趙景達氏によるとこの新聞の創刊号の論説では、「すべての朝鮮人と朝鮮のためだけに公平に人民に語る」とともに「大君主陛下の聖徳に対して万歳を叫ぶものである」とあり、「政府翼賛的であると同時に、君民一体となって国民を創出しようとした新聞」（同書、142頁）であった。発行部数は「三〇〇部から出発して、ついには三、〇〇〇部までのび、米、英、露、中など外国にも発送され、内外にその反響がたかまった」（姜、1984、201頁）という。趙景達氏の議論で興味深いのは、この民主的な集まりが、儒教による民本主義が受け皿としてあったがゆえに存在し得たというところだ。そして、一八九八年に入ると徐々に反政府的な色彩を帯びていく。

彼ら（独立協会）は、大韓帝国が借款等の見返りとして、ロシアや日本、さらにはアメリカやフランスやドイツなどに、様々な権益を売りわたしてゆく

> ことに反対し、政府と列強にこれらの条約の撤回を求めたのである。三月一〇日には漢城府内中心部の鐘路にて、万民共同会という民衆集会が行われ、ロシアの侵略干渉政策が糾弾された。
>
> （木村、２００７、290頁）

しかし、このような運動はそれなりの助走期間がなければ成立しない。

独立協会は同年（一八九七年）八月頃から独立館で週一回の討論会を開いていくうちに、性格を変えていった。公開討論会には毎回政府の要人が出席し、討論は、政治・社会全般に関する論題について参加者と自由討論する形式で進められた。それは、今日においても簡単には見ることはできない光景であり、朝鮮における民主主義の第一歩であった。しかしそれは、異議申し立てを認める儒教的民本主義を掲げた朝鮮的伝統政治の発展形態である。民主主義は、それを受容する受け皿があっただけに急進的に運営された。そして、その過程で徐々に反政府的な性格を強めていく。

> こうして、鍛え上げられた討論会は、やがて街頭に出て民衆大会形式の万民共同会へと発展していった。そのため、高級官僚らは脱落し、李完用に至っては、外国への利権譲渡に関与したとして除名された。独立協会の主導権は、開化派の流れをくむ徐載弼や尹致昊・李商在などが完全に掌握するようになった。
>
> （趙、２０１２、142～143頁）

この「万民共同会の参加者は一時は一万名をも超え」（木村、２００７、290頁）、危機感をおぼえた高宗は独立協会をおさえる方向へと舵を切る。その流れのなかに、先の「大韓国国制」（一八九九年）の成立があったのだ。「無限の君権」を欲してやまない高宗は独立協会に対抗していく。例えば「徐載弼を国外退去させ」、「独立協会の副会長から会長に昇格していた李完用を全羅北道監察使に左遷（三月一一日）」し、「七月九日には、高宗廃位を謀ったとして安駉寿にも逮捕令を出している」。彼は結局日本に亡命した。すなわち、一八九八年の夏までに独立協会幹部を一掃して、外宮から追っているのだ。ただし、

◆**独立門**　この門は、一八九七年一一月二〇日に竣工した。

「高級官僚幹部を失うことにより、むしろ独立協会の反政府姿勢はかえって先鋭化することになる」（以上、同書、290〜291頁）。

一八九八年一〇月一五日、すなわち毒茶事件のあとになるが、独立協会は以下のような中枢院改革に関する具体案をあげた。

第一条　法律で定められた以外の無名の雑税は、一切廃止すること。

第二条　中枢院を再編すること、その官制は政府と独立協会々員のうち、公正正直な人をもって総代委員とし、合同議定する。

(1)　議官は半数は政府より薦選し、半数は独立協会より投票薦選し、上奏してのち奉勅叙任すること。

(2)　議長は政府が推薦した人の中から、副議長は独立協会が推薦した人の中から、諸議官の投票によって選出すること。

(3)　章程は外国の議会院規則にならって中枢院で起案し、政府の議を経てのち裁可をうけて施行すること。

（姜、１９８４、206〜207頁）

ここでは中枢院を、議会のような役割へと変換しようとする意図が見える。そもそもこの中枢院とは「甲午改革（金弘集開化派政権の行った改革）の過程で軍国機務処が廃止されて後」設立され、「内閣に附属した諮問機関であり、高級官僚のたまり場にすぎなかった」（同書、206頁）。独立協会はこの無意味な中枢院を議会として機能させようと考えていたといっていい。高宗はこれに対しても、「褓負商《ボブサン》や無頼漢を買収して皇国協会をつくり、暴力をもって独立協会に対抗する準備をすすめ」、議官は独立協会だけでなく「皇国協会からも選出しなければならない」（同書、207頁）として、激しく抵抗した。

さて、ここで説明しなければならないだろう。この皇国協会のなかに入っている「褓負商」とは何か。これはもともと商品をチゲと呼ばれる背負いの運搬器具を担いで全国をまわっている担い商人で、「このような簡単な方法で多量の荷物を長距離運搬できる能力と、けっして良好とはいえぬ道路事情とは、朝鮮ですでに数百年前に大部隊の行商が現れる原因となった」（クレブスト、１９８９、56頁）。さらにその特徴として「集団組織」を維持しており、「仲間意識は強く、血縁同様の厚い情誼によって結束され」、「上下関係を遵守し、仲間同士の約束や相互扶助を大切にし、精神的な団結力が強く保たれていた」（林、２００４、26〜27頁）。だから彼らの性格は、少しやくざめいたものになっている。

金麗水とは「麗水に住んでいる金さん」の謂で、もともと担い商人の世界で切られる仁義というものは、名を省略して名字に出身地を付け加えるしきたりになっていた。

甲　お仲間さんにござんすか。
乙　お仲間さんにござんすか。
甲　ご挨拶は申しあげやしたが、生国は申し遅れやした。
乙　お互い様にござんす。
甲　手前旅中にござんす。こんにち旅先でお目にかかりやしたが、さっそくお仲間の仁義を切らせて頂きやす。
乙　お互い様にござんす。
甲　手前、生国と発しやすればソウルにござんす。
乙　結構なところに発してござんす。
甲　それほどのところじゃござんせんが、ソウルと申しても広うござんす。稼業昨今かけ出しの者にござんす。いず方に参りましてもお仲間さんにご厄介相かけがちの者にござんす。（褓負商の掟は大切にござんすから、面体お見知りおきのうえ向後万端よろしく、おたの申しやす。手前、姓名を発しまするは失礼にござんす。黄といいやすから、黄ソウルと名乗りやす。

（安、１９８３、17～18頁）

この話は、まだ韓国が軍事政権下にあった一九七〇年代に九六歳であった金麗水老人からの聞き書きで、老人は「国王高宗の代の中葉、開港への要求が列強によって突きつけられていた時代の空気を吸って生まれた人物であった」（同書、18頁）とされている。高宗が褓負商や無頼漢を使って皇国協会をつくったという、その時代の生き証人でもある。右に見たような会話は、日本のやくざか香具師の世界と一脈通じるように思う。香具師も縁日などでものを売る商売をしている――それを受け皿としている――無宿人であることを考えると、おそらく朝鮮の褓負商も似たような性格のものではないかと類推される。高宗は何と、このような無頼の徒を組織し、独立協会の対抗手段としたというのだ。なりふりかまわないというより、むしろ浅ましい姿だ。いや、もしかしたら高宗には、独立協会も自分の権力を危うくさせる「無頼漢」程度にしか見ていなかったのかも知れない。

ともあれ、一〇月二九日に「ソウル鐘路では、独立協会が主催する官民共同会がひらかれ」、政府代表を列席させて、「国政改革六条目を議決し、各大臣に賛成の署名捺印をさせ、上奏裁可を約束させた」。その六つの条目とは、「⑴ 外国人に依附せず官民が同心合力して皇権を鞏固にすること。⑵ 鉱山、鉄道、石炭、森林及び借款、借兵、政府と外国人との約条の事は、各部大臣と中枢院議長合同の署名捺印を得るに非ざれば施行し得ざること。⑶ 全国の財政は何税を論ずることなく度支部（大蔵省に当る）に勾管し、他府郡及び私会社は干渉することを得ず。予算決算を人民に公布すること。⑷ 今後凡そ重大犯罪は別に公辦を行い、被告に徹底的に説明して究竟自服してのちに施行すること。⑸ 勅任官は大皇帝陛下が政府に諮詢し、その過半数の協賛に従って任命すること。⑹ 章程（枢密院改造案）を実践すること」の六つだ（姜、1984、207〜208頁）。要するに、民主的な議会に近い存在として中枢院に生まれ変わってもらい、高宗には独裁的な政治ではなく、立憲君主のようなものへと移行してもらうということを要求しているのである。また⑷は毒茶事件や安駉寿の件を指しているのではないかとも思えるが、ともかく高宗としてはおいそれと容認できるような内容ではない。しかし、高宗はいったんはこれをのみ、そののちに反撃を加えるのである。

一一月四日、議政府参政朴定陽を筆頭とした、官民共同会に出席した大臣を解任し、趙秉世、趙秉式や閔種黙などを中心とした守旧派の内閣を組織し、独立協会を含む諸団体の解散を命じた。それにとどまらず、翌五日には李商在ら独立協会の中堅幹部一七人を逮捕してしまう（木村、2007、292〜293頁）。なぜこのような急激な行動をとるようになったのか、姜在彦氏は趙秉式らが「独立協会は朴定陽を大統領、尹致昊を副大統領、李商在を内部大臣、鄭喬を外部大臣、その他（独立）協会の幹部による政府を構成して、『変国制・為共和政治』を陰謀する反逆団体であると国王《ママ》に誣告した」（姜、1984、210頁）といっているが、木村幹氏はそれだけではなく「より大きな要因はおそらくロシアによる高宗への支持だったろう」（木村、2007、293頁）と述べている。事実、独立協会に関するロシア公使の見解として「凡そ政党なるものは国政に妨害あり。よろしく之を打破するに如かず」という言質を引き出していたという（同前）。議会を持たないロシアの皇帝権限の強さが、高宗支持、政党否定という見解に反映している。

このとき「独立協会に最も近い立場にあったアメリカ公使は大韓帝国政府による独立協会の弾圧に、強い憂慮の念を表し、イギリス、フランス公使およびドイツ領事もまた大韓帝国がこれを軍事力を用いてまで弾圧することに批判的だった」（同書、294頁）ことから、守旧派内閣も苦境に立つ。そして独立協会は一一月一五日に鐘路で集会を開き、「一七名の釈放を要求すると同時に、『五凶』（趙秉式、閔種黙、兪箕煥《ユ・ギファン》、李基東（皇国協会会長）、金禎根）の厳罰、独立協会解散令の撤回、官民共同会六条目の国政改革案実施などを要求」（姜、1984、210頁）、高宗は「強い恐怖の念を抱」き、二一日に「密書を下して、褓負商と呼ばれた行商人ら五〇〇名を動員して、独立協会の集会を襲撃させた」（木村、2007、295頁）。「市街戦は翌日〔二二日〕にも行われ、万民共同会側は数十名の死傷者を出している。しかし、趙秉式や閔種黙などの家も襲撃され、事態は収拾がつかないような状況」（趙、2012、146頁）となり、まさに泥仕合の様相を呈していったのである。

そこで高宗は、その日〔二二日〕のうちに守旧派内閣を更迭し、新内閣に朴定陽を内部大臣として止め、尹致昊の逮捕令を取り消し、独立協会の再興を許可することにした。また、趙秉式や、褓負商を指揮した洪鐘宇や吉永洙らを流配に処すとした。漢城府民の支持は圧倒的に万民共同会側にあったからである。しかも、高宗は二六日、仁化門《イナムン》に自ら出向いて両陣営に親諭を下し、自らの言葉で独立協会の再興を許可するとともに、中枢院議官五〇名中一七名を独立協会から選出するとした。

皇帝自らが事態を収拾すべく臣民の前に直接現われ演説を行うというのは、まことに朝鮮的である。

一君万民の理念を実践するものであったといえよう。独立協会員は、「聖恩」に感激し、大声をあげて感涙にむせんだという。こうした事態は日本はおろか、中国でもあり得ないことであり、朝鮮王権の臣民との近さを物語っている。（同書、146〜147頁）

同じ日に「貞洞屛門で褓負商代表二〇〇名を引見し、和解と解散を説諭した」（姜、1984、211頁）。独立協会と皇国協会の双方と直接語り合い、むしろ独立協会に妥協したような演説を行ったのである。この「王権と臣民との近さ」は、現代北朝鮮における「指導者」の工場や農場での「指導」と地続きのものだと、私は考えている。

それはともかく、高宗が演説をした仁化門とは慶運宮の南門であり、本来なら正門の位置であるが、前章で述べたように、慶運宮では南門（仁化門）の前の道が細く不便であることから、一九〇〇年代初頭には東門の大漢門（当初は大安門、一九〇六年頃に大漢門に改称）を正門として利用している。もしも高宗が臣民に親しく演説するなら大きな路に面した大漢門の方がよいのではないかという疑問がわく。おそらくこれは、この門では大勢の人間が押し寄せる可能性が高く、それだけ警護が難しくなるという実際上の側面と、仁化門の方がロシア公使館に近いという立地的な側面の両方から、あえて南門をえらんだのではないかと考えられる。それに、仁化門こそが南門＝本来の正門であるため、皇帝が演説する際に安全面――ロシアの支援を受けやすい――を重視しつつも、体面上も傷つかないという一石二鳥の解決案ではないか。この面から考えても、慶運宮という小さな王宮にとどまった高宗の判断は、やはり戦略的には正しかったといえよう。

独立協会に押し切られるかたちで議会を創設する方向へと動きかけた政府だったが、じつはこれには裏があった。ここで日本の駐韓臨時代理公使日置益《へきます》から事情を聞いた青木周蔵外務大臣は「騒擾の鎮定が必要であり、ロシアをはじめとする各国公使とよく意見交換をした後、勧告を行うこと、そして暴力を押しつけるだけでは駄目であることを高宗に伝えるように命じ」、「高宗が独立協会を強硬に弾圧することを支持」、仁化門での高宗の演説の一日前の一一月二五日に、青木からの伝言を伝えていた。（木村、２００７、297頁）。高宗が独立協会に歩み寄るかのような演説をしたのは「自らの説諭にもかかわらず、再び独立協会が行動に出た場合には、これを兵力にて弾圧する決心をすでに固めていた」（同書、299頁）からだというのだ。

一一月二五日に、中枢院議官の定数を五〇人として、政府推薦四名、皇国協会推薦二九名、独立協会推薦一七名とした。独立協会から任命された議官のなかには、大韓民国初代大統領となる李承晩も名を連ねている。そして一二月四日には「閔泳煥を参政、朴定陽を農商工部大臣とする独立協会に対して融和的な新内閣が出発し、情勢はひとまず安定したかに見えた」（同書、300頁）。しかし、一二月一六日に中枢院が一一名の大臣候補を選出したところ、「朴泳孝、徐載弼がそれぞれ一〇票を獲得して」当選してしまった（姜、１９８４、211頁）。「朴泳孝は、一八八四年の甲申政変と、一八九六年の失脚時の二回にわたり、高宗への謀反の罪を問われた人物であり」（木村、２００７、301頁）、「危機感を強めた高宗は、一二月二三日、万民共同会に軍隊を投入して強制解散させ、二五日には『民会』禁圧令を出した」（趙、２０１２、147頁）。この強硬な手段に出ることができたのは、ロシアおよび日本が高宗を支持してくれているという自信があったからに他ならない。やがて独立協会の運動は一八九九年一月には消滅してしまうのである。

ここで立ち止まってみよう。独立協会が組織した万民共同会は、不完全ではあるが、大衆動員型政治の萌芽だったといえるように思う。この運動が高宗の説諭で崩れてしまっているという、一君万民の思想にとどまっているのは事実だが、もしもこのままデモを続けていき、非妥協的に戦っていれば、そこにはおのずと新しい思想

――近代的民主主義――が芽生えていったはずだ。じつはこの独立協会は「愚民観にも強くとらわれて」おり、「議官を官選と独立協会員で折半するというエリート的発想」から抜け出せず、「民衆に参政権を与えることができないと考えていた」（趙、2012、148頁）。この時点では大衆動員型政治へと発展するのには距離があり、やがて軍を投入されることで鎮火させられることは、ある意味で当然の末路だったといっていい。

このように、独立協会に関する事例をやや細かく見たのには、ふたつの理由がある。独立協会の運動を武力で弾圧したあと、二度とこのようなこと――民衆による「君権の侵害」――が起きないように大韓国国制を発布し、皇帝の「無限の君権」を明文化し、法制化するきっかけとなっていることを指摘したいのがひとつ。そして、儒教を受け皿とした一君万民的な民本主義が、解放後（日本の敗戦後）の大韓民国で自ら国父と名乗った初代大統領李承晩（奇しくも独立協会推薦の議官であった）、そして事実上の永久大統領にまでなった朴正熙、さらには北朝鮮の金日成、金正日、金正恩といった三代にわたる「指導者」たちのあり方――専制君主や絶対王のように権力をふるう統治方法――とも通い合っていると思うからである。

ただし、この「無限の君権」を支える暴力装置＝軍は、非常に脆弱であった。すでに見たように高宗も日本やロシアに頼らなければ、独立協会を解散させることもできなかったのだから。そこで高宗は、財政と軍の立て直しを行う。

一八九九年六月二二日、高宗は、かねてからの方針通り、自らを大元帥、皇太子を元帥とし、陸海軍を一括して統率する「元帥府」を設置した。引き続いて、大韓国国制が発布された翌日である同年八月一八日、軍部官制が大幅に改正されている。最大の特徴は、軍部大臣の権限が大幅に削減されたことだった。これにより、軍令、軍政の両面において軍部大臣は実権を失い、総てが元帥府により一括して管理されることとなった。

このような制度的改正を前提として、高宗は大元帥として、軍隊の増強に乗り出した。軍隊は基本的に、一大隊が五中隊、一中隊が四小隊により編成され、一八九七年一月に侍衛隊第一大隊、三月末に第二大隊が編成された。一大隊はおよそ六〇〇名規模だったようである。また親衛隊も同じ編成で、九月に第一大隊と第二大隊、一八九八年七月には第三大隊が編成された。このとき高宗は、陸軍を一〇個大隊にまで増設する計画を明らかにしている。侍衛大隊と親衛大隊には、火力の強化もなされている。〔中略〕結局、一九〇二年一〇月二〇日までに、二侍衛連隊と二親衛連隊が編成され、約五〇〇〇名の兵力が元帥府の統制の下、漢城府に配置されることになる。（木村、２００７、309～310頁）

この隊の名称が「侍衛隊」と「親衛隊」であることから、これらが首都や国家を防衛するというより、王宮あるいは皇帝を防衛する軍隊であるという性格が見え隠れする。もちろん「地方における軍隊の拡張も行われ」、「一八九九年一月一五日、高宗はこの地方軍の改革に着手することとなり、朝鮮半島各地の要衝に、二中隊約四〇〇名から構成される大隊を配備」（同書、310頁）するのだが、この数字を見てわかる通り、規模が大きいとはお世辞にもいえない。「大韓帝国の軍隊が、中央五〇〇〇名、地方を併せても二万五〇〇〇名足らずの規模でしかなく、そのなかでも真に近代的な軍隊といえる体裁を整えているものは限られていた」し、「その背景にあったのは、そもそもの大韓帝国の財政規模の小ささ」であった。実際、一九〇一年には歳入の四割近くを軍事費とするものの、それは「同じ年の日本政府のそれのわずか三パーセントにしか過ぎなかった」（以上、同書、311頁）わけだ。全軍事力を投入しても、王宮の安全を守るのが精一杯といったところだろう。高宗はそれをよく知っていて、あくまでも自らを頂点とする元帥府による王宮と皇帝の家族を守るためだけの軍を形成したに過ぎない。このようなことから、この軍隊は徴兵による近代的なものとは遠く、やはり前近代的な――ナポレオン戦争以前の軍隊を想起させる――「国王の傭兵」に近い存在であり、西洋列強および日本に及ばないものだ。近代的な軍隊を成立させるために必要とされる立憲君主制の導入という国民国家建設のための努力、すなわち近代化の条件をおろそかにし、「無限の君権」の確立を最優先した高宗の限界がここに露呈する。

また高宗の「君権」について付言すると、それはロシア皇帝の専制体制に類似したものだったといっていい。それは議会をもたず、内閣も事実上皇帝の諮問機関に過ぎないという、明らかに時代に逆行する体制で、おそらく高宗自身にロシアの帝政に対する親近感があったのではないか。ある意味でロシア皇帝の模倣が高宗専制、そして親露派への傾斜の底にあるといえよう。だとすれば、憲法――その主権者が天皇だと記述されているとしても――を制定し、まがりなりにも議会を開設している明治の日本とは、その国家運営の水準にかなり距離があったといわざるをえない。

それと関連してであるが、高宗はこの時期に宮廷費を拡充してもいる。「甲午改革〔金弘集開化派政権〕では、新設の度支部が財源を一元的に掌握することになっていたが」、「度支部が掌握したのは地税・戸税だけであり、商業諸税やその他雑多の税は農商工部と宮内府内蔵院が掌握した」。そして、「皇室費は政府予算に計上されていたが、内蔵院が収税する皇室財源はそれとは別で」あり、「魚塩船税・客主（金融・物資仲介業者）課税・鉱税・鉄店税などのほかに、種々の商行為にも課税」するなど、「大韓帝国期の徴税は、度支部・農商工部の政府系統と皇帝系統の二つからなっていた」（以上、趙、２０１２、149頁）という。この皇室財源のなかには「朝鮮人参の専売から得られる紅参専売税や参税」（木村、２００７、311頁）なども含まれている。これらの皇室予算は、のちに伊藤博文が宮中の改革をする際にもその予算規模は維持・拡大され、韓国併合後の李王職予算として継続されることになる。

皇室費と軍事費に偏った大韓帝国の予算ではあるが、すでに述べたように、軍事費は日本とは比べるべくもなく、皇室費も一九〇三年に日本円に換算して約一二六万円であるのに対し、日本の皇室費は三〇〇万円であり、しかもその歳費は明治政府の全歳出の約一パーセントに過ぎなかったことを考えると（同書、313頁）、大韓帝国がいかにもろい経営をしていたかがわかる。結果的に外国からの借款に頼らざるを得ず、さらに国家の経営が逼迫するという悪循環に陥っていった。大韓帝国が望んでいた「列強の共同保障による中立か、日露両陣営を巻き込んだ多角的国防同盟とでもいうべきものの、どちらか」（同書、315頁）だが、日露の関係は緊迫し、それも難しくなっていく。

日露の関係がより緊迫感を深める一九〇三年になると、高宗はひそかに宮内府侍従玄暎運を日本に派遣し、日本との交渉をも試みている。〔中略〕当時の日本政府は玄暎運の動きの背後には、自らの愛子、李垠を将来の皇位に就けようとする、厳妃の意志があると推測していた。〔中略〕内宮の問題と自国の安全保障。高宗や厳妃にとっては、両者は「同じくらい」重要な問題であったのかもしれない。〔中略〕

◆近代的な軍隊　この近代的軍隊に関する問題は、本書の続編で李垠が日本の陸軍士官学校に入学する際に再び論じることとする。

厳妃が日本との同盟に併せて義親王と李埈鎔を帰国させ、あわよくば皇太子も健康不安を理由として排除しようとしていたのに対し、皇太子を中心とする勢力は、アメリカに依存して朝鮮半島の中立化と内政改革を実現しようとしていたと言われている。

結局、それはこういうことだった。大韓帝国の政治の中心は次第に内宮へと移りつつあり、この結果として、高宗と新たな皇妃として浮上しつつあった厳妃の影響力を増さしめることとなった。厳妃の影響力拡大のなか、次第に、前皇妃閔妃の子である皇太子は、居場所を失いつつあった。そして自らの母を日本に殺された皇太子とそれをとりまく勢力は、自らの勢力確保のための提携相手として、当時の朝鮮半島において三番目に大きな勢力を持ったアメリカと、厳妃の権勢に圧されて廟堂が形骸化する状況を憂慮する一部廟堂重臣、とりわけ閔泳煥ら、驪興閔氏出身の大臣達との連合を選択した。

（同書、315〜317頁）

急速に力を増す厳氏。それは大韓帝国が高宗の「無限の君権」を握ることで、皇室財源と自らの家族と王宮を守る軍隊の増強という、むしろ内宮を中心とした政府へと変貌していることが読み取れる。しかし、厳氏は平民の生まれであり、彼女の後ろに大きな背後関係を見ることができないことなどを勘案すると、彼女が政治の表舞台に出てしまったのは、決して彼女の一族である寧越厳氏の勢力によるもとではないと断言できる。では、どうやって彼女は力を蓄えたのだろうか。

高宗が「無限の君権」を握った絶対王として君臨してしまったところまではいいが、実際にはこれは、高宗の孤立と同値であって、彼には味方といえるものはそれほど多くなかっただろう。最大の仲間であり家族であり同伴者だった閔妃はもういない。そして皇太子（純宗）もいままで以上に病弱となったいま、彼にとって支えになるのは厳氏と幼い皇子ぐらいなものだったのではないか。政治の中心が内宮に移り、その内宮を掌握していた厳氏の存在感は、相対的に大きくなっていたことだろう。それにもまして、彼女は野心があり、それだけの能力を持っていたともいえる。このような条件が、彼女をして権力者の階段をのぼらせてしまったとはいえまいか。やがて厳氏は、権謀術数渦巻く内宮で、閔妃を凌駕するほどに内宮を掌握した女傑として、徐々に歴史の表舞台へとのしあがっていくわけだ。そして幼い皇子も、本人の意図とは関係なく、政治の表舞台へと引き出されてしまうのである。

四、冊封される阿只氏

前章で述べたように、『英親王府日記』は、厳氏が貴人に冊封された「光武元年陰暦丁酉九月二十七日　陽十月二十二日」から、三年ほど記載がない。そして久しぶりに書きつがれたのが、「光武四年陰暦庚子七月初九日　陽八月三日」すなわち一九〇〇年八月三日のことである。この日の記事は「詔曰貴人厳氏為淳嬪宮人李氏昭儀封爵」とあり、厳氏を「淳嬪」に、李氏を「昭儀」に封爵するという内容だ。この「嬪」とは、「妃」に次ぐ正式な国王の後宮に与えられる爵位で、厳氏の立場はそれまで以上のものになっているのがわかる。そしてその封爵があまりに早いので、後宮のなかでは年配にあたる李氏を併せて封爵し、厳氏の出世を際立たせぬようにしているのではないか。それはともかく、前節で述べたように、これは厳氏が影響力を拡大するにいたる最初の一歩となるべき封爵だといえよう。

それに対し、李氏はそれまで「宮人」に過ぎなかったわけで、その差は歴然としていた。李氏は一八四三年に生まれ、このとき還甲（還暦）を目前にした老女で、かつて夭逝したもののひとりの女子を産んでいる（チ、２００９、328頁）。この「昭儀」や「淑媛」といった漢字二文字からなる号のような爵位は、「貴人」の下の位であり、昭儀李氏は淑媛張氏（李堈の母で一九〇〇年九月一七日に「淑媛」に封爵されている）、そして李墡の母である淑媛李氏とともに、光武一〇年（一九〇六年）五月二七日に「貴人」に冊封されている。張氏のことは次節で述べることとして、とりあえず彼女たちが「ついで」のようなかたちで封爵されていることだけ指摘するにとどめ、まずはふたりの皇子に対する冊封について考えてみたい。

厳氏と張氏は、閔妃が産んだ皇太子（純宗）の弟――垠と堈――を産んでいる。そして、なぜこの年に彼女たちが相次いで封爵されたかというと、その二日後の記述とかかわっており、このふたりの皇子が「王」として冊封されるにともなうものだということがわかる。

> 光武四年陰暦庚子七月十一日　陽八月五日
> 詔曰朕既受
> 天命登大位矣具封建鞏胤鞏固皇室厥有彝典万世攸同
> 皇二子義和君皇三子封王儀節令掌礼院博攷典礼択日
> 挙行◆

高宗は以下のようにいった。自分は天子の位にのぼった。だから自分の血筋のものたちをきちんと冊封し、皇室を鞏固なものにしたい。万世にわたって先祖のみたまやで行ってきた祭礼をもって、ふたりの皇子を王に封ずる。その際の儀節については、掌礼院をして典礼についてよく調べてもらい、よい日をえらんで挙行することとせよ。

この「皇二子義和君」が、大韓帝国を宣言する前に義和君（後宮の産んだ男子だから大君ではなく君である）という地位についていた李堈のことであり、「皇三子」とは厳氏が産んだ、いまだ名前もない満三歳になる直前の「阿只氏」を、それぞれ指している。夭逝したとはいえ高宗の子を産んだ李氏や、義王の母である張氏が、いまだに貴人にもなっていない、いやそれ以前の「宮人」に過ぎなかったのに対し、厳氏がかなり早く出世しているように見えないか。それは、皇子を産んだというだけでは説明がつかない。なぜなら、完和君に封ぜられた李墡を産んだ李氏も、李堈を産んだ張氏も、この段階でまだ「貴人」にさえなっていないからだ。皇子を産んだ直後に「貴人」に封ぜられた厳氏には、閔妃に代わって内宮を治める能力に期待されたのだろうし、高宗の「家族」としての役割を担える人材だと判断された証拠だといえよう。そして、閔妃に代わるほどの女性なら、野心も大きくて当然だろうし、高宗もそこまで含めて厳氏を評価していたのかも知れない。いくら何でも、高宗が厳氏の野心に気づかなかったとは思えないからだ。

翌八月六日（陰暦七月一二日）には、掌礼院卿の李冑《イジュ》栄《ヨン》は、「奏令此冊封　親王時封号当為議定矣吉日令日官金東杓推択則陰暦七月十四日申時為吉云」と、まずはどのような「封号」すなわち「〇王」という号を決める日付について答えている。日官という吉日をえらぶ官職についている金東杓にその日時をえらばせると、陰暦七月一四日の申時（午後四時頃）と答えた。それに続けて「皇三子定名当為先期挙行矣」すなわち厳氏が産んだ第三皇子たる「阿只氏」の名前を付けるのは、その封号の議定よりも先んじた方がよいという。同じく日官の金東杓に日時をえらばせると、「陰暦七月十四日丁時為吉云」つまり同じ日の「丁時」というのは三時半ぐらいだろうか、そのときがよいという。さらに、「奏令此冊封　親王時当有先期告　廟之節矣　宗廟　永寧殿　景孝殿告由祭依例設行何如」と、冊封をする前に、そのことをみたまやへ告げる祭祀を行うべきで、そのみたまやとして宗廟（朝鮮王朝の歴代国王のみたまや）、永寧殿（宗廟の別廟）そして景孝殿（慶運宮内にある閔妃＝明成皇后閔氏のみたまや）を挙げている。ここに景孝殿があるところが特徴的だ。確かに高宗は厳氏を認めているし、高く評価もしているが、あくまでも皇后は閔氏である――このように高宗も考えていただろうし、奏上した掌礼院の李冑栄もその意志をくんでいる。そこには越えられない一線を引いているようにも思える。

それにしても、皇子として生まれるというのも因果なものだと思う。名前を付けたり、封号を決めたりする以前に、どんな名前にするか、どんな封号にするかを決める日を前もって決めて、そのあとで名前と封号をつけるなどという面倒な手続きをとらなければならないのだから。そればかりか、先祖のみたまやをまわって告由祭をしなければならないという煩雑さも免れない。それに対し、李堈の場合は後宮（側室）の子◆である分だけ簡略化されていたようだ。李垠といっしょに冊封されるのであるが、少なくともそれまでは封号などもなく、のちに見るように王宮と離れたところに住んでいたからだ。逆にいうと、李垠の誕生から冊封にいたるまでの流れ、その早さなどを考えるにつけ、ほとんど皇太子並みの扱いを受けていることがわかる。そしてそれは、偶然の産物などでは断じてなく、厳氏があくまでも自分の子を皇太子にするという強い意志のもとに行ったことなのだといえる。そして、さすがに第二皇子をさしおいて第三皇子だけ冊封するわけにもいかず、李堈も「ついで」に冊封される――厳氏が淳嬪に封爵されたときに、李氏が昭儀になったように――わけだ。以下、かいつまんで李垠の冊封風景を見てみよう。

その後、同じ八月六日（陰暦七月一二日）のうちに、やはり金東杓により冊封日を「陰暦七月二十三日為吉」といい、告由祭に関しても「陰暦七月十五日望祭兼行」すなわち陽暦八月九日（陰暦七月一五日）一日で執り行うのがよいと奏上された。そして冊封のための「金冊金印造成謹依歴代典礼令宮内府農商工部挙行何如謹上」と昔からの典礼通りに、金冊と金印の作製を宮内府と農商工部にさせてはどうかとうかがいを立てている。それらはすべて認められた。やがて、八月八日の夕刻に第三皇子の名前の決定および冊封されるふたりの皇子の封号の決定がはかられ、翌九日には宗廟およびその別廟たる永寧殿（このふたつは昌徳宮に隣接しており、ソウルの北部にある）と、それとは少し離れた位置にある慶運宮内の景孝殿で告由祭が古式ゆかしく執り行われた。ここで

◆……挙行　『英親王府日記』に関しては、いちいちページ数を示さず、日記の記載日だけを示す。

◆後宮（側室）の子　厳氏も厳密にいえば後宮ではあるが、王妃である閔氏が死んだあとに皇子を産んでいること、そして彼女が内宮を掌握していたことを考えると、単なる一後宮とは違う立場――王妃の代行をする役割を担った後宮とでもいうような存在――であったと思われる。

は、皇子の名前について、光武四年八月八日の記録から、少し深くとりあげてみよう。

> 宮内府大臣署理協弁尹定求奏皇三子定名単子以垠圩備望書入之意上奏制曰垠字欽此○議政府議政署理度支部大臣趙秉式以臣等欽奉勅旨皇二子義和君親王封号望義靖皇三子親王封号望英敬議定以入之意奏制曰皇二子義和君封号用義字皇三子封号用英字欽此
> （『李朝実録第五十六冊』◆、1967、38頁）

まずは宮内府大臣署理協弁の尹定求《ユン・ジョング》が以下のようなことを奏上した。第三皇子の名前について、垠あるいは圩がよいと考えます、と。それに対して高宗は、垠の字としようと制勅を下した。また、封号については、議政府議政署理度支部大臣趙秉式が以下のように奏上した。私たち臣下は親王号を決めよとの勅旨を奉って、第二皇子である義和君の親王号には義あるいは靖を望み、第三皇子の親王号には英あるいは敬を望むと議定いたしましたと。高宗は第二皇子の義和君の親王号としては義の字を、第三皇子の親王号としては英の字を用いるようにと制勅を下した。

こうして、やっと阿只氏といわれていた皇子に名前がついた。いままでも便宜上、李垠と書いてきたが、このときまでその名前はなかった。前章でも述べたように、単に「阿只氏」だったのである。ただし、ここで名前はついたものの、彼のことを李垠と呼ぶ人間はいない。原則としては結婚するまで、阿只氏と呼ばれていたことになっているが、朝鮮の風習とは無縁な外国の外交官たち以外は、彼の名前を直接呼ぶことはなかったに違いない。おそらく父である高宗も、愛情を込めて「阿只야《アギャ》」と呼んでいたのではないかと推察する。

名前と封号が決まったあと、李胄栄が高宗に奏上する。「冊封親王儀節当為磨錬而稽歴代典礼親王年幼則遣使伝制送冊印至王宮仍伝制授冊印矣」（『李朝実録第五十六冊』、1967、38頁。および『英親王府日記』光武四年陰暦庚子七月十四日陽八月八日）この大意としては、冊封に関する儀礼◆は、いままでの典礼を「磨錬」＝「마련」きちんと為します。親王は歳がまだ幼いので、使者を送って皇帝の制勅を伝え、金冊と金印を送り、王宮にいたれば、金冊と金印を授けるようお伝えしましょう――というところか。

このあと、『英親王府日記』同じ日の記事には「英王方在年幼令亦依此挙行而受冊印時依例具双童髻空頂幘七章服行礼事磨錬何如謹上奏奉」とある。英王はまだ幼いので、この儀式を行わせても、金冊と金印を受けるときに、しきたり通りふたたぶさに結い束ねて（双童髻）、頭には空頂幘という冠をし、礼服（七章服◆）を整えて、この嘉礼を行うことがよりよいと思いますがいかがでしょうか、という意味だろう。まだ髷も結っていない李垠の幼い顔が思い浮かぶような文章ではないか。

さらにこの日の記述に「布達第六十号」として、「皇太子妃宮下◆」に「親王府如左増置」として、親王府が設置される。「親王府府務及所管会計掌職員置如左」と、府務と会計を担当する職員として「府令一人　奏任／典衛二人　判任」として、三人が任命されている。勅任官ではないものの、奏任官が配置されるのは、英親王府が重要視されている証拠だ。「五品趙忠夏任　英親王府府令叙奏任官六等」「崇陵令李世永任　英親王府典衛叙判任官四等〇五品安必瑢任　英親王府典衛叙判任官五等」と、三人の名前と位階、官職が明記されている。このように、李垠は英王に冊封される直前に、皇太子妃宮に英親王府を置く◆などという、皇太子（純宗）の後継者のような扱いで冊立されることとなった。趙忠夏と李世永、安必瑢の三人は、英王李垠の最初の臣下ということになる。

◆『李朝実録第五十六冊』　『英親王府日記』では、皇子の名を書くことが畏れおおかったのか、垠の字が墨塗りになっているため、ここでは『李朝実録第五十六冊』から引用する。

◆冊封に関する儀礼　キム・ムンシク氏は典礼について次のように述べている。「国家の典礼は通常、五礼で構成されている。則ち国家の祭祀を意味する吉礼、国葬を意味する凶礼、軍隊と関連する軍礼、国家の慶事を執り行うということを意味する嘉礼、外国使臣を迎える賓礼の五つがそれだ」（キム、2013、30頁）。ここで登場する冊封の礼は、嘉礼に属する礼であろう。

◆七章服　『英親王府日記』光武四年八月一七日の冊封の場面では、「七章服」だけでなく「絳紗袍」とも書かれる。「七色の礼服」の上に「赤い紗の上衣」が着せられていたのかも知れない。

◆皇太子妃宮下　『李朝実録第五十六冊』には「布達六十号宮内府官制中皇太子妃宮下増置親王府」（38頁）とあり、宮内府の官制として皇太子妃宮という組織があったこと、その直属の組織として親王府を増設したことを明らかにしている。

◆英親王府を置く　この時期に李堈に対して、義親王府をつくったという記録はない。のちに設置されるが、それは結章で触れる。ちなみに、英親王府の設置に関しては、『李朝実録第五十六冊』光武四年八月八日の項（38頁）に記載されているが、義王に関する記述はない。もっとも、李堈はこの頃は海外に出ており、英王の「ついで」として冊封されているものの、それほど重要視されてなかったといえよう。

翌日の八月九日に予定されていた告由祭についてでは記述がないので省略する。陰暦七月二三日（陽暦八月一七日）の冊封の儀式は、こと細かく書かれているが、煩雑さを避けるため少し省略して紹介しよう。阿只氏の名前も決まったことでもあるし、そろそろ李垠を中心とした評伝へと進めていく必要があると考えるからだ。ただし、この冊封に関してある程度の内容を伝えておこうと考えている。まず、金冊文について見てみよう。韓国学中央研究院所蔵の『英王冊封金冊文』によれば、金冊文の全文は以下の通りだ。

維光武四年歳次庚子七月朔二十三日壬戌

皇帝若曰昔君天下者大封羣胤以重本支而固屏翰朕荷

皇天騭佑

列聖眷顧誕膺新命用恢大業小子垠今命爾為英王遵古制也爾其祇服寵章夾輔皇室其永有誉於戯惟孝敬可以事君親惟謙恭可以守富貴克修厥徳以承

天休体朕訓辞尚其慎哉

金冊文製述官従一品崇禄大夫弘文館学士徐正淳
書写官従二品嘉善大夫弘文館副学士閔景植
金印篆書写官従二品嘉善大夫弘文館副学士閔景植

大意は「光武四年七月二三日　皇帝はこのようにいった。古来より天下に君臨する者は、その子どもたちを冊封し、その血筋の本家と分家の双方が力を合わせ、天子の荷を補弼する」とある。さらに後半には「列聖は、新命をほしいままに受け、大業を盛んにしていることを見守ってくれている。小子垠をいま、古のしきたりに従って英王と為す。あなたのその祭祀のための衣服は、皇室を補弼し、その永遠の誉れがあることを示している。ああ、ただ先祖や父母に孝を尽さば、君主に仕えることができるだろう。ただ謙虚な気持ちでいれば、富貴を守ることができるだろう。その徳をよく修めて承けよ」とでも読むのだろうか。ちなみに、同日に李堈も義王に封ぜられたが、彼の金冊文の内容も、右の李垠の金冊文のなかの「垠」という名前を「堈」に、「英王」という封号を「義王」と代えただけで、あとはまったく同じ文章である。これが「冊封親王儀節当為磨錬」の意味であり、悪くいえば過去を踏襲しただけだ。ただし、大韓帝国を宣言してから、国王は皇帝になったため、ここでは封号が「王」になっている。それまでの封号なら「君」あるいは「大君」となっていたというところは、すでに前章で述べた通りだ。

そして、冊封の儀式が挙行される。当たり前だが、このときは英王だけでなく義王もいっしょに冊封を受けている。この儀式に対する『英親王府日記』における記述は、一五五行に及ぶ。構成としては、最初の一一行は高宗がふたりの皇子を冊封することの意味などを述べたもので、すでに引用した李冑栄の奏上や金冊文と重なるのでここでは省略する。次に儀式の次第が書かれており、儀礼の進行やそれに際しての英王李垠の行動が六〇行にわたって詳述される。そして残りの八四行は、今回の冊封で動いてくれた人間の名前と彼らに対する褒賞で埋められている。

儀礼の進行についてかいつまんでみてみよう。この文章を読んでいると、正確な時刻は記載されていないが、「英王府官依時刻集到各服朝服」とある。先に触れた三人の英親王府の官吏たちが、時間通りに礼服を着て集まっていたというわけだ。また、儀式を行った場所として、「西宮正中設香案」とあるから、「西宮」＝慶運宮の真ん中で香案（香炉をのせる机）を設けたわけで、慶運宮だったことがわかる。その「正中」というと、慶運宮の正殿たる中和殿を想起しがちだが、この正殿が建てられたのは一九〇二年のことであり、時代が合わない。おそらく、高宗には慶運宮の真ん中に殿閣をつくるという意志があり、すでに中和殿という名前まで決めていたようだ。実際、小田省吾述『徳寿宮史』には、「本殿の営建は大に後れ、光武六年二月始工、同年十月竣成したのであつて、恐らく之が本宮重建工事の最後のものである。（中略）斯くて正式の法殿が出来上ると、其の前身たる仮の中和殿は廃せられて即阼《ママ》堂の旧名に復した」（小田、2011、42頁）と書かれている。この即祚堂とは中和殿の裏手（北側）にひっそりとある建物で、のちに火事で焼け（3章で詳述）、再建された。ここを仮の中和殿と呼んでいたようだ。ただし、この建物の前はそれほど広くなく、また慶運宮の真ん中ともいえない場所であるため、ここで儀式をしたとは思えない。やはり、この儀式を執り行うに際し、「西宮正中」すなわち慶運宮の真ん中に、仮設の殿閣を建てたのではないかと、私は考える。ここで李垠は「英王拝位於階上当中北向主事　掌礼院臚唱課下同　設正副使位於香案之左設読冊印官位於　英王拝位之左設」とあるから、殿の階上の北向きに拝位があり、正使と副使の立ち位置は香案の左側すなわち西側で、読冊印官（金冊文を読み上げる官吏）は英王の左側（西）で東向きに拝をしたわけだ。この「拝位」とは、殿にあがる際に拝（敬意を表してお辞儀をする）という儀礼を行う場所を指す。川本重雄氏は「朝鮮では、宴会時の拝位は殿上と殿庭に設けられる。王世子の拝位は殿階上当中に北向きで、王世孫の拝位は王世子の後ろ、宗親六品以上の拝位は殿階上王世孫の後ろ。文武二品以上も殿階上。文武三品以下は殿庭の東西に設けられる」（川本、２０１３、４頁目）と述べている。北向きで、しかも殿の階上で拝の儀礼を行うのは、すなわち王世子（皇太子）と同格の扱いだということがわかる。

その後の記述で、「英王次於中門内　随地之宜　設祇迎位」すなわち正使と副使を迎える場所を中門内に設け、そこで対応した。そして「中和殿」で、使者が「冊函」と「印盒」をそれぞれ丁重に置く。その列は腰彩輿と鼓吹を先頭に、轎馬（小さな籠を引く馬）、儀仗、そのあとに使者が続いていたようだ。「英王就祇迎位節　冊印至府官賛請鞠躬」英王は祇迎位の節を行い、金冊と金印が親王府にいたるとき、詞書きを鞠躬（深々とお辞儀をする最敬礼）して聴く。「英王出次前引官引就拝位賛儀唱鞠躬四拝与平身　英王鞠躬　楽作　四拝与平身　楽止賛儀唱跪」英王が前引官の導きで拝位に就き、最敬礼でかしこまり、詞書きを儀礼的に読みあげ、四拝（東、南、西の順でお辞儀し、最後に北＝天子の位置にお辞儀をすること）をして、そののち平身した。その際、英王がかしこまったときから音曲が入り、四拝して平身したところで音曲がやむ、儀礼的に詞書きを読み上げてひざまずいた、という。かなり芝居がかった演出だ。わずか三歳の子どもがこれほどかしこまっているとすれば気の毒にもなるが、逆にいえば、それができる子どもだからこそ「皇太子並み」の待遇で英王に封されたともいえる。その後も細かくはいろいろやりとりがあるのだが、いよいよヤマ場にいたる。「冊函進正使前正使取冊函授　英王王府官跪代受」「印盒進副使前副使取印盒授　英王王府官跪代受」とある。英王は、正使からは金冊を、副使からは金印を、それぞれ容れ物に入れたまま授けられるが、英親王府官がそれを代わりに恭しくひざまずいて受け取ったらしい。そしてやっと儀式が終わりにさしかかる。「英王俯伏与　楽作　四拝与平身　楽止　賛儀唱」と、先ほどの儀礼を繰り返す。英王はひれ伏して、ここで音曲がはじまり、四拝して、そののち平身すると、音曲がやむ。そして儀礼的に詞書きを読み上げる。

ここで正使と副使は帰って行くのだが、「正副使還至中和殿庭道東北向立伝制官　秘書院丞　謁使者東北西向立使者以下跪正使復　命曰奉制授　英王彇物典冊礼畢四拝伝制官　奏聞使者以下退」。すなわち正副使は中和殿から、庭を東北の方に向かって立つ。伝制官（秘書院丞、制勅を伝える官吏）が使者に対し、東北から西へ向かって立つ。そして英王に高宗の命で「彇物典冊」というから、祝いのくだされものを授け、また英王は最後の礼として四拝する。伝制官は使者にそれを報告し、そして使者たちは退場していく。

このあと、「英王受冊印後受羣官賀儀」すなわち英王冊封が無事に済んだことを祝して「文武百官」に慶賀される儀式が続く。まずは「主殿司設　英王座於西宮東壁西向」というから、英王が慶運宮の東側から西を向くかたちで行われた。天子は南面すると決まっているが、英王は天子ではないので、西面して臣下を迎えるわけだ。文武百官は着るものも「四品以上朝服五品以下黒団領」と身分によって決められ、四品以上の人びとは朝服、それ以下は黒団領という服と決まっている。先に英王が平身したように、文武百官なかんずく時原任大臣（廟堂に出る権利のある現在の大臣と元の大臣）が「由西階陞入堂内」と西側の階段をあがってきて「当座前俯伏跪賛儀唱鞠躬再拝与平身」とあり、恭しく英王に礼をしている。さらに「宗親文武百官鞠躬　楽作　再拝与平身　楽止」とあるから、音曲まで入る。これもまたものものしく、芝居がかっているではないか。

この皇帝から冊封を受ける側としての儀式と、文武百官から祝賀をされる側としての儀式。どう考えても、最低でも二時間はかかりそうな内容だ。英王も、そばに英親王府官がいるとはいえ、よく我慢していると思う。おそらく、彼は三歳（正確には満年齢では三歳にまだ二ヶ月ほど足りない）という年齢では考えられないほど、よく頑張ったのだと思う。まるで運命を受け容れるように。このあたりから、のちの日本陸軍での生活で指摘されるような、彼の利発で、無口で、我慢強い性格の萌芽がのぞいているといえまいか。こんなしきたりを空気のよう

◆李垠は……　『英親王府日記』の冊封の礼には、義王李堈が儀式に参加していたことを示すような記述はない。その理由として、すでに述べたようにこの儀式には義王は参加していなかったのではないかと思わせる。次節に見るように、当時李堈はまだ海外におり、国内に戻っているとは思えないからである。

◆西側で　この「西側に立つ」というのはそれなりの意味がある。伝統的に国王は南面して（南に向かって）座っているのが常だ。これに対して、外国の公使などを迎える際に、高宗は南面したまま、公使らは跪拝（ひざまずいて、身をかがめて敬意を表すこと）はせず、立ったままお辞儀をする拝礼を行い、また南側から臣下として高宗に対するのではなく、「王に向かって右側に座した」りした（金玫廷、２００９、35頁）。ここでは、正使と副使、読冊官は高宗が遣わした官吏であるため、李垠に対し南面せず、「左」すなわち西側に立ち、李垠は北に向って立ったのである。

に受けていたら、そういう性格になるのも道理で、自由奔放で明るい型破りな人間になっていたとしたら、そちらの方がどうかしているだろう。

いや、「やっぱり頑是ない子どものこと、泣き出したり、むずかったりしたのではないか。おとなしく耐えていられたはずはない」と考える向きもあろうかと思う。しかし、私はこれに異を唱えたい。もしも李垠が儀式に耐えられず、泣き出したり、ぐずったりしていたら、それなりに『英親王府日記』か『高宗実録』にそれらしき記述があってしかるべきだが、そのようなことは一切ないのである。こういうと、あえて割愛したかも知れない、という推測をするひともいるかも知れないが、それに対しても否と答えよう。少なくとも私の知る限り、李垠に何か特別な行動が確認できたら『英親王府日記』やその他の記録には細かくつけられているからだ。例えば毒茶事件のときも、九月一二日の記述と一〇月一〇日の記述で少し矛盾するような筋書きが記されていたりしたが、これも「そのとき、その場所」で語られたり報告されたりしたことを、そのまま記述したからに他ならない。やはり、李垠はよく辛抱して頑張ったのだと思う。

ともかくも、李垠はこうして、おそらくは朝鮮で最後となる古式ゆかしい文武百官を前にした儀式まで備えた冊封を受けた。それは、「皇太子あるいは王世子」に

も近い格式の待遇を受けたことの証でもある。もちろん、このような待遇を彼が受けられたのは、高宗の阿只氏＝李垠への愛情と、淳嬪となった厳氏の野心が重なったがゆえに成立したものではあるが。

三歳の子が文武百官を前に――このように書きながら、私にはある人物が目先にちらつきはじめた。それは愛新覚羅溥儀である。時代は多少前後するが、映画『ラストエンペラー』で有名になったように、彼は三歳（正確には二ヶ月ほど足りない！）で清朝最後の皇帝となり（一九〇八年一二月）、その後満州国皇帝として日本の傀儡となった。彼も三歳で文武百官を前にしているのだが、李垠とはおよそ反応が違う。

大典は太和殿で挙行された。大典の前には、型どおりにまず中和殿で侍衛内大臣たちの叩頭の礼（額を床にたたきつける礼）を受けたのち、今度は太和殿に行って文武百官の朝賀を受けるのである。私は彼らにさんざん引きまわされ、それにとりわけ寒い日でもあったので、太和殿にかつぎあげられ、高くて大きな玉座に乗せられたときには、もうとうに忍耐の限界を過ぎてしまっていた。私の父は片膝を立て、横むきになって玉座にひざまずき、私がむやみに動かないように両手で私を支えていたが、私はそ

れでももがきながら泣きわめいた。「こんなとこいやだ、おうちに帰る。こんなとこいやだ、おうちに帰る」父は気をもんで顔じゅう汗びっしょりになった。

（愛新覚羅、１９８９、39頁）

李垠と愛新覚羅溥儀は、奇しくも同じ年齢で、一方は冊封の儀礼を受け、またもう一方は即位の大典を受けている。そして、同じく文武百官を前に朝賀の儀式を迎えるのであるが、そのときの反応はそれぞれ個性的だ。溥儀は我慢できず、泣き出してしまっているのに対し、李垠は、もちろん喜んで儀式を受けているとは思えないが、それでも儀式をやりとげている。溥儀の場合は養子であり、外から連れてこられているということ、そして隣に実父がひかえているということが、彼をわがままにさせたようにもとれよう。当然、どちらが良いとか悪いとかをいいたいのではない。我慢しきれずぐずる溥儀と、こらえ続ける李垠。このふたりの性格の違いは、三歳のこの時点ではっきりと出ていると思うのだ。そして数奇な運命に翻弄された東洋のふたりの皇子は、大きな歴史の流れのなかで、その人生が何度も交差する。例えば時代が下って昭和になると、片や満州国皇帝として、また一方は李王として、日本で相まみえることになる。だから私には、このふたりを切り離して考えることができないのだ。

話が先走ったようだ。話を元に戻そう。高宗の愛情と淳嬪厳氏の野心といったが、これほどのことをやった以上、やはり安胎の儀式同様、褒賞がある。それがなければ、高宗や厳氏の評価にかかわるだろう。以下に簡単にまとめてみたい。『英親王府日記』にはいの一番に冊封時伝制官兼掌礼院秘書丞が挙げられ「官并加資」とある。官位があがり俸給も加増もされたのだ。次に書かれている陳賀時兼掌礼官秘書丞礼貎官副詹事には「相礼并加資」とあり礼遇と加増が約束されている。そしてその下で働いていた各差備（補佐）以下には「別単書入」とい

◆儀式まで備えた冊封　じつは、大韓帝国が日本に併合される直前、高宗の兄にあたる李載冕が興王に封ぜられているが、このような冊封の手続きがふまれたか定かではない。仮にあったとしても、省略された儀式だったのではないかと、私は考えている。

◆『ラストエンペラー』　エドワード・ベアの小説『ラストエンペラー』を、ベルナルド・ベルトルッチ監督が映画化したもの。一九八七年公開。

うから目録が渡されているらしい。「冊拝時正副使」つまり今回の正使と副使もこの「別単書入」だ。まだ他にもあるのだが、「官并加資」は前記の伝制官建掌礼院秘書丞だけで、あとは上位の官には「相礼并加資」下位の官には「別単書入」となっている。ただし「今番賞典中一人雖兼数事母得畳授」と、ひとりで数役分の仕事をした官吏に手厚い賞与が与えられた。

ここまでは官職名しか出ておらず、人物の名前が記されていない。しかし、ここから先は人名も登場する。筆頭は「正使宮内特進官李鎬俊《イ・ホジュン》」には「子若孫中初仕調用」と、子や孫からひとり官吏として出仕させることを認めている。次は「副使外部大臣朴斎純《パク・チェスン》」には「加資」とあるから、やはり棒給が加増されたのだろう。そのあとはいちいち紹介しないが、正使副使をあわせて名前が明らかになっているだけでも延べ一三三名にものぼり、彼らには功績によって「加資」「陞六」「熟馬一匹」「半熟馬一匹」「児馬一匹」「鹿皮一令」という具合に評価されている。また名前が明らかでない「其余牌将員役工匠等」に「依判下施賞」、「其余員役等」に「米布分等従厚施賞」への現物賜給などを含めると、数百人に賞が与えられていることが推察できる。このなかで、例えば英親王府の官吏などについては、府令の趙忠夏および典衛の李世永と安必瑢の名を挙げて「加資」としたあと、最後に「府令趙忠夏典衛李世永安必瑢」の三人の名を列挙して「各鹿皮一令」が賜給されている。この「加資」は英親王府府令あるいは典衛として与えられたもので、「鹿皮一令」は「朝謁時」の仕事に対して下されていることが明記されていることには注意がいるだろう。

くだされる賞は、「加資」がもっとも高く、正使と副使はこれより重く「官并加資」「相礼并加資」となっているので、順位としてこのふたりが上ということだろう。そのほか列挙される賞のなかで、「加資」の次に「陞六」がある。「陞六」とは品階が七品以下の者を六品にあげる褒奨のことだ。「加資」が先にあげられているので、給料が上がる方がより重要な褒奨といえよう。また、今回の英王李垠の名前を付けたり、封号を決めたりするときに活躍した尹定求や李冑栄には「加資」、金冊文を作製するのに骨を折った弘文館学士徐正淳《ソ・ジョンスン》には「熟馬一匹」、副学士閔景植には「半熟馬一匹」が与えられている。面白いことに、閔景植は「書写官」と「金印篆文書写官」とで二回名前が出ているので、それぞれに「半熟馬一匹」が与えられ、都合二匹をもらっているのだ。このように、同じ人物でも何度か別の役割をした場合、それぞれに賞を与えている。先の英親王府府令典衛の三人の事例と照らし合わせると、それがよくわかるように、私は思うのだ。

以上が英王冊封の風景だが、これには少しだけ後日談がある。『英親王府日記』の光武四年陰暦七月二四日(陽暦八月一八日)——英王冊立の翌日には、「当慶会宜施特典罪囚中年七十以上十五歳以下情跡可合忝恕并為放釈未決囚待判決一体施行以示朝家同慶之意」とあり、国家の慶事に際し罪人のうち七〇歳以上と一五歳以下の者で、反省していて酌量の余地がある者はあわせて釈放し、判決を待っている未決囚も皇室と国家の慶事であるという意味からいっしょに許すこととする、ということか。これは前章で見た「元子誕生」と同じ扱いであり、英王李垠はここに元子として再降臨したといっていいかも知れない。

さらに、『英親王府日記』陰暦辛丑七月二〇日(陽暦九月二日)——英王冊封から一六日後には、「正三品 尹《ユン》・沢栄《テギョン》◆任 英親王府令叙奏任官六等」と、二人目の府令が任命される。今後大韓帝国皇室をめぐる問題で何度も名前があがるであろう、そして純宗の継妃(尹妃、一九〇六年に一三歳で皇太子妃となる)の父として政界を駆け上がる尹沢栄の名前がここに登場した。彼についてはまた3章で触れるとして、これで英王李垠の臣下は四人を数えることになる。

五、一九〇〇年——パリ、ソウル、東京、北京

さて、このように見ていくと、一九〇〇年という時期に大韓帝国皇室で大きな変動があったことがわかる。一九〇〇年というと、西暦で新しい一〇〇年がはじまる画期になるのだが、私がいいたいのはそのような単純な問題ではない。この時代、じつはもっと大きな出来事が、世界各地で起こっているからだ。結論を先取りすれば、それはパリで開かれた万博とオリンピックであり、そして中国で起きた大規模な反西洋文明としての戦争=義和団事件である。これらのことが一九〇〇年に起きたということ、そしてそれに朝鮮がさまざまなかたちで影響されたのは、いうまでもない。そしてこの年に李垠の名付けと英王冊立が行われたのは、決して偶然ではないと考えるのだ。

まずパリ万博だが、これはパリにおける三度目の万国

◆母得　朝鮮語の「모두(すべて)」を表現するための漢字表記だと、私は考える。

◆尹沢栄　一八七六年〜一九三五年。皇太子(純宗)の継妃尹氏の父親で、韓国併合後は朝鮮貴族に列せられた。

博覧会であり、一九〇〇年四月一五日から一一月五日までの二〇〇日以上にわたって開催された。これは「二〇世紀を迎える重要な行事で、一九世紀の一〇〇年間の産業、芸術、科学技術を回顧し、それから二〇世紀の展望を見せ」ることを目的としたものだった（陳、2008、60頁）。この万博ではオリンピックも同時に開催されており、文字通りフランスが国家の威信をかけた大きな催しだったといっていい。朝鮮は大韓帝国が成立する前の一八九三年、シカゴ万博に参加しているものの、「この博覧会の『朝鮮館』は、『製造と教養館』というテーマ館の南側に位置し、総規模八九九ft²で日本館や中国館に比べてよほど小さな規模で」、「仮設建物程度に貧弱で」あった（同前）。つまり、それまでは万国博に参加したはいいが、かえって国家の体面を傷つけている可能性さえあったのだ。

この状況を、少し詳しく見ていくと、次のようにいえまいか。この一八九〇年代後半から一九〇〇年にかけての朝鮮は、大韓帝国を宣言し（一八九七年）、国王の高宗は「皇帝」へと即位したものの、西洋からはむしろ「欠落」として見られていた可能性が高い。シカゴ万博での自国像の構築失敗は、清国と日本という朝鮮半島を取り囲むふたつの東洋の「帝国」の間にある国という程度の印象を与えかねないような「失敗」例であり、朝鮮半島とは「清国と日本の中間ぐらいの文化、歴史を持つ国」という「想像」をかき立ててしまうほどに、あまりにも「小さな国」としてシカゴに登場してしまったのである。そういった意味で、大韓帝国は清国や日本はもちろん、ロシアや英国と対等な「帝国」であることを目指しながら、地理的には日本と清国の間にある「場所（中継地）」として、また政治的にはロシアと日本のかけひきが行われる政治的な「場所（政治的空白地）」として西洋社会に想像されがちな存在として見られていたといえまいか。朝鮮はシカゴ万博で、自己イメージの構築に失敗したといっていい。

このような状況を打破すべく、大韓帝国の皇帝高宗は、一九〇〇年のパリ万博において満を持して国家の威信を示す展示館を出すと決断する。それは単なる中継地として想起されてしまう「場所」性や、列強の政治的進出が可能な「空白地」としての「場所」性を払拭するための命がけの賭であったとさえいえよう。先にも述べた通り朝鮮は、一八九七年に大韓帝国を宣言したとはいえ、諸外国にそれが認定されるのは少し遅れた。「皇帝即位問題について最も積極的だったのがロシアで、フランスがそれに同調し」、「日本はかつて自らが『皇帝進号』問題に関わった関係上積極的に反対できず」承認していくものの、他の西洋列強や清国は消極的だったという（月脚、２００９、160～161頁）。しかし清国も一八九九年九月に『大韓国大皇帝』と『大清国大皇帝』との対等条約としての韓清通商条約が締結され、条約の上での『独立』が完結した」（同書、157頁）。ちなみに、高宗の立てようとした皇帝像は「中華世界的皇帝像を維持しつつ、ヨーロッパ・日本と互換可能な皇帝・帝国像」であり、一九〇二年八月一五日に「ドイツ人軍学教師フランツ・エッケルト作曲による宮廷雅楽風のメロディーの国歌が制定された」が、それは「皇帝の長寿と威厳を祈念するもので、日本の『君が代』と性格の似たもの」（以上、同書、161～163頁）、すなわち日本の天皇との互換を視野に入れていることが見えてくる。一九〇二年一〇月一六日には「断髪」を議定し、断固たる態度で洋風化を進めたが（同書、163～164頁）、これもいわゆる「皇帝・帝国像」を打ち立てる流れのなかで理解する必要があろう。ちなみに、エッケルトが作曲した国歌「大韓帝国愛国歌」については、４章にて詳述しよう。

ただし、この万博に先立つ一八九九年八月に制定した「大韓国国制」によれば、高宗は皇帝として「無限の君権」を持つとされ、議会も開かず、憲法の制定をする意志もなく、内閣は事実上皇帝の諮問機関であったことから、むしろ歴代清朝の皇帝や、ロシア皇帝に近い存在として規定されていることは留意していい。なぜならば、せっかく独自のイメージを立ち上げようと奮闘しながらも、皇帝たる高宗のやったことは、日本の近代国家建設の流用的な側面が透けて見えるし、その上で皇帝の立ち位置は「アジア的世界」（マルクス）を地でいくようなものであったことから、やはり先に述べたような「中間」性、すなわち政治的にも地理的にも他の帝国の中間にある「場所」性を、むしろ充実しかねない行動だったという皮肉な結果を産んでしまっているのだから。

それはともかく、こうして立ち上げた大韓帝国そしてその君主たる皇帝高宗の存在を世界に知らしめる格好の舞台が、このパリ万博だった。もっとも、パリ万博参加の意思を最初に伝えたのは一八九六年一月であり、そのときはまだ高宗は皇帝になってないばかりか、まだ露館播遷（第１章第二節参照）以前の親日開化派政権の頃であることなので、もしかしたら西洋との関係を強化することで事態の打開をはかろうとした高宗の切った札だったのかも知れない。ロシアとの関係でいえば、フランスはロシアと軍事同盟を結んでおり（一八九四年）、高宗のロシア傾斜がこの裏に見え隠れする。

さらに「博覧会展示のための組織委員の選定及び決定は、一八九八年六月三日に駐韓公使プランシ（Victor Collin de Plancy）がフランス外務省長官に送《ママ》った公文書で、フランス側のグレオン男爵（Baron Delort de

Gleon）を代表とする韓国委員会及びソウル事務所が設置されること」（陳、２００８、62頁）が決定した。朝鮮政府（大韓帝国政府）は財政的に苦しく、単独では展示館を出すことができなかったため、「グレオン男爵がパリ博覧会『韓国館』の建築費用を負担すること」（同前）で、何とか参加できる状態だった。ここで注意しておきたいのは、大韓帝国は「大日本帝国や大清帝国」などと肩を並べる帝国として自らを規定しておきながら、独力で博覧会出展もままならなかったということである。はたしてこれが「帝国」の名に値するか、かなり疑わしいではないか。

　ちなみに日本は◆五重塔や日本式の門を建設、展示している。その際に芸者も展示しており、好評だったようだ。そもそも二〇世紀前半、すなわち第二次世界大戦前の万博では、ストリッパーたちが一種の目玉として存在していたという。その最初にあたるのが一八九三年にシカゴで行われた「世界コロンブス博覧会」でのリトル・エジプトのベリーダンスであり、その興行によって「『やれば失敗』という悪いジンクスに見こまれていたアメリカの博覧会事業に、決定的な集客力をもつアトラクションは誕生した」（荒俣、２０００、106頁）。その後、一九〇〇年のパリ万博では、ロイ・フラーがサーペンタイン・ダンスを披露、「たっぷりとしたケープマントに似た衣装」である「薄いドレープの下に隠れた彼女の両手は、竹の棒を握って」いた。そのダンスは「音楽が流れるとともに、竹の棒をたかく上げると、衣装は蝶の翅《はね》のように弧を描いてひろが」り、「後方から電球が点ると、衣装は透き通り、衣の下に隠れた彼女の体のラインがくっきりと浮かび上がる」というなまめかしいもので、「女性の輪郭が、ここまではっきりと明示されたことはなかった」（同書、100頁）という。日本の芸者はこのような女体の展示の流れでこそ理解すべきだと考える。とにかく、日本館は「女体の展示◆」をする要素をも持っていたわけだ。もちろん善悪の問題を度外視していっているのだが、それにしても大韓帝国のイメージ戦略は日本に比べると貧弱といわざるを得ない。

　ただしグレオン男爵の構想は興味深く、「『韓国館』を『公的な部分』と『珍しくて娯楽的な部分』の二つのテーマ」にわけ、「公的な部分」は「朝鮮政府のコレクション、近代と過去の芸術品、そして農業、鉱山、産業、商業、その他の特別な朝鮮の生産品を展示する主展示館」で、「高宗皇帝の『夏宮殿◆』の形態」を模したものだった。また「珍しくて娯楽的な部分」は「韓国の活気あふれる道、すなわち仁川済物浦租界地に形成された朝鮮の横町を具現すること」（以上、陳、２００８、63〜64頁）を目指した館となる予定だった。これはロシア帝国の朝鮮進出という政治的な思惑を、露仏同盟の関係からフランス社会が後押ししているがゆえに可能だった構想ではあれども、朝鮮独自のイメージ＝「中間的な場所」のイメージを払拭する可能性を秘めたものだった。しかし、残念なことにこれは実現されずに終わる。パリ万博直前の一八九九年一一月にグレオン男爵が急死してしまったからだ。

グレオン男爵死後、建設途中だった韓国館は撤去され、契約はいったん解除されてしまう。要するに、大韓帝国はフランスにいる朝鮮に関心を持つ人物に丸投げ的にまかせていたというわけで、はたしてこれが本当の意味での「韓国館」だったのか疑わしい、いや、いっそいかがわしいとさえ思えてしまう。そのいかがわしさの最たるものが「朝鮮の横町」の復元ではないか。そして、朝鮮のために設計から金策まで請け負うという、奇特な、いや、いっそ酔狂といってしまいたい人物たるグレオン男爵が急死するや、韓国館の出展そのものがうやむやになってしまうのである。

このような経緯があったあとも、大韓帝国としては万博参加自体を放棄することはできないので、英語が堪能でフランス語にも手をそめている閔泳瓚を送り（一九〇〇年二月到着）、グレオン男爵の後任となったミムレル伯爵（Comte de Mimerel）に対して「朝鮮半島で産出される主要な生産品の展示に使われる公式展示館だけを建設することを条件として、事業を再び引き受けることを要請した」（同書、67頁）。これもまたいかがわしい。金文子氏によれば、「韓国のパリ万博事務局が、名誉総裁の閔泳瓚を筆頭に、七名のフランス人スタッフで構成されていたことが記載されている。清国の事務局がフランス人事務官長一名のみであることに比べれば、韓国の

◆ちなみに日本は……　そのほか、川上音二郎一座が欧州巡業をしており、万博中のパリで公演し、録音までしている。このときの録音は『甦るオッペケペー1900年パリ万博の川上一座』（1997）として東芝EMIから発売されている。

◆女体の展示　この博覧会における「女体の展示」は、「先住民の展示」とともに大きな問題を含んでいる。朝鮮半島が植民地に転落したあとや、独立後の大韓民国でもこの朝鮮独自の女体の展示という問題は見てとれるため、本書の続編で李垠の青年期、老年期を描く際に、これについても記述していく予定だ。

◆夏宮殿　陳景敦《チン・ギョンドン》氏によれば、この「高宗皇帝の夏宮殿」がどこのどのような建物なのか、「現在は資料の不足で正確に把握することが不可能」（陳、2008、71頁）だという。

パリ万博にかける意気込みが想像されよう」（金文子、2014、417頁）とある。この当時、閔泳瓚は数え年で二八歳で、前節で登場した閔泳煥◆――独立協会との交渉過程で政府の要職を占めるにいたった官吏――の実弟だ。ふたりの父閔謙鎬は「大院君の妻である驪興府大夫人、つまり高宗の生母」の弟であるため、ふたりは高宗の従兄弟でもある（同書、415～416頁）。そのためパリ万博における彼の肖像写真には「S. Exc. LE PRINCE MIN-YOUNG-CHAN」（プリンス閔泳瓚閣下）と記された（同書、418頁）。高宗専制期には、このように外国通で若い官吏が登用された時代でもあったといえる。もちろん、次章で触れる李範晋同様、高宗の信任厚い人物すなわち血縁の親しい者へと集中しがちな嫌いがあることは、その限界として指摘しておく必要があるが。

さて、万博の開始までいくらもない時期に計画をやり直すことになったため、どうしても規模は縮小せざるを得なくなり、韓国館は「グレオン男爵の計画案の規模からほぼ三分の二程度に大幅に縮小されて建てられた」（陳、2008、67頁）という。このグレオン男爵案の韓国館と、実際につくられた韓国館の間には規模の面だけではない違いが存在した。それはグレオン男爵案では「全く朝鮮の伝統建築とはいえない異国的なデザインと装飾、そして重層で構成された点は、フランス側の朝鮮の伝統に関する一方的な理解と認識、すなわちオリエンタリズム的な意識が表出されたもの」（同書、70～71頁）あるいは「異国的で無国籍的な娯楽性の強い展示館」（同書、71頁）だった。とくに「済物浦にある一つの道を表現している」「珍しくて娯楽的な部分」には、「大衆が通行するその場で造った生産品を売っている実際の土着民の家族が、露店商人と野外曲芸師たちと共に居住」し、「最大四〇㎡の空間の酒屋一棟を建てることを許可する」とある（同書、64頁）。もしもこれが開館していたら、当時のフランス人が朝鮮をどのように見ていたかをうかがい知るすぐれて歴史的な実例になっていただろう。

それに対して、実際に出店された韓国館をつくる際に派遣された閔泳瓚は、ふたりの朝鮮人の労働者を連れており、これが「間違いなく朝鮮伝統建築に精通した大工であっただろう」（同書、68頁）ということから、大韓帝国政府がより主導的に建築過程に参加し、「初期の計画案（グレオン男爵案）のようなフランス側の朝鮮伝統建築に対する一方的な理解、すなわち植民地主義的な理念のような建築的表現はほとんど見られない」（同書、71頁）ものとなっている。そして完成した韓国館は、正王宮である「景福宮勤政殿を模倣し」た建物だった。それは「緊急な事情のためデザインに関する十分な議論がなかったことと、敷地の規模が以前の三分の二位に縮小されたことから」、「モデルとなった建物をそのまま模倣するのが最も早く展示館を建てる方法であったかも知れない」（同前）という現実的な側面から実現されたものだといえよう。結果的に高宗の威信を伝える王宮建築をパリで展示することはできたといえるかも知れない。ただし、これだけでは「中間的な場所」という「想像の暴力」を払拭することは難しかっただろう。そこに生きた朝鮮の街があるわけでもなく、単に「東洋風の王宮」があるだけでは、金閣寺を模した日本館とどれほど違うものであるかを強く印象づけるのは難しかっただろうと考えるからだ。そこには、やはり日本や清国に「似た」国としての朝鮮が、いっそう印象深く西洋社会にすり込まれてしまった可能性が高いではないか。

　このように、李垠が英王として冊封される直前、国際的に徐々に認められつつあった大韓帝国という国号と、高宗の皇帝即位というふたつの問題を、より幅広く世界中に承認せるための広報の手段のひとつとして、パリ万博への参加は行われていたといっていいだろう。そしてこのような国際的な承認過程を前提にするからこそ、李垠は名前を付けられ、そして英王として冊封される意義があるのだ。一九〇〇年に李垠が英王となったのは、決して偶然ではなく、このような国際関係をにらんで打たれた手であり、単なる高宗の李垠への愛情や厳氏の野望だけでは語りきれないものがあったといっていい。対西洋との関係を考慮することで、英王の冊封はより深く理解され得るのである。

　この国家の威信という問題は、他にも表出している。例えばこの年の九月、奨忠壇という祠堂がつくられてい

◆**閔泳煥**　一八九六年三月に、ロシアのニコライ皇帝の戴冠式に全権公使として派遣され、欧州を巡遊してその年の一〇月に帰国している。そのとき、のちに軍事教官となるポティアッタ（Potiata）大佐をはじめとした三名の士官と一〇名の軍人を連れており、一〇月二〇日の帰国復命の席でロシア式の軍事制度を用いた軍政改革や、軍務学校設立を主張した。そして、一一月一二日に閔泳煥は軍部大臣に起用され、改革に乗り出したという（以上、金源模、１９８７、483頁）。閔泳煥がロシアに送られるのが、「露館播遷」（一八九六年二月）の直後であること、また彼が高宗の従兄弟であることなどを考えると、やはり高宗は対露関係を最重要視する以上に、自己の血縁者を重用していることがわかる。ちなみに、閔泳煥は、弟の閔泳瓚より一二歳年長（一八六一年生まれ）で、軍部大臣になった一八九六年には、数えで三六歳に達していた。

るが、これは日本軍が景福宮を襲い、閔妃が殺された「乙未事変」で死んだ忠臣を祀るためのものだ。大韓国国制を発布して専制君主となった高宗が、国内外で自らの威信を広めようとしていることがよくわかる事例のひとつだ。もちろんそれが、経済的にも軍事的にも裏打ちされない、いや、むしろ内宮が政治の中心となってしまった国の悲しい威信であったとしても、だ。

ここで少し視点を変えてみよう。一九〇〇年のパリ万博のことから大韓帝国の国際関係をのぞいてみたが、本来ならもっと注目されるべき問題がこの時期に朝鮮半島の隣の清国で起こっていたからだ。その問題とは「義和団事件」といわれるものであり、東洋対西洋という枠組みで行われた大きな戦争だといっていい事件を指す。これは清国の農民たちとキリスト教の対立に発する大きな戦争であり、そもそもは少林寺拳法から派生した義和拳とそれを学ぶ人びと——義和団が起こしたものだ。一九世紀末の清国では、外交特権を最大限悪用していた当時のドイツ、アメリカ、イギリスなどの西洋列強の意向で、キリスト教を信奉する人びと（教民）とその他の郷民との間に深刻な対立が生まれていた。そのため、彼らは義和拳から派生した義和団と呼ばれる組織をつくり、反キリスト教——反西洋社会の反乱を起こした。そこで清朝政府もこれに乗じ、一九〇〇年六月に西洋列強へ宣戦布告し、八月に西太后と光緒帝が西安へ脱出するまでの、いわゆる「北京の五五日」の間、農民や都市での義和団とともに反西洋の戦闘を行った事件であった。

詳しくはのちに述べるが、清国はもともと「近代的な国民国家ではなく、（国土も民も皇帝の家産であり、行政幹部が管理する）家産官僚制的な古代文化帝国」（三石、1996、23頁）であり、この文化帝国とは「文化的程度の高い中国が、恭順なる野蛮人に十分な下賜物を与え」るという外交戦略を内包している社会だという（同書、21頁）。天下を支配する天子は、自らに逆らったり、自らを裏切ったりするものを人格的に懲罰する「懲治」という処罰をするのであり、外交特権を悪用して中国で好き勝手なことをしていたキリスト教および西洋に「懲治」を行ったのがこの義和団事件の際の清朝政府の行動原理だといえる。

ただし、当然のことながら西洋社会も「もともと神秘的なヘブライズム（宗教）と理性的なヘレニズムという二つの焦点をもつ『楕円』の文明であるが、いまや、その一方の焦点、合理主義の流れが、宗教と政治と産業の革命を経て、進歩の思想、工業主義、人民主権主義などの武器を満載して、全世界を征服しようとしていた」（同書、16頁）。だから義和団事件と前後する時期に、清国と西洋諸国との戦争・摩擦は、古代文化帝国という中華思想と全世界征服を目指す近代的帝国主義の衝突としてとらえることができる。この「文化帝国主義」とは、次のような特徴を持つという。

① 広大な領域を支配する。「天下」を支配し、近代的な意味での「国境」はない。
② 有徳な君主による「徳治主義」の支配であって「法の支配」ではない。
③ 「武」ではなく儒教的「文」による統合。「文（学問）」が即権力である。
④ 国土も民もすべて皇帝の家産であり、行政幹部（中央と地方の官僚）が管理する。
⑤ 「国父」による福祉政策の実施が帝国の唯一の正当性の根拠である。
⑥ 「一視同仁」（すべての者を平等に愛すること）の寛容性。宗教的寛容、住み分け。
⑦ 民は人格も主権も持たない「赤子」とみなされ、支配の客体である。（同書、20頁）

このような特徴は、大日本帝国にも見られるような気がするが、それはのちの問題だ。義和団事件に関連して述べるべきところは、「宗教的寛容」というところだろう。これに対して三石氏は以下のように述べている。

「中華帝国は儒教を正統教学とし、キリスト教徒、回教徒、また仏教徒であれ、帝国の正統教学である儒教的価値体系に挑戦してそれに取って代わろうとしないかぎり放任したのである」（同書、9頁）。だからキリスト教は、中国ではそれなりに信者を集めていたといっていい。問題は、ここに西洋列強の清国への侵略の意志が働いてしまったことなのだ。西洋列強の力を背景に、キリスト教徒と西洋人宣教師や神父などが実際に横暴なことをしており、義和団運動が起こった「山東・河北省の農村地帯では、（中略）きわめて具体的、きわめて人間的な利害の衝突の後に、闘争が激発した。しかし、巨大な都市における闘争は、匿名性、抽象性を帯びざるをえない」。すなわち「外国人一般、宣教師一般、侵略者一般が義和団の闘争目標とな」り、「文化帝国の最下層に眠る人々の義和団への参加を誘発することになった」（以上、同書、226頁）のである。

ここでは詳しく触れないが、三石氏の議論のもっともすぐれたところは、この義和団の運動を「千年王国運動」としてとらえていることだ。彼によれば、千年王国とはキリスト教社会だけにあるものではなく、次のごとくどこにでもあり得る運動だという。

権力それも専制的・権威的政治権力の存在すると

ころ、そこには少数者による多数者への抑圧があり、搾取がある。少数の支配者の抑圧があり、搾取があるところ、そこには被抑圧者の反抗があり、抵抗がある。千年王国はこの抑圧されたる者の、現存する体制への反抗、抵抗の思想と行動の神義論なのである。いかに時代が異なろうとも、いかに政治体制が異なろうとも、政治権力が専制的・権威的・全体的であるなら、そこには、かならず、千年王国運動がある。

（同書、36頁）

　だとすれば、義和団事件に前後して朝鮮で起こった東学による甲午農民戦争も、千年王国運動であるといえるかも知れない。しかし、キリスト教が朝鮮王朝によって弾圧されていたという事実に鑑みると、朝鮮王朝が「文化帝国」であったとは到底いえないだろう。また、農民戦争という名称からもわかる通り、これはあくまでも農村部での運動・闘争であり、都市での「匿名性、抽象性を帯びた運動」にはいたっていない。ゆえに、よってここではこの問題には深入りしないこととする。ただし、千年王国運動として朝鮮の近代以降を見ていくことは面白い視点を提供してくれるのは間違いない。

　ここで、先の「大韓国国制」の第四条を思い出してもらいたい。「第四条　大韓国臣民が大皇帝が享有している君権を侵損する行為が有する場合、その已行未行を問わず臣民の道理を失った者と考える」。この条文は、右に挙げた「懲治」の概念にかなり近いものであり、大韓帝国皇帝は「天子」としての、大清国皇帝の似姿といっていいものだ。高宗が実際の制度上で朝鮮半島の国土と民を自らの家産であると明文化して運営していたわけではないが、少なくとも高宗個人の意識のなかでは朝鮮半島の国土もその民も、紛う方なき自分とその家族が所有している家産だと考えていたはずだ。そうでなければ、財政的にも軍隊の存在もすべて自分の家族を守るためのものとして存在させることなどできようはずもないからだ。かくて大韓帝国軍は「皇帝の傭兵」として存在することとなる。このように、大韓帝国は一八九九年に法的根拠をもって家産官僚制を成立させてしまったのだ。義和団事件を経て、中国の「文化帝国」であることが否定されたそのとき、大韓帝国はひたすらに「文化帝国」化せんと法整備をしていたといっていい。やはり大韓帝国は清国や日本のような隣国の姿によく似た、そしてそれらとは違うと主張すればするほど、西洋列強からも、いや朝鮮を取り巻く清国、日本、ロシアからも、「しょせん朝鮮は清国と日本の中間的な場所に過ぎない」という想像力をかき立ててしまう「ジグソー・パズルのひとつ欠けたピース」へと自らはまりこんでいるのがわかる

（稲賀、2015、2頁）。

見方を変えれば、高宗とその家族の家産としての国土と民を、自らを皇帝とたたえる官吏によって管理維持するという政府が完成したわけで、ここには高宗に口出しできる官吏など存在し得ないのである。こうして高宗皇帝専制時代には、すでに述べたように、大物官吏や大物政治家が成長できない状況となったわけで、実力者が登場しなくなったのは当然といっていい。まさに皇帝専制政治なのだ。これに対して、東学による農民戦争と独立協会運動という、農村と都市部でのふたつの「戦争」——散発的で、農村と都市部における不完全な千年王国運動——は起こりはしたものの、少なくとも中国での義和団事件と比較して考えれば、これらが国全体を動かす大きなうねりにはなりきれなかったというのが実情だろう。それはなぜなのか。高宗皇帝専制の大韓帝国が成立する以前の朝鮮では、まだ「文化帝国」としての条件さえそろっておらず、それゆえに民衆運動も千年王国運動のごとき大きなうねりにはならなかったのではないかと、私は考えている。そして朝鮮での千年王国運動の発端は、大日本帝国の支配体制下の「三・一独立運動」（一九一九年）まで待たなければならなかったのである。

話を元に戻せば、一九〇〇年の義和団事件によって西洋社会と対決し、見事に破れて近代化へと進む方角を大きく変えた、すなわち欧米の国民国家体制の受け容れに進む中国の民国革命運動とは対照的に、一八九九年に大韓帝国皇帝は自らの支配権を「無限の君権」と規定し、古代的文化帝国たる清朝の似姿へと逆行するのである。そして当時の大韓帝国が「一君万民」の体制を下から盛

◆千年王国運動としての朝鮮の近代以降　軍部による市民への虐殺事件である光州事件（一九八〇年）などはこの千年王国運動に対する弾圧として分析する余地があると考えられる。朴正熙が事実上の永久大統領となった一九七四年以降の韓国第四共和国時代は、儒教的な世界観をうちに秘めた権威主義的・専制政治であって、むしろ「文化帝国」に近づいていると考えるからだ。「支配する者とされる者との対立を含んだ『国家』であるから、内敵に対しても外敵に対しても同じ軍事力が発動された。内敵に警察力、外敵に軍事力という常識は西欧的な国民国家にのみ当てはまり、ここでは通用しない」（三石、1996、237頁）という記述を読む限り、光州での軍事力行使は文化帝国のそれそのものだと私は考えるからだ。この件については、本書の続編で、李垠の六〇年代、七〇年代を語る際に触れる予定だ。また、東学による農民戦争の専門的な研究として趙景達（1998）があるので、参照されたい。

り上げていくというところは、すでに述べた通りだ。風雲急を告げる東アジアで、朝鮮半島はかなりズレた方向へと進んでいるのがわかる。

ただし、一九〇〇年のはじめから、大韓帝国皇室派遣留学生が日本へ送り出されており（本評伝『第2巻 大日本帝国・明治期』で詳述）、このなかから今後の日韓関係を左右する人物も出てくるのだが、それは後にゆずろう。

このように、この一九〇〇年という年は、新しい一〇〇年がはじまるという数字上の意味だけでなく、多くの「事件」があったわけだ。具体的には、右に見たようにパリ万博開幕や義和団事件といった大きな出来事が挙げられる。しかし、この年の「事件」はそれだけではない。例えば、議会政治を重視し、立憲君主制を尊重していたイタリア国王ウンベルト一世がアナーキストのガエタノ・ブレーシに暗殺されるという事件（七月二九日）が起こっている。西洋社会はすでに社会主義、無政府主義といった時代の波に洗われはじめているといえそうだ。さらに、空を見上げると、ドイツ陸軍退役中将たるフィルデナンド・フォン・ツェッペリン伯爵が硬式飛行船の運行に成功（七月二日）、来るべき航空戦の時代が幕を開ける。また、年が明けてすぐの一九〇一年一月二二日には英国国王にして初代インド皇帝に就任したヴィクトリア女王がその長い治世と人生を終え、エドワード七世へと王位を譲っている。そしてこの一九〇一年四月二九日、李垠が生涯を通じて関係を結ぶこととなる運命の人たる迪宮裕仁（のちの昭和天皇）が誕生したのだ。

さらに日本社会へと目を移せば、足尾銅山の鉱毒問題について政府に請願書を提出しようとしていた農民たちが警察隊とぶつかり、農民六〇名以上が逮捕され、その多くが兇徒聚集罪などで起訴されたいわゆる川俣事件（二月一三日、一九〇二年に仙台控訴審で全員不起訴）が起きていた。この鉱毒問題で、田中正造は天皇に直訴しようとしたが失敗している（一九〇一年一二月一〇日）。この直訴状を田中に代わって書いたのが、のちに大逆事件で処刑される平民社の幸徳秋水であった。日本でも貧困問題や階級問題など社会問題を梃子として社会主義が芽生えはじめていたといっていい。この年、夏目漱石は文部省より英国留学を命じられ、「文学も学んではいけないか」と問うて「許可」を受けて英国へと旅立つ。漱石に留学を勧めたとされる第五高等学校の桜井房記は、この一九〇〇年四月に教頭から校長に昇任している。彼が李垠の教育係になるのは、それから八年後のことだ。また、森鷗外は前年の一八九九年から小倉の第一二師団軍医部長へと「左遷」され、本書の続編で詳しく述べるようにクラウゼヴィッツの大著『大戦学理（戦争論）』の翻訳にとりかかっている。この翻訳事業にかかわったとされる田村怡与造も、日本に亡命していた天道教（東学から派生した宗教）の教祖たる孫秉熙と情誼を交わすなど、朝鮮問題とは深くかかわっている。そして、のちに弁護士となって朴烈——李垠が昭和天皇との最後の「皇室会議」で思い出話に語られた男——をはじめとした朝鮮人「民族」活動家や独立運動家を弁護し、自ら牢獄にまで入って被抑圧者のために闘い続けた男、日本敗戦後はＧＨＱとも闘った反骨の法曹家たる布施辰治はこのときまだ二〇歳。東北で生まれた彼は、ロシア正教神学校を一年で中退し、一九〇〇年秋に明治法律学校に入学したばかりで、この時期は判事検事登用試験の準備に余念がない。布施と朴烈については、やはり後に取り上げることとする。

日本と朝鮮の鉄道について見てみると、山陽本線が下関まで延長されたのが翌年の一九〇一年のことであり、日本は軍事物資の陸上輸送が本州の西の端まで自由にできる時代が到来した。下関はこのあと、日本の大陸進出の拠点として重要な都市となっていくだろう。これに対して大韓帝国の鉄道は、親日開化派の金弘集政権（一八九四年の甲午改革）のときの約款によって敷設権を獲得した日本が、一八九九年に漢江のほとりにある鷺梁津《ノリャンジン》（ソウルの南西）から黄海に面したにある済物浦《チェムルポ》（仁川）までの短い区間でやっと開通したばかりだった。これは日本でいう新橋から横浜までの鉄道開設に匹敵する事業だといっていいが、資本が日本によるものであるということは留意すべきだろう。

またこの一八九八年にはアメリカ資本を大幅に取り入れた韓国皇室が漢城電気を設立し、電気軌道（路面電車）をひいている。西大門《ソデムン》から清涼里《チョンリャンニ》までの一路線がひかれた。これは「高宗皇帝が同年（一八八七年）一一月に明成皇后（閔妃）の葬礼を行ったあと、頻繁に清涼里にある洪陵（閔妃陵）に行幸し、駕籠に乗って臣下をつれて行くことで一〇万圜《ウォン》内外の費用がかかった」ため、経費削減をかねて電気軌道を導入したという（孫、1982、131頁）。この「一〇万圜《ウォン》◆」という金額は現代の感覚でいくらぐらいなのだろうか。先に引用したグレブストというスウェーデンのジャーナリストは、大邱で一泊しているのだが（一九〇四年）、このときの代金が「二食分

◆圜《ウォン》　当時の朝鮮政府は銭とともに「圜（ファン）」銀貨を流通させていた。引用した孫禎睦氏の著作（1982）では、これを「ウォン」と表記しているので「圜《ウォン》」とあえて表記した。ただし一九世紀末では、一圜＝五両＝五〇銭であった。

に宿泊料を合わせて六〇銭」で、「寝床が楽でなく食事も粗末であったが、値段は高くない」（グレブスト、1989、49頁）と述べている。また、この旅館については、一八九四年に朝鮮半島を旅行した本間九介の『朝鮮雑記』によると、「旅舎が不体裁なのは、言うまでもなく、わが国の木賃宿《きちんやど》（安宿）にも遠く及ばない」（本間、2016、203頁）とある。本間は朝鮮に対してかなり差別的であったので、偏った見方をしているように思えるが、当時の朝鮮の田舎の旅館が、いまの韓国の旅館ほどに心地よいものではないことは事実だろう。これらを勘案すると、この時代の六〇銭は現代の感覚でだいたい二〜三万ウォンぐらい（現代の日本円にして二〜三千円ほど）だろうか。仮にこの六〇銭を二万五千ウォンとして計算すると、一圜はおよそ現代韓国でいうと四万二〇〇〇ウォン程度と考えられよう。すると、皇帝の駕籠代は一回あたり現在の感覚でいうおよそ四二億ウォン（日本円で四億円程度）ほどがかかった計算になる。これはかなりの出費だ。

ちなみにこの高宗の行幸については次のような証言がある。

王宮を出発する時刻は六時半と知らされていたが、七時半をすぎてようやく行列が動き出したことを告げる重々しい大砲の音が響いた。それまでの間も興味の種は尽きない。何百人ものクーリーが通りの中央に一フィートほどの幅で赤土をまく。仮にも、国王たる者は臣民の足で踏みにじられた土の上など通ってはならないのである。

（バード、1999、74〜75頁）

朝鮮の威光と彩りの波がうねりながらすぎていく。官僚の行列、王宮の侍者、つよめのそよ風になびく大きな絹地の旗を掲げた旗手。旗ざおのてっぺんにはキジの羽根の飾り房がついている。おびただしい数のお供を引き連れた国王の料理長、長いキセルを吹かしているまたべつの宮廷侍者の群れ、太鼓たたき、笛吹き。急使は早駆けで進み、上衣の衿もとに矢をさしてロープだけの手綱と鞍をつかみ、くたびれた荷鞍以外なんの飾りもない馬に乗って、クッションやうるし塗りの箱、食料品、調理用具、喫煙具などを運んでいる。そのあとにつづくのは盛装した馬、弓の射手、火縄銃を装備して締まりなくばらばらに進む兵士で、かれこれ二〇〇〇人から三〇〇〇人の人々が通った。

（同書、78頁）

行幸を先導するのは引かれた馬に乗り、従者に支えられた立派な衣装の「前衛の大将」で、そのあとにそれぞれお供を従えた高官の集団がつづき、さらに兵士、道幅いっぱいに広がって背の高い矢立を運ぶ従者、キジの羽根の飾りをつけた錦の大きな旗、白に青、緑、藤色の紗を重ねた最も繊細な色調の衣装の召使いたち、槍兵、旗手を従えた貴人、紋章で飾った黄色と青の絹の旗を掲げた王室の旗手、まがいの金のヘルメットをかぶり中世風の武装をした騎兵隊、黒い円錐形のフェルト帽に紺色の上衣を着て長い銃をたずさえたトラ狩りがつづく。（同書、79頁）〔暗殺者に襲われないように誰も乗っていない赤い絹の天蓋がついた立派な輿が先に通り〕この輿のあとに、赤い衣装を着た四〇人の輿かきにかつがれて、日除けをつけ豪華な天蓋や房で飾った赤いうるし塗りのみごとな輿におさまった国王があらわれた。静まり返った群衆のあいだを自国の威信と栄華のすべてをたたえて進む間、国王の青白くけだるそうな顔はその表情を一度として変えなかった。

さらに、貴人、召使い、兵士、旗手、弓の射手、官吏、騎兵、そして引かれた馬が皇太子の行列としてあらわれた。皇太子も朱塗りの輿に乗っており、父親よりもさらに青白く無感動に見える。官吏の数は無尽蔵らしく、皇太子のあとには豪華な衣装の高官が四分の一マイルもつづいた〔後略〕。（同書、81頁）

このなかにあらわれる「黒い円錐形のフェルト帽に紺色の上衣」とは、英王冊封のときの官吏たちの服装（黒団領）とかかわっているように思えるが、それはさておこう。この引用文はイザベラ・バードが朝鮮を旅したときの記録で、国王が「先祖の霊廟を訪れ、捧げ物をする行事」だといい、財政状態が悪いのでこのような行幸は「おそらくこれ〔一八九四年〕で最後となりそう」だと記している（同書、71頁）。だが、高宗は専制期を迎えると、頻繁にこの行幸を行った。彼女曰く「このまことに壮麗な催しは二万五〇〇〇ドルの費用がかかると推定され」（同書、82頁）るそうだ。当時の円とドルのレートは、おおよそ一ドル二円だったから、円にすると五万円ほど。日本の国会議員の報酬（年収）は、一八九九年で二〇〇〇円、一九二〇年で三〇〇〇円であり、日本の銀行員の初任給が大卒で一八九八年に三五円、一九一〇年に四〇円だったことから考えると、一八九〇年代後半、一円はだいたい現在の通過として換算すると一万円程度の価値があったといっていい（週刊朝日、1982、19頁および61頁）。だとすれば、バードのいうこの国王行幸の費用は現在の日本の通貨で五億円に相当し、先に述べた「一〇万圓」の四億二千万円とおおむね一致する。やはり、現代の感覚でいう数億円の出費をともなうものが一回の行幸にかかっていたのである。それでは、国家はたちゆくまい。やがて経費削減策として電車を導入したわけだ。

ついでだから、鉄道に話をひろげてみようか。一八九八年一二月二五日に「西大門から鐘路・東大門を経て清涼里にいたる五マイルの単線軌道および架線工事を竣工した」（孫、１９８２、131～132頁）。当時のソウルには「わずか何台の自転車と人力車が走っているだけで、馬車など一台もなかった」わけで、一二月二六日には事故がないように告示をしたが（同書、132頁）、一八九九年一月末に送電線の一部が盗まれたり（犯人のふたりは斬刑）、かなり混乱がみられた（同書、132～133頁）。実際の運行は、五月一七日に運行が開始され——皇室用の貴賓車一台と、四〇人乗りの電車八台——たが、運賃は「上等三銭五分、下等が一銭五分」（同書、134頁）で、物珍しさからひとが詰めかけた。この運賃は、先の推定でいうと、「上等三銭五分」が現在の感覚で一四二〇ウォン（現代の日本円の感覚で一四〇円）程度、「下等一銭五分」が六三〇ウォン（日本円で六〇円）ぐらいだろう。ただし、「電車が空中の水分をすべて吸収してしまう」という流言飛語が飛び交い、「開通後一〇日目である五月二六日に」、西大門方面へと走っていた電車が鐘路布廛屏門（現在の鐘路二街）の前で「軌道を渡ろうとした五歳の子どもを轢殺」してしまうという「一大不祥事が起こった」。しかも「狂乱した子どもの父親が斧を持ち電車に飛びかかったが、電車はこれを避けて走り続けようとしたため、これを見ていた群衆が車掌と運転手に向かって突進した」。車掌と運転手は逃げたが、群衆は電車を破壊し、火をかけて燃やすという挙に出た。群衆は後続する電車も転覆させ、発電所まで壊そうと声を上げて向かっていく構えだったので、会社側は「武装し、米国、日本両国の社員が空砲を撃ち、警務庁は巡検を派遣」するなど対抗処置をとった（以上、同前）。この混乱した状況は、電気事業がまだ庶民にとっては神秘的であったこと、そしてその分、大韓帝国が近代化において、西洋はもとより日本にも一〇年程度の後れをとっていることをあらわしている。◆またそれとともに、この時期の大韓帝国が、国家ではなく「皇室」によって留学生が派遣されたり、電気会社を興したりするなど、やはり政府というより「皇室」＝内宮が国家を代表しはじめていることがわかる。

また日本の犯罪事件に目をやると、稲妻強盗と称された坂本慶二郎（「慶応二年の生まれなるを以て後に慶二郎と改名」とある。（鈴木、１８９９、21頁））が絞首刑にされた（二月一七日）。時代は前後するが、彼が逮捕された一八九九年には、日本最初の劇映画といわれる「ピストル強盗清水定吉」が公開されるなど、本格的に悪の英雄が描かれる時代が幕を開けている。坂本は強盗をはたらいて終身刑となったが北海道の集治監（刑務所の代わりで北海道開拓の労役が課せられる）から脱走し、茨城、千葉、埼玉などで強盗殺人を繰り返していた。神出鬼没を地でいくような悪漢で、清水は日本初のピストル強盗であった。坂本や清水の行状は探偵実話や映画、新劇、浪曲などで繰り返し上演され、悪漢の所行もさることながら、それを逮捕する警察の活躍が描かれているのが、それまでの毒婦ものなどの犯罪読み物ややくざを対象とした読み物——明治初期の高橋お伝や清水次郎長伝——とは違うところだ。彼らを逮捕したのは山口県出身の武東晴一◆で、その敏腕ぶりから「鬼武東」の異名をとった警視庁の警部である。例えば望月茂の探偵実話集（1913）は、この「鬼武東」が仕切った一〇件の事件を描いている。彼が注目されるということは、明治末から探偵実話も逮捕する側である警察＝探偵により比重がかかっているというわけだ。序章で見た伊東清蔵著の犯罪実話の形式に近づいているといえよう。先に見た布施辰治も大正末に作家の中西伊之助と共著で法廷実話をものしている。

◆**現在の日本の通貨で五億円**　129頁の「電灯」についての註で、一八八五年に景福宮内乾清宮付近に電灯を架設したと述べた。このとき（一八八五年四月二八日）、「大砲と電灯機の価格として二万圜を米国に送金した」（孫、1982、127頁）とある。主たるものは大砲だろうが、本論で述べたように、一〇万圜が現在の日本円の感覚で五億円程度の価値があるのなら、二万圜は一億円ほどになる。

◆**日本にも一〇年程度の後れをとっている**　それでも漢城電気は電気軌道の路線を拡大し、一九〇〇年には龍山へと線を延ばしている。ちなみに日本では、一八八〇年以来、東京には複数の路線で馬車鉄道が走っていたが、一八九〇年には東京の上野で電気軌道がはじまり（本格化は一九〇三年以降）、京都では一八九四年に市電が実用路線として走りはじめており、漢城電気の市電にも京都の技術者が関与している（孫、1982、134頁）。

◆**武東晴一**　武東はスリの大親分である「仕立屋銀次」こと富田銀蔵と交友関係があったことで知られている。詳しいことは、本書の続編で論じるが、この武東が警視庁を退いたのち、刑事警察は在野の犯罪集団との持ちつ持たれつの関係を清算してしまう。それは、江戸時代の捕り物の色合いが濃く残っていたものから、近代警察への第一歩ともいえる。当時警察が属していたのは内務省という省庁で、敗戦後には自治省と警察庁、そして都道府県など各自治体へと解体されるのだが、この内務省が「もっとも官僚らしい」といわれる組織へと飛翔するのは、「鬼武東」の時代にスリ集団と持ちつ持たれつの関係を切ったことにより、賤業としての捕り物から、犯罪だけでなく思想にいたるまで人びとを監視し、畏怖させる組織へと変貌したことが大きなきっかけとなっていると、私は考える。

このことからも、徐々に英雄は悪漢と闘う警察へと移り、そして警察を英雄視する視点に比べれば「平均的読者」を勝ち得てはいないものの「権力と闘う反骨の弁護士や活動家」へも根強く熱い視線がそそがれはじめているのだ。思えば、日本で最初の探偵小説といえる黒岩涙香の「無惨」（一八八九年）や「六人の死骸」（一八九六年）が少しずつではあれど発表されるのが明治末で、江戸川乱歩や夢野久作といった、探偵小説を連続・継続して書く専業作家の誕生◆の、まさに前夜だったといえよう。だが、このとき朝鮮では、まだ近代文学の夜明けには到達していない。最初の近代小説とされる李光洙著『無情』が発表されるのは、一九一七年のことだからだ。ちなみに、この李光洙は一八九二年生まれで、李垠より五つ年上。一九〇〇年の時点ではまだ八歳の少年だ。

　このような情勢のなか、西洋列強はパリ万博で相互の国力と威信を競い、一方で清国蚕食を決めていく。その中国の半植民地化に乗り出す「列強」のなかに日本も名を連ねている状況で、大韓帝国は辛くもパリ万博に出展したものの、清国情勢に対しても独自の外交を行使することはできなかった。それどころか、「北京の五五日」のまっただなかに、大韓帝国政府が取り組んだのは、皇子たちの冊封という時代錯誤な政策だった。清国政府が西洋社会を受け容れる方向へと変換するなか、大韓帝国はむしろ古代的な儀礼の世界――そして文化帝国の再生――が幅をきかせてしまったのである。

六、皇貴妃厳氏――内宮の勝利者

貴人厳氏は、事実上内宮を掌握し、ほとんど「王妃」の扱いを受けていた。しかし、大韓帝国高宗皇帝にとって、「皇后」へと昇格した明成皇后閔氏と同格というわけにはいかない。しかし、すでに見た通り、高宗は厳氏とその皇子たる英王李垠との間に新たなる家族を作りあげようとしていた。だとすれば、厳氏にも陞爵《しょうしゃく》（より高い爵位へとのぼること）の可能性は充分にある。この節では、厳氏のその後について見てみようと思う。

　英王冊封のときに触れたように、貴人厳氏は光武四年（一九〇〇年）八月三日に「命貴人厳氏為淳嬪」◆（『李朝実録第五十六冊』、1967、36頁）とある。このときはじめて「嬪」すなわち正式な後宮の位置にあがっているのだ。さらに光武五年（一九〇一年）九月二〇日「領敦寧院事尹容荞〔善の誤記〕疏請淳嬪陞封皇妃」と淳嬪厳氏を皇妃とするように領敦寧院事の役職にある尹容善が奏上し、「詔曰淳嬪厳氏封妃之諸般儀節令掌礼院依例挙行」（同書、87頁）と、国王が厳氏を「淳妃」に陞爵することを認め、「依例挙行」と数々の儀式があったことを示す文章が続いている。そして同年一〇月一四日に厳氏は「淳妃」になった。

十四日冊淳妃厳氏金冊文皇帝若曰自昔帝王必備六宮妃位即次陰礼資教淳嬪厳氏稟賦敦厚律身敬謹実多顕聞宜有褒嘉寔稽古典加以位号今遣正使完平君李昇応副使宮内府特進官徐相祖命爾為淳妃褕翟之輿仗儀莫盛焉範金之冊印礼亦重焉於戯体柔道而順承矩法度而修励処貴如卑永裕福祥不其休哉　弘文館学士金永穆製

（同書、92頁）

　厳氏を淳妃へと冊立する。金冊文で皇帝がいうには、古来より帝王たるもの必ず六宮を置かなければならず、妃が決まれば女性の礼節で教化を助けるものである。淳嬪厳氏は天賦の才がきわめて厚く、身を律し慎み深いことあまた知られており、褒めそやされている。よって、いにしえの作法に基づいて、その位号を昇格させる。いま、正使の完平君李昇応と副使の宮内府特進官徐相祖を遣わし、あなたを淳妃に陞爵させる。妃にふさわしい雉の羽で飾った輿（皇后の輿）と儀仗兵をこれ以上ないほ

◆専業作家の誕生　高橋お伝の犯罪実話が、日本近代文学の成立にどのように影響しているかについては、李孝徳（１９９６）参照。また、坂本慶二郎に関しては鈴木金輔（１８９９）および望月茂（１９１３）、清水定吉については無名氏（１８９３）および望月茂（１９１３）に探偵実話が収録されている。

◆淳嬪　本論にあるように『高宗実録』には「淳嬪」とあるが、チ・ドゥファン氏は「純嬪」になり、その一年後に尹容善の意見を容れて「妃」へ格上げして「淳妃」になったと書いている（チ、２００９、300頁）。ここは一次史料である『高宗実録』の記述を取ることとする。チ・ドゥファン氏は「純献皇貴妃」というのちに冊封された名称から、「純嬪」と考えたのか、あるいは単なる誤植かも知れない。このチ氏の書は、これに類する誤記が多いからだ。

　前々節でも述べたが、同じ日、宮人李氏が「昭儀封爵」とある。この李氏は「憲宗九年（一八四三年）二月一四日生まれ、光武一〇年（一九〇六年）五月二七日（陰暦）貴人に封ぜられた」。彼女は宮人として王宮に入り、高宗の寵愛を受けた女性だ。庶子（女）を産んだが早卒している（同書、328頁）。このように、厳氏の地位があがっていくとき、必ず抱き合わせで他の女性も封爵されていること、そして「貴人」とは国王の寵愛を受けた女性に与えられる封爵としては一段高いものであることがわかる。男子を産んだ直後に貴人にまでなったことからもわかるように、厳氏の地位は一足飛びに引き上げられている。

ど盛大に遣わす。金の玉冊に印も重要だ。柔順の道に従い、法を遵守し、修養につくし、貴き立場に立ってもおごらずにふるまうことで、末永く福を享受してほしい――。

　この正使である完平君李昇応（一八三六～一九〇九年）とは、英祖の嫡子で荘祖と諡号を贈られ、高宗にあらためて懿皇帝と追贈された人物の庶子にあたる。李王家とかかわる人間、しかも高宗によって「皇帝」と追号された人物の子を直接使者として送っていることから、この儀式がいかに重要だったかがわかるというものだ。ちなみにこの記述の直後に「行淳妃朝見礼于内殿」と書かれている。「内殿」がどこを指しているのかわからないが、おそらく慶運宮のなかの殿閣で冊立の礼を滞りなく挙行したといえよう。これが「依礼挙行」の内容と見ていい。

　さて、このような廟堂（外宮）でのやりとりや、実際に行われた儀式から見えてくるのは、礼法上の問題から嬪を妃にという上奏があがったという単純な事実だけではない。このようなことが下からの要求で行われていくというのは、おそらくは厳氏にそれだけの能力あるいは影響力があり、またその実力も認められていたと考えるべきだろう。しかも、彼女の陞爵はここにとどまらないのである。

　光武六年（一九〇二年）一〇月一三日に、再び内部大臣の李乾夏が、淳妃厳氏を「貴妃」へと引きあげることを上奏した。

> 内部大臣李乾夏疏略現今百度維新儀無不備惟於宮壺之事偶有未遑焉蓋天子之国有后而有妃者以其備命婦之意也后如闕位則妃以陞后者以其至尊無再聘之礼也是以漢唐宋帝或以上裁而断行或以羣臣之廷請而允之帝国之已例班班可考且皇明即我韓統緒攸接之邦也粤宣宗世宗暨景皇帝英皇帝莫不立妃為后洵可謂帝国通行之典也今有帝国之尊焉又有淳妃之賢啻而位号之不挙至于八年無乃率旧之宸念不以維新而少異故慎其事重其礼而遽難一朝断行也然人心不可不順天意不可応則有可以倣行者可以参酌者皇明故事自有皇貴妃之称焉則以貴妃而加皇字者蓋欲使特遇之礼尊於貴妃也今於淳妃援用此礼淳字上加皇字而百官問安之節亦為定式以尊命婦之特遇以重皇室之体例則其於率由変通之間恐合両宜批曰援引歴代已例自是成規当有商量処分矣
>
> （同書、131頁）

　内部大臣の李乾夏は国王にうったえた。「現在、あらゆる制度があらためられているが、宮壺（内宮の部屋、転じて後宮）のことだけがいまだに手を付けられておりません。思うに、天子（皇帝）の治める国には必ず皇后がおり、妃とは側室のことを指します。だから、もしも皇后が空位となっているのなら、妃を皇后に引き上げることが礼法にかなっております。漢、唐、宋といった中華の皇帝は、あるいは臣下からの上奏に対して裁可するかたちで、あるいは群臣の決議を允許するかたちで、この妃の皇后への昇格は行われてきました。これは中華帝国における通例です。韓国は明の正当な後継国です。明の宣宗、世宗および景皇帝や英皇帝◆など、どの方もみな妃を皇后へと昇格させました。これが帝国の進むべき道理であると思います。いま、大韓帝国には聡明な淳妃さまがおり、しかも皇后を名乗るものがいなくなってもう八年が過ぎております。この状態は礼法にかなっていないので、速やかにこれを行うべきです。明の国でも皇貴妃という称号があり、貴妃の上に皇の字を加えることで特別な待遇をあたえてきました。いまこそ淳妃さまにこの礼法を適用し、淳の字の上に皇の文字を加え、文武百官が礼を尽くす法をきちんと制定することで、淳妃の待遇を高からしめれば、韓国皇室の体面はより保たれ、前例にも変化する現在の法にも合致してよろしいでしょう」。この日は、議政府賛政の金声根も同趣旨の発言をしている。

要するに、大韓帝国には皇后が亡くなってから足かけ八年になる。これは正常な状態ではない。しかし、大韓帝国の内宮には厳氏がおり、彼女は皇后になる資格がある。朝鮮が従っていた明国（清国は東夷の国であるが、この明国は漢族の中華の帝国）では、貴妃の上に皇の字を付けて「皇貴妃」とするならいがあった。明国の衣鉢を継ぐ（小）中華の国たる大韓帝国もこれを行うべきだ、というわけだ。おそらく、閔妃が明成皇后となったいまでは、高宗皇帝も新たに「皇后」を迎えるつもりはないら

◆**景皇帝や英皇帝**　光武三年一二月七日、高宗は歴代国王に「皇帝」の称号を追贈した。李氏朝鮮の初代国王である太祖は高皇帝とした他、正祖を宣皇帝、純祖を粛皇帝、憲宗を成皇帝、哲宗を章皇帝へと、五代の国王にそれぞれ帝号を与えた。また国王位についていなかった真祖（英祖の元子で夭折した孝章世子）を昭皇帝、荘祖（英祖の嫡子で国王になる前に死んだ思悼世子、正祖の父）を懿皇帝、翼宗（純祖の嫡子で王位をつぐ前に死んだ孝明世子、憲宗の父）を文祖とあらためて廟号を付与した上で翼皇帝と、それぞれ帝号を追贈している。このことから、ここに登場する「景皇帝」や「英皇帝」は、実際には追号されていないが、臣下が景宗と英祖のことを指して、あえて「皇帝」と高めているのではないかと考える。

しい。本来ならば「妃」——王妃が皇后に引き上げられたように、後宮を意味する「嬪」は「妃」へと引き上げられた——を「皇后」へとすべきところだが、もしそれがかなわないなら、「皇貴妃」と「皇」の字を付けることで、古来の慣例にも現在の変化する状況にもあったものになるのではないか、ということだ。

さらに一〇月二四日には、宮内府特進官の趙秉式らが、やはり淳妃厳氏を「皇貴妃」に封じるように要請し、二八日に「詔曰淳妃厳氏進封皇貴妃諸般儀節令掌礼院依例挙行」（同書、133頁）とあるように、掌礼院に儀式を行わしめ厳氏を皇貴妃に冊封するように命じられている。

じつはその直後である一二月二日に、「奉常司提調金思轍疏請淳妃厳氏嗣摂正位批曰已諭於大臣之批矣」（同書、136頁）、すなわち金思轍は、厳氏を「正位」＝皇后にするように訴えるが、廟堂ですでに決まったことだとあしらわれている様が見てとれる。自身の係累が廟堂にほとんどいない状態であるにもかかわらず、これだけの推挙を受けるのは尋常ではない。厳氏は重臣から信頼されているのであり、それはとりもなおさず彼女個人の資質がすぐれていたと考えざるを得ない。私はすでに、彼女には廟堂に味方がいなかったと述べたが、この事実も彼女にとってむしろ追い風だったのかも知れない。

もしもであるが、強力な一族が彼女の後ろにあった場合、それに反対する勢力が必ずできたことだろう。そのような対立は、やがて宮中を混乱させていくはずだ。しかし、彼女には係累はないに等しい。厳俊源と厳柱益は、いまだ大きな役職についておらず、厳氏の後ろ盾というより、これよりのちに厳氏が彼らを重用していくといった方が実情に近いだろう。当然、廟堂では彼女の後ろにいる人物を想定することなく彼女に対処することができる。だから、厳氏は当時の重臣たちにとって、彼らの政治的野心による衝突をむしろ緩和する人物に見えていたに違いない。しかも彼女は高宗にとって閔氏亡き後の「家族」として愛されていた。大院君も閔氏も金弘集を中心とした親日開化派官吏も去った大韓帝国政界では、もはや高宗に並び立つ政治家はいない。「〔金弘集政権によって〕科挙が廃止され、官僚の登用には高宗の意志が格段に反映されることになった」ことから「勤皇勢力が育成され〔中略〕高宗の個人的な信頼のみを拠り所とする彼らの地位は、浮沈が激しく」なっていく（趙、2012、138頁）。だとすれば、厳氏に対して敬意を示すことは、高宗の「個人的な信頼」を勝ちえるのに有利な行動だったといえる。もとより厳氏はそれなりの器量を持った人物だった。だとすれば、やがて重臣たちが彼女の個人的資質から、それが納得のいく人物であるがゆえに、これを推すことで高宗の歓心を買おうとしたというのは、ものの道理というべきだろう。逆に、これを厳氏の立場から見るとすれば、彼女は外宮に自分の味方がいないという危機的状況を、むしろ好機=自分の資質で判断してもらうということへと転換させることができた人物だったといえよう。まるで豪傑のように、彼女は内宮と外宮で評価をされるものへと成長していった◆のである。

さて、皇貴妃に内定していた厳氏だが、実際に皇貴妃になる儀式を済ませたのは、翌年である光武七年（一九〇三年）一二月である。一年という期間を設ける、すなわち拙速にことを進めないことからも、この陞爵が周到に準備された、皇后に準ずるものであることが読み取れる。光武七年（一九〇三年）一二月一五日の記録を見てみよう。

> 掌礼院卿李源逸奏淳妃厳氏進封皇貴妃諸般儀節令掌礼院挙行事詔下矣進封皇貴妃吉日以陰暦十一月初七日推択挙行何如又奏今此冊封皇貴妃時謹依歴代典礼金冊造成令宮内農商工部挙行冊文令弘文館撰進正副使亦令宮内府差出当有先期告廟之節宗廟景孝殿告由祭依例設行何如並允之
>
> （『李朝実録第五十六冊』、1967、169頁）

掌礼院卿の李源逸が淳妃厳氏を皇貴妃に封じることを奏上し、諸般の「儀節」を掌礼院が執り行うようにと命

◆**自身の係累が廟堂にほとんどいない**　前章で述べたように、厳俊源が軍部協弁陸軍歩兵参領になったのが一九〇一年、副領へと昇進したのが翌年であることを考えると、この時点で彼が廟堂での発言力を勝ち得ているとはとうていいえないだろう。むしろ、厳俊源の出世こそが厳氏の内宮から外宮へと影響力を伸ばしていく過程ではからわれたと考える方が妥当だ。

◆**……なっていく**　李範晋、閔泳瓚、厳氏の一族、そして英親王府の役人たちや、太医院の役人たちといった、高宗にごく近い人間が重用されるという弊害はあるものの、彼らは決して無能な人間ではなく、むしろ科挙や派閥などにとらわれずに若い才能を登用する機会ともなっていると、私は考えている。これは、3章で見ることとしよう。

◆**成長していった**　金用淑氏は「厳妃の場合、尹徳栄の力が大きかったということは、宮女社会の常識だった」（金用淑、2008、86頁）と述べている。尹徳栄は、英親王府官吏・尹沢栄の兄である。彼が、後ろ盾がないに等しい厳氏の後ろ盾を買って出たのか。いや、尹徳栄、尹沢栄も、厳氏にとりいり、出世の糸口としたわけで、この時期は両者とも持ちつ持たれつの関係だったのだろう。

ぜられる。重ねて李源逸が吉日である陰暦一一月七日をえらんだがどうだろうかと奏上すると、今回の皇貴妃への冊封は「歴代典礼」すなわち前例によって「金冊」をつくり、宮内府と農商工部の両部署に冊文を行い弘文館に正副両使をえらばせよ、さらには宮内府はまず「告廟之節」――宗廟（昌徳宮の近くにある李氏朝鮮王朝の歴代国王のみたまや）と景孝殿（慶運宮にある明成皇后閔氏を祀る殿閣）への告由祭を前例通りに行うということを上奏し、允許を得た。

ここに景孝殿が入っていることは重要だ。皇貴妃は皇后には及ばないものの、それに近い地位であり、その地位へと厳氏を引きあげるのならば、歴代国王の宗廟だけではなく、景孝殿＝高宗も頻繁に茶礼を行っている明成皇后閔氏を祀る殿閣にもきっちりと儀礼を済ませなければならない――。すなわちあくまでも皇后は明成皇后閔氏ただひとりだということを、印象づける儀礼が不可欠だと考えられていることだ。ここに厳氏の世俗的な地位の限界がある。厳氏を皇后に、という考えは決して無理な話ではなく、先に見たように、せっかく「進封」するならいっそ「皇后」にという考え方は廟堂にもあったのだから、皇后にしたっておかしくはなかったのだ。だが、高宗はそれを拒んだ。軍靴に踏みにじられた王宮と王妃（のちに皇后を追贈）、日本への怒りと儚く命を落とした閔氏への哀れみと愛情は、かなり深いものだったのだ。

また、これらの陞爵やそれにかかわる上奏が秋なかんずく一〇月に行われているのも興味深い。前章で触れたが、高宗は景孝殿に頻繁に訪れて、茶礼を行っていた。それは閔氏を愛する高宗の気持ちのあらわれだったであろう。それに対し、新しい韓国皇室の申し子たる李垠は一〇月二〇日に生まれている。一〇月は意気消沈する高宗を力づける皇子の生まれたときなのだ。高宗もこれを意識していたに違いない。臣下たちは高宗のこの意を汲んで、高宗を慰める意味も込め、閔氏亡き後の高宗が家族として引き入れられた厳氏を陞爵すなわち皇后に準ずる存在へと高めようとしたと考えられる。彼が愛する皇后は閔氏ひとりだったのだから、厳氏が一等下がる地位に甘んじるのは当然だと高宗は考えていた可能性が高い。

閔氏が殺害されたのも一〇月であることを考えると、高宗は秋にさえなれば幼い皇子の成長を喜ぶと同時に、いまは亡き明成皇后閔氏の死を悼み、思い出にひたるという気持ちになっていたに違いない。高宗の気持ちとして、とても閔氏を過去のひとにして、厳氏を皇后にすることはできなかったのだ。これを受けて臣下たちも次善の策をとる。それは、厳氏を皇貴妃へと格上げするかたちで皇室をまとめていこうという案だ。やがて高宗もそれを受け入れていく。その過程が、上に見た交渉なのである。

　そしていよいよ、光武七年（一九〇三年）一二月二五日に厳氏は皇貴妃へと冊封される。

> 二十五日冊淳妃厳氏為皇貴妃○金冊文皇帝若曰九嬪備官王化所起四星著妃天象可覩所以協賛陰教密佐内治淳妃厳氏敬謹自持敦厚所稟弓韣燕禖蕃衍毓慶是宜稽古令典加陞位号今遣正使完平君李昇応副使宮内府特進官李容稙命爾為皇貴妃刻絵之褕翟品冠六儀範金之冊印名超九御於戯位愈高而心愈下為富貴之守徳弥盛而礼弥恭為福履之綏念茲訓詞爾尚欽哉　弘文館学士金鶴鎮製　○行皇貴妃朝見礼于内殿○冊皇貴妃時正副使以下冊印造成監董宮内大臣以下及各差備以下施賞有差副使李容稙宮内大臣署理成岐運掌礼院卿趙秉弼伝制官秘書院丞厳柱漢加資
> （同書、170頁）

　淳妃厳氏を皇貴妃にする。その金冊文には次のように書いてある。「皇帝はこういう。嬪に官職を持たせることは王の教化のはじめである。天に妃を意味する星が四つあり、観ることはいつでもできる。妃たるもの陰ながら王の教化を助け、宮中を治めることを助けるものである。淳妃厳氏は目上のひとを慕う道理を自ら守っており、徳に厚いという性質はもって生まれたものだ。宮中に入り、子を授からんと努め、子をもうけて育てるという慶事があった。これは従来の規則に照らしてみても、その位号を上昇させるのに充分である。いまここに正使完平君李昇応と副使宮内府特進官李容稙を遣わし、あなたを皇貴妃とする。妃が着るにふさわしい刺繍を施した雉の羽で飾った衣服をまとい、威儀を正して金冊と金印を受けよ。その名は宮中の女官たちに君臨し、高い地位についてもいよいよへりくだり、徳を守ることで、富貴は得られるだろう。礼儀をいっそう恭しくすることで福を行う安らかな気持ちになるように。この訓詞を慎んで受けること」。そしてその日、皇貴妃は朝見の礼を内殿で行い、皇貴妃として冊封された◆。そのあとに続く文言は、このときの正使、副使はもとより、金冊や金印をつくった宮内大臣以下の役人たちに賞を与えたことが細かく書かれている。

　ここで少し気になるのは、四人の官吏に「加資」すなわち禄の加増があったということだ。副使の李容稙と宮

◆冊封された　閔氏が死後に「明成皇后」と追贈されたように、厳氏も死後に「純献皇貴妃」と追贈された。

内府署理の成岐運が加資されているのは、この儀式が正使である王族に連なる完平君李昇応ではなく、実質的には副使が中心で行われたこと、同じく金冊と金印の作製についても実務を担当したのが宮内府署理であったことをあらわす。そして掌礼院は冊封に関する専門部署であることからその実務を行ったであろう趙秉弼が加資されるのは当然として、最後の「伝制官秘書院丞厳柱漢」というのがひっかかる。このひとは、高宗親政開始の時期（一八七四年）に科挙に及第した官吏である。

厳柱漢という名前を見て、前章ですでに登場している「厳柱明」と似ていることはわかると思う。彼は寧越厳氏の出身だという（糟谷、2011、122頁）。朝鮮では同一氏族の各世代ごとに同じ漢字をあてる習慣がある。これを「行列字《ハンヨルチャ》」◆という。この場合、「柱」がそれにあたるといえよう。しかもその漢字は「木火土金水」という陰陽五行説に従った順番があり、例えば「柱」の場合は漢字のなかに「木」が偏として入っているから、「木火土金水」の一番最初の「木」の代であることがわかる。ちなみに厳柱明の父は、皇貴妃となった厳氏の兄（入養による義理の兄）である源俊源で、この人と同じ「代」の人間はみな「水」偏の「源」の字が付いている。例えば夭折した「鳳源」「鶴源」などがこれにあたる。さらに、皇貴妃厳氏の父は厳鎮三で、「鎮」という字に「金」が入っている。すなわち「金」→「水」→「木」と代が推移しているわけだ。

このようなことを長々と語ったのは、意味がある。上に見た「厳柱漢」は皇貴妃厳氏にとって父の「代」より三代上位の人間ということになるからだ。残念ながらこの人物についてはこれ以上はわからないが、おそらく寧越厳氏のなかでも皇貴妃厳氏とさほど遠くはない――そして近くもない――人物のような印象を受ける。すでに厳氏には一族のものを登用する力が備わっていたと見るべきであるが（厳俊源のとりたてなど）、決して能吏とはいいがたい少数党派の「北人」に属する（同前）この老官吏を、厳氏の冊封の機会にとりたてている。ここに「豪傑」としての皇貴妃厳氏の面目が躍如されている。そしてこの外宮への影響力の延長線上に、彼女の近代的教育機関としての学校創立の動きが認められると私は考えている。

このように皇貴妃という皇后に準ずる地位にあがった厳氏だが、これ以上の地位上昇は不可能であるかに思われた。確かに皇后に準ずるような立場ではあるが、どうしても皇后だった閔氏にはかなわない立場、それが厳氏の手に入れた皇貴妃という位だ。だとすれば、厳氏にとって最大の目の上のこぶは、自らがかつて仕えた閔氏であり、しかも彼女はすでに悲劇的なかたちで死んでいる。

死者は無敵だ。高宗は死んだ皇后をより理想化し、より美化していくことはあっても、忘れることはできない。しかし、厳氏はあきらめていなかった。もうひとつ、間接的にではあるが、皇后閔氏と並ぶ「皇后」に勝るとも劣らない地位にあがる機会はある。それは、自らの子である英王李垠を皇太子にし、ゆくゆくは皇帝におし上げ、その母として事実上の「国母」になってしまうという手だ。事実、閔氏の実子である皇太子（純宗）には子どもはなく、また本章第一節で見た毒茶事件以降、健康面のさらなる不安があったため、皇太子（純宗）の弟である李垠を皇太子にするというのは、まんざら突飛な話ではない。もしも李垠が皇太子になれば、それは閔氏と対等の地位――皇太子の母という地位――を得たことになる。そうなれば、厳氏の影響力は皇太子の母としてより輝くことはあっても、逓減することはない。こうして、内宮を支配し、外宮にも支持者を得た厳氏は、次なる手――英王李垠の皇太子冊封という野心を燃やす。そして何よりも、この厳氏の野心は、英王李垠の意志を無視した政治の産物であるため、以後の李垠の人生の歯車を大きく狂わせていくのだ。

◆行列字　厳氏に対する皇貴妃冊封の儀式で副使を勤めた李容稙だが、韓山李氏の出身だという（糟谷、2011、119頁）。だとすれば、この時期に韓国の政府派遣留学生として東京政治学校に留学していた李人稙と同じ本貫ということになる。「稙」という行列字がいっしょであるだけでなく、李人稙は朝鮮料理「韓山楼」を下谷区上野広小路二一番地で経営していたことは間違いない事実だ（『都新聞』1905年7月8日付広告。李建志、2002）。だから、この「韓山楼」の韓山は、おそらく彼の本貫から取られたのであろう。このふたりの人間関係がどれほどの意味があるかまだわからないが、高宗と厳氏そして英王李垠を核として再出発した韓国皇室が、皇帝権力を強化した政権を立ち上げ、そこに韓山李氏の李容稙と李人稙が取り入れられていることは事実だ。ちなみに、李人稙は一九〇五年五月二八日の記事で芝愛宕町二丁目一番に「漢城楼」という朝鮮料理屋を経営している旨が記されている（以上、波田野「韓国文学者の日本留学一覧表」）。漢城はいわずと知れたソウルの李氏朝鮮時代の正式名称である。

第３章

英親王府の李垠

大使館の夜会　二十五日京城特派員発

昨夜は林公使の催しにて伊藤大使の為めに九時より夜会を大使館に開きたり　来賓は重《おも》に当地外交社会の外国人より成り各国公使領事以下其館員一同及其夫人令嬢並に各国武官等にして仁川よりも各国領事其他外国人多く来会し外国新聞記者にては倫敦タイムス、スタンダード、デーリーニュースの通信員を見受けたり

（『東京朝日新聞』1904 年 3 月 27 日付）

[章扉の写真]

閔泳瓚《ミン・ヨンチヤン》（1874 ～ 1948 年）。高宗の母方のいとこにあたる。大韓帝国の外部（日本でいう外務省）官吏。英語やフランス語など西洋言語に通じており、1900 年のパリ万博で大韓帝国が出展する際、彼が活躍している。（1900 年撮影）

一、義王李堈という兄

　李垠には兄が二人いる。いや、正式には李垠は第七皇子なので、兄は六人いるのだが、ほとんどが生まれてすぐ死んでしまったため、李垠が生まれたときには皇太子（純宗）と、李垠が英王に封ぜられたときにやはり義王に封ぜられた李堈のふたりだけが、生きている兄であった。ちなみに赤ん坊のうちに死んだ者を除くと、じつはもうひとりだけ一二歳まで生きていた男子がいたにはいた。李墡という、生前に完和君に封じられていた王子だ。

　この李堈はいままであまり触れてこなかったが、ここで一度まとめておきたい。結論から先にいうと、彼は人格的にかなり問題があり、私自身があまりその人生に興味を持てないでいる。しかし、資料には事欠かない人物なので、ある程度どのような人生を送ったひとかは明らかであるばかりか、彼の多くの息子、娘のうち、長男とされる李鍵と、その弟で李埈（大院君の庶長子で高宗の兄でもある李熙の子息）の家を継ぐ養子となった李鍝のふたりに関しては李垠の人生に大きく関与するので、放置するわけにはいかないと考えるからである。

　ちなみにこの義王李堈に関しては、韓国の一部の知識人の間で「独立運動家」のような扱いをされているが、新城道彦氏の詳細な研究によって否定されたと見ていいだろう（新城、2011、五章）。李堈を英雄視する「史観」をつくるのに貢献した代表的な著作としては、彼の娘である李海瓊《イ・ヘギョン》の『私の父 義親王——朝鮮王朝最後の王女の回顧録』が挙げられる。この本自体は李堈のことを書いたというより、李海瓊氏自身の生涯を回顧したものとして位置づけられるべきだろうが、のちに見るように彼が上海臨時政府に「合流」しようとして捕まり、連れ戻されたという事実や、「一九〇九年一〇月に（慶尚道）渭川の承旨（李氏朝鮮時代の官職）だった鄭泰均《チョン・テギュン》のもとを訪問し、ひと月の間とどまってこの地方の憂国青年たちと接触し、四仙台一帯を今後義兵の根拠地にしようと」したことなどを、「慶南大学校のパク・チョンデ教授」のことばとして並べたてている（李海瓊、1997、161頁）。実際、そのようなことはあったのは事実だが、彼が憂国の情にかられて動いたというのは額面通りには信用できないというのが私の立場だ。

　とはいえ、彼女の著書は李堈について興味深いいくつかの挿話が盛り込まれており、参照するに足るものだとは思う。加えて、新城道彦氏や都倉武之氏などの歴史家による研究成果などを踏まえて、李堈の人生をのぞいてみよう。

　李堈は一八七七年丁丑二月一六日（新暦三月三〇日）

に、ソウルの北部順化坊司宰監で生まれた。王宮内で生まれたのではなく、前国王だった哲宗の後宮（側室）であった范淑儀の宮で生まれた。母親はのちに「貴人」に封ぜられた徳水《トクス》張《チャン》氏だったという。ただし、張氏はもともと尚宮で、高宗にみそめられたという経緯があるため、閔妃は張氏に対して背信行為として恨み、王宮から追い出したという（同書、52頁）。

李堈は王宮ではなく市中で生まれていることがわかる。第二王子として生まれた自分がなぜ前国王の後宮の家で育てられるのか。この事実は彼の心に暗い陰を落としているともいえよう。そして、それが彼のその後の破滅的な性格をかたちづくっていったといってもいいかも知れない。

王子としての教育を受けられず、「母方の叔父から学問と書芸を学びながら幼年時代を送った」李堈も、やがて王宮に迎えられることとなる。それは、「王世子〔純宗〕もまた身体が弱いことから後嗣の心配をした閔妃は、高宗皇帝に進言し、一八九一年になって、当時一五歳〔数え年〕になる父〔李堈〕を宮中に呼び入れた」（同書、52〜54頁）。補足すれば、すでに触れたように完和君李墡が一八八〇年に数え一三歳で死んでいることも関係しているだろう。ちなみに、そしてその年の一二月二九日というからかなり年の瀬押し迫って、彼は義和君に封じられている（チ、２００９、364頁）。

その後は、純宗に次ぐ貴重な「王子」として期待を受けたのか、一八九二年七月一四日に冠礼すなわち成人の儀式を行い、一八九三年一〇月二〇日には金思濬の娘の延安《ヨナン》金《キム》氏と嘉礼すなわち婚礼を挙げた。このとき李堈はまだ数えで一七歳である。さらに彼は官職が与えられ、正式に国政に関与することを要求された。おそらく高宗も、純宗に何かがあったときの大切な手駒として李堈を育てていくつもりだったのだろう。まず結婚の翌年である一八九四年七月一九日に内医院と司饔院（王宮の食料を管轄する役所）提調に、そしてその二日後の七月二一日には領敦寧（敦寧府は国王と王妃の血縁関係などを管轄する役所）に任命されたという（同書、366頁）。これについては『承政院日記』に記載がある。その他、七月二〇日に「薬房提調義和君堈」とあり、国王である高宗に体調について問題がないか問うている。いつこの薬房提調になったのか、詳しいことはわからないが、内医院提調がこの薬房提調を兼ねるのかも知れない。官職を得たところで早速仕事をしているようでもあり、少し微笑ましくもある。

ただここでおさえておきたいのは、この時期が甲午改革と呼ばれる親日派政権が成立した前後であるということだ。この人事から、日本の力を背景とした親日開化派政権によって国王の権力がそがれていくなか、高宗としても李堈に早く活躍してもらいたく、王宮のとくに自分の生活に近いところへと配置しているのが透けて見えてくるからだ。

ちなみに、この一八九四年の七月一六日には「官員服務規律」が制定され、「大君 王子君」は無階（正一品以下九品までの官の階梯に含まれない）とされ、その月棒は「三百五十元」とされている（『李朝実録第五十五冊』、1999、194～195頁）。この「元《ウォン》」は、第2章で見た「圜」と同義だろう。おそらく無役となった義和君に毎月三五〇元が支払われていたはずだ。これは正一品が就く総理大臣の月棒より五〇元も高い。前章で述べたように、当時の田舎の旅館が二食込みで六〇銭（クレブスト、1989、49頁）、現代韓国の感覚で二万五〇〇〇ウォン（すなわち一圜＝一元が四万二〇〇〇ウォン）だったことを考えると、この三五〇元は現代韓国での一四〇〇万ウォンほど（それを現代の日本円で考えると一四〇万円）だった。かなり高い月棒だったといえまいか。これが王世子（純宗）と義和君（李堈）のふたりに支払われていると考えれば、相当な出費だといわざるを得ない。これだけの支出を惜しみなく支払いながら、李堈は無官無職で放置されていたといっていい。やがて日本政府が、まだ若く王世子ではないものの将来王位に就く可能性のある義和君を特別な目で見るようになったとしても不思議はない。そしてその後、義和君は日本へと渡ることになるのである。

都倉氏の研究に依れば、「義和宮の来日経緯は必ずしも明らかではないが、確かなこととして来日日時は一八九五年一一月一日である」（都倉、2005、345頁）。しかし、「義和宮は日清戦争中の一八九四年一〇月、勅使西園寺公望の朝鮮訪問への答礼として、報聘大使に任じられて来日したことがある。その際の随員は兪吉濬であった」（同書、352頁）とあるように、李堈は一八九四年九月五日（陰暦）に報聘大使として日本へ派遣された。『高宗実録』には「初五日日本報聘大使李峻鎔疏遞教曰日本報聘大使義和君堈特為前往以敦友睦之誼」（『李朝実録第五十五冊』、1999、206頁）とあり、前章でも少し触れたように大院君の家系を継ぐべき立場にいる李峻鎔が日本に報聘大使として送られていること、そして彼が義和君李堈をさらなる報聘大使として日本に送り従来のような友誼を日本国とかためるべきであると上疏《じょうそ》（皇帝に上奏すること）しているのがわかる。

義和君李堈の行動は、それから一週間が過ぎた一二日に、「報聘大使」として「辞陛」（同書、207頁）すなわち出発のいとまごいをして、一〇月二〇日には「日本報聘大使義和君堈復命」（同書、213頁）とあることからもわかる通り、帰ってきている。この間に何をしたのかはわからないが、とにかく報聘大使という役職のもと、日本でひと月ほど過ごしていたと見ていい。李堈と日本との関係はこのときはじまった。

その後、一八九五年閏五月二七日に「命義和君堈為特派大使前往日本国」（同書、254頁）と、再び日本への「特派大使」という新たな役職で日本へと送ろうとしている。しかし、李堈はこれも拒否する。七月「初四日義和君堈箚辞大使之銜賜批依施」（同書、257頁）とあるように、李堈は大使の仕事を辞めたいと願い出ており、高宗もそれを認めている。しかし、李堈を大使として海外に送るという高宗の策は以後も続けられ、（陰暦）八月二五日に「義和君堈任特派大使仍命報聘英徳俄意法奥各国」（同書、259頁）と、あらためて李堈を英国、ドイツ、ロシア、イタリア、フランス、オーストリア各国の招きに応じる「特派大使」に任じた。が、またしても李堈はその年の（陰暦）一〇月「初二日義和君堈依願免特派大使」（同書、260頁）と、あっさりと依願免職となっている。

この辺のことを都倉氏は「〔一八九五年〕一〇月一三日〔陰暦八月二五日〕には英・仏・露・白・独・墺の各国への『報聘大使』に任命され、一〇月二三日に出発しそのまま三、四年留学する予定となっていたが、一一月一八日〔陰暦一〇月二日〕にはこれを依願により解任されたと記録されている」（都倉、2005、345頁）と述べている。日本がすでに陽暦を採用していたため、日本の文献によって都倉氏はまとめているのだが、「報聘」対象国が「意」すなわちイタリアと「白」すなわちベルギーが入れ替っていることをのぞくと、ほとんど『高宗実録』の記載に一致している。そして李堈はそのまま日本に留まるのだ。

このあたりの事情は、「〔一八九四年に成立した親日派内閣が〕ロシア寄りの国王を牽制するカードとして義和宮を日本に置こうとしたことは十分考えられる」（同書、346頁）と都倉氏は述べている。これに関する考察はのちに見るとして、その後李堈は約一〇年もの間、朝鮮に戻っていないので、その間の事情をまとめてみたい。一八九五年一一月一日に日本を再訪した李堈を「新橋駅に出迎えたのは、慶応義塾に留学中の朝鮮人学生◆の代表であり、その三日後の一一月四日には、福沢〔諭吉〕が義和宮及びその随員尹致旿を自宅に招待した」（同前）。その後、西洋諸国への特派大使を解任された彼は、

一二月初旬、同宮の希望により日本陸軍で「学業研究」を行う準備が整えられた。翌年一月から三田小山の土方〔久元《ひさもと》◆〕伯別邸において専属の指導官による個人指導が行われるとの報道が見える。ところが二月初旬には、同宮が「元来冷症」で「何分御修

業難相成候ニ付、当分休業相成度同殿下ノ思召」として見合わされることとなってしまう。（同前）

その後、福沢が「国王（高宗）の勅旨として義和宮の監督役を依頼され」るが、李堈は「近来米行之念禁す可らざる」と日本での滞在を嫌がり、それればかりか「用意された宿所にほとんど帰宅せず酒色にふけり、突如朝鮮公使館へ宿所の移転を謀ったりと周囲を困惑させ」るにいたる（同前）。おそらく自由のきかない宿舎より、公使館の方がわがままがきくと考えてのことだろう。この間、朝鮮では露館播遷など大きな政変があり、親日開化派政権は崩壊する。そして監督役の福沢は、一八九七年五月二二日に李堈が渡米するまでの一年半で「支出は三二二五円余、収入は五〇五円余。差し引き二七二〇円の赤字となって」いたという（同書、347頁）。当時の物価でいうと、明治三五年（一九〇二年）の銭湯の入浴料が二銭五厘（週刊朝日、１９８１、91頁）、上等酒一升の値段が三一銭七厘（同書、85頁）、汁粉が一杯五銭（同書、45頁）、上野動物園の入園料が大人四銭（同書、75頁）だった。また明治三一年（一八九八年）のもりそば、かけそば一杯の

◆**慶応義塾に留学中の朝鮮人学生**　一八九五年から朝鮮政府は官費留学生として一〇〇名以上を日本に派遣している。これも親日開化派政権によるもので、九六年の露館播遷以後の高宗専制期には途切れている。そのせいか、この官費留学生のうちの多くを収容した慶応義塾に対する学費や生活費などの送金が滞っていたという（都倉、２００５、345頁）。ちなみに、このとき慶応義塾普通科に留学し、のちに東京専門学校政治学科を卒業した学生として、安国善がいる。彼は官僚であったが、一九〇八年に『禽獣会議録』という小説を書き、さらには一九一五年に朝鮮最初の近代的短編小説集といわれる『共進会』を上梓している。この『共進会』は、朝鮮総督府の始政五周年記念の物産共進会を当て込んだもので、三編の話が盛り込まれている。なかでも「人力車夫」は、日本の落語「芝浜」とほぼ同じ内容で、安国善が当時の日本で落語を聞いていたことを思わせる貴重な内容だ。宮崎滔天や川上音二郎の例を出すまでもなく、この時代は演芸と政治は密接な関係にあり、政治演説と講談は境が曖昧で、時に「政治講談」などという言い方さえされている。おそらく朝鮮の未来を背負った安国善のような学生が、政治に関する関心を深めるとともに、芸人たちの話芸を楽しんでいたと思われる。詳しくは李建志（１９９８および２０００）参照。

◆**土方久元**　土佐藩出身の明治元勲で、彼の甥にはパラオの民族学をおこした彫刻家の土方久功《ひさかつ》、また孫には築地小劇場によって新劇運動をおこした土方与志（本名・久敬《ひさたか》）がいる。

値段が一銭八厘、明治三七年には二銭へと、六年で一〇%ほど上がっている◆（同書、71頁）。これらから類推するに、一九〇二年当時の一銭は、現在の金額にして一〇〇円ぐらいだったと考えられまいか。そばは一八〇～二〇〇円ぐらい、上等酒一升は三二〇〇円ほど、入浴料は二五〇円、汁粉は少し高めで五〇〇円、動物園は四〇〇円ほどといったところだろう。だとすれば、李堈が残した「借金◆」は莫大であり、かりそめに一銭＝一〇〇円、一円＝一万円として計算すると、二七二〇万円近い額へとふくれあがっている。しかもそれ以前に朝鮮からやってきた亡命政客（金玉均《キム・オクキュン》など）に貸与した金額はまた別にあった（総額一万五六四七円六〇銭。（都倉、２００５、344頁））というから、福沢もかなり肝の据わった人間だ。そしてそれ以上に、李堈という人間の放蕩ぶりは凄まじく、三二二五円すなわち現在の金額にしておよそ三〇〇〇万円以上ほどの金をたった一年半で消費してしまうという底抜けぶりだ。それだけお金をばらまいて暮らしていれば、それはそれは女にもモテたことだろうし、周囲に悪影響も与えただろう。

　このようにして日本で自堕落な生活を送っていた李堈だが、米国留学を希望しはじめる。これには、朝鮮政界の動きがかかわっているといえまいか。現実に「李朝政府は〔一八〕九六年五月頃、義和宮に米国留学を促すため、米国人宣教師一名を日本に派遣する計画を進めていた」（同書、348頁）というが、ここには露館播遷以降の親日派政権崩壊をうけた高宗の意図が仄《ほの》見える。そもそも李堈は日本に対してはそれほど関心がなかったのではないか。一八九四年と一八九五年の二度にわたって「大使」として日本に派遣されようとしているのにもかかわらず、二度目はすぐに辞職していることを勘案すると、日本および親日開化派政権に苦い思いをしている高宗の思いと同じく、李堈も日本を嫌っていたといえそうに思える。しかし日本政府と親日開化派政権は、できれば李堈を日本に送り、高宗から離して日本への理解を深めさせ、より政権運営をしやすくさせようと画策していたのであろう。そこで西洋諸国への特派大使という名目でいったん日本へ送り出したに違いない。時期的に見ても、閔妃が暗殺された直後であることを勘案すると、そこに政治的な意図が見えてくるではないか。

　さて、都倉氏は先の引用で「ロシアよりの国王を牽制するため」に日本に送ったというが、だからこそ当初は「目的地は日本ではなく西洋である」といい含め、特派大使として朝鮮外に出す必要があったのだ。もちろん、いったん日本へ入ったら、そこは経由地などではなく目的地へとすり替えられ、日本へ留学させようという手筈になっていたのかも知れない。だからすぐに大使の職も辞することになったのではないか。

日本政府も親日開化派政権も見落としていることがあった。それは李堈がそれほど向学心がない人物であるということ、もっと直接的にいえば「情けない人間」であったということだろう。すでに見たように李堈は、数え一五歳で王宮に迎えられてから、高宗の近くに仕える官職に就いた。しかし、日本への大使派遣の職は嫌い、ついには「牽制」として日本へ定着させられたが、そこで彼が行ったことは、事実上単なる「お大尽遊び」であった。ひょっとしたら自分をだました日本や朝鮮の親日開化派政権への消極的な抵抗とも見えなくはないが、やはりやっていることは、とうてい亡国の憂き目にあいかけている国の「青年」としては情けない。陸軍への留学も「冷性《ひえしょう》」を理由に断るなど、そのいい例だ。

ではなぜその情けない男に米国留学という話が出たのか。あくまでも推察する以外にないが、朝鮮での実権が高宗に戻り、親日開化派政権がいったん解消された以上、高宗は第二王子である李堈に再び機会を与えたのではないか。それは、日本とロシアの間で綱引きとなっている朝鮮で、独立を保つために、アメリカなど西洋諸国へと期待をかけるという政治的判断であり、そのような環境のなかで李堈の米国留学が取りざたされたのだろう。先に見た一八九六年五月の朝鮮政府の動きは、高宗専制の政治体制成立なしには考えられないことだ。ここ

◆上がっている　ちなみに同書に依れば、入浴料は一八九六年には二銭で、一九〇二年までの六年間で二五％の上昇、上等酒は一八九七年には二五銭三厘で、一九〇二年までの五年間で二四％の上昇、動物園の入園料は一八九〇年には二銭、一九〇七年には五銭となっていて、一九〇二年までの一二年で二倍に、さらに一九〇七年までの五年で二五％上昇しており、だいたいこの時代の物価は五年で二〇～二五％の上昇率だったといっていい。

◆借金　都倉氏に依れば、「李朝政府は当初〔親日派という逆賊の借金だとして〕全く掛け合わず、ようやく利子を含めた二万円あまりが返還されたのは〔一八〕九五年一〇月のことであった」（都倉、２００５、344頁）とあるように、朝鮮政府も決して借金を踏み倒したわけではない。逆にいえば、やっと借金問題が解決した直後に李堈が送り込まれたわけで、朝鮮政府としてはすでに払った二万円あまりで李堈の滞在費用についての処理も終わったつもりだったのかも知れない。先に少し触れたように、この李堈の日本滞在は、日本政府と親日開化派政権が仕組んだものだから、当然支払いも日本持ちだと思っていたのではないか。もちろん、福沢は民間人なので、政府の思惑とは必ずしも一致しているとはいえないが、それが朝鮮政府なかんずく高宗の日本観だったように思える。

で李堈を朝鮮に呼び戻すより、そのままアメリカにでも行かせて、対米工作の仕事を担当させようとしたのかも知れない。かくして「〔一八〕九七年四月、国王の密命を帯びた米国人宣教師アンダーウッド（Horace Grant Underwood 漢字名「元杜尤」）が翻訳官朴鎔奎とともに日本に密航した」（同書、349頁）、すなわち内医院提調である李堈のもとに、高宗を直接診る医師として評価されていたアンダーウッドを送り込んだわけで、その密命まではわからないものの、親日派と呼ばれる人びとから李堈を遠ざけるということが第一義となっていることは推察できる。

ともかく、李堈は「〔一八〕九七年五月二二日午後〇時二〇分、義和宮及び同行人朴鎔奎ほか二人を乗せた汽船コプチック号は横浜を出航、六月一六日にニューヨークに到達した」（同前）。しかし、ほとんど何も勉強せずに一年後の一八九八年五月には日本に帰って来てしまう。この頃には、すでに李垠が誕生しているため、王子は三人となり、李堈の存在価値がさらに軽くなっていく。その上「厳妃（英親王の母）による義和宮帰国阻止運動などによって、自然日本に留められ」（同書、350頁）、さらに一年が過ぎた一八九九年四月四日に「義和君留学費二千元（現在の日本円にして一〇〇〇万円弱）」（『李朝実録第五十五冊』、1999、413頁）が支出され、再び米国留学へと向かう。このときは前回と違い、バージニア州のロアノウク大学（Roanoke College）などの高等教育機関に遊学している。李海瓊氏はこの大学で「一九〇一年三月三〇日に撮った父（李堈）の貴重な写真を見つけた」（李海瓊、1997、55頁）といい、「義親王（李堈）が独立運動家である金奎植《キム・キュシク》先生といっしょの学校で勉強していたので交友がある」（同書、56頁）といっている。このあたりは李海瓊氏が詳しく調べたところなので、引用してみよう。

> そしてその写真を見た瞬間、私が解放後〔日本の敗戦後〕に寺洞宮〔李堈の邸宅、戦後に鐘路礼式場となった〕で、帰国した上海臨時政府の金九《キム・グ》主席や金奎植先生が臨時政府の閣僚一同を引き連れて父〔李堈〕を訪ねて来て挨拶をしていたのを目撃したことが、あらためて脳裏に浮かんだ。
>
> 父は当初、高宗王の許しを受けて、米国オハイオ州デラウェア市にあるウェスリアン大学〔Ohio Wesleyan University〕に入学した。しかしそこで父は、白人青年たちに中国人と誤認されて袋だたきに遭うという事件が起き、これが韓米両国間の外交問題にまで発展したという記録がある。〔中略〕父は白人青年たちによる殴打事件以後、学校をバージニア州のロアノウク大学〔Roanoke College〕に移られ、

ここで当時留学中だった金奎植先生と出会われたということだ。（同書、56頁）

このオハイオ・ウェスリアン大学は地方のリベラル・アーツ・カレッジ（Liberal Arts College）で、基本的に寮生活をすることになる。李堈のような放蕩生活を続けていた人間が耐えられるようなものではなかっただろう。暴力事件があったとしたら、東洋人差別という問題だけでなく、彼の自堕落な性格も災いしたのではないだろうか。ただし、この韓米の外交問題に発展したという事実は、残念ながら確認できない。おそらく、米国政府に何らかの申し入れをしたという程度ではないだろうか。そしてロアノウク大学（ここもリベラル・アーツの大学）に移るのだが、父である李堈を賞賛する李海瓊氏も、ここで李堈が学位を取得したとか、何か学問を修めたという話を紹介していない。おそらく、在籍はしていたものの何も勉強していなかったと考えていい。ちなみに金奎植はこの大学の英文科を出ているという。

また、李堈は一九〇二年にロサンジェルスにいた独立運動家の安昌浩《アン・チャンホ》を訪ね、同胞たちのために使って欲しいといって金一封を与えたと、李海瓊氏は主張している（同前）。そして、「一九〇五年八月に帰国のために日本の東京へと渡り、それから八ヶ月も過ぎようという一九〇六年四月七日になってやっと、懐かしい祖国へとお帰りになることができたのだ」（同書、59頁）ともいう。長い米国留学だが、やはりというか、李堈はアメリカでも浮き名を流している。「わかっているだけでも三名の女性（アンジー・グラハム、クララ・ボン、メリー・ボブンス）との恋愛沙汰が現地メディアで報じられている」（新城、２０１５、117頁）というから恐れいる。そして彼のその米国滞在中、李垠が英王に封ぜられると同時に、彼自身も不在のまま義王として封じられたのである。

日本での放蕩生活、米国での二度にわたる留学失敗。これらは高宗の李堈に対する期待を完全に裏切る行為であり、彼の地金としての性格がモロに出ている。これは帰国後も変わらない。にもかかわらず、彼は依然として

◆**親日派と呼ばれる人びとから李堈を遠ざける**　都倉氏は明治三〇年四月二〇日付大隈外務大臣宛朝鮮国駐剳加藤弁理公使電報を引きながら「国王（高宗）の認識では、日本滞在中の義和宮は日本に亡命中の『朴泳孝兪吉濬ト親交アル』が、『未ダ弱年ニシテ思慮充分ナラザル為メ、或ハ如何ナル椿事ヲ惹起スヤモ難計（後略）』」（都倉、２００５、349頁）と述べている。高宗が親日派亡命政客と李堈の接触を断とうとしていたのは、おそらく間違いないことだろう。

義王という高い地位の人間として、何度目かの機会を与えられている。具体的には光武一〇年（一九〇六年）七月一二日に大韓帝国赤十字社の「総裁者」へと補任されている（李海瓊、１９９７、61頁。『李朝実録第五十六冊』、１９６７、301頁）。これも彼が就いた最初の官職である内医院提調すなわち医療関係の職という意味で地続きのものと考えてよい。ただしこれも、彼は政治的にはあまり期待されておらず、どちらかというと総裁としておとなしくしていろという意味かも知れないが。

その後、本章で触れるところではあるが、ハーグ密使事件を経て、高宗が退位し純宗が皇帝となる（一九〇七年七月）が、その際に皇太子にえらばれたのは義王李堈ではなく、英王李垠であった。そして、英王は幼い身でありながら日本への留学の途につき、学習院から陸軍中央幼年学校予科、本科、陸軍士官学校などで将校としての教育を受ける。「冷性」を理由に軍での教育を投げた義王と違い、英王は日本政府の期待を一身に受け、皇太子として、のちには朝鮮王世子として、天皇を守る朝鮮王族へと変貌していくのである。逆にいえば、義王李堈が好き勝手な生き方をしてきたツケを、英王李垠が払っていったともいえまいか。

さらに、彼は大韓帝国に義王として帰国しながらも、与えられた邸宅である寺洞宮には寄りつかず、旅館に入り浸っていたという（李海瓊、１９９７、59頁）。王宮ほどではないものの、義王という高い地位にある彼の邸宅は「規則と束縛だらけの宮」（同書、145頁）だったから、とてもいられなかったのだろう。でも、彼は旅館でおとなしくしているはずもなく、多くの女性と関係を持った。子どもをもうけた女性だけでも一五人（そのうち七名までは「修仁堂」「修徳堂」などといった爵位を持つ）、子どもの数は一三男九女に及ぶ。ちなみに、正室である延安金氏との間には子どもはない。

邸宅と別邸が彼には与えられていたが、正式には「宮」ではなく、単に李堈邸と呼ばれており、その邸宅のあった場所が「大寺洞」（『電話番号簿』、１９１１、20頁）であったことから、李海瓊氏はこれを「寺洞宮」と呼んだのだろう。別邸は「斎洞」（同前）とあり、ともに番地が示されていない。おそらくその辺り一帯は家屋が林立しておらず、それなりに広く使っていたのではないかと推察できる。

ちなみに、時代が降って一九三九年になると、後述するように李堈は隠居しており、長子の李鍵が相続していたため、李鍵邸として電話番号簿に載っている。このふたつの電話帳の間の最大の違いは、電話の加入件数が飛躍的に伸びたため京城を中心に永登浦までだけで電話番号簿が発行されるようになったこと、索引が「イロハ」順から「あいうえお」順へと機能化されていること、そして昭和初期の市区改正条例の影響で町の呼称が、朝鮮の伝統的な「洞」から日本風の「町」へと「町名の（創）改名」がなされたということだろう。李鍵邸住所も「李鍵公家　寛勲町一九六　寛勲町一九二」、「同別邸」が「城北町五」と番地まで示されていて（『京城永登浦　電話番号簿』、1939、352頁）、周囲にひとが住み町が形成されている印象を受ける。ちなみに、「城北町」は「斎洞」とは一致せず、この「斎洞」には「修徳堂の家」（李海瓊、1997、136頁）があったというから、この別邸は爵位を受けた後宮（側室）に譲られ、その代わりに「城北町」に別邸を構えたのだろう。一九三〇年に李堈が隠居したあと、彼には一時金として三〇万円が、義王妃金氏には毎年一二万円の生活費が支給された（同書、70頁）というが、李堈は放蕩の末に隠居させられたにもかかわらず、こんな巨額の一時金を彼のために支払ったとは思えない。おそらく総資産のことを指しているのではないかと考える。のちに見るように、この時代の一円は現在の日本円の感覚でいくらぐらいだろうか。昭和初期の金銭感覚については、昭和期の李垠を描く際にまた触れるが、昭和五年に天どんが三〇銭（週刊朝日、1981、195頁）、うな重が昭和四年に六〇銭（同書、215頁）とあるので、一円がだいたいいまの感覚で五〇〇〇円程度だとすれば、この一時金は一五億円、金氏の生活費は年に六億円となり、あまりにも大きな金額に過ぎるからだ。

李堈の女癖の悪さを示す一例として、李海瓊氏の母である金今徳との関係を見てみよう。金今徳は京城保育学校を卒業し、保険会社に勤めていたが「最新式のパーマをかけ、とんがり靴を履いた」新女性だったという。それを見かけた李堈は、好奇心を持って「子どもたちの保母にしよう」と思い立ち、それまで保険会社で月給二五円だったところを月給一〇〇円で李堈邸に引き入れた（以上、李海瓊、1997、88頁）。そしてすぐに手を出し、子ども（李海瓊氏）ができると、月給の他に養育費を一〇〇円、あわせて二〇〇円を支払ったという（同書、90頁）。これはかなりの高額だ。一九三五年（昭和一〇年）三月に早稲田大学を卒業して横浜ゴムに就職し、朝鮮の京城勤務になった作家の田中英光は、「初任給は、外地勤

◆別邸を構えた　その他にも、各後宮（側室）や愛人のためにつくった邸（別邸）が多くあったようで、仁寺洞の別邸（新城、2011、269頁）や、慶尚南道東莱に女を囲い別荘を建てようとしたり（同書、275頁）、持っていた不動産を次々に処分している。

務手当込みで、手取り約九十円」で、「現地採用されて朝鮮人は、十八円ほどだったという」〈南雲、２００６、51頁〉というところからも想像できるだろう。日本人と朝鮮人にはこれほどの差がつけられていた、それが植民地支配ということなのだということがわかるいい事例だが、それはともかく李堈の金今徳に対する待遇がいかに手厚いことだったかがわかるではないか。この当時の物価で一円が現在の五〇〇〇円程と勘定すると、金今徳は月額一〇〇万円の手当をもらっていたわけだ。

李海瓊氏の誕生は一九三〇年のことだ。その後、金今徳への関心を急速に失ったのか、李堈は日本の九州で暮らしていたが、そこへ金今徳は「三歳の私〈李海瓊氏〉を負ぶって玄界灘を渡り、日本に行って父〈李堈〉と談判した」が、かえって不興を買い、「娘〈李海瓊氏〉を即刻寺洞宮へ連れて行き、生母〈金今徳〉の出入りを禁止しろ」と命令を下ろしたという〈李海瓊、１９９７、90頁〉。「三歳」というが、おそらく数え年だから、一九三二年の逸話と見ていい。このときまで李海瓊氏と生母である金今徳は「寺洞宮の付近に住んでいて、裏門を通じて出入りできるようになっていた」〈同書、72頁〉というから、かなり堂々と「愛人」たちを自分の邸宅の周囲に囲っていたわけだ。

いま、「愛人」ということばを使ったが、李堈の父である高宗とは違い、朝鮮の歴代国王や王族たちの抱えていた「伝統」的な後宮〈側室〉ではなく、李堈のそばにいた女性たちは、「近代」的な男女関係における愛人と呼ぶべき性質のものだったといっていい。例えば、新城道彦氏は朝鮮王公族に関する研究では第一人者であるが、李堈に関して次のようなことを述べている。

> 同年〈一九一四年〉一月に黒崎〈美智雄〉事務官が釜山地方の出張で京城を離れたときには、李堈は毎夜邸宅に妓生《キーセン》を呼んで宴を催した。また、旧別邸〈妾〉の反対で実現しなかったが、香心という妓生を一二〇〇円で囲うために新別邸を増築しようとしたこともあった。〈新城、２０１１、259頁〉

引用文にある「旧別邸」は、おそらく先に挙げた「修徳堂の家」だけではなく、それこそ相当数にのぼったことだろう。そして彼は、妓生という女性や、家に出入りしていた職業女性にまで手を広げているわけだ。そして彼女たちは、後宮のように王宮の一部に住むでなく、公族として優遇されていたがゆえに持っていた経済力を背景に、「別邸」へと囲う。まさに、そこにあるのは――金今徳のように邸に引き入れられる例外的な女性はいるにしろ「愛人」として「寺洞宮〈＝準王宮〉から排除された存在」なのである。

話をもとに戻そう。李堈は女遊びをはじめとしたさまざまな道楽で、家計が傾くほどに金を使い続けたようだ。もちろん、李堈公家といえども金が無尽蔵にあるわけではなく、韓国併合条約締結時に恩賜公債が八四万円支払われ、当初はその公債の利子と、朝鮮南部や北部の漁業権などからの収入で賄う方針だった。李堈公家の予算は一九一三年には四万円前後であったが、一九一五年には一一万円に達するなど、きわめて豊かな財政状況で、李堈自身が使える御用内金も一九一二年頃に六〇〇〇円だったものが、一九一五年頃には二万四〇〇〇円に達した。これに李王家から贈与されるものを加えると、李堈が自由に使える金は四万円もあったという（同書、256～257頁）。

しかし、李堈の金遣いは凄まじく、「李堈の遊興費、旅行費など臨時の支出だけでも一九一二年～二八年で六六万円に及んだ」（同書、257頁）。金づかいのあらい彼の借財を払うため、李堈公家では一九二七年までに恩賜公債をすべて売却、漁業権も手放す羽目になる。そして、それでも飽きたらぬ彼は、偽借用書を使っての横領事件や漁業権をめぐる詐欺事件を起こすなど（同書、258～259頁）、まさにやりたい放題だったといっていい。そして、李海瓊氏などが李堈の功績として高く評価する「独立運動への関与」も、金嘉鎮（元朝鮮貴族、上海臨時政府に参加）や全協《チョン・ヒョプ》らがつくった「大同団」という独立団体が、「李堈が金を工面してくれれば独立運動に協力してもかまわないと考えている」ことを知って、「四万五〇〇〇円の融資を持ちかけ」られて、金につられて参加したに過ぎないことだったようだ（同書、269頁）。結局は一九一九年一〇月一一日に安東県で身柄を拘束されたのだが、この話は「李堈は『愛国運動』を展開するために失踪したのではなく、偽の融資話に騙されて誘拐されかけたに過ぎなかった」（同書、270頁）。彼の放蕩はその後も続き、例えば「一九二五年頃には七名の妾のために毎年九二〇〇円もの経費を支出する状況」（新城、２０１５、123頁）というから、ひとりあたり一三〇〇円ほどだろうか。すでに見た金今徳のような例でも、毎月一〇〇円の支出をしていたので、李堈は妾には月額一〇〇円を払うのを通例としていたのかも知れない。もちろん、子どもができた場合はまた別に支払っていただろうが。

そして彼は、一九三〇年六月にいたってもはや修復不

◆李堈は日本の九州で暮らしていた　修仁堂金氏という後宮と暮らしていたという（李海瓊、１９９７、70頁）。

能となっていた李王職との関係を清算すべく隠居させられる（新城、２０１１、283頁）。そして、長男の李鍵に当主の座を明け渡したのだった。ただし、李鍵にとって李堈は決して良い父ではなく、むしろ憎悪の対象だったようだ。

日本が韓国を保護国とし、統監府政治を布いたので、〔李堈は〕ふたたび日本へ来て、一、二年の間、こちらに暮らしてゐたのである。その間に、どこの何といふ人かは判らぬが、一婦人に関係して、一人の子供を生ませてゐる。〔中略〕その子供は朝鮮に連れてゆかれて間もなく死んで、その後すぐに生れたのが私だ、といふことになつてゐる。

（桃山、１９５１、99頁）

ゆえに、李鍵は「要するに、私は朝鮮人であるか、日本人であるか。それさへ判らないのである」（同前）と述べる。李堈はすでに見たように一九〇六年に朝鮮へと戻っているが、そののちにまた日本に行ったというのだろうか。可能性は充分あるがよくわからない。李鍵は、形式上修観堂鄭氏の子で、一九〇九年に生まれているのだが、彼自身はこれを疑っているようだ。

私〔李鍵〕を生んだ母がゐないことは、早くから知つてゐた。一度も顔を見たことがないばかりか、名前さへ知らない。一度、これが母親だといつて写真を見せられたことはあるが、それは父〔李堈〕の正妻〔義王妃金氏〕で私を養つてくれた人の腰元であつた朝鮮人である。これが私の母かどうか、疑はしい節がたくさんあり、私は子供のころから否定してゐた。

父は晩酌に酔ふと、きまつて私にヘンなことを言つた。

「早く日本にいつてしまへ」

「朝鮮に永くゐるな」

その他、さういふ類ひの厭なことを、いろいろ言つた。

（同書、100頁）

もしも生母が朝鮮にいるなら、李海瓊氏のようにそれなりの接触があってしかるべきだ。それがなかったとしたら、彼が自分は日本人の子ではないかと疑ったとしても無理はない。ちなみに、彼は日本人の通う小学校に行かされるなど、「朝鮮人に触れさせずに育てられた」（同書、99頁）ためか、日本敗戦後には日本人として生きることを選択する。

それは先の話しとし、先の引用で「晩酌に酔ふと」とあったが、それは李鍵が父の食事のときにそばにいさせられたために起こった悲劇だ。「私の育つた家では、父親〔李堈〕が食事をしてゐる間、子供は必ずそばに立つて、見てゐなければならない。〔中略〕夕食のとき、父はきまつて晩酌をする。二、三時間もかかつて、ゆつくりと酒を飲む」（同書、100頁）とあるように、自分が食べることもなく、長々と酒を飲む父親の横に立っていなければならないとしたら、さぞ苦痛だっただろう。しかし、これは李海瓊氏の回想とも重なる部分がある。

　父〔李堈〕が〔寺洞〕宮へいらっしゃってお食事をなされば、母〔義王妃金氏〕は必ず傍に座っていらっしゃった。私〔李海瓊〕もその横に並んで座らせられた。当時のしきたりによって、父がお食事を終えたら、そのお膳を向かいの部屋におろしてきて、母と私で食べた。これを「退床を下げる」という。

（傍点は引用者。李海瓊、1997、85頁）

　李海瓊氏の場合は、一九三〇年代の話だから、李堈の隠居後のことだ。李鍵が「立つて、見てゐる」のに対して、彼女が「座らせられた」というのは、子どもの性別による差異なのか、隠居後だからある程度子どもへの対応が緩やかになっていたのか、それとも李鍵という個人に対して「可愛くない」◆と思っていたのか、はっきりとはわからない。ただし、そばに子どもがいなければならないというのは、共通した情景である。

◆**李王職との関係を清算すべく隠居**　李堈と李王職（朝鮮王家を管轄する官庁）とのやりとりや、李堈の起こしたさまざまな問題などは、新城道彦氏の「李堈の散財と公家存続をめぐる葛藤」（新城、2011、五章）を参照。

◆**可愛くない**　李堈から「日本人と結婚したらよからう。さうなつたら、自分はもう面倒を見てやらぬ」といわれたことに触れて、李鍵は「よくよく、可愛くない子供であつたらしい」と述懐している（桃山、1951、100頁）。おそらくこのような悪い思い出が積み重なり、李鍵をして、自分は誰とも知らない日本人の子供なのかも知れないと思わしめたのではないか。

　本書の続編でも触れるが、じつは李鍵の結婚でも、このような不幸は繰り返された。李鍵は松平誠子《よしこ》と結婚するのだが、長男として生まれた子は彼の子ではなく、誠子が結婚前に付き合っていた華族の青年の子どもだったという（河原崎、2009、315頁）。

このようにして、さまざまな女性の産んだ子どもたちを、義王妃金氏は母として育てた。自分の子どもがいなかった彼女は、この一三男九女をかわいがっていたという挿話もある。一例を挙げると、李海瓊氏も義王妃金氏から「やりくりして買っていただいた思い出の詰まったピアノを売って」、一九五六年にアメリカ留学に出るのだが（同書、150頁）、かりに義王妃とはいえ、限られた財政のなかで生活している以上、きっと苦労してお金を用立ててまで子どものためにピアノを買ってあげたのだと思わせるではないか。このように、義王妃は本当の子どもと変わらぬ愛情を、愛人たちが産んだ子どもたちにかけていた様子がありありと浮かんでくる。そしてその愛情は、「王妃」としての誇り――後宮の産んだ子どもは王妃である自分の子と同然という「伝統」的な王妃のそれであり、李堈が「近代」的な愛人関係を多くつくっていくのに対し、金氏は伝統的「王妃」の立場に立ち続けたといっていい。そもそも、アメリカなど西洋世界での生活が長かった李堈と、国王の子息である「義和君」に嫁いだ金氏の前近代的世界観は、おおうべくもないぐらいの距離があったのである。

少し脱線するが、金今徳のその後を追ってみよう。李堈に棄てられた彼女は、満州に渡り、そこで朝鮮人移民の尹氏と再婚した（同書、91頁）。さらに解放後（日本敗戦後）には朝鮮に舞い戻り、大田市《テジョン》を拠点に実業家として成功をおさめた。手がけた事業は、ホテルや新聞社の経営のほか、のちには湖西大学校設立にも関与したという。また、朝鮮戦争のさなかにはキム・ヒョンスク初代女軍部長・陸軍大領（大佐）とともに女子義勇軍を組織して、女軍（女子軍隊）の基礎を築き、第一回および第二回国会議員選挙にも立候補するなど（ともに落選）、相当な活躍をしている（同書、93頁）。

それに対して、李堈と義王妃金氏のその後は、それほど芳しいものではない。愛人たる女性たちに産ませた子どもの多くを引き取っていた義王妃金氏は、寺洞宮に住んではいたが、李堈は寄りつかず、かなり苦労をしたようだ。朝鮮が日本の植民地に転落したあと、冗員整理のため、義王妃に仕えた女官は洗踏房に二人、針房に一人、侍女や女官たちの多くが結婚したり、尼になったりしたため、厨房に数名の女官がいるだけになった（前章二節参照）。そして寺洞宮には事務室と撞球室が設置され、康《カン》武官が勤めており、その他には食糧を確保する仕事を受け持つアン・チュンマンという男性と、正門には警察官が常駐していたという（同書、109～110頁）。しかし、この家も「李承晩博士の政府が樹立されれば寺洞宮など全財産が没収される」とそそのかされ、安値で手放してしまう（同書、124頁）。このあたりのことは、李垠が敗戦後に東京で遭遇する詐欺ときわめて似ており興味深い。身分に寄りかかって生きてきた者は、荒波のなかでハイエナのような人びとの餌食になってしまうのであろうか。その後、寺洞宮にいた人びとは、別邸である城北洞（解放後に「町」から「洞」へと戻される）へ引っ越す。

一九五〇年に梨花女子大の音楽科を卒業した李海瓊氏も、この城北洞に住んでいた。そして彼女が音楽教師として勤めはじめた豊文女子高等学校は一九四四年に、この別邸（李鍵公別邸だったものか）の土地を割いてつくった学校で、壁ひとつで仕切られているだけだった（同書、130頁）。ちなみに李海瓊氏の親しくしていたひとで、同じく声楽家の金福姫は、作家である金八峰の長女だったのだが、金八峰は乙支路四街で印刷所をしていたという。朝鮮戦争勃発で逃げ遅れた義王妃金氏と李海瓊氏たち一家や、金八峰などはかなり辛酸をなめたようだ。当時、敦岩洞にいた李堈は、荷物をまとめて義親王妃金氏が住む別邸にあらわれ（同書、132頁）、九月に米軍の上陸でソウルが回復されるのもつかのま、五一年一月に再びソウルが中国軍を味方につけた北朝鮮軍に占領されるや、釜山にまで逃げる。住所は釜山市の中心街である西面《ソミョン》に小さな家の一間を借りて（ひと部屋に李堈と金氏が住み、もうひと部屋は雲峴宮の家族＝李鍝公妃朴賛珠とその子どもである清《チョン》と淙《ジョン》が住んでいた）、李堈夫婦は暮らしていた（同書、142頁）。ただし、李海瓊氏は李堈と義親王妃金氏が「二人きりでこぢんまりと小さな部屋で仲むつまじく過ごすのは結婚以来初めてではないか」（同書、133頁）というぐらい、金氏にとってはむしろ幸福な時間だったようだ。

好き勝手に生きた李堈だが、晩年は身位を喪失し、失意のうちに亡くなった。しかし、晩年に彼と義王妃金氏がつかのまの夫婦水入らずを経験したのは、少なくとも金氏にとっては幸いだったと思う。李堈は一九五五年八月一五日◆（奇しくも日本の敗戦記念日）に病死し（同書、72頁）、その妻の金氏も一九六四年に死亡した（同書、29頁）。彼らが住んでいた寺洞宮は鐘路礼式場になったあと、現在は跡形もなくなっている。その代わり、城北洞の別邸は礼智院《イェジウォン》——韓国の礼儀作法や伝統文化を学ぶ殿堂——として一九七四年に再生され、いまもかつての義王李堈別邸の面影を残している。

◆**撞球室**　新城氏は「李堈の『非常識気動』に李王職が危機感を抱き、書画詩文の会や乗馬会を催したり、邸内にビリヤード台を設置するなどして興味を持たせようとしたが、ことごとく失敗に終わった」（新城、２０１１、260頁）と述べる。ここに登場するビリヤード台こそが、李海瓊氏が目にしていた撞球室に他ならないだろう。

以上が李垠とともに「王」に封ぜられた兄・李堈の生涯だ。彼のことは事実関係を述べる際を除けば、今後よほどのことがない限り記述することはないと思う。だから、とりあえずここで終わりとするが、その息子たち――長男の李鍵、次男の李鍝――については、李垠と同じく日本陸軍で活躍するため、李垠を論じるに際して詳しく見ることとする。

二、まつり、宴、病
――韓国内宮と英親王府にあったこと

前章で、高宗専制期になり、大韓帝国の政治の中心は内宮へと移っていたと述べた。ここでは、一九〇〇年の義和団事件およびパリ万博のあと、朝鮮半島でどのようなことが起こっていったのか、『英親王府日記』を参照しながら、英王李垠の視点から追ってみたい。

まず光武六年（一九〇二年）三月二日に、「宮内府所属職員中秘書院侍講院親王府官制」で職制があらためられ、それにともなって英親王府官制も変更された。それまでは英親王府に府令二人、典衛二人の合計四名で、それぞれ奏任官、判任官であったが、新たな制度では英親王府の位置づけが「掌輔翼講学護従之事府務及所管会計」というように、前章で見たそれまでの「府務と会計」から「講学の輔翼」すなわち英王李垠に対する学問への貢献が職域として明示されている。ちなみに、職員は「総弁一人　勅任／賛尉一人　奏任／典読一人　判任／典衛二人　判任」と五人に増え、しかも首座を占める総弁は勅任官となっている。職責としては、総弁は「補翼講学護従之責」とあり、主に李垠の教育を補佐し、また身辺を守るということだ。賛尉は「補佐総弁職務」すなわちその補佐である。典読と典衛は「承上官指揮従事府務事」がその職務で、平たくいえば上官の指示に従って英親王府の事務を行うということだろう。

これは英親王府の格上げ◆であり、いわずと知れたことだが李垠が英王の爵位を得たことによる官制の改正だといっていい。ちなみに総弁には尹沢栄（正三品、勅任官三等）、賛尉には沈相翊（内部参書官の兼任◆）、典読には李世永（六品、判任官四等）、典衛には安必瑢（五品、判任官四等）と金奭基（六品、判任官六等）がそれぞれ任命されている。前章で見た職員の職位と比較すると、五品奏任官六等だった府令の趙忠夏の名前がない。それに代わって、英王封爵後に府令に任じられた尹沢栄が最上位とされ「奏任官六等」から「勅任官三等」へと大抜擢されている。典衛だった李世永は典読に昇任し（ただし職位は判任官四等で変化なし）、品階的には李世永より上位の五品の位に就いている安必瑢は典衛に据え置かれる代わりに判任官五等から四等へと給与が微増している。尹沢栄がもっとも期待されていること、そして典衛だったふたりにも評価がされている点はおさえておく必要があろう。とくに尹沢栄はこの年から四年後の一九〇六年に皇太子（純宗）妃◆（のちには皇后）となる尹氏の父であり、いわば高宗にとってもっとも信頼できる「高宗の家族」へと連なる人脈に属する。これは、日露戦争直前に高宗が各国に出した「中立宣言」やハーグ密使事件といった戦略が、ほぼすべて「高宗の家族」たちによってになわれていることと通いあっている。

いや、むしろ逆に考えた方がいいかも知れない。英親王府は「皇太子妃宮」にあったと前章で述べた。だとすれば、英親王府という役所は、高宗と厳氏、そして皇太子夫婦にもっとも近づくことができる職であり、高宗専制期すなわち高宗に取り入ることで出世が可能な時代ならば、出世への最短距離ともいえる仕事だといえる。尹沢栄は最初から高宗と厳氏、そして皇太子夫婦に取り入る目的で、この職をねらっていたのではないか。そして趙忠夏は彼にしてやられた——出し抜かれたのではないか。

さて、趙忠夏のように去る人物がいるかと思えば、新顔として沈相翊や金奭基が加入している。沈相翊はのちに『帝国新聞』を出版する際に印刷機などを提供した人物であり（李相哲、２００８、308頁）、金奭基は当時まだ数え年で二九歳の若者だ。とくに有力な背景を持った閥に属していたとはいえないものたちで、高宗専制期の若手登用の一側面がここからも見てとれる。それに対して趙忠

◆**一九五五年八月一五日**　李鍝は広島で被曝し、二日後に死んでいる。そして一九四五年八月一五日にソウルで陸軍葬にふされたことは、必然的に彼の家族を解放後の韓国に居住させる契機となった。この件に関しては、本書の続編で詳しく論じる予定だ。

◆**英親王府の格上げ**　元子として生まれた者は「王世子に冊封され、王位に就くまで」、「補養庁教育、講学庁教育、書筵という教育課程を経た」（キム、２０１３、20頁）というが、李垠の場合これが省略される代わりに英親王府が拡充されている。高宗は、李垠が元子ではないからこうしたのか、それとも近代化の過程で儒教教育のみで李垠を縛りたくなかったからこうしたのか、はっきりとはわからないが、ともかく英親王府の存在は大きくなっていったのである。

◆**内部**　当時の日本の省庁でいう「内務省」にあたる。

◆**皇太子妃**　一九〇四年に皇太子妃閔氏が死んだため、一九〇六年に数え一三歳で皇太子妃となった。

夏は、豊穣趙氏（高宗の先々代の国王である憲宗の母の一族）の出であった。この後、「高宗の家族」や外国通の若手が活躍する時代の波のなか、趙忠夏のようなかつての閥族的官吏は力を失っていったのかも知れない。

例えば彼は、この一九〇二年一二月二日（陽暦）に再び『英親王府日記』に登場する。「正三品趙忠夏任　英親王府賛尉叙奏任官六等　賛尉趙忠夏以正三品尹雨植改付標叙奏任官二等」というのがそれだ。じつは一一月三〇日（陽暦）の段階で、賛尉だった沈相翊が職を離れている。何があったかはわからないが、その代わりの人事でいったんは趙忠夏の名前を出した上で、すぐに尹雨植にとって替えているのだ。趙忠夏は高宗二二年（一八八五年）に科挙に合格しており、この当時おそらくは四〇歳ぐらいだっただろう。彼は一九〇三年一月三〇日（陰暦では正月二日）を期して、賛尉に復帰（尹雨植は侍講院副詹事に異動）しているのだから、もしかしたら病気など何か忌むべきことがあったのかも知れない。

それはそうと、そもそも賛尉とは尹沢栄の部下の職だが、そこに趙忠夏が起用されるのは決しておかしくはない。しかも彼は、品階が英親王府府令だった頃の「五品」から、「正三品」へと上昇している。そして、尹雨植がすぐに彼の代わりとして取り立てられるという筋書きだ。おそらく、尹雨植をとりたてる際、多少の無理があったのではないか。そして、一度趙忠夏の品階を挙げたうえで賛尉に補任し、その代わりとして尹雨植を充てる――そして尹雨植の品階も正三品に上げる――かたちをとったのではないか。この尹雨植がどのような出自の人間かよくわからないが、おそらくは尹沢栄の一族であろうと考える。やはり職階は「奏任官二等」だから、「六等」だった趙忠夏をいきなり超えたものになっている。要するに、かつてそれなりに力を持っていた豊穣趙氏の一族たる趙忠夏は、新しい勢力としての外国通や若手官吏の世界から見て、やや見劣りする立場になっていたのではないか。そしてそれは、英親王府を牛耳ることで自分の政治的な上昇を目論んでいた尹沢栄の実力を見せつける――趙忠夏の代理に自分の影響下にあるものを立て、品階まで上げてしまうという手練手管を発揮する――結果になっている。内宮が中心となった大韓帝国政官界で、尹沢栄は厳氏に取り入り、皇太子一家に取り入り、高宗にも取り入ろうとしたわけだ。もちろん、英親王府という役所自体が小さな組織ではあるが、次代の皇帝になる可能性が高い英王李垠の「輔翼講学護従之責」を行うというまさに重責を担っていること、以下に見るように高宗は自分の「家族」以外に信頼を寄せる臣下が少なかったことなどを勘案すると、決してこれを過小評価してはならないだろう。

この小さくも重要な組織は、すでに述べたように慶運宮内の「皇太子妃宮」にあり、英親王府の専用の建物はなかったようだ。そのため、『英親王府日記』三月一六日（陽暦）に「英親王府新設于慶運宮内」とあり、「三百元」の予算を割いて府庁舎を建てようと計画している。この日は陰暦で二月七日にあたり、「千秋慶節宴需費二十元　内下」とあるから、建築開始に先立って皇太子（純宗）の誕生日の祝い——千秋慶節◆の宴が挙行されたことがわかる。実際の純宗の誕生日は陰暦二月八日だが、吉日をえらび、英親王府庁舎の建設開始とともに挙行されたと見るべきだろう。春先のことだ。病弱な純宗を祝うだけではなく、これは英王の数え六つという学齢期に達しつつあることを言祝いだ催しも兼ねているように思える（ただし、本章で後述するように、この英親王府庁舎は慶運宮の大火により、完成する前に焼失したと考えられる）。

また、同年五月二七日（陰暦四月二〇日）は慶運宮で「錫宴」が開かれており、李垠も参加している。錫宴とは国王が臣下のために開く宴で、伝統的に行われてきたものだ。月脚氏は、この「錫宴」の前年にあたる一九〇二年に高宗が「英祖の前例に倣って耆老社◆に入ることとなり、五月四日に『敬老宴』を行った」（月脚、2009、164頁）と述べている。この「敬老宴」だが、『英親王府日記』にこれに関する記述がないため、幼い李垠とは関係ない宴席として運営されたのだろう。それに対し、より公的な「式典」が計画される。それが一九〇二年一〇月一八日（陽暦）に決定された「大皇帝御極四十年称慶礼式」の開催で、「条約締結各国に大使を派遣するよう要請」した。そして、前章ですでに述べたように、この年に断髪や国歌制定がなされたことは、「列国と並駕」するためだった。しかし、この慶礼式は「コレラの流行によって翌年（一九〇三年）四月三〇日に延期」され、さらに「英王垠が天然痘に罹ったため再度延期となり」、ついに慶礼式自体が行われることはなかった（以上、同前）。

このあたりの事情を多少詳しく述べよう。『承政院日記』によれば、光武七年（一九〇三年）に高宗の「御極四十年」（即位四〇周年）の慶礼式が予定された。廟堂で

◆**千秋慶節**　ちなみに、この年の万寿聖節——高宗皇帝の誕生日——は陰暦七月二五日、すなわち陽暦八月二八日に行われているが、のちに見るようにこの年の李垠が病気がちだったこともあり、それほど大きな催しではなかったようだ。

◆**耆老社**　もともとは、正二品以上の老齢の文官を礼遇するための名誉機関。英祖も五〇を過ぎて入所したが、君主が長期にわたる国王（皇帝）位についていることを祝う儀礼的な意味あいがある。

は一九〇一年の暮れから「慶礼式」をすることが提案されており、光武六年九月三日（陽暦一〇月四日）に令日官金東杓が吉日として「癸卯四月初四日」（陽暦一九〇三年四月三〇日）をえらんでいることからも事実として動かない。しかし、どのような宴が繰りひろげられたかは、『高宗実録』にも、『承政院日記』にも、『英親王府日記』にも記録がない。月脚氏がいう通り、李垠の病気のため、延期され、事実上中止されたのだ。

　さて、月脚氏のいう通り事は進んだのだろうが、このことを本論に引きつけて考えてみよう。本章で詳しく見るように、李垠が一九〇三年の四月と一〇月に病気にかかったのは間違いない事実である。また、そのために慶礼式がほとんど中止状態となったのも間違いないだろう。しかし、である。『英親王府日記』の記述や李垠の病状や快復状態、そしてその後の李垠の写真を見ても天然痘の痕跡らしきものが見当たらないことから、私はこのときの李垠の病気は、天然痘などではあり得ないと思っている。のちに論じるように、おそらくそれは、麻疹《はしか》と水《みず》疱瘡《ぼうそう》だと考えている。

　話を「錫宴」に戻そう。これはその前年に行った「敬老宴」と同じく、皇帝である高宗が、臣下をねぎらうために開いた宴ということになる。ただし、「敬老宴」と違うところは、李垠が英王としてねぎらう側として参加していることだ。以下に、「錫宴」について細かく見ていこう。

　供し手は「ねぎらう側」の皇帝（高宗）、皇太子（純宗）で、臣下はそれをありがたく受け取る立場にある。『英親王府日記』によれば、それぞれ「皇帝陛下具翼善冠黄袍出次陞座」「皇太子具翼善袞龍袍以出」とあるように、皇帝は翼善冠に黄袍という礼服を、皇太子は翼善冠に袞龍袍という礼服を着て、おごそかに臨席した。これらの服装はどう考えても洋装とはいいがたいものだ。しかし、臣下の文武官たちの服装は洋装だった可能性もある。なぜなら、一九〇〇年四月一七日の勅令第一四号「文官服装規則」および、第一五号「大礼服製式」によって、洋装が取り入れられていたからだ。官吏たちは、「（皇太子）以出相礼礼顕官前導入就拝位」というから、皇太子に礼で迎えられ、「就拝位」すなわち儀式を行う場所にまず皇太子が就く。老臣たちも同じ場所へと移り「典儀曰四拝賛儀唱鞠躬与平身」すなわち四回——「東南西向北上」（東、南、西とお辞儀をしてから、北面して皇帝に）お辞儀をする決まりなのだろう。皇太子、親王（すなわち英王李垠）が「鞠躬四拝与平身」し、ここで「楽止」とある。いつ「楽」が入ったかわからないが、おそらく皇帝（高宗）が入るときからだろう。皇太子と英王李垠が四拝し、老臣たちも皇帝、皇太子に対して感謝の気持ちを唱和し、かしこまったということだ。ちなみに英親王府の府官たちは「黒団領」をまとい、英王李垠は「具双童髻空頂幘七章服」つまりはふたたぶさに髪を束ね、「空頂幘」という頭巾をかぶって、「七章服」というおそらくは七色の礼服を着ていたようだ。この出立ちは、英王の封爵のときと変わらない。こうして、皇太子に次ぐ地位に英王李垠は立たされたわけだ。事実上、「次の皇太子」といってもいいだろう立場である。

その後、「順天開運之曲」など舞楽が披露され、酒がふるまわれるのだが、「親王執事者行　耆老諸臣酒」とあるから、この宴でねぎらわれた功労者たちに酒をついでまわったのは英親王府の臣下だった。だとすれば、皇太子になりかわり英王が臣下を慰撫するという構造さえ見えてくる。いまや、病弱なうえに毒茶事件以後体調がすぐれない皇太子（純宗）の代役として、英王李垠がお披露目されたといっていいかも知れない。

さて、余談になるがこのときの音楽と酒の飲み方について、少し述べておこう。もちろん儀式で使われる音楽は、いわゆる朝鮮式の雅楽であり、古来からの楽器を使っているのは間違いない。しかし、それ以外の「舞楽」のなかには、西洋音楽も含まれている可能性がある。崔南善は、朝鮮に西洋音楽がわたってきたときのことを、彼が運営する週刊新聞『東明』に連載している。そこには閔泳煥がロシアのニコライ二世の戴冠式に参加した際に、次のようなこと――西洋音楽の必要性を感じたことを高宗に伝え、光武五年（一九〇一年）に音楽家のフランツ・エッケルト（「君が代」作曲にかかわったドイツ人）を呼んで、急ごしらえで二〇歳以下の兵卒五〇人を集めて軍楽隊を組織したこと（この軍楽隊創設と朝鮮初の国歌となる大韓帝国愛国歌の作成にかかわる点については、次章で詳述する）、さらには、わずか数ヶ月の訓練を経て、一九〇一年の万寿聖節（旧暦七月二五日）の席上でイタリアの歌曲のなかで一番簡単な曲とドイツの行進曲を一曲を演奏したことや、その場で西洋音楽を知った李垠がとてもそれに関心を持ったことなど――が述べられている（一記者、1922年11月26日および12月3日）。李垠の聡明さを物語る挿話ではないか。

また、酒の飲み方についてだが、『英親王府日記』には次のように注記されている。「凡賜酒初至在位者離位俯伏跪受飲訖俯伏興還位」つまり、まず廟堂の大臣、顕官などが席を離れてかしこまって酒をついでもらい、これを飲んでからまたかしこまってもとの席に戻らせてもらうということだ。じつに面倒な儀式だが、これが朝鮮王朝の「錫宴」なのだろう。その後、また舞楽を見、やはり英親王府の執事が「餞」を各耆老諸臣の餞卓に配ってまわり、宴が終わるときに再び皇太子、英王、耆老諸臣の順で「鞠躬四拝与平身」して、やはり皇太子、英王、耆老諸臣の順で退出したという。これもおそらく、病身の純宗や、数え六つの英王には耐えがたい堅苦しい時間だったと思われるが、ふたりは律儀にこの儀式に従ったに違いない。

この年は、この「錫宴」のあと『英親王府日記』を見ても、大きな動きはない。すでに述べたように、高宗は皇帝に即位し、専制体制を強くしていた。そのために臣下を招いての「敬老宴」や「錫宴」を催し、しかも自分の即位四〇年を祝う慶礼式も準備するなど、このときの高宗は、大英帝国やロシア帝国、大日本帝国などの近代的な「帝国」の皇帝と肩を並べるものになろうと腐心していた。しかし、高宗はこのような自分をまつりあげる行動にも、どこか息苦しいものを感じていたのではないかと、私は考えている。なぜならば、日英同盟の締結や、日露の不穏な動きなど、大韓帝国をめぐる国際関係は急激にきな臭くなっていたからだ。そして、その矢先、高宗がこよなく愛する英王李垠が、この頃病気になってしまったのは、彼の心を曇らせたに違いない。国際関係に関しては、日露戦争からハーグ密使事件にいたるまで一括して次節で論じることとして、ここではいったん李垠のその病気について見てみよう。

『英親王府日記』の光武七年（一九〇三年）四月一〇日（陽暦）の記載として、「痘候発班初日」とある。李垠が病気になったのだ。「痘」とあるから、麻疹か水疱瘡だろうが、この病気にかかった時期が春先であることや、のちに見るようにかさぶたがとれるような記述があるため、おそらく水疱瘡ではないかと推察できる。年齢的にも満五歳から六歳の間であり、ちょうど水疱瘡にかかる頃ではないか。医師は太医院都提調（管理職で太医院の首座）尹容善卿を筆頭に、李根秀少卿、金徳漢が英親王府に向かい、医官の朴準承、李海昌、慶鉦、朴琨準など総出で治療に当たったようだ。このうち、朴準承は1章で見た「護産庁」の護産官と捲草官を兼務していた人物で、李海昌も医官として護産庁にかかわっていた。

容善進前　奏曰今日小雨後日気甚陰冷聖体若何　上曰一様矣　容善曰寝睡水剌之節若何　上曰一様矣

とてもいきいきとした描写で、病におかされた李垠について、上（高宗）に太医院都提調たる尹容善が質問し、高宗もこれにきちんと答えている様が見てとれる。おそらく李垠が寝ている部屋かその隣の部屋に高宗と太医院の役人たちがいて、会話を交わしているのだろう。「今日は、少し雨が降ったおかげで、気候が下がり陰鬱ですが、皇帝陛下のお加減はいかがでございますか?」「別にいつもと変わらぬ」「夜休まれるときはいかがでしょうか？　また、水刺《スラ》（国王＝皇帝の食事）などはきちんと召し上がっておられますか？」「それも、いつもと変わらぬ」という基本的な受け答えがそのまま書かれている。要するに病人以上に、まず皇帝たる高宗の体調を心配しているのである。

　麻疹や水疱瘡などは決して珍しい病気ではないし、李垠は年齢的にそろそろかかってもおかしくない病気だから、医官たちも冷静に対応しようとしていたのだろう。ただ、この英親王府が慶運宮のしかも「皇太子妃宮」にあることを考えてなのであろう、尹容善は皇帝のみならず、「明憲太后殿（高宗の先々代の国王である憲宗の継妃）」「太子宮」「太子妃宮」すなわち皇太子と皇太子妃についても、元気かどうか尋ね、高宗が「平順矣」（いつも通りで問題ない）と答えている。水疱瘡にせよ、麻疹にせよ、伝染する可能性があるため、高宗およびその家族の安否を問うているのであろう。しかし、李垠以外の皇族にはとくに伝染ってはいなかったようだ。その後高宗は「英親王初有滞気数日弥留矣」すなわち「英親王は病気になるのははじめてだが、治るのに長い間かかりそうか」と病気の快復までの時間をそれとなく訊いている。それに対して尹容善は次のようにいう。

医官待令使之入診好矣　上可之朴準承入　診訖　奏曰　英親王宮脉度平順而有発表時行　痘候丁寧無疑矣

すなわち「医官に直接英親王様の病気を診察させようと思いますが、よいでしょうか」と尋ね、高宗がよいと答えると、朴準承がまかり出で、診察を終える。そしてこういった。「英親王様の脈拍は正常で、症状は徐々に良くなるでしょう。痘痕もきちんとしずまること疑いなしです」。ここでやっと英王李垠の体調について詳しく書かれるのである。おそらくそれほど重い症状ではなかったのだろう。しかし、病状を伝える記事が、その後『日記』に延々と続く。そして毎日「府官全数」が英親王府に訪れている。平時は五人いる英親王府の役人が交代で毎日ひとり「入直」していたことを考えると、李垠の平癒を英親王府をあげて祈っていたことがわかるではないか。

　四月一八日（陽暦）には尹容善が「〔李垠の〕顆粒如珍珠色沢如蒼蠟宛有収斂之意誠痘之至順者也諸症無非吉祥善兆　国家之慶福也」と高宗に奏上している。「英親王様は発疹が珠のようにあり、その色は藍蠟のように蒼くなっています。頬の発疹は治まった感があり、水疱瘡の病勢は山を越えて落ち着いていています。その他の症状も吉祥、善兆といっていい状態です。これは国家の慶事だといえましょう」漢文調は多少大げさだが、この「顆粒如珍珠」「色沢如蒼蠟」とあり、プツプツとした発疹が蒼みがかっているというのは、水疱瘡の発疹を想起させる。一週間ほどで発疹も治まり、熱なども退き、あとは精力をつけて快癒を待つばかりというところまで来ているようだ。そしてこの日「送神文」が載っている。すなわち「痘神」を送る儀式を行ったということだ。普通の病と違い、天然痘を筆頭とした発疹をともなう病気は、感染症であるため、このような儀式を行うのであろう。冒頭の一部を引用してみよう。

送神文
太歳癸卯春三月上旬　英親王宮有　痘候前後十有三日厥証孔順勿薬有喜窃伏惟親王稟既聡明英慧而今又気度調順斯莫非　我　大皇帝陛下止仁之徳与止慈之情之所及也

光武七年（一九〇三年）の三月上旬（陰暦）に英親王様が痘候（水疱瘡）にかかられた。およそ一三日間、その痘痕をやわらげる薬なく、伏して思うに英親王様は凛として聡明な方で、悪い「気」もすべて次第にととのえてしまう。これは我が大皇帝陛下の仁徳と慈愛によるものである。

この文は全体で二九行にも及ぶ長いもので、末尾に「送神文総弁請伝言」とあることから、総弁たる尹沢栄が中心となってこの儀式を行ったことがわかる。おそらくこのような文章をつくる教養が、当時の役所の長には求められたのであろう。そして注目したいのが「痘候前後十有三日」という病気の期間だ。李垠が発病したのは四月一〇日（陽暦）のことで、一八日の段階ではまだ丸九日間しか経っていない。『英親王府日記』にはその四〜五日前どころか一ヶ月ほどさかのぼっても、李垠の体調が思わしくないという記述がないため、この一三日という病床期間は、潜伏期間を考えてのことだといえまいか。一八六〇年にパスツールによってウィルスは発見されており、医学も急速に発展している。そして、すでに1章で触れたように、宮中には西洋医学がとりいれられている。そこから考えると、潜伏期間まで含めて「二週間ぐらい」と判断しているのかも知れない。であるがゆえに、四月一〇日に李垠が発症したとき、尹容善は高宗や皇太子（純宗）、皇太子妃の体調を心配したのだ。潜伏期間の間に、他の皇族へ水疱瘡のウィルスが感染しているかいないかは、きわめて重要な質問だったといえよう。

それにしても、たかが水疱瘡が治ったぐらいで、李垠が「聡明英慧」だったり、高宗が「止仁之徳」、「止慈之情」と持ちあげるところに、議会すらない高宗専制体制で近代を迎えてしまった朝鮮のズレを感じる。繰り返しになるが、もうこの頃には西洋医学が宮中には入っているのであって、水疱瘡などそれほど憂うほどの病気ではないのだから。

　翌一九日には「痘候今至収靨之日有落痂之喜」（傍点は引用者）とあり、李垠の顔（頬）にあった発疹のかさぶたがとれたと書かれている。この日にいたって、李垠の水疱瘡はほぼ完治したといっていい。しかし、その後も英親王府の府官は毎日全員登庁しているし、快復後の李垠の容態の良さを毎日『英親王府日記』に記してある。そしていくつかの儀式がまた執り行われた。まずは褒美だ。二二日には「賛尉趙忠夏任秘書院丞従二品金思轍任英親王府賛尉叙奏任官二等」と、賛尉の趙忠夏の品階が上がり、総弁の尹沢栄を上回った。そして、金思轍という人物が賛尉に取り立てられている。ただし、金思轍はこのあと『日記』に登場しないので、名誉職として賛尉の職を与えたということだろう。だとすれば、趙忠夏の「秘書院丞」というのも名誉職あるいは兼職に違いない。

　翌二三日には、明憲太后が次のようなものを下賜している。

賜総弁尹沢栄柳緑銀造紗一疋藍銀造紗一疋繍枕一部賛尉趙忠夏典読李世永典衛安必瑢金奭基各柳緑三八一疋白三八一疋雇員三人使令五名水工二名当五銭一百二十両

　英親王府には府令の五人の他に雇員が三人いたこと、そして下働きをする「使令」が「五名」、「水工」が「二名」いたということがわかる。人数の数え方からして差別化されているのは、英王冊封のときと同じだ。ちなみにこの明憲太后はこの年の年末に死亡している。また、右に見る「三八」とは「三八紬」を指している。なぜなら、ほとんど同じ内容で、翌二四日に皇太子妃が次のようなものを下賜しているからだ。

賜総弁尹沢栄柳緑雲紋紗一疋藍雲紋紗一疋三八紬一疋賛尉趙忠夏典読李世永典衛安必瑢金奭基各柳緑銀造紗一疋藍銀造紗一疋三八紬一疋雇員三人使令五名水工二名当五銭一百七十両

　よって「三八」とは「三八紬」と同じものとわかる。そして、皇太子妃の方が、一格高い下賜品を出しているのがわかる。明憲太后（憲宗継妃、南陽洪氏）から尹沢栄が受け取った「柳緑銀造紗一疋」を、皇太子妃は賛尉以下四人へと下賜していることや、下働きへの下賜金が多少上がっていることからもそれは見てとれよう。そしてこの二四日を最後に、英親王府の府官（総弁以下五名）全員が登庁するという厳戒態勢が解除され、普段通り交代で「入直」すなわち宿直《とのい》する勤務形態へと戻っている。

ただし、これらはあくまで明憲太后や皇太子妃の個人的な下賜品であり、皇帝（高宗）からの正式なものではないということはおさえておかなければならない。四月二六日に「詔曰」として、皇帝からの正式な下賜品が、府令だけでなく医官にいたるまで施されているからだ。少し長くなるが引用してみたい。

> 英親王府総弁以下別単○詔曰総弁尹沢栄終始入直特為加資陞嘉義賛尉趙忠夏半熟馬一匹　賜給典読李世永典衛安必瑢金奭基并守令調用雇員金景駿掌務員陞差雇員金興雲徐守辰并抜令使令四名水工二名等月銀一元式加磨錬○太医院都提調以下別単○詔曰太医院都提調尹容善廐馬一匹　面給子婿弟侄中一人初仕調用賞金一百元　賜給卿李根秀加資熟馬一匹　面給賞金八十元　賜給少卿金徳漢加資熟馬一匹　面給賞金六十元　賜給秘書院郎李義国陞叙許万弼陞六英親王府総弁尹沢栄加資差備入直医官兼典医朴準承守令待窠随先調用熟馬一匹　賜給差備待令医官典医補李海昌守令待窠随先調用熟馬一匹面給賞金一百元　賜給慶鈺守令待窠随先調用熟馬一匹　面給賞金八十元　賜給兼典医李峻奎外職陞叙熟馬一匹賞金五十元　賜給朴珉準守令待窠随先調用熟馬一匹賞金八十元　賜給議薬庁待令医官兼典医朴準承守令待窠随先調用熟馬一匹　賜給別掌務主事玄東完相当職待窠随先調用本院入直主事李禹善陞叙別入直医官典医蔡東根守令窠随先調用李漢宰陞叙盧駒栄陞一等崔錫胤加資別乳直主事沈永錫陞一等朴胤錫令宮内府随先調用問安医官典医金興圭鄭寅鎮兼典医康洪大李鶴浩并加資金大鎮外職陞叙典医洪哲普兼典医金鐘九朴璟夏崔邦麟裵碩鐘并陞叙鄭煥琪玄燐鳳并陞六其余員役等并依判下施賞○詔曰侍奉承奉金漢宗羅世煥并加資○詔曰承奉金漢宗羅世煥既已加資熟馬一匹　賜給○詔曰奉侍金圭復李炳鼎特為調用○詔曰議薬庁承伝色金舜敏加資○詔曰今番賞典中一人雖兼数事毋得畳授

退屈な場面ではあるが、読んでいるといろいろなことがわかる。まず、例えば英親王府総弁の尹沢栄は「終始入直」すなわちずっと李垠のために英親王府に詰めていたという理由で、功労者の筆頭に挙げられている。そして、特別に「加資」すなわち昇給と、「嘉義（太夫）」

の位へと叙せられている。この「位」は大臣などの官職とは少し異なり、正三品などといった品階とともに、歴代朝鮮王朝で使われてきた位で、高い官職に就くときに「〇〇太夫以上」といった候補者選考の基準などもあった。さらに尹沢栄はこれとはまた別に、秘書院郎李義国「陞叙」、許万弼《ホ・マンピル》「陞六」すなわち品階をひき上げたようだが、これとあわせてさらに「加資」されている。たかが水疱瘡にかかって平癒しただけなのだが、それだけに高宗がどれほど李坧を愛していたか、そしてそのために尽くしてくれた臣下に対してどれだけ感謝しているのが手に取るようにわかるではないか。なかでも尹沢栄の出世は著しく、他の趙忠夏が「熟馬一匹」、李世永、安必璐、金奭基が「守令調用」すなわち地方長官あるいはそれ相当の役職に取り立てるという程度の賞与であったことを考えると、その差は歴然としている。いや、病気を治したのは医官たちであって、英親王府の役人ではない。それにもかかわらず、彼は突出して目立っている。尹沢栄は英親王府の長たる総弁の地位にいることを最大限利用し、高宗に取り入り、立身出世の途を歩んでいっているといっていい。高宗に気に入られた者が出世する時代だったという「高宗専制期」の政治状況が、ここでも証明されるだろう。

　また、それまで名前がわからなかった「雇員三人」の名前（金景駿、金興雲、徐守辰）が明らかになっている。とくに筆頭に挙げられた「掌務員」金景駿は「陞差」すなわち位が上がり、他のふたりも「抜例」すなわち多少高い地位に引きあげられている。これによって彼らは「名前」が正式な文書に載る立場になったといっていい。「使令四名水工二名」は「月銀一元式加磨錬」すなわち一ヶ月あたりの給与を一元ずつ（「式」は朝鮮語の「씩」で、「ずつ」という意味。「磨錬」も「마련」を意味し、「してあげる」ぐらいの意味だと思われる）上げるという処置がとられただけで、依然として名前がないまま、無名の下働きであるという事実と対比すると雇員三人の地位はそれなりに高いものであったことが明らかだ。もちろん、雇員は事務職により近く、水工は用務員のような立場であったことを考えると当然だとはいえるが、それにしても雇員を下級とはいえ官吏の序列に加えるのは高宗の李坧への愛情と、病気への心配、そしてその平癒に対するほっと胸をなで下ろす気持ちが混ざってあらわれている。これも高宗の胸先三寸で誰でも官吏へと出世できたという状況をあらわしているといえまいか。

　その他は太医院の役人や医師たちへの賞与だが、長くなるのでかいつまんで話そう。太医院都提調の尹容善は厩馬（おそらくは、よく育てられた熟馬より状態のいい馬）一匹の他、彼の「子婿弟侄中一人」すなわち子どもや婿、弟、甥などの係累のなかからまだ官吏として出仕していないものひとりを、「初仕調用」すなわち科挙合格者の最初の登用と同じ格で出仕させるといっている。これはかなり大きな特典だ。その他にも「賞金一百元」が下されるが、それらを「面給」すなわち高宗から直接給付されている。じつはこの尹容善は、海平尹氏《ヘピョンユン》に属しており、尹徹求を養子として迎えているのだが、その尹徹求の息子が尹沢栄で、要するに尹容善と尹沢栄は祖父と孫の関係にある。ここにきて、海平尹氏の勢力拡張とその結果として「韓国併合」後の社会的地位の安定（侯爵に列せられる）が確保されていく様《さま》が見てとれるようだ。尹容善はこのとき数え七五歳、議政大臣まで勤めた彼は、老骨にむち打って、養子の徹求や孫のために高宗に取り入っている。また尹沢栄も、まだまだ後ろ盾が必要な数え二八歳に過ぎない若い人材だった。◆

　また、太医院の他の高級官吏たちも「賜給卿李根秀加資熟馬一匹　面給賞金八十元　賜給少卿金徳漢加資熟馬一匹　面給賞金六十元」すなわち李根秀は「卿」という爵位を、金徳漢には「少卿」という爵位を与え、熟馬を一匹ずつ与える他、「加資」すなわち昇給させ、その上「賞金八十元」あるいは「六十元」を高宗から直接給付されている。◆ちなみにこの金徳漢も当時数え三〇歳で、のちに男爵に列せられている。

　さらに、「差備入直医官」つまり差備門（王宮の正殿などの門）に入った、すなわち直接李垠を診た医師たちには「陸守令待窠随先調用」すなわち守令という地方長官の役職並に取り立てる。そしてその他、今回の治療にかかわった医師は全員名前を記し、それぞれに「陞叙」すなわち昇格させたり、「加資」させたりしている。ここでも無名の「其余員役等」すなわちその名前をここに書くことのされないような下級の人びとにも、「并依判下施賞」すなわち他の賞与にあわせて前例によって賞を下したようだ。そして最後に「今番賞典中一人雖兼数事毋得畳授」と、今回の李垠の病気平癒という事象では、ひとりでいくつもの役割を兼ねて行った者もあり、そのような者には「賞典」を授与するから「毋得（すべて）」受けよ、ということばで締めくくられている。

　じつはこの翌日である二七日には、この数倍にあたる数の臣下に「賞典」を授けており、この二六日はとりあえずの賞与と見ていいようだ。実際に二七日には議政府、秘書院、礼式院、景孝殿（明成皇后閔氏の慰霊のための殿閣）などの役人や陸軍の幹部など主だった側近にばらまくように賞与を与えている。そして「令法部元帥府検査局各該裁判所点閲文案精白審理六犯外并放釈雖六犯之内参究情跡可以減等者減等可以放釈者釈放以示曠蕩導迎之意」とあり、要するに裁判所に、獄中の犯罪者は六犯（殺人や強盗など六種の凶悪犯）を除きよく審理をした上で釈放し、もしも重罪人だったとしてもその情状をよく考えて、罪を減ずることができる者に関しては罪を減じ、あるいは釈放できる者に関しては釈放して、広く善

◆官吏へと出世できた　例えば1章で護産庁で活躍した「（護産庁）主事」の玄東完は、ここでは「掌務院主事」として登場している。臨時の官庁である護産庁の主事から、掌務院の主事へと安定した地位へと昇任しているわけだ。また、護産庁当時は「雇員」に過ぎなかった朴胤錫は「令宮内府随先調用」と、宮内府で雇い入れることが決められている。これらのことから、出産にかかわった医官やその事務官たちが、その後も李垠の対応を任されるほど高宗に気に入られていたこと、そして確実に出世していることがわかる。また蛇足だが、この日やはり総弁以下にくだされものがあった。

◆若い人材だった　尹沢栄にはひとつ年上の兄・尹徳栄がいたが、弟の方が優秀だったようだ。兄もそれなりの官職には就くが、弟に見劣りする。徳栄も「韓国併合」後は子爵に叙せられている。

◆高宗から直接給付されている　『英親王府日記』の光武七年七月二六日（陽暦）の記載には「痘候平復満百日」とあり、やはり高宗が原任議政大臣（前議政大臣。この時期は尹容善と李根命が交互に議政大臣を務めていた。一九〇三年五月に李根命が、六月には尹容善が議政大臣を辞任しているため、このとき原任大臣しかいなかった。この日に呼ばれたのはこのふたりのうちどちらかか、あるいは両方が呼ばれたのかも知れない）と尹沢栄を呼んで話をしてる。朝鮮では一〇〇日というのはさまざまなことで節目になる日としてよく記憶されるのではあるが、李垠の病気平癒に関してもこの一〇〇日目の際、尹沢栄は「侍時秘書院卿」と秘書院という皇帝の諮問機関で最高位の役職についていることが明らかになっている。英親王府総弁をやめてないので兼務ということだろう。ちなみに秘書院は、卿一名の下に、丞五名、郎四名の職員がいた。尹容善と李根命の二名は「宮内府特進官」として登場している。これは宮内大臣の下に仕える高級官吏の職である。このふたりが宮内府の役職を兼ねている。高宗は信用できる人材を大臣職と兼務させてでも傍においていると見ていい。また『日記』によると、典読であった李世永は、六月一六日（陽暦）に「青松郡守」へと転任し、典衛の安必璐が「典読叙判任官四等」へと格上げされた。これも、李垠の病気平癒に際しての「賞典」を実行していると見ていいだろう。府官は欠員補充として、尹冀鉉を典衛に任命した。職階は「判任官八等」だった。この尹冀鉉も尹沢栄の一族の可能性が高い。

蛇足だが、この病気平癒一〇〇日目の記念でも、「総弁以下」の府官や、掌務員一人、雇員二人、使令五名、水工二名に賞与があった。

導するという皇帝の意思を示せ、といっている。これは李垠の誕生の折にもなかった特典で、歴代国王が元子誕生のときに「重罪人を除く全国の罪人を釈放した」（キム、2013、24頁）のと同格である。英王冊封のときと同じ処置だ。このときの高宗がいかに喜んでいたかがわかるし、厳氏の影響のもと、英王を次期皇太子へとする意志を固めていることが仄《ほの》見えてくるようだ。あえて強いことばで説明するなら、英王李垠は水疱瘡を経て「次期皇太子」としてより引き立てられたといっていい。

その証拠に、これまでの賞与の状況を見てわかる通り、その内容は1章で皇子誕生のときに与えられた賞与を凌駕する内容だといえまいか。だとすれば、このときの高宗は、李垠の病気平癒に尽力した人びとの労苦を、李垠が生まれたとき以上の功績として考えていたといわざるを得ない。このことを述べるために、わざわざ退屈な漢文を列挙してみたのだが、結果的に高宗専制期のもっとも特徴的なこと、すなわち高宗はまず自分の家族――自身および皇太子（純宗）、皇太子妃閔氏、厳氏、そして李垠を信頼し、その次に、彼らに対して忠誠を尽くしてくれる臣下――尽くしているようにはっきりと目に見える臣下――として、高宗の血縁者や皇室、宮内府、英親王府、そして太医院といった直接自分の家族とかかわる官庁の人間が、高宗の眼にとまりがちであったということがわかってきた。

ところで、賞与の配給は、李垠の病気が峠を越して平癒したといえる状況ではあるがゆえに行われたものである。しかし、病気の直後は決して気をゆるめてばかりではいられないことであったろう。まして、次期皇太子格の李垠ならばその後の状況などは非常に心配されており、連日のように病状が、その後一ヶ月近くも『英親王府日記』に記載されている。李垠の水疱瘡に関する記述は五月一七日（陽暦）が最後で、「英親王今既快復」と明記されている。この日まで、医官たちも英親王府を足繁く通い、かいがいしく脈をとり、体調を管理していたわけだ。そして三度《みたび》、総弁以下英親王府の五人の府令に「賞典」を与えている。尹沢栄と趙忠夏には「双鶴冑背一双柳緑生雲紋紗一疋藍生雲紋紗一疋三八紬一疋」、李世永と安必璐と金奭基には「外鶴冑背一双柳緑広紗一疋藍広紗一疋」と、病気平癒の直後に皇太子妃からもらった賞与と同じような内容だ。その他に「雇員三人（おそらく金景駿、金興雲、徐守辰）」には「紬一疋木（木綿か）一疋」それ以下の「使令五名」には「木二疋」、「水工二名」には「木一疋」が「内下」されている。そして総弁以下に「賜餞」とあるから、菓子などのくだされものがあったのだろう。高宗にとっては、陽暦五月の中旬まで、李垠の体調は完全によくなったとは考えていなかった、峠こそは越したものの、その後の快復まで見届けなければ安心できなかったに違いない。

高宗は何ゆえにこんなに心配性であり、なぜこんなにも手厚く英親王府の人びと、そして太医院の官吏や医官に感謝の気持ちを表したのだろうか。李垠が愛する我が子であるから、だけでは少し弱いだろう。愛する我が子といえば、皇太子（純宗）がいるからだ。しかし、何度もいうように皇太子は身体が弱く、その上に毒茶事件で大きくその身体機能を悪化させている。健康な状態とはほど遠かったといえよう。しかもその毒茶事件があった現場も、他ならぬ慶運宮であった。高宗には他にも李堉という息子がいたが、彼も子どもの頃に死んでいる。だからこそ、李垠が病気になると、何か悪いことがないか、無事に助かるのか、心配で仕方なかったのではないか。まだ体力が養成できていない子どもが、ふとした病気で死ぬということはそれほど珍しくない時代のこと、その心配は杞憂とまではいえまい。やがて高宗は、いまや皇后に準ずる地位にある厳氏との間にできたこの李垠を、それこそ真綿でくるみ、風も当てないような慎重さで対応させようと考えていたの◆ではないか。

しかし、これを幼き日の李垠の立場で見てみよう。たかが水疱瘡である。それぐらいでこんな大騒ぎをされたらきっと負担に思ったのではないか。実際、彼は聡明ではあっても、身体はそれほど頑健な方ではない。このことはのちに、陸軍士官学校での生活で明らかにしていくが、それにしてもきっと気の重いことだったと想像される。「ちょっと具合が悪かっただけだよ……。もう治ったんだから……」というつぶやきが聞こえてくるようだ。おちおち病気にもなれない——これが高宗の息子として生まれてしまった李垠が、ものごころついた頃に染みついた、窮屈でもあり鬱陶しくもある宮中に対して感じた、正直な気持ちだったのではないだろうか。

じつは李垠は、この年もう一度病気になる。満六歳の誕生日（一九〇三年一〇月二〇日）の直後である一〇月三一日（陽暦）のことである。この日も『英親王日記』は「疹候発表」ではじまり、「府官全数単子問安于差備

◆**……と考えていた**　第1章の厳氏の出産の節で述べたように、出産後に嬰児が亡くなるなどの不幸があれば、当然のように担当官吏などは罰せられた。その伝でいうと、おそらくは病気が平癒したからこそ、このような手厚い賞与が下されたのだが、もしも病気が治らなかったら（つまり李垠に障害が残ったり、最悪の場合として死んでしまったら）、当たり前だが英親王府の府官たちも、医官も、いやその下の雇員や使令にいたるまで、厳しく罰せられたに違いない。

門外」すなわち総弁以下の府官が全員、英親王府がある「差備門」（殿閣の門、英親王府の建物はまだ建っておらず、おそらくまだ皇太子妃宮）にお見舞いに走ったということだ。このあとのことは、先の水疱瘡のときと同じような反応になるので、省略して論じると、この発疹は「紅疹発表」とあり赤い発疹であることがわかる。そして、平癒する一一月五日（陽暦）まで六日間——先の水疱瘡より短い期間——がかかっている。しかも一一月四日（陽暦）には「疹候諸節日益有康復」とあり、「康復」の文字から発疹からずいぶん快復していることが想起される。かつ「薬庁自今日撤罷退直本院」ということばでもわかる通り、薬官たちも本庁へと戻っている。発疹をともなう子どもの病気といえば、水疱瘡と麻疹がサッと頭に浮かぶが、春にかかった病気が水疱瘡だといったのは、そのとき「落痂」という、かさぶたがとれたと読める表現がされていたことに加え、水疱瘡とは時期的に晩夏から秋にかけてはかかりにくいことが挙げられる。すなわち一〇月三一日（陽暦）に李垠が病気にかかったときは、すでに水疱瘡の盛りは終わっており、状況的には水疱瘡以外の発疹をともなう病気すなわち麻疹《はしか》にこそかかりやすかったということが、傍証としてあげられる。であらばこそ、今回の病気は麻疹と見ていいのではないかと推定するのだ。

発病した一〇月三一日（陽暦）から、毎日のように府官は英親王府へと詰める。そして太医院都提調の尹容善が、麻疹のときと同じく、高宗に対して、皇帝（高宗）、明憲太后、皇太子（純宗）、皇太子妃閔氏に、体調に変わりがないか質問する。そして、最終的に尹沢栄が宿直《とのい》して、様子を見ることと決まった。その後毎日、府官、太医院そして医官らが英親王府を見舞い、すでに触れたように一一月五日（陽暦）にはほぼ全快している。この五日に次のような記述がある。

掌礼院卿臣李容植謹　奏　英親王疹候克臻平復　聖心嘉悦黎情胥欣寔与痘候平復之日喜慶均焉告　廟頒詔陳　賀等節即為択吉挙行如何

つまり、掌礼院卿の李容植《イ・ヨンシク》が謹んで奏上した。皇帝陛下に申し上げます。英親王様の病気も平癒したことであり、陛下もお喜びになり、お心も落ち着かれていらっしゃるでしょう。我々も喜んでおります。英親王様の病気平癒の喜びは下々もまたいっしょです。そこで吉日をえらんで謹賀の詔を廟に告げるまつりをしたいのですがいかがでしょうか——ということだ。それに対して「日官金東杓推択則陰暦九月二十日為吉」すなわち何度も登場する金東杓によい日をえらばせたところ、陰暦九月二〇日がよいとの結果が出た、というわけだ。そしてその日に「圜丘　宗廟　永寧殿　景孝殿　社稷告由祭同日暁頭設行」というから、明け方から圜丘壇（高宗が一八九七年に皇帝に即位した場所）、宗廟（朝鮮王朝の歴代国王を祀る廟）、永寧殿（宗廟内にある、朝鮮王朝最初の国王である李成桂以前の四代の祖先を、国王、王妃として祀るみたまや）、景孝殿（明成皇后閔氏を祀るみたまや）、社稷壇《しゃしょくだん》（朝鮮王朝で国土の神＝社と穀物の神＝稷に対して祭祀を行った場所）で、告由祭を行うことが決められた。陰暦九月二〇日といえば、陽暦一一月八日にあたる。かなり早くこの病気平癒の告由祭を執り行うことが決まったといっていい。それは水疱瘡と麻疹という、子どもがかかる病気の代表的なものをとりあえず両方克服したということへの祝賀と感謝の意を表明するためのものだった。ちなみに、総弁以下の府官に対し、一一月四日（陽暦）には銭や白米が、五日にも「賜饍」と、くだされものがあった。

賞与に関しては、先の水疱瘡のときほどではないが、やはり大きく取り上げられている。一一月六日（陽暦）には総弁尹沢栄は「為陸一等」、賛尉趙忠夏は「半熟馬一匹」、典読安必瑢と典衛金奭基は「守令調用」、典衛尹冀鉉は「特陞一等」、掌務員金景駿、雇員金興雲と尹《ユン》泰義《テウィ》には「并抜例」、大庁直二名、使令五名、水工二名にも「月銀一元加磨錬」すなわち月額一元の昇給がなされている。また、太医院の官吏、医官などに同じような「賞典」◆が施された。とくに太医院都提調の尹容善は「厩馬一匹面給子婿弟侄初士調用賞金五十元」とあり、また尹容善の係累が科挙合格者の扱いで出仕を許されるなど、大きな賞与を得ている。

そして迎えた陰暦九月二〇日（陽暦一一月八日）、朝服に身を包んだ「文武百官」（五品以下は黒団領を着用）が、正殿である中和殿（一九〇二年に竣工）の「宮庭」に居並び、まずは王府官（英親王府の官吏）が堂内に入って「賛儀唱鞠躬再拝与平身」と病気平癒の喜びを伝える詞書きを読み上げ、かしこまった上で、お辞儀を繰り返して平身している。そして「宗親文武官」すなわち全州李氏に属する文武官が「鞠躬」とかしこまるところで「楽入」とあり、彼らが「再拝与平身」すなわち二度のお辞儀を繰り返してまた平身するところで「楽止」とあるか

◆**賞典**　この「賞典」に直接関係しているかどうかはわからないが、翌一一月七日（陽暦）には英親王府賛尉の趙忠夏が秘書院丞正三品（すなわち秘書院卿の尹沢栄の補佐）に補せられ、代わって張承遠が「賛尉叙奏任官六等」に任命されている。

ら、この宗親文武官が重要な意味を持っていることがわかる。「時原任大臣」すなわち閣僚が「由西階陞入堂内就位」すなわち西の階段から上っていってなかに入る。そして「代致詞官」が同じように西の階段から上がり、「賛儀唱」すなわち病気平癒の詞書《ことばが》きを読み上げる。そして「宗親文武百官」が「議政府主事捧致詞函」すなわち「致詞」の入った箱を捧げ、議政大臣（九月に復職した李根命）と前議政大臣（尹容善）がその箱を受け取り、平伏する。その後、宗親文武百官が同じく平伏し、また「楽入」となり、再拝し、「楽止」という音曲が入ったあと、王府官がやはり平伏し、退出するなどといった儀式が一通り終えるわけだ。かなり端折ってはいるが、これが「錫宴」とはまた別の意味で大仰なものであり、そして議政大臣よりも「宗親文武百官」すなわち高宗によって「国王の一族」と認められた高官たちの方が上位についていることがわかるなど、興味深い儀式だといっていい。

たかがちょっと病気になったぐらいで……。もう治ったよ……。この儀式は、幼い李垠のため息が聞こえてきそうなほどの「重い」ものではあるものの、ともかくも李垠は平癒したのだ。

この日、高宗は「法部元帥府」に命じて犯罪者を釈放したり、罪を減じるなどの処置をとるように言い渡している。この点は、前回の水疱瘡のときと同じだ。さらにいえば、翌一一月九日（陽暦）には明憲太后と皇太子妃から府官たちや、雇員、使令、水工に対して褒美があり、また一一月一七日（陽暦）には高宗から宮内府の役人など、この李垠の病気で世話になったさまざまな官吏が賞与にあずかっている。ただし、今回の「賞典」は、水疱瘡のときより一段階低い内容となっている。まず太医院の官吏たちや医官たちが賞与にあずかっていない。また、それとは対照的に今回賞与を授かったものたちは、いわゆる初登場のもの――いままで褒美をもらっていなかったもの――でかためられている。宮内府会計課長、通信司電話課長や警護院のものたちなどがその典型だ。ただし、これらも「警護」や「宮内府」の人間で、やはり高宗のお側近くのものたちであり、高宗の人材への信頼は、やはり自分に近いか遠いかで判断していることがわかる。もちろん、我が子の病気に対する対応であるから、外交関係の官吏や商工業関係の官吏など、無関係なものに出す必要はなかろうが、それにしても「宗親」をより高い地位へとあげたり、自分たちを警護している人間などだけをかわいがるなど、一国の元首にしては少し困った傾向――臆病で他人を信頼していない傾向――があるように感じるのは私だけではあるまい。

ともかく、今回も総弁以下五人の英親王府官は「賞典」を授かっている。太医院や医官が賞与を与えられていないことから考えると、彼らだけは特別な扱いだといっていい。ただしもらったのは尹沢栄の「半熟馬一匹」が最高で、以下四人は「児馬一匹」に過ぎなかったとしてもだ。

さて、この英親王府の運営と李垠の病気快復というふたつのヤマを経て、海平尹氏なかんずく尹容善の一族が、内宮で大きな力を担っていく。それは李垠の母たる厳氏の出た寧越厳氏とともに、新たに内宮で勢力を手にした者たちであった。何度も繰り返すが、その後ろ盾は高宗の信頼――「高宗の家族」を守る人びと――という、高宗の個人的な人間関係によるものであったということは、これらの李垠の病気に関する対応から見ても明らかだと断言できよう。もはやこの時期の大韓帝国は、外宮＝廟堂での会議や閣僚の意味さえ軽くなり、あるのは内宮で高宗が直接下す判断のみといってもいいぐらいだ。私は前に、議会のない皇帝による直接的な政治運営をロシアと比較して言及したが、ロシアの皇帝でもここまで陰にこもっていはいなかっただろう。この傾向は、外交でも確実に反映されている。では、高宗はこの時期、どのような外交戦略を立てていたのか、以下に見ていくこととする。

三、日露開戦と大韓帝国

二〇〇四年を前後した時期から、日本では「日露戦争百年」を記念してさまざまな出版物が発行された。そのなかでも、人文社会系の研究者たちが日露戦争を問い直すという動きがあり注目された。小森陽一氏と成田龍一氏の編著本である『日露戦争スタディーズ』（２００４）もそのひとつだ。この本の冒頭で両者は対談しているのだが、そこではこのようなことが語られている。

成田　これまでは帝国化と民主化の焦点として「国民」が捉えられてきた。したがって、いかに国民化したかをめぐって日露戦争を明らかにしようという姿勢がありました――ポジにしろネガにしろ。しかしいま問われているのは、民主化の主体は誰なのか、それをどう名づけるのかということです。帝国の主体にならない民主化の主体をいかに発見し、いかに創りだすのかが焦点になっていると思います。

小森　そうですね。ですから、いままでの日露戦争の記憶から排除されてきた朝鮮半島や中国の人々、もっといえば難民化せざるを得なかった人々の問題を見逃してはいけない。（小森・成田、２００４、18頁）

いっていることは正しく、同意しやすい内容だ。しかし、この本では慰霊の問題や、兵站基地としての広島の問題、愛国婦人会や日本の民主化運動などをこそとりあげており、「朝鮮半島や中国の人々」「難民化せざるを得なかった人々」の問題と正面から向き合っているとはいいがたい。もちろん日露戦争を民衆の視線で分析しているという意味では有意義ではあるが、少なくとも「朝鮮や中国」「難民」などといった問題に関しては、問題提起で終わっているという感がある。

それに対して、金文子氏は『日露戦争と大韓帝国』（２０１４）で、あくまでも朝鮮を主体として日露戦争を解析するという試みを行っており、注目に値する。なお金文子氏は、

> 近年、日露両国は満韓交換で妥協することを考えており、勢力範囲をめぐる利害は妥協不可能ではなかった、にもかかわらず開戦に至った原因は、具体的利害の対立ではなく、コミュニケーションの不徹底から来る相互信頼の醸成失敗であった、という新しい解釈が提出されている。（大谷、２００４、82頁）

という研究動向に対して、説得力ある批判をしている。

それは「〔日本がロシアに「最終意見書」を出す前日である〕一九〇四年一月一二日早朝より、総理官邸において開かれた内閣元老会議において、日本の政軍指導者が対露開戦への意思統一をした」（金文子、２０１４、110頁）ことが大前提であったこと。さらに「〔本野駐露公使からの情報により〕ロシアが譲歩し、日本の要求を呑んだ回答書が数日中にも日本政府に届けられるかもしれない」という状況を日本政府は「難問」として抱えたこと（同書、121頁）。結果的にロシアの外務大臣ラムスドルフが、謁見の日まで待って欲しいという回答をしたことを、最終意見書に対するロシアの回答がないばかりか回答日時も明示しなかったと「日本の正当性の主張の根拠に利用された」（同書、126頁）というものだ。そして「伊藤博文は、日露開戦を避けようと努力した『対露協調論者』、ひいては『平和主義者』であるかのように語られてきた。〔中略〕しかし伊藤は、たとえロシアが日本の主張をすべて受け入れたとしても、今、つまりロシアの準備が整わないうちに、ロシアと戦争をしなければならないと、率先して主張したのである」（同書、125頁）と述べるように、日本の政軍首脳はともに戦争回避を考えていなかったと実証している。

もちろん、右にある「コミュニケーションの不徹底」という議論は、西尾幹二らがよく語る「日露戦争を、ア

ジアがロシアの属領になることを救った戦争として位置づけようとしている」（小森、２００４、196頁）ことに対する批判としての意味はあるが、やはり金文子氏の議論を読む限り、これを「コミュニケーションの不徹底」によって回避できなかった戦争と見るには無理がある。第一、「コミュニケーションの不徹底」などということばを使ってしまえば、どんな戦争だってとどのつまりそのような問題があるのであって、すべての戦争は回避可能だったという綺麗ではあるが無意味な結論へと落とし込まれがちになってしまうのではないか。

　話を朝鮮へと戻そう。金文子氏は日露戦争を朝鮮侵略のための戦争と位置づけている。そしてその準備を一八八八年に竣工した日朝海底ケーブルの敷設から説き起こす。この辺の事情は金文子氏の『日露戦争と大韓帝国』に譲るが、朝鮮半島には日露戦争のかなり前から電信の利用による海外との交信という技術革命が起きていること、そしてそれが日本と深い関係があることをおさえておくこととしたい。

　さて、舞台を朝鮮半島に移そう。日露戦争の前夜、大韓帝国は中立宣言を出している。まず一九〇三年八月に日露両国に駐在する韓国公使を通じて、「戦時中立」の承認を求めている（金文子、２０１４、46〜47頁）。さらに高宗は、一九〇四年一月二一日に「ロシアと日本の紛争に対し、韓国は厳正中立を守る決意」として「外部大臣・李址鎔名の仏文電報で世界に向け発表し」（同書、40頁）た。「一九〇四年一月二八日、高宗は、駐韓〔ロシア〕公使パブロフに、中立宣言に対しイギリス、アメリカ、ドイツ、デンマーク、イタリアからすでに好意的な回答を得たと伝え、ロシアの回答を得たいと言った」（同書、70頁）。

> この「中立宣言」は、韓国駐在のロシア公使パブロフとフランス代理公使フォントネの協力を得て、高宗皇帝の使者・李建春が密かに中国山東半島の芝罘《チーフー》（煙台）へ持ち出し、同地のフランス副領事グレンが韓国の名誉総領事を兼ねていることを利用して、その職権で芝罘の電信局から世界に向けて発信されたものである。（同書、40頁）
>
> この問題に関し、高宗のブレインとなり、密使となって王宮と公使館を往来したのは、やはり玄尚健であった。（同書、71頁）

つまり、高宗は先手を打って、大韓帝国の安全すなわち「日本軍の仁川上陸とソウル進入禁止をソウル駐在外国公館の合意という形で発表させたいと考え」（同書、71頁）ていたわけだ。しかし、日本としてはロシアとの戦争は不可避と考えており、大韓帝国なかんずくソウルを兵站基地にすることは、いわば織り込み済みの問題だったのである。

　桂太郎内閣の外務大臣・小村寿太郎は、駐韓公使・林権助を通じて、日露開戦に備えて日韓秘密条約を結ばんとしていた。それは以下のような内容だった。

① 韓帝の最も忌む亡命者に関し、韓帝の満足する牽制を加ふる事。
② 財政を補足する為め巨額の借款を供与する事。
③ 相当の運動費を韓廷の勢力者に与ふる事。
　さらに「我の加ふ可き威力」として、
④ 対露交渉に多大の影響を及ぼさざる範囲に於て京城駐剳の我守備兵を倍位に増加する事。
（同書、49頁）


　これは一九〇三年一〇月一四日付けの林公使からの書簡にある文言で、これを受けて日本政府は「実力を以て之を我勢力の下に置かざるべからざるは勿論なりと雖《いえども》、出来得べき丈《だ》けは名義の正しきを選ぶ」というように、大韓帝国の版図を「兵站基地として作戦を展開すること」は、参謀本部の既定の方針であった」（同書、49〜50頁）。

　これに対して高宗は「日韓密約締結を強要する林公使を避けるため、病気を理由にすべての謁見を断っていた」（同書、53頁）らしい。この「病気」のなかには、前節で見たように英王李垠の水疱瘡、麻疹などの病気もはいっているのではないかと推察できる。これはあながち嘘ではない。また明憲太后も一九〇四年一月二日（陽暦）に死んでおり、韓国皇室はこのとき大変な物忌みの最中であったわけで、当然日本の圧力を避ける意味がより強いとは思うが、とにかく林公使は遠ざけられていたのだ。

　そこで林権助は李址鎔を筆頭に、李根沢、閔泳喆など三名と交渉を続けていく。しかしこれは、「（高宗が一九〇三年）一二月の終わりに、臨時に外部大臣に任命した李址鎔に林公使の話を聞くように命じたのも、交渉に応じる振りをしながら日本の軍事行動の開始を引き延ばし、世界に向けて中立宣言を発表する準備」（同書、64頁）をするための時間稼ぎでしかなかった。高宗は何としてでも西洋諸国の承認を得なければならなかったのである。

　話は一九〇三年八月にさかのぼる。日露に「戦時中立」を申しいれていた高宗は、その直後に、先の引用文で登場した玄尚健をヨーロッパへと送り込んだ。

　一九〇三年八月に仁川から出立した玄尚健は、まずフランスへ行き、次いでオランダへ行き、さらにドイツを経て一一月一四日にロシアに入った。そしてラムスドルフ外務大臣に面会して、ニコライ二世あての高宗の親書を手渡したのである。
〔中略〕
高宗は、一九〇三年八月の時点で、日露両国に韓国の戦時中立の保障を求めると同時に、日露開戦になれば日本が韓国の中立を侵犯するであろうことを前提に、ロシアとの同盟関係樹立を希望していたのである。
高宗は玄尚健にもうひとつの親書を託していた。それはオランダのウィルヘルミナ女王にあてたもので、韓国がハーグ平和会議へ参入するための助力を請う内容であった。（同書、68～69頁）

のちに述べるように、ロシアの後押しもあって大韓帝国はハーグ平和会議への参加が内定するが、その後の国際環境の変化で実際には参加できないという悲劇を迎える。また、この玄尚健という人物は、当時宮内府礼式院翻訳課長の地位にあり、フランス語を専門としていた。◆すでに触れたように、代々通訳官を輩出した川寧玄氏の出身で、五代祖から全員が通訳官を務めていた家門の出身だ。朝鮮近代文学で大きな仕事を遺した玄鎮健や、開化期に日本の落語の演目である「文七元結」を『東閣寒梅』という題名で翻案した玄公廉◆も、この一族から出ている。

しかし、こういう努力も戦争という「熱い国際交渉」の前には無力だったといわざるを得ない。局外中立を叫ぶ大韓帝国および高宗の声も、一九〇四年二月八日深夜の日本軍仁川上陸によってあっけなく吹き消されてしまったからだ。

二月八日の深夜から九日の未明にかけて仁川に上陸した韓国臨時派遣隊（第一二師団中の四大隊で編成）は、東清鉄道仁川支店を占領して司令部を置くと同時に、仁川－ソウル間の鉄道を利用して、一気にソウルに軍を進めた。その後一九日には第一二師

◆**フランス語を専門としていた**　玄尚健は日露戦争後、アメリカ公使アレンの助けで上海に亡命し、フランス人経営の会社に勤めるなどして、一九二六年五月に上海で死んでいる（金文子、２０１４、72頁）。
◆**玄鎮健や……玄公廉**　玄鎮健の小説は『朝鮮短編小説選（上）』（１９８４）に、略歴とともに小説「運のいい日」が紹介されている。また玄公廉については、李建志（２０００）参照。また川寧玄氏については、金良洙（１９９８）参照。

団長井上光中将が、一二師団の残存部隊を率いてソウルに到着した。

この間、ロシア公使パブロフは、二月一二日に、フランス代表を韓国におけるロシアの権益代理人に定め、公使館職員と在留ロシア人を従えて、ソウルを立ち去った。（同書、76頁）

当然だが、このような大部隊がソウルにはいるとなると、宿舎が問題になる。韓国公使館付武官となっていた伊地知幸介は、「景福宮か昌徳宮を兵舎にあてようと考え、翌日〔一九〇四年二月一七日〕昌徳宮を使ってよいという高宗の許可を得」、さらに「昌徳宮以外にも現に韓国政府が使用している官衙や兵舎を明け渡せと再び要求した」。その結果「南大門から東大門に通じる大通り〔現在の南大門路と鐘路〕に面した民家を兵舎に宛ててよいという承諾を得た、と伊地知は勝手に言っているが、このとき、突然日本軍に自宅を占領され、厳冬の中に放り出されたソウル市民たちが大量に出たわけである」（以上、同書、77頁）。

実際、戦時に軍が駐留するということは、さまざまな面で非戦闘員たる住民に深刻なまでの苦痛を与えることになる。例えば、このときのソウルの混乱を想像するために、日本軍の出撃地であった広島の状況を見てみるのも悪くなかろう。荒川章二氏は、日露戦争中の広島での負荷を、鉄道路線の整備および防諜、部隊への歓送迎問題、宿営にかかわる負担、伝染病などの衛生問題、性病問題といった五つにまとめている。このうち、宿営については、民家の徴用される家には「将校四九銭、下士以下三六銭の日々賄料が支払われたが、その際、軍は、将校・下士以下を分け、朝・昼・夕食それぞれにつき標準献立を強制した」（荒川、２００４、93頁）という。おそらくソウルでもこれに準じた対応をしたのではないか。だとすれば、もともと食文化が違う国に来て、我がもの顔で日本的な食事を要求した可能性が高い。ちなみに、広島では「下士以下の昼食であれば、『めし、皿、煮肴又は牛肉の類、吸物、漬物』でこれを一人一〇銭で用立て」（同前）なければならなかったという。すでに述べたように、この当時の一円は現在の金銭感覚で一万円ほどだから、将校でも一日五〇〇〇円、下士以下では四〇〇〇円を下まわることになる。おそらく当時はキムチなどの漬け物を食べられる日本人は少なかっただろうから、さまざまな行き違いによる衝突が絶えなかったに違いない。

また、衛生問題では「広島市は飲料水のみならず食器その他衣類の洗濯まで水道上水使用を求めた」（同書、94頁）というが、当時の朝鮮半島には上水道そのものが整っておらず、一九〇三年九月に米国人コブラン（C. H. Colbran）とボストウィック（H. R. Bostwick）に上水道敷設の権利を与えたばかりだった。この上水道の敷設が、英王李垠の病気とかかわっているのかどうかはわからないが、少なくとも衛生上よくない川の水などを飲料水として飲むことに危機感を持った高宗の施策のひとつだといっていい。しかし、この上水道が完成するのは日露戦争を挟んで五年後の一九〇八年であることを考えると、井戸水などに頼らざるを得なかったはずだ。朝鮮半島ではいまでも湧き水を「薬水」と呼んで大事に使う傾向があるが、高宗の時代はともかく現代のソウルでは土壌汚染などが進み、飲み水としてはふさわしくないものも多い。

そして最大の問題となったであろうことが、性病の問題だ。広島の場合、遊郭街が一大不夜城となり、「一九〇四年の娼妓は、前年の六四四人から三倍化して一八〇一人へ、芸妓一六九人から三八一人へ、酌婦は八三五人から三〇一四人へ、貸座敷遊客人員は一〇万六八一四人から四〇万一九七九人、同揚代金も八万一五四一円から三四万三二〇一円へとそれぞれ四倍化した」（同書、95～96頁）、「戦地出征前の不安を、遊郭を舞台に爆発させた」（同書、97頁）というが、ソウルではどうだっただろうか。芸妓にあたるであろう妓生というものは存在するし、いわゆる悪所もなくはなかったが、とうてい一個師団、おそらく万に届く人数を相手にするほどのものはなかっただろう。記録にはあまり残っていないだけに、どのようなことが起こったかわからないが、さまざまな暴力が飛び交い、そして不幸な事件も多発したのではないかと推察できる。少なくとも、民間の家を日本軍の事情で勝手に接収しておいて、紳士的に何事もなく過ごしたというのは、右の広島の事例を見てもあり得ないことではないか。

そして日本は軍事力を背景に、高宗に対して一九〇四年二月二三日に「日韓議定書」を強要する。それは、次のようなものだった（原文は国漢文）。

議定書
大韓帝国
皇帝陛下の外部大臣臨時署理陸軍参将李址鎔及び
大日本帝国
皇帝陛下の特命全権公使林権助は各相当の委任を受けて左に示す条件を協定す
第一条
韓日両帝国間に恒久不易の親交を保持し、東洋和平を確立する為に
大韓帝国政府は

大日本帝国政府を確信し、施政改善に関してその忠告を受け容れる事
第二条
大日本帝国政府は
大韓帝国
皇室を確実な親誼で安全でやすらかな状態にさせる事
第三条
大日本帝国政府は
大韓帝国の独立及び領土保全を確実に保護する事
第四条
第三国の侵害に由り、或いは内乱の為に
大韓帝国
皇室の安寧と領土の保全に危機がある場合には
大日本帝国政府は速やかに臨機必要な処置を行うことが可であらば
大韓帝国政府は右
大日本帝国政府に行動を容易にする為に十分便宜を与える事
大日本帝国政府は前項目的を成就する為に軍略上必要な地点を随機取用することを得る事
第五条
大韓帝国政府と
大日本帝国政府は相互間に承認を経ずして、のちに本協定趣意に違反する協約を第三国間で締結することを得ない事
第六条
本協約に関連する未悉の細条は
大日本帝国代表者と
大韓帝国外部大臣間で臨機協定する事
光武八年二月二十三日
外部大臣臨時処理陸軍参将　李址鎔
明治三十七年二月二十三日
特命全権公使　林権助
（『李朝実録第五十六冊』、1967、177～178頁）

ここで李址鎔の名前が出ているが、彼自身はこの議定書には反対で、「林の許に出入りしていた具完喜に、前もって『外部の官印』を捺印させていた」ものに、李址鎔を「脅して署名させた」（金文子、2014、80～81頁）という。

さて、文面を見ると、大日本帝国と大韓帝国という相互の国名は行をあらためて書いていること、『高宗実録』では大韓帝国の皇帝や皇室といったことばは行をあらためるだけでなく、一文字分上げて書いていることなど、些末ではあれど、当時の筆記の様子が伝わってく

る。もちろん、そのような「敬意」とは別に、明らかに日露戦争中に日本が朝鮮半島で何をしてもいい状態――軍略上必要な地点を「取用」したり、日本への反発などで「内乱」が起きた場合も日本軍がそれを鎮圧できるということ、さらには日本の了解なしに他国と協約を結べないなど、がんじがらめにされていることが見てとれる。

しかしこれは、日本軍による不法占拠の追認に他ならない。日本軍は日露開戦以前の一九〇四年二月六日に「韓国の鎮海湾の占領と馬山電信局の占領、また釜山近海におけるロシア船舶の拿捕」（同書、278頁）という軍事行動に出ており、大韓帝国の主権を最初から無視◆している。そして議定書によって、それらの無法を強引に合法化したというのが実態だといっていい。思えば、ソウルの東大門から南大門までの大きな通りにある民家は軍に接収されたことは見た通りだが、これも議定書締結以前のことだ。

さらに林権助公使は、(1) 京義鉄道敷設権、(2) 沿海漁業権、(3) 沿岸および国内河川の航通権、(4) 土地所有権または地上権など、(5) 鉱山採掘権と五つの権利の収奪を計画し、順次獲得しなければならない旨を、議定書締結後の二月二七日の小村寿太郎外務大臣宛電報で伝えている。そして「鉱山採掘権については、一部を除いてそれ程有利なものではないので、ベルギーやイタリアにも他国と同じように一箇所ずつ分けてやって、日本に同情させるのがよい」（以上、同書、88～89頁）とさえいい、小村もこれに同意していたという。

ただし、この議定書の締結については、同年二月二七日「枢密院副議長・東久世通禧《ひがしくぜみちとみ》をはじめ一五名の枢密院顧問官が連署して、日韓議定書が、枢密院に諆《ママ》られることなく、とりわけ天皇の許可も得ずに調印され、外務

◆**大韓帝国の主権を最初から無視**　金文子氏は、司馬遼太郎が『坂の上の雲』で、鎮海湾が「韓国の領土である陸上とはなんの交通もなかった」としていることを、「デタラメ」であると述べている（金文子、2014、285頁）。この種の指摘は、金文子氏に先立って、竹国友康氏が以下のように述べている。「〔司馬遼太郎の口振りでは〕日本領土内でおこなわれたような大口径の艦砲による射撃演習と実弾による目標物の物理的な破壊、つまり朝鮮の領土に対する侵犯はいっさいおこなわれず、自制されていたということを示唆しているかのようである」（竹国、1999、67～68頁）が、実際には「〔鎮海湾に浮かぶ無人島の〕『吹島』を標的として実施されており〔中略〕朝鮮の領土は物理的にも破壊されていたのである」（同書、71頁）。

大臣によって事後報告されたのは『臣等の深く遺憾とする所』であると、天皇に訴えた」ことからもわかる通り、「日韓議定書の締結方法が、韓国に対して不法きわまるものであっただけでなく、日本の国内法上の手続きも無視したものであった」（同書、87〜88頁）わけだ。しかし、もちろん右の林権助公使案の権利収奪は「天皇、各大臣、参謀総長、四人の元老（伊藤、山県、松方、井上）に回覧された」（同書、89頁）、すなわち稟議を経て追認されているわけで、まさに「無理を通して道理が引っ込む」状態で、朝鮮半島は日本の勢力下に置かれてしまったといっていい。これは先に見た、鎮海湾と馬山電信局の占領が、明らかに第三国への不法な軍事力行使であるにもかかわらず、「欧米列強からの国際法違反の追及には極めて敏感な山本（権兵衛）も、韓国に対しては、国際法を遵守する考えは毛頭なかった」（同書、325頁）という事実と通いあっている。ゆえに、林権助公使以下、日本の政軍関係者は、日韓議定書に反対する李址鎔、閔泳喆、玄尚健などの要人を日本に連れて行く計画もあったが、李址鎔はこれに応じず、閔泳喆は英国商船に乗って清国公使として北京へ着任、玄尚健と李学均も米軍艦に乗って芝罘へと脱出した。ただ李容翊という内蔵院卿（皇室財産を管理する役所の長）と度支部大臣（大蔵大臣）を兼任していた人物だけが日本へと連行された。彼は一八五四年生まれで、長い官吏生活を経て、その地位についている。本貫は全州すなわち高宗ら王族と同じであり、朝鮮王朝を築いた李成桂の異母兄・完豊大君《ワンプンテグン》の末裔で親露派だった。拉致されながらも、日本で研鑽を積み、一九〇四年一二月に日本から帰国してからは、「高宗から財政援助を受けて普成専門学校（現在の高麗大学校）を設立」、その後「最後まで日本に屈することなく、韓国の主権回復のために戦」い、「一九〇八年二月にウラジオストックで死亡した」（以上、同書、85頁）。

　このような収奪が行われていたにもかかわらず、日本では、日露戦争が朝鮮を「戦場」としたことを忘れがちになっているのはどうしてだろうか。竹国友康氏は以下のように述べる。

> 　結局、教科書であれ小説であれ、日本社会において日露戦争についての記述や認識が一面的になりがちなのは、私自身もそうだったのだが、「巨大なロシア帝国に対して果敢に戦いを挑む日本の将兵たち」を見つめていた、あるいはその場に現実に居合わせていた朝鮮・中国の人びとの眼差しに対する想像力が欠けているからだろう。つまり、朝鮮・中国という主体が、日本（自己）と向きあっていた他者として、自己の視野のなかにきちんと入っていない

のだ（このことは『海戦史』などの軍史料に、鎮海湾住民についての記述が欠落しているという点にもよくあらわれている）。（竹国、１９９９、71頁）

その通りだ。朝鮮半島を、日本軍は事実上「橋桁」として利用した。いや、濫用したといってもいいかも知れない。そして、そのついでに「朝鮮半島の利権」を、火事場泥棒さながらに奪い取っていったのである。ここには司馬遼太郎が『坂の上の雲』で語るような、「美しい日本人」など、かけらも見当たらないではないか。

四、日露戦争時の通訳・李人稙と都新聞、そして日比谷焼打ち事件

竹国氏や金文子氏の議論はよくわかるのだが、ひとつだけ抜けていることがある。それは「通訳」である。具完喜という人物のことまではわかるが、彼と林は何語で話をしていたのだろうか。おそらく、通訳を通じて話をしていたのではないかと考える。江戸時代から対馬にあった朝鮮語の訳官の流れを汲む人びととその教場が、東京外国語学校朝鮮語科へと引き継がれていたが、高等商業学校などに吸収され消滅していた。そして大陸への進出意欲が強まった日清戦争後に新たに東京外国語学校◆が再興され、ここに韓語科が置かれた。朝鮮語の先達とし

◆**閔泳喆……李学均**　閔泳喆と李学均に関しては、「上海ニ亡命シタル韓人李学均閔泳喆等ノ行動偵察一件」（韓国統監府総務長官代理木内重四郎発、外務次官珍田捨巳着、明治四〇年二月一二日）に、李学均は「排日運動ニ余念ナク」閔泳喆は「本年一月初旬」「同地ヨリ密カニ数個ノ爆裂弾ヲ携ヘ帰韓シ京城ニ於テ同臭味ノ者時々密会」しているという報告がなされている。

◆**東京外国語学校**　一八七三年に英・仏・独・清（中国）・魯（ロシア）の五言語を扱う学校として成立し、のちに朝鮮語も学科として立ち上がる。しかし、一八八五年に英仏独は一高に、残りの学科は東京商業学校に統合されて廃止される。一八九四年の日清戦争を経て、外国語通訳の必要性が高まったため、一八九七年に再興され、英・仏・独・露・西（スペイン）・清・韓の七学科（朝鮮語は韓語科として復活）で再出発する（一八九九年に伊（イタリア）語を設置）。本科は三年制で、夜間の別科は二年制、初年度の入学生のうち、韓語はわずか六名だった（石川、２０１４、99頁）。

ては、２章に登場した対馬出身の前間恭作が一八九一年に外務省留学生としてソウルにわたり、一八九四年から仁川にある日本国領事館書記生となっている。同郷の先輩で、朝鮮語通訳官であった国分象太郎も、ソウル勤務であった。国分は旧東京外国語学校朝鮮語科出身だ。その後、前間はシドニーへと転勤するが、一九〇二年に在韓日本公使館二等通訳官として朝鮮半島へと戻り、伊藤博文の通訳としてのちに見る第二次日韓協約の交渉にあたった（以上、白井、２０１５参照）。その他にも、「明治三七年の新年が明けてまもなく、陸海軍から『韓語に通ずるもの五六名を得たし』という連絡が（東京外国語）学校に届いた」ため、「緊急の要請にすぐには応じられず、郷里に戻っている生徒たちに電報で連絡をとって間に合わせたという」。そして、同年一月下旬に露清韓各語に対して、「数十名の通訳を依頼」され、「三月二三日、露・清・韓語学科の卒業試験を繰り上げ、生徒を卒業させて要請に応じた」（石川、２０１４、105〜106頁）。当時の東京外語の入学は九月であり、明治三九年（一九〇六年）から四月入学になったという経緯があるが、本科第二期生が半年繰り上げで卒業したことになる。ちなみに、韓語の一期生は六名、二期生は三名、三期生は一六名へと増加するが、四期生は〇名と、一九〇四年時点での卒業生自体が非常に少なく、朝鮮半島での通訳は足りない状態が続いていたといっていい。そこで、日本語が堪能な朝鮮人も利用されていくことになるわけだ。

　ここであえて、ひとりの朝鮮人「作家」を登場させてみよう。彼の名前は李人稙（一八六二〜一九一六年）。前近代文学と近代文学の橋渡しともいうべき「新小説」と類別される長編小説『血の涙』を書いたことで知られている。

　彼は一九〇〇年二月に大韓帝国政府官費留学生として渡日し、同年九月に東京政治学校に入学、一九〇三年七月二七日に卒業した。彼は留学中である一九〇一年一月に『都新聞』の見習記者になっているが、卒業とともに見習記者もやめている。この間、彼は作家活動も開始している。一九〇二年一月二八〜二九日に『都新聞』へ「寡婦の夢」◆[27]という小説を発表し、朝鮮へ帰国後も彼のかかわった新聞に自ら小説を書き、ついに朝鮮初の本格的新聞小説である「血の涙」（『萬歳報』一九〇六年七月二二日〜一〇月一〇日）を連載する。逆にいうと、朝鮮ではいわゆる「新聞小説」◆なるものは李人稙によって本格的に展開されたといえる。また、一九〇四年に日露戦争時の日本陸軍で韓語通訳として従軍し、また一九〇六年二月に『国民新報』主筆、同年六月に『萬歳報』主筆、一九〇七年七月に『大韓新聞』社長、同年九月に大韓帝国政府から「宣陵参奉」に任命されるのだが、六日後に依願免職している。

李人稙の留学にはさまざまな問題がある。まず第一に、彼は留学時すでに四〇歳に垂《なんな》んとしているわけで、かりに留学から帰ってきてもその知識や技術を活用するにしては薹《とう》が立っているということ、そしてわざわざ「東京政治学校」などという怪しげな学校に留学しているということ。その上、官費留学生として日本に行きながら、すぐには官吏としての生活を歩まず、主に新聞人として活躍していたことなど、何か裏がありそうだ。

そこでまず、東京政治学校について考えてみよう。「私立東京政治学校並びに明治英学校設立出願書」（松本、1898）などを参考にすると次のような学校だったということがわかる。この学校の成立は明治三一年（一八九八年）九月で、三年制高等教育機関として認可を受けていた。開講科目としては政治学、経済学、国家学、戦時国際公法、国際私法、国際公法、雄弁学、新聞学などといった実践的なものが多く組まれていた。教官には小松緑、金子堅太郎など伊藤博文＝政友会に連なる人士が多く、校長の松本君平◆自身も静岡県出身の政友会系代議士だった。校舎はもともと神田区裏猿楽町にあったが、翌年には神田区錦町三丁目に移転し、一九〇六年に本郷区向ヶ丘弥生町三番地に移るまで動かなかった。

当初は「明治英学校」という英語教育機関が併設されていたようだ。同じ校舎を午前中は英学校が、午後一時からは東京政治学校が使用するかたちだが、一九〇〇年九月の報告ではこの「明治英学校」の記述がなくなるの

◆「寡婦の夢」　この小説については、拙稿「『寡婦の夢』の世界」（李建志、1999）参照。

◆新聞小説　朝鮮の新聞小説については、日本のように「雑報」から発展していくような経緯はとらず、むしろ「論説」を寓話的に書いた大衆教育的な話から成立していくという議論がされ、有力になりつつある。時代が降るにつれ文学性を強めていく傾向があるため、これは「叙事的論説」→「論説的叙事」と名付けられて整理される（金栄敏、1997）。これは李人稙を筆頭とした書き手による小説（「新小説」と類別される）が登場する以前の小説史として貴重な見解だ。この「新小説」は政治的な主張も含まれているが、やはり〝文学〟であり、李氏朝鮮時代の古典小説にも連続性があると思われる。筆者はこれまでの韓国での国文学研究とは一線を画し、この開化期の文学を〝（李氏朝鮮時代の）ハングル小説、パンソリ系小説→新小説→一九一〇年代長編小説〟への「物語」創造の流れと、〝古典漢文小説、野談→「叙事的論説」「論説的叙事」→一九一〇年代短編小説〟という教化的寓話の流れのふたつの柱で朝鮮の開化期文学を構想している。

で、あるいは廃校したのかも知れない。一九〇〇年九月といえば政友会が成立し、松本君平が政治家として実際に動きはじめる時期だから、多忙につき教育縮小といったところだろうか。あるいは学生が集まらなかったのかも知れない。

授業は一日四時間で、一時限は一時間足らずというから、午後五時までは授業があった計算だ。学生は午前中には時間が空いていたことになるので、李人稙もこの空いている時間を利用して都新聞社に出入りしていたのではないかと予測される。この学校は出版部も持っており、東京政治学校講義録などの書籍が出版されていた。ただし、松本君平の講義録である『新聞学』は一八九九年に博文館から上梓されていた。やはり、このような学校設備の充実も、彼が代議士になったあとのことのようだ。

ともあれ、この学校で李人稙が学んだというのは興味深い。先にも触れたように、一九一〇年の「日韓併合」時に、李人稙が当時の首相である李完用の個人秘書として活動し、韓国統監府外事局長であった小松緑と接触して合邦のために働いたということは有名だ（全光庸、１９８６、61～65頁）。小松が東京政治学校で教えていた経歴があることを考えると、興味深い。また、彼が見習い新聞記者をすることになる都新聞社には遅塚麗水《ちづかれいすい》がいて、実際に李人稙が小説を書いた際「麗水補」という署名がされていることから、李人稙の教育者として遅塚がえらばれていたことがわかる。遅塚も一八六六年に生まれた静岡県出身の士族で、都新聞記者として記事のみならず小説、紀行文を発表していた。松本とも共通点の多い、同世代の人物ともいえる。

このような李人稙の周辺人物を探っていくと、そこに偶然以上の一致を見る思いがする。本来ならば官費留学生にえらばれるような年齢でもなかった彼が、いったいなぜ日本に留学できたのか。そしてなぜ東京政治学校、都新聞なのか。おそらくは、すでに朝鮮にいるときから、日本公使館などを通じて伊藤博文または彼と連なる人物に、李人稙はあっていたのだろう。どこまで話ができていたかわからないし、また彼が都新聞の見習記者となったときに朝鮮の独立など守られないだろうという話を聞いて青ざめたという一場面もあるため、最初から李人稙が朝鮮を日本の保護国にする意図があったとするのは乱暴だろう。しかしながら、立身出世を考えた彼が、伊藤博文との関係を探り、遅ればせながら社会進出の機会を得たと考えるのは妥当だろうし、日本留学を経て、朝鮮の保護国化ということを積極的に打ち出すようになっていったというのが真相なのではないか。現実に、李人稙が朝鮮に帰ったのちに主筆となった『国民新報』は、やはり伊藤博文の同調者である一進会の機関紙で、彼らがもともと朝鮮の独立を積極的には考えていなかった政治的集団であることを考えると、少なくとも日本留学後の李人稙には迷いはなくなっていただろうと思われる。

このようなかたちで社会進出を果たした李人稙にとって、自分の過去というものはいかなるものであったのか。推測になってしまうが、彼が書いた「大韓帝国官員履歴書」（１９７２、68頁）に三八歳になるまでの経歴を一切記していないのにも、微妙に屈折したものを感じる。それまでの経歴を書けない事情があったのか、あるいは書きたくなかったのか、ともかくも他人にいえるような経歴ではなかったのではないだろうか。

一九〇三年七月に留学を終えた李人稙が、どのような仕事をしたかもあまりわかっていないが、少なくとも私の調査では一九〇五年七月に上野広小路に「韓山楼」という朝鮮料理屋◆を開いていたことがわかった。この頃の料理屋は貸座敷のように女性を呼べるような二階◆があった可能性が高いが、それは逆にいうと「秘密の空間」が料理屋にあったことを意味する。まさに「性」と「政」が混在していたのだ。李人稙の料理屋「韓山楼」は、朝鮮に進出せんとする日本の政客や朝鮮から亡命してきた

◆**松本君平**　一八七〇年生まれ。士族出身で、アメリカで哲学博士の学位を取得している。一八九六年に帰国し、新聞記者として働くが、一八九七年に伊藤博文に随行して再度洋行、帰国後に東京政治学校を創設する。のちに政友会（一九〇〇年九月旗揚げ）から立候補し衆議院議員となる。一九四四年七月死亡。以上、『昭和物故人名録』（日外アソシエーツ、１９８３）および『明治人名辞典』（古林、１９８７）より再構成。

◆**……ともいえる**　「遅塚麗水」（昭和女子大学近代文学研究室、１９５８）参照。

◆**年齢でもなかった**　官費留学生の年齢制限は二〇歳から二五歳ぐらいに設定されることが多かったのに、数えで四〇歳近い男が選抜されていること自体が不可思議だと、金栄敏氏も指摘している（１９９７、195頁）。

◆**李人稙はあっていたのだろう**　このような李人稙の伊藤との関係については、延世大学校教授の金栄敏氏からご教示を受けた。

◆**……という一場面**　田尻浩幸氏は「李人稙の都新聞社見習時節」（１９９３）は、このような都新聞記者時代の李人稙の行状を丁寧に掘り起こしている。参考とされたい。

◆**「韓山楼」という朝鮮料理屋**　李建志（２００２）に詳しく述べているので、参照とされたい。また、一九〇五年二月に漢城楼を愛宕で開店しているともいう（波田野、２００８、５頁）。

人士が集う◆空間として機能していたのではなかろうか。
だとすれば李人稙の周囲に集まっていた人物は、おそらく松本君平を中核とした政友会系の人びと、あるいは東京政治学校教員でのちに朝鮮総督府で活動することになる小松緑の関係者たち、そして日本にかくまわれていた朴泳孝などといった朝鮮出身の日本亡命政客たちが密通する場所でもあったといえよう。先に述べたように李人稙は一九〇四年二月に日露戦争がはじまると、日本軍の通訳として従軍している。だとすれば、彼は満州にいたのだろうか。否、おそらく朝鮮半島だろう。日本語を巧みに操る朝鮮政客、それが李人稙の立ち位置とすれば、彼が満州に行っても意味がない。そうなのだ、彼こそは通訳として◆大韓帝国政府と交渉し、日本の利益代表をはかる立場にいたのである。もちろん、通訳がひとりで足りるわけはない。だが、彼がすでに述べたような「軍略上必要な地点を随時取用する」際に活躍したこと◆はほとんど疑いをさしはさむ余地がない。

ではここでもう一歩つっこんだかたちで都新聞と李人稙のかかわりを考えてみたい。都新聞といえば、彼が留学していた一九〇〇年代も落語や講談の速記が掲載され、それが人気となっていた、大新聞と小新聞という分け方でいうなら典型的な小新聞だといえるだろう。彼はなぜこのような小新聞で見習い修行をしたのだろうか。いったん、彼が受けた「新聞学」の講義をのぞいてみることにしよう。

松本君平は『新聞学』のなかで次のように述べる。

> 第四種族とは何ぞや、貴族、僧侶、平民は曽て国家を構成する国民の三大種族にてありき、第四種族と称る、一大階級の発生は、近世紀に於る社会上の一大現象也、否寧ろ一大改革と云ふ可きもの也
>
> （松本、1899、6〜7頁）

松本は新聞こそ「与論の先導者」であり「創造者たる」がゆえに、「国民は常に卓識なる新聞記者の意見に追従するものなれば也」という（同書、12頁）。また松本は、王から議会にわたった権力が、議会から新聞へと移ったとする。そして、その記者という職業の重要性と、どのようにしたら記者になれるかということを伝授する◆一方、後半では世界の新聞事情を紹介する。巻末にある「東京政治学校学制一覧」によれば、この「新聞学」は第二学年と第三学年に「理論及各国ノ沿革」と「実践」をそれぞれ学ぶことになっている。すると李人稙は、この講義を一九〇一年九月から聴きはじめた計算になる。彼が都新聞の見習記者になるのも、この授業によって新聞に開眼したからに相違あるまい。

ひとことでいえば、松本の『新聞学』では、新聞記者になれば輿論を動かすことができる、権力をつかむことができるという煽動に近い内容が展開されている。新聞は「文壇」さえも牛耳っているとするのはその典型である。そして「米国の短編小話作家アレン氏の論ずる処」を引用しつつ、以下のように断ずる。

古臭き寓言戯作、若くは鬼神物語を歓迎するの時代は既に過ぎ去れり、現今の人民の思想は寧しろ緻密にして現実的に世俗的なるが故に、昔の人の聴く

◆**女性を呼べるような二階**　井上章一氏は『愛の空間』（１９９９）の第三章「ソバ屋のできごと」（132〜190頁）で、そば屋を筆頭とした料理店の二階で男女が逢い引きしていたこと、また玄人の女性を呼んでいたこともあったことを論じている。

◆**日本の政客や朝鮮から亡命してきた人士が集う**　このことに関しては、新資料をもとに開化期の朝鮮人留学生と日本の芸能とのかかわりで考察したことがある。詳しくは李建志（２０００）を参照。

◆**通訳として**　李人稙の書いた小説『血の涙』は、日露戦争によって母と生き別れた玉蓮という女性が主人公だ。彼女は、日本の軍人に日本へと連れて行ってもらい、そして苦労しながら勉強し、アメリカへと渡るという筋書きだ。この冒頭の部分が、日露戦争当時の朝鮮の混乱をあらわしており、ゆえに李人稙は朝鮮で通訳活動をしていたと考える傍証となるだろう。

◆**活躍したこと**　この時期に日本に来ていた、いわゆる亡命政客として、孫秉熙（一八六一〜一九二二年）も忘れられない。彼は東学（甲午農民戦争の主体となった宗教組織）の三代目教祖であり、また独自に「天道教」を組織した人物だ。彼の伝記によれば、一九〇一年に日本に亡命し、大韓帝国の政界を握っている親露派から親日開化派へと政権を奪還するために日本軍参謀の田村怡与造と接触している旨が書かれている（義菴孫秉熙先生紀年事業会、１９６７、180〜182頁）。しかし、田村が一九〇三年に急死し、彼の計画も少しずれてしまったようだ。このように、日本政界、日本軍を利用して立身出世をしようとした勢力は李人稙のみならず一進会の宋秉畯（一八五八〜一九二五年）など複数存在し、それらが複雑に絡みあっているようだ。なお、この孫秉熙の日本での行状については、李建志（１９９４）参照。

◆**……を伝授する**　まず「新聞社の文選部」にはいり職工となることをすすめる。そこでは「学校教育以上学得したる事甚だ多きを感ずべし」とある。（松本、１８９９、34〜35頁）これはかつて新聞記者をしたことのある松本の実感であろうか。そして李人稙はこれを実行に移すのだ。

を悦びたる神代話、怪獣談や、幽霊物語は、余りに読者に感動を与へざるもの也、世俗の大多数が傾聴せんと欲する所のものは寧ろ、浮世話にあり、世間人情の写真談にあり　（同書、166頁）

そのためには新聞小説は「世態人情を写す」ことをしなければならないし、「我邦新聞紙が多くは三面記事なるものに依て読者を維持し」ていることを「善か悪かは第二の問題として兎に角に是の人類の性情」を知らなければならないというのだ（同書、170頁）。

こう考えていくと、都新聞の読者の「性情」に照準を合わせた演芸趣味などは、松本の大衆先導＝大衆操作を可能にする新聞＝権力の当然の方便ということになるだろう。都新聞の落語講談の速記◆は、現実に東京で華やかに展開されていた寄席演芸のメディア・ミックスであり、それが小説のようなものではなく速記者による「写真談」であることは、これが重要な記事であることを想像させる（松本は「第四章　略記法と探訪記者」で、記者たるものは速記を心得るべきだと主張してもいる）。李人稙が出世の機会を遅ればせながらつかんだ男だと述べたが、彼はこの機会を全うすべく、師のことば通り行動する。やがて小新聞にねらいを定め、都新聞見習記者になるのだ。彼が都新聞にはいったのは、決して偶然だと解釈されてはならない。現に彼が最初に手を染めた記事は「入社説」（一九〇一年一一月二九日）という朝鮮人記者が見習いとしてはいったことを告げるものを除くと、「夢中放語」（一二月八日）という随筆と「寡婦の夢◆」（一九〇二年一月二八日〜二九日）という小説なのだから。

もちろん、彼の書いたのはこのような文学的なものだけではない。八甲田山での悲劇を取材した「雪中惨事◆」（一九〇二年二月六日）、そして「韓国雑感」という雑報記事が挙げられる。だが、これらも世間の人びとの興味を惹く読み物としての度合いが強く、その分だけ「世間人情」「性情」に配慮したものだといえよう。

そしてついに卒業を控えた一九〇三年五月五日に「韓国新聞創設趣意書」が載せられる。これは、彼が朝鮮に新聞を創設することを訴えるもので、ある意味で彼の卒業後の人生についての決意が垣間見られる。

夫れ余の新聞ハ政治外交に関する所あるに非らず但依《たゞよつ》て以て我国人民に普通教育を布き個人生活の道を教へんとすの微意に外ならざるなり〔中略〕〔歴史上複雑な感情はあるが、日本という〕尊崇する文明国人に向かつて悪感情を抱くの非礼ハ勿論亦不利益も喩ふべからず余浅識を以て妄《みだ》りに大言を出して曰国民を済はんと曰国民を導かんとハ誠に天下に笑を貽《のこ》すものなり然し一民を済ふも男子の義務なり万民を済ふも男子の義務なり故に超然と政治論の外《ほか》に出で人類社会の間に人道相愛の赤心を以て我国男女教育及実業の機関新聞を設立せんと欲するものにして其教育に在りてハ倫理、修身、衛生、公徳、勧業、殖産、文学、等一般人生の日用の緊要なる事を以て新旧間に於て参互して普通教育方針を施さんと勧め其実業に在りてハ先づ之《こ》れ農業中種芸、植林、肥料、牧畜、治水、養蚕、其他利用厚生のあらゆる人の力を食《やしな》はんとを勧む

かなり過剰なことばが羅列されているが、それが彼の卒業を前にした意気込みだったのだろう。そして、朝鮮は日本に依存すべきだということが、彼の新聞経営の「教育」方針として挙げられているのは留意すべきだろう。このような意見と通いあう言説は、じつは先に触れた「入社説」という小文にもある。

僕ハ新聞紙ヲ以テ世界文明ノ写真器械ト為シ伝語器械ト為ス余ハ其ノ文明ノ真形ヲ写シテ我国民ニ忠告スル取次ニ成ラント欲ス

◆**都新聞の落語講談の速記**　このような「口演速記」は、関東大震災を前後する頃におもむきを変えていく。簡単にいえば、実際に公演されているものを速記者が記録したのではなく、演者が自分のネタを書き下ろすというものになるのだ。その時、意図的に演目＝作品の名前が変更されたりもしているのだが、これは演者＝作者が「高座のものとは違うものだ」という意識があったからではないかと予想させる。例えば五代目古今亭志ん生は講談社の依頼を受けて落語を書いて送るのだが、その姿は明らかに作家が原稿料をもらう手順を踏襲している。詳しくは李健志（２００４）参照。

◆**「夢中放語」……と「寡婦の夢」**　このふたつの文章はそれまで直接分析対象とされることがなかったが、李建志（１９９９）では独立した作品論としてとりあげた。内容についてはここで論じる余裕がないので、そちらを参考とされたい。

◆**「雪中惨事」**　丸山泰明氏は『凍える帝国』（２０１０）で、一九〇二年一月二三日に出発した青森県にあった日本陸軍第八師団歩兵第五連隊の八甲田山雪中行軍の遭難が、事件の翌月である二月にはジオラマや幻灯、生人形や演劇といったさまざまな手段で娯楽として拡がっていった様を描写している（108〜133頁）。とくに演劇は二月四日には真砂座による初演が行われていることに注目している（同書、129頁）。李人稙のこの記事もそのような背景と結びつくものだと信じる。

李人稙にとって新聞は「国民ニ忠告」するもの、すなわち「教育」だったのである。それが松本の言説と通いあったものであることはいうまでもないが、実際にはこの時期にすでにいくつかの民間新聞が、朝鮮では発行されている。一八九八年には『独立新聞』と『皇城新聞』の二紙が誕生し、読者を獲得しているからだ。李人稙もこれを当然知っており、「入社説」にも「我国（韓国）ノ新聞ハ二三所アリ其ノ中一番ハヤルノハ皇城新聞ト謂フ者ナリ」と記している。しかし、彼にとってはこれらの新聞ではいけなかったのだ。より大衆を対象として、自らの思想を注入できる媒体こそが理想的新聞であり、そのためにはいままでのようなものではなく、あまり学問をしていない層を取り込むものが必要だと考えたのだろう。少なくとも、いままでにない大衆に向けた新聞◆ができるのなら、後発の自分でも「権力」を手にできると考えたのかも知れない。実際、『皇城新聞』の一八九八年三月八日（第一号）は「論説」が第一に取り上げられており、続いて「官報」「社説」「雑報」が掲載されるが、この「雑報」も日本で想像するものとは少し違い、外国の事情などを伝えるものなのだ。使用文字が国漢文（ハングルと漢字を使ったもの）になっているが、やはり「大新聞」の域を出ないもの◆だといわざる得ない。

李人稙は「都新聞諸君子ニ」学びたいという。現実に彼は新聞人として活躍しながら、小説を連載し、また新劇運動を開始する。『銀世界』という作品は一九〇八年に発表された小説であるが、それと同時に新劇の脚本として使用される目的が当初からあり、実際に公演されている。このような複数の媒体を混交させる手法も都新聞から学んだことであろうし、そのことが民衆を惹きつける、まさに「性情」にあったものであることを痛感していたのだろう。このように、李人稙の都新聞への見習いとは、その属性を吸収し展開することを最初から考慮した上で戦略的になされたことがわかるではないか。かくて李人稙は、都新聞からさまざまな手法を盗み取り（「学校教育以上学得したる事甚だ多きを感ず」）新聞人として小説家として、そして演劇人として、「権力」を握るべく動きはじめるのだ。

このように、経歴さえはっきりしない李人稙は、伊藤系人脈により日本に渡る機会を得、東京政治学校に学び、さらには日露戦争の通訳として暗躍し、そしてそのまま流されるようにして朝鮮の独立を志向しない言論人となっていった。このような人間は決してめずらしいわけではないだろうが、問題は彼がものを書く職業についていたこと、そしてその職種は、新聞であれ近代的小説であれ、朝鮮では立ち後れた分野であったがゆえに、彼には活動の場が充分に与えられたということだ。このことが、開化期の朝鮮に微妙な陰影をかたちづくっているといえそうだ。時代は前後するが、伊藤が韓国統監として朝鮮半島に赴任したあと、李人稙がその「小新聞」を経営するということは、庶民の関心を政治からそらす、少なくとも政治と真っ正面から向き合わないことを目指すという意味であり、その限りでは大韓帝国の上に立っている日本にとっては好都合な存在だったといえよう。このように非政治的であるがゆえに、政権運営者――この時期の大韓帝国においては高宗ではなく、一九〇五年に設置された韓国統監府の伊藤博文――にとって、うってつけの新聞であった。このような「非政治の政治」が、李人稙によって朝鮮半島に植え付けられていったのである。ちなみに、一九〇八年に「旧外語と新外語に在籍した教師と生徒、さらには『縁故のある』人々により、東京外国語学校韓国校友会が発足」し、韓国併合後は「朝鮮校友会」と名称変更したというが、この「校友会」に李人稙は加盟している。これには、旧東京外国語学校出身の国分象太郎はもちろん、その他にも元教師の尹致旿、のちに李垠の「留学」生活に随行した趙重応、李完用などが「縁故ある」人びととして参加しており、「韓国の主だった政治家や文化人の名がみえ」るという（以上、石川、２０１４、107頁）。このようなところにも、李人稙と在韓日本公使館の通訳官たちとの縁の深さを感じることができよう。

さて、こうして日本の「小新聞」の概念が李人稙を通して大韓帝国へと輸出されたことを追った。時代が先に進みすぎたので、少し時計を戻そう。新聞とは時代の言説をつくる媒体であり、それだけに政治に干渉されることもあり、また政治をあおることもある。例えば一九〇五年九月五日に勃発した「日比谷焼打ち事件」は、好戦的であった民衆が、日露戦争の講和条約に益が少ないと見たことに端を発する暴動で、弱腰な新聞社をも攻

◆**大衆に向けた新聞**　富野由悠季氏は『戦争と平和』（富野・大塚・ササキバラ、２００２）のなかで「大衆というのは常に日和見であって、大変なことは請け負いたくないし、状況が差し迫っていてもとりあえず明日死なないということがわかったら、平気でその辺の動物殺して食って『うめえ、うめえ』て言ってるのが庶民なわけじゃないですか」（73頁）と発言している。表現が穏当かどうかは別として、やはり大衆が「日和見」であるとすれば、新聞やテレビなどの媒体に半ば意図的に操作される傾向があるように思われる。

◆**「大新聞」の域を出ない**　全四面で、大韓帝国の元号「光武」が使用され、西暦、清国の年号などは載せられていない。

撃対象としている。「九月五日の騒擾でもっとも大きな被害を受けたのは、銀座日吉町の国民新聞社と、日比谷公園正門前の内務大臣邸（現在の帝国ホテルのあたり）である」というように、「東京の新聞で唯一（講和条約に）賛成の立場に立っていた」（黒岩、２００５、71頁）『国民新聞』は不買運動だけでなく、直接的に暴徒に襲われているのだ。この騒擾事件があった日は、残暑きびしい日だったという。

一九〇五年（明治三十八年）の九月五日は朝から快晴で、午後二時の気温は三十一度まで上がっている。その数日前から、東京では三十度を超えるきびしい残暑が続いていた。九月一日からあちこちで兆しをみせていた不穏な動きが、ついにこの五日、一気に火を噴くことになる。（同書、54頁）

いかに暑い日だったかが伝わってくる。ちなみにこの日比谷公園は、陸軍から払い下げられた土地◆に造られた東京市立（当時）の公園で、紆余曲折を経て一九〇一年に本多静六の設計で着工、一九〇三年六月に仮開園式（本開園式はなかった）を挙げたのだが、予算が原案の二八万円から一七万五千円に減額されたため、「樹木等はごくごく小さな苗木で十年後に、公園らしい庭になればよい」（進士、２０１１、32頁）とされたため、「貧困な緑で日陰ができず、日射病になるというので『霍乱公園《カクラン》』と揶揄された」（同書、53頁）というから、焼打ち事件の当日はめまいがするほどの人波と暑気、そして熱気に包まれていたはずだ。この日陰もない「霍乱公園」であったがゆえに、暴走の度合いが激しくなったのかも知れない。現に「東京での騒擾は五日、六日と続いたが、七日の夕方にはげしい雨が降ったことで急速に終息した」といい、「八日以降は噂だけで実際には何も起こらなかった。そして、十日ごろになると、市内にはほぼ秩序が戻っている」（以上、黒岩、２００５、117頁）。熱気にあおられカッカと燃えていた怒りが、冷や水を浴びせられてしぼんでいく様がよく見てとれる。開園したての日比谷公園は、文字通り「霍乱」公園だったわけだ。

多少話はまわり道になるが、開園当初の日比谷公園についてもう少し見てみよう。いまでも日比谷公園といえばさまざまな音楽会が開かれるが、これは当時から行われていたという。

仮開園の直後、一九〇三（明治三六）年六月一五日の東京市会は音楽堂の建設を議決し、予算四、九八七円を計上した。いかにも西洋式のハイカラな八角形、鉄骨鋼板屋根の『バンド・ステージ』式であ

った。〔中略〕
　バンド・ステージは、明治三八年竣工、八月一日に開堂式と初演奏会が行われた。第一部は陸軍軍楽隊、第二部は海軍軍楽隊によって全一〇曲の演奏がなされた。以後は陸海軍が交互に毎週出演し、戦後は水曜、金曜に警視庁と消防庁の音楽隊が分担してコンサートはいまも続いている。
（進士、2011、60～61頁）

この音楽会は「市人の多数が、いまだ音楽趣味を理解していないので、ただ好奇心に駆られて群集する。高尚な趣味が、野次馬の喧噪に圧倒されてしまう懸念があった」（同書、61頁）というほどに、西洋音楽との出会いのなかった市民に音楽に触れる場を演出するねらいがあったようだ。右の引用にある陸海軍の軍楽隊◆による奏楽は一九〇五年八月以降に定例化したのであり、当時唯一の西洋音楽を扱う組織といっていい軍楽隊が、市民に西洋音楽を教えるという意味が読み取れる。早い話が、近代的組織たる「軍」によって、前近代的な文脈を多分に引きずっている「江戸」以来の「野次馬」たちを、「帝

◆陸軍から払い下げられた土地　この日比谷の地には、明治のはじめ頃に陸軍教導団があった。この教導団とは下士官養成施設で、大村益次郎の発案で明治二年（一八六九年）に大阪につくられた「陸軍兵学寮」とそれに併設された教導隊が起源となる。これらは東京に移転することとなり、日比谷の野原があてがわれ、教導隊も明治四年（一八七一年）に教導団と名称を変更した。この教導団を卒業して、陸軍士官学校に入学するものもいた。そのなかからは、のちに総理大臣まで務めることになる陸軍大将田中義一、朝鮮総督を務めることになる同じく大将山梨半造、元帥にまで昇進した武藤信義、本書の続編で触れるように戦争の理論の研究を独自に行った中将東条英教（東条英機の父。『戦術麓之塵』を書いた）など、陸軍の中枢にのぼりつめた者たちをも輩出している。そればかりか、神尾光臣のように陸軍士官学校を経ずして大将に昇進している者までいる。また、明治三五年（一九〇二年）の「八甲田山雪中行軍」の指揮官であった神成文吉《かんなりぶんきち》大尉や、日本の南極探検の嚆矢となった白瀬矗《しらせのぶ》中尉といった、多彩な人材を輩出していることでも注目されよう。しかし教導団自体は、明治三二年（一八九九年）に閉鎖された。
　日比谷公園はその跡地を利用した公園だ。それゆえに、本章でも言及するように、陸軍軍楽隊の演奏会などが開かれたのだろうし、陸軍が演奏する以上、海軍も演奏させようということから、海軍軍楽隊も演奏会を開くことになったのではないか、と私は考える。

都」東京の高尚な趣味を持つ「市民」へと教育する装置だったといっていい。先に挙げた騒擾事件とは対極に位置する「市民」を育てることを目指していたわけだ。だとすれば、中筋道哉氏のいう「夜の群衆」や「昼の群衆」（中筋、２００５）が、その「教育」にそれこそ思想的ではなく「身体」的に抵抗していたことは、西洋化される日本社会の居心地の悪さと地続きだったのかも知れない。

もともとこの日は、「講和問題同志会」が「日比谷公園で国民大会を開くことと、その後に京橋区の新富座で演説会開催すること、終了後に芝区の紅葉館で懇親会を行うこと」（黒岩、２００５、35頁）が決まっていた。この講和問題同志会とは、対露同志会、対外硬派の無所属の議員や弁護士の団体、黒竜会（内田良平）ら九団体が連合したもので、「一種の連絡会議のようなもの」（同書、33頁）で、決して突出した指導者がいるわけではなかったようだ。警察はこの日、同志会の事務所へと向かう小川平吉や大竹貫一を逮捕しようとすると、小川が「この国賊を葬れ！」と叫び、「周囲の殺気立った群集が、たちどころに刑事たちを袋だたきにしてしまった」というから、大会開始前から不穏な空気が東京を包んでいたのだろう。警察は午前四時に、事実上の実行委員とみなした五人を拘束、彼らに「小川平吉、大竹貫一を加えた中心メンバーを一網打尽にすることによって、大会を中止に追い込もうとした」。さらに「朝八時ごろ、管轄の麹町警察署では日比谷公園の六つの門に鹿柴《ろくさい》〔丸太を交叉させてつくる柵〕を築いて封鎖し、公園に誰も入れないように数百人の警官で厳重に警備した」（以上、同書、54〜55頁）。開会時刻は午後一時だったが、午前一〇時頃には人びとは押し寄せてきた。市電に乗って公園に集まる群衆は三万人規模となり、機が熟したのを見た内田良平が黒竜会の猛者たちに合図をし、喚声とともに柵を突破、「鹿柴に使われていた丸太は市街電車の線路の上に積まれ、電車は立ち往生して数珠つなぎになり、おりてきた乗客はみな公園内の会場へと殺到する」（同書、59頁）という騒ぎになってしまう。そして花火を合図に開会を宣言し、自由民権運動で知られた河野広中を会長に選出、河野は悲憤慷慨して演説し、講和破棄と戦争継続を求めた。聴衆は大喝采し、「音楽隊が君が代を吹奏し、一同は脱帽して天皇陛下と陸海軍に万歳三唱をした」（以上、同書、63〜64頁）。

このあと、同志会と群集は別の行動をとる。新富座に向かった同志会の会員と聴衆は、警察ともみ合い、結局演説会は中止となったが、群集は国民新聞社や内務大臣邸などを襲い、「麹町警察署長の向田幸蔵が、〔午後〕三時過ぎに警官隊に対して抜剣命令を出した。そのため、駆けつけた二十数人の警官隊が、いきなりサーベルを抜いて群集に向かって斬りつけたのである。この時点から事態は一転し、市民から死傷者が続出することになった」（同書、78頁）。その後、六日には戒厳令が布かれ、日比谷公園は「戒厳軍の宿営地として重用された」◆（中筋、２００５、109頁）。

ところで、この騒擾事件は誰が先導したのか。黒岩氏は、逮捕されたものの多くが「人夫・車夫・馬丁など」

◆陸軍の軍楽隊　この軍楽隊は、ドイツから招かれたフランツ・エッケルトによって近代化された組織であり、日比谷公園での奏楽には、エッケルトに育てられ、ドイツ留学から帰ってきたばかりの吉本光蔵（海軍、一八六三年〜一九〇七年）が楽師として活躍している。エッケルトの話は、次章で大韓帝国の国歌たる「大韓帝国愛国歌」を語る際に詳しく述べることとする。

◆西洋化される日本社会の居心地の悪さ　明治一八年四月二一日に、東京市区改正審査会で「開豁清潔の場所がなければ、市民の日常生活は、産業より生ずる大気の汚敗を更新する路なく、有害の悪気、市区に沈滞して病気をもたらし、その浄化揮散を求めることができない」という趣旨のことが語られていたという。これは「皇居に隣接する丸の内一帯が将来のシビックセンター（官庁地区）となる事を予想して、その一角に中央公園的な宏壮な公共空地を描いていた」ことと関連する議論だ（以上、小坂、１９７３、３頁）。要するに、東京市民の西洋化教育が目指されていたわけだ。そして本多静六の公園設計は「ドイツに範をとり、一部に我が国古来の造園手法を加え、綜合的近代的公園として計画」されたが、「〔本多静六〕博士の提案で、乱雑にわたらないことを原則として、コーヒー、日本茶店、ミルクホール、腰掛茶屋、植木屋の出店を認め、来園者へのサービスを配慮した」（同書、４頁）。このように、単なる西洋化だけでなく、「日本古来の造園手法」を配置することで、市民の「身体的抵抗」を緩めようとしていること、すなわち西洋化には抵抗があるだろうことを予想していたこと、そして市民への健康だけでなく娯楽をも視野に入れた公園づくりがなされたことがわかるではないか。やがてそこに松本楼という洋食店が生まれるのである。この洋食店松本楼こそ、「庶民が洋食のエチケットを学んだ」（進士、２０１１、59頁）場所であり、「西洋式にナイフとフォークを使い、静かに音楽を聴く。東京市の造園課長を務めた造園家・井下清は、庶民が新時代を体験し教化されるのに『洋風公園・日比谷』は重要な役割を果たしたと指摘している。東京市民はこのようにして、文明開化の新文明を少しずつ学びながら受け容れていったのである」（同書、61頁）。その後の日比谷公園と松本楼ついては、李垠の大日本帝国や戦後日本での生活を描く際に再び触れることもあろう。

の「都市の下層階級」であったことに触れ、また講和問題とは直接関係ない電車への放火などの暴動が起きたことなどから、一九〇三年に市電が開通し、人力車を利用するひとが減り、「一九〇四年には、車夫は三万一千人余りに減少」、「一年で五千人近い車夫が失業した」ことなどを理由のひとつとしてあげ、「交番焼打ちと電車の焼打ちは、講和反対とは直接関係なく、警察や電車への不満を抱く都市下層階級の人々が、鬱憤を爆発させたもの」（以上、黒岩、２００５、113〜114頁）と述べている。そしてその焼討ちを指揮していたのは「壮士風のプロ」であることなどから、黒竜会の内田良平とその会員たちが騒擾を直接起こさせた黒幕ではないかと推理している（同書、128〜129頁）。

都市下層階級の人びとの鬱憤というのはわかる。そしてそれらが「壮士風のプロ」の扇動なくして焼討ちを行えたとも思えない。しかし、下層階級は起訴された人びとの職業の三分の一以上を占めている、逆にいえば三分の二は下層階級ではなかったのはもっと注目されていいのではないか。中筋氏は江戸時代の天明期に起きた「打ち毀し」と比較し、天明期には「物価の騰貴をもたらした町内の商家に」怒りの矛先は向かったが、この日比谷焼打ち事件では「戦争中値上げをしなかったので相対的に値下がりしていた路面電車が焼打されるのを見て、万歳を叫んだ」群集が「大規模な商家の並ぶ大通りにいた」のに、「ただの一軒もそれらを焼打しなかったのである」。これは「都市民衆の意識を、不満を分別のない暴挙に変えるブラック・ボックスとでも考えない限り、この飛躍を埋めるのは困難である」（以上、中筋、２００５、153頁）と述べている。その上で、群衆を昼の群衆と夜の群衆に分け、夜の群衆について次のように説明する。まず、焼打ちされたのが大通りに面したものばかりであったことから、「明治末期、東京の大通りは、沿道の商家にとっても都市下層社会にとっても、『内側』とは到底いえないもの」であり、「気まぐれな一見客ばかり行き来する、疎遠な交通の空間でしかなかった」というところに注目。そして「〔都市下層社会〕の矮小な営業は、もはやそれなしには成り立たなくなっていた」こと、「都市下社会の住民、たとえば人力車夫や荷駄人夫などの路上営業者にとって、新しい大通りは無限に開拓できる自由さがかえって無限に開拓することを強いるような、肉体を切り売りする場所」であり、「また職工や店員などの賃金労働者にとって、新しい大通りは心身をすり減らす職場へと連なる無味な通勤経路でしかなかった」と分析。彼ら「都市民衆の目に最も映りやすい存在こそが、交番と路面電車だった」ため、交番や路面電車などの大通りの都市風景が都市民衆に作用した暴力への対抗として焼打ち（集団的暴力）が行われたと述べている（以上、同書、168～169頁）。ゆえに、夜の群衆は「新しい大通りのありよう——群衆の居場所の否定の表現などではなく観念の側ではそれを否定しつつ事実の側ではそれを受容していく」「観念の技法」だと論じる（同書、170頁）。

さらに昼の群衆は講和反対派の新聞報道や国民大会の広告などを媒介し、講和反対の国家主義的な思想を明確にした群衆であり、「講和支持派の（国民）新聞社や内務大臣官邸を襲撃して回るだけの知識と行動力を備え」、「日露講和をめぐる政治勢力の駆け引きを、事件に先立ってある程度まで理解していた」人びとであると主張。彼らは「壮士姿の煽動者の煽動に乗るほどその主題に対して積極的」（同書、170頁）な、いわば知識層に近い存在だといえよう。黒岩氏の推理による、暴動の主導者である黒竜会の壮士たちは、まずこの昼の群衆を扇動し、また夜にも少年たちには四五銭から六〇銭ぐらい小遣い銭を渡し、職工など大人には紙幣を二、三枚渡していたというから（黒岩、２００５、123頁）、夜と昼のふたつの群衆は、あるいは思想的に（昼の群衆）、あるいは金銭的な利益につられて（夜の群衆）集合し、とくに夜の群衆は思想以前の身体的な不満から暴動を起こしていたといっていいかも知れない。

やはり黒岩氏の推理が正しかったとすれば、「日比谷焼打ち事件」そのものの歴史的価値が変わってくることになる。それは、政府に対して不満を持つ都市群集に目をつけた「前衛組織」が、合法の顔で群衆を集めて「正論」をぶつ反面、非合法の顔＝過激分子が群集の一部を扇動して暴力活動を行うという「革命」型の政治行動のはじまりを意味するからだ。この日から一九七〇年前後にいたるまでのおよそ七〇年間、日本社会では合法の顔と非合法の顔のふたつを持つ組織による都市群集の暴動という「政治」をたびたび経験することになる。そして

◆**戒厳軍の宿営地として重用された**　ただし、軍は武力を行使せず、実際に武力を行使したのは警察だった。「警察では、この機会を利用して疑わしい者をできるだけ検挙しようとし」、「ある意味では、戒厳令を拡大解釈して民衆への弾圧を強化した」。このため「民衆は警察への不信感をますます深め、逆に軍隊に対しては信頼と敬意をもって接することになった」（黒岩、２００５、148頁）。警察＝内務省と陸軍の対立は、この時期から深まっていったように思える。

◆**三分の二は下層階級ではなかった**　起訴されたのは三〇八人であるが、免訴者まであわせると三一一人であり、そのうち一〇八人が「都市雑業者」、そして六七人は「職人」であった（中筋、２００５、157頁）。

それは、かたちをかえて朝鮮でも起こるだろう。

だとすると、増税などの問題（思想以前の身体的な不満）はこのときの騒擾を大きく左右していたと見ざるを得ない。ポーツマス条約では賠償金を取れず、庶民が期待していたほどの戦果がなかったわけだが、それは日露戦争の遂行のために増税が相次いだことが無駄になっていると「身体」で感じたこととも通いあっているだろう。例えば、煙草などは戦争が開始される直前に専売化され、苦しい日本政府の台所を埋めるものとなっている。

当時の煙草産業といえば、村井吉兵衛の「サンライス」「ヒーロー」「ピーコック」などといった、アメリカ産の煙草の葉を使ったものや、天狗の異名をとった岩谷松平の「国粋天狗」や「日英同盟天狗」などといったものが有名だ。方や京都に本拠を置くハイカラ趣味、方や東京に本拠を置く愛国者趣味。村井のハイカラ趣味は煙草の名前や原産地だけではない。広告がきわめて斬新だった。例えば「こゝに従来の景品のおもむきをかえ、日清戦後の（明治）三十二年正月には、『ヒーローのカードには、新年の御慰み、海戦新案十六むさしカード入』とした」（大渓、1964、107～108頁）。もちろん、おまけのカードは美人画や風景画など多岐にわたっていて人気を博した。

余談だが、このカードが日韓の間で問題になっている。一九〇一年五月に「ヒーローに挿入のカード《マ》韓国皇《マ》帝の肖像画で問題となりカード挿入を禁止」（同書、306頁）とあるように、高宗の写真をカードとして「ヒーロー」のおまけに付け、おそらく大韓帝国から日本国外務省へと文句が来たのではないか。この時期は日露戦争直前で、大韓帝国は高宗専制のもと親露派がはばをきかせており、日本は旗色があまりよくなかったことを考えると、高宗としては煙草のおまけなんかに自分の肖像を使われて面白くなかっただろうし、日本としても韓国政界を刺激するようなことをするなという考え方のもとに、この動きを差し止めたと推察する。

じつは村井は、アメリカのナショナル・トラスト社と合弁しており、岩谷は「愛国者」としてこれをきびしく追求しているのだが、問題はそこではない。日露戦争の資金調達の一助として煙草の民間製造、販売から、国家の専売化へと移行することが取り沙汰されたとき、煙草業界は団結して反対したのだが、岩谷だけは愛国者として国家のために煙草の専売化賛成にまわり、ついに衆議院議員に立候補して当選。国会で煙草専売化を訴える予定だった。しかし、岩谷の目論見はむなしく潰える。岩谷は紅絨毯をほとんど踏むことがなかったのだ。一九〇三年一二月に開会した第一九議会は、対外硬派の策略で、すぐに解散に追い込まれてしまうからだ。

十二月十日の開会式に「勅語奉答文問題」が起こった。これは、尾崎行雄（号は咢堂）、秋山定輔、小川平吉、大竹貫一など対外硬の一部の議員が、衆議院議長に選出された河野広中と謀って、国会で芝居を打ったものだった。

　天皇の開院式の勅語に対する奉答文は、儀礼的なもので文章も定型化されていた。尾崎らはその奉答文のなかに、桂内閣の対露軟弱外交を攻撃し、弾劾する内容をひそかに入れたのである。打ち合わせ通り、議長の河野がその奉答文を読み上げると、小川ら数人が拍手をした。それにつられて大拍手が起こって、弾劾文を含む奉答文案は可決された。その後、奉答文中に異例の文章が含まれていることが発覚して、大騒ぎになった。〔中略〕結局、桂〔太郎〕は奉答文が天皇に上奏される前に議会を解散してしまったので、この奉答文が天皇の目にふれることはなかった。

（黒岩、2005、42頁）


小川、大竹など、同志会の面々が登場しているのが面白いが、それはともかく、一世一代の大博奕で議会に乗り込んだ岩谷だが、ついていなかったとしかいいようがない。一九〇四年三月の第二〇議会で煙草専売法案と非常時特別税法案は可決され、煙草の専売制は確定し、岩谷は一商人としてこれにあたらざるを得なかった。そして彼に与えられた報奨金はたったの三六万円（現在の貨幣価値にして三六億円ほど）であり、銀座の店も五万円で買い上げられてしまう。煙草の専売化ののち、岩谷は渋谷の猿楽町でひっそりと暮らし、養豚業を営んだという。

　それに対して村井は、米国のトラスト社と合弁していることを最大限活用し、専売化による村井商会の報償金として一千万円以上の巨額を手に入れ、村井銀行を設立するなど財界で活躍する。◆村井のその後については、大正期の李垠を論じる際にまた触れることになるだろう。ただしここでは、東京のみならず全国の庶民が煙草購入の

◆活躍する　村井と岩谷の間にこれほどの差がついたのは、村井に米国トラスト社がついていただけでなく、帳簿が米国式できちんとしていたことが挙げられている。それに対して、岩谷の帳簿は杜撰だったらしい。もしも彼が第一九議会で煙草専売化賛成の演説でもぶっていれば、その功績でもう少し報われていた可能性はある。なお、ふたりの事績については大渓元千代（1964）と、永井龍男の小説『けむりよ煙』（読売新聞連載、1964年4月〜11月）に詳しい。永井の著書は小説ではあるが、細かく資料にあたっていて信用できる部分も多い。

際に、愛国であれハイカラであれ、自分の気分を消費活動にあらわすことができなくなったことを指摘しておくことにする。それまで各社が競い合っていた「おまけ」としての気分は、国による専売◆という無味乾燥なものへと転化し、その意味で不満は「身体」的に醸成されていったに違いない。日比谷公園の音楽会のような西洋化を進める「教育」への「身体」の反発も、ここに数えあげてもいいかも知れない。

さて、日露講和であるが、実際には満州の権益を譲り受けるなどできる限り有利な交渉をしており、それなりに成果があったと見ていい。一九〇五年九月二七日、防禦同盟であった日英同盟から一歩進めて日英の攻守同盟へと発展させ、相互の特殊権益（英国のインド帝国に対する支配権と、日本の大韓帝国に対する保護権）を認めあう条項がはいった日英新協約締結や英国艦隊の日本寄港（一〇月）、そして日露戦争の兵士たちの凱旋帰国などで日比谷公園は再びひとで埋め尽くされる。今度は国策を受け容れる民衆扇動が行われていったかたちだ。これらの儀式は、時期的に秋から冬を経て、乃木軍の凱旋が一九〇六年一月になったため、長期でお祭り騒ぎを繰り返したことになる。この間、桂太郎は九月六日に戒厳勅令を施行し、新聞取り締まりに乗り出す。その合間を縫って、上のような「慶事」が挙行され、騒擾の余韻は一掃されていくわけだ。さらに「講和成立に先だって、後継内閣についてはすべて密室で、桂と原〔敬〕の間で決められていった。〔中略〕原は党員の講和反対の動きと政府批判活動を抑えた」（同書、45頁）という、先手を打った桂の目論見はあたった。見事な舵取りだといわざるを得ない。

話を李人稙に戻せば、彼はこのような大きな騒擾を目の当たりにしていたことになる。そして、国策に賛成するにしろ反対するにしろ、政治的な新聞がいかに危険か肌で知ったはずだ。彼が務めていた都新聞は、このような政治的主張とは完全に無縁な、花柳界や演芸などを扱う新聞で、政府としてはこのような「非政治」の新聞こそありがたいものであっただろう。つまり、間接的に政治と結びついているのであって、都新聞はまさに「非政治の政治」そのものだったわけだ。そして、おそらくは国権を損なうであろう大韓帝国を尻目に、李人稙は日本との関係を強化していく。日露戦争に通訳として従軍したこと、大韓帝国の独立を志向しない一進会系の新聞の運営に乗り出して小説を書くことなどは、彼の日本での体験による「切断／転向」のあらわれだといっていい。そしてこのような「切断／転向」は、このの ち朝鮮半島でさまざまな人びとに起こることになるのである。

五、プリンスと呼ばれた使者たち
——日露戦争をめぐる高宗の「秘密外交」

これまで、日本なかんずく政友会系の人びとが、朝鮮半島に足がかりをつけようと暗躍していたこと、そしてその目論見に李人稙のような人物がのっていったことを述べた。また、日本が日露戦争開始前にすでに朝鮮半島を不法に占拠したことも述べた。これは国際法上決して認められる行為ではなかったが、もちろん大韓帝国にも固有の問題はあっただろう。例えば、前章で述べたように「大韓国国政」によれば、外交権は皇帝に所属しているため、軍事力を背景にして高宗に圧力をかければ、どんな条約も結ぶことができてしまうこと。また、議会が存在しなかったということ、高宗という皇帝の専制体制であったということは、現実に国家の命運を皇帝の考えだけにゆだねるという悪弊を生む。ゆえに国家の浮沈は、専制君主たる皇帝の性格に左右されてしまうのだ。甚だしくは「大韓帝国は専制国家で、議会はなく、国家は皇帝の家産であった。政治の場から、旧来の元老たちも排除された。皇帝高宗の最大の関心は皇室の利益の追求であった」(原田、2010、20頁)とさえいわれている。しかし、高宗はそこまで利己的な人間だったのだろうか。疑問を差しはさむ余地はある。

結局、高宗がここまでやってきたのは、対外関係においても、国内においても、ある一定の勢力の跳梁を防ぐために、新たな勢力を利用するということだった。否、より正確には、高宗にとっては、対外関係と国内問題の区別さえ、曖昧だった。〔中略〕高宗にとって一貫して重要だったのは、自らの目の前に存在する脅威を駆逐すること、そしてそのことにより、自らの絶対的な権力を維持・獲得することに他ならなかった。

もっともそれを高宗の権力欲や金銭欲からのみ出たものだ考えるのは拙速であろう。眼前の敵を駆逐すること。それは高宗にとって、自らと自らの家族を守ることと直結していたからである。究極の問題は、結局、個人としての高宗が無力だったことだっ

◆国による専売　一九〇二年には樟脳が専売化され、一九〇五年には塩も専売化された。煙草も厳密には一八九八年に葉煙草の専売化が行われている。また時代は下がって、日中戦争や来るべき対米英開戦の戦費調達のために、一九三七年にはアルコール類も専売化される。

た。大韓帝国の成立後、彼は軍事力と皇室財政の拡大に力を注いだ。しかし、いざ日露両国が戦争をはじめたとき、両者は結局、何の役にも立たなかった。〔中略〕

もはや、朝鮮半島を自らの勢力圏として確保した日本に対して、対抗者として利用できる列強は存在せず、困難な状況の下、大臣達の多くは状況を傍観し、自らの責任を回避しようとしていた。（木村、２００７、334〜335頁）

残酷な分析ではあるが、高宗の性格についてはあたっていると思う。しかし、それでも日本への対抗者をたてようとしたのは事実としてある。それが、一九〇四年一月の「局外中立宣言」から、一九〇七年のハーグ密使事件までの「外交」だったといえよう。本節では、李範晋と閔泳瓚のふたりの行動を中心に見ていくこととする。

時代は少しさかのぼる。第2章でも述べたように、閔泳瓚（一八七三年生）はパリ万博を成功させるため、一九〇〇年一月一六日に、パリへと派遣された。彼がまだ二〇歳代の若さであったことを考えると、異例の大抜擢だったといっていい。彼の父である閔謙鎬の姉は高宗の生母であり、よって泳煥・泳瓚兄弟は高宗の従兄弟であった。「また謙鎬の実兄・升鎬《スンホ》は、第一九代粛宗《スクチョン》妃・仁顕王后の父、閔維重の宗家に養子に行き、高宗妃明成皇后の兄となった。従って泳煥と泳瓚は明成皇后の甥でもあった」（金文子、２０１４、415〜416頁）という説明でもわかる通り、高宗に非常に近い血縁の人びとである。

そして、ハーグ密使事件にかかわる李範晋は一八五三年生まれで当時五〇歳代。日本軍による明成皇后殺害時、「王宮から脱出して真っ先にロシア公使館に急報した人物」で、「露館播遷を成功させた中心人物でもあった」（同書、436頁）。彼は高宗と同じ全州李氏出身で、高宗のために献身的に仕事をしていたことから、「高宗は、このような李範晋を王族として待遇し」、すでに述べたように「高宗の李範晋にあてた親書（一九〇八年一月三一日付）では、高宗が李範晋を『愛する甥』と呼びかけている」（同書、440頁）という。金文子氏が高宗の外交をあえて「皇室外交」（同書、416頁）と呼んでいるのは、それなりに意味があるのだ。

時間をさらに巻き戻す。閔泳瓚は一八八九年に科挙の文科に合格し、一八九〇年には李氏朝鮮王朝の図書の管理および古文書に関する国王の諮問を行う弘文館正字（正九品）から儒教研究教育機関である成均館大司成（正三品堂上官）へと一気に駆け上がっている。そして閔妃が殺害される前の一八九五年に、「明成皇后の推薦を受け米国留学の途についた」ものの、「明成皇后暗殺の凶報に接し急きょ帰国した」という（以上、同前）。

そして、一九〇〇年のパリ万博では現地に赴き、その「会期中に、本国からの訓令を受け、スイスの首都ベルンで一九〇〇年七月二日に開催された万国郵便連合創立二五周年の祝典に参席した」。なぜ大韓帝国がこの万国郵便連合に参加したかというと、「一八九七年五月にワシントンで開かれた万国郵便連合の第五回大会で、朝鮮は万国郵便連合に加入が認められ、いよいよ自らの手で国際郵便を取り扱おうとしていた」からである。このときの大韓帝国は「駐米公使・李範晋を首席とする代表団」を送り込み、「〔朝鮮の〕外交史上初めて太極旗を会場に掲げて国際会議に参席し、六月一五日に万国郵便条約及び議定書に署名した。七月二九日には、高宗は必要な諸条約を批准し、その正本が一二月二三日に米国郵政庁へ届けられた」（以上、同書、421頁）。ここに、李範晋も顔を出しているのは注目に値するといえよう。

閔泳瓚は翌一九〇一年一二月三日に駐仏兼駐白《ベルギー》全権公使に任命され、高宗の信任状を託され、渡仏している。その最大の目的は「韓国がハーグ万国平和会議の正式メンバーになることであった」（同書、422頁）。このハーグ万国平和会議とはどのような会議だったのだろうか。

ハーグ万国平和会議はロシアのニコライ二世の呼びかけとオランダのウィルヘルミナ女王の協力で始まった。第一回会議は、オランダのハーグにおいて、一八九九年五月に二六カ国が参加して開催され、「陸戦の法規慣例に関する条約」、「ジュネーブ条約の原則を海戦に応用する条約」、「国際紛争平和的処理条約」の三条約が締結された。アジアからは日本、清（中国）、シャム（タイ）、ペルシャ（イラン）が参

◆高宗の性格　韓国の国史学者・李泰鎮氏は『高宗時代の再照明』（２０００）で、高宗が中心となるかたちで韓国民族主義が成立したことを高く評価している。もちろん一九世紀後半から二〇世紀前半にかけては、ナショナリズムの確立は近代化のためにも必要だったとは思うが、高宗の性格分析は木村氏（２００７）がよりすぐれていると考える。また、私は日本のナショナリズム批判は大前提としながら、韓国や北朝鮮、そして在日朝鮮人の「ナショナリズム」に対しても批判的な立場で研究をしていることも、ここにいい添えておく。

◆本節では……　次章では、直接ハーグへと派遣された密使である李相卨と、高宗が信頼を寄せていた米国人ハルバートのふたりの側から、ハーグ密使事件について述べることとする。

加した。（同書、423頁）

　ロシアの意向が強く働いている会議であれば、なぜ大韓帝国は正式に招請されなかったのだろうか。その理由を金文子氏は「韓国が当時まだ、この会議のもともとの発案国だったロシアの首都ペテルブルクに公使館を設置していなかったから」（同前）だと説明する。そして一九〇三年に、日露戦争に対して「局外中立」を訴えた高宗は、前述の通りロシア公使パブロフやフランス代理公使フォントネの力を借りて李建春を芝罘に派遣し、「宣言」を世界に発信した。そして、玄尚健（訳官の家系に連なる外交官）に親書を託し、一九〇七年にハーグで開かれることになる第二次万国平和会議への参加のための使者として活動していた。さらに高宗は、玄尚健に手渡した親書を通して、ロシア皇帝に対し、「日露開戦になれば日本が韓国の中立を侵犯するであろうことを前提に、ロシアとの同盟関係を希望して」いることを伝えており、さらに「オランダのウィルヘルミナ女王にあてた」親書で、「韓国がハーグ平和会議へ参入するための助力を請う」ていたのである（同書、68～69頁）。

　高宗は第二回万国平和会議に最後の望みを託していた。韓国が同会に出席し、「国際紛争平和的処理条約」加盟国となれば、日本の非行を国際仲裁裁判所に訴えることができる。仲裁裁判所の判事を選出する権利も得ることができるだろう、と。

　ロシア皇帝ニコライ二世が、第二回万国平和会議を発議し予備的な招請状を各国へ発送したのは、一九〇五年九月のポーツマス条約調印直後のようだ。（同書、427頁）

　大韓帝国への正式な招請状は、「〈ポーツマス講和条約〉が締結されて一ヶ月も経たない一九〇五年一〇月三日、サンクトペテルブルグ《ママ》駐在韓国公使に外交文書で伝達された。そして、韓国国王《ママ》（高宗）はこれを翌年の六月二七日に受領した」（崔文衡、２００４、274頁）という。もちろんこれは、「日本を牽制しようとする意図」で、「ロシアツァーリが第二回万国平和会議に韓国代表を招請した」（同前）のである。このような日露間の緊張関係は、「東京とコペンハーゲンにおいて外交経験を積んだイズボルスキーがロシア外相として登場してから（一九〇六・五・一二）、ようやく解消されていく兆しが見えはじめた」（同書、275頁）という（一九〇七年七月三〇日の日露協商――日本の朝鮮半島での権益をロシアは認める代わり、日本はロシアの外蒙古における権益を認め、相互に清国との条約を守り、門戸開放につとめるという協約）。これによって、ロシアは対アジアへの侵略をいったん放棄し、やがてバルカン半島へと矛先を向ける契機となるだろう（以上、同書、276、283頁）。そして、一九〇六年一〇月、日本は「ロシアから第二回万国平和会議に韓国を招請しないという言質をとった上で、〔大韓帝国の招請に対する〕異議を撤回」（金文子、2014、428頁）してしまうのだ。◆

簡単にいってしまえば、高宗の「外交」戦略は、日露戦争およびポーツマス条約、そしてその後の国際関係によって破綻してしまったのだ。まず「局外中立」宣言は、西洋諸国の好意的な反応を得ながらも、日本が日露開戦直前に朝鮮半島を奇襲し、ソウルを軍靴を持って踏みにじり、軍事的支配下に置いてしまったことで帳消しになってしまった。また一九〇五年九月のポーツマス条約で、日本はロシアに講和の条件として「韓国保護権」を認めさせてしまった。そして、この日露開戦（直前）からポーツマス条約にいたるまでの間、すなわち一九〇四年初頭から翌年の一九〇五年九月までの一年半ほどの間に、国際環境は朝鮮半島を日本の保護権下に置くことを認めてしまったといっていい。例えば、一九〇五年七月に桂太郎首相は米陸軍長官でフィリピン初代総督を歴任したタフトとの間で「桂－タフト秘密協約」を結ぶが、これはアメリカが「〔日本の植民地たる台湾から一衣帯水の位置にある〕フィリピンの安全保障を得るため」に、「日本の韓国保護権を認め」るというものだった。「イギリスより先んじてこの認定を示し、その見返りに日本によるフィリピン侵略の意思がないことを確認」（以上、崔文衡、2004、237頁）したというところがミソだ。これは、一八九八年の米西戦争で米国艦隊がフィリピンを占領（五月一日）して以来はじめて、アジアにおける日本とアメリカの間に相互協定ができたことを意味する。その背景には、すでに述べたように、アメリカがアジアの市場を狙っていたこと、そして中国に対しては直接的な支配ではなく、門戸開放すなわち経済的な介入を望んでいたことなどを想起すべきだろう。

◆……てしまうのだ　じつはこののち、ロシアはイギリスとの対立関係を解消し、露英協商を成立させる。フランスもこれに参加して、露英仏三国協商へと発展するが、これはロシアとイギリスが「反ドイツ・オーストリア」という「共通分母」を持つことによって「外交革命」が成立したということである。それは「バグダッド鉄道及びペルシア湾に対するイギリスとロシアの利権の共通性」が「〈反ドイツ〉という両国の共通分母を持たせた」からに他ならないと崔文衡氏は主張している（2004、276～277頁）。

前節で触れた第二次日英同盟（日英新協約）は、英国のインド支配を認める見返りとして日本の大韓帝国に対する保護権を認めるというものだ。同盟期間も、前日英同盟の五年から、一〇年へと引き延ばされている。

> アメリカから最初の青信号を受けた後、次は、〈第二次日英同盟〉という二番目の交差点で青信号を受け、〈ポーツマス講和条約〉という三番目の青信号を受けて終点に到着するまでに、僅か三九日しか要していない。しかし、この短い期間に日本の韓国保護権を認定した国は、アメリカ、イギリス、ロシアだけではなかった。ドイツとフランスも（一九〇五年）八月二五日と二九日、各々、日本の韓国保護を内容とするルーズベルト案をツァーリに勧めることによって、たとえ間接的ではあったが、アメリカに同調したといえる。（同書、247頁）

高宗の企図した「局外中立」も第二回万国平和会議参加も、文字通り艦砲で吹き飛んでしまっているわけだ。

さて、ここまで再三大韓帝国に対する日本の「保護権」について語られてきたが、この保護権とはどのように確立していったのだろうか。以下に紹介しよう。

> （一九〇四年）五月三〇日、元老院会議を開き〈帝国の対韓方針〉を決定した。そして、内閣の同意を経て（五・三一）天皇の決裁を受けた（一九〇五・六・一二）「帝国（日本）が韓国に対する政治及び軍事上保護の実権を握り、経済上はますますわが利権の発展を図る」というのが〈方針〉の主旨だった。
>
> これに基づいて日本は韓国を植民地化するための具体案を用意した。これがいわゆる〈対韓施設綱領〉である。すなわち、日本軍の韓国駐屯、韓国の外交及び財政監督、交通通信機関の掌握、農林・漁業及び鉱業における利権獲得と開発などをその骨子としていた。
>
> 〈日韓議定書〉が日本の軍事上の便宜のためのものであれば、〈対韓方針〉と〈施設綱領〉は韓国の政治・外交・経済などを全的に掌握するための侵略路線だった。〔中略〕
>
> そして、戦況の好転につれて一九〇五年七月にはソウル一円に軍事警察制度を実施し、咸鏡道においては軍政を施行する一方、この計画案の実施のための手続きを進めた。八月二二日に締結された〈第一次日韓協約〉がそれである。韓国に対する内政干渉の段階を越えて直接支配を始めようとしたのである。こうして、日本は韓国の外交権と財政管理権の直接

掌握にとりかかった。（同書、226頁）

年号が混乱しているが、「対韓方針」の決定や「第一次日韓協約」は、一九〇四年に実施されたものだ。日韓議定書を締結後、林権助公使が朝鮮半島での利権をおさえるべきことを進言していたのはすでに見たところだが、そののち一気に「方針」を固め、この路線で大韓帝国政府に大幅に介入することになる。この協約では、大韓帝国は日本政府の推薦する一名の日本人財政顧問を招聘すること、また日本政府の推薦する一名の外国人外交顧問を招聘すること、そして財政や第三国との条約などの問題は彼らと協議してのち行うこと、という内容だ。簡潔ではあるが、この協約によって大韓帝国政府の財政管理、外交権は失われたに等しい。こののち「財政顧問に日本の大蔵省主税局長目賀田種太郎《めがたたねたろう》を任命するように（一九〇四年）一〇・一五）、外交顧問に駐米日本公使館顧問のスティーブンス（Durham Stevens）を任命するようにした（一一・二七）」（同書、227頁）のだ。

その上で、乙巳保護条約（第二次日韓協約）が、一九〇五年一一月一七日に調印される。これは軍事占領下に結ばれた「日韓議定書」や「第一次日韓協約」とは違い、すでに日露戦争が終結したあとに強要されたものであり、「日本はすでにその承認（列強による国際的な承認）の限界を越えて〔朝鮮半島において〕独走していた」（同書、251頁）ことを追認させる内容だといっていい。この条約で大韓帝国は外交権を完全に失い、外国との交渉はすべて日本を通して行うことになった。それだけではない「外交権はもとより立法、司法、行政権と軍事指揮権までのすべてを掌握した」韓国統監府が設置されることになる。このような大権を司る統監は、まさに「韓国国王《ママ》の上に君臨する実質的な最高統治者」で、「それこそ上王そのものだった」（同書、256頁）。

先に述べたように、米、英など列強は次々と、日本の大韓帝国の保護国化を承認していった。そしてこの「第二次日韓協約◆」では韓国統監府が設置され、財政と外交のすべてを日本が直接掌握することになる。これに対して閔泳瓚の兄・閔泳煥は「高宗に批准拒否の上訴を続けた後、一一月三〇日に、小刀《しょうとう》でのどをかき切って自決し

◆第二次日韓協約　この「第二次日韓協約」に関しては、康成銀氏（２００５）がその国際法上の違法性や、解放後（一九四五年八月以降）の韓国でどのような議論をされてきたかなど詳細に検討している。参照とされたい。

た」（金文子、２０１４、413頁）。このとき彼は、「死に臨んで、二通の遺書を残した。一通は外国公使館にあてた抗議文であり、もう一通は国民にあてた声明文である」とあるように、まさに憤死だった。この外国公使館にあてた遺書は、一九〇七年六月にオランダのハーグで開催された第二回万国平和会議に現れた高宗の特使たちによってフランス語訳され、「日本の非行の概略を記した文書」という小冊子に掲載されることになる（同書、414頁）。

　しかし、高宗は明らかに二律背反とでもいうべき行動を行っている。それは、次のことばからもわかるだろう。

> 皇帝高宗は条約反対派が求めた「五賊（第二次日韓協約に賛成した五人の大臣）」の処断も、日本への第二次日韓協約（乙巳条約、一九〇五年）破棄通告も行わなかった。その結果、閔泳煥や趙秉世らが自決した。「天下者、天下之天下、非一人一家之所有」は、元老の立場からする皇帝高宗への根源的な批判であった。（原田、２０１０、20頁）

　この「天下者」ということばは、趙秉世の上奏にあるのだが、このことばを見る限り、専制体制を布きながら、国家を売るような条約を結ぶことを批判しているように読める。しかし、高宗自身は決して日本に国家を売ったつもりはなく、むしろ何とか逆転する方法がないかと考えていたのではないだろうか。それが、あくまでも高宗個人が皇帝として専制体制を維持したいという個人の利益のためだとしても、である。

　ここで気になるのは高宗の立ち位置だ。一方ではロシアを通じて第二回万国平和会議に参加せんとしているにもかかわらず、もう一方では忠臣の訴えを退けてまで「乙巳保護条約（第二次日韓協約）」を結んでしまう。要するに、高宗は日本軍に圧力をかけられていたわけであり、「大韓国国制」で専制権を認められた――条約の批准にいたるまですべての政治的な決定は皇帝が握るという制度のもとにある――高宗が、日本軍の暴力的な介入の前に膝を屈してしまえば、そのままそれが承認されていく仕組みになっているわけだ。議会がない大韓帝国では皇帝には諮問する部下――大臣など――しかおらず、政党勢力＝議員たちに助けを求めることもできない。独立協会を排除してしまったことは、ここにきて大きな負債として認識されるだろう。

　では、高宗はどのような「圧力」をかけられたのか。金文子氏は次のようなことを述べている。

> 　日露開戦後間もない一九〇四年四月一四日、造営されたばかりの慶運宮に大火災が発生し、宮域の北

西部に所在する数個の殿閣（浚明殿、嘉靖堂、惇徳殿、九成軒、および建築中の石造殿）を残して、ほとんどの建物が焼失した。

火の手は、一四日夜一〇時四〇分頃に、修理中であったという高宗の居殿「咸寧殿」から上がり、強風にあおられて宮域を嘗めつくし、翌朝五時に鎮火した。

この間の午後一一時頃に、高宗は西の小門「平成門」より出て、宮外の皇室図書館・漱玉軒（重明殿を中心とする建物群）に避難した。こうして、地上二階地下一階の小さな西洋建築物である重明殿が、高宗の居殿兼外国使節との謁見室となり、一年半後には日本による「保護条約」強要の現場となったのである。（金文子、２０１４、408頁）

失火原因だが、小田省吾の『徳寿宮史』によると「今次火災の原因は咸寧殿の温突《オンドル》修理に当り、火を焼いて之を燥しつゝあつた際炎上に及んだもの」（２０１１、59頁）とある。しかし、金文子氏はこの火事は不審なところが多いという。例えばこのときの写真が、火災から三週間後の五月八日に『日露戦争写真画報』第二集に載るのだが、「火災は夜間に起こった。夜間撮影は現在でも困難であるが、当時は現在とは比較にならないほど困難であったに違いない。この夜、慶運宮が燃えることをあらかじめ知っており、準備をした上で、夜間撮影に臨んだ写真師がいたのではないだろうか」（金文子、２０１４、411頁）と、日本犯人説をとなえている。小田の説明よりずっと説得力があるように思えるがどうだろうか。ではなぜ、日本は慶運宮を燃やしたのだろうか。これについても金文子氏は答えを出している。曰く、林権助公使が「高宗を旧両王城（景福宮と昌徳宮）へ連れ戻し、現宮城（慶運宮）の位置、つまり欧米諸国の公使館地区にあることから生じる諸種の弊害を一掃するには『屈強《ママ》の好機会』」といっていることに触れ、「なぜ高宗を旧王城へ連れ戻したいと思ったのか。外国公館の目にさらされた慶運宮では、日本軍の行動は制限されざるを得ないからである」と断言している。そして、「高宗が再び外国公館へ逃げ込むかも知れない」ため、「ロシア公使は〔日露戦争の勃発で〕すでにソウルから退去していたので、日本がもっとも恐れていたのはフランス公使館であった」といい、「火災が発生するや、林公使は即刻日本軍をフランス公使館に送り、火災予防という名目で公使館の入り口を徹底的に『守備』した。代理公使フォントネは翌日林を訪れ、たいした洞察力だと皮肉った」（以上、同書、409頁）とも述べている。ここまで組織だった行動がとれたのは、この火災が計画的であったことをあらわしているのではないか。だとしたら、これは景福宮でかつて行われた閔妃暗殺事件に勝るとも劣らない陰謀だった可能性が高い。ただし二度目となる今回は、できるだけ「自然な火災」と見せかけるよう日本側も努力しており、その分「進歩」しているとはいえる。あくまでも皮肉な意味で。

ちなみに、『英親王府日記』には、このときのことをどのように記載しているのだろうか。

光武八年陰暦甲辰二月二十九日戊寅晴　　陽四月十四日
邸下在慶運宮○亥時量咸寧殿失火延焼中和殿即祚堂昔御堂及各　殿閣曷勝警惶大　駕移御于漱玉軒○邸下随　駕于漱玉軒○入直仍

光武八年陰暦甲辰二月三十日己卯少雨　　陽四月十五日
邸下漱玉軒○各　殿閣失火後翌日　各殿宮口伝問安于漱玉軒門外　答曰知道○邸下前口伝問　安于差備門外　答曰知道○入直仍

素っ気ない表現が何となく気になる。火災当日の四月一四日は晴れで、夜中の一〇時頃に火災に見舞われた。いろいろな殿閣は燃えてしまい、大騒ぎとならずにいられようか。英王様は駕篭に乗せて、皇帝が匿われた漱玉軒へと移り、府官もそれに随行する。翌一五日日は雨が降ったようだ。それぞれ安否を気遣うようなやりとりが見てとれる。建築途中だったと思われる英親王府の建物も、この火災でひとたまりもなく燃え尽きているようだ。皮肉にも出火原因となった咸寧殿は燃え残った。

この漱玉軒だが、『徳寿宮史』（小田、２０１１）の付録の図によれば、慶運宮の西側の平成門を抜け、アメリカ公使館の前を通った先にある。そのさらに西側にはロシア公使館があるが、この当時はもうロシア公使が退去したあとで、ここには主人がいない。ちなみに、慶運宮の北側にはイギリス公使館があるため、日本側からみれば、確かにここには西洋列強の目が届きやすい困った場所だっただろう。

さて、しかしながら高宗は慶運宮の再建を選択し、「旧王城」には向かわなかった。本章で述べたように、日露戦争開戦直後に「景福宮か昌徳宮を日本軍の宿営地」として認めるよう要請され、実際に昌徳宮を提供しているのだから、昌徳宮はもちろん、景福宮に行ったとしても「皇帝の護衛」という名目で日本軍は景福宮に入ってくるに違いない。どちらに行ったとしても、日本軍に囲まれてしまうではないか。仕方なく、漱玉軒という小振《こぶ》りな西洋建造物◆に引っ込んで、慶運宮の再建と国際環境の改善を待つしかない。切り札であるロシアの同盟国で「局外中立」宣言のときに手助けしてもらったフランス公使館への脱出がもはや不可能となった高宗にとって、それしか考えられなかったのではないか。ひるがえって、ソウル市内の大通り沿いや、昌徳宮などの王宮に日本軍が「宿泊」していることから、おそらく高宗には大きな心理的な圧力がかけられたことだろう。やがて高宗にとっていかにも頼りない西洋建築の図書館だけが、自由のきく唯一の場となる。すでに外堀は埋められており、伊藤博文の政治的な圧力はもはや避けることができない状況だ。伊藤には朝鮮語に熟達した通訳官の前間恭作そして朝鮮人通訳の李人稙がひかえている。伊藤は文官らしく、武力だけではなく、「文」をも動員して、大韓帝国の内閣に圧力をかけたのだ。

その例として、挿話を紹介しよう。

●大使館の夜会　二十五日京城特派員発

昨夜は林〔権介〕公使の催しにて伊藤大使の為めに九時より夜会を大使官に開きたり　来賓は重《おも》に当地外交社会の外国人より成り各国公使領事以下其館員一同及其夫人令嬢並に各国武官等にして仁川よりも各国領事其他外国人多く来会し外国新聞記者にては倫敦タイムス、スタンダード、デーリーニュースの通信員を見受けたり　韓廷側の来賓は文武の各大臣十五名にして之に我文武官の重立《おもだ》ちたるものを加へ来賓の総数約百五十名なりき　宴会中は始終朝鮮音楽隊の奏楽あり　宴酣《たけなわ》にして舞踏数番孰《いず》れも十分の歓を尽し一同退散せしは本日の一時頃なりき

（『東京朝日新聞』、1904年3月27日）

ここにある「外国人」が、すでに朝鮮半島から退去しているロシアを除いた西洋各国のひとであること、そしてその「外国」の「館員」は「夫人令嬢」を連れてくることができたのに対して、大韓帝国からは「文武の各大臣十五名」に過ぎないこと、そして時間も夜の九時から

◆漱玉軒という小振りな西洋建造物　本論でも触れたが、高宗や皇太子（純宗）は、漱玉軒のなかでも一八九七年に皇室図書館として建てられた重明殿という西洋建築に入っている。この建物は現存し、李垠夫婦が長い人生の果てに一九六三年になって韓国へと永住帰国した際に提供されている。このことは、李垠の晩年に話が及ぶ本評伝第4巻で詳しく述べる予定である。

夜中の一時までの四時間も行われていたことなどがまず目を惹く。これは伊藤全権大使の、大韓帝国の皇帝に対する圧力、すなわち日本は西洋列強の同意を取りつけているということを示すための「夜会」であり、鹿鳴館以来の伝統を持つ日本の西洋化＝西洋文化の模倣が直接的に露出した、笑いを誘うほどに露骨にあらわれている。ここで私が「鹿鳴館以来の伝統」といったのは、決して皮肉な意味での比喩ではない。鹿鳴館は明治一四年に英国人ジョサイア・コンドルに依頼して総額一四万円以上かけて建てた西洋建築で（ＮＨＫ、１９８０、61頁）、明治一六年の完成以降、井上馨外相が不平等条約改正などを目的として、夜会を開いたことで名高い。一回に二千六百円以上をかけた壮麗な夜会を「年に二十回ぐらい」（同書、73頁）開いたというから、そうとうな出費だったといえよう。明治一二年当時の大工の手間賃が五〇銭、そして明治二八年で五四銭だったといい（週刊朝日、１９８１、121頁）、標準米の一〇キロあたりの値段が明治二〇年に四六銭、明治二五年に六七銭（ＮＨＫ、１９８０、115頁）、銭湯の入浴料が明治一五年に一銭二厘、明治二〇年に一銭三厘、明治二九年に二銭だというから（同書、91頁）、明治二〇年代の一円は、現在でいう二万円弱といったところだろう。だとすれば、鹿鳴館の総工費は今の金銭感覚でいう二五〜二八億円程度、一回の夜会にかかった費用は五〇〇〇万円程度、一年間でそれを二〇回といえば一〇億円ほどの巨額をつぎ込んでいたことになる。

私はここで、日本の鹿鳴館について直接論じるつもりはないが、ともかくもこのような巨額を投じて開いた夜会で、宮内省雅楽課の伶人が演奏をしていたということに触れておきたいのだ。詳しくは、次章で「大韓帝国愛国歌」を論じる際に触れるつもりだが、明治時代の日本では、宮内省雅楽課の伶人たちが「洋風に改められた宮廷行事に対応するため、一八七四（明治七）年より海軍軍楽隊で洋楽の伝習に励んだ」（辻田、２０１５、73頁）といい、この鹿鳴館の夜会でも彼らが演奏をしていたということに触れておきたい。なぜならば、一八八〇年には海軍軍楽隊の指導者であったフランツ・エッケルトと宮内省雅楽課によって、「君が代」が現在のようなかたちで完成しており、国際的な舞台で雅楽課が演奏するときには、第一に「君が代」を演奏していたことに鑑みると、伊藤がソウルで開いた夜会でも、「君が代」を演奏させていた可能性が高いからだ。

鹿鳴館自体は一八九一年には華族会館へと転用されるが、その後も夜会は開かれており、例えば一八九三年一一月三日の「天長節」では、「天長節宴会奏楽目録」の第一に「君が代」が演奏されている。このときの夜会も鹿鳴館で開かれたのだが二曲目以降は「フラヂヤウォロ大序（オーベール作曲「ファディアポロ」の序曲）」、「トルクワト、タスソ歌劇抜粋ガワチー子之曲（ドニゼッティ作曲「トルクァート・タッソー」）」、「マリターナ、ワルツ之曲（ウォレス作曲「マリターナ」）」、「蝙蝠歌劇抜粋想像曲（ヨハン・シュトラウス作曲「こうもりの幻想曲」）」、「正装儛曲大序（ルビンシテイン作曲「着飾った舞踏会序曲」）」といった六曲が演奏された（NHK、1980、56頁）。なかなか高度な曲を演奏しているが、「この宴会は夜の九時からですから、たいへん遅くまでかかって、明け方の二時まで宴会が続いた」（同書、60頁）というから、ソウルでの夜会とほぼ同じ時間帯であることがわかる。

そして伊藤がソウルで開いた夜会の席には、大韓帝国の皇族は呼ばれていないようであり、また大韓帝国の高官も夫人や令嬢を連れてこられなかったことが、右の新聞記事でもわかる。すなわち韓国高官は「踊れず」、居場所のない状態に置かれていたといっていい。また、ここに日本で長く軍楽隊を指導したエッケルトが教育した、先の引用でいうところの「朝鮮音楽隊」が動員されているのも重たい事実だ。これは「大韓帝国侍衛聯隊軍楽隊」（一記者、1922年11月26日、9面）に違いなく、いわば皇帝のための楽隊を、伊藤が融通してしまっているという事実が浮かび上がるからだ。それほどに、大韓帝国は力を失っていたのだ。さらに、これはあくまでも推理でしかないが、このときも「君が代」が演奏されたと思われるし、夜会を開いた現地たる大韓帝国の国歌「大韓帝国愛国歌」（次章で詳述）は演奏されなかった可能性が高い。なぜならば、日本では「一八七五（明治八）年八月二十九日付の『海兵隊敬礼式』では、天皇や皇族に対する敬礼に『祝楽』を用い、外国の国王や王族に対する敬礼に『其国ノ祝楽』を用いることを定めた。ここでいう『祝楽』とは『君が代』のことだろう」（辻田、2015、71〜72頁）という指摘でもわかる通り、日本では外国の王や王族（皇帝や皇族）の前では、その国の「国歌」を演奏することを規定しているが、逆にいえば、大韓帝国皇帝や皇族がいなければ、「大韓帝国愛国歌」を演奏する必要がないということでもあるからだ。だとすれば、おそらくは第一曲目として「君が代」を演奏させた可能性はかなり高いのではないか。日本の「君が代」を完成させたのがエッケルトであったことも傍証になるだろう。旧知の伊藤に対して、エッケルトは「君が代」の演奏をむげに断ったりできなかったに違いないからだ。このように朝鮮半島は日本の勢力下にあるということを示すべく、伊藤は外国公使を集め、「〔大韓帝国〕侍衛聯隊軍楽隊」（閔泳瓚が監督官だが、彼はこのとき不在）を動員し、夜会の主人公としてふるまったに違いない。韓国の皇帝に仕える軍楽隊を我がもの顔で使い、「君が代」を演奏させる伊藤は、のちの韓国統監になったときの相貌と、まさに地続きの状態にあったといっていい。

鹿鳴館の狂騒のなかで、日本の高官はこのような夜会にはなれており、おそらく一通り踊ることもできただろう。それを在韓国西洋諸国公使の前で自慢げに見せつけ、「踊れない」韓国高官を冷たい目線で見下ろす伊藤や日本の高官たちの姿が、目に浮かぶようではないか。日本の西洋模倣の舞踏会という「文」を駆使した「力」が、高宗を苦しめているのである。

大韓帝国の高官も、伊藤にいいように見下されている。韓国には日本の侵入をくい止めるような政治家もいないのか。高宗はこのとき、かなり孤独だっただろう。もちろん、これは専制色を強めてきた高宗自身が招いた災いではある。その結果として国内には彼に並びたつ実力者はいないのだから。そう、彼を助けてくれる勢力＝政党などはどこにもないわけだ。そのうえ、もはや救済してくれそうな外国公使館は存在せず、日本軍はソウルの街を我がもの顔で闊歩している。あとは、自分が放った「特使」たちが何とか活動して、第二回万国平和会議で日本の非行を訴えるまで耐えよう。高宗はそう思ったに違いない。そこで、思いついたのがアメリカの仲介だ。まず、パリにいた駐仏公使の閔泳瓚を一九〇五年一一月にアメリカに派遣、さらに高宗は親韓的な米国人ハルバート◆に親書（密旨）を伝え、アメリカの救済を求めようとしている。しかし、すでに見たようにアメリカは、フィリピンと朝鮮半島を相互に勢力圏として認めあうかたちで日本と妥協しており、相手にされず失敗に終わる。そして「親韓国的言動が多かった前任のアレン公使を更迭して、日本の官憲と絶えず密接な関係を保ち日本の行動と一致する行動をとるようにというルーズベルト〔大統領〕の訓令を受けて赴任したばかりの」（金文子、2014、432頁）モルガン公使は、「〔第二次日韓協約すなわち乙巳保護条約の〕交渉が行われている建物とすぐとなりの皇帝の住居の周りに日本の全権大使を護衛する兵士が立ち並び、外部との出入りを遮断していた様子、その直前の二日間にわたってソウルの街頭で行われた日本軍の示威行動を挙げ、一八日未明に行われた条約の調印が全く自由意思でなされたとは思えないと、極めて控え目に国務長官に報告（一九〇五年一一月二〇日付）している」（同書、433頁）。このことからもわかる通り、第二次日韓協約が、八人の大臣を軟禁して調印を強要したものであり（五人が調印）、そしてそれをアメリカが事実上追認したのである。高宗をはじめ駐米韓国公使の李容翊などの「韓国指導者層は依然としてアメリカに対して親交関係を感傷的に信じ込んでいた」（崔文衡、2004、195頁）ため、高宗は一一月二六日に芝罘から、この条約は無効である旨をワシントンのハルバートに打電したが、アメリカはこれも黙殺している。

　さて、乙巳保護条約とも呼びならわされている「第二次日韓協約」だが、これをめぐる問題にあたった特使は、閔泳瓚やハルバートだけではない。もうひとり李範晋がいる。彼は一九〇〇年にロシア・フランス・オーストリア公使となったが、「一九〇一年二月二日に英国（ヴィクトリア）女王の葬儀に韓国代表として参列し」、同年三月には「ロシア公使に専念」した（金文子、2011、437頁）。駐仏公使には閔泳瓚が着任しているから、決してフランスをおろそかにしているわけではない。これが日露戦争開戦と、日本軍による朝鮮半島侵犯で大きくゆれる。「李範晋の元には、ソウルの外部大臣より撤収命令が届いた。一九〇四年三月二日、李範晋はロシアの外務大臣ラムスドルフに面会し、韓国皇帝から直接指示を受けるまでは、駐露公使としての職務を続けることを申し出た」という。そして「同年七月、李範晋は再び高宗の指令を受け取った。それは日本人の手先になった外部大臣の指示に従わず、どのようなことがあっても公使職を守り通せ」という内容だったが（同書、438頁）、大韓帝国という国家が日本の保護下に入ってしまった以上、それはかなり難しいことだっただろう。それは閔泳瓚も同じだ。金文子氏も「パリの韓国公使館がどのように維持されたのかは不明である」（同書、430頁）としている。

　そんななか、高宗は特使をハーグに派遣する。そのなかには李範晋の次男・李瑋鍾もいた。当初は一九〇六年夏に開かれる予定だった第二回万国平和会議に参加すべく、四月に李相卨を出国させたが、会議が延期されたことで一年近くを現・中国の吉林省にある朝鮮人集住地「北間島龍井村」にとどまり、「瑞甸学塾」を開設して青少年の教育事業にたずさわった。この地から、尹東柱《ユン・ドンジュ》という詩人が生まれるが、それはこの事件から一〇年ののちである一九一七年のことだ。そこへ李儁がやってくる。彼は「一九〇七年四月二一日に、高宗のロシア皇帝あて親書を帯びてソウルを発ち、龍井村で李相卨と合流した後、シベリア鉄道でペテルブルクに向かった。二人の案内役を務めたのは、ロシア名『車ニコライ』という現地育ちの中学生だったという」。そしてふたりは「ペテル

◆ハルバート　一八八六年に朝鮮最初の近代的国立学校「育英公院」の教師として赴任してきた。在韓歴も長く、大韓帝国に愛情を持っていたという。日本語に翻訳された著書としては『朝鮮滅亡』（1973）がある。なお、金庚姫《キム・ガンヒ》（2000）は、ハーグの「密使」とハルバートの「密旨」を分けて分析している。

ブルクで李範晋・李瑋鍾親子と協議した後、ニコライ皇帝に高宗の親書を伝達した」（以上、同書、444〜445頁）。しかし、この頃にはすでに日露協商へと結びつく、日露妥協の道がつめられつつあり、高宗の親書が取りあげられることはなかった。もしも、会議が延期されず、予定通り一九〇六年夏に開かれていたら、場合によっては大韓帝国代表が何がしかの参加資格を得た可能性はあるが、これも不運だったと考えるしかなかろう。

余談になるが、次のような証言もある。「李範晋がロシアで使っていた名刺は二種類知られているが、そのひとつには『Prince Tchin Pomm Yi』と書かれている」（同書、439頁）。彼自身が、自分を「プリンス」だと自称していたのは間違いない。第二回万国平和会議に参加するにあたって、高宗が「王族」として遇した「プリンス」李範晋ははずせない人材だったはずだ。しかし、彼は参加できず、その代わりに息子である李瑋鍾がハーグに向かっている。

李範晋の代表団参加を見送ったのは、ロシアから補助金を得て辛うじて維持していた韓国公使館を存続させるためであったろう。よって李瑋鍾の参加は、単に通訳としてだけではなく、父李範晋の代理という側面が大きくなった。二二歳という若さの李瑋鍾があえて「プリンス李」を名乗り、三人を代表して講演し、インタヴューに答えているのは、単に語学力に秀でていたからだけではない。（同書、446頁）

結局、会議には参加が許されず、「一九〇七年七月八日の夜、新聞記者たちの集会『国際主義の会』で、李瑋鍾は司会に『プリンス李』と紹介されて登壇し、『韓国の訴え』と題して、日本を激しく非難する演説を一時間余りに及んで流暢なフランス語で行った」（同書、451〜452頁）。「プリンス」たる父の代理であるがゆえ、自らも「プリンス」と自称した李瑋鍾。彼らは与えられた仕事をできる限り実行に移したといっていい。だが、同情をかいつつも、それ以上の成果をあげることができなかった。その彼らについて、「伊藤統監に追及された高宗は、自己の関わりを否認した。李完用内閣は、欠席裁判で李相卨に死刑を、李儁と李瑋鍾に終身刑を宣告した」（同書、438頁）。しかしこの刑が執行されることはなかった。李儁は現地で病死し◆（同書、452頁）、李相卨はロシア沿海州のとどまり、独立のために闘う人生を送ることになる（一九一七年死去）。そして李瑋鍾はロシアの父のもとへと帰って、ロシアでウラジミール士官学校を卒業、将校としてロシアにとどまり、ロシア革命以後はボルシェビキの一員として赤軍に参加したという。そして、その父であ

る李範晋は、一九一一年一月一三日にペテルブルクで自殺している。◆

そしてこの事件以後、高宗は退位させられ、太皇帝とされてしまう。専制君主として君臨することを最後まで望んでいた彼は、ついに「飾りもの」へと転落するのだ。そして皇太子だった純宗が第二代大韓帝国皇帝になり、英王李垠にも人生の転機が訪れる。その前後に宮中で起こったことは、次章にて詳述しよう。

◆**病死**　しかし当時は「抗議の自決」と報道され、解放後（一九四五年八月以降）もこの自決説に基づいて北朝鮮で『帰らざる密使』がつくられてもいる。この映画の監督は申相玉《シン・サンオク》で、一九八四年に発表された。彼は妻の崔銀姫《チェ・ウンヒ》とともに一九七八年に北朝鮮に拉致され、北朝鮮で映画づくりをさせられていた。しかしその後、オーストリアのウィーン滞在中にアメリカ大使館に脱出し、脱北に成功した。

◆**李範晋は……自殺している**　李範晋に関しては、金文子（２０１４、440～442頁）参照。

第4章

瀬玉軒と講学庁での李垠

日露戦下の大韓帝国

大韓帝国愛国歌
상뎨（上帝）는　우리황뎨（皇帝）를　도으사
셩슈무강（聖寿無疆）하사
해옥듀（海屋籌）를　산（山）갓치　빠으시고
위권（威権）이　환영（奐瀛）에　뜰치다
오천만셰（於千万歳）에　복록（福禄）이　일신（日新）케하소셔
상뎨（上帝）는　우리황뎨（皇帝）를　도으소셔

［章扉の写真］
フランツ・エッケルト（1852〜1916年）。プロイセンの軍楽隊出身で、1879年に音楽教師として来日。「君が代」などを作曲した。1899年にドイツに戻るが、大韓帝国の軍楽隊指導者として招請され、「大韓帝国愛国歌」を完成させた。韓国併合条約後も朝鮮にとどまり、1916年に病没する。（1900年代頃撮影）

一、「大韓帝国愛国歌」とエッケルト

前章でエッケルトと「君が代」の話が出た。これは重要なので、ここでは突っ込んだ議論をするため、時代は前後することになるが、いったん一九〇二年前後の頃へと戻してみることとする。この時代の叙述は政治的な事件が先行しがちだが、本書は李垠の伝記研究であるため、むしろ皇室内部、すなわち内宮で行われたことについて詳しく見ていく必要があると考えるからだ。そして、この時期には、韓国皇室にとって大きな出来事があった。それは、国歌の制定と国旗の確定である。よって、ここでは、「大韓帝国愛国歌」という大韓帝国の国歌の制定過程を追いながら、高宗の国旗国歌観をのぞいてみることとしたい。

前章で触れたように、フランツ・エッケルトというドイツ人音楽家を大韓帝国は招いていた。この人物が「大韓帝国愛国歌」を作曲したといわれているのだが、実際に彼がどのような経歴の人間なのか、以下にまとめておこう。◆彼は一八五二年四月にシレジア州ノイローデ市に生まれた。ノイローデは伯爵領グランツに属しており、ボヘミアとの国境近くにある。父親は裁判所書記官をつとめていたフランツ・ニコラウス・ジョセフ・エッケルト（Franz Nicolaus Joseph Eckert, 一八〇四～一八八五年）、母親はアマリア・テレジア・クララ・クラール（Amalia Theresia Clara Klar, 一八〇七～一八六七年）といって指物師の娘だったという。

フランツ・エッケルトは八人きょうだいの五男であったが、長男、次男、三男そして三女が夭折しているため、事実上ふたりの姉とひとりの兄の元に育った末っ子であった。父親は音楽を愛好しており、その影響でフランツ・エッケルトも音楽へと傾倒していく。ちなみに、兄ヴェンツェルも職業音楽家として活躍し、クリスティーニアとベルリンで活動していたという（以上、東京大学駒場博物館特別展、２０１６）。

日本では明治維新が遂げられ、中央集権国家が始動していた一八六九年に、フランツ・エッケルトは一七歳で志願兵となる。一七歳はドイツでもっとも若くして軍に

◆まとめておこう　エッケルトおよび大韓帝国軍楽隊のことについては、東京大学駒場博物館特別展（２０１６）、イ・ジョンヒ（２００８）、金源模（１９８７）、南宮堯悦（１９８７）、イ・ギョンブン／ヘルマン・ゴチェフスキー（２０１２）、チェ・チャンオン（２００９年11月～２０１１年３月）、イ・ジソン（２００７）を参考にしてまとめた。

志願できる年齢であった。彼は対オーストリアの軍事拠点であるナイセ市で、軍楽隊へ配属された。指導者はヨハン・ハインリッヒ・シュトゥケンシミット（一八一九～一八七〇年）で、その晩年の部下であり、楽士だったのが若きフランツだった。ナイセは市民の四分の一が軍人という軍事都市で、この街の近郊にあるファルケナウで、彼はマティルデ・フーフと結婚した。一八七五年、フランツ・エッケルトが軍楽隊に入って七年目のことだった。マティルデの兄が同じ軍楽隊の仲間であり、軍事都市ならではの出会いといっていいかも知れない。そして、翌一八七六年にはプロイセンの海軍都市ヴィルヘルムト・ハーフェンへと移り、海軍軍楽隊長カール・ラタン（一八四〇～一八八八年）の指揮下に入る。三〇代半ばの若い軍楽隊長のもとで、フランツ・エッケルトは音楽の勉強を続けることになったのだ。

そのエッケルトに転機が訪れたのは一八七九年のことで、彼は日本海軍軍楽隊の指導者（お雇い外国人）として、日本に入国した。この先、二〇年にわたって、エッケルトは日本の軍楽隊および音楽教育にたずさわることになる。例えば、一八八三年から一八八六年まで、彼は文部省音楽取調掛でも指導しているし、一八八七年からは宮内省式部職にも出仕するかたわら、陸軍戸山学校嘱託教師（一八九〇～一八九四年）、近衛軍楽隊嘱託講師（一八九一～一八九二年）と、軍楽隊のみならず音楽教育全般にかかわっている（以上、同前）。

ちなみに、彼が来日した一八七九年といえば、明治時代の日本の音楽教育を指揮する伊沢修二が東京師範学校校長となり、翌一八八〇年には文部省音楽取調御用掛を兼務している。米国メイン州出身のルーサー・ホワイティング・メーソン（Luther Whiting Mason）が文部省音楽取調掛のお雇い外国人として招かれているが（一八八二年まで）、これはボストンに留学していた伊沢が、メーソンの教育を受けていたこととかかわっているようだ（中西、2012、30～31頁）。伊沢がボストンにあるブリッジウォーター師範学校で音楽教育についてメーソンに学んでいるのだが、そのとき日本からの留学生の監督をしてたのが、のちに大韓帝国の財政顧問となる目賀田種太郎だったというのは、とても重要な事実だと私は考えている。目賀田は一八七九年当時、まだ二六歳の青年であり、「文部一等属」という地位にあった。彼は「アメリカの教育事情について精力的に報告し」、「日本の小学校への唱歌導入の秘密に深く関わっている」（安田、2003、27頁）という。そして、メーソンを日本に招聘するために尽力したのも目賀田であり、その未来図として『国楽』という新しい歌曲を創出するために唱歌科目が必要なのだと主張」、「身分の上下、男女、年齢の区別もなく、日本国民みんなで歌える歌を考えていた」。そのため、「〔第一回国費留学生としてハーバードに学んでいた〕アメリカ留学生活が長かった目賀田種太郎がいだいていた国楽のモデルは、アメリカのクリスチャン家庭の讃美歌だった」と思われる（同書、28頁）。ちなみに、安田寛氏によれば、メーソンの職務権限は「東京師範学校と東京女子師範学校の両師範学校」で唱歌を教え、「その成果を東京の公立学校に広げてゆく」ことだった。そして「西洋と日本の音楽を融合して、新しい日本の歌曲集を編集して『国楽』を創出する」ことだった（同書、28〜29頁）。

ともあれ、目賀田がメーソンに白羽の矢を立てたのは、伊沢との関係があったからであり、その伊沢が東京師範学校校長兼文部相音楽取調掛だったときに、お雇い外国人として呼ばれたわけだ。メーソンは熱心なキリスト者であったという。それゆえに日本の異教徒の改宗という目的◆もあったようだ。そして、メーソンと日本の文部省との間で雇用の関係が切れるや、入れ替わるようにエッケルトが音楽取調掛に請われている。これは、宗教的伝導という意図を取り除くという意味だけでなく、メーソンが築いた基礎の上にエッケルトが楽曲の演奏と作曲、編曲などで活躍することが期待されたからに違いない。

さて、エッケルトは一八九五年一一月に海軍と再雇用の契約を結び、一八九九年三月に満期解雇となるまで、主に海軍と宮内省で活躍した。そして、同年四月に横浜港から船に乗り、ハンブルクへと向かっていった。帰国後、七月にプロイセンから勲四等に叙され、九月には日本からも勲五等旭日章を授かっている。そして、同年一二月に保養地として知られるバート・ゾーデン市の楽隊に採用が決定し、一九〇〇年五月から指揮者として活動することになるのだ。バート・ゾーデン市は温泉地であり、湯治や保養に来ている人びとのために、一八九〇年代には毎日演奏していたが、彼が指揮者として赴任した頃には、五月から九月までの時期にしか演奏はしていなかったという。それゆえに、彼の赴任も五月だったというわけだ。楽隊も一六〜二〇人程度の規模で、水曜日以

◆異教徒の改宗という目的　安田寛氏によると、メーソンは日本の異教徒をキリスト教徒へと改宗させる強い意志があり、それが伊沢との関係を疎遠にさせたのではないかと示唆している。ただし、この問題は大韓帝国に渡ったエッケルトの問題とはかなり遠い内容なので、これ以上は立ち入らない。メーソンと日本唱歌に関しては、安田氏の著作（２００３）に譲る。

外の週六日間、毎朝八時に公園で讃美歌の演奏を指揮し、そのほかに週に一一回から一三回の演奏会を開いていたという。また、ここバート・ゾーデン市の公園には奏楽用の八角形の建物があり、それが演奏に利用されていたが（以上、東京大学駒場博物館特別展、２０１６）、これが大韓帝国のパゴダ公園（現・大韓民国の塔骨《タプコル》公園）での演奏に利用され、現在もその面影を残す八角亭（一九〇二年）を作るきっかけになっていると、私は考えている。

それでは、エッケルトと大韓帝国の西洋音楽なかんずく軍楽隊について見ておこう。彼は一一月までバート・ゾーデン市での契約を全うし、翌一二月にハンブルクから大韓帝国へと向かっている。ソウル到着は一九〇一年二月、そして六月には侍衛連隊軍楽隊への指導を開始している。この大韓帝国軍楽隊については、チェ・チャンオン氏の研究がもっとも詳細であり、信頼性が高い。彼によると、「光武三年（一八九九年）六月八日、ドイツ帝国プロイセンのハインリッヒ（Heinrich Prinz von Preußen 一八六二～一九二九年）皇太子が公式訪韓した際に、高宗皇帝が開いた祝賀の宴で、ハインリッヒが帯同してきたドイツ軍楽隊の演奏があり、それまでたくさんの儀式や行事を経験してきた大韓帝国も、ドイツのような軍楽隊が必要だと考えられ」た。そして「光武四年（一九〇〇年）一二月、元帥府軍務局総長臨時署理で陸軍副将（中将）の沈相薫が、砲兵、工兵、輜重兵、軍楽隊の設置のための請議書第八号を提出、一二月一七日に議政府会議（廟堂）を経て、同月一九日には皇帝陛下の制曰可（裁可）により、軍楽隊設置の勅令がおろされ」た。これにより「侍衛軍楽隊二個隊を編成する根拠を得た」（以上、チェ、2010年2月、56～57頁）という。

そのとき、音楽教師の招聘がとりざたされた。これは、宮内府顧問官である米国人リジェンダー（W. LeGendre 韓国名李善得、一八三〇～一八九九年）の急死を受けて、後任となったウィリアム・フランクリン・センズ（William Franklin Sends 韓国名山島、一八七四～一九四六年。一九〇〇年二月から外部顧問官事務署理を兼務）と度支部顧問官兼海関総税務司である英国人サー・ジョン・マクレビー・ブラウン（Sir John Mcleavy Brown 韓国名柏卓安、一八三五～一九二六年）にその準備をするように命令が下された。彼らは軍部と海関（海港で輸出入にかかわる役所）がおのおの経費を捻出し、海関は教師の俸給と楽器の調達を受け持ち、そのほか諸般の経費は軍部が支払うことに決まった。そして、ブラウンがドイツ領事のヴァイペルト（Heinrich Weipert 韓国名瓦以壁、一八五五～一九〇五年）に委託するや、フランツ・エッケルトの名前が浮上したわけだ（以上、同書、58頁）。

ドイツ領事に委託した理由はつまびらかではない。おそらく、宮内府すなわち高宗の内宮に近いリジェンダーの死去により、当時まだ二〇代の青年であったセンズを後任に据えざるを得なくなったため、英国人ブラウンを補助的に任命したのではないか。そして、ふたりは高宗が気に入っていたドイツ軍楽隊を念頭に、ドイツ領事へと相談を持ちかけたのではないかと、私は推察している。狭いソウルの西洋人社会だからこそあり得た米英独の「相談」だったといえよう。そして、軍楽隊指導者を推薦するようにいわれたヴァイペルトは、日本で長年にわたって軍楽隊を指導した実績のあるエッケルトを推薦しようと思ったのだろう。しかも彼は日本との契約が終わったばかりで、ドイツの保養所で楽隊の指揮をしている、いわゆる「手空き」の状態ではないか。こうして、エッケルト招聘が実現していくのである。

繰り返しになるが当時、大韓帝国では軍拡は進められたものの、その税制規模の小ささゆえに、「大韓帝国の軍隊が、中央五〇〇〇名、地方を併せても二万五〇〇〇名足らずの規模でしかなく、そのなかでも真に近代的な軍隊といえる体裁を整えているものは限られていた」。中央の五〇〇〇名とは「二侍衛連隊と二親衛連隊」にまとめられている。ちなみに「一九〇一年においてさえ、大韓帝国の軍事費は、同じ年の日本政府のそれのわずか三パーセントにしか過ぎなかった」（以上、木村、２００７、310〜311頁）という貧弱なものでもあった。確かに日本をはじめとした隣国に比較すると、大韓帝国の軍事力はかなり弱かったが、それでも一八九九年六月の元師府設置以

◆**元帥府**　一八九九年六月二二日に高宗が設置した陸海軍を一括して統率する機関。大元帥には高宗自身が、元帥には皇太子（純宗）が就任し、「大韓国国制」発布の翌日である一八九九年八月一八日には、軍部官制が改定され、軍部大臣の権限が大幅に削減された（木村、２００７、309頁）。このようなことから、元帥府は事実上、大韓帝国皇室（内宮）を守るための組織だったといえよう。ちなみに、沈相薫は副将に就任しているが、元帥以下の将官としては最高位にあたり、日本でいう少将は「参将」、日本でいう佐官は「正領、副領、参領」、尉官は「正尉、副尉、参尉」だ。李垠の母である厳氏のいとこであり、実家の養子となって父である厳鎮三の家を継いだ厳俊源が軍人であったことは第1章で述べたが、彼は一九〇一年には歩兵参領（少佐）に、翌一九〇二年には副領（中佐）に、さらに一九〇三年には陸軍参将（少将）として元帥府記録局総長へと昇任している。いくら何でも昇任が早すぎるわけで、当然のことながら厳氏一族への配慮がうかがえる。

降、軍事改革は行われていたのである。この軍拡の流れと、侍衛隊に軍楽隊を設けるという方向性は、明らかに通いあったものであるといえよう。

ところで、元帥府以前の大韓帝国では、西洋式の軍楽隊は存在しなかったのだろうか。多少寄り道になるが、以下に見てみよう。もっとも古いところでは、一八八一年に新式軍隊である教練隊を組織したとき、日本の教導団軍楽基本隊へ李殷乭（?～一八八五年）などを留学生として派遣している。この教導団とは、すでに前章で触れたように、いまの日比谷公園の場所にあった下士官を育成する組織だ。彼らはここで、フランス人教官であるダグロン（Gustave Charles Dagron 一八四五～一八九八年）に、一八八一年一一月から翌年一〇月二二日に帰国するまで指導を受けている◆（チェ、2010年1月、82頁）。しかし、この動きも直線的に軍楽隊養成にはつながらなかった。これは、李殷乭が甲申政変（一八八四年の親日開化派による政変）に加担し、日本に亡命したこと、そして帰国後の一八八五年六月に死亡してしまったことによる。

それはともかく、ラッパ手がはじめて朝鮮に成立したのが一八八二年頃のことであることは動かない。この細々とした軍楽隊の前史ののち、「一八九五年七月一七日の勅令第一二〇号で侍衛隊が創設され」、その年の「七月二九日に閣議決定を経て大君主陛下〔高宗〕の裁可」を得、はじめて軍楽隊が設置されている。このときの軍楽隊の編制は、三八名ずつの二牌（ふたつの組）で、ようやく軍楽隊の初期的な組織の誕生をみたのである（同書、83頁）。その後、高宗の露館播遷を経て、ロシアの指導の下に軍楽隊は成長していく。具体的には、高宗専制期である一八九七年三月に、ロシアとの間で結ばれた「俄国士官与下士合同書」には、次のように規定されている。

一、士官及下士等が、朝鮮で一年雇用されること。
一、本約に属する教官は士官二員、軍医一員、軍楽隊官一員、下士一〇名とすること。
一、士官と軍医と軍楽隊官の薪金〔給与〕は、毎月各人に洋銀一五〇元ずつ朝鮮政府より支給され、居所と薪金、柴物、燃灯具〔燃料と灯火の費用〕などは本棒とは別に支給すること。
一、下士の月銀〔給与〕は毎月各人に洋銀二〇元ずつ朝鮮政府より支給され、居所と柴物、燃灯具は本棒とは別に支給すること。
一、右に所載した士官と軍医、軍楽隊官の薪金と下士月銀は、西暦一八九六年一〇月一日より始められ、按月預撥〔毎月前払い〕で支払うこと。

一、士官の旅費と備品費は四〇〇〇元とし、軍医と軍楽隊官の旅費と備品費は二〇〇〇元、下士の旅費と備品費は二〇〇元を支給するが、あわせてロシアの貨幣で計算し、契約時にあらかじめ支払うこと。

（同書、84頁）

この契約で特徴的なのは、下士官にいたるまでロシアから雇用していること、すなわち当時の朝鮮には近代的な軍隊が未発達で、ロシアにその教育が期待されていたということ。そしてそこに、軍楽隊が必要とされたこと。さらにはそのために派遣されるロシアの士官、下士官には旅費を前もってロシアの貨幣で支払い、給与の支払いも「洋銀」すなわち西洋の貨幣（おそらくはロシアの貨幣）で支払うということだ。財政の苦しい朝鮮の貨幣が、海外から来る「お雇い外国人」とでもいうべきロシア人たちには意味をなさなかったのだろう。同月、朝鮮政府は、三〇九六元という巨額を投じて、ロシアから西洋式の楽器を一揃え買っている。第2章で述べたように、当時の朝鮮では大邱での二食付きの旅館代が六〇銭であった（クレブスト、1989、49頁）ことを考えると、一元は現在の韓国の通貨に換算して四万二〇〇〇ウォンぐらい。あえて日本円に換算すると四〇〇〇円ほどではないかと思う。だとすれば、この楽器購入費用は現在の金額にして一億二五〇〇万ウォン、日本円にして一二〇〇万円程度という非常に高額な出費であることがわかる。その上に、一四名に上るロシア人の雇用が重くのしかかるのである。それだけ、高宗は軍備の近代化と増強を真剣に考えていたということだ。

その後、同年七月に第二陣であるロシアの軍指導者二一名（士官三名、下士官四名、ラッパ手二名、機械工二名、皮革工二名、そして軍楽隊長を含む）がやってくる。とくにラッパ手は一〇月から各隊でのラッパ手育成を行ったが、契約満了となる一八九九年三月に全員撤収している（以上、チェ、2010年1月、87頁）。軍楽隊以前にラッパ手の教育をしなければいけないほど、近代化とはほど遠い状態であったことがうかがえる挿話だ。

◆指導を受けている　ただし、本格的な軍楽隊の成立には遠く、ラッパやコルネットを学んだに過ぎない。じつは、李殷乭が帰国する頃である一八八二年一一月には、親軍（親衛隊、侍衛隊の前身）右営で、清国軍に養成された四名の銅号手（ラッパ手）が養成されている。しかし彼らより、李殷乭らの活躍の方がめざましかったようだ（チェ、2010年1月、82〜83頁）。

このように、朝鮮のちの大韓帝国の軍楽隊は、清国、日本、ロシアといった周辺諸国への留学や、お雇い外国人の雇用を経て、やっとラッパ手が各隊に配備できるかどうかという状況だった。しかし、巨額を投じて手に入れた楽器と、不完全ながら軍楽隊の指導者が大韓帝国に音楽の近代化の淵源となっていることは特筆すべき事実だろう。このような前史があったからこそ、一八九九年六月にプロイセン皇太子の正式訪韓の宴席で、高宗はより本格的な軍楽隊を創設しようと考え、そしてエッケルトに白羽の矢がたったのだから。

さて、前章でも触れた通り一九〇〇年、閔泳瓚がパリ万博のために欧州に派遣された。その際、スイスのベルンで開かれた「万国郵逓連合」二五周年記念会に出席（七月）したのだが、その後、エッケルトに直接交渉すべくドイツに向かっている。そのときエッケルトはバート・ゾーデン市におり、その年の五月から一一月まで指揮をしていることから、おそらく現地まで足を運んだのだろう。閔泳瓚は語学に秀でていることはすでに述べたが、エッケルトも彼のような若く有能な官僚と会って話す機会があったからこそ、心が動いたのではないか。そして翌一九〇一年二月一九日、エッケルトはソウルに到着する。

このときのエッケルトの契約内容をのぞいてみよう。

大韓帝国とエッケルトの間での正式な契約は、一九〇一年六月一三日に調印（チェ、２０１０年3月、62頁）されている。⑴雇用年限は光武五年（一九〇一年）二月一日から起算し、丸三ヶ年と定められた。その上で、⑵彼の薪金（給金）は「日本金銭あるいは紙幣三〇〇元」とし、海関の収入から支払うこと。⑶軍部大臣はエッケルトの居所を調え給付することとするが、もしもエッケルトが住むに足りる居所を得られないときは、住居の賃貸費用として毎月日本の金銭あるいは紙幣で三〇元を支給すること。⑷軍部大臣からドイツより漢城にいたるまでの旅費を、二ヶ月間の辛金（苦労賃）として六〇〇元を拠出する。その金銭は海関から支払い、もしもエッケルトが家族を呼ぶつもりなら、その費用として三〇〇元を加給する。⑸三年の契約期間ののち、軍部がエッケルトを解雇するのであれば、その六ヶ月前に予告通知をする。万が一予告しない場合、この契約は継続されることと知るべし。⑹契約満期後に、軍部大臣はエッケルトに二ヶ月分の苦労賃を海関から加給し、エッケルトに家族がいる場合はさらに三〇〇元を加給すること。⑺毎月、一ヶ月分の給与を支給する。もしもエッケルトが病気になっても一ヶ月分の給与を支払うが、一ヶ月を経過しても治癒しないときは、半月分の金額を支払う。さらに一ヶ月が過ぎても治らないときは、月俸は無給となる。

そして万が一、服務できなくなった場合は、この契約は廃止されることとする。(8) エッケルトが不正を働いたり、職務怠慢などを行った場合には、ドイツ公使と協議の上で解雇すること。(9) この契約は英文と韓文にておのおの四部作成すること。しかし、後日に文言の解釈が分かれるような部分があれば、英文にて解釈する（同書、64〜65頁）。

真っ先に目につくのは、エッケルトが日本の貨幣で給与を受けるというくだりだ。エッケルトが日本に長く住んでいたということ、大韓帝国が日本のすぐ隣にあるということ、そして大韓帝国の貨幣になじみもない上、おそらくは信頼もなかったがため、このような契約となったのであろうと推察可能だ。エッケルトは大韓帝国を、大日本帝国より信頼できない経済規模の国だととらえていたことがわかる。また、「三〇〇元」という月棒も、日本の貨幣で支払うのであれば、おそらく「三〇〇円」であったとみるべきだろう。日本の国会議員の報酬（年収）は、一八九九年で二〇〇〇円、一九二〇年で三〇〇〇円であり（週刊朝日、1982、19頁）、日本の銀行員の初任給が大卒で一八九八年に三五円、一九一〇年に四〇円、一九二〇年で四五〜五〇円だった（同書、六九頁）ということを勘案すれば、一九〇〇年当時の三〇〇円は現在の三〇〇万円ほどの価値があろうか。年収にして三六〇〇万円ほどの感覚になる。エッケルトはかなりの高給取りだったことがわかるではないか。

ともあれ、一九〇一年六月に、エッケルトは正式に大韓帝国の軍楽隊を指揮◆することとなり、翌年の七月に「大韓帝国愛国歌」が刊行されるまでにいたる。この「大韓帝国愛国歌」であるが、エッケルトが本当に作曲したのかについて、深く考察した論文がある。イ・ギョンブン氏とヘルマン・ゴチェフスキー氏は、一八九六年二月号に発表されたハルバート（Homer Hullbert 一八六三〜一九四九年）の「Korean Vocal Music」に収録された歌が、「エッケルトの大韓帝国愛国歌のメロディととてもよく似て」いること、その歌は「parami punda（風が吹く）で始まる歌」であること、さらには「この歌に若干の修正を加えて『大韓帝国愛国歌』として再誕生した」と述べている（イ・ギョンブン／ゴチェフスキー、2012、

◆正式に大韓帝国の軍楽隊を指揮　エッケルトの通訳として、官立漢城徳語（ドイツ語）学校を卒業した白禹鏞があてられた。彼はエッケルトの後継者となり、第一次世界大戦で日本の（そしてその植民地である朝鮮の）敵国人となったエッケルトに代わり、軍楽隊長として活躍した。

374頁）。

　じつはこのハルバート、前章で見たように高宗の「密旨」を受けて大韓帝国のために暗躍するのだが、もともとは英語教師であり宣教師でもあった人物である（本章三節で詳述）。彼は朝鮮の歌を「第一に時調（朝鮮の古典的な漢詩）あるいは古典的なスタイル、第二に下等あるいは大衆的なスタイル、第三にその中間スタイルとして〝サロンなきサロンのスタイル（the drawing-room style——with the drawing-room left out）〟と命名している」。これらは、階級差ではなく音楽のスタイルの差として認識されており、サロンなきサロンのスタイルとは、大衆的な歌（アリランなど）よりは複雑で、時調よりは軽いものと見ていたようだ。そしてハルバートは、「風が吹く」ではじまる歌を、この中間スタイル（サロンなきサロンのスタイル）と分類しているという。さらに、この「風が吹く」ではじまる歌は、一八九〇年代の「梅花打鈴《メファタリョン》」に歌詞が類似していると指摘してもいる（以上、同書、382〜383頁）。

　エッケルトに話を戻すと、「一九〇一年二月一九日にエッケルトが韓国に来て、韓国的なメロディと声楽に対して知ろうとしたとき、ソウルに住んでいた外国人の同僚たちが、彼にハルバートの『Korean Vocal Music』を紹介した可能性はかなり高かっただろう」とイ・ギョンブン氏とゴチェフスキー氏は推察している（同書、388頁）。「大韓帝国愛国歌」は既在の歌の編曲だった可能性があるのだ。

　その上で、イ・ギョンブン氏とゴチェフスキー氏は、「大韓帝国愛国歌」の初演が、それまで一九〇一年九月七日に執り行われた高宗の万寿聖節（3章にて触れた）でのことだったと信じられていたことを覆し、「一九〇二年一月一日の新年賀礼」であったことを、高宗の主治医のリハルト・ブンシュ（Richard Wunsch）の手紙から明らかにしている（同書、389頁）。まさに、「大韓帝国愛国歌」の研究としては、画期的な業績だといっていい。

　ちなみに、この「大韓帝国愛国歌」の歌詞は、次のようなものである。

上帝は我らが皇帝をお助け賜え
聖寿無疆に（皇帝の寿命を永遠に）あらせ賜え
海屋籌（寿命を）を山のようにお積みになり
威権が奐瀛（天下）にひろまり賜え
於《ママ》千万歳に福禄が
日新（日に新たに）させ賜え
上帝は我らが皇帝をお助け賜え

チェ・チャンオン氏によれば「大韓帝国愛国歌は（中

略」表紙を含む一〇面で印刷されている。青紅色のとじひもで綴じてあり、とても豪華につくられていた。表紙には『大韓帝国愛国歌』とあり、その下には太極模様、周囲には彩色された四輪の木槿《むくげ》の花が描かれているが、これは大韓帝国の勲章である紫鷹章にとても似ている。部分的に金箔や銀箔がほどこされている」という。二面には歌詞がハングルとドイツ語で並記され、三面から六面までは当時の軍楽隊の各楽器のための楽譜が書かれている。七面と八面は間紙（遊び紙）で、そして「九面は◆愛国歌制定の経緯を明らかにした閔泳煥の跋文がある」（チェ、2010年8月、45頁）。

このようなことを細かく引用したのには、意図がある。じつは、先に引用した「大韓帝国愛国歌」の歌詞だが、誰が書いたか明らかになっていないからだ。閔泳煥が跋文を書いているので、閔泳煥ではないかという推測をすることも可能だろう。実際、すでに触れた東京大学駒場博物館特別展では、「閔泳煥か」という記述があった。だが、私はそう思わない。もしも閔泳煥が作詞しているのなら、跋文にその旨が書かれていてもいいようなものだが、それがないからである。では誰が作詞したのだろうか。

歌詞を読む限り、上帝＝神に皇帝を守ってもらいたいという意思が伝わってくる。のちにも触れるが、だからこそこの歌は、解放後（一九四五年八月一五日以後）の韓国で国歌となり得なかった。すでに皇帝あるいは国王を廃して大韓民国となる方向にあったからだ。ところで神に国王の加護を頼むという歌詞の国歌は、決して珍しくない。いや、結論から先にいうと、この「大韓帝国愛国

◆「大韓帝国愛国歌」の歌詞
상뎨（上帝）는 우리황뎨（皇帝）를 도으사
셩슈무강（聖寿無疆）하사
해옥듀（海屋籌）를 산（山）갓치 빠으시고
위권（威権）이 환영（奐瀛）에 떨치다
오천만세（於千万歳）에 복록（福禄）이 일신（日新）케하소셔
상뎨（上帝）는 우리황뎨（皇帝）를 도으소셔（チェ、2010年8月、46頁）

◆九面は……　一〇面は裏表紙だったようだ。

歌」は英国の国歌である「God Save the King」と驚くほど類似している。

God save our gracious King,
Long live our noble King,
God save the King!
Send him victorious,
Happy and glorious,
Long to reign over us,
God save the King!

　チェ氏も語る通り、「大韓帝国愛国歌は、一九〇二年エッケルト作曲、閔泳煥の責任下に、文官が作詞したもので、英国国歌のGod Save the Kingのように、最初の行と最後の行が同じように反復されている。とくに、長さが七行であることと、上帝がgodと同じ意味であることから考えて、英国国歌の影響を強く受けているように思われる」（傍点は引用者。同書、49頁）。だとすれば、この「大韓帝国愛国歌」の作詞者は自明ではないだろうか。チェ氏は「文官」といっているが、西洋言語に通じている、高宗の側近といえば、前章で述べた一九〇〇年のパリ万博に派遣された「若きプリンス」閔泳瓚しか考えられない。現実に、閔泳瓚はエッケルトとの交渉も担当しており、またこの歌がつくられる直前に欧州諸国をめぐるなど、西洋事情によく通じていた。この官吏が、英国の国歌を参考に「大韓帝国愛国歌」を書いたとしても不思議はない。第一、彼の歳の離れた兄である閔泳煥が「跋文」を書いており、チェ氏のいう通り「閔泳煥の責任下」でつくられた愛国歌である。西洋言語に通じた弟に作詞を依頼することはものの道理として理解できるではないか。

　では、なぜ作詞者名が明記されなかったのか。これは推理するしかないが、おそらく若輩者の、しかも兄が高官であり、高宗の血縁であることで取り立てられている閔泳瓚としては、さまざまな意味で「遠慮」があったのではないかと、私は考えている。兄を差し置き、高宗皇帝を讃美する歌詞を書いたことを「手柄」として明記したくないという、閔泳瓚なりの配慮の結果だろうと、私は考えるのである。

　以上のことから、「大韓帝国愛国歌」については、次のように整理できる。まず、エッケルトが「梅花打鈴」の曲調から学び、それを編曲することで曲をつくった。さらに、歌詞は英国国歌を参考に、西洋言語に通じていた閔泳瓚が書いたと推察される。その上で、一九〇二年一月一日の新年の賀礼で初演奏し、その年の七月一日に冊子として成立した、と。

　ところで、エッケルトは「大韓帝国愛国歌」の作成にいつから取り組んでいたのだろうか。一九〇一年六月に契約しており、翌年一月一日に初演しているのだから、その間であることは間違いないだろう。これに関しては、李垠ともかかわる問題なので、以下に大正期の週刊新聞『東明』の崔南善による記事を引用してみたい。

〔一九〇一年九月七日、高宗の誕生日を祝う旧暦七月二五日「万寿聖節」〕華麗なる咸寧殿の前で、プウプウという音を鳴らしたので、これが実に朝鮮で初めて聞く西洋管楽の音だ。朝鮮王朝の、とくに当時五歳でいらっしゃった現在の王世子、当時の英親王阿只氏はとても奇異に感じられて、そのあとからは軍楽隊が新しい曲調を覚えれば必ず宮中に入ってその奏楽をしているのを、一日中でも聴いていた。甚だしくは、電話をかけて、その演奏している音楽を聴かれたともいう。こうして、その年の秋には国歌をつくり、作曲をした。だからその歌詞はみなさんもよく知っているだろうが、「上帝は我らが皇帝をお助け賜え〔後略〕」というものだ。曲はエッケルト氏がつくった。

（傍点は引用者。一記者、1922年12月3日、12面）

幼くも才気煥発な英王李垠が、西洋音楽に触れたのは、一九〇一年の九月のことだったと知れる。以来、西洋音楽の造詣も成長するにつれて深まっていく。そして「その年の秋」すなわち、一九〇一年の九月か一〇月頃、高宗からの命令で、国歌をつくるように命じられたエッケルトは、翌年の一月一日の賀礼までに間に合わせたわけだ。

　さて、エッケルトのその後について少し述べておこう。順調に軍楽隊を教育してきたエッケルトのもとで、侍衛隊にふたつ目の軍楽隊が組織された。一九〇二年八月のことである。それにともない、彼の雇用期間が三年延長され、また給与も一五〇元（一五〇円）の加増を受けたり、一九〇二年一二月には第三等太極勲章を授与されるなど、厚遇され続けた。また、一九〇三年春に、軍楽隊がパゴダ公園のすぐ隣に移ってきた。これは海関総税務司ブラウンの提案で、海関の税収で旧円覚寺跡地の周囲の民家を買収してパゴダ公園をつくり、ここに純朝鮮式の八角亭を建て、音楽堂として利用したという（同前）。しかし、前章でも述べたように、日露戦争とともに大韓帝国内に日本軍が進駐し、高宗の専制は揺らぎ、日本の力が大韓帝国内宮をも圧倒していく。その過程で、目賀田種太郎が一九〇四年一〇月一五日に財政顧問官に就任、ブラウンは解雇された。目賀田は軍人の給与を上げ、楽卒にも毎月一〇〇円の報奨金を支払い、軍楽隊の予算も八〇〇〇円という巨額に引き上げた（同書、12月10日、12面）。

余談になるが、八角亭での音楽会は「一般民衆の公益のためではなく、毎年約二ヶ月間は、毎週木曜日の午後に音楽会を開催し、西洋人やあるいは各官庁の役人にだけ公開した」（同前）という。また二〇坪ばかりの木造ひょうたん型の大音楽堂を建て（のちに老朽化を理由に解体）、一般に公開したともある（同前）。しかし、第三次日韓協約（一九〇七年七月）で大韓帝国の軍隊が解散するや、軍楽隊は龍山へと移り、その後は宮内府掌礼院の所属となる。そして、韓国併合条約以降は李王職――韓国併合で宮内府は改組され、日本の宮内省内の組織でありながら、朝鮮総督府の監督も受ける李王職へと再編される――の楽隊として生き残ったのだ。エッケルトも軍部ではなく宮内府や日韓併合後は李王職と契約を結ぶが、一九一四年の第一次世界大戦では枢軸国ドイツの人間として扱われ、健康上の理由で引退した。そして一九一六年八月六日午後九時に、ソウル市会賢洞の自宅で死去している。享年六四歳。胃がんを患っていたといい、「いつも、後ろのポケットに入れて歩きながら飲んでいた酒のせいだったのだろうか」と、南宮堯悦《ナムグン・ヨヨル》氏はいう（南宮、1987、115頁）。結局、在韓年数は一五年以上に及び、日本に次ぐ長期滞在「国」となったのは特筆できよう。

多少先走ったので、日露戦争期に話を戻そう。前章でも触れたが、伊藤博文がソウルに滞在しているときに、エッケルトと大韓帝国軍楽隊が顔を合わせる場面があった。

前章271頁にある記事に「大使館」の文字が見える。貞洞に公使館を構えていた西洋諸国と違い、日本は南山というソウル市の南の外れに公使館を持っていた。新聞では「大使館」と書かれているが、これは伊藤特派大使が派遣され――林公使は別にいるのだが――『伊藤韓国特派大使韓国往復日誌』にあるように、ソンタグホテルに泊まっている。この夜会のあった二三日だが「午後七時ヨリ（伊藤）大使ハ旅館ニ於テ晩餐会ヲ催シ」とあるように、慶運宮の向かいにあるソンタグホテルでまずは晩餐会が開かれたわけだ。そこに呼ばれた大韓帝国の政治家、官吏は「内大臣完順君　李載完／参政外部大臣署理　趙秉式／学部大臣　閔泳煥／度支〔部〕大臣　朴定陽などを筆頭に、合計で一九名の名前が見える。この会は伊藤が「大韓国皇帝陛下万歳」と唱え、そして「〔王族の〕李載完立テ『大日本皇帝陛下万歳』ヲ祝シタリ」とあり、その後「食後閑談午後九時半散会」と締めくくられる。第3章で見た「夜会」は、このあとに同じホテルで開かれたのだろう。そして、繰り返しになるが、この夜会はおそらくは英米を中心に、まだソウル市内に公使や領事を残していたフランスやドイツなどを含む公使、領事などの外交官、そして日本とは同盟関係にある英国や、ゆるやかな協力関係にある米国の新聞記者といった「外国人＝西洋人」を主な対象としていたであろう。その証拠に、おそらくは拒否されていなかったであろう日本の新聞関係者たち——実際に東京朝日新聞は臨場している——についてはひとことも触れていないことから、この記事の報道姿勢が対内的なものではなく日本の近代性を西洋社会に売り込むものであったことはゆるがない。清国を破り、英国と対等な同盟を組み、ロシアと闘う日本。

◆軍楽隊の予算　チェ氏によれば、軍楽隊の隊員たちの待遇は、憲兵や元帥府の兵卒と同じ本棒であり、五元五〇銭だったが、五〇銭加増して月額六円になったという。エッケルトは軍部と交渉し、楽手には報奨金という名目で四〇円ずつ支払わせたというから、年棒で一一二円ということになったようだ（チェ、2010年5月、82頁）。当時「一般兵丁は、二銭五厘でいわゆるコンナムル・ソルロンタン（モヤシの入った白い牛肉のスープ）一杯とキムチ一杯を夕食とするのが普通だった」（一記者、1922年12月3日、12面）というから、かなり優遇されていたといえよう。

◆伊藤博文がソウルに滞在　慶運宮内に「九成軒」という殿閣がある。これについての記述で、小田省吾は次のように語る。

光武八年（明治三十七年）二月日韓議定書により日韓両国の盟約新たに締結せられ、明治天皇は韓国皇帝に対し深厚なる御慰問を致されんが為め侯爵伊藤博文を特派大使として差遣せられ、同大使一行は三月十七日を以て京城に入った。時恰も皇帝は明憲太后（憲宗継妃洪氏）の喪中に居られたが、大使を本軒に於て接見し且午餐を供せられた。其の他皇帝が外国使臣を本軒に於て接見せられたことは屢々である。

（小田、2011、49～50頁）

伊藤博文は一九〇四年三月一七日にソウルに到着し、その後、本論で述べるように夜会を開いたりしたわけだ。

ちなみに、『伊藤特派大使韓国往来日誌』には、三月八日に辞令を受け、一三日「午後零時三十分」新橋駅を出発し、翌一四日「午後二時三十分」に兵庫県三宮駅到着。香港丸（海軍）に乗船し、同日午後六時に出港、一七日午前一一時に仁川港に着いたという。そして「韓国ノ宮廷列車」——この列車は「今回初メテ使用シタル由」とあるから、韓国皇室の人間が使う前に伊藤が乗っているわけだ。そして「午後五時京城西大門外停車場着」、「宮内府ヨリ差遣ハサレタル轎ニ乗シ」、「旅館華屋（「ソンタク」嬢邸トシテ世間ニ知ラル）」に投宿している。

その「近代化した日本」を誇示するのが目的の夜会であり、それは西洋社会への売り込みでありながら、大韓帝国への圧力でもあったに違いない。「韓廷側の来賓は文武の各大臣十五名（先の晩餐会で四名ほどは帰ったのか）」ということばからもわかる通り、申しわけ程度にしか大韓帝国の大臣や官僚を呼んでいないということ――何しろソウルで開かれた夜会なのに、朝鮮人が全体の「百五十名」の一〇分の一しかいない――は、それを裏書きするだろう。そこでは、鹿鳴館時代に培った舞踏会のノウハウを、伊藤博文を中心とした日本の政府関係者が主導し、その音楽を「朝鮮音楽隊」すなわち大韓帝国侍衛隊所属の軍楽隊に担当させるという構図がありありと目に浮かぶ。もちろん、日本はこの夜会で西洋諸国に示威するがごとく、完全に大韓帝国の主権を侵している――朝鮮半島は日本の勢力下にあることを、知らしめようとしているのだ。あくまでも大韓帝国軍の一部である軍楽隊が、伊藤博文という隣国の大使の一存で流用されているのだから。だからこそ、わざわざ英国人や米国人の新聞記者を呼んでいるのだ。しかも、おそらくは「君が代」の演奏から、奏楽ははじまっている。

――さぞ、華やかな夜会だったのだろう。九時にはじまった会が、退けたのは深夜の一時だったというので、その盛り上がりは想像できる。では、どうして軍楽隊が伊藤に使われているのだろうか。単純なことだが、日本軍の脅威のもと、とうていあらがうことができなかった、という言い方もできるだろう。しかし、私はそれだけではないと思う。エッケルトは日本に長く滞在し、君が代の作曲にまでかかわった人間だ。伊藤博文とも旧知の間だっただろう。もともと、日本円で給与の支給を要求していたエッケルトだ。むしろ喜んで伊藤のもとに寄っていったのではないかと思えるのだ。もちろん証拠はない。しかし、楽隊の人びととは違い、指揮者であり指導者であるエッケルトは、大の親日派だっただろうし、軍楽隊が「軍」である以上、指導者の行動に逆らうことは誰もできなかったはずではないか。

この夜会は、「二十五日京城特派員発」の記事として報道されている（ただし掲載は三月二七日）。ちなみに、同日（三月二七日）の東京朝日新聞で特派記者は、伊藤大使が「本日」午後一時に宮中に入り、韓国皇帝と親しく卓をともにし、昼食を摂ったことを報じている。これは、三月二五日（金曜日）のことだ。前出の『日誌』にも一時に「皇帝陛下皇太子英親王両殿下ニ謁見」とある。すなわち、伊藤はこのとき慶運宮の九成軒で高宗らに謁見し、二七日に帰国する旨を伝えている。だとすれば、一七日からの一週間で、晩餐会、夜会、そして謁見の準備を行ったことがわかる。伊藤はこのとき慶運宮九成軒で高宗らに謁見し、二七日に帰国する旨を伝えている。

大韓帝国愛国歌については詳しく述べたので、次に現在の大韓民国の国歌について少し述べよう。現在の国歌は「愛国歌」といい、歌詞は誰がつくったかよくわかっていない。ただし、一八九六年四月に『独立新聞』が創刊され、七月に独立協会が尹致昊、李承晩などによって結成されるのだが、この新聞紙上で、四月から九月までに三二編の愛国歌詞が掲載されている。「愛国歌」もこのような愛国歌詞の盛り上がりのなかから生まれたものであることは間違いないが、現在の大韓民国の「愛国歌」の歌詞がいつの時点で成立したかは、はっきりとはしない。イ・ジソン氏によれば、「一八九六年九月九日に高宗皇帝の誕生日〔万寿聖節〕を迎えて、ソウルのセムナン教会〔一八八〇年代にアンダーウッドが設立した教会〕でお祝いの礼拝をするときに、信徒たちがつくって歌った曲があるという。この歌は今日の英国国歌である"The God Save The Queen（または King）"にあたる」と、歌詞は誰がつくったかわからないが、英国国歌にあわせて歌ったというのだ（イ・ジソン、2007、25頁）。「大韓帝国愛国歌」同様、英国国歌の影響が見え隠れしている。

もちろん、セムナン教会で歌われたものが、現在の韓国「愛国歌」であるとはいえない。むしろ、歌詞の一部が韓国「愛国歌」と重なる「無窮花歌」があり、「無窮花三千里　華麗江山　大韓사람　大韓으로　길이 保全하세」という部分が一致している。確かに、この「無窮花歌」も部分的に違うものがいろいろあり、ひとつではないようだが、培材学堂◆でスコットランド民謡「Old Lang Syne」の曲調に合わせて「無窮花歌」を歌っていることは事実として挙げられる（同書、28〜30頁）。そして、一九〇八年に尹致昊が編纂◆した「讃美歌」のなかに「愛国歌」として、現在の韓国「愛国歌」の歌詞が成立していることから、以後「Old Lang Syne」の曲調で「愛国歌」が歌われるようになっていったのだ。この讃美歌集では、「Old Lang Syne」の曲は「Patoriotic Hymn」という題名で、また英国国歌の「God Save the King」

◆培材学堂　一八八五年にソウル市内に設立されたキリスト教系の学校で、朝鮮で最初の近代的教育機関と呼ばれている。李承晩も卒業した学校であり、一八九六年の独立門定礎式で、この学校の学生が「愛国歌」を歌ったといわれるが、おそらくこれは現在の韓国「愛国歌」とは違う歌詞だったであろう。のちに述べるように韓国国歌としての「愛国歌」の歌詞は、一九〇八年に成立したといってもいいからだ。

の曲は「Korea」という名で紹介されている（同書、36頁および40頁）。「大韓帝国愛国歌」とは別の意味で英国の強い影響を指摘できる「歌」だ。便宜上、これを「Old Lang Syne 愛国歌」と呼ぶことにしよう。

「大韓帝国愛国歌」がまがりなりにもエッケルトの「編曲」と、閔泳瓚と思われる人物による作詞が明らかなのに対し、「Old Lang Syne 愛国歌」の場合は曲調がスコットランド民謡からの借り物であるなど、「国歌」としての体面はあまり備えているとは思えない。そして一九一〇年には、本当に国がなくなってしまうのだが、それはさておこう。ここで、スコットランド民謡「Old Lang Syne」の導入について、日本の状況と比較しながら考えてみたい。

まず朝鮮半島で考えてみよう。イ・ジソン氏によれば「韓国では、この歌〔Old Lang Syne〕が一八九五年に米国のプロテスタントの牧師であるアンダーウッド氏が編纂した『讃揚歌』第一三三編の『天のお父様にお祈りいたしますれば』で、替え歌として讃美歌となり、一九〇〇年に発行された『讃美歌』第八一章でも同じ替え歌の歌詞で採録されている」（同書、37頁）ことから、だいたい一八九〇年代の後半から一九〇〇年前後に広まったといっていいだろう。

それに対して、日本ではどうだったのだろうか。中西光雄氏に語ってもらおう。

一八八二（明治十五）年、大阪で上梓《じょうし》された、我が国最初の楽譜付き讃美歌集『讃美歌 并《ならびに》楽譜』（美国派遣宣教師事務局）には、「オールド・ラング・ザイン」の楽譜が掲載され、その曲に第二十「たみみなよろこべ」、第二十一「あさひはのぼりて」、第二十二「主のみなをうたえ」（楽曲名は歌い出し初行）の三つの歌詞が対応している。〔中略〕第二十「たみみなよろこべ」は、先行するいくつかの讃美歌集に歌詞が掲載されており、そこでは別の曲で歌うよう指示があった。曲名は「アンチオーク」、これは今日クリスマスキャロルとして有名な「諸人《もろびと》こぞりて」のメロディである。（中西、２０１２、79頁）

「諸人こぞりて」の場合、後半に「主はきませり」の繰り返しが入るため、歌詞は短くてすむ。だから「Old Lang Syne」の曲調に合わせて歌おうとすると、歌詞が足りなくなる。そのため『『たみみなよろこべ』の一番二番をまとめて一番として歌う」（同書、80頁）という無理をしていると、中西氏はいう。そして「このような特殊な指示のある楽曲は、この讃美歌集に楽譜の載る五十余曲中一例のみであり、少々無理をしてでも、『オールド・ラング・ザイン』のメロディを日本に紹介しようとする宣教師団の熱意を嗅ぎとることは可能であろう。このように唱歌と讃美歌はひそやかに架橋されているのである」と結んでいる（同前）。

実際にその『讃美歌集并楽譜』の第二十「たみみなよろこべ」を以下に見てみよう。

一 たみ、なよろこべ　きみきたれり
よろづのものいま　きみをミよな
二 すべてそのきミ乃　たすけをうく
のもやまもうみも　いはひうたへ

本当はもう少し変体仮名に近い表記なのだが、わかりやすく写してみた。ここで、「たみ、なよろこべ」ではじまる四連と、「すべてそのきミ乃」ではじまる四連の肩に、それぞれ一、二と記されており、本来は一番と二番に分かれているのがわかる。そうなのだ、もとはこの「きみをミよな」のあと、そして「いはいうたへ」のあとに、「主はきませり」という繰り返しが入っていたわけだ。それを「少々無理をして」「Old Lang Syne」に合わせているのである。確かに、この曲調を日本に定着させようという「宣教師団の熱意」を感じるのは、無理がない。

このように、朝鮮と日本の双方で、プロテスタントの宣教師たちが「Old Lang Syne」を導入しようと熱心になっていたわけだ。そして日本では、この曲調は「蛍の光」（稲垣千頴作詞）という「小学唱歌」として定着し（一八八二年＝明治一五年）、卒業式で歌われるようになっていく。それに対して朝鮮では、愛国歌詞であり国歌（となり得る）「愛国歌」として広まっていくのだ。

ちなみに、安田寛氏は、初期の小学唱歌の多くが、明治政府のお雇い外国人教師であるメーソンが持ち込んだ讃美歌から採られたことに触れながら、目賀田種太郎が「国楽」すなわち「日本人すべてによって、身分の高い人も低い人も、どんな場所でもいかなる時でも歌われる歌曲」の創出を目指していたことに注目する（安田、２０

◆尹致昊が編纂　尹致昊がこの讃美歌集を編纂したのは、のちに述べるように一九〇七年に高宗が退位させられ、国権が大きく後退したことに対する危機感も手伝っていると考える。もちろん、「独立新聞」における愛国歌詞の盛り上がり以降の助走期間がなければ「Old Lang Syne 愛国歌」は成立し得ないが、国が傾くことで、心のよりどころとしてその後長く歌い継がれる仮の「国歌」がかたちになっていったと思うのだ。

03、28頁）。目賀田は一八七〇年代末に、米国での日本人留学生の監督官として赴任しており、そこで伊沢修二とメーソンを見いだすのだが、ここで目賀田の名が登場したのは偶然の一致とは思えない。

前述したように、大韓帝国の財政管理を担当する目賀田種太郎は一九〇四年一〇月一五日に、財政監督を担当する役職に就任している。もともとはハーバード大学で法律を学んだ目賀田だが、音楽教育で重要な役割を担っているのだ。彼が大韓帝国に派遣された際、大韓帝国の「音楽教育」の担当も視野に入っていないわけはない。もちろんこの「教育」は、目賀田が日本で行った「国楽」の創出のように、日本国に資するもの以外ではあり得ない。大韓帝国の近代音楽が、その当時まだはじまったばかりであり、しかもその指導者が日本とも縁の深いエッケルトだったことは非常に深い意味を持つ。エッケルトは、給与を日本円で要求するほど日本に信頼感をいだいていた人物なのだ。彼については、日露戦争にともなって日本軍が朝鮮半島へと進駐したあとも、伊藤博文特派大使とも、目賀田種太郎財政顧問官とも、ぶつかったという記録はない。日本にとってエッケルトは好都合だったし、エッケルトにとっても日本の勢力が朝鮮半島へと広がることは好都合だったといっていい。エッケルトはドイツ人であったということも両者を結びつける要因になっているだろう。

日露戦争の際には、日本の同盟国である英国、それにアメリカがゆるやかに日本と協力しあう関係にあり、ロシアは対ドイツ政策として露仏協商を結んだフランスが協力する関係にあった。一方ドイツ皇帝はロシア皇帝と親類であり、ドイツと露仏が対立関係にありながらも、アジアはヨーロッパからは遠い位置にあるため、ドイツは日露戦争時の朝鮮半島内の政治力学では、露仏と対立してはいない。逆にいうと、日露戦争時のドイツの立ち位置は微妙で、そうであるがゆえに、日本はドイツとの無用な対立は避けたかっただろう。とくに朝鮮半島での西洋列強の支持を得るためにも、ドイツとの窓口は必要だった。エッケルトがドイツ人であるがゆえ、日本はエッケルトを優遇する必要があったのではないか。このように、日本とエッケルトはゆるやかな協力関係にあったからこそ、エッケルトは伊藤特派大使のために大韓帝国軍楽隊を融通し、目賀田財政顧問官はエッケルトの給与を五割増しの四五〇円（年五四〇〇円）へと増やし、軍楽隊全体に対しても優遇措置をとったのであろう。それは、目賀田が音楽教育に通じた財政監督だったからこそ可能なことだったのだ。もちろん、目賀田にとっての音楽教育とは「日本国に都合のいい国楽」に他ならないが。

その一方で、「Old Lang Syne 愛国歌」はこの日本の進駐と前後して広がりを見せ、一九〇八年にいまと同じ歌詞になっている。ただし、一九一〇年に朝鮮半島が日本に併合されてからは、いわゆる「国歌」に準ずる位置にのぼりつつあった「Old Lang Syne 愛国歌」は、日本の音楽としては邪魔なものとなる。だから、朝鮮の知識人が作り上げた「Old Lang Syne 愛国歌」は、独立運動の歌として有効になっていく。「一九一〇年には韓日合邦で愛国歌（「Old Lang Syne 愛国歌」）を歌うことが禁止され、一九一九年三月一日を画期として六〇日間、この歌を精一杯歌おうとしたとき、オールド・ラング・ザインの歌が完成した」（イ・ジソン、2007、42頁）というから、この歌が民衆に知れ渡ったのは一九一九年のことといっていい。おもてだって歌えない「国歌」。しかし、日本国唱歌として「蛍の光」は朝鮮半島で広められていく。学校の現場では、「Old Lang Syne 愛国歌」は歌えないものの、「Old Lang Syne」自体は卒業式などで流れるわけだ。朝鮮の知識人の卵たる学生たちが、あるいは卒業式の「蛍の光」斉唱の場面で、こっそりと心のなかで「Old Lang Syne 愛国歌」を歌っていたとしても不思議はない。現に、一九一〇年に平壌に生まれ、早稲田大学法学部を卒業し、江戸川乱歩に師事した朝鮮初の探偵小説作家である金来成は、解放後の大韓民国で大河小説『青春劇場』（一九四八年）を執筆、洛陽の紙価を高からしめたが、ここでは女子高等普通学校（旧制の高等女学校にあたる）の卒業式で「蛍の光」の曲調に合わせて「Old Lang Syne 愛国歌」を歌う場面が印象的に描かれている。そう、まさに「裏声」で「Old Lang Syne 愛国歌」は歌い継がれたのである。

では、現在の大韓民国の「愛国歌」はいつ成立したのだろうか。歌詞は「Old Lang Syne 愛国歌」と同じであるが、作曲は安益泰で、一九四八年にいちおう採択されている。この安益泰は、一九〇六年に平壌で生まれ、一九一八年にキリスト教系の平壌の崇実高等普通学校（旧制中学にあたる）に入学したが（同書、70頁）、翌年の三・一万歳運動で「収監者救出運動に加担して警察に目をつけられ、すぐに退学処分を受けている」（同書、71頁）。そして、東京の正則中学に入学、一九二六年に卒業後、東京音楽学校に入学、一九三〇年に卒業した。そして、アメリカに留学し、一九三三年初頭にフィラデルフィアへ居を移し、テンプル大学で修士号を取得している（一九三七年六月卒業）。その後はフィラデルフィア交響楽団で補助指揮者を務めたり、一九三五年にはエルカン＝ボーゲル（Elkan-Vogel）という出版社から自身の作品を出版するなど活躍した。そして翌三六年六月に欧州に渡り、オーストリアでフェリックス・ウェインガルトナー（Felix Weingartner）に師事し、ウィーンに滞在した。そこでウェインガルトナーの推薦でブダペスト交響楽団の客員指揮者となり、欧州での本格的な活動を開始する。一九三六年一〇月にニューヨークにいったん戻ったあと、一九三七年一一月に再渡欧し、以後欧州を主な活動場所としていくのだ。パリ交響協会交響楽団（Symphony Société de Paris）、ロンドンのブリティッシュ放送交響楽団（British Broadcasting Company Orchestra）などで客員指揮者として活躍し、「韓国幻想曲」などを作曲。一九四六年にスペインでロリータ・タラベラ（Lolita Talavera）という女性と結婚している。新婚旅行で立ち寄ったパルマ・デ・マヨルカ（スペイン領マヨルカ島に位置するバレアレス諸島州の州都）で新設されたオーケストラの常任指揮者として、一九五九年まで活動した。一九五五年以降、祖国韓国へも指揮者として何度も渡っているが、一九六五年にマヨルカ島で死んでいる（以上、同書、71～75頁）。

問題は、彼が「愛国歌」の作曲をした時期であるが、彼は、アメリカ在住の朝鮮人のための新聞『新韓民報』に、一九三六年三月二六日に寄稿した文章に、「この前の一一月のある日の早朝、実に神の啓示で」作曲が成ったという。すなわち、一九三五年一一月に安益泰の「愛国歌」は成立したのだ（同書、76～77頁）。

さて、先に安益泰の「愛国歌」が「いちおう採択された」と述べた。それについては、次のような事情がある。時代はさらに下って、一九四六年五月に中等音楽教科書編纂委員会が上梓した『臨時中等音楽教本』（国際音楽文化社、五万部発行）に安益泰の「愛国歌」が掲載され、解放された南韓（現在の大韓民国）の公式行事でもこの曲が使われるようになったため、急速に安益泰「愛国歌」が認知度を上げていくことになる（同書、92～93頁）。そして、「一九四八年八月一五日の大韓民国政府成立とともに、新たな国歌制定も提議された」（同書、93頁）。一九四八年九月九日の国会で「国歌・国旗制定に関する建議案」（李承晩大統領）として議論された」（同書、91頁）が、結局法的な位置づけはされず、さらに一九六七年三月六日に国会で「国旗・国歌に関する法案」（朴正熙大統領）として提出されるが、結局法的な位置づけは得られなかった（同書、93頁）。大韓民国史上名高いふたりの独裁者をもってしても、安益泰「愛国歌」は国歌として法制化できなかったことになる。その理由としては、「安益泰の曲は韓国固有の情緒を反映していない」「最初の小節の強弱が合っていない」「安益泰の愛国歌は弱強、弱強の音符を踏んでいて、西洋音楽の範疇を脱していない」（同書、96～97頁）ことなど、要するに「韓国の伝統的な曲調ではない」という批判が強かったことが挙げられる。また、二〇〇六年には安益泰がかつて「満州国建国十周年祝賀曲」を作曲し、ナチス政権下のベルリンで指揮していたことが発覚し、二〇〇八年には民族問題研究所によって親日人名辞典に掲載されるなど、きわめて不利な状況にある。国歌の法的な位置づけ◆は、むしろ日本が先行しているのである。

ちなみに、安益泰は日本語の著作を一冊だけものしている。独文学者の八木浩との共著で一九六四年に書かれた『R・シュトラウス』がそれだ。当時、音楽之友社は「大音楽家・人と作品」を順次刊行しており、リヒャルト・シュトラウス（Richard Strauss 一八六四～一九四九年）はその二三冊目にあたる。八木が音楽の専門家ではなかったことから、おそらくは安益泰が文章を書き下ろし、八木が補ったということだろう。出版年度が一九六四年ということから、安益泰の来日の前後で、八木と安益泰との交流がはじまり、この出版が決まったのではないか。この本のカバー裏の写真にもある通り、ドイツでの活動期間も長かった安益泰は、リヒャルト・シュトラ

◆**一九〇六年に平壌で生まれ**　安益泰の生年については諸説あるが、イ・ジソン氏は崇実高等普通学校の入学が一九一八年であり、また彼の兄弟の証言から、一九〇六年説をとっている（イ・ジソン、２００７、70頁）。問題はなぜ「諸説」あるかだ。じつは、のちに紹介する安益泰の著書『R・シュトラウス』では、「一九一一年京城生」と記しているのだ。本人が誕生年を忘れるとは思えない。だとすると、出版社の間違いか、あるいは本人が故意に「一九一一年」とした可能性が高い。ここで私は「故意であった」という説をとなえてみたい。彼は結婚し、スペインの国籍を取得しているのだが、そのときが一九四六年であった。安益泰が満年齢で四〇歳のときだ。これが初婚だったかどうかはわからない。しかし、四〇歳という年齢を隠して、五つサバを読んで三五歳（一九一一年生まれ）として新生活をはじめた可能性は充分にある。新妻を前にして、少し照れながら、でも堂々と生年を偽装をした彼の姿を想像すると、何となく微笑ましいではないか。当然、旅券にも「一九一一年生まれ」と申請し、記載されていたに違いない。やがて、安益泰「一九一一年生まれ説」が世に出回ったのではないか。その線で考えると、彼が自著で示した「京城生」も、共産圏の北朝鮮ではなく、韓国の人間であるという主張をせんがためについた小さな嘘だといえよう。彼は日本の朝鮮支配、ドイツのナチズムといった「時代」に翻弄され、やっと落ち着くスペインの地で（そこも、フランコ独裁体制の権威主義社会だったが）、小さな嘘を重ね、安定を得ようとした。それが、のちの研究者たちを迷わせてしまったのである。

◆**韓国へも指揮者として何度も渡っている**　安益泰は一九六四年には日本にも来て、交響楽団の指揮をしている。おそらくは、当時の自民党政府が大韓民国（朴正熙大統領時代）との国交回復を目指していたことと無縁ではないだろう。

ウスとの交流があったのは間違いない。安益泰と八木は、リヒャルト・シュトラウスのことばとして紹介した「私は同時代の作曲家ではない。私が八十五歳でなお生きているのは、偶然にすぎない」（安・八木、1964、1頁）から、「このような八十五歳のシュトラウスのつつましい自己評価に私たちはあざむかれてはならない。シュトラウスのような才能と、良心と、努力と、エネルギーと、長寿をもってしても、いつも時代に追い越される時代とは、いったいいかなる時代であろう」と（同書、3頁）。この「時代」とは、ナチスのことをいっているようだ。先ナチスに取り込まれたのは、ドイツ人だけではない。先の「満州建国十周年祝賀曲」のことを考えても、安益泰もまたナチスとかかわりを持っている可能性が高い。もちろん、当時三〇代の東洋から来た不安定な地位――客員指揮者だった彼に、戦後裁判になるほどの罪があったとは思えない。しかし、ナチスはドイツで否定され、同じようにファシスト党もイタリアで否定された。その被害を直接受けた英仏でも、経歴的に考えて歓迎されるとは思えない。やがて、大戦末期に戦火を逃れんとした彼が目指した先は、独伊と親和性の強いフランコによる独裁体制が布かれたスペインであった。しかし、である。彼は思ったのだろう。「仕方なかったのだ」と。先の引用で、彼のいう「時代」とは、一個人ではどうしようもないファシズムという「時代」だったのではないか。安益泰は、リヒャルト・シュトラウスのことばに託しながら、自分が押しつぶされた「時代」すなわち日本の朝鮮支配、ドイツのナチズム、そしてフランコ独裁体制を冷静に見つめているのである。

毒を食らわば皿まで、という。ついでに韓国の国旗についても触れておこう。高潤香《コ・ユンヒャン》氏によれば、現在の韓国の国旗は、以下のように決められていったという。

一八八〇年の第二次修信使、金弘集（一八四二～一八九六）が日本滞在中に、清の黄遵憲（一八四八～一九〇五）が記した『朝鮮策略』を入手する。そこには開化期における朝鮮の外交政策に関する清側の意見が記され、加えて朝鮮が国旗を制定する必要性が書かれていた。また、図案として清の国旗をそのまま活用するように提言されていた。その内容を受けて、朝鮮側が清政府に国旗の図案に関し提案を求めたところ、清の李鴻章（一八二三～一九〇一）が当時の朝鮮国王の御旗「画龍方旗」をそのまま国旗として使用することを勧める。その後、李応俊が清の馬建忠（一八四五～一九〇〇）に国旗の図案を提示するが、却下される。廃案の理由が、日本の国旗に似ていて紛らわしい為とされていることから、白地に紅の太極か、紅と青の太極であった可能性が指摘されている。そして米朝（朝米）修好通商条約締結の際、朝鮮の金弘集と清の馬建忠が筆談で会談をする。この席で、馬建忠は金弘集との問答に基づき、朝鮮国旗案として「白底青雲紅龍旗」を提案する。当時、清の国旗には龍が描かれており、朝鮮が清の属国であることを示すために、朝鮮の国旗にも龍の絵を描くよう提言したと思われる。この際、龍の爪の数は清国が五本であるため、朝鮮では四本で

◆国歌の法的な位置づけ　ちなみに、北朝鮮の国旗・国歌について考えてみよう。北朝鮮の国歌は「愛国歌」だが、曲も歌詞も韓国のそれとはまったく違う。これは金日成が「Old Lang Syne 愛国歌」の歌詞が人民の感情に合っていなく、保守的であるとみなしたこと、そして曲が外国のものであるということが理由となっている。よって、一九四六年九月二七日に新しい国歌制定の作業を開始し、一九四七年六月二九日に数点あった候補のなかから、朴世永作詞、金元均作曲の「愛国歌」がえらばれた（便宜上、これを「北朝鮮愛国歌」と呼ぶ）。その後、一九四八年九月八日に第一回最高人民会議で憲法が採択されたあと、翌九日に金日成を首班とする内閣が成立、国旗と国章の使用とともに、この「北朝鮮愛国歌」が歌われはじめたという。ただし、現在はこの「北朝鮮愛国歌」はあまり歌われておらず、むしろ「金日成将軍の歌」が行事などで積極的に歌われている（イ・ジソン、２００７、90～91頁）。

また、日本の「君が代」については、一九九九年に「国旗国歌法」が可決され、法的に国歌として位置づけられている。ただし、この「君が代」は鎌倉時代の古歌を源流に持ち、近代化の過程で国歌制定の必要性に迫られたものの、明治政府は当初、この国歌について重要視していなかったという。「君が代」は明治二年に英国王子アルフレッドが来日する際に、「God save the Queen」の演奏とともに、日本の国歌も演奏するということになったとき、英語に堪能な薩摩藩出身の原田宗助が、即興で歌詞を選定したことにはじまる。原田は薩摩で愛唱されていた琵琶歌「蓬莱山」（「君が代」の一節が入っている）を使って、お雇い外国人で軍楽隊を指導していたフェントンに作曲を依頼したのである。しかし、このフェントン作曲「君が代」は、日本語の音《おん》を無視してつくられていたため、のちにエッケルトによっていまの「君が代」（一八八〇年）ができたわけだ。こんなにも長い歴史を持ちながら、戦時中は「勇壮でない」という理由で批判されたり、敗戦後は新しい民主国家にふさわしくないなどの批判が寄せられ続けている（以上、辻田、２０１５、参照）。ちなみに、辻田氏は、「君が代」以外の歌が国歌になることはないだろうとしながらも、歌わせるのではなく、「聴く国歌」とすることを提案してもいる（同書、253～254頁）。

描くようにと清は忠言している。しかし、朝鮮側はこの図案は描くのに時間や手間がかかることを理由に、却下された図案を改案し、紅地に青と白の太極を描く「紅底青白太極図」を提案する。これに対し馬建忠は私見であるとしながら、紅と黒で太極を描き、周囲に八卦を配置する「古太極図」を提案する。この会談は、双方が政府に話を持ち帰るという形で終わっている。

〔中略〕一八八二年九月に第四次修信使（一八八二年九月二〇日〜一八八三年一月六日）が朝鮮から日本へ派遣される。この時の使節団員の一員、朴泳孝（一八六一〜一九三九年）が日本へ向かう船中で、持参していた国旗をイギリス人船長ジェームスに見せたところ、国旗の図柄が複雑であることから、八卦を四卦に減らすよう提言を受け、その結果、四隅に卦を斜めに置き中央に太極を描いた現在の太極旗の原型ができあがったとされている。

（高、２０１２、104〜105頁）

この文面を見る限り、まず朝鮮は清国に伺いをたてるという、いわば従属する立場がはっきりしていること、しかしそれでも、清国の提案を受け入れず、独自の国旗案を模索していたこと、最終的には英国人船長の提案まで受け入れていることなど、独自なのか他力なのか微妙にぶれている様が見てとれる。朝鮮の官僚たちも、国際社会での立ち回りは慣れておらず、あまり自信がなかったのかも知れない。それでいて、一八八〇年の段階で「日本の国旗に似」た「白地に紅の太極か、紅と青の太極」の旗、すなわち現在の韓国の国旗に近いものへと試行錯誤されていることもわかる。そして、この「日本の国旗に似た」図案は、李応俊が馬建忠に示したことから、『朝鮮日報』は李応俊が最終的な図案をつくったのではないかと報じている（２００８年5月30日）。もちろん、その原型は八卦が描かれており、それを四卦に減らしたのが、現在のかたちではあるが。

この太極という図案も、朝鮮ではかなり古くから使われており、「統一新羅時代の遺跡、感恩寺址の基壇石には太極模様が描かれて」いることがわかっている。この寺の建立年代が六二八年頃と推定されているから、七世紀には太極はすでに朝鮮で使われはじめた図案だったといっていいだろう（高、２０１２、104頁）。そして、国旗として産み出された太極旗が、『独立新聞』の「タイトルの両端」にも描かれるなど（同書、107頁）、朝鮮における独立協会の運動、そして日韓併合を経て「〔三・一万歳運動〕直後の一九一九年四月、独立運動家たちによって、上海大韓民国臨時政府が設立され」、「彼らは自国の自主独立を主張して太極旗を使用し、臨時議定院にも太極旗を掲げた◆」という（同前）。

　このようにして、一九〇〇年代の大韓帝国には、高宗皇帝をたたえる「大韓帝国愛国歌」が完成し、国旗として認識されるようになっていく「太極旗」が存在していた。その一方で、より多くの民族運動家や宗教家など知識階層が「Old Lang Syne 愛国歌」を広め、「太極旗」同様に民族運動のよりどころとしていたことがよくわかるのである。

二、日本軍靴のもとで——漱玉軒での出来事

では、李垠へと話をうつし、『英親王府日記』へと戻ってみたい。日露戦争は、大韓帝国中立の希望を打ち砕き、日本の保護国化への道を加速した。その矢先の一九〇四年四月一四日の亥時（おおむね夜の一〇時）に、慶運宮は黒煙を上げ、燃え落ちた。せっかく建設中であった英親王府は文字通り灰燼に帰したといっていい。そ

◆**太極旗を使用し……太極旗を掲げた**　大韓民国では、国歌こそ法的な位置を与えられていないものの、国旗に関しては一九四九年一〇月一五日の「文教部告示第二号　国旗製作法に関する規定」や一九七二年八月八日の「国旗に対する宣誓文」の制定、一九七六年一〇月四日の「国務総理訓令第一三六号　国旗掲揚式及び降下式施行要領」、一九八四年二月二一日の「大統領令一一三六一号　大韓民国国旗に関する規定」、二〇〇七年一月二七日「法律第八二七二号　大韓民国国旗法」（七月二七日施行）と、着実に法的な位置づけを保証され続けてきている（高、2012、117〜118頁）。ただし、この「宣誓文」の存在は疑問だ。高潤香氏によれば、この「国旗に対する宣誓文」は存続すべきだと考えるひとが七五%と圧倒多数にのぼっているが（同書、119頁）、これは宣誓文を読み上げるという「身体的苦痛」を呼び起こすものであり、日本での「君が代」斉唱と同様に、心理的な抵抗感があってしかるべきだと考える。しかし、それに抵抗を感じるのが一四%と少なく、二〇〇七年の時点で四〇代だった人びとがもっとも抵抗を感じていたこと、そしてそれが民主化運動の世代と合致していることを高潤香氏は指摘するが（同書、120頁）、それにしても苦痛を感じるひとが少なすぎるように思える。

　まとめていうと、韓国社会では、国旗は法的に認められたうえで、宣誓文の朗読もほとんどのひとは抵抗感なく受け入れているし、いまだ法的には国歌として認定されていないもののほとんどのひとが韓国の国歌だと認識している安益泰作曲の「愛国歌」を斉唱するのも、とくに苦痛を感じる向きは少ないといえよう。

して、高宗、厳氏、皇太子（純宗）、皇太子妃閔氏、英王（李垠）らは、このときから漱玉軒へと避難し、臨時の居所とすることになる。慶運宮の再建がなるのは、一九〇六年一月一三日（小田、2011、63頁）。それまで一年九ヶ月間、高宗は慶運宮の隣にある漱玉軒◆で過ごした。ただし李垠は、完成前の慶運宮に戻っている（一九〇五年二月四日）。この間に、日本はロシアとの戦争に勝ち、そして賠償などの不満から日比谷焼き打ち事件などが起きたことは、すでに前章で述べたところだ。

この時期のことを、李垠の立場で考えてみよう。彼はすでに満年齢で七つから八つへと成長し、いわゆる就学年齢に達している。慶運宮に隣接する殿閣――のちに触れるがおそらくは皇太子（純宗）および皇太子妃閔氏の居所でもある「康泰堂」――の一隅を借りての英親王府運営ではあれど、ともかくも以前と同じように総弁尹沢栄、賛尉趙忠夏、典読金奭基、典衛尹冀鉉、尹喜求といった五名の名が列挙されている。そしてこの五名が交代で「替直」すなわち、宿直《とのい》している。他にも沈相翊◆が賛尉として一度は名前が出ているが、陰暦での毎月朔日に書き出される五名のなかには入っていない。彼の名前は漱玉軒に移ってからは四月二〇日にはじめて登場する。しかし、この府官たちの人事以外に、ここで書くべき内容すなわち「変化」はまったく訪れない。何の記録もないに等しい日々が半年以上続き、一九〇四年一〇月二〇日になって若干動きが出はじめる。

この日は太医院すなわち医師による診察の記事が見られる。皇太子妃閔氏の体調がすぐれなかったからだ。「奏曰　太子妃宮午間諸節如何　臣等伏聞入　診医官取伝之言則自内難連　進湯剤」とあるから、皇太子（純宗）妃閔氏がふらふらになっていたこと、そして薬湯を調合してもらっていたことがわかる。じつはこの皇太子妃閔氏は、そのまま死んでしまうのだが、なぜこの記事が『英親王府日記』に書かれているのか。もちろん、皇室にかかわることだから書かれていても不思議はないが、おそらくは慶運宮を火事で失った大韓帝国皇室が、重明殿他の建物に一時避難していたこと、英親王府の殿を建設しようとしていたのは皇太子妃宮と英親王府を分けるためであったということを勘案すると、漱玉軒でも両者が同じ「宮」に同居していたのか、それとも同じ建物の部屋を分けて使っていたと推察可能だ。ここで皇太子妃宮といったが、高宗と厳氏が同じ殿に住んでいたことや、慶運宮の規模、さらに漱玉軒の狭さを考慮すると、皇太子（純宗）と皇太子妃の居所兼官庁が入っている建物――康泰室に、英親王府と英王李垠がいっしょに入っていたと見ていいだろう。

漱玉軒の臨時の皇太子妃宮に英親王府も入っていたと

すれば、英親王府の官吏、すなわち府官たちにとっても、直接の一大事として受け取られたはずだ。『英親王府日記』のこの日の項には「患候已至多日」とあるから、皇太子妃の病気はこの一〇月二〇日に発病したのではなく、それ以前から具合の悪い日が続いていたといっていい。そして、翌日から一一月一一日まで二二日間連続で「府官全数朝夕」というから、要するに五人の府官が朝から夕方まで全員詰めていたという。その間、ほとんどの場合「問安于乾元門外」とある。

　さて、乾元門◆がどこにあったものなのかはわからない。しかし、おそらくは皇太子妃が寝ている部屋まで上がるのは医官など限られた人間で、皇太子についていた役人や、李垠のまわりにいた府官を含めた多くの人びとは、この「太子妃宮」のある場所の前にある門で、ご機嫌を伺うことを日課としていたのがわかる。また、まれに「于　◆閤門外」とあるのは、特別に皇太子妃閔氏の居所である「部屋」の前まで行って、ご機嫌伺いをしていたとみてよい。例えば一〇月二〇日には「府官全数　各殿宮口伝問安于　閤門外」と、全員でその部屋の前までかしこまって行っていたのがわかる。一〇月二六日に

◆**漱玉軒**　先にも触れたように、漱玉軒は重明殿を中心とした殿閣を指す。重明殿自体は慶運宮の西方に位置する皇室図書館としてつくられた西洋建築であり、貞洞女学校の跡地に一八九七年につくられたという。奇しくも李垠の誕生と軌を一にする。その後、一九〇一年に火災にあい、すぐに再建され、慶運宮の火災によって行き場を失った高宗は、ここを居所と定めた。昭和一三年に書かれた小田省吾の『徳寿宮史』には「重明殿　漱玉軒の主要建物で、重要賓客又は外国使臣の謁見所となり、又宴会場に使用された。本宮内に於ける洋式建物の一つで、大正十四年火を失して全焼し、次で再建せられた。今は貸与せられて外国人倶楽部に使用されて居る」（小田、２０１１、77頁）とある。一九二五年に火災にあい、再建されたあと、昭和戦前期には外国人――つまりは西洋人の倶楽部として使われていたようだ。

◆**沈相翊**　一八九八年八月に創刊した日刊新聞『帝国新聞』の械機・鋳字などの施設を提供したことで知られている。この新聞の主筆は李承晩で、民族主義的色彩が強かった。英王李垠の側近である府官に沈相翊が入っているのは、近代的知識人が必要とされたからではないかと推察できる。

◆**乾元門**　乾元門は慶運宮に戻ったあとも登場する。おそらく、恒久的な門ではなく、臣下と皇室がまみえる際の結界となる「門」のことを「乾元門」と呼ぶのではないかと考える。ちなみに「乾元」とは、天や空を意味することばで、皇帝や皇室という高い身分の人びとを「天」に見立てていると推察できよう。

は「賜餞于総弁以下」と、英親王府の五人にもくだされものがあったようだ。そして一一月五日「戌時妃宮薨逝于康泰室慟悼曷已」とある。この日の午後八時頃に皇太子妃閔氏は亡くなり、みな慟哭したということだ。「康泰室」とは「漱玉軒の西南に在る。純明皇后閔氏（純宗妃）の《ママ》皇太子妃として居られた所」（小田、2011、56頁）とあるから、重明殿とその周囲にあった殿閣をあわせた漱玉軒のうち、皇太子宮とされた建物だろう。ただしここで殿閣の名称として「室」といういい方がされていることに違和感を覚える。李哲源の『王宮史』（1954）の「徳寿宮」には、徳寿宮地図が付されているが、そこには重明殿の南西に、「内人宿舎」から少し離れたところに「康泰堂」という建物が記されている。すでに失われた殿閣は点線で描かれてるが、康泰堂は実線で描かれており、この本が出版された一九五四年には、まだ実在していたようだ。おそらくこれが「康泰室◆」と同じものを指すであろう。「室」には住居の意味もある。先に述べた「閤門」も、その建物にいたる殿の門という意味だと推察可能だ。そこで、臣下等が慟哭したというのだから、それだけ広く、臣下が集まることができる空間があったに違いない。皇太子（純宗）もともに起居する皇太子妃宮の閤門がある殿閣で、皇太子妃が暮らし、臣下と謁見することも可能だった広い場——その場自体を「康泰室」と呼んでいた可能性もあるが——がある建物、それが「康泰堂」あるいは「康泰室」だったのだろう。

この五日には、皇太子妃薨去の直前に「詔曰圜丘　宗廟　永寧殿　社稷諸山川不卜日祈禱祭設行」とあるから、大韓帝国皇室にかかわる各所にて、祈禱をするのに「不卜日」すなわち本来ならよい日を占ってから行う祭事たる祈禱を急遽行ったことがわかる。何度も触れているように、「圜丘」は高宗が大韓帝国の皇帝に即位するために設けた圜丘壇を意味し、「宗廟」は李氏朝鮮王朝の歴代王の位牌を安置する場所、「永寧殿」は宗廟の別廟の名称だ。これは、王朝と歴史に対する祈禱だといえよう。「社稷諸山川」は、大韓帝国の大地と収穫そして自然を指し、国のすべてに対して祈りを捧げたことがわかる。多分に儀式的な行動だったといえよう。しかし、祈りもむなしく皇太子妃は死んでしまうのだ。

これからさらに六日間、英親王府の役人全員が登庁している。死後の祭祀があったからだろう。思えば府官五人が二六日に餞をもらったのも、この頃には薨去が避けられないことがわかっていたからではないか。そして一一月九日には五人の府官全員の名前と官名が列挙され「各細布二疋」が与えられたことが伝えられた上、「掌務院一人雇員三人書写一人各細布一疋大庁直二名使令五名水工二名各生布一疋」と手厚くもてなされている。前章でも述べたように、掌務院などの役人は「〇人」と書かれ、それ以下の雇い人は「〇名」と書かれているのが再度確認できる。掌務院や雇員は下級であり、名前さえ明らかではないが、いちおう役人という扱いなのだ。大韓帝国のみならず朝鮮では歴代このような差別をしていたのだろう。ちなみに「細布」とは綿織物を意味し、一疋は二反分の長さを意味する。雇い人たちがもらった「生布」とは、練ったりさらしたりといった工程を施していない布で、その分安いものだ。ただし、この「掌務院」以下の役人全員と、「大庁直」以下の雇い人の面々は、翌一〇日に再度くだされものがあった。「掌務院一人雇員三人書写一人」は「各銅貨十元」、「大庁直二名使令五名」は「各銅貨六元」、水工二名は「各銅貨四元」とある。この「元」は、いくらぐらいの価値があったか。たびたび引用するクレブストの『悲劇の朝鮮』に出てくる「二食分に宿泊料を合わせて六〇銭」（クレブスト、1989、49頁）という金額から類推すると、一元は、現在の韓国でいうと一〇万ウォンぐらいだろうか。だとすれば、役人たる掌務院と雇員、書写はおのおの一〇〇万ウォン程度、それ以下のひとも六〇万から四〇万ウォン程度の謝金が出たわけだ。前節295頁の註「軍楽隊の予算」にある通り、ソルロンタンとキムチで二銭五厘だから、臨時の収入としては悪くない。

翌一一日は「府官全数」での登庁だが、その後もいろいろと祭祀は続いた。祭祀については李垠とは直接関係ないので割愛するが、一一月六日（皇太子妃薨去の直後）から、「順礼門内朝哺哭」すなわち朝から夕方（哺は申時、夕方の意味）まで泣いていたらしいこと、それが陽暦で一九〇五年一月四日まで、丸二ヶ月も続いていたことは付記しておく。順礼門がどこにあったのかわからない。おそらくは、漱玉軒の正門――南門だったのではないかと想像する。臣下が多く詰めかけて、泣ける場所だとすれば、正門の内がふさわしく、庶民もこれに同調し、その門外で死を悼む行動をとりやすかっただろうと想像

◆閤　「閤」という字の上を一字空けるのは、皇帝、皇后、皇太子、皇太子妃、英王といったやんごとない人びとへの配慮であり、これは日本の宮中と同じだ。それと同じ理屈で、「閤」すなわちやんごとない人の御寝所をあらわす文字の上も、一字空ける風習があったようだ。

◆康泰室　小田省吾がなぜこの殿閣を「康泰室」と記したのか、わからない。『英親王府日記』などの記録を直接読み、そこに「康泰室」と書いてあるため、当初は殿閣そのものを「康泰室」と表記したのではないか。

するからだ。

このように、日露戦争期の大韓帝国は、とにかく暗いことばかりだったのだ。高宗の中立宣言は守られず、日本軍は進駐する。日露戦争勃発直後の一九〇四年三月、伊藤博文は大韓帝国の軍楽隊を我が物顔で利用し、王宮は火災——おそらくは放火——にあい、皇室は重明殿などの狭い場所に追いやられた。その重明殿で第一次日韓協約を結ばせられ（一九〇四年八月）、外交と財政の顧問官を日本から推薦された人間に委託することになってしまう。ここで度支部（財政を担当する部署）に顧問官として赴任したのが目賀田種太郎だったことは、すでに触れた。その上で、皇太子妃閔氏まで死んでしまった。かろうじて皇太子（純宗）と厳氏、そして幼い李垠が高宗のまわりに残され、高宗にとって信頼できる官吏も閔泳煥、閔泳瓚など数名に過ぎない。その間、日本軍はロシアと戦い、満州の戦場でいくつかの勝利をおさめている。日本海軍がロシアを打ち破るのも目前に迫っていた。

そのとき、漱玉軒ではとても重要な儀式がはじめられていた。一九〇五年一月一三日の『英親王府日記』には次のように記されている。のちに見るように、これは李垠の教育がどのように行われていたかを知る上で重要なので、以下に引用してみる。

光武九年陰暦甲辰十二月初八日壬子晴　陽暦一月十三日

邸下在漱玉軒〇邸下童蒙先習畢講教是時奉読六人各紬一疋細木一疋掌務院一人雇員三人書写一人文蹟雇員一人各白木一疋洋紗一疋大庁直二名使令五名水工二名近仗軍士一名奉読庁房直二名各白木一疋　内下

ここに書いてあることは、李垠がもっとも基礎的な儒教の文献である『童蒙先習』を講読してもらい、それを読み終えた、ということだ。いったいいつから「邸下」すなわち李垠が『童蒙先習』を学びはじめたのか、それはわからない。ただ、李垠自体がすでに満年齢で七歳に達していることを考えると、すでに教育がはじまっていてもおかしくない。

李氏朝鮮時代、国王の元子たる王世子が最初に学ぶのは『小学』であった。第1章の最後に触れた通り、王世子の一歳の誕生日に『小学』が下賜されたという。『小学』は「初学者が五倫を習得することができるよう基本的な礼節を教育することで埋め尽くされ」た内容だ。例えば、「朝起きたら最初に両親にご挨拶をし、夕方になれば両親の寝所をのぞく」というように、親を大切にすることが要求されている。「朝鮮王室の王子なら誰でも『小学』に習熟し、これを実践して身につけなければならなかったので、王になったあとでも朝起きればいちばんに王室の方々（母親など）に、ご挨拶を差し上げることは当然のこと」（キム、2013、27〜28頁）だった。これを最初に学ぶという。しかし、それはいつからだろうか。

　詳しくはわからないが、おそらくいわゆる学校で勉強をする以前に基礎的なことは学ぶこととなっていたのではないだろうか。なぜならば、王子が最初に師匠と出会う日の礼を「相見礼」といい、それ以降、現在でいうところの入学式や成人式にあたる「礼」がきちんと備えられていたが、それはきちんとした学校教育と関係しているからで、『小学』や『童蒙先習』などは、それ以前に家内で勉強していたのではないかと考えられるからだ。


相見礼の他の「礼」について見てみよう。まず、講義をはじめる際に行われる「開講礼」、成人式にあたる「冠礼」、王世子として冊封をされる「冊封礼」、成均館――李氏朝鮮時代からの儒教の教育機関――に行って師父に教えを請う「入学礼」、そして世子嬪――大韓帝国でいうと皇太子妃――を迎えて結婚する「嘉礼」などがあった（以上、同書、30頁）。しかし、どうも学校で勉強をするのはずいぶんあとだったように思える。少なくとも、一通りの礼儀を身につけてからということだろう。その礼儀を身につける教育が、成均館のような学校での教育に先行して行われていたということだ。

　キム・ムンシク氏はこれについて次のように語る。

◆日本軍は進駐する　前章で、朝鮮に軍が派遣されたことには少し触れたが、本論とも多少かかわるのでここでも付言しておく。日本軍の朝鮮半島での軍編成はこの日露戦争期にかたちづくられたという。戸部良一氏によれば、「朝鮮駐屯日本軍の先駆けとなったのは、一九〇四年三月日本で編成され同年四月にソウルに設置された韓国駐箚軍である。当初は後備兵五個大隊で構成され、同年九月、日露戦争の進展に伴い一部強化されて軍司令官は天皇直隷となった。対露作戦の後背地であり兵員と武器弾薬の輸送ルートである韓国での治安の維持と日本軍への協力確保が、その主たる任務であった」（戸部、2005、388頁）。戸部氏はこの「駐箚軍」がのちの植民地化した朝鮮半島での「朝鮮軍」へと発達していくという。ということは、一九〇四年四月以降、日本軍は一九四五年八月の敗戦まで四〇年以上にわたって、朝鮮半島の「治安の維持」にかかわったことになる。

◆陽暦　『英親王府日記』は、見出しが陰暦であり、その下に陽暦が付記される形式で書かれているが、年号に関しては、陽暦一月一日をもって更新される。だから、「光武八年陰暦甲辰十一月二十五日」（陽暦一九〇四年一二月三一日）の翌日が「光武九年甲辰十一月二十六日」（陽暦一九〇五年一月一日）と書かれる。

補養庁という名称は、一六八九年（粛宗一五年）になってはじめて登場する。粛宗は禧嬪張氏の庶子を元子（王世子）として指名し（のちに景宗となる）、彼が二歳に達するや、李観徴◆、閔黯《ミン・ムク》、李玄逸を補養官に任命した。そしてしばらくしてから、右議政金徳遠《キム・トグォン》が「補養官も任命したことだから、適当な庁号がなければならないだろう」と要請すると、彼のことば通りに「補養庁」と呼ばれるようになった。

以後、元子の補養官は通常、議政府の三政丞（領議政、左議政、右議政を指す。政府の幹部）が兼任したり、従二品以上の高位官僚三名を兼職として任命した。時には国王の特命で、追加で任命されたりもした。（キム・ムンシク／チョン・ジョンホ、2003、81頁）

元子がだいたい四歳になると、補養庁は講学庁へと変更される。そして元子の年齢にあわせて講道（教理の説き聞かせ）をだんだんと強化していった。講学庁は元子を補養する実務機関として、元子の食べるものや服、書籍の供給などすべてのことを管掌した。講学庁の教材としては、『千字文』、『小学抄録』、『童蒙先習』、『撃蒙要訣』◆、『大学』、『史略』などがあり、そのほかにはハングルと体操を教えた。

（同書、82～83頁）

李垠は元子として生まれてきたわけではない。元子として生まれてきたのは、純宗の方だ。だとすれば、彼は高宗のこよなく愛する皇子ではあっても、決して李氏朝鮮王朝の王世子、大韓帝国の皇太子として認識されることはなかったはずだ。少なくとも、この一九〇五年の時点では。だとすれば、この当時までは、英王李垠のために補養庁は設けられるわけはなく、当然その発展形態である講学庁もあり得ない状況だったといえよう。その代わり、英親王府という「官庁」がつくられたわけだが、ここで教育も行っていたといっていい。英親王府には補養庁に準ずる組織があったわけだ。もちろん、元子ではない李垠に、三政丞ほどの高位高官が補養官としてつくことはなかったが、尹沢栄以下の五人の官僚は、李垠の衣食および書籍の選択を担当し、そして学齢に達したら教育を行うことが期待されていたはずだ。ただし、李垠が四歳になる前後の頃は、英王への冊封、そして水疱瘡や麻疹などの病気があり、少し速度は遅かったのかも知れない。そしていよいよ本格的な教育をする段階、すなわち『小学』などを講読する時期に達した一九〇四年は、繰り返しになるが日本軍の進駐、慶運宮の火災、皇太子妃薨去といった内患外憂があったためさらに遅れていったのではないか。『英親王府日記』一九〇五年一月一三日の『童蒙先習』を読み終えたという記述は、一九〇四年末——李垠が満七歳に達したとき、『千字文』や『童蒙先習』といった基礎的な文献を一通り理解できるようになったという事実を伝えてくれる。

ここからは、与えられた事実からの推定になる。『童蒙先習』よりも『千字文』の方が、最初に取り組む書籍としては一般的だ。例えば、次の章で登場する閔甲完——明成皇后閔氏と同じ驪興閔氏出身で、父親は駐英公使や駐清国公使を歴任した閔泳敦——は、最初に『千字文』を学んだといっている（閔、1962、35頁）。この本は、清国、朝鮮、日本といった東アジア全体で共有された手習いの本であり、儒教的な思想に基づいた内容だ。おそらくは、『童蒙先習』よりも前に、これを習得していたと考えるのが妥当だといえまいか。さらにいうと、朝鮮では伝統的に「入学」——「入学礼」とは別。両班の子どもなどが学問をはじめることをこう呼ぶ——は、冬至の日にするべきである、そうすると勉強がよくできるようになる、といわれている。さて、右に見たように、英王李垠が『童蒙先習』を読み終えたのは、陽暦で一九〇五年一月一三日だ。直前の冬至から一ヶ月も経っていない時期だ。一ヶ月で読み切るのは不可能だろう。だから、『千字文』と『童蒙先習』を一年以上かけて読んだ可能性はある。その前の年、すなわち陽暦一九〇三年一二月二三日の冬至の日に『千字文』を読みはじめ、それを終えるや、ついで『童蒙先習』を読み、一九〇五年一月一三日にこれも終えた——、という見方をするのが妥当性が高いと考えられる。だとすれば、英王李垠の『千字文』の読みはじめは一九〇三年一二月、満六歳の冬至の日だったとひとまず見当をつけてもいい。

ちなみに、先に紹介したいくつかの「礼」のうち、この一九〇五年までに李垠は、英王冊封という「冊封礼」はもちろん、『童蒙先習』を講読してくれた先生への「相見礼」、そしておそらく「開講礼」も執り行っていたのではないかと、私は思う。ただし、それは想像でしかない。日記にそれらしい記述がない以上、それらの

◆李観徴　李観徴は左参賛という政府の要職にあり、閔黯は大提学という成均館の責任者であった。李玄逸も参判という高い地位にあった。みな儒臣である。

◆『撃蒙要訣』　李氏朝鮮時代中期の朱子学者である李珥（一五三六〜一五八四年）が書いた訓童書。李珥は栗谷と号したので、俗に李栗谷とも呼ばれる。

「礼」があったかどうかは断言できない。しかし、『童蒙先習』を学んでおきながら、その師に対して「相見礼」をしていないというのは理屈に合わないではないか。だとすれば、「開講礼」もいちおうは行っていたのではないかという想像はつく。この時点で李垠が行っていない「礼」は、「冠礼」「入学礼」そして「嘉礼」ということになろうか。このうち「冠礼」と「嘉礼」は、次章ですぐに取り上げるべき問題となる。

ついでに「入学礼」(成均館へ教育を受けに行くときの礼)について考えてみよう。やはりここは、李氏朝鮮王朝時代の最高の儒教教育機関であった。そして、その年齢はおおむね八歳前後だったといえよう。キム・ムンシク氏とチョン・ジョンホ氏の著書によれば、最初に「入学礼」を行ったのは太宗の元子だった讓寧大君《ヤンニョンデグン》(一三九四～一四六二年)だという。彼は一四〇一年の八月に数え八つで成均館への「入学礼」をすませている(キム・ムンシク／チョン・ジョンホ、2003、134頁)。その後、例えば世宗《セジョン》の王世子(のちの文宗《ムンジョン》)もやはり数え八歳だった一四二一年(世宗三年)のうちに「入学礼」をすませようと、一二月二五日に挙行されている(同書、135頁)。キム・ムンシク氏とチョン・ジョンホ氏は、同じ著書のなかで、一八一七年三月一七日には、純祖の長男である孝明《ヒョミョン》世子《セジャ》(一八〇九～一八三〇年、のちに翼宗と追贈)が満八歳のときにこの「入学礼」が行われ、その様子が「王世子入学図帖」に残されていることにも言及している(同書、140～145頁)。だとすれば、李垠も本来なら八歳だった頃、すなわち一九〇五年前後でこれを行わなければならない。しかし、彼はそのとき、やっと『童蒙先習』を学んだ程度であり、教育の進度および深度はかなり遅い。もちろん彼が元子として生まれてこなかったこと、韓国皇室に不幸が続いたことからこうなったのだろう。そして彼は、結果的に「入学礼」を経験することはなかった。なぜなら、一九〇七年末には彼は東京へと移り、そして成均館ではなく陸軍幼年学校と陸軍士官学校で学ぶことになるからである。

では、彼は漱玉軒のなかでどのように学習していたのだろうか。まず、この問いに対して答えてみたい。李垠が『童蒙先習』をひもといていた時期は、間違いなく漱玉軒にいた。日記に「邸下在漱玉軒」とあるのだから。そして、おそらく最初に「奉読」という形式で、それこそ授業を受けたわけだが、その教材としては『童蒙先習』が取り上げられたのは確実だった。この「奉読」ということばに注目して欲しい。先に引用した一月一三日の日記の記述に、「是時奉読六人各紬一疋細木一疋」と、下賜品がふるまわれているが、「奉読六人」(奉読官ではない)という言い方から、六人の下級役人が「奉読」する教師の役を務めたこと、そしてはじめて李垠が一冊を読み終えたことを祝う空気を読み取れる。「やった。李垠邸下（殿下と同じ意味だが、殿下より少し下がった敬称）が一冊をはじめて読み通された」という感動さえ、私はここから感じることができる。確かにその教育は遅れてはいるものの、確実に成果を上げているという自負が仄《ほの》見えまいか。

だとすれば、この「奉読」した「六人」とは誰だろう。3章でも述べたが、「人」という数え方の場合、下級ではあれ役人であり、それ以下の雇員・下働きなら「名」という数え方をするはずだ。これは尹沢栄を筆頭とした府官の五人ではないと考える。これが仮に「奉読官」となっているのなら、府官たちがからんでいる可能性はある。しかしここでは「奉読」と素っ気なくいわれ、その姓名もはっきりしていない。この、いかにも末端役人という書き方から考えて、彼らは「補養官」あるいは「講学官」のような正式な仕事をしていたのではなく、「奉読」すなわち読み聞かせのようなことをする役人だったと断定していいだろう。ちなみに彼らは、英親王府に「講学庁」が設置されたときにも再び顔を出す。もちろん、その姓名は明らかにされないのではあるが。そこでは、一九〇四年の秋頃には、名もない六人の役人がかわるがわる李垠を教えていたのだろう。そして、皇太子妃薨去という事件を経て、『日記』には詳しくは書かれていないが、教育は行われていたと見るべきだろう。「府官全数」が毎日のように通っていた日々。彼ら六人はそのような大変な時期だからこそ奉読を続けたのではないか。

さて、この皇太子妃薨去のときの褒美を受けた人間のなかに、いままで出てこなかった者も多く存在する。例えば「文蹟雇員一人」。これは、書物を出し入れする役人だろう。そして「近仗軍士一名」。これは漱玉軒を守っていた武人のうち、李垠の周囲に仕えていた人間だろう。そして「奉読庁直二名」。「二名」とある通り、「奉

◆『童蒙先習』　この『童蒙先習』に関しては、藤井茂利氏がその朝鮮的な読み下しについて詳細な研究をしている。この本はそれほど大部なものではなく、だいたい漢文で三〇一行というものであり、そこでは人には五倫があり、「父子有親」「君臣有義」「夫婦有別」「長幼有序」「朋友有信」がそれであるという。藤井氏の研究は、その読み下し方（朝鮮語での「吐」という読み下しのための注記）を扱ったものであるが、儒教的な思想の基礎的なものをわかりやすく説いたものといえよう（詳しくは、藤井、2011、参照）。

読庁」という「官庁」があり、そこに勤める下級の雇員としか読めない。だとすれば、「奉読庁」なる官庁はかなり職位の低い人によって運営されていたと見るべきだろう。もしかしたら「補養庁」あるいは「講学庁」に近似した存在で、ある意味で幼稚園のような就学以前の子どもを教える組織だったのかも知れない。先に述べた推定が正しかったとすれば、英王李垠を教育すべく「奉読庁」がつくられ、奉読がはじまったのは陽暦一九〇三年一二月二三日（冬至）だった。火災の前のことだ。このとき李垠は満六歳にはなっているので、そろそろ正式な学問――『小学』――に進むための基礎的な学問をしなければならない。

まとめてみると、李垠のまわりには、すでに「奉読庁」という新たな役所ができていて、その仕事は日記を読む限り「『千字文』や『童蒙先習』など基礎的な文献を李垠に奉読する官庁」に違いない。彼が元子ならば、大手を振って「講学庁」という官庁を立ち上げるであろう高宗も、英王に冊封こそしたものの単なる一皇子に過ぎない李垠に、それまでの慣習を破ってまでそれをすることができなかったのではないか。少なくとも、この時点では。そして「奉読庁」という奇妙な役所が設置されたのだ。そこに居るのは、尹沢栄、趙忠夏など府官の五人とは違った六人の奉読であり、「補養庁」に似たものだったのかも知れない。ただし、補養庁、講学庁が高い地位にある人間に担われていたのに対し、李垠の奉読庁は、英親王府の周囲にいる下級役人が代行する小さな組織だったといえよう。ただし、逆説的ないい方になるが、奉読庁が設けられているのは、それがどれだけ小さくとも、皇太子でもない李垠にとっては、かなり丁重な扱いを受けているといういい方もできる。彼自身が高宗に愛されていたということもあろうが、そこに策士であり豪傑でもある厳氏の動きが見え隠れしているように思う。

それはさておいて、李垠の勉強について続けて見てみる。『童蒙先習』を読み終えてから六日後、一月一九日に「邸下教是今日為始孝経入講」とある。李垠の漢籍講読が、この日に『孝経』へと進んだわけだ。そしてこの日、「典衛尹冀鉉依免九品尹相鐘任」とあるように、尹冀鉉が抜けて尹相鐘がその後任として入っている。『孝経』は、先に見た『童蒙先習』とは違い、いわゆる四書五経のひとつだ。李垠が満年齢八歳にしてそれを教育される、すなわちそれを理解できるだろうと、教育する側が判断したということだろう。ただし、本章の末で詳しく述べるが、李垠が『小学』を読むのはそのあと、じつは一〇歳になろうという時期だった。ちなみに、この『小学』は、一二世紀に朱子が著した朱子学の基本文献で、いわゆる「修身斉家治国平天下」（その身を修め、家をととのえてはじめて、国を治め、天下を平らかにすることができる、という意味）は、この小学の「序」にある。李垠がなぜ『小学』の学習を遅らせたのかはわからない。講学庁ではこれを最初に扱うというのなら、正式な元子ではない李垠には、講学庁をととのえることができないがため、しかたなく『孝経』を読んだのかも知れない。少なくともこの時期、彼は八歳の少年にはまだ難しい文献――『孝経』――に挑戦している。

そして、陽暦二月四日、英王李垠はいよいよ慶運宮に戻った。この日は陰暦で光武九年乙巳正月初一日にあたる。宮廷行事はまだ旧暦で行われる習わしだから、英親王府の新年の行事を慶運宮で、という目標を持って再建がされていたのが推測できる。だとすれば、英親王府が間借りしている皇太子（純宗）の殿も同じく慶運宮に移転するということになりそうだが、それについては後述しよう。

ただここで、ひとつ付言することがある。あとでも触れるが、正式に高宗と厳氏が慶運宮に戻るのは、一九〇六年一月一三日以降のことだ。そのことを勘案すると、慶運宮再建途中――正殿たる中和殿が竣工する以前――に英親王府および李垠が慶運宮に戻ったと考えなければならないということだ。それはなぜなのか。そもそも漱玉軒は、重明殿以下いくつかの殿閣でできているが、慶運宮と比べるとかなり手狭なので、再建途中の慶運宮でも一部使わなければならない状態だったのではないかと推察できる。完成前の慶運宮に皇帝を戻すことはできない。だから、手狭な漱玉軒から英王李垠と英親王府は慶運宮に戻す必要があったということだろう。すでに述べたように皇太子妃の殿たる康泰室に英王李垠は同居していた可能性が高い。だとすれば、李垠と英親王府だけでなく、故皇太子妃閔氏の配下もあるいは皇太子（純宗）も、同じ頃に慶運宮に戻ったのではないか。一歩進めて考えると、皇太子（純宗）を慶運宮にひとまず戻し、高宗と分離したと見るべきではないのだろうか。これについては少し詳しく述べよう。

皇太子妃閔氏の霊をまつる魂殿として「懿孝殿」が

◆講学庁をととのえることができない　ただし、高宗の気持ちとしては、皇位を皇太子（純宗）へと譲り、その後は英王李垠をこそ皇太子にして、皇位を継承させようと考えていたようだ。そして、のちに見るように、一九〇五年の「第二次日韓協約」で大韓帝国が日本の保護国へと転落するや、危機感を強めた高宗は、英王李垠を皇太子に準ずる扱いをするように動く。一九〇六年末に講学庁が成立したのはその流れだと思われる。詳しくは、本章最終節で再び論じる。

ある。のちにも触れるが、李垠は景孝殿（第2章で触れた、明成皇后閔氏の魂殿）とともに懿孝殿でも頻繁に「茶礼」を行っていた。この景孝殿であるが、「重明殿の西に在る。光武八年（明治三十七年）本宮（慶運宮）主要部火災の際、一時浚明殿に移奉した明成皇后魂殿をば、火災の直後漱玉軒内に重建移奉した」（小田、2011、55〜56頁）という。高宗の仮の居所となった重明殿の近くにあったことがわかる。李哲源の『王宮史』の図面によれば、景孝殿は重明殿から西に少しいったところにポツンと立っている。おそらく、高宗の希望で、自分の居所のそばに景孝殿を建ててもらったのではないか。そしてこの懿孝殿も、慶運宮内ではなく璿源殿◆にあった。懿孝殿の場所をやはり『王宮史』の図面で確認すると、璿源殿のかなり北側、ロシア公使館を背に、英国公使館◆の西側に隣りあい、道路に面する璿源殿の正門というべき永成門から少し入ったところに寂しげに描かれている。この懿孝殿も、皇太子（純宗）の慶運宮移転にあわせて完成させたと見るべきであろう。それもこれも、皇太子を慶運宮へと連れ戻し、高宗と引き離すためだったと、私は考えるからだ。その根拠として、以下のようなことを考察してみよう。

　懿孝殿の初出としては、『承政院日記』高宗四一年一〇月四日——陽暦でいう光武八年（一九〇四年）一一月一〇日——の記述が挙げられる。そこには「皇太子妃宮大夫閔忠植・徐廷寛・李海明任懿孝殿参奉、李始鎔・李彰遠・尹起駿・白南善任懿孝殿忠義、李海昌・金容基任園所参奉、柳任園所忠義」とある。平たくいえば、皇太子妃宮の官吏であった一〇人が新たに「懿孝殿」の官吏として横滑りしているのである。英王の倍の人員が皇太子妃宮に勤めていたわけだ。それだけ皇太子妃の世話をする役は重要だったということだろう。ましてや皇太子（純宗）、高宗皇帝をや。

　さて、皇太子宮の官吏たちがあらためて懿孝殿と「園所」の官吏として召しかかえられたというが、それはすなわち皇太子妃閔氏の霊をまつる殿の名称を「懿孝殿」とすることが決まったということでもある。いわば魂殿の「命名日」が、皇太子妃閔氏薨去の五日後の陽暦一九〇四年一一月一〇日だったのである。ちなみに、先の引用に「園所参奉」「園所忠義」という役職名が出てくるが、この「園」は、故皇太子妃閔氏の墓所である「裕康園」（京畿道揚州）を指す。彼女は皇太子妃のまま死んだので、その墓は歴代の王、王世子、大韓帝国の皇帝、皇太子の墓所のように「陵」という呼び方をされていないが、純宗が即位したのち（一九〇七年）に「裕陵」へと格上げされた。彼女の呼び名も「純明孝皇后閔氏」へと昇格する。

それはのちのこととして、皇太子（純宗）と英王李垠の慶運宮帰還の問題に戻ろう。『承政院日記』高宗四一年一一月二七日に「詔曰、懿孝殿初虞祭、当親行矣」とあり、二九日には「再虞祭兼朔祭」、三〇日には「三虞祭」が執り行われていることが明記されている。この三虞祭◆がきちんと行われた日――一九〇五年一月六日――をもって、新しい魂殿での皇太子妃閔氏の慰霊をする祭祀が終わり、懿孝殿が正式に発足したことになる。この一九〇五年一月六日といえば、英王李垠が慶運宮に戻る日（二月四日）から約一ヶ月前のことだ。だとすれば、これは皇太子（純宗）を慶運宮に戻すための布石だともとれる。結論を先取りしていうと、皇太子（純宗）と皇太子妃、そして英王李垠の動きは連動しているのである。

皇太子妃の慰霊のためという名目があれば、高宗も皇太子（純宗）も、懿孝殿の建設に協力的だったと考えていいだろう。逆にいうと、皇太子妃薨去を逆手にとって、日本は高宗と皇太子（純宗）を分離する手札としたのだ。現に懿孝殿は漱玉軒の敷地の外（北側）、重明殿から半ば山を登るようにして行かなければならない璿源殿を中心とした場所につくられている。ここへはむしろ慶運宮の東門である大漢門を出て北にまわった方が行きやすい。それに加えて、漱玉軒は慶運宮よりも遙かに狭く、慶運

◆璿源殿　「列聖の御真を奉安する所で、初は布徳門内に在つたが光武四年（明治三十三年）焼失し、翌五年永成門内に重建した。因つて慶運堂奉安の太祖影幀並に諸所より取寄せたる列聖御真を同年六月本殿に奉安した」（小田、２０１１、56〜57頁）とあるように、李氏朝鮮王朝の太祖以降の列聖の御影（肖像画）を奉安した場所だ。これは漱玉軒の北側にあり、英国領事館と露国領事館の間にある斜面になった土地で、決して広いところではない。

◆英国公使館　慶運宮の東門（のちに正門となる大漢門）から北に進むとすぐの距離にある。この英国公使館を通り過ぎたところに永成門があるのだ。慶運宮からは通いやすい位置にあるといっていい。

◆三虞祭　朝鮮の伝統的な葬儀では、葬儀から三日間、虞祭という祭祀を行う。ここでは、懿孝殿という霊をまつる場所で、それをあらためて行ったということだ。ただし、日にちが陰暦二七日が初虞祭、二九日が再虞祭、三〇日が三虞祭と、間の二八日が空いている。おそらく日が悪かったということだろう。例えば『英親王府日記』の「光武八年陰暦甲辰十一月二十七日」から同月「二十九日」までを見ると、二七日と二九日、三〇日は「晴」とあるが、「二十八日」は「壬寅早陰晩晴」とある。この気象条件が問題になって再虞祭が一日延期したのかも知れない。ともあれ、この虞祭という祭祀が執り行われてはじめて懿孝殿という魂殿の祭祀が終わり、魂がそこに定着すると考えられていたのだろう。

宮の西隣にある米国領事館と同じぐらいの広さしかない。当然のように、懿孝殿の完成は日本側が皇太子（純宗）を移転させる——高宗と引き離して慶運宮に連れ戻す——いい口実になる。もしも皇太子（純宗）を漱玉軒から移動させないのであれば、懿孝殿だって漱玉軒内につくってもよかったはずだ。それをわざわざ璿源殿に建設したという。英王李垠が陰暦正月一日（一九〇五年二月四日）に慶運宮に戻ったという事実について本章で述べたが、本来はこの皇太子（純宗）を慶運宮へと引き戻すことを促進しただろうし、そのために懿孝殿などの祭祀を万全に行うよう配慮した、というのが日本側の目論見だったのではないか。高宗も皇太子（純宗）も、漱玉軒の手狭な状態を鑑みるに、異議を挟めなかったに違いない。そして皇太子や皇太子妃と同じ殿にいた英王李垠も、それに従った——従わせられたのではないか。繰り返しになるが、英親王府は慶運宮でも皇太子妃宮と同じ場所にあり、漱玉軒でも同じように皇太子夫妻が住んでいただろう康泰室に同居していた可能性が高い。何しろ、漱玉軒は慶運宮よりもさらに狭いところであるし、何より慶運宮再建がなるまでの臨時の居所だったのだから、英親王府と英王李垠は、慶運宮でそうしていたように、皇太子（純宗）および皇太子妃宮と同居していたと推察するのは無理がないではないか。だからこそ、『英親王府日記』でも、皇太子妃薨去については細かく記載されていたし、府官の面々も皇太子妃宮の官吏と同様に康泰室に詰め、その薨去後は手厚く下賜品を受け取ったのではないかと、私は考えるのだ。◆

　当時、すでに日本の圧力で韓国内宮に目賀田種太郎など日本人顧問官が入り込み、独立国の体面が傷つきつつあった。そして、第２章で紹介した「大韓国国制」を見る限り、高宗皇帝の権力がかなり強い専制国家であった大韓帝国から、日本がさらなる譲歩を勝ち取ろうとするなら、高宗を孤立させる必要がある。そこで、日本は妃を失ったばかりの皇太子（純宗）と幼い英王李垠を高宗から切り離し、先に慶運宮へと移動させたのだろう。それに対して、慶運宮の再建が完全になるときまで、高宗は漱玉軒なかんずく重明殿にとどめられるのである。やがて、高宗はこの漱玉軒で孤独をかこっている間に「第二次日韓協約」を締結させられたわけだ。

　この高宗の孤立化と、一九〇六年一月一三日の慶運宮の正殿である中和殿重建、および高宗の慶運宮帰還は、小田省吾の次のようなことばと重ねて考えると、高宗の帰還がなぜその日だったのか、どうしてその時期がえらばれたのかという理由がわかる。

　尚更に注意すべきは本宮の復旧が光武十年即ち明

治三十九年一月を以て竣を告げたるものとすれば、之は恰も同年二月一日に統監府の開設前一箇月で、殆んど相前後していることである。（同書、64頁）

そうなのだ。次節で見る「第二次日韓協約」により、日本の保護国に転落した大韓帝国だが、その条約成立が一九〇五年一一月一八日。その条約により大韓帝国を実質的に支配する韓国統監府が開設するのが一九〇六年二月一日であった。その条約の正当性をここで評価することは門外漢の私にはできないが、ともかくも大韓帝国が日本の保護国になった以上、高宗をこれ以上漱玉軒に「囲っておく」必要はもはやないといっていい。高宗を慶運宮へと戻す——皇太子（純宗）や英王李垠といっしょに暮らさせる——ことに差し障りは、当面の間なくなったというわけだ。そこで慶運宮正殿たる中和殿を竣工し、高宗を皇太子（純宗）や英王李垠といっしょにしてあげてもいいだろうと、日本側は判断したのではないかと読み取ることが可能だ。大韓帝国が大日本帝国の保護国になったあとだからこそ、この慶運宮重建はなされたのである。ちなみに『高宗実録』光武一〇年（一九〇六年）一月一三日（陰暦一二月一九日）に、「暁祇告于天地宗廟社稷」（『李朝実録第五十六冊』、1967、283頁）とある。朝早いうちに宗廟や社稷壇に対してまつりごとを行い、慶運宮の復旧を内外に告げているのだ。やはりこの一月一三日には、高宗と厳氏の慶運宮移転は成し遂げられたと見るべきではないかと推察できる。

さて、慶運宮に戻ったときの英親王府の官僚は、総弁尹沢栄、賛尉趙忠夏、典読金奭基、典衛尹喜求、尹相鐘の五人だった。そして『英親王府日記』には、とくに大きな変化もないように記述が重ねられていく。そう、李垠が慶運宮に戻ったあとの日々は、じつに淡々と記載されていくのだ。例えばだが、景孝殿や孝恵殿、懿孝殿な◆ど漱玉軒や璿源殿にある韓国皇室にまつわる殿閣で執り行われる「茶礼」が、唯一の記述といえるほど、ほとん

◆**……と、私は考えるのだ**　孝恵殿という魂殿も存在する。これは一九〇四年一月に死んだ憲宗継妃明憲太后の霊をまつる場所だ。『英親王府日記』には、この明憲太后の死についての記述は一切ない。これは、大韓帝国皇室の大事であったはずの明憲太后の死も、英親王府（すなわち皇后妃宮）とは違う殿でのことであり、英親王府の官吏たち直接関係あることではなかったからではないか。『英親王府日記』は英王李垠と英親王府という官庁で起こったことを記述するものであることを教えてくれるいい事例だといえよう。

ど何も書かれていないに等しい。この「茶礼」だが、じつに頻繁に行われている。いや、むしろその頻繁さに違和感を覚えるほどだ。例えば、旧暦の一九〇五年六月（皇帝や皇太子の誕生日などといった韓国皇室にとっての重要行事がない時期、陽暦では七月三日から三一日まで）には、五日で延べ九回も茶礼が行われている。とくに陰暦六月一四日には一日で三回——孝恵殿、景孝殿、懿孝殿のそれぞれで——、茶礼を行っているのが目につく。暇だったのではなく、それだけ行動の自由をそがれていたのだろうし、また漱玉軒で「茶礼」という「礼」を行うことは、英王李垠が父である高宗に近づく方便だったのかも知れない。そしてこの茶礼は、決して大がかりな「礼」ではないものの、日本人たちに踏みにじられた「霊」を弔う行為でもある。景孝殿は日本人に殺された明成皇后閔氏の魂殿であり、孝恵殿は日露戦争で高宗の朝鮮半島中立化の願いを踏みにじって日本が介入してきた時期に死んだ明憲太后の魂殿、懿孝殿は日本の大韓帝国内での勢力が拡大するなかで起きた火災——日本による放火の疑いが濃厚だが——後に不便を強いられながら死んだ皇太子妃閔氏の魂殿なのだ。彼らはこういう祭祀・儀礼を行うことで、かろうじて韓国皇室の尊厳を守ろうとしていたのではないか。消極的ではあれ、彼らは日本に対して抵抗しているといっていい。だとすれば、『英親王府日記』には「書けること」は少なく、◆変化に乏しいという印象を受けるが、それは表面的なことに過ぎないわけだ。そして現実に、高宗を中心とした大韓帝国なかんずくその内宮外宮は、むしろ激動の時期を迎えていたのである。しかし、そのとき高宗は、「茶礼」を行うという消極的な抵抗だけではなく、積極的な抵抗を試みてさえいるのだ。

三、一九〇五年第二次日韓協約、そして一九〇七年の大変動

前節で触れたように、『英親王府日記』の一九〇五年の項には、その後しばらく動きはない。陽暦八月二五日に万寿聖節があったり、陽暦一〇月一八日に皇太子妃の霊を弔う祭祀◆があり、英親王府の人びとはまた手厚くもてなされたこと、陽暦一一月二一日に高宗の病気（聖体以風火之候有靡寧之節）といったことが書かれているぐらいだ。この高宗の「病気」は、身体的なものというよりも、精神的なものであったと推察できるが、それはのちに触れよう。さらにいうと、翌一九〇六年も一〇月までは動きが乏しい。陽暦五月二二日に典読の金奭基が「依願免本官」となり、典衛の尹喜求が「典読宗簿司主事」◆へ昇格、新たに典衛として金思重が「英親王府典衛叙判任官四等」に任じられる。しかし、彼もそれほど長

く勤めてはいない。同年八月二二日に「典衛金思重任英陽郡守叙奏任官四等」とあり、彼の後任としては陽暦九月一一日に「翼陵参奉姜漢欽任　英親王府典衛叙判任官四等」とある。金思重自身はすぐに姿を消してしまっているのだ。金思重の転出◆には、それまでの交代劇のときに必ず挟まれていた「依願免本官」とか、「依免」など

◆**懿孝殿**　解放後（一九四五年八月一五日以後）、この懿孝殿はどこにあるかわからなくなっていたが、昌徳宮に移転されていたことが二〇〇七年に確認された。のちに見るように、皇太子（純宗）は、高宗を廃して皇帝位につかされるが、その際に高宗と居所を離され、昌徳宮に移された。おそらく、そのときに自分の妃であった閔氏を偲んで、懿孝殿も昌徳宮に移したのだろう。

◆**「書けること」は少なく**　康成銀氏は「朝鮮側の基本的な公文書である『高宗実録』、『純宗実録』は一九三〇年から一九三四年にかけて朝鮮総督府機関の李王職が編纂したため、編纂時期、編纂主体、編纂者構成、編纂過程から見て、編纂意図に問題があり、一般に正確な実録としての地位を認めてこられなかった」（康、2010、97頁）と述べている。李王職は大日本帝国宮内省所属であり、朝鮮総督府は李王職の監督という立場にあるため、朝鮮総督府機関というのは首肯できない。しかし、正史の編纂過程に支配者の意図――朝鮮総督府の「監督」――が入っているというのは確かに理解できる。その伝でいうと、『英親王府日記』も李王職で編纂されたものであるから、朝鮮総督府の統治にとって都合の悪いことは書き換えられたり、排除された可能性はあるかも知れない。この一九〇四年から〇六年一一月までの『英親王府日記』に、何かのかたちで削除された部分があったとすれば、この一見すると弱々しい「茶礼」の記事も、もっと深読みして、日本の朝鮮半島への野心に対する抵抗として読む必要があるともいえよう。

◆**手厚くもてなされた**　あえて引用すると「懿孝殿祥祭時華服次総弁尹沢栄賛尉趙忠夏典読金奭基典衛尹喜求尹相鐘各細苧一疋掌務院一人雇員三人書写一人文蹟雇員一人各白苧一疋大庁直二名各白苧一疋使令五名水工二名近仗軍士二名各白木一疋」とあり、皇太子妃の魂殿での祭祀で、一九〇四年度の綿織物ほど高価ではないが、苧が下賜されている。

◆**典読宗簿司主事**　仕事内容はあまりよくわからないが、李垠の経典奉読の他、「宗簿」すなわち記録関係の責任者となったということだろう。

◆**金思重の転出**　本論とはあまり関係ないが、府官の人びとの出入りから、いくつかのことがわかる。例えば、金思重が転出し、代わって姜漢欽が配属されるが、この記述から英親王府典衛は判任官で、英陽郡守は奏任官だったということがわかる。同じ官四等でも、郡守の方が奏任官というより上位の仕事であったわけだ。

といったことばがない。この年は一一月まで、小さな人事の問題と、陽暦九月一三日に万寿聖節に関する記述があるぐらいで、他に見るべきところもない。しかし、すでに述べたように大韓帝国自体が安寧だったわけではない。一九〇五年から二年半ほどは、高宗の最後の闘争というべき年月だった。そしてじつは、一九〇六年一一月末から、李垠の周囲はにわかに慌ただしくなっていくのだが、それは次節に譲るとして、まずはこの一九〇五年から〇六年一一月までの大韓帝国をめぐる情勢を見てみよう。

前章で述べたように、第一次日韓協約を結び、日本からの外交、財政顧問を迎えることとなった大韓帝国は、独自外交の機会を失ってしまう。そこで「一九〇四年末以降、高宗は秘密ルートを通じて、日本の不当な侵略により独立の危機に瀕した窮状をアメリカ、ロシア、フランス等に訴えていた。特にアメリカ政府に対して繰り返し周旋依頼の働きかけを行ったのは、朝米修好通商条約〔一八八二年〕にいう『善為調処』（周旋）に依拠した、というだけではない。ローズヴェルト大統領が第二回万国平和会議の提唱者として活躍したためである」（康、２０１０、75頁）。高宗はこの万国平和会議とアメリカの調停にすべてをかけていた。そしてこの第二回万国平和会議の招集責任者はロシア皇帝であり（同書、76頁）、高宗とロシアの関係から考えて、李範晋駐露公使を通じて秘密外交をするという行動に出ていたのは、前章で述べた通りだ。

しかし、高宗が工作していたロシアは日本の交戦国であり、しかも一九〇五年五月二八日の日本海海戦で日本が勝利をおさめ、日露戦争そのものが日本の勝利へと傾く情勢である。そして高宗が調停を期待していたアメリカは、「〔一九〇五年八月七日に成立した桂－タフト覚書で〕『東洋の平和』を維持するために、日本は韓国に支配権を確立させ、アメリカはフィリピンの統治を続けることが必要である。そのため、日本はフィリピンに、アメリカは韓国に侵略的意図は持たずに、お互いの支配を認めることが決定」（片山、２０１１、167頁）していたことを考えると、その調停はどだい無理なことだった。このときのタフト米国陸軍長官は、ほぼ無血占領にこぎつけたフィリピンに向かう際、大統領の意向で日本により、この「覚書」を締結している。韓国の独立など、アメリカにはもはや興味のないことだったといっていい。

ただし、ポーツマス講和条約において、一方の主役であるロシアは、ロシア全権代表ウィッテを通じて日本の韓国支配に関し反対を表明する。「〔一九〇五年〕八月一二日にロシア側は修正案を提示してきた。まず問題になったのは、日本が最も重視した韓国支配権の確立である」。しかし「小村〔寿太郎〕は強気だった」。そこで、「ローゼン〔駐米公使、開戦前の駐日公使〕が妥協案をウィッテに提案する。この議論を議事録にとどめ、ロシアが日本に抵抗した記録を残し、韓国の同意を得れば、保護権確立をすすめていいのではないかと、ローゼンは考えたのである」(以上、同書、172頁)。ここに「韓国の同意」ということばが登場することで、第二次日韓協約という「条約」での韓国の保護国化を、韓国皇帝である高宗や閣僚に迫る大義名分ができてしまう。さらに交渉の末、九月五日に確立したポーツマス講和条約では、(1)日本による韓国支配権の確立をロシアが認め、(2)遼東半島の旅順・大連、北緯五〇度以南の南樺太が日本に割譲され、長春――旅順間の鉄道と沿海州の漁業権も日本に譲渡され、(3)日露両軍は満州から撤兵することなど、大きく三つの取り決めが行われた(同書、176頁)。その上で、「ポーツマス条約締結直後の九月九日、全権代表小村寿太郎・ローズヴェルト大統領会談で、小村は『此の保護権施行は、条約の形式に依るを原則とするが、若し韓国が条約の締結に応じない場合、日本は一方的に保護権設定を宣言するの止むなきに至るが、此の場合の大統領の諒解』を求めると、ローズヴェルトは『韓国に日本の一方的宣言で保護権が設定された場合でもそれを支持』することを表明」(康、2010、85頁)した。此の段階で、高宗がロシアとアメリカに期待し、秘密外交を展開していた――少なくとも高宗としては精一杯の努力を注いでいた――韓国の独立は、事実上実現不可能となったのである。

さて、イギリスとは違い、アメリカは日本と同盟関係にはなかった。しかし、アメリカは日本を通じてアジアの門戸開放を目指していた。例えば、タフトが日本に来たあと、まだ小村が講和条約のために交渉をしていた時期に、アメリカの鉄道王ハリマンが来日している。「彼は、韓国の鉄道と満州の鉄道を接続した上で、鉄道や炭鉱などへの共同出資・経営参加を行う」という提案をする(片山、2011、181頁)。じつはこのハリマンの目的は、「世界を一周する鉄道網を完成させるという野望」を持っており、そのために「南満州鉄道、続いて東清鉄道を買収する」つもりだったという。ハリマンはアメリカ財界の有力者であったため、戦争遂行で財政難にあえいでいた「日本政府はもちろん、財界からも大歓迎された」(以上、黒岩、2005、228頁)。小村不在のなか、政府首脳なかんずく「桂〔太郎首相〕は、韓国の鉄道権益は守りたいと考えていたために、南満州鉄道の日米共同経営案に限って賛成した。ただし、外交の責任者である小村が不在だったので、仮契約の形式にしてハリマンが日本を発つ前日の一〇月一二日に、桂・ハリマン予備協定覚書が結ばれた」。しかし、「一〇月一六日に帰国した小村は、この覚書に反対した」。その理由は「せっかく手に入れた大きな利権をアメリカ資本に譲り渡す愚かな選択に見えた」ことと、「ハリマンのライバルであるモルガン系の会社から、多額の資本金を導入できる見込みがあったから」だという。そして、この小村の説得で「覚書」は一〇月二三日には破棄された（以上、片山、２０１１、182頁）。

ここにハリマンとモルガンという名前が出てきた。彼らは一九〇七年アメリカにおける大恐慌で、片や大きく株価を落とす鉄道王として、片や獅子奮迅の活躍で金融業界を指揮して取り付け騒ぎを切り抜けた金融王として名高い。そしてこの大恐慌の教訓は、一九一三年に成立した連邦準備制度へと結びつく。ハリマンが日本で結んだ「覚書」は、確かに「仮契約」でしかなかった。だから、それを覆すのは論理的には可能かも知れない。しかし、米国財界の大物であるハリマンが、日本政財界の指導者と会って結んだ「契約」を、そう簡単にあきらめられるものなのか。仮にここでハリマンがあきらめれば、ハリマンの日本渡航は単なる物見遊山ということになる。これはあり得ないことだ。だから、こういえるのではないか。少なくともハリマンには次の機会をうかがう立場にあった、と。例えば、黒龍会の会長である内田良平は、「日比谷焼き打ち事件」の発端となった一九〇五年九月五日の「国民大会」の翌日に、ハリマンの歓迎会を行い、壮士たちの武術を披露している（黒岩、２００５、127頁）。前章で、黒岩氏の議論を引きながら、内田がこの「暴動」を裏で操作していたということを述べた。それは「爆発することが予想されていた民衆の不満のエネルギーを、桂太郎が自ら用意したシナリオに沿って交番焼打ちを演出したのが黒龍会の内田であり、表面には出てこないが、玄洋社の頭山満だった、という仮説を導き出すことができる」（同書、133頁）という議論へと接続される。

事実、ハリマンは帰国に際し、柔道家や剣術家六名を帯同しており、一九〇六年二月四日のニューヨークタイムズには「来週水曜日にコロンビア大学体育館で公開競技を行う」ことが述べられている（The New York Times, １９０６年2月4日）。ハリマンには内田を通して、日本政界にそれなりの交渉窓口を残していたのである。だとすれば、小村に拒否された南満州鉄道への参画は、いったん引きはしたものの、まだ内田を通じて日本への手札を残した状態であり、とうていあきらめたとは思えない。そして現実に、米国では「一八九〇年代中ごろから一九〇六年末までの間に、米国の経済成長率は年率七・三パーセントという驚異的な数字を記録し、総工業生産は短い期間で倍増」していた（ブルナー／カー、２０１６、19頁）。しかし、「当時の米国には、フランスやドイツ、英国と異なり、過度の信用収縮が起こった時に流動性資金を追加供給する能力を備えた中央銀行的機能が存在していなかった」ため、「カルフォルニアの大災害（一九〇六年四月一八日の大地震）で、それが打ち砕かれてしまった」（同書、14頁）。この大災害での「被害は、三億五〇〇〇万ドルから五億ドルくらい、一九〇六年の米国ＧＤＰの一・二パーセントから一・七パーセントと報告されている」（同書、32頁）。ということは、当時のアメリカのＧＤＰはだいたい三〇〇〇億ドルぐらいということだ。このあたりから徐々に社会不安が広がるなか、一九〇七年三月に一度株価の落ち込みがあり、さらに一九〇七年秋にいわゆる大恐慌がはじまる。この「一九〇七年の恐慌と暴落に至る金融危機は、株価が一九〇六年九月にピークを迎えてから翌年一一月に底を打つまで一五カ月間続いた。この間米国の全上場企業の時価総額は三七パーセント下落、すべての業種を直撃し、まさに一九～二〇世紀における大暴落の一つとなった」（同書、263頁）。この大恐慌の直接的な引き金は、いわば仕手集団といっていいだろうハインツ兄弟によって引かれてしまう。彼らは自らの経営するユナイテッド・コッパー社の株価を下支えしようと、自社株の大量な空売りをするという「危険なゲーム」をはじめ、その結果、大恐慌の導火線に火をつけてしまったという（同書、第6章）。

アメリカには中央銀行がなかったといったが、ではどのようなかたちで銀行が小切手に対して支払いをしてきたかというと、「一部の都市の銀行が合同で作った自主的団体である『資金決済機構《クリアリング・ハウス》』と呼ばれる協会でのみおこなわれてい」た。例えば「ニューヨーク市など主な金融センターでは、多数の伝統的な銀行が協会を形成し、加盟銀行が持ち込む小切手の換金、すなわち『決済』をおこなっていた。協会（資金決済機構《クリアリング・ハウス》）は通常加盟行の中の一つの有力行によって管理され、非常事態が起こった際の最後の貸し手となっていた」（以上、同書、102頁）。これでは、何か市場に悪い情報が流れれば、取り付け騒

◆柔道家や剣術家六名　この六人のなかに富田常次郎がいた。富田は嘉納治五郎の五つ年下で、嘉納家に寄宿し、講道館四天王に数えられている。常次郎とともに渡米した柔道家は、前田光世がいたという。彼らは講道館の柔道をアメリカへ広める役割を果たした。常次郎の息子である富田常雄は、明治大学に学び、小説家となった。常雄の代表作は『姿三四郎』で、敗戦後の一九四九年上半期に直木賞をとっている。ちなみにこの年の下半期の直木賞受賞者は山田克郎（代表作『怪傑ハリマオ』）だった。

ぎが起きない方がおかしい。恐慌が落ち着いた「一九一〇年一一月にジョージア州ジキル島（ピアモント・モルガン所有のクラブがある）での金融関係者と政治家による秘密会合」が持たれ、国立準備銀行構想が練り上げられた（同書、249頁）。これが連邦準備法案（一九一三年）として上下院で可決され、その後、現在の米連邦準備制度理事会（ＦＲＢ）へと発展していくという。なお、この恐慌は世界各地に影響を与えている。

　このようなことをここに書き連ねるのは、ハリマンを中心とした財界人が、ルーズベルト大統領と深い関係にあり、それゆえにハリマンが日本を訪れ、そして南満州鉄道の権益を獲得しようと動いたこと、そして結果的にそれを放棄したのは、右に見たような米国経済の大変動によって米国財界がかなり深刻な痛手を受け、景気が回復するまでしばらく動けなかったことによると、私が考えているからだ。現にこの一九〇七年の頃、「当初、事情に精通した評論家たちは、一九〇七年三月の株価暴落を誘発したのは、鉄道会社や事業会社に対するルーズベルト政権の積極姿勢から生じた投資家の不安だという判断を下していた」（同書、51頁）、といいながら、次のようなことが述べられている。

> 『コマーシャル・アンド・ファイナンシャル・クロニクル』誌はＥ・Ｈ・ハリマンのユニオン・パシフィック鉄道会社に対する取り調べが始まったことを論評して次のように報じている。「我々はこのような破滅的状況を、一年も前から予言し続けていた。これは鉄道会社の財産、鉄道会社の人間、そしてそれ以外の大規模資本を窮地に立たせてきた裁判の当然の帰結である。今起こっていることは、最終局面ではない。このあともイライラのもとが存続するのなら（我々の予想では、おそらくそうなりそうなのだが）、有価証券とその保有者だけが痛みを受けるのではない。産業関連のありとあらゆるものがかかわってくるに違いないのである」。ここでいう「イライラのもと」とはもちろん、米国大統領のことであった。（同書、51～52頁）

　この論評からもわかる通り、ルーズベルト大統領は鉄道関係の財界人なかんずくハリマンと親密な関係にあり、そして経済評論家たちはこのことをかなり厳しく批判している。そして実際に——ただし、ルーズベルトとは別の問題に起因するが——金融恐慌は起こってしまう。ハリマンが日本から米国へと帰国したのが一九〇五年一〇月であり、内田良平から紹介された柔道家や剣術家を使って公開競技をしたのが一九〇六年二月だとすれば、米国経済全体に大きな変動が起きるのはその直後である。一九〇六年四月にカリフォルニア大地震、そしてその傷も癒えないうちに一九〇七年三月の株価下落、さらに一〇月の金融恐慌へと突き進んでしまうのだから。この景気の大変動が、結果的に不況をかもしだし、移民に対する排外主義へと進んだとしても不思議はない。この不況が、黄禍論を推し進める原動力のひとつになったのかも知れない。もちろんそれは別の問題だとしても、この時期に批判の矢面に立ち、そして株価を大幅に下げた鉄道王ハリマンは、「世界を一周する鉄道網を完成させるという野望」を、いったん棚上げするしかなかったはずだ。おそらくこれが、ハリマンが最終的に南満州鉄道の経営をあきらめる直接的な原因になったのではないかと、私は考える。さらにいえば、小村寿太郎がルーズベルト大統領と鉄道王ハリマンが日本に工作をしているとき、ピアモント・モルガンという金融王に接近しているのはたいした嗅覚であり、元老の山県有朋、伊藤博文、さらには桂首相を説得してまでハリマンの野望に楔《くさび》を入れたのは、天才的な平衡感覚の持ち主だったといわざるを得ない。もちろん、モルガンだって奉仕活動をするつもりはあるまいが、アメリカによるこの「アジア門戸開放」の試みは、景気回復後に新たなかたちで展開されるだろう。しかしそれは、また別の機会に論じるべきことだ。

さて、話を大韓帝国に戻そう。財政顧問として赴任した目賀田種太郎によって、一九〇四年一一月に典圜局（日本の造幣局にあたる）が廃止され、大韓帝国政府は貨

◆世界各地に影響　ブルナーとカーは次のように述べている。この「一九〇七年の米国発金融危機は世界中に波及した。エジプトは一月から五月、ハンブルクは一〇月、チリも一〇月、オランダとジェノバは九月、そしてコペンハーゲンはひと冬の間、金融危機に見舞われた」（ブルナー／カー、２０１６、245頁）。そして、歴史家のケビン・カヒルのことばを引用しながら、次のようにいう。「カヒルはメキシコの金融市場で発生した歪みは政治的な影響をもたらし、暴落とその後の恐慌がメキシコ革命への媒介作用の一つであったと指摘している。『［研究者たちによれば］メキシコは外国市場や外国資本、特に米国の市場と資本に大きく依存していたため、米国が不況になるとメキシコ経済も沈滞したという。それでポルフィリオ・ディアス政権に対する不満が広まり、フランシスコ・マデーロを支持する人々（マデリスタス）や他の革命家たちが、一九一〇年、反乱を煽動するに至る要因の一つとなったのである』と記している」（同書、246頁）。このメキシコ革命前後、堀口大学の父であり閔妃暗殺にもかかわっている堀口九萬一が公使としてメキシコシティに在留していたことは記憶にとどめておいていい。当時は、堀口大学もメキシコにいた。

幣発行権が奪われた。ついで一九〇五年一月に貨幣条例が公布され、日本の第一銀行に国庫金取扱と貨幣事務取扱の業務を委託させ、その結果として大阪造幣局で製造された貨幣が大韓帝国の貨幣として流通していく。日本の民間銀行に過ぎない第一銀行が、事実上大韓帝国の中央銀行となってしまうのだ。当時の朝鮮では葉銭《ヨプチョン》という伝統的な貨幣と、白銅貨◆という開港後（近代移行期）に鋳造されていたものがあったが、問題になったのは白銅貨だったという。白銅貨に関しては、一九〇五年七月一日から、たった三日の猶予しか与えないかたちで一斉に新貨幣へと移行を開始し、事情を知らない大韓帝国の人びとは多くの負債を背負ってしまう（趙、２０１２、178〜179頁）。倒産した商人たちは高宗へと直訴を行ったという。一九〇五年四月二九日に大韓帝国では近代的な法整備の意図のもと「『刑法大全』が公布され、直訴は禁止されていたが、一君万民の儒教的君主像になお固執する高宗は、憐憫の情を表すしかなく直訴を受理し」、三五万円の内帑金《ないど》を下賜した。「しかし目賀田はそれを阻止し、内帑金をもって手形組合を作ったり天一銀行に貸したりなどした」（同書、179頁）。

このような動向を見るとき、私は素直な気持ちとして、高宗は自らの専制期（一八九六年〜一九〇四年）に、通貨の統合さえもできなかったのかという暗澹たる気持ちになる。趙景達氏のいう通り、高宗が儒教的君主として君臨していたのは間違いないだろうが、それにしても大院君を廃して親政を行った際（一八七三年一二月）の経済的な失敗の教訓がまったく生きていないのは情けないほどだ。高宗は大院君を排除したあと、「清銭の撤廃を宣言することにより、朝鮮半島における貨幣流通を麻痺させたのみならず、王朝が有する財政的備蓄を、文字通り一瞬にして無価値なものとさせてしまった」（木村、２００７、91頁）という大失策をしている。それは儒教に対する「あまりにも原理主義的」な経済政策であり（同書、93頁）、「民への配慮はあっても、財政への配慮は存在しなかった」（同書、90頁）農本主義的な思想だったと評価される。一君万民的な王権を理想とした高宗は、経済の動向などには関心は薄かったのかも知れない。しかし、高宗に露館播遷以後、近代的な国家を建設するという意識があったなら、経済改革は必須の問題だったはずだ。一君万民の絶対王としての立場を崩さなかった彼は、近代経済に通じたすぐれた官吏を育てることも、意見を聞くこともなく、結果として目賀田種太郎の「大鈍」の餌食になってしまうのである。高宗には近代国家建設の指導者になる素質は皆無だったといわざるを得ない。

そして、このような大韓帝国の経済事情を見るとき、同年代のアメリカの株価の暴騰や暴落といった近代的な経済状況と大きな隔たりを感じずにはいられないのだ。北米や欧州、そして日本でも、株式会社などが株式を公開し、それを取引することで会社を運営する資本を集めたり、投機的な行動が認められたりといった近代的経済の発展状況と比較すると、大韓帝国の経済事情はまだまだよちよち歩きで、かなり初歩的な段階だったといわざるを得ない。北米、欧州、日本といった国々を相手にするとき、高宗が自らに課していた「儒教的君主像」では、とうてい太刀打ちできるはずはないのである。

さて、この章の最初の節で述べたように、目賀田がこの貨幣の変更を強引に進める一九〇四年の後半から一九〇五年に、軍および軍楽隊の待遇を改善していることは注目に値する。彼は「軍隊」と「楽隊」すなわち近代的な「武」と近代的な「文」を優遇し、大韓帝国臣民の日本への反逆心を抑えようとしていたともとれるからだ。近代的な軍は日本に依存するかたちで成立し、近代的な音楽も目賀田が経済的な支援をすることでより進歩して

いる。目賀田は、そういう構図を大韓帝国に持ち込んでいる。この時点で、すでに高宗は皇帝というのは名ばかりの、単なる象徴としての「君主」へと転落しているといっていい。ただし、高宗のそれは「立憲君主」という法的な根拠を持ったものではなく、すでに触れたように「大韓国国制」にあるような「無限の君権」の法的な位置づけを得ている。すなわち、高宗が専制君主であるところが問題なのである。専制君主であるはずの大韓帝国皇帝が、日本という外国の手に落ちた。そしてそれによって日本がその権益を我がものとすることになったからだ。

このような強引な経済、内政への関与を深める日本に対し、漱玉軒の重明殿で起居していた高宗は、ついに「第二次日韓協約」の締結へと追い込まれてしまう。一九〇五年一〇月二七日に、大韓帝国を保護国化するための行動計画が、日本で閣議決定される。もちろん、ここにいたるまで、日本でもさまざまな議論があった。「彼

◆**葉銭**……**白銅貨**　趙景達氏によれば、葉銭と白銅貨は流通地域が違っていたという。葉銭は慶尚道、全羅道、咸鏡道と江原道の一部で流通し、実質価値と流通価値が近似していたため混乱は少なく、漸次公納と買収で整理された。しかし、白銅貨は京畿道、忠清道、黄海道、平安道、江原道の大部分で通用し、私鋳銭や偽造銭も多く、実質価値と通用価値が違っていた。そのため、白銅貨の交換比率は甲種＝二銭五厘、乙種＝一銭、丙種＝交換不可という三種に分けられ、しかも少額交換には応じないという方針が定められたという（以上、趙、2012、178頁）。

ら〔大三輪長兵衛や西原亀三など〕は当時、日本の政財界、言論界において『合邦論』、『保護国論』が飛び交う中で、日本を盟主とした東洋三国の『提携論』、『日韓同盟論』を提唱したため、高宗皇帝や側近は彼らに一定の幻想を抱き、関係を深めていった」（康、２０１０、89頁）。大三輪長兵衛は関西財界人であり、高宗の側近である李容翊（財政を専門とする官吏）と親しい間柄であったため、韓国政府顧問として一九〇三年一二月にソウルに招聘されていた（同書、87～88頁）。日露戦争前夜のことである。また西原亀三も一九〇五年八月頃にソウルに渡っているが、大三輪同様に李容翊と関係が深かったという。

しかし、一九〇五年一一月二日に伊藤博文が「韓国皇室御慰問」の名目でソウルに差遣され、大韓帝国内宮は一気に緊張感を増していく（同書、86頁）。伊藤は九日午後六時二〇分にソウル入りし、ソンタグホテルに投宿している。このホテルについては前章で触れたが、高宗もここの料理はお気に入りで、慶運宮の南西に位置していた。漱玉軒が慶運宮の西隣にあったことを考えると、それこそ真向かいに伊藤が乗り込んだかたちになる。漱玉軒には、景福宮や慶運宮と違い堅牢な門がない。また、この年の二月には、皇太子（純宗）も英王李垠も慶運宮へと移っており、高宗はそれこそ丸裸の状態だったわけだ。どれだけ彼が心細かったか想像するにあまりあるというものだ。いや、まさにこの韓国皇室の分離こそが、伊藤が狙っていたことなのではないか。慶運宮に放火をし、皇太子と李垠を高宗の膝元から離すという、まさに四面楚歌のなかで高宗を追い込もうという算段だったのではないか。しかも、自分のいる漱玉軒の真ん前にあるソンタグホテル――高宗お気に入りの食事を出すホテル――に、自らの権力を奪い取ろうとする日本の権力者が陣取っている。もともとフクロウ生活を送っていた高宗だが、文字通り夜も眠れないほどだっただろう。

伊藤は翌一〇日午後一二時半に高宗に謁見し、親書を渡した。ちなみにこの謁見では「十日御漱玉軒皇太子侍座接見日本特派大使侯爵伊藤博文国書奉呈也」（『李朝実録第五十六冊』、１９６７、263頁）とあるから、重要なことでもあるので、大韓帝国皇室として皇太子（純宗）も参席させたのだろう。このときは「国書（親書）」を渡すだけだから、それほど問題にはならないため、伊藤も皇太子（純宗）参席を認めたに違いない。その証拠にこれ以降の会議、とくに肝心の一七日の会議には、皇太子は参席していないからだ。多分に外交儀礼としての形式的な「謁見」だったからこそ、高宗のそばに皇太子（純宗）を参加させることができたのである。さらに伊藤は、一五日午後三時半にも高宗に内謁見している。このときはもう、皇太子（純宗）の姿はない。『高宗実録』光武九年一一月一五日には「接見日本国大使伊藤博文公使林権助提出協約案草件」(同前)とあり、この「内謁見」にはすでに政治的な圧力がかかりはじめているからだ。

「圧力」といま書いたが、じつはこの日の『実録』には、次のような記述がある。「詔曰今番日本大使一行中侍従武官陸軍中将井上良智」を筆頭に、今回の大使の一行に加えられている文武官が六一名列挙されており、そのなかでも武官が五七名という数に上っている(同書、263〜264頁)。随行員はほとんど軍人だったといっていい。其の筆頭は陸軍中将井上良知だが、陸軍からは大佐が三名いるだけで、残り五二名は軍医を含めすべてが海軍で統一されている。◆海軍の筆頭は、日本海海戦で活躍した島村速雄海軍少将であり、そのほかに目につくところでは、のちに内閣総理大臣を拝命する米内光政が海軍中尉として名を連ねている。また文官は、貴族院議員室田義文、特叙勲一等外務書記官鍋島桂次郎、貴族院議員男爵高崎安彦、特叙勲三等帝室制度調査局秘書勲四等古谷久綱、特陞叙勲三等随員小山善の五名に限定されている。ここに「帝室制度調査局」からひとり参加しているのは偶然ではない。大韓帝国の皇室のあり方について研究する必要があったからこそ随行員にえらばれたのだろう。ただし「秘書官」という職位がそれほど高いとは思えない。おそらく本格的な大韓帝国皇室についての研究は、保護国化したあとでじっくりと行うつもりだったのだろう。

そういった意味では、外務書記官や貴族院議員たちも決して遊びでついてきているのではなく、保護国化した大韓帝国とどのような距離感を保つかを考えるために深い意図を持って引き連れているのだといえよう。その伝でいうと、武官を五二名も引き連れているのは、それこそ大韓帝国との交渉の際の圧力としての意味合いが強いといわざるを得ない。この布陣では平和な外交は望めないからだ。日本側は平和外交など最初から考えているとはいいがたいではないか。ちなみに海軍からは軍医が数名名簿に名を連ねている。その数は五名。おそらく急な病気などに備えてという意味もあろうが、より本質的なものは、保護国化したあとの大韓帝国を統治する上で、朝鮮半島の医学的な意味での予備知識を仕入れるために連れてきたのだろう。小池正直と森林太郎によって陸軍に

◆海軍で統一されている　伊藤は山県＝陸軍閥と確執があり、対抗上、海軍に近づいているように、私は考える。これは本評伝『第2巻 大日本帝国・明治期』でより詳しく述べる。

は朝鮮での衛生状態を研究した例◆はあるが、海軍はそれに遅れていることから、海軍軍医を送り込んだともいえるかも知れない。とにかく、伊藤が連れてきた随行員はすべて意味あるものだったと考える。そしてそこに、ロシア海軍を撃滅した日本海軍の軍人を多く連れて行ったのは、かつて高宗が信じ、身を寄せていたロシアの海軍が、日本海軍によって滅ぼされたことを暗に訴え、抵抗しないように要求する無言の圧力だったといえまいか。

日本軍の話が出た。本章313頁の註「日本軍は進駐する」で触れたように、大韓帝国には韓国駐箚軍という日本の軍隊が進駐しており、その司令官として長谷川好道がソウルに来ていた。駐箚軍司令部は大観亭（ソウル市中区小公洞、現存せず）にあり、ちょうど慶運宮を見下ろす位置にあった。当初、五個大隊が駐箚軍としてソウルに来ていたというが、人数的には一個大隊が約一〇〇〇名程度だとすれば、五個大隊で五〇〇〇名にものぼる。一九〇五年一〇月には第一三師団と第一五師団が駐箚軍司令官の隷下に入った（戸部、2005、388頁）。それらは戦時につくられた臨時の師団であり、きちんとした編成ではないかも知れないが、それでも三大隊で一連隊、二連隊で一旅団、二旅団で一師団という規模で考えると、一師団一万名をこえるだろう。だとすれば、伊藤がソウルに乗り込んだときには二個師団規模、すなわち二万人以上の日本兵が加わったことになる。それまでいた五個大隊とあわせて二万五〇〇〇人。しかもその多くが実戦を経験した近代的な軍隊だ。「駐箚軍が治安警察権を掌握してソウル市内を制圧していたのである」（康、2010、116頁）。これは大韓帝国にとって相当な脅威だったに違いない。駐箚軍は陸軍であったが、伊藤の随行員として五〇名ほどの海軍将校が乗り込んできた。これは、大韓帝国保護国化の「手柄」を陸軍だけでなく海軍にも分与しようという、文官たる伊藤の平衡感覚のあらわれかも知れない。それはともかく、大量の陸軍と海軍将校団を背負った伊藤の交渉は、一九〇五年一一月のことであった。

一六日　午後四時、伊藤大使はソンタク邸《ママ》で韓国政府大臣（外相を除く）および前参政・経理院卿の沈相薫と会談し七時半におよぶ。午後三時、林権助駐韓公使は日本公使館で朴斉純外相と交渉。夜、慶運宮（漱玉軒か）で御前会議。

一七日　午前一一時、林公使、韓国大臣を公使館に招き「懇談」。午後三時、韓国大臣は林と公使館員に付き添われて参内し御前会議。七時半、林は大観亭で待機していた伊藤に参内を要請。伊藤、長谷川司令官らを帯同して参内し、大臣らと「交渉」。

一八日　午前一時半、「乙巳五条約〔乙巳保護条約＝第二次日韓協約〕」に調印。（同書、109～110頁）

第2章でも述べたように、高宗は「フクロウ生活」をしていた。だとすれば、午前一時半という時間は、彼が寝るにはまだ早い時間かも知れない。しかし、外国使節、しかも駐箚軍司令官「ら」を帯同しての午前一時半までに及ぶ「交渉」など、外国の皇帝に対する行為としては非礼の極みだ。また、軍人を帯同するというのは、砲艦外交そのものであり、ここで成立した条約が大韓帝国外宮そして高宗皇帝の自由意志による決定とはとうていいえまい。

この条約に関してさまざまな見解があることは知っているが、それらを整理することは本論の目的と完全に外れるため、詳しい内容については他の研究者の著作に譲ろう。ただし、のちの「ハーグ密使事件」にかかわってくるので、この「第二次日韓協約」調印に際して、日本側が大韓帝国外部大臣の印章を勒奪《ろくだつ》（力で奪うこと）したという主張があることについては触れる。原田環氏は、

「第二次日韓協約の締結当時に韓国政府の外部協弁（外務次官）を務めた、尹致昊の私的な英文日記を資料として取り上げ、第二次日韓協約の当日、外部大臣の印章が具体的にどのように取り扱われて条約の調印まで至ったのかを明らかに」（原田、２０１３、39頁）している。すなわち、この「日記」に登場する人物とその職位が事実と合致し、「外部大臣の印章を外部の秘書課で保管していると記述されているので、『外部分課規定』（光武九年四月一三日）の第二条の三と合致している」（同書、44頁）ことから信憑性が高いとした上で、「尹致昊が申泰淳主事から聞いた一一月一七日夜半から一八日未明にかけての外部の動きを簡単に整理」（同前）する。すると、夜の一〇時過ぎに外部大臣朴斉純から印章を持ってくるようにという指示を受け、当初は、申主事や秘書課の金主事などが、その指示に従わなかったが、再度朴大臣の指示を受けると申主事が印章を届け、朴斉純はすぐに条約の署名と調印を行った、という流れになる。だから「どこにも外部大臣の印章を日本が勒奪した事実はない」と主張する（同書、45頁）。

◆**朝鮮での衛生状態を研究した例**　代表的なものでいうと、第1章でも引用した小池正直の『鶏林医事』（１８８７）で、朝鮮における衛生事情が調査されている。小池と森林太郎が共著で出した『衛生新編』（１８９６）には衛生学と衛生制度についてまとめられている。

原田氏の議論はそれなりに説得力はあるし、印章を日本が取り上げて、日本側が強制的に印を押したというのは、やはり無理がある。しかし、すでに述べたように、二万五〇〇〇名の日本陸軍と、五〇名ほどの海軍将校をともなっての「砲艦外交」である以上、それが大韓帝国外宮そして高宗皇帝の自由意志での調印というのは、かなり無理のある議論だ。私の解釈でいうと、深夜に及ぶ力づくの会議で、「印章を自分で押さざるを得ない状況に追い込まれた」と見るのが妥当ではないかと思う。もちろん、私はこの時期の歴史を研究する専門家ではないので、これ以上の説明は控えるが、その代わりにこの条約の文面を書き留めることとする。

日韓協商条約

日本国政府及韓国政府は両帝国を結合する利害共通の主義を鞏固にせんと欲し、韓国の富強之実を認める時に至るまで此目的によって左に示す条款を約定することとす。

第一条　日本国政府は在東京外務省を経て、今後韓国の外国に対する関係及事務を監理指揮することとし、日本国の外交代表者及領事は外国に在る韓国の臣民及利益を保護することとす。

第二条　日本国政府は韓国と他国間に現存する条約の実行をまっとうする任に当り、韓国政府は今後、日本国政府の仲介によらずして国際的性質を有する条約や約束を何ら交さないことを約す。

第三条　日本国政府は其の代表者として韓国皇帝陛下の闕下に一名の統監を置き、統監は専ら外交に関する事項を管理することとし、京城に駐在して親しく韓国皇帝陛下に内謁する権利を有す。日本国政府は又韓国の各開港場及其他日本国政府が必要と認むる地に理事官を置く権利を有し、理事官は統監の指揮下に従来の在韓国日本領事に属していた一切の職権を執行し、並びに本協約の条款を完全に実行する為に必要な一切の事務を掌理することができる。

第四条　日本国と韓国間に現存する条約及約束は本協約条款に抵触するものを除いて、総て其の効力を継続するものとす。

第五条　日本国政府は韓国皇室の安寧と尊厳を維持することを保証す。

右の証拠として以下の者は各本国政府で相当な委任を受け、本協約に記名調印す。

光武九年十一月十七日　外部大臣　朴斉純

明治三十八年十一月十七日

特命全権公使　林権助

（『李朝実録第五十六冊』１９６７、264頁）

有名な条文ではあるが、要するに次のような三つのことが決められている。⑴大韓帝国の外交権は失われ、日本が代行すること。⑵統監をソウルに置き、いつでも韓国皇帝に「内謁」できる――すなわち韓国皇帝は統監に監視される。統監の下には理事官が置かれ、統監の必要と考えるところ――すなわちソウルのみならず全国にそれを置くことができるということ。⑶日本側の譲歩らしいものがあるとすれば「韓国皇室の安寧と尊厳を維持する」という条文ぐらいだということ。「皇帝」「皇室」の二文字が来る文章では改行し、一文字上げて敬意を払っているが、これは従来の書式を踏んでいるだけだろう。

もちろん抵抗勢力はあった。趙秉世らが「条約に調印した外部大臣朴済純《ママ》らを斬罪に処するとともに、内閣を解散し、構成員を裁判にかけることを求める大規模な上奏を開始した」。しかし、高宗は伊藤の進言に従い、朴済純《ママ》を参政大臣（首相）に、尹致昊を外部大臣署理に任命（一一月二八日）、「自らの意見が容れられなかったことに絶望した閔泳煥はその翌日（一一月二九日）自刃し、一二月一日には趙秉世が服毒自殺を遂げている」（以上、木村、２００７、347頁）。

また、木村幹氏はこの協約で高宗がとった行動について次のように述べている。

しかし、高宗はすでに新たな状況に適応しようと懸命に努力していた。閔泳煥が自刃した同じ日（一一月二九日）、高宗は日本公使館に「要求覚書」を下している。内容はすなわち皇室財政についてだった。高宗は皇室費における経常費と臨時費を統合して一定の金額を確保すると同時に、皇室所蔵の鉱山、あるいは人参専売等から得られる利益を従来通り皇室専用の財源として確保し、「帝室の財政および所有財産には政府財政顧問の干渉なく帝室自ら之を処理すること」を求めたのである。それは一言で言うなら、第二次日韓協約にて、大韓帝国の国家の長としての外交権を喪失した高宗が、その影響が皇室、つまりは自らと自らの家族には直接及ばないようにしようとしたことを意味している。この段階においても高宗にとって重要なのは、何よりも皇室の安定だったように思われる。（同書、348頁）

おそらく木村氏の指摘はあたっているだろう。まず最初に高宗が考えたのは、自らとその家族の安全そして経済的安定だったわけだ。協約の条文に「皇室の安寧と尊厳を維持することを保証す」とある以上、これは交渉可能な事案なのだから、当然といえば当然の行動だろう。しかし、趙秉世や閔泳煥のような高宗の近くにいた、もっとも信頼できる官僚たちを失ってまで、彼は自分のことを最優先してしまった。これは、後世の高宗評価に影響を与えたことは間違いない。

これに対して、高宗は周到な準備をもって反撃に出るという側面も忘れてはならない。これが大韓帝国という国家のために行ったことなのか、それとも自分の親政を守るために行ったことなのか、釈然とはしない。私としては、後者が高宗の狙いだったと思うが、それにしても彼は闘いののろしをあげる。その運動が、後年の「ハーグ密使事件」へとつながっていくだろう。これについては、金庚姫《キム・ガンヒ》氏と金基奭氏の議論がとても参考になる。

金庚姫氏は、高宗が起こした「ハーグ密使事件」で、三人の「密使」たちの役割と、米国人宣教師ハルバートに伝えた「密旨」を分け、両者が連動しつつも別の仕事をしていたということを明らかにしている。「ハルバートは朝鮮政府の招請で一八八六年に入国し、育英公院教師として勤めた後、官立師範学校、それから官立中学校の教師として在職中である現職官吏であった」（金基奭、1995、148頁）。金基奭氏は、高宗が決して思いつきで密使を派遣したのではなく、秘密外交を通じて周到な準備をととのえていたと主張している。例えば、高宗にとって秘密外交という手段をとらざるを得なかったことを、いわゆる「第二次日韓協約」で外交権を失う「前」にさかのぼって証明する。例えば、「財政の欠乏を理由に一九〇四年十二月、大韓帝国の海外駐在公使館を大幅に縮小した。これは帝国の外交交渉力量を無力化させるための措置である。外交顧問の干渉と海外公館の縮小によって正常な外交交渉の経路は絶たれ、交渉力量は事実上、崩壊した。以後、皇帝の主権守護外交は、しかたなく秘密外交を選ぶしかなかった」（同書、142頁）とあるように、すでに一九〇四年の段階で、秘密外交への移行準備がなされていたのである。

金庚姫氏は次のように述べる（一部先に引用した康成銀氏の論攷と重複するが、よりわかりやすく説明すべく、ここに引用す）。

> 一八八二年に調印した「朝米修好通商条約」第一条には、「他の列強が一方の国家に不義、あるいは抑圧行為を行えば、一方の対象国はこの事実を必ず知らせ、協力して調処をとることで友誼を示す」と規定されている。円満に解決するように周旋を尽くす、という「善為調処」を根拠に、高宗はハルバー

トHomer Bezaleel Hulbertをアメリカに派遣した。ハルバートは、ローズベルトTheodore Roosevelt大統領との交渉にあたったが、「桂・タフト協定」で日本の韓国支配を認めていたローズベルトにとって、朝米修好条約で規定した約定など眼中になかった。（金庚姫、２０００、214～215頁）

高宗は「第二次日韓協約」が締結されるや、その「枠組内」での最善＝皇帝と皇室の安寧を企図したが、もう一方の手で秘密外交も進めていたといっていい。金庚姫氏は続けていう。「高宗は『保護条約（第二次日韓協約）』強制調印後の（一一月）二六日、ハルバートあて緊急電報で、『銃剣の威嚇と強要のもとに締結した、いわゆる条約は無効であることを宣言』し、米国政府に協力を求めるよう指示した」（同書、215頁）。この「二六日」という日付が、あとで問題になってくる。

また、それとは別に李相卨が「大韓帝国の特派委員の任務を帯びて祖国を離れたのは一九〇六年四月、オランダのハーグに着いたのは一九〇七年六月二五日であった」。しかし日本政府は「平和会議に派遣される密使は一九〇七年五月八日漢城（ソウル）を出発し、神戸、敦賀を経てロシア経由でヨーロッパに渡ったハルバートであると断定し、駐オランダ公使佐藤愛麿にハルバートの『画策』に厳重注意するよう訓令を出していた」（同書、219頁）という。日本もハルバートが高宗の密命を受けていることは把握しており、むしろハルバートをこそ警戒していたわけだ。それに対して、李相卨らも行動を活発にする。「一九〇七年四月二一日、韓国を出発してウラジオストク《ママ》に着いた李儁は」、「李相卨とともに一九〇七年五月二一日、車錫甫の息《ママ》の案内でペテルブルクに向かった。六月四日にペテルブルクで李瑋鍾と合流し、三人の『密使』はロシア外務大臣と皇帝に会い」、高宗の親書を渡した。その後、平和会議に提出する「控告詞」をフランス語に訳し、六月一九日にベルリンで印刷（以上、同書、219頁）。しかし、会議に参加することはできなかった。

しかたなく彼らは「二八日『控告詞』と付属文書『日本人不法行為』◆を日本を除く参加国委員に送り、地元発行の新聞『クーリエ・ド・ラ・コンフェランス』を通じてこれを公開した」（同書、220頁）。この「控告詞」には、

◆「日本人不法行為」　第3章268頁で紹介した「日本の非行の概略を記した文書」のこと。自決した閔泳煥の「遺書」。

(1)日本は皇帝陛下の合意を得ずに行動した、(2)目的を達するため、大韓帝国政府に武力行使した、(3)国法と慣習法をすべて無視した、という三つの告発が載せられていたという（同書、221頁）。

金基奭氏によれば「ハーグ特使（密使）とハルバートに与えられた密旨の性格は、初めから違っていた」。ハーグ密使の使命は、「万国平和会議は国際会議であって、各国は自国の代表を派遣するようになっている。会議の性格上、この会議への大韓帝国を代表する特使は、帝国の臣民の方がはるかに説得力がある」（金基奭、１９９６、207頁）。そして「皇帝（高宗）は日本の侵略に対抗して闘ったとき、一度も屈服しなかった。乙巳五条約（第二次日韓協約）の裁可（国際的用語では批准）をしなかったことは、厳然とした真実である」（同書、208頁）ということを知らしめるための行動であった。それに対して「ハルバートに与えられた使命は（第二次日韓協約について欧米諸国へ）無効宣言・調処の要請・国際裁判所への提訴であったという（同書、207頁）。金庚姫氏はその説を受けて、次のようにこの「密使事件」を総括する。

> 高宗の狙いは、第一段階としてまず「密使」によって「国際紛争平和的処理条約」加盟を勝ち取り、それを前提に第二段階としてハルバートが常設仲裁裁判所へ提訴することであった。七月一九日にハルバートが親書の伝達を中止し、常設仲裁裁判所への提訴することも中止して密旨遂行を放棄したのは、高宗の強制退位の事実を知っただけでなく、第一段階で「国際紛争平和的処理条約」加盟計画が挫折したことを「密使」から聞き、自信をなくしたためではないだろうか。（金庚姫、２０００、224頁）

かなり説得力のある推論だ。これを信じるのならば、三人の「密使」とハルバートに託した「密旨」は、それなりに関連しつつも段階的な運動として構想されたということになる。じつにしたたかな抵抗運動だ。三人の密使だが、ロシア公使の子息である李瑋鍾と、一九〇七年七月に密使事件のあとでハーグで病死した李儁については前章でも触れた。もうひとりの李相卨であるが、彼は議政府参賛という高い職位にあった官吏で、「条約（第二次日韓協約）締結翌日の一一月一八日から五回にわたって上奏し、五賊の処断や『社稷と共に殉死』することで条約を拒否することを高宗に求めた忠臣」だったという（同書、218頁）。この上奏について、「一一月二六日から、原任大臣でもある宮内府特進官趙秉世らが二品以上の他の官僚たちを率い、協約を破棄し、また条約に調印した外部大臣朴済純《ママ》らを斬罪に処する」（木村、２００７、347

頁）ことを求めた。趙秉世と李相卨では、上奏した日付が違っている。趙秉世が「二品以上」という職位、地位にこだわっていることから考えて、それ以下の職位の官吏たちは別行動をとったのかも知れない。この期に及んで「地位」を重んずる官吏の気持ちは理解できないが、このような高位高官たちと民衆が分離して運動を展開するのは、すでにこの一九〇五年以降のより広範囲な民衆による「義兵闘争」と職位の高いものたちによる「上奏」および「抗議の自殺」というかたちであらわれている。そしてこの「運動の分離」は、「三・一万歳運動」（一九一九年）でも繰り返されてしまうのだ。

高宗自身も、この上奏をはねつけておきながら、その裏でハルバートを使った秘密外交に着手している。また高宗が決して行き当たりばったりの計画で、この三人の「密使」とハルバートへの「密旨」という秘密外交を行ったわけではないことは、高宗が「ハルバートをアメリカに派遣した直後、駐仏公使・閔泳瓚に『保護条約は強迫によるものであり、アメリカは韓国の存在を継続して承認してほしい』という高宗の意思をアメリカ政府に伝えるよう秘密訓令を出した」（金庚姫、2000、215頁）ということからもわかる。高宗は二重三重に闘争の手段を繰り出しているのだ。そして、秘密外交の成果を託して三人の密使をハーグへと送り込む。何度もいうが、これは決して思いつきできることではない。例えば、一九〇五年九月には、ロシア皇帝から「〔韓国にも〕第二回〔万国平和〕会議開催の予備的な招請状」が届いており（同書、226頁）、「第一回会議に参加していない国が新規加入するときは、会議主催国であるオランダ政府に参加を通告すれば加盟と看做す」（同書、227頁）という立場にロシア政府は立っており、大韓帝国の新規加入は妨げられないはずだったからだ。しかし、すでに見たようにこの目論見は日本の行動によって無残に葬り去られ、ついに高宗の「密使」は失敗に終わり、また「密旨」も遂げられなかったのだ。

私は先に、木村氏の議論を引きながら、高宗は自分と自分の家族の安全を守ろうとしたと述べた。これは、身勝手なものに見えるかも知れない。しかし、おそらく彼にとってこの「密使」と「密旨」という二段階による秘密外交と、皇帝と皇室の安寧を守ろうとすることは、まったく矛盾してなかったと、私は考えている。なぜなら、

◆五賊　第二次日韓協約に調印した五人の大臣を指す。

高宗はあくまでも「儒教的君主」であり、その原理も「朱子学」であったことを勘案すると、彼が自分と自分の家族を守ろうとしたのは、まさに「修身斉家治国平天下」という原則に沿っただけなのである。自らとその家族を大切にして、その先に国家の安定がある――高宗の思想はこれにつきるのだ。もちろん、だから高宗が正しいといっているのではない。むしろ、権謀術数うごめく国際社会で、儒教的な君子像を守って生きていくことなど、百害あって一利もない思想だと断言できる。しかし、彼にとっては、この「密旨」伝達は、皇室の財源を守ることと何ら矛盾していなかったであろうことは、ここで指摘しておきたい。もちろん、その「朱子学的思想」や「儒教的君主像」によって高宗が真っ先に守った「彼の家族」の背後で、趙秉世や閔泳煥といった得がたい能吏たちを失っているという負の部分も含めて。

それはさておき、強制調印後の一九〇五年一一月二六日、高宗は緊急電報を打っていたと、先に触れたが、これは重要なことである。なぜなら、高宗はこの前後「病気」になっていたからだ。この節の冒頭でも述べたように、『英親王府日記』によれば、高宗は一一月二一日に「聖体以風火之候」とあり、熱を出して倒れたかのような記述が見える。「臣等卒医官入　診詳察　症候議定」とあり、臣下たちが医官を連れて高宗の居所（おそらく重明殿）で、その病気について語りあった。すると高宗が、「答曰知道一時風火之祟不甚為慮湯剤」すなわち「一時的な風邪だと思うから、そんなに心配はない。薬湯でも飲めば治るだろう」と答えている。この高宗の病気については、『高宗実録』には記述がない。先にも触れたように、『高宗実録』は日本の植民地に転落したあとで編纂されたものであり、不都合なことは省かれているという。だとすれば、この病気は不都合な事実だったのだろうか。

そのあと、二二日には「風熱進退尚遅快勝」とまだ快方に向かっていない。このような「尚遅快勝」は二六日まで続き、二七日からはあっけなく高宗の病気に関する記述が消える。この高宗の病気については、どうも腑に落ちない部分が多い。この「二六日」が鍵となるのではないか。

今日でも、不正や倫理的な罪で追及される政治家が「入院」することは珍しくない。病気とあらば、無理に取材をすることもできないし、面会者も制限することができるからだろう。高宗の場合は、慶運宮が焼かれ、不便な生活をしているさなか、日本側の武力による強要で、保護国化の道を歩まざるを得なくなった。しかし、もしその圧力込みは普通ではなかっただろう。精神的な落ちがもとで体調を崩すなら、一八日や一九日に倒れてもよさそうなものだ。それにもかかわらず、彼は二一日という半端な時期に突然倒れる。しかも「一時風火之祟」と、一過性の病気であると述べている。そうなのだ、高宗は現代の政治家よろしく面会者を制限し、医官とともに入室してきた「臣等」と「議定」していたのではないか。そしてその「進退尚遅快勝」といいつつ、二七日にはあっさりと通常の生活に戻ったため、記述が失せてなくなる。そして、この病気が治ったあとの二七日に、伊藤博文が「御暇乞」のために高宗に謁見している（木村、2007、346頁）。

この『日記』には、多くの病気に関する記述があった。英王李垠自身の水疱瘡や麻疹、そして皇太子妃閔氏の病気と死去に関する記述など、李垠にかかわりそうな人物の病気はできる限り詳細に描いているといっていい。しかし、この「聖体」の病気に関しては、あまり真実味を感じない。まず、何の病気かわからないし、しかも快癒した旨が書かれてない。いや、もしも快癒したとしたら、当然のことながら下賜されるだろう品物についても、下賜されるべき人びとに関する記録もまったくないではないか。「李垠の病気じゃないから、素っ気ないのではないか」という反論も来そうだ。しかし、英王李垠と直接関係ない皇太子妃の病気では、「府官全数」が詰めたし、死去しているにもかかわらず、下賜品もあった。快癒した英王李垠のときなど、ほとんど祭りのように儀式を行ったのは、すでに前章で見た通りだ。だとすれば、李垠の実の父親である高宗が、かりに「一時風火之祟」だったとしても、まったく下賜品がないというのは首をかしげたくなる。そればかりか、『英親王府日記』に記述があるということは、府官たちがかかわっているという意味でもあるが、彼らがどのような場所にいたか、一行も触れられていない。これは異常なことだ。

この状況証拠――直接的な証拠はないものの――から導き出される推論は以下の通りだ。まず、高宗は「第二

◆**負の部分**　負の部分としては、他にもハーグ密使の正使であった李相卨がロシアに滞在し、その後は沿海州や上海で過ごしたことも挙げられる。また閔泳瓚も「密旨」を受けたたあと、命の危険を感じて上海に亡命したという（金基奭、1995、182頁）。優秀で高宗の信頼も厚かった李相卨と閔泳瓚も、結局は高宗のもとを離れて逼塞することになってしまったというわけだ。また、高宗は抗議の自殺をした閔泳煥と趙秉世のふたりに「忠正という諡号を送」ったという（木村、2007、347頁）。

次日韓協約」の無効を宣言するための策を練りはじめた。日本の政府関係者の目をあざむくため、とりあえず「病気」になる。もちろん、大病ではだめだ。日本から来た海軍の軍医たちが入ってきたら大変だからだ。だから、ちょっとした風邪程度の病気ということにする。日本側としても、高宗が何かしているのではないかとは思うものの、医官たちが病気を診ており、薬湯も煎じられていたら、しばらく静観するしかない。要するに、心配には及ばないが、でももう還暦を過ぎた老人だから大事をとって、という姿勢を示しておけば、少しは時間を稼げるだろう。信頼できるのは、近親者である驪興閔氏の人びとや、米国籍者であるため日本が手出しできないハルバートといった人びと、そして自分の身近にいて世話を焼いてくれる皇帝付の官吏たちだ。そんななか李相卨は、一一月一八日、一九日、二二日、二四日、一二月八日とたて続けに五回も上奏を繰り返していた。◆彼の場合、高宗が倒れているはずの「二二日、二四日」にも上奏していることが注目される。李相卨は病臥に伏している高宗に上奏していることになるからだ。しかも、二回も。これは臣下としては非礼極まりないことである。それをあえてしたということだ。

ここからは私の推理になる。一一月一八日の上疏文は、李相卨が体調の悪さを理由に辞職――抗議の辞職を願い出ている（尹、1984、193頁）。翌一九日の上疏文は、よりはっきりと「与日本締結約款　竟至調印」と「第二次日韓協約」のことを書き、「今聞該約　尚未経奏准云臣満心慰幸　以謂国家之計　猶有可為也」（同書、195頁）とある。「高宗皇帝が直接印を押したわけではないとうかがい、とても嬉しかったのです。だからこの条約はまだ何とかできそうだと考えます」という意味だ。印章の問題はすでに触れた。「第二次日韓協約」が「高宗の意思ではない」という議論が先にあるのだが、その根拠のひとつに、この上疏文が入っていると考える。だとすれば、高宗はこの上疏文を読み、またかつての会議の模様を思い出しながら、「印を押したのは、日本に強制されたものだから無効だ」という考え方へと傾き、「第二次日韓協約」無効化闘争――「ハーグ密使事件」とハルバートへの「密旨」――すなわち秘密外交の路線を作り上げるきっかけになったのかも知れない。そして、高宗が「病気」となり伊藤博文を遠ざけている間に、李相卨が「上疏」とともに極秘の通信をしていたと見るのが妥当ではないだろうか。

李相卨の一一月二四日の上疏文はなかなか長文で、「伏以臣　謂今回締約　要盟耳　於理当無効」という文章ではじまる。「未聞陛下能力主無効　峻辞厳斥　又未聞能断行天誅」（同前）すなわち、高宗皇帝はいまだに厳しい態度で条約の無効を訴えていませんし、また天誅を加えようと動いていません――という意味だ。この高宗への「行動の訴え」が、高宗の「病床」に届いていることは、李相卨をして「密使」となし、大韓帝国の保護国化に関して「峻辞厳斥」を表明させるよう展開していく布石にも見えまいか。高宗が「病気」と称して重明殿に籠もり、次なる手を模索していた時間、それがこの一九〇五年一一月二一日から二六日までの陰の動きだったのではないか。やがて「忠臣」たる李相卨は、あくまでも秘密――注目度の高い運動をしていた趙秉世や閔泳煥にさえも内緒で、「密使」の命を受けたのではないだろうか。

　それに対し、趙秉世や閔泳煥の場合、「二六日」に上奏している。これについて少し考えてみよう。そして、彼らふたりが追放しようと画策していた朴斉純は、日本側の意向に従うかたちで参政大臣（議政府参政・議政大臣に準ずる）へと就任したのだ。趙秉世や閔泳煥がなぜ一一月二六日まで上奏しなかったのか。おそらく、充分な準備が必要だったということと、高宗の身体を慮っての行動と見るべきだろう。そして、二六日には高宗がずいぶんよくなっている、翌日には公務に戻れそうだ、という噂を聞いて、はじめて上奏したのだろう。しかし、高宗はこのような「大々的な運動」では、日本と直接ことをかまえることになってしまうことに気づき、また恐れていたのではないか。それよりも、高宗はまだ若い――それゆえに日本側の注目度も低い――李相卨の方に賭けたのだろう。「敵をあざむくにはまず味方から」という。高宗は「病気」になって趙秉世と閔泳煥という忠臣をもあざむいた。その結果、このふたりは抗議の自殺をするのだが、そこまでの出血をしてでも「策」を練っていたのではないか。そして、高宗は「病床」で「議定」を重ねていった。李相卨はその最中に上奏をすることで、高宗と連絡を続けていったのだろう。ここに、高宗の「ハーグ密使」と「ハルバートへの密旨」という計画が練り上げられていったのではないか。一週間弱という短い時間に、高宗は闘っていたのである。しかしそれは、アメリカとロシア皇帝の「公平な判断」にゆだねることで成立する非常に脆弱なものであった。アメリカは

◆**上奏を繰り返していた**　尹炳奭著『李相卨伝』（1984、193〜196頁）に、一一月一八日、一九日、二二日、二四日、一二月八日の全五回分の上奏文が掲載されている。ちなみに、尹炳奭氏の伝記では、どのような過程を経て李相卨が密使にえらばれたかに関する記述はない。

「桂－タフト協定」によって大韓帝国に対する日本の優越を認め、ロシアも「ポーツマス条約」で日本に譲歩しているのだから。やがて高宗は国権を回復できないばかりか、多くの忠臣を失い、退位させられてしまうのだ。

　繰り返すが、これらは与えられた条件の分析に基づく推理である。直接的な証拠があるわけではない。しかし、こんな隠密活動に直接的な証拠が発見できるはずがないのも事実だ。それに、この推理は『英親王府日記』という第一次文献を分析した結果、得られたものでもある。だから、この推理によって見えてくるものがあるとしたら、それは充分に活用していいのではないかと考える。なぜ高宗は閔泳煥や趙秉世といった忠臣たちをないがしろにしたのか。それは高宗の面従腹背という闘い方とかかわっている。だから閔泳煥、趙秉世の死後、高宗は「皇帝の命に反した」彼らに「忠正」という「『忠』の字の入った諡号を送」ったのだろう（木村、2007、347～348頁）。そしてその裏で――「病床」で――李相卨やハルバートを使った秘密外交が組み立てられていたといえると、私には思えるのである。

　高宗が、面従腹背の態度でいる間、「一二月二一日、日本では統監府および理事庁官制が勅令として正式に発布され、伊藤博文が初代統監に任命された」（同書、348頁）。そして、伊藤は大韓帝国皇室にも手を加えていった。一九〇六年七月二日、「内宮に保管されているあらゆる外交文書の原本提示を求め、内宮から『筮巫《ぜいぶ》女の輩《やから》』を排除し、『宮中の粛清』を行うべきことを明言した」。この「筮巫女の輩」というのは、第2章で見た、閔妃の霊を呼ぼうと王宮内に出入りさせていた者たちなどを指すのだろうが、それにとどまらない。「伊藤はこれにより、高宗による過去及び将来の秘密外交を根絶し、外交権を真に自らの手中に収めようとした」という（以上、同書、350頁）。確かに慶運宮は復旧し、一九〇六年一月一三日に高宗も還御した。しかし、そこにはさまざまな人間が立ち入る状態が続いている。それが怪しげな「筮巫女」だったり、それらの姿を借りた「間者」である可能性は否定できない。「医官」だって、伝達役を買って出ることは想定しなければならないだろう。それが伊藤にはたまらなかったのだ。現実にこのときの高宗の「病気」も、伊藤が素直にそれを信じたとは思えない。この年の「一〇月一一日の内謁見でも伊藤は、高宗に対して内宮の改革を求め、『雑輩』を周囲から退けることを再度求めている」（同書、351頁）。伊藤が行った「冗員整理」は単なる宮中の改革ではなかったのである。伊藤と高宗のつばぜり合いは、ハーグに派遣した李相卨ら「密使」と、ハルバートに託した「密旨」のふたつの事件に集約され、その「日」を迎える。

この時〔一九〇七年七月二日〕、西園寺〔公望首相〕はこの処理のための具体案をいくつか用意して、閣僚らに提示している。具体案の内容は、第一に韓国皇帝をしてその大権に属する内治政務の実行を統監に委任させること、第二に韓国政府をして内政に関する重要事項はすべて統監の同意を得てこれを施行し、施政改善については統監の指導を受けさせること、第三に軍部大臣と度支部大臣に日本人を任命すること、最後に、「韓皇をして皇太子に譲位せしむること」であった。〔中略〕

このような状況を受けて、李完用を総理大臣〔統監政治になって、議政大臣はふたたび総理大臣と名称変更〕とする韓国政府は、日本側に先んじる形で、高宗の譲位を実現し、これにより大韓帝国の独立を守ろうと考えた。七月一六日、高宗と謁見した彼らは、皇太子への譲位を高宗に直接要求した。高宗はこれに対して「朕は死すとも譲位せず。卿等は統監の指嗾《しそう》を受けて朕を売らんとするものなり」と答えている（『韓国丁未政変史』七九頁）。（同書、356～357頁）

もっとも信頼する官吏たちが膝下を去ったあとの状態で、「譲位せず」と威張ってみても仕方がないが、七月一八日の伊藤統監の内謁見を経て、結局このまま高宗は退位する。

高宗は彼ら〔大院君の愛孫の李埈鎔と李垠の兄の義王李堈〕の手に帝位が渡ることを恐れ、どうにかして自らの作り上げた「皇帝」の位を自らが愛した二人の子供、つまり、閔妃の忘れ形見である皇太子〔純宗〕と、厳妃との間に生まれた英親王に伝えようと考えていた。「毒茶事件」以降、皇太子が身体に問題を抱えていたのは周知の事実だったから、高宗にとって、まず皇位を皇太子に継がせ、次いで子を為すことのできない皇太子の跡を、英親王へ継がせるというのが既定の方針であり、この段階での最後の望みになっていた。（同書、358頁）

七月一八日に高宗は退位したのだが、『純宗実録』によれば、一九日に皇太子の李坧（純宗）が「代理聴政」となり、二二日に「皇帝大号に（로）進称」とある（『李朝実録第五十六冊』1967、353頁）。そして二三日には「追封純明妃閔氏為皇后進封妃尹氏為皇后」（同書、354頁）とあり、一九〇四年に死去した皇太子妃閔氏が「皇后」へと呼び名があらためられ、そのあとに妃として迎えた尹氏も皇后となっている。純宗が大韓帝国第二代皇帝とな

り、そして日本は一九〇七年七月二四日に、「韓国政府と第三次日韓協約を結び、韓国政府は内政の様々な面において『統監の同意』を必要とする状態へと転落」（木村、2007、360頁）してしまう。純宗は名実ともに「お飾り」としての皇帝であり、八月一日には軍隊を解散し、もはや国軍◆を率いる大元帥としての地位さえ事実上消滅してしまう。さらに、高宗にとってつらいのは、純宗が高宗と引き離されたことである。ソウル内の古い宮闕である昌徳宮を改修し、一一月一三日に純宗はここへ移転される。これは、かつて漱玉軒と慶運宮とで離されていたのとはわけが違う。歩いて行くのは遠すぎる、数キロの距離があり、高宗は政治的はおろか、もはや物理的に王宮から排除されてしまうのだ。

このとき、慶運宮は「徳寿宮」とあらためられる。これは純宗が太皇帝（高宗）の長寿を祈念してつけた名称だ。この年の夏にはいろいろな宮中行事があった。少々長いが、小田省吾の記述を借りて説明しよう。

光武十年〔一一年の誤り〕丁未（明治四十年　隆熙元年）七月一九日（陰暦六月十日）を以て位を皇太子に譲られたので、純宗（故李王殿下〔朝鮮が植民地に転落したのち純宗は「昌徳宮李王殿下」と呼ばれるようになる〕）が代わ《マ》り立た《マ》れ、八月二日隆熙と改元し〔二日改元、三日施行〕、同月二十七日を以て皇帝即位式を本宮の惇徳殿に挙行せられた。而して改元と同日を以て太皇帝宮をば徳寿宮と称し、其の事務を取り扱ふ所を承寧府と称して本宮の西南隅用康門内に之を設けた。是に於て本宮は太皇帝宮となり、徳寿宮と称したのである。

次に本宮号の由来を尋ねるに、半島に於て国王隠退後宮号を称する例は僅かに二あるのみである。高麗〔高麗王朝時代、一〇世紀から一四世紀末まで朝鮮半島を統治していた王朝〕に於ては忠烈王位を其の子忠宣王に譲りて徳慈宮と称し、李朝に在つては太祖位を其の子定宗に譲り、容易に宮号を称するに至らなかつたが、定宗実録二年六月一日の条に、「上王殿を徳寿宮と曰ひ府を立て、承寧と曰ふ」と見えて居る。因つて今回の宮号・府号共に太祖のそれを襲踏したものであることが知れる。蓋し太祖は李朝の創始者であり、高宗は始めて皇帝となられたから、太祖の唯一の例を追はれたのもであらう。

（小田、2011、71～72頁）

皇位は「譲られた」のではなく「譲らされた」というのが真相だが、それはさておくとして、小田のことばでだいたいのことは言い尽くされている。『純宗実録』にも、八月二日に「宮内府大臣李允用以太皇帝宮号望徳寿府号承寧議定上奏允之」（『李朝実録第五十六冊』、１９６７、355頁）とあって、小田の記述とぴたりと一致している（この日、「改元年号望隆熙」ともある）。当たり前だが、小田は——多少記述を間違うこともあるが——正史を見ながら『徳寿宮史』を書いたのだから。ちなみに『承政院日記』では、徳寿宮の名は「陰暦純宗元年六月二八日」すなわち陽暦隆熙元年八月六日が初出だ。これ以降、高宗はいったん、歴史の表舞台から消えていくことになるだろう。では、この激動の時期に、英王李垠はどうしていたのだろうか。

四、講学庁で学ぶ李垠

本章では、元子たるものが経るべき「礼」について紹介した。ここでは、『英親王府日記』を読み解きながら、一九〇六年一一月から翌年八月までに彼が経験した「礼」と英親王府の動きを見ていこうと考える。

まず、英親王府では、王世子（皇太子）が学齢に達したときに設置される「講学庁」がないことが提議される。それまでは「奉読庁」という、擬似的な学問施設があっただけだったが、陽暦一九〇六年一一月二一日に次のよ

◆**尹氏**　本論の本筋と関係ないので省略するが、尹氏は一九〇六年に一三歳で皇太子（純宗）の継妃となった。父親は英親王府総弁の尹沢栄である。尹沢栄は大韓帝国皇室の絶大な支持を取り付けることに成功しているわけだ。先走るが、尹沢栄は韓国併合時に「功績」が認められ侯爵を授けられ、朝鮮貴族となった。彼の兄である尹徳栄も子爵に列せられているが、兄を上回る「功績」があったということだ。『朝鮮貴族列伝』によれば「氏は、其の為人兄尹徳栄氏に比し幾干か事前に事を制する権謀機略に於て譲るところありと雖も、而かも勢権に淡泊にして温良恭順、謙抑自ら持するの高風あり」（朝鮮研究会編、１９１０、45頁）と書かれている。尹沢栄は植民地に転落後の朝鮮で放蕩のために破産し、一九二〇年代には逃げるようにして北京へと渡っている。要するに、何か権力を手に入れようという権謀術数をめぐらすような人物ではなく、温順な性質が高宗に買われて出世したといえよう。彼とその兄・徳栄の祖父は「議政大勲位文忠公尹容善」で、第１章で少し登場している。

◆**国軍**　このとき、軍は「皇室侍衛」の兵力だけが残されているという（木村、２００７、361頁）。本章第一節で述べたように、このような政治状況のなかで軍楽隊も軍部から宮内府掌礼院へと所属が代わり、皇室音楽隊となった。そして、韓国併合条約で大韓帝国が消滅すると、李王職所属の楽隊となったのである。

うな文言が見える。

詔曰親王講学之節尚未有定規実是未遑矣講読官以親王府官為之諸般節次参攷前例挙行以此著為定式

じつに短い文章だが、ここには「英王殿下の講学については、まだはっきりと決まった状態ではない。早急に決めなければならない。府官を『講読官』として、さまざまな儀礼では前例をよく参考にして、それを行うべきである」という内容が読み取れる。それまでは「奉読庁」という正規の教育機関ではないものがあるだけであった。そこでは奉読庁の役人たちが奉読を務めてきたわけだ。しかしこの際、英王李垠に対して「講学庁」を早急につくろう。府官たちを講読官に任命して、前例――王世子や皇太子の講学の仕方――にならって講学庁をつくるべきだ、という提案がなされている。「講学庁」を設けるのは王世子、皇太子などいわゆる元子だけである。だとしたら、英王李垠は皇太子として扱われることが提議されているわけだ。これはおそらく高宗の希望が反映されているのだろう。健康状態が決してよいわけではない純宗が子どもを授かる可能性が薄いため、英王李垠を「皇太子並み」に扱うこと、すなわち皇位を譲ることを希望していたのだから。もちろん、そこには厳氏の強い意志も込められているに違いない。

これを受けて、一一月二四日には「英親王講学日子以陰暦十月念間択入」とあり、陰暦一〇月のよい日をえらんで「講学」をはじめることが明記されている。そして「吉日令日官金東杓推択則十月二十一日為吉」とあり、陰暦一〇月二一日に講学庁の設置が決まったようだ。英王李垠はいよいよ、高宗と厳氏待望の「皇太子」並みへと一歩近づいたといえる。ちなみにこの陽暦一一月二四日は、陰暦の「丙午十月初九日壬申」にあたるから、この日から一二日後の陽暦一二月六日に講学庁が設置され、講学もはじまるという日程がいったん承認された。

しかし、日付を決めても、それまでにさまざまな問題が控えているのが皇室の行事というものだ。例えば、陽暦一一月二九日には「進講冊子不可不預為」「以何書挙行乎」と何を進講すべきかについて議論があり、「小学為之」すなわち議論の末『小学』に決めたという。「今此講学処取以何処挙行乎」すなわちどこで講学をするかという議論もあり、「精一軒為之」と精一軒で行うことが決まった。ただしこの精一軒がどこにあったのかは未詳。もちろん議論したのは「本府＝英親王府官」の人間なので、講学官を兼任する府官の五人がこれを決めたのだろう。本章でも触れたように、基本的に『小学』こそが、講学処で扱われる最初の学問書であるから、これも

「皇太子」並みであるといっていい。しかし、この年には英王李垠は満一〇歳になっているわけで、それ以前の王世子など元子たちと比べると少し遅い気がする。

また、一一月三〇日には講学の規則が細かく決められていく。

一　講学冊子与講学処取令　親王府　稟定挙行為白乎矣修理排設諸事令各該司挙行為白斎
一　講学時　英親王東壁西向坐講読官行再拝礼承奉置書案於　英親王座前司鑰置書案於講読官前講読官進講如式　英親王講新受音講畢講読官還就拝位行再拝而出　英親王入内為白斎
一　次日以後毎日早　英親王出坐書堂講読官先後行拝礼其進読読書義如上儀為白斎
一　奏時臚唱等事令禁漏臚課挙行為白斎
一　未尽条件追後磨錬為白斎

面倒くさいことおびただしい。皇帝の子というのは、とりわけ皇太子あるいはそれに準ずる立場になるということは、こういう面倒な儀式に慣れるということなのかも知れない。それはさておき、右に見た規則では「どこで何を講学するかは英親王府に議論して決めてもらう。その運営にかかわるもろもろのことも、英親王府がきちんと執り行うこと」「講学のとき（最初の講学のとき）は、英親王は講学処の東の壁を背に西に向かって座り、講読官は再拝の礼（二度頭を下げる）をもって仕える。書案（文机）は英親王の座前に置き、部屋の鍵は講読官の文机に置く。そして講読官は旧来の方法にのっとって英親王にご進講をする。講読が終われば、講読官はまた拝位に就いて再拝の礼をしてから講学所を出る。英親王は殿へと戻る」。最初の講学は、儀式の側面が強い。そして「その次の日から、毎回先に英親王が書堂に座っておく。講読官は進講に際して一度拝礼を行い、終わればまた同じように拝礼して出るという儀式をきちんとする」とある。また「臚唱」すなわち雅楽などを禁じている。おそらくそれまでの儀式――英王冊封など――で必ず用いられてきた「音曲」が、ここでは不要であることを告げているのだ。その上で、「細かいことはまだ決まってないから追って決めることにする」、つまり講学庁が設置されるのが久しぶりだった（最後に講学庁ができたのは、一八七四年生まれの純宗が幼かった頃だから、二〇年以上前だったと思われる）ため、どうやって講学庁を運営するかは手探りの部分もあったのだろう。ただし、初回の「東壁西向坐」や「講読官行再拝礼」などは、かなり具体的だ。この当時、講学庁の行事について何らかの記録あるいは誰かの記憶があったのかも知れない。それにしても、しっかりとした記録があれば、最後に「未尽条件追後磨錬」などということはあるまいから、おぼろげな記憶と断片的な記録によって行われたに違いない。当時でさえ講学庁の儀式は、このようにあまりはっきりしない部分が多かったのだ。ましてや、現在から振り返るとき、それはかなり読み解きづらいものではないかと、私は考える。

要するにこれらは儀礼、儀式というより、むしろ「祭り」に近い。だいたい「祭り」というのは、どうしてこのようなことをするのか——御輿を担ぐときのかけ声、供物を置く場所、順序など——わからなくなっている場合が多い。それを、「前からそうやってきたから」という理由で、踏襲するのが「祭り」だ。だとすれば、朝鮮王朝の儀礼、儀式も、多分に「祭り」の要素があるのである。どうして講学官が再拝するのか、当時おそらく誰も説明はできなかっただろうし、いまもそしてこれからも、それらを合理的に説明することはかなり難しいだろう。それが、この儀式を「祭り」と呼ぶゆえんである。どうして英親王が東の壁を背にして西に向かって座るのか、については、英王冊封のときの作法に準じたのだろう。「西面」にはそれなりの意味があるわけだ。

さて、話を先に進めよう。陰暦一〇月二一日に決められていた講学の開始日は、陰暦一一月二〇日（陽暦一九〇六年一二月五日）に「講学日子二十一日改付標」とあるので、直前で一日繰り延べになっている。理由ははかりかねるが、準備が間に合わなかったのかも知れない。そして陰暦一〇月二二日（陽暦一九〇六年一二月七日）古式ゆかしく講学が開始される。少し長いが引用しよう。

邸下在慶運宮　設　邸下座於精一軒東壁西向設講読官拝位如常講学時至　邸下具雙童髻空頂幘絡紗袍以出講読官総弁尹沢栄賛尉趙忠夏典読尹喜求典衛尹相鐘姜漢欽以黒団領詣精一軒門外　邸下出就座講読官各持小学第一巻以次入就拝位主事掌礼院臚唱課唱鞠躬再拝与平身講読官鞠躬再拝与平身講読官入就侍位承奉置書案於　邸下座前司鑰以次置書案於講読官前総弁尹沢栄読新受音自古者止之本訖仍陳釈義　邸下講新受音一遍訖　邸下曰文義陳之講読官各陳文義講畢講読官以次還就拝位主事唱鞠躬再拝与平身講読官鞠躬再拝与平身　邸下入内講読官退出　邸下還内後府官全数単子問　安于差備門外　答曰知悉　賜饌于総弁以下　明日講学取　稟　答曰停　詔曰今日講学始開朕心嘉悦宜有示意総弁尹沢栄内下帍皮一令賜給賛尉趙忠夏典読尹喜求典衛尹相鐘各内下鹿皮一令賜給姜漢欽陞六儀節主之掌礼院卿李重夏内下帍皮一令賜給挙行典儀主事金龍圭陞一級東西唱主事李纉鎬李

寅斗各児馬一匹賜給其余一依判下施賞　英親王講学時別単　詔曰総弁尹沢栄内下虒皮一令已下詔勅賛尉趙忠夏典読尹喜求典衛尹相鐘各内下鹿皮一令已下詔勅姜漢欽陞六已下詔勅掌礼院卿李重夏内下虒皮一令已下詔勅儀節次知稽制課長李哲宇内下鹿皮一令賜給記録課長厳健永児馬一匹賜給典儀主事金龍圭陞一級已下詔勅東西唱主事李纘鎬李寅斗各児馬一匹賜給已下詔勅主事権錫禛李漢龍金永来金埈鳳奏時主事韓応錫各児馬一匹賜給承奉侍従院奉侍羅世煥洪宅柱各半熟馬一匹賜給典守崔世東金基周文建鎬申章煥各児馬一匹賜給其余員役等并依判下施賞　総弁尹沢栄賛尉趙忠夏各柳緑雲紋甲紗一疋藍雲紋甲紗一疋隻鶴胷背一件典読尹喜求典衛尹相鐘姜漢欽各柳緑熟綃一疋藍熟綃一疋単鶴胷一件書写字官二人各紬二疋白木二疋洋紗二疋奉読六人各紬一疋白木一疋洋紗一疋去核三斤掌務員一人雇員三人文牘雇員一人書写一人各白苧二疋白木二疋洋紗二疋大庁直二名使令五名各木二疋布二疋水工二名各木二疋奉読庁房直二名各木一疋近仗軍士二名冊匠二名豆錫匠一名各木二疋　内下

　まず、おびただしい数の下賜品が目につく。しかも、「虒」すなわち虎の皮や、鹿の皮、馬など非常に高価なものが下されているのがわかる。府官なかんずく尹沢栄が手厚く下賜されているが、他の府官に目を向けると、下賜品が趙忠夏、尹喜求、尹相鐘と、新参の姜漢欽に差がつけられている。彼は一格下に扱われているようだ。ただし、陞六すなわち、品階を六品にあげてもらってはいる。また、下賜品のなかに「洋紗」があるのが気になる。「〇人」で数えられる写字官以下の下級雇員に配られているようだ。だとすれば高価なものではない。西洋から輸入したものではなく、国内で生産された木綿の更紗ではないだろうか。また「白木」、「木」とは「疋」で数えられているから、木綿のことだろう。「白木」は染めてない白い木綿の布で、「木」は織られる前の単なる木綿だろうか。

　さて、このような下賜品が山のように下されるのは、英王冊封以来だ。逆にいうと、冊封並みの儀式として、この「講学庁」設置がとらえられていたわけだ。さらにいうと、この下賜品を受け取った役人のなかに「奉読六人」がいる。彼らは、一九〇四年以後に「童蒙先習」や「孝経」を教えていた人びとと同一と見ていいのではないか。名前が出ていないのではっきりとはいえないが、「童蒙先習」を教えていた人びとも六人で人数が変わらないことから考えても、ほとんど一致するのではないかと私は考える。ついでにいうと、ここに「奉読庁直二名」とあり、下級の雇員としてかつてと同様の二名が配置されている。だから、奉読庁自体は解散していない。おそらく講学庁の下で働く役割を受け持っているのではないだろうか。

この時期、高宗は秘密外交を行いながら、伊藤統監の冗費節減政策と闘っていた。閔泳煥の自刃、閔泳瓚、李相卨、李瑋鍾、李儁の海外派遣（結局朝鮮半島には戻らず）など、高宗のもっとも信頼していた官吏たちがソウルを去っている。その代わりに、尹沢栄が英親王府を仕切り、講学官として李垠に接し、娘を純宗妃にするなど、内宮の実力者となりはじめていた。そして、冗費節減を迫る伊藤統監に対して、「講学庁」の設置ぐらいでこれだけの「冗費」を使うのは、消極的ではあれ、抵抗の一部だと考えていい。

「講学庁」設置が冊封以来の儀式だと述べたが、その内容自体は大げさではない。例えばだが、その儀式について少し見てみよう。

講学が行われる「精一軒」という建物。これは専用の建物として臨時で作ったのだろうか。儒教なかんずく朱子学を学ぶ東屋という体《てい》だ。そこの東壁を背に西に向いて李垠が座る。それに対座する府官五人は「精一軒」の門外にまずは訪れる。李垠の風俗や府官の服装などは、英王冊封のときと重なるので割愛する。そして李垠はいったん立って、講学官たちを迎える。彼らは「小学」を携えていて、入室すると拝位につく、掌礼院の主事という役職の官吏が、恭しく再拝（二度礼をする）をし、講学官たちも同様に恭しく再拝し、平身する。そして李垠の前に書案（文机）を丁寧に置き、司鑰（部屋の鍵）は講読官の書案の上に置く。そしてまず総弁の尹沢栄が「小学」を読み、李垠がその意味を解く。五人の講学官の講義が終わると、講学官たちはまた拝位につき、主事はまた恭しく再拝をして平身し、講学官たちもやはり再拝する。李垠が殿に戻ると、講学官も立ち去るという流れだ。途中、冊封のときと違い音曲が入らないのが特徴か。李垠は満一〇歳でやっと「小学」の講学を受けるわけで、講学庁の設置とこの「小学」の勉強が、事実上李垠を皇太子格として扱っているという徴《しるし》といえよう。高宗は自分の後の皇帝には皇太子（純宗）を、そして英王李垠を皇太子にという目論見があったというのは、この「講学礼」からも見てとることができるわけだ。

このあとは、毎日のように「講学停」あるいは「明日講学取」という記述が続く。「講学停」は、その日には講学を休むという意味であり、「講学取」とは、講学をするという意味だ。陽暦でいうと、この「講学」の礼があった一二月七日の翌日である八日、九日には講学があり、一〇日は休んでいるようだ。その後は、一日おきに勉強し、休んで翌日また講学があるという日程になっている。

　じつはこの講学庁での学びについてだが、正規の『英親王府日記』とは別に、その問答などが「文義」として残っている。興味深い内容なので、ここでいくつか見ておこう。日付としては陰暦一九〇六年一〇月二二日（陽暦一二月七日）から、陰暦一九〇七年六月八日（陽暦一九〇七年四月一七日）まで。半年以上にわたる講学庁での問答が残っている◆のは驚異的だ。

　時間はいつも「巽時」ではじまっている。現代風にいえば、朝九時に講学がはじまっているわけだ。そこで「邸下読新受音一遍訖」すなわち英王李垠が新しい単元を一通り読み下す。最初の講学（陽暦一二月七日）の記事を引用しよう。

邸下曰文義陳之沢栄曰三代盛時人生八歳皆入小学而受教焉灑掃応対進退愛親敬長隆師親友小学之方也修身斉家治国平天下大学之道也小学為大学之本而小学一書之主旨専在乎敬之一字敬是徹上徹下成始成終底工夫也惟

◆講学庁での問答が残っている　ただし、「丁未三月十日」から「丁未五月十一日」の間は、「丁未四月初三日」を除いて記録がない。何らかの理由で脱落したのか。また、ところどころ記録されない日もあり、『英親王府日記』をあらわす際にすでに資料が散逸していたのかも知れない。

『小学』「序」を読み、英王李垠がその意味を尋ねると、尹沢栄が答える。「中国古代の聖王たちが統治していた理想的な時代であった、夏の禹王、殷の湯王、周の文王、武王、周公の時代、彼らはみな八歳にして小学の教えを受けました。それは、『灑掃・応対・進退・愛親・敬長・隆師・親友』というもので、きちんと掃除をし、ひとに対してきちんと応対をし、進退の節を守り、親を敬愛し、年長者を敬い、師を尊び、友人と親しむというものです。『修身斉家治国平天下』は大学の道です。小学は大学のもとであり、だからこそ小学の一書の意義は『敬う』ということにつきます。この『敬う』ということに、始まり終わるのだと、私は考えております――」。

　この日、趙忠夏もこの「道」について教える。そして、「英祖大王　聖寿八耋徹夜勤読孝悌忠信亦在是也　邸下宜多読矣」と、高宗よりも六代も前に王位に就いていた英祖（朝鮮王朝の二一代王で、一八世紀後半に王位に就いた。彼のあとに王位に就いた正祖も英明な王として知られ、英正時代を築いた）の事例を紹介し、「英祖大王は老境に達しても夜を徹して書を読んで勉強していたこと、親を思い（孝）年長者に従順し（悌）君主に対しては忠勤し（忠）友人を信頼する（信）という基本的な人倫も、この読書によって培われます。英王邸下もよろしく多読なさってくださいーー」と語り、李垠も「当多読矣」と、たくさんの書を読むことを約束している。

このあと、すべてのことをいちいちここで紹介するつもりはない。繰り返し語られるのは、親への孝行や「長幼の序」、「仁義礼知」などで、それは退屈であるばかりで、あまり意味がないからだ。例えば陰暦一一月一〇日（陽暦一九〇六年一二月二五日）にもこの「序」の講学が続いており、尹相鐘が「敬謹為主故戒之以動或悖誦詩読書詠歌舞踏是差後行之者」と、人倫の道を修めることが優先で、詩や読書（儒教以外のもの）、歌をうたったり踊ったりすることは、そのあとにすべきことだといっている。一〇歳の子どもに対するものとしては窮屈な教育であることおびただしく、李垠がかわいそうになる。しかも、こういう話ばかりが続くのである。李垠もおとなしく従っているが、やはり難しかったのか、しばらくは「灑掃応対」など「序」の最初のことばが毎回のように登場する。これでは自由な発想は生まれまいな、と思わせるに充分だ。

さらに、「丙午十二月二十三日」（陽暦一九〇七年二月五日）には、「序」を終えて「烈女伝」に入る。これは「烈女伝曰古者婦人妊子寝不側坐不辺立不蜱不食邪味」ではじまるところで、「小学内篇」の「立教」の冒頭にあたる。李垠は一通り読むと意味を問う。この日の講学官をつとめていた尹喜求が「此取謂胎教也」と答えている。これは胎教について語っているのですよーー。一〇歳の子どもにはたして理解できるか。ついでにいうと、この「烈女伝」には有名な「七年男女不同席不共食」という文言もある。男女七つにして席を同うせずーー。また「丁未二月十八日（陽暦一九〇七年三月三一日）」には「男子二十而冠三十而有室（二〇にして冠し、礼を学び、三〇にして室あり、はじめて男のことをおさむ）」の説明のなかで姜漢欽は「女子之行只是柔順貞静也」といっている。李垠に否応なく儒教的な女性観を植え付けていく。皇帝の子として生まれるというのは、こういうことなのか。気の毒でならない。そしてこの講義の記録は「丁未五月十三日」（陽暦一九〇七年六月二三日）に講学官の賛尉尹喜求と典読姜漢欽が「各持小学第一第二巻以次進跪訖」というから、やっと一巻を終えたことになる。『小学』は六巻に分かれているから、要するまだ「さわり」といった程度だ。しかし、この後、「丁未六月初八日」（陽暦一九〇七年七月一七日）を最後に、この「文義」と書かれた講義録は終わってしまう。ただし、『英親王府日記』にあるとおり、「丁未六月初十日」以降講学はほぼ毎日行われるようになった。◆そしてそれは、一九〇七年八月二一日まで続く。高宗が退位し、純宗が即位する前後に変化が起こっているわけだ。おそらく幼い英王李垠には、できるだけ「内宮と外宮のゴタゴタ」を見せないよう、講学に没頭させることでその目を外に向けないようにする配慮が働いたのではないだろうか。

◆**講学はほぼ毎日行われる** 例外的に講学がなかった日は、陽暦にして一九〇七年七月二三日（故皇太子妃閔氏が純明皇后へと追封された日）のみ。八月二一日以降は記録なし。

結章

皇太子・李垠

丁未年二月一日の日があけた。この日によって、ひとりの女の運命とひとつの家門の興亡が左右される。一生の一大事というよりも天下の一大事といっても過言ではないだろう。広く考えれば、国母が賢女か愚鈍かによって、国の運命が左右されるのだ。それがどれだけ重要なことかわかるだろう。

（閔甲完『百年恨』より）

［章扉の写真］

閔甲完《ミン・カプファン》（1897 ～ 1968 年）。閔妃や閔泳煥・閔泳瓚兄弟などを輩出した驪興閔氏の出身。1907 年に、李垠の妃の候補として、妃を迎えるための儀式・揀択に参加したと、自伝『百年恨』で自称している。その後、上海に亡命した。解放後（日本敗戦後）は、韓国にその生活の場を安定させた。（1920 年代頃撮影）

一、英王李垠の嘉礼と冠礼

前章で、王世子や皇太子が経る礼について少し見ておいた。そのなかで、講学庁が設置され、相見礼が執り行われたので、あと残っている「礼」は「嘉礼」と「冠礼」だけだ。冠礼とはわかりやすくいえば元服のことであり、嘉礼とは婚礼のことだ。李垠はいよいよ次期皇太子となる地位へと上昇するのだが、それはのちに詳しく見るとしよう。ここではまず「嘉礼」すなわち英王李垠の妃候補の選択について考えてみよう。陽暦一九〇七年一月二三日（陰暦一二月一〇日）のこと、『英親王府日記』には「嘉礼相値頃」と記されている。これは皇太子（純宗）と継妃尹氏との「嘉礼」を指す。尹氏は尹沢栄の娘で、このときまだ一三、四の娘である。繰り返しになるが、尹沢栄のひととなりは「勢権に淡泊にして温良恭順、謙抑自ら持するの高風あり」（朝鮮研究会編、1910、45頁）といわれている。このことばを額面通り受け取ることはできないが、彼が自分の出世欲を、少なくとも表面的にはあらわさない器量を持っていたことをにおわせる文章ではないか。おそらく、皇太子の舅となった尹沢栄は、高宗に気に入られていたことだろう。何しろ、高宗のまわりにいた腹心の部下たちは、あるいは自刃し、あるいは海外に出ているのだ。権力を失いつつある内宮ではあるが、それでも高宗に取り入り、上昇していく隙はある。だから尹沢栄は、高宗の気持ち——皇位はまず皇太子（純宗）へ、そしてその次には英王李垠へと譲りたいという気持ち——を慮っていたのではないか。

ちなみに、尹沢栄はこの時期に出世している。『英親王府日記』によれば、一九〇七年一月八日（光武十一年陰暦丙午十一月二十四日）には「詔曰総弁尹沢栄特為加資　陞正二品」とあり、さらには一月一三日（光武十一年陰暦丙午十一月三十日）には「詔曰命英親王府総弁尹沢栄為知敦寧」と、長らく務めた英親王府総弁を辞め、特別な加増のもと、敦寧府の官吏になっている。この職は、正一品の国王（皇帝）の親族あるいは外戚が就く高い官職であり、彼はそれに抜擢されたのだ。皇太子（純宗）妃尹氏の父である彼は、この時点で位《くらい》人臣を極めてしまった感がある。そして英親王府総弁は、しばらく欠員のまま（翌一月一四日の『日記』には「総弁　未差」とあり、空席となっている）運営されるが、一九〇七年一月二七日に「詔曰英親王府賛尉趙忠夏為英親王府総弁　典読尹喜求任賛尉叙奏任官四等典衛尹相鐘任典読叙判任官八級六品」とあるように、賛尉の趙忠夏が総弁になっている。そして、典読の尹喜求が奏任官の賛尉へ、典読には先任典衛の尹相鐘がそれぞれ昇任した。さらに、空席のできた典衛には徐相泰が「叙判任官八級」として任官している。この賛尉と典読の間には「奏任官」と「判任官」の差があり、四等と八級という位階の差も大きいようだ。当然のことながら、尹沢栄は総弁をおりた段階で、講学官も辞めている。だから、このとき以降に李垠の講学を担当したのは、主に趙忠夏だったといっていい。

さらに、陽暦一九〇七年二月九日、「典読尹相鐘任義親王府典衛　典衛姜漢欽任典読叙判任官七級六品林之相任　英親王府典衛叙判任官八級」と異動がある。尹相鐘が「義親王府」の典衛へと移ったというのだ。義親王府の初出は、『承政院日記』によれば「高宗四十三年六月二日」で、陽暦一九〇六年七月二二日にあたる。第3章で、義王李堈が、アメリカそして日本での生活をやっと切り上げ、一九〇六年四月にソウルに戻り、七月一二日に大韓帝国赤十字社の「総裁者」へと補任されたと書いた。だとすれば、高宗は「第二次日韓協約」によって大韓帝国が保護国へと転落するという不幸に見舞われて、血縁者である義王李堈をもう一度だけ信用しようと思ったのかも知れない。高宗は心細かったのだろう。くどいようだが、忠臣たちは自分のもとを離れているし、皇太子は病弱で、英王李垠は幼すぎるのだから。そこで李堈にそれなりの席を準備したのがこの「大韓帝国赤十字社総裁」の椅子であり、それを支えるのが「義親王府」だったのだ。当初の義親王府の総弁は従二品閔哲勲《ミン・チョルフン》、賛尉は正三品金沢基《キム・テクキ》、典読は六品高鼎柱《コ・ヒョンジュ》（二日後に正三品へと陞任）、典衛には六品李範圭《イ・ボムギュ》と九品李重弼《イ・ジュンピル》があてられ、英親王府と同じ五人体制で開始されている。3章で述べたように、私は義王李堈を詳しく論じる気はないので細かいことは省くが、英親王府にいた尹相鐘は、このようにして義親王府へと異動している。理由はわからないが、典読から典衛へと職位が下がっていることから考えて、事実上の左遷だろう。そして彼に代わって、英親王府には新顔の林之相が典衛として加わっている。

このような尹沢栄の出世の裏で、英王李垠の「嘉礼」の準備は進んだのだ。尹沢栄の出身氏族は海平尹《ヘピョンユン》氏であり、すでに述べたように皇太子妃を輩出した。また高宗の事実上の妃にあたる厳氏も、第1章で論じたように親族が少しずつ出世している。純宗に子どもがいないこと、そしてこれからも子宝に恵まれそうにないことを考えると、英王李垠は次の純宗のあとを継ぐ貴重な皇子だ。尹氏も厳氏も、自らの門中（出身氏族）から英王妃を輩出したいと考えるのが自然だ。とくに厳氏はもともと身分の高い家柄ではない。英王妃は寧越厳氏のなかからしかるべき相手を、と考えたはずだ。しかし、次節で詳述するように、揀択《カンテク》（王妃の選定）を通じて名前が挙がった人物は、海平尹氏でも寧越厳氏でもなかった。これはなぜだろうか。

もちろん、婚姻を結ぶためにはある程度の血縁的遠さが必要だ。しかし、何度もいう通り、厳氏の血縁はあまり豊かな家柄ではなく、英王妃候補を出せるような状況ではなかったのかも知れない。英王妃という高い地位にのぼるためには、朝鮮半島で両班と呼ばれていた貴族のなかでも、それなりの家格のものからえらばれるのが順当だ。英王妃には、立ち居ふるまいをはじめ、教養などが要求されるからだ。寧越厳氏は英王妃の候補者を出せない位置にあったといっていい。だとすれば、海平尹氏が力を振るう可能性が高いのではないか。元英親王府総弁であり、敦寧府を差配する尹沢栄も英王妃には、自らの出身氏族である海平尹氏から出したいと考えるのが自然だ。しかし、ここで寧越厳氏はもちろん海平尹氏もなりをひそめている。先走って結果からいうが、おそらく純献皇貴妃厳氏は、自分の門中から英王妃を出せそうもないということがわかっていたので、皇太子妃の出身氏族たる海平尹氏を英王妃とすることだけは阻止したかったのだろう。その上英王妃を選択するという際には、高宗という大韓帝国内宮でもっとも強い発言権を持つ皇帝の意向が反映されることになる。しかし、のちに詳述する通り、この揀択は最後まで終わっていたわけではないのであるが。

この問題については、はっきりとした記録が残っていないので、推理するしか手がない。考えてみたら、国権が傾きつつある大韓帝国で、数え一一歳の英王に妃をとるというのは、健康状態のすぐれない純宗にかわって皇帝を継げる人間を確保したいと考える高宗にとって当然のことだ。それに、李氏朝鮮では国王の子が一〇歳前後で「嘉礼」を迎えるというのも、決して異常なことではない。しかし、状況は急を要するものであった。日本が大韓帝国を保護国としたことで、大韓帝国軍は解散させられ、外交権も奪われた。そこで高宗は、自分のもっとも信頼する近親者の一族から英王妃をとり、後顧の憂いを断ち切りたいという祈りにも似た気持ちが芽生えていたといっていいかも知れない。彼が信頼していたのは、一に皇太子と尹氏、二に英王と厳氏、といった順番だろうか。いや、もうひとりいた。すでに亡くなってはいる

◆**位人臣を極めてしまった**　のちに見るように、高宗は一九〇七年七月一八日に事実上退位するが、尹沢栄はその後も出世を続け、例えば八月二七日に海豊府院君に封ぜられている（『李朝実録第五十六冊』、1967、359頁）。

が、明成皇后閔氏がいた。死人は無敵だ。その悲劇的な死や、彼女の一族から登場した忠臣たち――閔泳煥、閔泳瓚など――のこと、さらには閔妃の聡明だったところなどが思い出として高宗に残っている。景孝殿という殿閣を慶運宮内に建設し、定期的に茶礼を開いてその死を悼む高宗からは、その閔妃への深い愛情が仄見えてくる。このようなことを考えると、当時の高宗にとってもっとも信頼できる門中は、一に驪興閔氏に他ならなかったのではないかと推察可能だ。そして、それに次ぐのが皇太子妃尹氏の一族の海平尹氏、そしてその次が寧越厳氏という順番だろうか。

　では具体的に『英親王府日記』を見てみよう。ここでは英王李垠の冠礼とともに、英王妃の揀択（選定）は、次のように進んだとされている。

> 光武十一年陰暦丁未正月初三日乙未晴　陽二月十五日
> 邸下在慶運宮○詔曰英親王冠礼吉日以今月念後晦前推択以入○詔曰英親王夫人揀択事分付掌礼院○掌礼院　奏本　英親王冠礼吉日以今月念後晦前推択以入事　命下矣令日官金東杓推択則陰暦正月二十七日丙時為吉云以此日定行何如謹上　奏奉　旨依奏○又奏本　英親王夫人揀択事分付掌礼院事　令下矣京中及外方当為一体知委而京中則今陰暦正月初八日近道則同月十五日中道則同月二十一日遠道則同月二十八日定限捧単上送事分付而処女単子自某歳至某歳捧単子乎敢　奏奉　旨依奏自戊戌生至乙未生捧単各別申飭母至遺漏可也又　奏本自前揀択時例為禁婚矣依前例自今日為始禁婚何如謹上　奏奉　旨依奏○又　奏本自前揀択時　国姓及当代異姓八寸親貫籍不同李姓父母未倶全者并勿禁婚而至若中人庶孽亦不挙論矣今亦依前例許婚何如謹上　奏奉　旨依奏

　ここに書かれているように、まずは冠礼を行うこと、そしてその直後に嘉礼を挙行すべく揀択を行うことが示されている。このふたつの通過儀礼は連動しているようにも思える。キム・ムンシク氏とキム・ジョンホ氏の『朝鮮の王世子教育』は、李氏朝鮮時代後半の一二名の国王の冠礼と嘉礼について表にまとめてあるが、大きくなってから養子で入った哲宗を除くと、冠礼は八歳から一二歳◆までで行われていることがわかる。そして嘉礼は、その冠礼から三年以内に執り行われているのだ。しかも、冠礼と嘉礼が同じ年に行われている例が三例あり、英王李垠の直近にあたる純宗（李垠の兄で、このとき皇太子）も、九歳で冠礼と嘉礼をすませているのがわかる（キム・ムンシク／キム・ジョンホ、2003、148頁）。冠礼とは日本風にいえば元服だ。要するに、冠礼は王妃候補を得るために行うものとして考えられており、少なくともこの時代には、冠礼と嘉礼は相互に関連しているものと見てい い。

そこで、まずは英王李垠の冠礼について考えてみたい。まず、李垠関係の行事の日時を決定するときにたびたび登場してきた日官の金東杓がここでも登場し、まずは冠礼の日取りを決めるように命ずると、陰暦一九〇七年一月二七日の丙時（朝四時頃）が「吉」であるため、その日に行われることが決まる。新暦でいう三月一一日のことだ。さらに、揀択についても詳しく述べられる。嘉礼を担当する掌礼院では、揀択の日を陰暦一月八日、一五日、二一日、二八日と、四つの候補日を挙げている。金東杓はこの日から一八日後の「陰暦丁未正月二一日」に、「正月二十八日未時為吉」と日時を決め、実際にこの日に揀択が行われた。その方法も「自前揀択時例為禁婚矣」とあるように、「前揀択時」すなわち純宗が数え九つだったとき（一八八二年）の揀択にならって、「禁婚」すなわち庶民、下々の結婚を禁じる。その「禁婚」開始の時期も「依前例自今日為始禁婚何如謹上」と、前例のように今日を境に下々の結婚を禁じることが提案され、それが受け容れられるなど、庶民の生活にまで影響を与えてしまう相当な重みのある儀式であることがわかるではないか。さらに「処女」すなわち候補の女性は、「国姓」すなわち全州李氏（高宗と同じ皇帝の門中）であってはならず、また「当代異姓八寸」すなわち全州李氏でなくとも、李垠とは八親等以上離れていなければならない。さらに「親貫不同李姓父母」と、仮に本貫が全州でなくとも、李姓を名乗る者が父や母にいてはならない。そして「中人庶孼亦不挙論」と、中人（訳官、医官など専門職に就く階級）や、庶子であってはならない。ということは、庶民や中人階級はもちろん、両班のなかでも庶子（非嫡出子）は論外であるという。これでは身分正しい官吏の一族以外では該当することはほとんどあり得ないだろう。

また、対象となる女性の年齢についても、次のような制限がある。「自某歳至某歳捧単子乎」と候補者の年齢を何歳から何歳までにするか尋ねると、「自戊戌生至乙

◆**一二歳**　哲宗の冠礼は数えで一九歳であり、それを除くと次に冠礼を迎えた年齢が高いのは、李垠の父である高宗だけだ。高宗も一二歳で養子に来たことを考えると、養子として外部から王位についた人物以外は、ほとんど八歳から一一歳という若い時期に冠礼を迎えていることがわかる。

未生」すなわち一八九八年生まれから一八九五年生まれまでということだ。その当時で数え一三歳から一〇歳までの、英王李垠と同じかそれより少し上ぐらいの年齢の女性を探すこととしているわけだ。ここから先の揀択に関する問題は次節で詳しく述べよう。◆

ということで、揀択および嘉礼の問題を解くためには、まずは冠礼について語り終えておこう。結局、金東杓の進言通り、陰暦一九〇七年一月二七日（新暦三月一一日）に冠礼は滞りなく挙行された。先にも述べた通り、この日は揀択の日の前日に当たる。かなり長い記述だが、第二次日韓協約によって外交権も交戦権もすべて奪われ、財政も内政も日本に干渉されていたにもかかわらず、すなわち外宮はもはや統監府に完全に操られている状況にもかかわらず、これだけの儀式をしていたということ――だとすればその「儀式」は国政、国益を発揚するとはいえないが、消極的な抵抗として執り行われていたということ――を見てもらいたいので、『英親王府日記』から引用しよう。

光武十一年陰暦丁未正月二十七日己未晴　陽三月十一日

邸下在慶運宮〇講学停〇総弁趙忠夏賛尉尹喜求典読姜漢欽典衛徐相泰林之相各服朝服就宮門外分左右相向北上節　制書将至尚方司官各執冠冕立於階之西東向北上　王府官賛請出次　邸下具時服直領条帯以出楽作前引官臚唱課主主引　邸下就階下祇迎位節　制書至　王府官賛請鞠躬　邸下鞠躬過則賛請平身　邸下平身執節者脱節衣置於案賓取　制書置於案立於東南西向前引官引邸下陞詣受　制位北向立楽止　王府官賛請鞠躬四拝興平身　邸下鞠躬楽作四拝興平身楽止賓称有　制　王府官賛請跪　邸下跪賓宣制曰制英親王某吉日元服率由旧章命某官某就宮展礼宣訖王府官賛請俯伏興四拝興平身　邸下俯伏興楽作四拝興平身楽止賓取　制書授　邸下　邸下跪受以授　王府官　王府官跪受以授捧　制官前引官引　邸下入東廊帷内立於賛冠之南倶西向楽作賛冠引　邸下出立於冠席東西向楽止賓賛冠取纚櫛二箱出跪奠於　邸下冠席南興詣席北攵東西向立賓楫　邸下　邸下陞筵西向坐賓賛冠進筵前東向跪櫛　邸下畢設纚興攵北南向立賓降盥賓陞楽作執礼加冠者陞西階賓降一等受之楽止右執冠後左執冠前詣　邸下席前東向立祝曰吉月令日始加元服棄爾幼志順爾成徳寿考維祺以介景福祝訖楽作賓乃跪冠興復位賓賛冠進席前東向跪整冠興復位楽止　邸下興賓揖　邸下賛冠引　邸下適東廊帷内着袞龍袍以出立於席東西向賓揖　邸下　邸下陞筵西向坐楽作執再加冠者陞西階賓降二等受之楽止右執冠後左

執冠前詣　邸下席前東向立祝曰吉月令辰乃申爾服謹爾威儀爾順爾徳眉寿永年享受胡福祝訖楽作賓賛冠進席前東向跪脱初加冠置於箱興復位賓乃跪冠興復位賓賛冠進席前東向跪設簪結緌興復位楽止　邸下興賓揖　邸下賛冠引　邸下適東廊帷内着絡紌袍執圭以出立於席東西向賓揖　邸下　邸下陞筵西向坐楽作執三加冠者陞西階賓降三等受之楽止右執冠後左執冠前詣　邸下席前東向立祝曰以歳之正以月之令咸加爾服兄弟俱在以成厥徳黄耈無彊受天之慶祝訖楽作賓賛冠進席前東向跪脱再加冠置於箱興復位賓乃跪冠興復位賓賛冠進席前東向跪設簪結緌興復位楽止　邸下興賓揖　邸下賛冠引　邸下適東廊帷内賓賛冠撤纚櫛二箱入於帷内　邸下着冕服執圭以出楽作賛冠引　邸下降自東階由西階陞醴席南向坐楽止賛冠退楽作典膳司官詣醴尊卓北向立酌醴賓賛冠以爵受之立於醴席西南北向賓進受醴詣　邸下筵前北向立楽止祝曰旨酒既清嘉薦令芳拝受祭之以宐爾祥承天之休寿考不忌祝訖跪進爵　邸下搢圭受爵掌楽課啓楽奏壷千春之曲　邸下祭醴啐醴賓賛冠受虚爵復於坫賓退復位楽止典膳司官進饌楽作饌至案楽止饌訖典膳司官撤饌　邸下出圭降筵南向主事引賓降立於西階之西近北東向賓賛冠次降立於賓西南東向楽作前引官引　邸下降自西階立於西階之東南向楽止賓夂進字之曰礼儀既備令月吉日昭告爾字爰字孔嘉髦寿維宜宜之于嘏永受保之奉　勅字某楽作　邸下再拝楽止日某雖不敏敢不祗奉楽作又再拝楽止執節者加節衣捧節出主事引賓賛出門　邸下送出門外楽作前引官引　邸下還帷中釈冕服改具翼善冠衮龍袍還内楽止総弁以下退出

『英親王府日記』からは、かつて李垠が英王に冊封されたときや、病気平癒のための儀式について引用してきた。しかし、この冠礼はそれよりも長い。実際、李垠にとって冠礼とは、立太子（この年に皇太子へ冊封される）や、英王として冊封されたときに次ぐ大事な行事であろ

◆次節で詳しく述べよう　一口に揀択というが、これは初揀択、再揀択、三揀択と三段階を経なければならない。英王李垠の揀択は、初揀択だけが陰暦一月二八日に行われ、再揀択は陰暦二月一〇日に行うということまで決まったが、実際には再揀択は行われていない。しかし、閔甲完は自伝で、再揀択をしなかったが、事実上再揀択されたという意味で一九〇七年の一二月二〇日に「信物（指輪）」をもらっていると述べている（閔、1962、76頁）。仮にこの処置が「再揀択」だったとしても、三揀択をしていない以上、私も閔甲完は正式な王妃ではなかったといわざるを得ない。

う。それが嘉礼（婚姻）と関連しているのだとすれば重要視されるのも当然といえば当然だ。

引用文のなかでまず注目したいのは、それまでの儀式では「楽作」「楽止」すなわち鳴り物が入ったときと、それを停止させたときのことをどのように表現しているかだ。それまで、この鳴り物についての書き方は、いわゆる「ト書き」のように小文字で書き込まれていた。それに対して今回は、冠礼の最初の部分でこそ「ト書き」として書かれていたものの、その後は太字で書かれている。

まず想像つくのは、「ト書き」として書かれている「楽作」「楽止」でも、「太字」で書かれた「楽作」「楽止」でも、同じくその場面で鳴り物が入り、そして止んでいるということだ。では、「ト書き」と「太字」の間にはどのような差があるのか。これは推定するしかないが、「ト書き」はその儀式の担当官吏が必要と思った場面で行われた鳴り物であり、それに対して「太字」は鳴り物をその場面で使うことが前例によって決められているのではないかということだ。例えば、儀式の中程で「邸下搢圭受爵掌楽課啓楽奏壺千春之曲」とある。すなわち英王李垠が玉を両手で取り、杯を受けた。そこで掌楽課の雅楽を担当する人びとが「壺千春之曲」を奏でたわけだ。ここでは「楽作」とは表記されていないが、明らかに雅楽を演奏しているではないか。ここで「楽奏」とあるのは、曲目がはっきりしていて、その曲が終わるまで奏でたという意味であり、わざわざ「楽作」「楽止」と書く必要はなかったのだろう。それを敷衍すると、「太字」の「楽作」「楽止」は、それぞれ曲名こそ明示されていないが、それぞれ決められた楽曲が演奏されたことが想像つく。やはり長い歴史を誇る朝鮮王朝のしきたりにそって、この冠礼は行われていたといえそうだ。そしてそれらの楽曲も、いちいち決まったものだったのだろう。これは病気平癒や英王冊封――王世子に冊封されるのとは違い、一格下がる冊封――とは違い、冠礼にはことごとく細かなしきたりが決められていたのに違いない。

そのような眼で見ると、引用文にある儀式は次のような流れであったと理解できる。まずこの日は講学庁での勉強はなく、英親王府総弁以下五人の官吏が「朝服」すなわち正規の礼服で「宮門外分左右相向北上」すなわち慶運宮の南側にある門◆に東西に分かれて北にある王宮の正殿であるところの中和殿に向かって居並び、北へと足を運ぶところからはじまる。彼らは一堂に会し、「執冠冕」すなわち冠を正しくかぶり、「制書」すなわち冠礼のためにつくられた文書を迎える。「賓賛」すなわち今回の儀礼をつつがなく行うためによこされた官吏から、李垠は「時服直領条帯」すなわち儀式にふさわしい正装であらわれ、「就階下祇迎位節」すなわち制書を受け取るためにわざわざ正殿からおりてくる。その時は王府の官吏たちも李垠も「鞠躬」すなわちかしこまっていた。そして英王李垠は「制書置於案立於東南西向」すなわち制書を台に置いて、東、南、西と順繰りに向かってから、前引官に促されて再び殿にあがる。そして英親王府の官吏たちが四方に向けてかしこまって「四拝」のお辞儀をし、英王李垠も同じく四方に向かってかしこまって「四拝」のお辞儀をする。このあと「制　英親王某吉日元服率由旧章命某官某就宮展礼宣訖」と、英王李垠が吉日に元服したことを述べる「制書」が読みあげられ、再びかしこまって「四拝」のお辞儀をする。この「制書」を英王李垠は「跪受〔ひざまづいてうける〕」し、さらにその制書を英親王府の官吏に渡す。そのとき官吏たちも「跪受」する。このあとは退屈な儀式なので少し急ぎ足で解説すると、英王李垠は「東廊」へまわり、西に向かって官吏から「冠」を受け取り、「纚櫛二箱」すなわち薄絹の髪包みと櫛の入った箱を受け取る。この冠を受けた「冠席」は南面した位置にあり、官吏たちは東西に並んでいたらしい。そして英王李垠はその席で東に向かって立ち、「祝曰吉月令日始加元服棄爾幼志順爾成徳寿考維祺以介景福祝訖」と、祝いのことばを受ける。皇子は元服し、これから徳を成すということばで、おそらくこれは冠礼に際して行われてきた決まった文句なのだろう。次に「邸下適東廊帷内着袞龍袍」とあるように、東廊内で皇子らしく龍をあしらった服を着て、「邸下陞筵西向坐」と今度は西向きに座り、ふたつ目の冠を受け取る。もちろんここでも「邸下席前東向立祝曰吉月令辰乃申爾服謹爾威儀爾順爾徳眉寿永年享受胡福祝訖」と、英王李垠に向かって立った官吏から、冠礼を迎えた皇子が徳を得て末永く幸せであるようにということばを受けるが、これもおそらく決まったことばだろう。

　先を急ごう。「邸下適東廊帷内着絳紗袍」と、英王李垠はやはり東廊で薄絹の着物を身につけ、東西に居並ぶ官吏たちに対面し、官吏から三つ目の「冠」を受け取る。

◆**慶運宮の南側にある門**　一度焼け落ちた慶運宮が復旧するとき、王宮の東側にあった「旧大安門を撤廃し、其の代に本宮の正門として建設せられた」大漢門こそが、慶運宮の正門であったはずだ（小田、2011、65頁）。しかし、引用を見る限り「向北」とある以上、このときばかりは英王李垠を南面する位置に配すために、南側にある門を使ったのではないかと推定する。だとすれば、それは正殿である中和殿の前に建つ門――中和門――だったのではなかったか。

「纚櫛二箱」すなわち薄絹の髪包みと櫛の入った箱を受け取って、「邸下席前東向立祝曰以歳之正以月之令咸加爾服兄弟倶在以成厥徳黄耇無疆受天之慶祝訖」とあるように、今度は英王李垠が東を向き、祝いのことばを受ける。今度は大韓帝国の社稷と皇室の人びとを謳い、老いを迎えるまで天の慶祝を受けることができるよう語られる。そして東を向いて冠を脱ぎ、それを官吏に渡す。そして「二箱」の纚櫛を東廊で身につけ、着衣をただして、正殿の東の階段から降り、西の階段から酒席にのぼる。酒席を取り仕切る「典膳司官」は「醴尊卓」に近づき、北に向かって——すなわち南面する英王李垠に向かって——立って、酌をする。わずか一〇歳になるかならないかの英王李垠に酒というのは早すぎるが、これが元服すなわち成人したということなのだろう。官吏たちは「爵」すなわち杯をもって「醴席」（酒の席）の西と南側に、北に向かって進み、酒を受ける。そして英王李垠は北に向かって立ち、「祝曰旨酒既清嘉薦令芳拝受祭之以它爾祥承天之休寿考不忌祝訖跪進爵」と、この酒を受け取ることで天の言祝ぎを受けていることを喜ぶ旨が語られ、そして両手で杯を受けた。このときに「壺千春之曲」が奏でられようだ。そして英王李垠は「祭醴啐醴」すなわち儀礼のための酒に口をつけ、官吏たちが退くと、典膳官が進み出でて「饌」（食べ物）を官吏たちに分け与えたという。英王李垠はまた「西階」で東南に向かい、「礼儀既備令月吉昭告爾字爰字孔嘉髦寿維宜宜之于嘏永受保之奉」と儀礼がつつがなく終わったことが告げられ、今回の儀礼を担当した官吏である「賓賛」が退出するのを見送り、「冕服」「袞龍袍」など儀式用の正装を脱ぎ、殿中へと戻っていった。その後、総弁ら五人が退出——。この間、ひとつひとつの動作に対して雅楽が奏でられていた。

子どもには何とも退屈な儀式だっただろうが、これを経なければ英王李垠は元服できず、元服できなければ「嘉礼」すなわち結婚ができないので仕方ない。少なくとも彼は、受け容れていた。ただし、結婚したいという意思が英王李垠自身にあろうはずはなく、これは高宗、厳氏、尹氏（の裏にいる尹沢栄など）の意向にほかならない。またこの儀礼のあと、これまでの儀礼と同じように、たくさんの下賜品が臣下に配られている。筆頭は「賓表勲院総裁閔泳徽」すなわち「賓賛」を務めた人物であり、「厩馬一匹」が、中枢院賛議金晩秀、英親王府の趙忠夏以下五名が名を連ねている。趙忠夏は「加資」、尹喜求はじめ四名が「鹿皮一令」、「写字官朴周元《パク・チュウォン》黄鎮完《ファン・ジヌァン》」のふたりには「賞加」、「奉読六人」にも「各紬一疋白木一疋木一疋」、「掌務院金景駿」に「従願施賞」、「其余員役」には「米布分等施賞」と、その労にふさわしいものを米と布で支払ったらしい。

すでに第2章で「英王冊封」について見てきたが、そのときと比べて明らかに「賞」が目減りしている。大韓帝国はすでに日本の「保護国」であり、高宗といえどもそれまでのように財政を掌握しておらず、畢竟このような水準まで落ちているというべきだろう。いや、逆もいえるかも知れない。すでに日本の「保護国」の皇帝という地位に陥っているにもかかわらず、それでも英王李垠のためには支出はいとわないという態度を日本側に示したというい方もできる。高宗はこのとき、すでに見たように、信頼できる官吏を「密使」としてハーグへと送っている。高宗は海外への密使派遣という事業の反面、内宮でも自分の地位を誇示することを決して忘れていたわけではないということだ。もちろん、国家が傾いていく時期に、このような前近代の影を引きずった「儀礼」を行う時点で、高宗の時代はすでに終わっていることがはっきりと出ている。高宗の立場や意志は、国が傾きながらも、日本との抗争を考え義兵闘争◆を行っていた人びとの思いと、その政治的な意欲とは比較にならないほど、弱くもつたないものだといわざるを得ないのだから。

二、謎解き閔甲完

冠礼が終わると、すぐに嘉礼への準備が整う。まず『英親王府日記』の「陰暦丁未正月二十七日」すなわち「陽暦三月十一日」の冠礼に関する記事のあとに、「初揀択正時未初三刻」とあり、だいたい午後五時頃に初揀択を開始する旨が書かれている。そしてその翌日である「陰暦丁未正月二十八日」「陽暦三月十二日」には、慶運宮の浚明堂◆に「宗親（王族）文武百官」が集まるという、初揀択の方針が示されている。彼らの服装も「四品以上朝服五品以下黒団領」と、正装で迎えていることが明記

◆**義兵闘争**　日本の保護国へと転落しつつある大韓帝国の国権回復を目ざして立ち上がった民間の兵による闘いを指す。趙景達氏によれば、解散された大韓帝国軍の多くは反乱軍となったという。「地方では九月三日まで〔大韓帝国軍の〕解散が次々と行われたが、原州・江華島・忠州・堤川などでは反乱とな」り、「軍隊解散にともなう小戦闘は、各地で数多く起きている。反乱軍の死傷者は一八五〇名、日本軍の死傷者は六八名に上っている。その多くは義兵に合流する」（趙、2012、209頁）が、「解散兵士たちの義兵への合流は、義兵運動をより活性化させた。〔中略〕通常は数十名から一〇〇名を超える規模のものが一般的であった」（同書、212頁）という。

されており、あくまでも「前近代」の習わしの通りに進めるということだ。

　前に一度紹介した人物だが、明成皇后閔氏と同じ一族出身で、駐英公使、駐清公使を歴任した閔泳敦には閔甲完という娘がいる。彼女は自身の半生を『百年恨』という書物に著している。自称「英王妃・皇太子妃にえらばれた」女性が書いた自伝だ。さてこの閔甲完だが、はたして英王妃に決まっていたといっていいのか、のちに述べるようにかなり微妙な問題がある。このことについて、『英親王府日記』や『承政院日記』、『高宗実録』などを手がかりに、閔甲完の『百年恨』と対照させながら読み解いていくこととしよう。

　まずこの「初揀択」の日について、閔甲完の自伝には次のような記載がされている。

> 丁未年二月一日〔陰暦〕の日があけた。この日によって、ひとりの女の運命とひとつの家門〔一族〕の興亡が左右される。一生の一大事というよりも天下の一大事といっても過言ではないだろう。広く考えれば、国母が賢女か愚鈍かによって、国の運命が左右されるのだ。それがどれだけ重要なことかわかるだろう。
>
> 　目を覚ますと、朝から何か結婚式でもあるのか、頭が痛くなるほどだった。介添えの手母〔美容関係の担当者〕が手洗いをしてくれて、顔をよく手入れしてくれたあと、髪をすいてくれた。顔にはただ軽くおしろいを塗っただけだが、頭は窮屈で痛いことこの上なかった。私の頭はもともと薄くて、礼装をするとき女の子がするように、左右の両耳の下に髪をまとめるときには、髪が足りなくてかろうじて耳が隠れるぐらいで、礼装用の髪飾りをつけた。そして、その上にさまざまなノリゲ〔飾り〕をつけた花冠をかぶった。軽い食事をしたあと、真紅のチマにキョンマギ◆を着た。キョンマギは一般の家でも婚礼のときに着るもので、ふつうのチョゴリと色使いが少し違っているだけだ。私が着たキョンマギは薄緑地に赤紫で飾られたチョゴリで、袖口が白かった。白木綿の形のよい靴下に礼装用の絹の靴を履くと、その大げさな化粧と身繕いは終わったかのように、手母が私の介添えをして庭に降りていった。
>
> 　庭には四人轎と呼ばれる四人で担ぐ駕籠が来ていた。黒衣に仮面と帽子をかぶった宮中から来た四人が待機しており、その前には白い周衣《ツルマギ》に黒い快子と呼ばれる袖なしの服を着た別陪と呼ばれる役のひとがふたり命令を待っていた。彼らは私が四人轎にあがるや、四人轎の両脇におひとりずつ立った。おひ

とりは祖母の身の回りの世話をしていた方で、もうおひとりは母の身の回りの世話をしていた方だ。

（閔、1962、56～58頁）

〔中略〕

〔十時になると駕籠が出発し、家のあった〕水標洞からすぐ近くの慶運宮の正門である大漢門まで行こうとしたのだが、その道のりは遠かった。道ばたには、町ごとにそれぞれ見物客がずらり並んでいたのだ。一五〇余名の娘たちが、私のような出で立ちで行列をなして行く様子は華麗な「見もの」に違いないからだ。大漢門の前で四人轎が止まり、門番が出てきて四人轎の出入り口を開けるや、尚宮と宮女がそれぞれあらわれて私の手をしっかりとかき抱き、抱えて歩いてくれた。王宮の門内には、筵ぐらいはある大きな飯釜の蓋が置いてあり、その釜の蓋の奥に莫蓙が敷き詰められていた。両脇を抱えてもらっている私は、彼女たちの指示通りにまず釜の蓋を踏んだあと、次に莫蓙へと歩みを進めた。半尺ほどの幅がある黄色い莫蓙に真紅の布で縁をあしらったそれは、遠く至密〔皇帝の居室〕まで続いていた。

（同書、58～59頁）

〔中略〕

殿堂の上には内官〔官吏〕たちが待機していた。着ていたキョンマギの上には父の名前と職位が書かれた名牌という札がつけられ、その名札によって列をなし順序よく座った。三列に並んで座ったが、重臣の娘たちはいちばん前に座り、少し官位の低い官吏の娘は真ん中の列に、そして田舎から呼ばれてきた娘たちはいちばん後ろの列に座らせられた。胸につけた名牌は、その揀択の相手が皇太子なら黄色い紙に筆で書かれるのだが、親王なので真紅の紙に書かれていた。

（同書、59頁）

〔中略〕

『陛下のおなり』

という内侍の命がおりるや、娘たちの横に座っていた尚宮と宮女は蝶のように立ち上がり、私たちを抱えて立ち上がった。太皇帝《ママ》陛下〔高宗〕と皇太子殿下〔純宗〕の父子のほか、貴人〔厳氏〕が順に入

◆**浚明堂**　浚明堂は中和殿の裏手にある建物で、「屡々外国使臣の接見を行ひ、光武十一年（明治四十年）日本特派大使子爵田中光顕を本殿に於て接見した」（小田、2011、49頁）ことで知られる。

◆**キョンマギ**　礼装用のチョゴリ。地は黄色か淡い緑色で、襟や袖口、結びひもなどは赤紫色をしている。

って来られた。私たちが支えられている前をゆっくりと通り過ぎながら、ひとりずつ熱心にご覧になっていた。どれだけ立っていたのか、脚が痛くなった。〔中略〕後ろに座っていた娘たちがたくさん送り返されたようで、殿堂の中ははるかに広くなった。
（同書、60～61頁）

このあとで、閔甲完は伊藤博文を見たこと、そして両殿下（おそらく高宗と純宗）が候補者をえらびきれずにいること、夕方になって電灯がついたこと、英王李垠も入ってきたが、自分より背が低かったこと、口述試験のようなものを受けたこと、さらには閔泳奎の娘と沈《シム》氏の娘とともに、自分がえらばれたことなどが語られる（同書、61～66頁）。

それなりに臨場感のある内容で、まったくの嘘とも思えない。真実味とは細部にこそ宿っていると私は思うのだが、彼女の書いた細かい部分にはこの「真実味」がある。ただし、彼女の記述には眉に唾せねばならない部分もある。ひと言でいえば、閔甲完は劇的な書き方を好んでしているため、信じられないことも多いのだ。例えば、次のような記述は非常に気になるところだ。

〔母が私を〕産んでくださった日も、父は王宮内にいらっしゃった。その日はちょうど明成皇后の夜茶礼で、閔氏一族はもちろん、他の朝臣たちもみな集まっていた。光陰は矢のごとしで、皇后陛下が亡くなってからいつの間にやら三年も経っていた。〔中略〕臨月となられていた厳尚宮は手ずから茶礼の道具を並べられ、王宮の朝臣百官は頭を下げて臣下の礼を尽くした。王様〔高宗〕が最初の献酒をまずお呑みになり、純宗皇帝《ママ》は二番目の献酒を呑まれた。王様の二番目の献酒がまさにはじまろうとした刹那、その横で侍従役をしていた厳尚宮が身体を支えることがおできにならなくなり、倒れてしまわれた。周囲に立っていた朝臣たちは、この光景を見るや、すぐに厳尚宮をかき抱いて支え、部屋へとお連れした。産み月を前に産室は別に準備していたが、道があまりに遠く、厳尚宮の状態も急を要したので、仕方なく王の寝所を片付け、そこにお連れしたのだ。そして御典医が来る前に、厳尚宮は王世子〔李垠〕を産まれたのである。その日は陰暦丁酉年九月二五日で、王宮では王世子がお生まれになり、我が家では私が生まれたのである。
（同書、29～30頁）

これはあり得ない。第1章で見たように、厳氏は護産庁という役所までつくってもらい、子どもを産む場も、方位をきちんと見た上でしつらえてあったはずだ。おそらく、閔甲完はこのような活劇的な描写を入れることで、自分と李垠が同じ日に生まれたことをより神秘的に演出しようと思ったのだろう。しかし、この嘘はいただけない。この他にも、閔甲完の父である閔泳敦が生まれたときも、門前に白髪の老僧があらわれ「瑞気が満ちあふれている」「将来大物になるでしょう。そして一族を光り輝かせるでしょう」と予言した。そして老僧は杖を地に刺し、閔泳敦の父に真心込めて育てるようにいったという。「この杖は日が暖かくなるにつれて葉がたくさん生え、ナツメの木になって秋にはナツメの実がたくさん出来た」などという「神話みたいなことがあった」ことを述べている（同書、24〜25頁）。確かに閔泳敦は駐英公使を歴任するほど、外交官として活躍した人物ではあるが、いくら何でもこれも信用できない。思えば初揀択の日は陰暦正月二八日であり、「二月一日」ではない。要するに、閔甲完のいうことは、神話あるいは潤色がちりばめられていることを覚悟して読む必要があるのだ。

李王家に関する研究では日本随一の業績を誇る新城道彦氏も次のように述べている。

> 閔泳敦の娘閔甲完は自伝『百年恨』のなかで、〔英王李垠妃として〕最終的に選ばれたのは自分であると主張している。だが、通例三段階にわたる選考は第一回目を行っただけで終了しており、実際は最終的な候補者の選定には至らなかった。大韓帝国の公的記録『承政院日記』を調べるかぎり、閔甲完はこの第一回目の揀択ですら選ばれていない。また、彼女は揀択の会場に軍服を着た伊藤博文統監が同席していたと述べているが、このとき伊藤は京都にいた。このように閔甲完の証言にはさまざまな矛盾があるので、『百年恨』の史料的価値は低いといえよう。（新城、２０１５、90〜91頁）

伊藤を見たという話は確かにおかしい。そして新城氏のいう通り、彼女は初揀択でえらばれた「七人」に入っていないのも気になる。この日の『承政院日記』には「総弁閔鳳植女、幼学金容九《キム・ヨング》女、前主事曺秉集《チョ・ビョンジプ》女、前主事沈恒燮女、進士宋炳喆《ソン・ビョンチョル》女、進士金鉉卿《キム・ヒョンギョン》女、幼学洪淳範《ホン・スンボム》女、再揀択入之其余並許婚」とあり、閔甲完の主張している三人と顔ぶれがまったく違うわけだ。『高宗実録』を見てみよう。光武一一年（一九〇七年）三月一二日の記載として「行英親王夫人初揀択〇詔曰総弁閔鳳植女幼学金容九女前主事曺秉集女前主事沈恒燮女進士宋炳喆女進士金鉉卿女幼学洪淳範女再揀択入之其余並許婚」（『李朝実録第五十六冊』、１９６７、325頁）と、ほぼ同じ内容が書かれている。この七人に閔甲完が入っていないのは動かない事実だ。

しかし、だとすれば閔甲完は、調べればすぐわかる「嘘」をなぜついたのか、疑問が頭をもたげてくる。彼女が自伝を書いたときは、この「初揀択」から半世紀以上が過ぎたあとだったが、逆にいえばまだ当時のことを知る人物も多くいたはずだ。そこで堂々と真っ赤な「嘘」を書けたかどうか。おそらくここに問題の核心があるのではないかと、私は考えている。

例えば、日本の敗戦後、東京で晩年の李垠と親交があった「最後の忠臣」とでもいうべきジャーナリストの金《キム》・乙漢《ウルハン》が『人間李垠』という本を書いているのだが、彼は閔甲完のこの自伝を引用しつつ、次のように述べている。

> 英親王が発病する前、東京で私が閔閨秀（閔甲完）のことを話すと、銀髪童顔の英親王は「閔閨秀もかわいそうなひとだ」と顔を曇らせた。横にいた方子女史も韓国に帰国したら閔閨秀には必ずや一度会ってみたいといっていたのだが、今は英親王も閔閨秀もみなあの世の方となってしまったので、いまになって考えてみれば、『百年恨』というより『無窮の恨』という方が、むしろ正しいのかも知れない。
> （金、2010、106頁）

この本が最初に出版されたのは一九七一年、李垠が死んで一年後のことだった。そのときにはすでに李方子は韓国に「帰国」している。このあたりの事情は、本評伝『第4巻〝大東亜戦争〟・昭和期』（未刊）でより詳しく述べるつもりだ。先走っていうが、じつは金乙漢の著書も、閔甲完ほどではないにしろ、少し眉唾な部分もある。しかし、閔甲完がこの本を書いた直後に、李垠・方子夫妻が韓国に帰国しており、本評伝『第2巻 大日本帝国・明治期』で登場する李垠の甥・李鍝の妻であった朴賛珠とその子どもたちも韓国に居たし、それどころか純宗の皇后であった尹氏もまだ生きていて、昌徳宮に住んでいた。もしもこの引用文にあることがらが荒唐無稽なものだとしたら、すでに物言いがつき、場合によっては出版差し止めになるのではないか。でも、そのような話はついぞ聞かない。だとすればだが、この李垠がもらした「閔閨秀もかわいそうなひとだ」というつぶやきは、まったくの作り事とは思えない。ちなみに『倉富勇三郎日記』の一九二一年二月一八日の記事にも、「世子の為めにも太王が定め置かれたる婦人あり。その婦人が他に嫁せさる故」（倉富勇三郎日記研究会、2012、35頁）とあるのも気になるところだ。

ではなぜ閔甲完は揀択で李垠妃にえらばれた、とまでいいきるのだろうか。それには次のようないきさつがあると、彼女は語る。一九〇七年「冬至の月の二〇日（旧暦一一月二〇日）」に婚約のしるしの指輪「約婚之環」を「信物」として自宅に届けられた（閔、1962、76頁）、と。初揀択を終えたあと、再揀択、三揀択を経て、正式に妃としてえらばれなければもらえない「約婚之環」を、手にしたというのは本当だろうか。じつはこれも怪しい話で、彼女は一九一七年に指輪を返還させようと尚宮などが家を訪れ、すったもんだの末、翌年一月四日夜一二時に指輪を返還し、その代わりに領収書をもらったが、この領収書も盗まれた、と具体的なのか曖昧なのかよくわからない話を書いている（同書、83～104頁）。だが、いったんこの閔甲完の指輪談義を信じて考えてみよう。

彼女自身、一生結婚することなく過ごしたのだが、これは「王室の婚礼は、三揀択すなわち三回の揀択を経なければならないのだが、一次では六から一〇人程度に候補者をしぼり、二次で三名程度に、三次で最終的に一名を選抜した」（キム・ムンシク／キム・ジョンホ、2003、157頁）。そして「三揀択まで残ったのに脱落した娘は、嫁に出すことを禁じたため、後宮に入る場合が多かった」（同書、160頁）。閔甲完も揀択にえらばれた候補者の守るべき規則を守っているといえよう。だから彼女には、最低でも自分が最終候補にはえらばれたという自覚があったということだ。有力氏族の娘として生まれながら、一生結婚しなかったという閔甲完の生き方を見ると、それが単なる「嘘」と断定しづらい部分がある。こんなことを、単に「嘘」を守るためだけにする人間がいるとは、私にはとうてい思えない。少なくとも、彼女に英王妃になれるという「誤解」を与える程の何かがあったのではないか。

◆閔甲完の主張……まったく違う　ただし、当時の両班の娘がどのように成長したかというのを知るにはいい資料かも知れない。『百年恨』には、閔甲完が満一歳の誕生日で『千字文』を与えられたことや（閔、1962、34頁）、四つのときの冬至の日に「入学」（先生について勉強をはじめること）が行われていること（同前）、さらには本を一冊読み終えたら宴会をして祝うこと（同書、37頁）などが書かれている。李垠が一歳の時にもおそらく『小学』を与えられたことや、奉読庁で本を読み終えたときの盛り上がりなどを彷彿とさせる。また、イ・ボクキュ氏（2012）は、両班階級の人びとのへその緒の処理や入学について細かく解説しているが、李垠の経験したものを簡略化しつつ踏襲している様子が描かれている。おそらく、李王家の習慣が両班・有力氏族へとひろまっていったのであろうと推察可能だ。

だとしたら、彼女は「初揀択」での合格者とは別に、何らかのかたちで「えらばれた」のではないかという可能性を考えてみる必要があろう。彼女はその場で高宗や純宗、そして厳氏に会ったといっている。これは初揀択で「国王を含む王族がスダレ越しに審査する方法」があったというから（同書、158頁）、あり得ない話ではない。ただし、ここに顔をそろえたとしたら、おそらく皇帝の高宗、皇太子の純宗、そして純献皇貴妃厳氏、皇太子妃尹氏の四名だろう。しかし、尹氏は一年前の一九〇六年に三揀択の末に皇太子妃となったまだ数え一四歳の子どもに過ぎない。だとすれば、いちばんの発言力は、当たり前だが高宗にあり、それに次いで皇太子の純宗、そして厳氏ということになる。

高宗は一九〇五年の保護条約以降、権力を失い失意のなかにあった。もちろん、この当時、水面下で密使の派遣など動きはなくはないが、それにしても心楽しい状況ではなかったはずだ。皇太子の純宗も同じく、父を慕いつつも何もできないでいるし、第一自分の健康状態がよくなかった。それに対して厳氏は、皇后になれなかった恨みがある。そして、自らの門中である寧越厳氏は貧しく、彼女のきょうだいなどごく近い血縁の人間が少しずつ出世しはじめている段階だ。英王李垠妃にふさわしい八親等以上離れた候補者の娘など、おそらく出すことができなかっただろう。厳氏としては、寧越厳氏以外の一族から「次善の策」として英王妃を選びたいところだ。それに対して海平尹氏は、英親王府総弁であった尹沢栄が采配を振るい、皇太子（純宗）妃すなわち次の皇后を出すことに成功している。当然、英王李垠の揀択にも関心があったはずだ。しかし、彼はこの揀択に参加できずにいる。ちょうどこの頃、彼は出世して敦寧府に入っているからだ。

ここから先は私の推理に過ぎないが、聞いて欲しい。英親王府総弁の尹沢栄が、英王李垠妃をえらぶ揀択に際して、それに直接関与できない位置にまつりあげられているのだ。これを偶然と呼ぶことは、私にはできない。厳氏は自らの子どもである英王李垠を皇太子にすることを画策していただろう。彼女が高宗の信頼を勝ち取って、その兄や親族が出世しはじめたのは、第1章でも述べたように、この冠礼と嘉礼が取り沙汰されるほんの数年前のことだ。厳氏は自分の一族の繁栄も視野に入れていただろう。だとすれば、皇太子妃まで出した海平尹氏の影響力は、できるだけ排除したかったに違いない。海平尹氏は皇太子の外戚であり、英親王府総弁を務めた尹沢栄がひかえている。もしもこの時期、尹沢栄が総弁のままだったら、海平尹氏から英王妃候補を出すのが順当ということになる。しかし、尹沢栄は折り悪く、敦寧府へと出世しており……。そうだとすれば、純献皇貴妃たる厳氏が、尹氏の力を牽制するために、あえて尹沢栄を出世させてまで英親王府から体《てい》よく追い出したのではないかという疑念も沸き起こってくる。もちろん、その辺の事情はわからないし、また大韓帝国自体が日本の保護国に転落するという政治的には絶体絶命の状況であるにもかかわらず、大韓帝国内宮および皇室はこんなつまらない政治力学を働かせていたということになってしまう。そして私には、成り上がりである厳氏は、本当にそのつまらない政治力学の発動に血道をあげていたように思えてならない。

また、高宗の立場で考えてみよう。高宗は厳氏を「皇后」にはしなかった。これは日本の魔手によって残酷に殺された明成皇后閔氏を、高宗自身が忘れられなかったからとしか考えようがない。その証拠に、慶運宮には閔氏を祀る景孝殿がつくられ、頻繁に茶礼を開いているではないか。日本によって保護国化させられた大韓帝国で、かつて日本人に野蛮に殺された閔氏が、哀れでもあり懐かしくもあっただろう。ましてや驪興閔氏は名門氏族だ。閔泳煥や閔泳瓚など、有能で高宗のおぼえめでたい官吏も多くいる。いや、閔甲完の父である閔泳敦自身がその可愛がられている能吏なのだ。だからこそ、厳氏は海平尹氏との対抗上、驪興閔氏から英王李垠妃候補を出す方が、まだマシだと考えていた可能性は高い。もしも厳氏が驪興閔氏から英王妃を、と進言しても、高宗もそれに反対する理由がない。現実に、『承政院日記』や『高宗実録』の記載事項でもわかるように、筆頭には「総弁閔鳳植女」がえらばれているが、この閔鳳植は驪興閔氏なのである。ではなぜこの「閔鳳植女」の名前が消えてしまうのか。それは彼の職位に問題があったからとしか考えられない。じつはこの閔鳳植は、新設された義親王府総弁であり、義王李堈に近い存在だ。義王李堈は英王李垠より年長で、資格的には皇太子になる可能性はある。もちろん李堈には、性格的な問題があったため、高宗も彼を推すつもりはなかっただろう。木村幹氏も「高宗は大院君の愛孫だった李埈鎔が自ら、あるいは皇太子の地位を脅かすことを警戒し、また自らの子でありながら、一貫して王宮の外で育った義親王との間には信頼関係を全く有していなかった」（木村、２００７、358頁）と述べている。ただし、本章の冒頭で書いたように、この頃に李堈が帰国して、義親王府という役所を設けたことなど、日本の威力で心細くなった高宗に、李堈に少しだけ期待していたフシはある。それでも実際は、李堈を皇太子にという動きはほぼない。しかし、厳氏からすれば我が子である李垠を皇太子にするためなら、邪魔になる（可能性のある）芽はできるだけ排除したかっただろう。そこで、厳氏は義親王府総弁である閔鳳植の娘ではない人物の娘を推すことを思いついたのではないか。そう、初揀択が終わったあと、「英親王夫人初揀択已過再揀択吉日以何間推択乎敢　奏奉　旨陰暦二月旬間択入○又　奏本今此　英親王夫人再揀択吉日以陰暦二月旬間択入事　命下矣令日官金東杓推択則陰暦二月初十日巽時為吉」と『英親王府日記』の陰暦一月二八日（陽暦三月一二日）にある通り、陰暦二月一〇日の巽時（八時頃か）に再揀択をすることまで決まっていたのである。しかし、この「再揀択」はついに開かれなかった。理由はまったく記されていないが、『英親王府日記』陰暦二月四日（陽暦三月一七日）に、「英親王夫人再揀択日字陰暦三月十六日巽時」と変更され（『承政院日記』でも同じ）、二月二九日（陽暦四月一一日）には「掌礼院　奏再揀択日字更為退定以入事　命下矣吉日令日官金東杓推択則陰暦五月十七日丙時為吉云以此日時定行乎敢　奏奉　旨以此日定行」という具合に、さらに延期され、五月二日（陽暦六月一二日）にも「掌礼院　奏再揀択日字更為退定以入事　命下矣令日官金東杓推択則陰暦七月十九日巽時為吉云以此日時定行乎敢　奏奉　旨依奏」と同じく掌礼院の物言いで、次々と揀択の日付が後退していった。

同じ日の『承政院日記』を参照してみよう。まず陰暦二月四日だが、「掌礼院卿臣李冑栄謹奏、再揀択日字、更為択入事、命下矣。吉日令日官金東杓推択、則陰暦三月十六日巽時為吉云。以此日時定行乎　敢奏。奉旨、以此日時定行」とあり、『英親王府日記』と内容は変わらない。また陰暦二月二九日は「掌礼院卿臣李冑栄謹奏、再揀択日字、更為退定以入事、命下矣。吉日、令日官金東杓推択、則陰暦五月十七日丙時為吉云、以此日時定行乎　敢奏。奉旨、以此日定行」と同じ内容だ。しかし、『承政院日記』には、「掌礼院卿臣李冑栄」と、発言者が特定されている。これはそれ以後も同じで、五月二日にも「掌礼院卿臣南廷哲謹奏、再揀択日字、更為退定以入事、命下矣。令日官金東杓更為推択、則陰暦七月十九日巽時為吉云、以此日時定行乎。敢奏　奉旨依奏」と、やはり「掌礼院卿臣南廷哲」と発言者が特定され、再揀択の日がさらに遅くなっている。そのたびに吉日をえらばされる日官の金東杓も気の毒だが、とにかくこの揀択は異例ずくめだ。

いまとなっては、この異常なまでの日時変更の理由を知る方法はない。また、陰暦七月一九日は陽暦八月二六日であり、このときには「ハーグ密使事件」を受けて高宗は退位させられて太皇帝となり、皇太子だった純宗が皇帝となっている。これについては、また次の節で読んでいくが、とりあえずここで大事なのは、再揀択の行方だ。だいたい再揀択というのは「初揀択があってから二週間程度過ぎたあとに実施され」、三揀択は「それからさらに一五～二〇日の間にあった」（キム・ムンシク／キム・ジョンホ、２００３、158～159頁）というから、さっさと決めた方がよかったにもかかわらず、英王李垠妃の揀択に限って、こんなに長々と引き延ばされている。そんなことをしてもいいことなどなかったはずだ。しかも、それを掌礼院の官吏たちが主張しているところが異常である。掌礼院とは大韓帝国皇室の事務をとりしきる役所であり、嘉礼のような重要な儀式は、予定通り進めるのがもっとも無難な方法だったと、私は考える。だとすれば、誰かが後ろで動いていたと見るべきだ。こんなことをしそうなのは厳氏しかいない。彼女は閔鳳植の娘を再揀択、三揀択で選択する可能性を排除するために、あえて「裏口」から閔泳敦の娘である閔甲完をほとんど一本釣りで連れてきたのではないか。初揀択に閔甲完も参加していた可能性も高いが、閔鳳植の娘が筆頭で選択されたというその決定を受け容れられなかった厳氏は、家の格が閔鳳植以上で、しかも高宗の信頼厚い閔泳敦の娘を担ぎ上げて、英王李垠が皇太子になるための布石としたのではないか。そもそも、閔甲完の主張でも「閔泳圭の娘と沈氏の娘」と三人目の女子の父親さえ明示できていない。おそらく閔泳圭の娘とは同じ驪興閔氏だから面識があったが、沈氏の娘は知らなかったのだろう。不正のにおいはプンプンとする。おそらく高宗も困っただろうが、英王李垠は可愛い皇子であり、厳氏がその母である以上、とりあえず厳氏の話を聞くことはしたのではないか。しかし、初揀択でえらばれなかった娘を再揀択に引き出すことは、前例のないことで不可能だった。それゆえ、一日延ばしでしのいでいたのであろう。それが先に見た再揀択延期の舞台裏◆なのではないかと、私は考えるのだ。

　現実に、純宗が皇帝になってからのことだが、『承政院日記』一九〇七年九月一九日（陽暦一〇月二五日）にも「皇太子妃再揀択日字를陰暦九月二十日로推択한掌礼院奏本還入하야　批旨를以待降旨로改付票以下하심이라」つまり「皇太子（このときはすでに李垠が皇太子になっている）妃の再揀択の日を、陰暦九月二〇日としてはどうかという掌礼院の案を、皇帝（このときは純宗）の決を待つ」というところまで書かれている。そしてさらに異常なことだが、翌一九〇八年の陰暦一一月二六日（陽暦一二月一九日）に「皇太子妃初揀択時被選해온 処子를並許婚하라신旨를奉承함이라」とある。要するに、「初揀択でえらばれた娘を妃としたらどうだろうか」と純宗がいっているのだ。初揀択でえらばれた娘は七人いる。それをどうやって「許婚」すなわち妃としろというのか。「許嫁」というからには、おそらくこの段

階で、純宗の脳裏にはひとりの娘が浮かんでいたに違いない。だとすれば、それは誰なのか。閔甲完は初揀択でえらばれてはいない。でも厳氏の横車で、閔甲完が強力に推されていたとしたら、彼女を初揀択を通った七人と「同格」と考えるように仕向けられていたのかも知れない。これも推理するしかないが、いままでのしきたりをすべて廃してまで、閔甲完を推していた厳氏のたくらみに、純宗はのったのではないだろうか。病弱で子どもをつくることが望めない純宗は、皇室のために、厳氏と闘ってまで再揀択、三揀択を行うことを嫌ったと考えれば、まあ納得もいく。この日が陰暦一一月二六日だという。ならば、先に引用したが、閔甲完が一九〇七年の「冬至の月の二〇日（旧暦一一月二〇日）」に婚約のしるしの指輪「約婚之環」を「信物」として自宅に届けられた（閔、1962、76頁）という内容とも、いちおう合致しているではないか。ただし、閔甲完の指輪の受け取りと、純宗の発言の間には整合性がある。私の推理が確かなら、早くから——初揀択の日から——厳氏が動いていたのだから、指輪が一九〇七年のうちに届くこともあり得ただろう。それゆえに再揀択の日取りが延期され続けたともいえる。もしも本当に閔甲完が「約婚之環」を受け取っていたのなら、そりゃ「誤解」もするだろう……。ただし、彼女は初揀択も通っていないのは事実であり、この「縁談」はもともとがいわば無理筋なので、仮に指輪が渡されていたとしても、彼女が「英王李垠妃」あるいは「皇太子妃」「国母」の候補だったとはいいがたい。

もちろんこの推理も満点ではない。閔甲完の自伝『百年恨』の史料的な価値の低さもあるし、仮に私の推理が正しかったとしても、厳氏がなぜ閔甲完、いや閔泳敦の娘にこだわったのかも、わかったようでいてわからない。あるいは経済面での関係が厳氏と閔泳敦の間にあったのか。だが、李垠が晩年につぶやいた（とされる）「『閔閨秀もかわいそうなひとだ』と顔を曇らせた」（金乙漢、2010、106頁）理由や、倉富勇三郎の記述（倉富勇三郎日記研究会、2012、35頁）、そして閔甲完がじつに堂々と自分がえらばれた皇太子妃だったと書いているのにもかかわらず、それを削除させる動きがなかったことなどから考えて、私の推理もそれほど的外れではないのではないか。

しかし、仮にそうだとしても、大韓帝国皇室の安泰や、寧越厳氏、海平尹氏、驪興閔氏といった氏族間の争いも、風前の灯火となった現実の大韓帝国の命運を考えれば、馬鹿げたことだと思う。しかし、宮廷がすでに見たように「前近代の儀式」にしがみついていたことからもわかる通り、掌礼院まで巻き込んだこの「争い」しか、彼らには見えなかったのではないかと思う。もしそうなら、国が傾くのも道理だといわざるを得ない。厳氏は自分の一族のため、また自分の内宮での地位保全のため、風雲急を告げるこの時代に、内宮での自分の地位さえ保たれれば「大韓帝国外宮を完全に日本に譲ってもかまわない」と考えていたとさえ、私には思えるのだ。もちろん、閔甲完が本当に英王妃候補として「きちんとえらばれた」のかどうかは、疑問が残るのではあるが、閔甲完も、英王李垠も、そして義王李堈も、結果として狭い内宮の小さな小さな権力闘争――それこそ国民をないがしろにした権力闘争――に明け暮れていたのは情けない限りだ。

三、李垠の立太子

前節で述べた通り、高宗は「ハーグ密使事件」をきっかけに、帝位を追われ、太皇帝となった。当然、皇太子だった純宗が大韓帝国第二代皇帝となる。そのいきさつを少し述べようか。これは文化研究というより歴史に近い内容で、「ハーグ密使事件」のくだり同様、私としては得意な分野ではない。しかし、いくつかの点で、文化研究的な側面もあるので、そこを見てもらえれば幸いだ。

例えば、再三引用している『英親王府日記』だが、こ

◆再揀択延期の舞台裏　小説家のソン・ウヘ氏は、やはり閔甲完が揀択で選択されていない事実について細かく考察している。ソン氏は李垠が日本に留学させられる前に婚約させることを考え、やはり初揀択で選択されていない閔甲完を無理に婚約へと持っていったと記述している。しかし、その理由としては「閔甲完のひとりしかいない実の姉が〔中略〕新しい皇后〔純宗皇后の継妃尹氏＝尹沢栄の娘〕の一族に嫁いでいた」ため、李垠の妻となる人物が「純宗とより親密になる橋渡しとなることができるのなら、政治的により大きな助けとなるだろうと計算し」、「新皇帝の外戚たる尹氏の一族と姻戚関係を結んでいる閔泳敦の二人目の娘を花嫁候補とした」（以上、ソン、２０１２、350頁）と推察している。これについては閔甲完も「〔実の姉が〕純宗皇帝妃に冊封された尹妃様のいとこに嫁いでいた」（閔、１９６２、53頁）と述べている。ソン氏は小説家ではあるが、歴史家の側面を持っていると自任している。しかしこの考察には高宗が信頼をおいている驪興閔氏の官吏たちに関する洞察もなく、単に海平尹氏との関係を結ぶことを主張している点で瑕疵がある。もしも尹沢栄を筆頭とした海平尹氏と強い信頼関係を結びたければ、尹氏の一族から英王妃候補を出してくるべきではないか。ソン氏の小説は、厳氏が並々ならぬ野心で宮中に君臨したということなど示唆的なところもなくはないが、やはり私はそれほど信用できないと思っている。

の「日記」はこれまですべて漢文で書かれていた。しかし、「光武十一年陰暦丁未六月初十日乙巳晴　陽七月十九日」の記述は、いろいろな意味で興味深い。まず、はじめて国漢文（漢字ハングル混じり文）で、高宗の「退位」の意志が伝えられていること、そして記述の最初は、これだけの政治的な事件があるにもかかわらず、「邸下在慶運宮○講学停」と、英王李垠が慶運宮にいることと、「講学」すなわち『小学』の勉強がこの日なかったということではじめられていることだ。講学は続けられている。相変わらず、『小学』第二巻を読んでいるのだ。ついでに述べておくが、「光武十一年丁未五月初九日己亥晴　陽六月十九日」には「詔曰命英親王府総弁趙忠夏為掌礼院副卿侍従院侍従金宅鎮命英親王府総弁叙勅任官三等」と、趙忠夏が総弁から降りて掌礼院の副卿へと異動し、侍従院侍従だった金宅鎮《キム・テクチン》が英親王府総弁（勅任官三等）へと出世している。このひとは決して有名な官吏ではない。要するに英親王府の扱いがそれなりに厳しくなってきているということだろう。金宅鎮にとっては「出世の糸口」でも、国が傾いており、出世してもあがるべき「席」がなくなりつつある状況だ。ここでも旧態依然たる大韓帝国内宮の事情が見えてくる。

それでは、「陽七月十九日」の記述を追ってみよう。この日は「講学停」とあるから、『小学』の勉強はなかったようだ。

詔曰嗚呼라朕이　列祖조基를嗣守하야于今四十有
四載라屡経多乱에治不徯志하야進庸이或非其人에騒
訛日甚하고施措가多乗時宜하야艱虞方急하니民命之
困瘁와国歩之岌業이未有甚於此時하야慄慄危懼에若
渉淵水이라幸頼元良이徳器가天成하고令誉가夙彰하
야問寝視膳之暇에裨益弘多하고施政改善之方은付託
有人이라朕이窃惟倦勤伝禅은自有歴代已行之例하고
亦粤我　先王朝威礼도正宜紹述이니朕이今茲軍国大
事를令皇太子로代理하노니儀節은今宮内府掌礼院으
로磨錬挙行하라

これとまったく同じ文章が、『高宗実録』にも載っているが、そちらでは日付が「七月十八日」と、一日早い。父である高宗の退位という一大事は、すぐに伝えられたのではなく、英王李垠には一日伏せられていたということか。内容を見ると、四四年の長きにわたって、いままでの国王が行ってきた政治を受けついできたが、現在の政情はあまりに乱れており、民も国も疲弊している。このような未曽有の危機に直面し、政権もかわらなければならない。そこで、国家の大事を皇太子に代行させ、儀礼は宮内府掌礼院でよろしく行うように、といったところだ。

文面だけを見れば、まるで天皇が「譲位」だか「生前退位」だかをしている状態と変わらなく見える。しかし、これは大韓帝国を保護国化して、事実上大韓帝国外宮を握っている日本の統監府が、高宗に「ハーグ密使事件」の責任をとらせて「廃位」したのである。儀礼的に皇太子の純宗も高宗を慰留するが、これは単に形式上のことに過ぎない。実際に『高宗実録』は、この七月一九日をもって最後となり、皇帝代理となった純宗の治世（といえるほどの実力はないが）となり、『純宗実録』も、この一九〇七年七月一九日にはじまる。元号は「隆熙」。陽暦八月二日に「内閣総理大臣李完用以改元年号望隆熙太始議定上奏」（『李朝実録第五十六冊』、１９６７、355頁）とあり、翌日から使用された。「光武」に負けないほど勇ましい字を使っているが、その内実はかなり寒々しいものだった。ちなみにこの日、「宮内府大臣李允用以太皇帝宮号望徳寿府号承寧議定上奏允之」（同前）ともあって、高宗は太皇帝になったあと慶運宮に住み続けるが、「徳寿宮」という「宮号」◆と「承寧府」という「府号」の使用が承認された。これによって「慶運宮」の名称は「徳寿宮」へと変更され、その事務を担当する役所として「承寧府」が誕生する。

◆宮号　この「宮号」という記述は面白い。大日本帝国によって韓国併合がなされたあと、朝鮮王族は「準皇族」として扱われ、例えば高宗は「徳寿宮李太王」、純宗は「昌徳宮李王」と呼ばれるようになるが、日本に併合される以前から「宮号」は大韓帝国に存在していたことになるからだ。ただし、国、言語が違えば文化も違うのは当然であり、この「宮号」が日本の皇族のそれとまったく同じではあるまい。では何なのか。純宗薨去後に李垠が「昌徳宮李王」と呼びならわされたのだが、このことについて新城道彦氏も「『昌徳宮』については、皇族の宮号（梨本宮、伏見宮など）に似た意味合いを持たせるため、（李垠やその子息などが）東京在住であっても代々継承させることにしたと考えられる。宮内省記者会所属の井原頼明が一九三八年に著した『皇族事典』では、冒頭の御紋一覧で李王家の表記が他の宮家と並んで昌徳宮となっており、あたかも皇族の一員のようにみえる。軍隊では李垠を他の皇族と同じく『宮様』と呼んでいた」（新城、２０１５、192～193頁）とまとめている。「徳寿宮」と「昌徳宮」は、実際に高宗や純宗が住んでいた王宮の名称であり、その意味では日本の「宮号」とは似て非なるものだ。大韓帝国の「宮号」については、資料がないので詳しいことはわからない。ちなみに『承政院日記』によると、承寧府の総管（責任者）には完順君・李載完が任命されている（陰暦七月二三日、陽暦八月三一日）。

純宗が皇帝になると、当たり前だが「皇太子」が空位となる。そこに、英王李垠が即位することとなる。だから、厳氏の望みは叶い、皇太子の母として事実上の「国母」へと踏み出すことはできたが、高宗が退位してしまっては元も子もない。韓国統監府に外宮を占領された上、内宮にまでにまでその勢力が入り込んでしまっているからだ。

しかしながら、高宗とその家族にとってより重要だったのは、この高宗の退位に併せて、二つのことが行われたということだった。一つ目は、これにより「大韓帝国」におけるほとんどの権限が、外宮つまり内閣、さらには韓国統監へと移ることとなったことである。事実、高宗在位時には頻繁に内謁見を求めた伊藤〔博文〕も、純宗即位以後はその頻度を減らし、内容も儀式的なものへとなってゆく。もはや、韓国を代表するのは、皇帝ではなく、内閣、そしてより正確には統監になっていた。

二つ目は、高宗自らの二人の愛子、つまり純宗と英親王と切り離されたということだった。伊藤は高宗の影響力が純宗に及ぶことを恐れ、一時は、高宗を日本へと送ることとさえ考えた。しかしながら、結局、両者は漢城府内〔ソウル内〕の異なる宮殿に隔離されることとなり、純宗の即位以後、これまで放置されていた昌徳宮の修理が急がれた。一九〇七年一一月一三日、純宗はこの昌徳宮に移ることとなり、こうして慶運宮に残された高宗は大韓帝国の新たなる内宮からさえ隔離された。

また純宗の即位からまもなく八月七日には皇太子の位に就いていた英親王は、一一月一九日、日本への留学を命じられ、統監の伊藤博文が太子太師、総理大臣の李完用が太子少師に任じられた。一二月五日、皇太子は日本に出発した。

（木村、2007、361～362頁）

いままで英王冊封や冠礼でも、『英親王日記』には事細かくどのような儀式があったかを記載してきた。しかし、この皇太子冊封に関しては、まったく事情が異なる。例えば、英王李垠が皇太子になった時期について考えてみよう。

先の引用文で、木村氏は「八月七日には皇太子の位に就いていた」と注意深く書いているが、これには理由がある。英王李垠が「冊封された日」と、「事実上、英王李垠が皇太子となったとき」とで、ズレがあり、李垠がいつから皇太子になったたか、少し微妙なのだ。これについては、やや細かく見る必要がある。なぜなら英王李垠の皇太子冊封自体は、陰暦七月三〇日（陽暦九月七日）に行われたからだ。これについて、『英親王府日記』をひもといてみよう。

まず「隆熙元年陰暦丁未六月二十九日戊子晴　陽八月七日」には、「詔曰封英王　為皇太子冊封儀節宮内府掌礼院照礼挙行」と英王李垠を皇太子に冊封することと、それを掌礼院が「照礼」すなわち今までの儀礼に照らしあわせて行うことが決定事項として伝えられている。王世子の冊封はそれまでの李氏朝鮮王朝にもあったが、皇太子としての冊封は今回がはじめてであり（純宗は王世子として冊封され、大韓帝国成立にともなって皇太子になっている）、「依例《れいによりて》」すなわちまったく前例の通り行うわけにいかなかったのだろう。さらにその翌日「隆熙元年陰暦丁未七月初一日庚寅晴　陽八月八日」には「掌礼院奏冊封　皇太子吉日陰暦未月念後択入事　命下矣今日日官金東杓推択則七月三十日為吉云以此日定行乎敢奏」とあるように、またもや金東杓が吉日として七月三〇日（陽暦九月七日）をえらび、この日に英王李垠の皇太子冊封をすることが決定する。ここまではそれほど複雑な話ではない。すでに見た英王冊封や冠礼のときと同じ方法だからだ。しかし、ここからの展開は「普通」ではない。そのまた翌日たる「隆熙元年陰暦丁未七月初二日辛卯晴陽八月九日」は、「邸下在慶運宮」ではなく「殿下在慶運宮」となっている。だとしたら、この八月九日をもって英王李垠は皇太子待遇へと格上げされているといわざるを得ない。前節で見たように、英王李垠の揀択は異例ずくめだったが、じつは皇太子冊封も規格外の儀礼となっているのだ。

この間、「講学停」となっている。先に引用した陰暦六月一〇日（陽暦七月一九日）の高宗の退位の詔以来、ずっと講学は停止されており、英親王府でも講学どころではなく、高宗退位と純宗即位にまつわる諸問題に対応していたといえよう。そして陰暦七月一四日（陽暦八月二一日）を最後に、『英親王府日記』の書式が大幅に変更される。それまであった日付に関する記載方法は、例えば冒頭は「隆熙元年陰暦丁未〇月×日・その日付の十貫十二支・天候　陽△月▲日」という書き方から、単に「八月二十一日」という陽暦の日付だけを記載する方法へと変わる。ちなみに、この八月二一日の日記は、新旧両方で記述があり、旧式の日記は、「隆熙元年陰暦丁未七月十四日癸卯陰　陽八月二十一日」と書かれている。この日「〇講学停〇詔曰英親王府総弁以下并解任〇本府汁物移送内蔵司冊子等物移送侍講院今日撤罷」とある。五名の役人は解任され、汁器類は内蔵司に、『英親王府日記』を含む書物は侍講院へとうつされた。英親王府はこの日で終わったといっていい。

その後も『日記』自体は書き続けられているものの、英王李垠がどうした、というそれまでの内容とはまったく異なる記述がなされていくのだ。新しい『日記』は「八月二十一日」からはじまる。日記自体は毎日書かれるわけではなく、記載事項のない日は飛ばされている。また内容も官吏たちが英王李垠にかかわる儀式などについて、意見を述べたことが書かれているだけで、主人公は李垠ではなくなっている。その証拠に、英親王府は陽暦九月七日は日記自体が書かれていない。冊封礼を行うことに忙しく、『日記』など書いていられなかったのだろう。だとすれば、もはやこれは『英親王府日記』とはいいがたい。それと関連するのだろうが、じつはこの皇太子冊封がどのようなかたちで進められたのか、当日どのような服装で、どのような儀式をしたのか、まったく記述がないためわからない。ただし、「皇太子金冊文」は残っている。金冊文製述官は弘文館大学士金鶴鎮《キム・ハクチン》、金宝篆文書写官は完順君李載完（英王冊封時にも登場した承寧府総管）、他に書写官従一品趙秉弼の名が見られる。文章はかなり簡潔で、「隆熙元年歳次丁未七月庚寅朔三十日巳未」に英王を皇太子として冊封する旨と、英王が「天挺聰叡之姿孝友仁厚即其性日章温文之表容貌声気亦可」すなわち性質もよく、賢く、またその姿も声もよいなどと美辞麗句を並べている。もはや皇太子李垠は、高宗と同様、単なる「飾り」に過ぎないのだろう。要は外宮が乗っ取られただけでなく、内宮まで侵害されてしまったのだ。

皇太子冊封に話を戻そう。それまでの李氏朝鮮王朝では、国王の息子が王世子となるのは王世子冊封のあとだった。しかし、李垠は違う。皇太子に冊封されることが決定し、その日付まで決まるや、皇太子待遇を受けているからだ。揀択が延期を繰り返し、流れてしまったのとは正反対に、李垠が皇太子へとなるのは、拙速といっていいほど早い。これは外宮どころか内宮まで口を挟むようになった伊藤博文韓国統監が、合理的な皇室運営——病弱な純宗に代わり得る皇太子を早めに冊立するという方針——を行っていたからに他ならない。伊藤にとって韓国皇室は、保護国である大韓帝国を維持するために必要な「機関」としてのみ見られていたようだ。

だから私は次のように解釈している。まず、八月七日に英王李垠の皇太子冊封が決まり、翌日には陰暦七月三〇日（陽暦九月七日）に冊封の日取りまで決まった。そこで、八月九日からは李垠は殿下と称され、事実上の皇太子となり、九月七日には冊封も滞りなく済ませた。だから、彼が皇太子になったのは、冊封とは別に、八月九日なのではないか、と。

さて、伊藤の話が出た。統監として大韓帝国を経営する際、合理化を進めるのが彼のやり方だった。これについて瀧井一博氏は「伊藤は、プライベートでは、漢学的素養を愛する文人気質の持ち主だった。しかし、彼にとって、公的な国家の統治機構が前近代的な儒学によって席巻されることは、許し難いことだったのである」（瀧井、２０１０、308頁）とその合理性を評価し、「ここで伊藤は、儒林を宮中から遠ざけ、もって韓国統治の仕組みと為政者の意識を抜本的に変革せんことを意図していた」（同書、307頁）ことに並んで、伊藤は怪しい卜筮者を排斥したことを評価している。例えば瀧井氏はここで、飯野吉三郎という「日露戦争の際に戦局に関する幾多の託宣を行って児玉源太郎や東郷平八郎ら日本軍人を心服させたと伝えられる行者」を、高宗が韓国宮中へ招聘しようとしたことを挙げている。そこで、伊藤が「儒林のみならず、『筮巫女《ぜいふじょ》の輩』までが宮中に出入りし、皇帝の近代的啓蒙を妨げて」おり、「そのような者たちが跋扈《ばっこ》する韓国宮廷は、伊藤の目には『伏魔殿』と映じた」（同書、309〜310頁）と論じている。高宗が飯野を招聘しようとしていたのは、一九〇六年のこと。伊藤が統監としてソウルに赴任したのは一九〇六年三月のことだから、赴任早々にこのような高宗を中心とした内宮を「伏魔殿」と見て、改革を進めようとしたのだろう。この筮巫女の類いは、第1章でも見たように、閔妃の魂を呼び寄せるという人物を宮廷内に入れていることと符合している。伊藤にとって大韓帝国は近代的な統治機構を持たない、文字通り危うい運営をしているように思えたのだろう。やがて彼は、「ハーグ密使事件」を奇貨として、内宮にまで本格的な干渉をはじめる。私は先に、高宗を「飾り」

◆**八月二十一日**　日付も、何月何日と書くわけではなく、例えば「八月二十一日」の翌日の記載は、単に「二十二日」となっているように、きわめて単純化されている。陰暦を廃したことなどは合理的といえるが、この古い書式と新しい書式の『日記』が両方書かれた「八月二十一日」を最後に、英親王府は解散状態だったと見るべきだろう。

◆**皇太子を早めに冊立**　このときの皇太子冊封では、多くの官吏が恩典を受けている。『承政院日記』によれば、陰暦七月三〇日（陽暦九月七日）に、この儀礼に直接かかわった者が、延べにして約一〇〇名ほどいる。彼らには「熟馬」「半熟馬」「加資」「叙勲」などの恩典が与えられたのがわかる。ここに載っているのは官吏や役人だけで、それ以下の無名の使用人たち（水工など）がどのような恩典を受けたかはわからないが、ある程度の物をもらっていたのではないかと想像している。

あるいは皇室を「機関」と述べたが、それはこのようなことをふまえての考察なのだ。
時代は前後するが、統監として赴任した伊藤の近代合理主義は、財政の面でも発揮される。

それは第一に、伊藤統監は日本が韓国に軍隊を駐屯している費用や、韓国の「施政改善」のため今後ますます増加するであろう諸経費を、日本に賦課するのはよい計画ではない、とみる。これらの費用は、韓国人民の資力を増進させることにつながるので、なるべく韓国人民に費用を負担させるべきであるとする。

第二に、当面の資金は相当量を借款に求めて一時の急を補うべきである、と伊藤は考えた。伊藤は借款の額を一〇〇〇万円内外とみた。これは政府においても資金が必要であるが、民間においても資金がさらに必要であり、「金融逼迫《ひっぱく》」は少し回復したがまだ正常に戻っていないとみたからだった。

（伊藤、２００９、11～12頁）

伊藤統監はこのような財政改善を主張している。大韓帝国皇室を近代化するために、どうしても金がかかる。それはひとまず借款で手あてし、そしてゆくゆくは大韓帝国の資力増進によってまかなうという考え方だ。当時の一〇〇〇万円といえば、現在の価格で考えると、いくらになるか。くどいようだが、『値段の明治大正昭和風俗史』を参照すると、たばこのGolden Batが明治四〇年（一九〇七年）に五銭（週刊朝日、１９８１、55頁）、しる粉が明治三五年（一九〇二年）に五銭（同書、75頁）だったから、明治末年と現在の価格はおおよそ一万倍にあがっていると考えると、当時の一円はいまの一万円の感覚だといえよう。だとすれば、一〇〇〇万円の借款とは、現在ならだいたい一〇〇〇億円程度だろうか。かなり遠大な計画だ。もちろん伊藤の運営方針が正しく、大韓帝国なかんずく高宗のそれが間違っているなどというつもりは毛頭ないが、一九〇七年という時期に、古来からの「依例《れいによりて》」儀礼などをして、無駄なお金と時間をかけるのは、馬鹿げていると私も思う。もちろん、日本だって皇族が死ねば古式ゆかしい儀式を行うことを考えれば、儀式面では大日本帝国も大韓帝国も感覚はそれほど開いているとは思えない。要するに、伊藤は「外国人」の「統監」として赴任し、完全な部外者からの眼で見ることで、大韓帝国皇室の問題点は冷静に捉えられたというところだろうか。それは単に立場の違いというういい方でまとめることもできるだろうが、私から見ても明らかに無駄でしかない「筮巫女」を宮中に入れる行為は残念でならない。これぐらいは、自力で排除すべきだっただろう。ただし、儒林が官吏として重用されるのは決して悪いところばかりとは思えない。現実に、閔泳瓚や李範晋といった語学が堪能な外交官も誕生していることを考えると、儒教をそのまますべて悪といってしまうのは極端に過ぎるからだ。

しかし、である。やはりより効率的に国家を運営しようとすれば、科挙のようなかたちで人材を登用するより、外国語の試験などを通じて、より時代にあった人物を登用すべきだろう。しかし、外国語を自由に操るのは、李氏朝鮮王朝では中人と呼ばれる技術職の仕事であり、どうしてもこれを重視することはできなかっただろう。本章の冒頭に示した通り、揀択の際に中人が排除されるごとく、この期に及んで技術職の階級を低く評価しているのである。もしもこのとき、高宗がより幅広い人材を登用する器があれば、おそらく高宗の評価ももう少し高くなったのではないかと、私は思う。

四、皇太子李垠と学問

さて、伊藤博文が近代化を進めようとした、少なくとも統監として、合理的な国家運営をしようとしていたことは、皇太子の教育にもあらわれてくる。少し唐突だと思われるだろうが、ここで張赫宙著『李王家悲史　秘苑の花』を引用してみよう。

　垠殿下は、眼をとじて、物思いに沈む。日本に初めて来られた四十年前のあの頃、英親王《えいしんのう》とよばれて、学習中のある日、お部屋の外で、

「太子マーマ。申上げます」

と、侍女の李天喜《りてんき》の声がした。

　英親王は、眼を上げて、廻廊の方の障子を見る。晩秋の斜陽が、嫋々しい少女の陰を吉と喜の字に組んだ障子にくつきりと投げている。侍女はつづけていう。

「内殿から金尚宮《サングン》がお迎えに上りました。急ぎの御用とかで、ご勉学中をお邪魔《じゃま》申上げました」

「なに！　内殿？　咸寧殿《かんねいでん》から？」

　英親王は、はつと母君のお顔を思い浮べて、ご病気かな、と幼い胸をとどろかせる。

　その顔色に、差向かいに居る英人教師のジョリー夫人が、

『皇太子さま。では、明日また参ります』

といつて、座を立つた。

　ジヨリー夫人が、庭に出るのを見送つて、急いで侍女の方へと歩みよりながら、

「金尚宮《サングン》をよんで来ておくれ」

という英親王の心には、なぜか不安がつのる。

（張、1950、8〜9頁）


このあと、李垠は日本留学の打診が来たことを告げられるのだが、それはここでは問題にしない。それよりも「ジョリー夫人」という英人教師のことが、意外と重要だと思うのだ。何しろ、これは小説ではあるが、冒頭に李垠の感想がきちんと書かれていて、李垠が昔語りに話した内容が反映されており、参照する必要があると思うからだ。

感想
（元李王）李垠

小説家張赫宙氏が見えて、私たち夫妻の半生を物語りにしたいと希望されたので、私の手許にある秘密の材料をことごとく提供しました。

今「秘苑の花」を読了し、自分のことながら終日感動を禁じ得なかつた。たとえ小説風に書かれたとは言え、内容は皆正しき事実であります。私は波瀾多かりし四十余年間の過去を回顧し、感慨無量なものがあります。

終りに張赫宙氏の並々ならぬ御努力と、息もつかせず読ませるその御手腕に敬意を表するものであります。

（同書、2頁。傍点は引用者）


だとすれば、ジョリー夫人という名前が正しいかどうかは別として、本当に皇太子になったあと、すなわち一九〇七年の秋には、家庭教師について李垠は英語を勉強していた事実があったのではないか。李垠は日本に「留学」し、学習院を経て陸軍幼年学校、陸軍士官学校を卒業しているのだが、そのときの同級生のことばと符合する内容だからだ。


〔陸軍士官学校で〕黒川教官が八字髭で厳然と教室に入ると、一同起立礼をする。ある時、京城は英語でなんというかと一同に質問されたが、誰も答えられなかった。教官は突然「殿下」と指名された。殿下は起立して「ソウル」と答えられた。

（李王垠伝記刊行会、2001、141頁）


この文章を書いたのは「閔武思《ミン・ムサ》」という名前の元日本陸軍将校で、彼も英米の人びとが「京城」すなわち朝鮮の首都を何と呼んでいたか知らなかったようだ。李垠の陸軍幼年学校や士官学校でのことは、本評伝『第2巻大日本帝国・明治期』で詳述する予定だが、とりあえずここでは、李垠が英人教師について英語を幼い頃から勉強していたということをおさえておきたい。陸軍士官学校の英語の水準は相当程度高かったのだが、誰も英米の人びとがソウルということばを使っていることを知らなかったわけで、それに対して李垠が「ソウル」と即答したのは、彼の英語力というより、英人たちが大韓帝国時代の首都をソウルと呼んでいたことを知っていたからだ。李垠がそれを知っていたのは、学校教育以前に個人的に英語教師に習っていたからに他なるまい。英人教師は実在したのだ。

　では、いつからそのような教育を受けていたのだろうか。じつは『英親王府日記』◆にも、『承政院日記』にも、『純宗実録』にも記載がないのではっきりとはわからない。また、一九〇七年七月一九日までは、講学庁という役所が立ち上がっており、『小学』を読んでいたことは、すでに述べた通りである。そして、その七月一九日以降、講学が停止していることも、先に触れている。これが改まったのは、伊藤博文の「近代化」の影響だろう。伊藤は個人的には漢文に親しんでいたが、皇太子たる李垠が漢文ばかり勉強していても仕方がないと思ったのではないか。そして、英語の授業などを行うことと決めたのだろう。

　伊藤博文が皇太子李垠の「太子太師」として李垠の師となったのは、一九〇七年一一月一九日のことだ。そして一一月二四日に、皇太子李垠は伊藤に「相見之礼」を行っている。この儀礼は「依例《れいによりて》」行われたことだろう。しかし、内容は少し簡略化されているように思える。『承政院日記』（陰暦一〇月一八日、陽暦一一月二三日）を参照しよう。

　宮内府達、本月二十四日에皇太子殿下게옵서徳寿宮에問安하옵시고太子太師의게相見礼式을行하옵실旨를奉承하온바出御時刻과道路는如左함이라上午十一時三十分에金虎門으로出御하사観峴・斎洞四街・東十字橋・光化門前路・黄土峴・新橋・布徳門前路・大漢門前路・雲橋下路・平成門前路・崇明外門을従하사徳寿宮에問安하옵시고下午一時三十分에動輿하사崇明外門・平成門前路・雲橋下路・大漢門前路

◆『英親王府日記』　一九〇七年八月二一日以降は体裁を変えながら続けられるが、一一月三日を最後に途切れている。ただし、皇太子冊封のことさえ記載していないこの『日記』では、仮に一一月末まで日記があったとしても、相見礼について細かく書かれることはなかっただろうと予測される。

・圜丘壇前路・長洞洞口・銅峴四街・竹洞四街・文禧廟前路・泥峴을従하사統監官邸에臨御하사同二時에太師의게相見礼式을行하옵시고同時三十分에動輿하사泥峴・文禧廟前路・竹洞四街・水標橋・布廛屛門・校洞・斎洞四街・観峴・金虎門을従하사還御하심이라

ここでまず眼につくのは、文章が漢字ハングルの混じり文であること、そして「相見礼」が南山にある韓国統監府で行われているということ、そして日付が陽暦になっていることだろう。一一月二四日午前一一時半からこの儀式ははじまるのだが、昌徳宮◆の南西部にある金虎門が始発点となる。そしてまっすぐ西へと進み、景福宮の正門たる光化門の前を南下、大漢門へといたる。そして路地に入って崇明門から徳寿宮に入り、高宗を見舞う。そしておそらくここで昼食などをとり、午後一時半に崇明門を出て、大漢門の前とその向かいにある圜丘壇の前道を通って、銅峴四街（日本の植民地に転落したあと黄金町という名称になり、金融街として名を高からしめ、解放後――日本敗戦後――に乙支路《ウルチロ》と名称が変更される場所）を東に進み、泥峴（のちに本町という名称となり、解放後に忠武路《チュンムロ》となる。この頃には日本人が住みはじめていた）を通って、南山にあった統監府へと移動、伊藤の前で相見礼を行い、二時に相見礼を終えた。そのときどんな儀式をしたのか、わずかだがわかることはある。

> 翌十一月二十四日、英親王は統監府において、各大臣、待従、中枢院議長および曾禰〔荒助〕副統監以下日本の文武官侍立の下に伊藤公とご会見、青玉の環、硯などを公に贈呈して師弟の契りを結ばれた。
> （李王伝記刊行会、２００１、71頁）

儀式を終えて、皇太子李垠は昌徳宮へと戻る。そのまま統監府の前から北へと進み、清渓川を水標橋で渡って、東にのぼり、金虎門へと戻るという道筋だ。その後、「皇太子が還られた後、伊藤公は昌徳宮に伺候して答礼を申し上げ、日本歴史講義、康熙字典、花瓶などを献上した」（同書、71頁）という。

具体的な礼式の次第はわからないが、統監府での相見礼が三〇分以内で終わっているのは非常に短いと思える。合理主義者の伊藤が、簡略化させたと考えて間違いない。「伝統」を破壊せず、さりとて無駄な行事は省く。これが伊藤の立ち位置であり、それはそのまま、李垠が背負ってきた「伝統」と「近代」の相克と一致する。そして何よりも、この儀式が昌徳宮からはじまり、李氏朝鮮王朝の正王宮だった景福宮の正門たる光化門を見ながら、徳寿宮へと進み、高宗にあいさつをしたあと、高宗が皇帝についたときに重要な役割をした圜丘壇、日本人居住区である銅峴と泥峴を通って、南山にある統監府へと向かっていることが注目される。すでに触れたように、一九〇一年には、大韓帝国では高宗の肖像画が村井吉兵衛のたばこに使われたことを抗議した（大渓、1964、306頁）。そこには大韓帝国の独立国としての自負心や自尊心も垣間見える。しかし、いまやその面影はなく、あわれにも皇太子たる李垠は、大韓帝国が日本を中心として動いていることを示すような道筋を、この伊藤に対する相見礼で歩んだのだ。第1章で示した李垠の安胎の「儀式の道筋」が、一八九七年当時の大韓帝国の国際関係をあらしているのならば、この「相見礼」は一九〇七年晩秋の、大韓帝国の落日――日本の保護国に転落した現状――を端的に示しているいえよう。また、これが一一月という秋に行われたということは、もちろん儀式は日官金東杓が日をえらんで行ったのだろう。そしてその後、伊藤は太子太師として仕事をしている。こうして英語教師があてがわれたのではないか。小説『秘苑の花』の引用にあるように、一九〇七年の一一月という晩秋には、英語の学習がはじまっていたと見るべきだ。

　そして、おそらく皇太子李垠には、日本語の教師もつけられているのではないかと、私は考えている。佐藤六石がそれだ。佐藤については、彼の郷里である新潟県新発田市にある「佐藤六石君碑」に、次のように書いてあるという。

> 佐藤氏、名は寛、字は公綽、六石と号した。新発田に元治元年（一八六四）生まれ、幼少より聖籠村の大野耻堂の私塾絆己楼に学ぶ。明治十五年十八歳の時、新潟日日新聞の主筆となり紙上に健筆を揮ったが、政治的忌諱にふれ下獄数回に及ぶ（石文ではこの事件につき「触忌諱下獄数旬」とのみ記している）。後、東京に行き皇典講究所に入って古事類苑について修め、ついで慶応義塾・国学院大学の教授を務めた。また、伊藤博文の知遇をうけ、その幕下として朝鮮統《マ》監《マ》、親王宮侍講、修学院教師等を兼職した。帰国後、大和新聞社に入った。一方、若年より漢詩

◆**昌徳宮**　先に示した木村氏の著書の引用にある通り、一九〇七年一一月に純宗皇帝はここに移され、高宗の住む徳寿宮と離される。李垠はおそらく徳寿宮に住んでいたが、儀式の性格上、現皇帝である純宗の住む昌徳宮から出発することにしたのではないかと推定する。

を嗜み、本格的には森槐南・国分青厓・本田種竹等と詩社「星社」を結社し、大正六年には随鷗吟社を設立し、土居香国の後をうけ「随鷗集」の発行を手がけた。交友頗るひろく諸道に関心を寄せ、南画家の小室翠雲と崇文院を創設し、先賢の遺墨を刊行することを目ざした。業中ばにして昭和二年四月二十二日（一九七二）、享年六十四で逝去。多摩墓地に葬られる。（岡村、２００５、17～18頁）

森槐南や国分青厓と親交があるのだから、かなり実力のある漢詩人だったのだろう。司馬遼太郎は司法省法学校でストライキをして退学させられた加藤恒忠（正岡子規の叔父）、陸羯南、原敬、福本日南、国分青厓らがのちにむしろ活躍していると述べ、「国分青厓をのぞいて明治大正の漢詩は論ぜられず」といっている（司馬、１９９９、12～13頁）。私の手許にも、佐藤が書いた『作詩作文法』という本がある。一九〇九年出版のものだ。漢詩と和文の作文を指南するもので、いかにも漢詩人らしい作詩法、新聞社主筆らしい綴り方をまとめている。この本には著者の経歴などは載っていないのだが、表紙に「国学院大学講師」とあるから、この時期は国学院で教えていたのだろう。しかし、この佐藤についての経歴で、ここで問題にするべきことは、「伊藤博文の知遇をうけ、その幕下として朝鮮統監、親王宮侍講、修学院教師等を兼職」したというところだ。正しくは「韓国統監府」であるが、石碑・石文をつくる際の単なる誤記だと思うからそれはいいだろう。どちらかというとそのあとの「親王宮侍講」と「修学院教師」という部分が大事だ。「親王宮」とは、「英親王府」のことを指し、『承政院日記』では「英親王宮」と書かれることも多かった。当時の大韓帝国には、もうひとつ「義親王府」というのがあったことはすでに述べたが、義王李堈はすでに学齢を終えた青年であり、また性格的にも彼が進んで学問するとは思えないので、右の「石文」にある「親王宮」は英親王府だと特定してかまわない。だとすれば、佐藤六石という人物は英王李垠の教育をしたのだろうか。それについて、以下に考察してみよう。

佐藤六石の蔵書は、その遺族である佐藤斉子女史が新発田市立図書館に寄贈された。そしてその蔵書は、「中国石刻の拓本や、集帖等唐本仕立ての珍本がうず高く積まれており」、収蔵されている「個人刊行の漢詩文集なども、当時は発行部数が少なく、この類いの本は配られた範囲も限られていたと思われ、今では得難き資料といえる」。そしてそれらは「石文によれば一時六石自ら朝鮮に渡っているのだから、大陸にてその際に入手たもの」とされる（岡村、２００５、18頁）。現実に、大阪府立中之島図書館には、佐藤六石の旧蔵書たる「韓本」がまとまったかたちで所蔵されており、二〇〇六年三月一〇日から五月一〇日には中之島図書館大阪資料・古典籍室で「韓本（朝鮮本）の世界」という展示会まで開かれている。おそらく、彼が伊藤博文の知遇を得て、朝鮮半島なかんずくソウルに居たことは間違いない。

ただし、「修学院教師」というのは名称としておかしい。ここの教師は「教官」と呼ばれていたからだ。もちろん、石文に書く際に誤記したのかも知れないが、仮にそうだとするとなぜ佐藤の名が『承政院日記』に載っていないのかがわからなくなる。この組織は教育組織であると推察できるが、いったい何を教育していたのか、誰が誰を教えていたのかまで書かれておらず、推理するしかない。

修学院は『承政院日記』を見ると、陰暦一九〇六年九月七日（陽暦一〇月二四日）が初出だ。この日、厳柱日と高羲敬◆が修学院教官に任命され、そのほか三名が書記として任用されている。そして翌九月八日（一〇月二五日）には、李載克が修学院長に就任（明成皇后閔氏を祀る組織である景孝殿提調と兼任）している。この修学院長は翌年には李根湘《イ・グンサン》、李道宰、李載克（再任）、申箕善とめまぐるしく交代◆し、さらに翌年には閔商鎬に受けつが

◆漢詩人　佐藤六石が参加した「星社」だが、森槐南と国分青厓などが中心となっている。この国分について、司馬遼太郎が『坂の上の雲』のなかで次のように書いている。「〔正岡〕子規はひそかにおもった。だいたい、叔父の加藤恒忠も陸羯南も司法省法学校の三年のときにストライキをおこし、退学を命ぜられた。子規のばあいよりも不穏であり、とても子規を説諭できない。／そのときのストライキで退学させられた者は十六人にのぼった。原敬、国分青厓、福本日南、陸羯南、加藤恒忠らである。ふしぎなことに、退学組のほうが、明治大正史にその存在をとどめた。福本日南をのぞいて日本の在野史学は論ぜられないし、国分青厓をのぞいて明治大正の漢詩は論ぜられず、陸羯南をのぞいて明治の言論界は論ぜられず、のちに平民宰相といわれた原敬をのぞいて近代日本の政治は論ぜられない」（司馬、1999、12～13頁）。国分と佐藤六石は同志だったといっていい。

◆高羲敬　当時は宮内府礼式官であり、修学院教官は兼任だった。彼は翌年一〇月一七日（陽暦一一月二二日）に侍講院詹司を、一〇月二六日（陽暦一二月一日）には東宮大夫を兼任し、李垠に従って日本に渡っている。また、厳柱日は、寧越厳氏の一族で、陰暦一九〇七年一一月三日（陽暦一二月七日）には「東宮侍従」を兼任する。この人事は、あとで振り返ると、英王李垠にとって意義深いものだったといえよう。

れてからは、一九一〇年まで変更がない。

寧越厳氏に属する厳柱日が東宮侍従を、高羲敬が東宮大夫を兼任していたことなどから考えて、これが皇太子李垠にきわめて近い組織であったことはわかる。だからこの「修学院」は、伊藤統監が進めた近代化（もちろん日本を経由した近代化なのだが）を図るため、皇太子李垠の教育を行うものとしてはじめられた、とひとまずいえそうだ。そしてその教育内容は、もはや講学庁のようなものではなく、皇太子李垠に近代的――くどいようだが日本を経由した近代的な教育、おそらくは英語や日本語の教育――を施すためにできたものではなかったかと推定できよう。そしてこの組織は、英人教師や日本人教師を「派遣」したのだろう。派遣されたのは英語は「ジョリー夫人」（と小説で書かれている女性）であり、日本語は佐藤だったのではないか。だとすれば、佐藤の石文にある「朝鮮統監府、親王宮侍講、修学院教師」という奇妙な名前の仕事も、「東宮や侍講院でも仕事をしていた高羲敬によって李垠の元に派遣された日本人教師で、修学院での教育活動を行った」と読み解くことができる。思えば、「修学院」という名称も「学習院」をもじったような印象を受ける。伊藤博文が名付け親なのかも知れない。ちなみにこの修学院だが、小田省吾の『徳寿宮史』の巻末に添えられた図面によれば、徳寿宮の北側にある英国領事館のさらに北側にある。さすがに皇太子の李垠が、まるで学校に通うようにそこまで歩いたとは思えない。やはり講学庁の時と同じく、修学院から派遣された教師たちが、徳寿宮の李垠の元を訪れたと見るべきだろう。そして厳柱日や高羲敬は「教官」としてその管理運営のため、徳寿宮へと日参したのではないか。

ただし、この教育が成果あるいは「実態」をもったのは、一九〇七年の八月以降のことと考える。一九〇七年七月一九日以降、講学庁が停止していたことはすでに触れたが、それまでに英人教師や日本人教師が来て教育を施していたら、さすがに『英親王府日記』にその内容が示されていたはずだからだ。だとすれば、一九〇七年八月二一日以降に修学院は実態ある教育組織として活動を開始したといっていい。そして一二月五日に、皇太子李垠は日本に向けて出発する。先に引用した小説の季節が「晩秋」であり、英語の授業が描かれていたのは、このような事情があったからなのだろう。ついでにいうと、佐藤はおそらく伊藤に呼ばれて一九〇七年の八月頃にソウルに着いているのではないか。そして彼は、皇太子李垠が伊藤博文とともに日本へ渡る一二月初旬まで、家庭教師のように日本語を指導したのだろう。彼は漢詩人だったので漢文で筆談することもできたし、日本語での作文の綴り方を教えるのはまさに彼の専門領域に属することだった。まだ幼い皇太子李垠に日本語を教えるのなら、佐藤六石はうってつけの人物だったといえよう。彼が伊藤に呼ばれた理由はここにあるのではないかと、私は考えるのだ。

五、皇太子李垠の日本行――むすびに代えて

さて、いよいよ私は本書をとじることとする。しかし、その前に皇太子李垠がどのようにして日本に渡ったかを、少しだけ見てみたい。なぜなら、日本への「留学」後は、主に日本を舞台に本論を書きつづる必要があるが、本評伝『第2巻 大日本帝国・明治期』への橋渡しになる文章を書いておきたいからだ。

本章で引用した金乙漢によれば、李垠の日本渡航時の様子は次のようなものだったという。

> 英親王が日本に行く日の朝は、とても寒かった。随行員は宮内大臣李允用、宋秉畯、趙東潤など三人の大臣と学友四名をあわせ、全体で一五名に上った。英親王一行は仁川まで馬車で行き、日本の軍艦に乗って日本に向かったのだが、東京駅には日本の皇太子〔のちの大正天皇〕もあらわれるなど、見かけ上は大歓迎だった。この日の夜、英親王は風呂場ではじめて幼い厳柱明の手をぐっと握った。
> 「クィソン〔厳柱明の幼名〕、お母さんに会いたくないの?」
> この言葉を発して、風呂場のなかでオンオンと泣き出してしまったのだ。（金乙漢、2010、308～309頁）

皇太子と呼ばれるようになっても、まだ一〇歳の子どもに過ぎない。きっと本当にさみしかったんだろうと思う。厳柱明は「英親王の学友という名目で、一〇歳の頃に日本へと渡」り、「叔母にあたる厳妃の頼みもあって英親王と同じ道を歩むこととなる。日本の陸軍幼年学校、陸軍士官学校を卒業したあと、陸軍大尉にまでなったが、彼の父親である厳俊源氏が校長を務めていた進明女子高等普通学校を継ぐため、自ら予備役となった。解放後〔日本敗戦後〕には、国軍の准将として多くの功績

◆めまぐるしく交代　教官も増員したり交代したりしているが煩雑だからここでは省く。厳柱日は最後まで解任されていない。陰暦一九〇七年一〇月二六日〔陽暦一二月一日〕には修学院次長が新設され徐相勛が任命されてる。

を残した」（同書、305頁）。厳俊源は純献皇貴妃厳氏の兄だから、李垠と厳柱明はいとこの関係にある。この厳柱明は、李垠が韓国へと帰国する際にさまざまな意味で活躍することになる。厳柱明がどんな役割を演じたかは、本評伝『第4巻〝大東亜戦争〟・昭和期』（未刊）でまた触れることとしよう。ここでは、寧越厳氏が教育畑で成功したことを書くに留める。

厳氏の兄である俊源は、大韓帝国では軍人であったが進明女子高等普通学校の校長として、女子教育に力を入れている。また厳氏は貴族の子女を育てるための学校として明新女学校（のちの淑明女子高等普通学校。一九三九年に淑明女子専門学校を併設し、それが解放後に淑明女子大学へ昇格）を設立した。この学校は「開校時、学校の資産は厳妃から下賜された建物と土地一五八六平方メートルでした。その他、学費、制服、寄宿所の費用がすべて支給されました。この費用は厳妃と李貞淑《イ・ジョンスク》校長の私財でまかなわれました」（村上、２００５、86頁）とあるように、厳氏の女子教育に対する情熱は並々ならぬものがある。驪興閔氏に比べて徒手空拳に近かった寧越厳氏は、新たな職業である「近代教育」の世界に進出することを考えたのであろう。思えば、修学院教官の厳柱日も寧越厳氏だ。国を滅ぼしかねない内宮の争いごとに興じた厳氏だが、彼女の当初の目的といえば、自らが「国母」となること、そして皇帝の外戚として寧越厳氏を栄えさせることだった。一八世紀から一九世紀あたりの李氏朝鮮王朝で頻繁にあった内宮／外宮での抗争に勝つことが厳氏の目的だったとすれば、国益を損なったものの、それをやり遂げたことだけは間違いない。

いよいよ、『大韓帝国と李垠』を「結び」たい。東京に着いたときの皇太子李垠が皇孫迪宮裕仁（のちの昭和天皇）と出会ったときのことを記しておこう。

明治四十年十二月二十一日土曜日
（前略）午後　皇太子・同妃に御拝顔の後、留学のため来日中の韓国皇太子英親王李垠に御対顔になる。親王は李垠に日本についての感想、動物園見学の有無、朝鮮における虎の呼称などにつき御質問になる。

（『昭和天皇実録』）

「ねえ、虎って朝鮮語で、何ていうの？」「……ホランイだよ（호랑이예요）」という、迪宮裕仁と皇太子李垠の、ぎこちなくも子どもらしくのびやかなことばが響いてくるところを想像できるようだ。このとき、皇孫迪宮裕仁は満七歳、韓国皇太子李垠は満一〇歳。のちに李垠が陸軍将校として、また朝鮮の王（李王）として天皇の藩塀となって、昭和天皇に仕え、敗戦後の日本では逆に昭和

天皇が李垠の生活を陽に陰に支えることになる。李垠と昭和天皇との運命の出会いだ。そしてその関係は、この日以来六三年という長きにわたるのである。

◆厳氏の女子教育に対する情熱　村上淑子氏によると、「明治三九年（一九〇六年）一月、日本と韓国の婦人の交流を目的として『日韓婦人会』が設立され」、「総裁は『厳妃』、会長に『李貞淑《イ・ワンヒャン》』、副会長に『李王郷』が任命されました。総務の仕事は〔淵上《ふちがみ》〕能恵《のえ》が引き受けることになりました」（村上、２００５、80頁）。まだ女子教育がそれほど進んでいない時期に、厳氏が果たした役割は大きい。進明と淑明の他にも、第1章で触れた養正高等普通学校が厳柱益に託され、男子の教育にも力を注いでいる。

あとがき

本書は、『李氏朝鮮 最後の王 李垠』の第1巻にあたります。李垠はまだよちよち歩きで、やっと一〇歳になったばかりです。本書では、まだ大韓帝国という国家がまがりなりにも存在している時代で終わっています。これには理由があります。本書のなかでもお話ししているように、李垠は「李氏朝鮮王朝・大韓帝国の最後の皇太子」でありながら、のちに大日本帝国の「李王」という不思議な「王位」についた人間です。そのため彼は古いしきたりに従っていくつもの儀式を経験しており、それらはまるで「王朝絵巻」を見るような古色蒼然たる儀礼でした。こんな経験をした人間は、おそらく彼が最後でしょう。だからそれを私が描き出してみたいと思ったのです。古い儀式――王妃の妊娠、出産にかかわる風俗、王子が水疱瘡や麻疹にかかったときの儀礼など――は、それまでの李氏朝鮮王朝の王子たちが主役となり、粛々と進められてきたものです。李垠はその最後尾に生まれたのです。

その上で、李垠を含む大韓帝国皇室が日露戦争に巻き込まれてしまいます。この場面を、日本やロシアではなく大韓帝国から眺めてみたいと思い、このたびは筆をとったのです。冒頭に「よちよち歩き」という表現をしましたが、たしかに李垠はまだ一〇歳に過ぎません。いまの感覚では小学生程度です。彼をめぐる問題をあぶり出すことで、二〇世紀初頭の東アジア全体にかかわる国際関係を、想像力を駆使して書いたのが、本書です。ずいぶん長い本になりそうですが、でもそれに対しては次のようにお答えしたいと思います。この本は冗長に書かれたものではありません。日本と朝鮮が近代化をする過程を踏む際に、どうしてここまで日韓関係、日朝関係をこじらせてしまったのか。それは朝鮮文化研究を専門とする私としては、いつかは向きあわなければならない問題でした。だから筆を進めるときは、あえて遠回りをしたり、あえて北米や欧州の問題に触れながら、立体的な研究をすることを目指したのです。それゆえに全体的にあちらこちらへと話題を転換していますが、これは決して意味なくやっていることではないのです。どうか、読者の方々のご理解を得られればと思います。

この本を書こうと思いたったのは、一〇年以上前のことでした。二〇〇八年に新潮社の金寿煥さんが、当時私が勤めていた県立広島大学（旧広島女子大学）の研究室に来てくださり、そこで朝鮮の最後の王・李垠について書けないかと話をしていただいたのがきっかけでした。その後、私の筆は遅々として進まず、やっと本書の原稿を書き始めたのは二〇一三年頃からでした。その間、金さんにはとてもご迷惑をおかけしました。なにしろ、一〇年も放っておいたに等しいのですから、きっと愛想を尽かされたことだと思います。

しかし、私は何もしないでいたわけではなく、ある事情で精神的に追いつめられていたため、まずはリハビリをかねて資料収集に没頭していたのです。でも、それも言い訳になりません。一〇年間という歳月を振りかえってみると、新潮社そして金寿煥さんに対して不義理の限りを尽くしてしまったという思いがあります。この場をかりて、金さんと新潮社に対して謝罪したいと思います。ほんとうに申し訳ございませんでした。

時間がかかったのは、私の精神状態もさることながら、李垠という人物については、できるだけきちんと書いた方がいい、それが私の仕事なのだと心から思うようになったからでもあります。原稿がたまってきて、これをなんとかかたちにしようかと思ったとき、ふと脳裡をよぎったのは作品社でした。私の初めての単著『朝鮮近代文学とナショナリズム――「抵抗のナショナリズム」批判』を出していただいたことから、ここで原稿を引き取ってもらえないだろうかという気持ちになったからです。そして作品社の内田眞人さんに連絡をし、私の最愛の妻でありまた唯一の家族でもある齋藤由紀を連れ、祈るような気持ちで新幹線に乗ったのは、去年の暦の上ではもう春になっていた、肌寒い日のことでした。

急な話でもありますし、お忙しい方に話を聞いていただくのは、とても申し訳ない思いでいっぱいでした。金さんとは別の意味で内田さんにもご迷惑をかけているという自覚はあります。しかし、内田さんはこころよく原稿を持っていってくださいました。その後、私の勤務先である関西学院大学で、二冊分の助成金――ひとつは社会学部の出版助成、もうひとつは大学叢書という名称の全学での助成金――にかかわる非常に面倒な書類を書いていただき、そのおかげで両方とも助成金を得られたのも、すべて関西学院および作品社の方々のおかげだと思っております。この場をかりて感謝のことばを述べさせていただきます。ほんとうにありがとうございました。

さて、李垠はいよいよ第2巻では日本に渡ります。そしてここから先、李垠は基本的には日本で生活をします。だから、李垠が皇孫裕仁（のちの昭和天皇）と出会う場面で、第1巻は締めくくりたかったのです。大日本帝国では、李垠がそれまで経験してきた朝鮮での儀礼とはまったく違うものを経験していくことになります。それは例えば、「日本国内の巡啓」であり、陸軍中央幼年学校予科など軍学校での教育であり、寮生活です。どうかこれから李垠の成長を、読者のみなさまとともに見ていけたらと思います。

二〇一九年二月

本書を手にとってくださったすべての方に感謝をしながら、「三・一万歳事件」百周年に、赤坂にある旧李垠邸を臨むホテルの一室にて。

李　建志

参考文献一覧

序章

【公刊文献】

赤瀬川隼、１９８６、『青磁の人』新潮社、一九八六年。

浅見雅男、２０１２、『伏見宮――もうひとつの天皇家』講談社、二〇一二年。

伊東清蔵、１９３７、『捕物日記』警世社、一九三七年。

――、１９４２a、『昭和探偵秘帖――刑事の手記』好文館書店、一九四二年（三八刷）。初出は好文館書店、一九四一年。

――、１９４２b、『刑事手帖秘録――捕物日記』好文館書店、一九四二年（三八刷）。初出は好文館書店、一九四一年。

大宅壮一、１９５２、『実録・天皇記』鱒書房、一九五二年。

小田部雄次、２００７、『李方子――一韓国人として悔いなく』ミネルヴァ書房、二〇〇七年。

金乙漢、２０１０、『朝鮮最後の皇太子――英親王（조선의 마지막 황태자 영친왕）』ペイバーロード（페이퍼로드）（ソウル）、二〇一〇年。初出は、『人間李垠――解放から還国まで（인간 이은 해방에서 환국까지）』韓国日報社、一九七一年。

木村光彦、１９９９、『北朝鮮の経済』創文社、一九九九年。

礫川《こいしかわ》全次、２０１０、『サンカと説教強盗――闇と漂白の民俗史』河出文庫、二〇一〇年。初出は批評社、一九九二年。

五味洋治、２０１２、『父・金正日と私――金正男独占告白』文藝春秋、二〇一二年。

小谷野敦、２０１０、『天皇制批判の常識』洋泉社新書Y、二〇一〇年。

新城道彦、２０１１、『天皇の韓国併合』法政大学出版局、二〇一一年。

――、２０１５、『朝鮮王公族――帝国日本の準皇族』中公新書、二〇一五年。

鐸木昌之、１９９２、『北朝鮮――社会主義と伝統の共鳴』東京大学出版会、一九九二年。

ソン・ウヘ（송우혜）、２０１０／２０１２、『最後の皇太子（마지막 황태자）』1〜3巻、プルンヨクサ（푸른역사）社（ソウル）、二〇一〇年。4巻、プルンヨクサ社、二〇一二年。

成恵琅《ソン・ヘラン》、２００３、『北朝鮮はるかなり――金正日官邸で暮らした２０年』文春文庫、二〇〇三年。初出は文藝春秋、二〇〇一年。

張赫宙、１９５０、『李王家悲史――秘苑の花』世界社、一九五〇年。

内藤陽介、２００８、『韓国現代史――切手でたどる６０年』福村出版、二〇〇八年。

永井良和、２０００、『探偵の社会史① 尾行者たちの街角』世織書房、二〇〇〇年。

原田環、１９９７、『朝鮮の開国と近代化』渓水社、一九九七年。

バルト、ロラン、１９９６、『表徴の帝国』宗左近訳、ちくま学芸文庫、一九九六年。

藤本健二、２００８、『金正日の料理人――間近で見た独裁者の素顔』扶桑社文庫、二〇〇八年。初出は『金正日の料理人』扶桑社、二〇〇三年。および『金正日の私生活』扶桑社、二〇〇四年。

本田節子、１９８８、『朝鮮最後の皇太子妃』文藝春秋、一九八八年。

真鍋祐子、２０１４、『自閉症者の魂の軌跡――東アジアの「余白」を生きる』青灯社、二〇一四年。

丸山真男、１９６４、「超国家主義の論理と心理」、『増補版 現代政治の思想と行動』所収、未来社、一九六四年。

丸山泰明、２０１０、『凍える帝国――八甲田山雪中行軍遭難事件の民俗誌』青弓社、二〇一〇年。

三角寛、１９４８、『捜査から捕縛まで――名刑事探偵帖』蒼生社、一九四八年。

水野秋、２００２a、『太田薫とその時代――「総評」労働運動の栄光と敗退』上、同盟出版サービス、二〇〇二年。

――、２００２b、『太田薫とその時代――「総評」労働運動の栄光と敗退』下、同盟出版サービス、二〇〇二年。

李王垠伝記刊行会、２００１、『英親王李垠伝――李王朝最後の皇太子』共栄書房、二〇〇一年。初出は一九七八年。

李建志、２００８、『日韓ナショナリズムの解体――「複数のアイデンティティ」を生きる思想』筑摩書房、二〇〇八年。

李相哲《イ・サンチョル》、２０１１、『金正日と金正恩の正体』文春新書、二〇一一年。

渡辺みどり、１９９８、『日韓皇室秘話――李方子妃』

読売新聞社、一九九八年。

第1章

【一次資料】

『英親王府日記』、光武元年（一八九七年）～隆熙元年（一九〇七年）。韓国学中央学院所蔵。

『癸丑九月崔淑媛房護産庁日記』癸丑年（一六九七年）。韓国学中央学院所蔵。

『京城府史』第一巻、一九三四年、京城府。

『厳英燮墓碑榻本』昭和一三年（一九三八年）。韓国学中央学院所蔵。

『厳協弁墓碑榻本』昭和一三年（一九三八年）。韓国学中央学院所蔵。

『厳校長墓碑榻本』昭和一三年（一九三八年）。韓国学中央学院所蔵。

『厳鎮三碑銘』昭和九年（一九三四年）。韓国学中央学院所蔵。

『大君公主御誕生ノ制』、著述年未詳（一九二〇年代～三〇年代か）。韓国学中央学院所蔵。

『丁酉年護産庁小日記』、光武元年（一八九七年）。韓国学中央学院所蔵。

『李朝実録第五十五冊――高宗実録第３（高宗二六年～光武三年）』、１９９９、学習院大学東洋文化研究所、一九九九年（二刷）。一刷は一九六七年。

【公刊文献】

浅見雅男、２０１２、『伏見宮――もうひとつの天皇家』講談社、二〇一二年。

イ・ボクキュ（이복규）、２０１２、「両班の子どもたちはどのように育ったのか――『黙斎日記』と『養児録』を通して見た育児と幼年教育（양반의 아이들은 어떻게 자랐을까 [묵재일기] 와 [양아록] 을 통해 본 아이 기르기와 유년 교육）」、奎章閣韓国学研究院編『朝鮮両班の一生（조선의 양반의 일생）』クルハンアリ（글항아리）（ソウル）、二〇一二年（四刷）、所収。第一刷は二〇〇九年。

上田信、２００２、『トラが語る中国史――エコロジカル・ヒストリーの可能性』山川出版社、二〇〇二年。

稲葉継雄、１９９７、『旧韓末「日語学校」の研究』九州大学出版会、一九九七年。

遠藤公男、１９８６、『韓国の虎はなぜ消えたのか』講談社、一九八六年。

川島祐次、１９９３、『朝鮮人参秘史』八坂書房、一九九三年。

金乙漢、２０１０、『朝鮮最後の皇太子 英親王（조선의

마지막 황태자 영친왕）』ペイパーロード（페이퍼 로드）（ソウル）、二〇一〇年。初出は、『人間李垠——解放から還国まで（인간 이은 해방에서 환국까지）』、韓国日報社、一九七一年。

金玟廷《キム・ミンジョン》、２００９、『韓国海港期における宮殿建築の西洋化過程に関する研究——外国人接客空間とその室内意匠・家具を中心に』、東京大学大学院工学系研究科建築学専攻（博士学位論文）、二〇〇九年。

キム・ムンシク（김문식）、２０１３、「王はどのように教育されたか（왕은 어떻게 교육을 받았을까?）」、奎章閣韓国学研究院編『朝鮮国王の一生（조선의 국왕의 일생）』所収、クルハンアリ（글항아리）（ソウル）、二〇一三年（八刷）。第一刷は二〇〇九年。

キム・ムンシク／キム・ジョンホ（김문식／김정호）、２００３、『朝鮮の王世子教育（조선의 왕세자 교육）』キムヨン（김영）社（ソウル）、二〇〇三年。

金文子《キム・ムンジャ》、２００９、『朝鮮王妃殺害と日本人——誰が仕組んで誰が実行したのか』高文研、二〇〇九年。

——、２０１４、『日露戦争と大韓帝国——日露開戦の「定説」をくつがえす』高文研、二〇一四年。

金用淑《キム・ヨンスク》、２００８、『朝鮮朝宮中風俗の研究』、大谷森繁監修、李賢起訳、法政大学出版局、二〇〇八年。原著は、『朝鮮朝宮中風俗研究』一志社、一九八七年。

木村幹、２００７、『高宗・閔妃——然らば致し方なし』ミネルヴァ書房、二〇〇七年。

シン・ミョンホ（신명호）、朝鮮王室の儀礼と生活（조선왕실의 의례와 생활）、トルベゲ（돌베개）、二〇〇七年（五刷）。第一刷は二〇〇二年。

小池正直、１８８７、『鶏林医事』非売品、一八八七年。

新城道彦、２０１５、『朝鮮王公族——帝国日本の準皇族』中公新書、二〇一五年。

孫禎睦《ソン・ジョンモク》、１９８４、『朝鮮時代都市社会研究』一志社、一九八四年（五刷）。第一刷は一九七七年。

武井一、２０００、『ソウルの王宮めぐり——朝鮮王朝の500年を歩く』桐書房、二〇〇〇年。

チ・ドゥファン、２００９、高宗皇帝と親姻戚（고종황제와 친인척）、図書出版歴史文化（도서출판역사문화）、二〇〇九年。

チェ・ソンギョン（최선경）、２０１０、『王を産んだ後宮たち（왕을 낳은 후궁들）』キムヨン（김영）社、二〇一〇年（一五刷）。第一刷は二〇〇七年。

崔文衡、２００４、『日露戦争の世界史』、朴菖熙訳、藤原書店、二〇〇四年。

趙景達、２０１２、『近代朝鮮と日本』岩波新書、二〇一二年。

月脚達彦、２００９、「大韓帝国成立前後の対外的態度

——外交儀礼を中心に」、『朝鮮開化思想とナショナリズム——近代朝鮮の形成』所収、東京大学出版会、二〇〇九年。

角田房子、１９８８、『閔妃暗殺』新潮社、一九八八年。

ハム・キュジン、２０１２、『王の膳——膳で読む朝鮮王朝史（왕의 밥상——밥상으로 보는 조선왕조사）』、21世紀ブックス（21세기북스）、二〇一二年（五刷）。第一刷は二〇一〇年。

咸光珉・孫鏞勲・三谷徹・章俊華、２０１２、「扁額からみた韓国の昌徳宮後園空間の特徴について」、『環境情報科学学術研究論文集』二六号、一般社団法人環境情報科学センター、二〇一二年。

藤井信行、２００４、「『英独同盟交渉』（一八九八〜一九〇一年）とイギリス外交政策」、『川村学園女子大学研究紀要』一五巻二号、二〇〇四年。

黄慧性《ファン・ヘソン》・石毛直道、１９９５、『韓国の食』平凡社ライブラリー、一九九五年。

細井肇、２０００、『女王閔妃』（「明治人による近代朝鮮論影印叢書」第九巻）ぺりかん社、二〇〇〇年。初出は月旦社、一九三一年。本文中の出典表示における頁数は影印本のものによる。

三石善吉、１９９６、『中国、一九〇〇年——義和団運動の光芒』中公新書、一九九六年。

森万佑子、２０１７、『朝鮮外交の近代——宗属関係から大韓帝国へ』名古屋大学出版会、二〇一七年。

山本華子、２０１１、『植民地時代朝鮮の宮廷音楽伝承——李王職雅楽部の研究』書肆フローラ、二〇一一年。

養正同窓会編、１９６５、『開講六十周年記念——養正の顔（開講六十周年記念 養正의 얼굴）』、一九六五年。

尹貞蘭、２０１０、『王妃たちの朝鮮王朝』、金容権訳、日本評論社、二〇一〇年。原著はイガ出版社、二〇〇八年。

吉田光男、１９９２、「漢城の都市空間——近世ソウル論序説」、『朝鮮史研究会論文集』三〇号、一九九二年。

李王職編、１９４３、『徳寿宮李太王実記』李王職、一九四三年。

第２章

【一次資料】

『英王冊封金冊文』、光武四年庚子七月二十三日（一九〇〇年）。韓国学中央学院所蔵。

『英親王府日記』、光武元年（一八九七年）〜隆熙元年（一九〇七年）。韓国学中央学院所蔵。

『義王冊封金冊文』、光武四年庚子七月二十三日（一九〇〇年）。韓国学中央学院所蔵。

『京城府史』第一巻、一九三四年、京城府。
『承政院日記』http://sjw.history.go.kr/inspection/insp_year_list.jsp
『李朝実録第五十五冊――高宗実録第３（高宗二六年～光武三年）』、１９９９、学習院大学東洋文化研究所、一九九九年（二刷）。一刷は一九六七年。
『李朝実録第五十六冊――高宗実録第４・純宗実録（高宗光武四年～純宗）』、１９６７、学習院大学東洋文化研究所、一九六七年。

【公刊文献】


愛新覚羅溥儀、１９８９、『わが半生（上）』小野忍・野原四郎・新島淳良・丸山昇訳、筑摩書房、一九八九年（三〇刷）。第一刷は一九七七年。

荒俣宏、２０００、『万博とストリップ――知られざる二十世紀文化史』集英社新書、二〇〇〇年。

安宇植《アン・ウシク》編著、１９８３、『アリラン峠の旅人たち――聞き書朝鮮民衆の世界』平凡社、一九八三年（二刷）。第一刷は一八九二年。

李昇燁、２００９、「李太王（高宗）毒殺説の検討」、『二十世紀研究』一〇巻、二〇〇九年。

稲賀繁美、２０１５、『海賊行為とジグソー・パズル――海賊科研論文報告書にむけて』国際日本文化研究センター稲賀班、二〇一五年六月二二日。

梨花百年史編纂委員会、１９９４、『梨花百年史――１８８６～１９８６』梨花女子高等学校、一九九四年。

小田省吾（述）、２０１１、『徳寿宮史』、復刻版『韓国併合史研究資料八六 朝鮮文廟及陞廡儒賢 辛未洪景来乱の研究 徳寿宮史』龍渓書舎、二〇一一年。初出は李王職、一九三八年。

糟谷憲一、２０１１、「甲午改革期以降の朝鮮における権力構造について」、『東洋史研究』七〇巻一号、二〇一一年。

川本重雄、２０１３、『宮殿建築と宮殿儀式の比較研究――科学研究費助成事業研究成果報告書』、二〇一三年。頁数なし、全六枚。

金源模《キム・ウォンモ》、１９８７、「エッケルト軍楽隊と大韓帝国愛国歌」、『崔永禧先生華甲韓国史学論叢』、探求堂（ソウル）、一九八七年。

金玟廷、２００９、『韓国海港期における宮殿建築の西洋化過程に関する研究――外国人接客空間とその室内意匠・家具を中心に』、東京大学大学院工学系研究科建築学専攻（博士学位論文）、二〇〇九年。

キム・ムンシク（김문식）、２０１３、「王はどのように教育されたか（왕은 어떻게 교육을 받았을까?）」、奎章閣韓国学研究院編『朝鮮国王の一生（조선의 국

왕의 일생)』所収、クルハンアリ（글항아리）（ソウル）、二〇一三年（八刷）。第一刷は二〇〇九年。

金文子、2014、『日露戦争と大韓帝国――日露開戦の「定説」をくつがえす』高文研、二〇一四年。

金用淑、2008、『朝鮮朝宮中風俗の研究』、大谷森繁監修、李賢起訳、法政大学出版局、二〇〇八年。原著は『朝鮮朝宮中風俗研究』一志社、一九八七年。

木村幹、2007、『高宗・閔妃――然らば致し方なし』ミネルヴァ書房、二〇〇七年。

姜在彦《カン・ジェオン》、1984、『近代朝鮮の思想』未来社、一九八四年。

クレブスト、アーンソン、1989、『悲劇の朝鮮――スウェーデン人ジャーナリストが目撃した李朝最後の真実』、河在龍・高演義訳、白帝社、一九八九年。

週刊朝日編、1982、『続続値段の明治大正昭和風俗史』朝日新聞社、一九八二年。

白井順、2015、『前間恭作の学問と生涯――日韓協約の通訳官、朝鮮語書誌学の開拓者』風響社、二〇一五年（引用は前間恭作「寒煙茶話（二）」、『大正時報』昭和六年二月二一日を、白井より再引用）。

鈴木金輔編、1899、『近世探偵実話集第一　稲妻強盗坂本慶次郎』金槙堂、一八九九年。

孫禎睦、1982、『韓国海港期都市社会経済史』一志社、一九八二年。

武井一、2000、『ソウルの王宮めぐり――朝鮮王朝の500年を歩く』桐書房、二〇〇〇年。

チ・ドゥファン、2009、『高宗皇帝と親姻戚（고정황제와 친인척）』図書出版歴史文化（도서출판역사문화）、二〇〇九年。

趙景達、1998、『異端の民衆反乱――東学と甲午農民戦争』岩波書店、一九九八年。

――、2012、『近代朝鮮と日本』岩波新書、二〇一二年。

『朝鮮短編小説選』、1984、上巻、大村益夫、長璋吉、三枝寿勝訳、岩波文庫、一九八四年。

陳景敦《チン・ギョンドン》、2008、『韓国近代建築における折衷型建築の展開と設計理念についての研究』東京大学大学院工学系研究科建築学専攻（博士学位論文）、二〇〇八年。

月脚達彦、2009、「大韓帝国成立前後の対外的態度――外交儀礼を中心に」、『朝鮮開化思想とナショナリズム―― 近代朝鮮の形成』所収、東京大学出版会、二〇〇九年。

都倉武之、2005、「朝鮮王族義和宮留学と福沢諭吉」、『近代日本研究』二二号、二〇〇五年。

波田野節子、2008、「韓国文学者の日本留学一覧表」、日本学術振興会科学研究費補助研究『植民地期朝鮮文学者の日本体験に関する総合的研究』、二〇〇八年。

バード、イザベラ、1999、『朝鮮紀行――英国夫人の見た李朝末期』時岡敬子訳、講談社学術文庫、一九九九年（第三刷）。初版は一九九八年。

ハム・キュジン、2012、『王の膳――膳で読む朝鮮王朝史（왕의 밥상――밥상으로 보는 조선왕조사）』、21世紀ブックス（21세기북스）、二〇一二年（五刷）。第一刷は二〇一〇年。

林史樹、2004、『韓国のある薬草商人のライフヒストリー――「移動」に生きる人々からみた社会変化』御茶の水書房、二〇〇四年。

ベア、エドワード、1987、『ラストエンペラー』田中昌太郎訳、早川書房、一九八七年。

黄慧性・石毛直道、1995、『韓国の食』平凡社ライブラリー、一九九五年。

本間九介、2016、『朝鮮雑記――日本人が見た1894年の李氏朝鮮』、クリストファー・W・スピルマン監修、祥伝社、二〇一六年。

三石善吉、1996、『中国、一九〇〇年――義和団運動の光芒』中公新書、一九九六年。

無名氏編、1893、『探偵実話清水定吉』金松堂、一八九三年。

望月茂、1913、『近世実話探偵十種』講談社、一九一三年。

森万佑子、2017、『朝鮮外交の近代――宗属関係から大韓帝国へ』名古屋大学出版会、二〇一七年。

李建志、2000、『海を渡った落語――朝鮮開化期の文学『東閣寒梅』と「文七元結」』ぺりかん社、二〇〇〇年。

――、2002、「朝鮮料理「韓山楼」主人・李人稙――日本最初の朝鮮料理屋の思想と属性」、『京都ノートルダム女子大学研究紀要』三二号、二〇〇二年。

李孝徳、1996、『表象空間の近代――明治「日本」のメディア編制』新曜社、一九九六年。

第3章

【一次資料】


『英親王府日記』、光武元年（一八九七年）～隆熙元年（一九〇七年）。韓国学中央学院所蔵。

『京城　永登浦　電話番号簿――昭和十四年十月一日現在』、1939、京城中央電話局、一九三九年。

「上海ニ亡命シタル韓人李学均閔泳喆等ノ行動偵察一件」、韓国統監府総務長官代理木内重四郎発、外務次官珍田捨巳着、明治四〇年二月一二日。国立公文書館アジア歴史資料センター所蔵。

『承政院日記』http://sjw.history.go.kr/inspection/

insp_year_list.jsp
『大韓帝国官員履歴書』、１９７２、大韓民国文教部国史編纂委員会編、探求堂、一九七二年。

『電話番号簿――京城郵便局 仁川郵便局 龍山郵便局 開城郵便局 海州郵便局 水原郵便局 永登浦郵便局 明治四十四年七月末日現行』、１９１１、京城郵便局、一九一一年八月。

松本君平、１８９８、「私立東京政治学校並びに明治英学校設立出願書」、東京都公文書館蔵、一八九八年。

『李朝実録第五十五冊――高宗実録第３（高宗二六年～光武三年）』、１９９９、学習院大学東洋文化研究所、一九九九年（二刷）。一刷は一九六七年。

『李朝実録第五十六冊――高宗実録第４・純宗実録（高宗光武四年～純宗）』、１９６７、学習院大学東洋文化研究所、一九六七年。


【公刊文献】


荒川章一、２００４、「地域史としての日露戦争――陸軍輸送拠点・広島から」、小森陽一・成田龍一編著『日露戦争スタディーズ』紀伊國屋書店、二〇〇四年、所収。

李相哲、２００８、「植民地統治下の抵抗ジャーナリズム――戦前朝鮮半島における「民族紙」の系譜を辿る」、『国際社会文化研究所紀要』第八号、龍谷大学国際社会文化研究所、二〇〇八年。

李泰鎮《イ・テジン》、２０００、『高宗時代の再照明（고종시대의 재조명）』太学社、二〇〇〇年。

李海瓊、１９９７、『私の父 義親王――朝鮮王朝最後の王女の回顧録（나의 아버지 義親王 조선왕조 마지막 왕녀의 회고록）』図書出版眞、一九九七年。

石川遼子、２０１４、『金沢庄三郎――地と民と語は相分かつべからず』ミネルヴァ書房、二〇一四年。

一記者、１９２２、「朝鮮洋楽の夢幻的来歴」、『東明』第一三号～一六号（ソウル）、一九二二年一一月二六日～一二月一七日（全四回）。「一記者」は、崔南善。

井上章一、１９９９、『愛の空間』角川選書、一九九九年。

義菴《ウィアム》孫秉熙先生紀念事業会編、１９６７、『義菴孫秉熙先生伝記』義菴孫秉熙先生紀念事業会、一九六七年。

ＮＨＫ編、１９８０、『鹿鳴館に元勲は踊る――ＮＨＫ歴史への招待 八巻』日本放送出版協会、一九八〇年。

大谷正、２００４、「義和団出兵／日露戦争の地政学――補給基地としての日本」、小森陽一・成田龍一編著『日露戦争スタディーズ』紀伊國屋書店、二〇〇四年、所収。

大渓《おおたに》元千代、１９６４、『たばこ王村井吉兵衛――たばこ民営の実態』株式会社世界文庫、一九六四年。

小田省吾（述）、２０１１、『徳寿宮史』、復刻版『韓国併合史研究資料八六 朝鮮文廟及陸廡儒賢 辛未洪景来乱の研究 徳寿宮史』龍渓書舎、二〇一一年。初出は李王職、一九三八年。

河原崎敏明、２００９、『昭和の皇室をゆるがせた女性たち』講談社＋α文庫、二〇〇九年（第四刷）。初刷は二〇〇七年。初出は講談社、二〇〇四年。

康成銀《カン・ソンウン》、２００５、『一九〇五年韓国保護条約と植民地支配責任――歴史学と国際法学との対話』創史社、二〇〇五年。

金庚姫《キム・ガンヒ》、２０００、「ハーグ『密使』と『国際紛争平和的処理条約』」、『文学研究論集（文学・史学・地理学）』一二巻、明治大学大学院、二〇〇〇年（一九九九年度）。

全光庸《キム・クワンヨン》、１９８６、「李人稙研究」、『新小説研究』セムン（새문）社、一九八六年、所収。

キム・ムンシク（김문식）、２０１３、「王はどのように教育されたか（왕은 어떻게 교육을 받았을까?）」、奎章閣韓国学研究院編『朝鮮国王の一生（조선의 국왕의 일생）』所収、クルハンアリ（글항아리）（ソウル）、二〇一三年（八刷）。第一刷は二〇〇九年。

金文子、２０１４、『日露戦争と大韓帝国』高文研、二〇一四年。

金良洙《キム・ヤンス》、１９９８、「朝鮮転換期の中人一族の活動――玄徳潤・玄采・玄楯など川寧玄氏訳官家系を中心に（朝鮮転換期의 中人집안활동――玄徳潤・玄采・玄楯 등 川寧玄氏訳官家系를 中心으로）」、『東方学志』一〇二号、延世大学校国学研究院、一九九八年。

金栄敏《キム・ヨンミン》、１９９７、『韓国近代小説史』松（솔）出版社、一九九七年。

木村幹、２００７、『高宗・閔妃――然らば致し方なし』ミネルヴァ書房、二〇〇七年。

クレブスト、アーンソン、１９８９『悲劇の朝鮮――スウェーデン人ジャーナリストが目撃した李朝最後の真実』、河在龍・高演義訳、白帝社、一九八九年。

黒岩比佐子、２００５、『日露戦争――勝利のあとの誤算』文春新書、二〇〇五年。

小坂祐弘、１９７３、『日比谷公園とともに七十年――松本楼の歩み』日比谷松本楼、一九七三年。

小森陽一、２００４、「日露戦争の記憶、記憶の中の日露戦争」、小森陽一・成田龍一編著『日露戦争スタディーズ』紀伊國屋書店、二〇〇四年、所収。

小森陽一・成田龍一、２００４、「対談・いまなぜ日露戦争か」、小森陽一・成田龍一編著『日露戦争スタディーズ』紀伊國屋書店、二〇〇四年、所収。

週刊朝日編、１９８１、『値段の明治大正昭和風俗史』朝日新聞社、一九八一年。

昭和女子大学近代文学研究室、１９５８、「遅塚麗水」、『近代文学研究叢書』第四九巻、一九五八年、所収。

白井順、２０１５、『前間恭作の学問と生涯――日韓協約の通訳官、朝鮮語書誌学の開拓者』風響社、二〇一五年。

進士五十八、２０１１、『日比谷公園――一〇〇年の矜持に学ぶ』鹿島出版会、二〇一一年。

新城道彦、２０１１、『天皇の韓国併合』法政大学出版局、二〇一一年。

――、２０１５、『朝鮮王公族――帝国日本の準皇族』中公新書、二〇一五年。

竹国友康、１９９９、『ある日韓歴史の旅――鎮海の桜』朝日選書、一九九九年。

チ・ドゥファン、２００９、『高宗皇帝と親姻戚（고정황제와 친인척）』図書出版歴史文化（도서출판역사문화）、二〇〇九年。

崔文衡、２００４、『日露戦争の世界史』朴菖熙訳、藤原書店、二〇〇四年。

趙景達、１９９８、『異端の民衆反乱――東学と甲午農民戦争』岩波書店、一九九八年。

――、２０１２、『近代朝鮮と日本』岩波新書、二〇一二年。

『朝鮮短編小説選』、１９８４、上巻、大村益夫、長璋吉、三枝寿勝訳、岩波文庫、一九八四年。

月脚達彦、２００９、「大韓帝国成立前後の対外的態度――外交儀礼を中心に」、『朝鮮開化思想とナショナリズム――近代朝鮮の形成』所収、東京大学出版会、二〇〇九年。

辻田真佐憲、２０１５、『ふしぎな君が代』幻冬舎新書、二〇一五年。

『東京朝日新聞』、一九〇四年。

都倉武之、２００５、「朝鮮王族義和宮留学と福沢諭吉」、『近代日本研究』二二号、二〇〇五年。

富野由悠季《よしゆき》・大塚英志・ササキバラゴウ、２００２、『戦争と平和』徳間書店、二〇〇二年。

永井龍男、１９７１、『けむりよ煙』角川文庫、一九七一年。

中筋直哉、２００５、『群集の居場所――都市騒乱の歴史社会学』新曜社、二〇〇五年。

南雲智、２００６、『田中英光評伝――無頼と無垢と』論創社、二〇〇六年。

日外アソシエーツ編、１９８３、『昭和物故人名録』日外アソシエーツ、一九八三年。

波田野節子、２００８、「韓国文学者の日本留学一覧表」、日本学術振興会科学研究費補助研究『植民地期朝鮮文学者の日本体験に関する総合的研究』、二〇〇八年。

原田環、２０１０、「大韓国国制と第二次日韓協約反対運動――大韓帝国の国のあり方」、日韓歴史共同研究委員会編『第二期日韓歴史共同研究報告書（第三分科会篇）』財団法人日韓文化交流基金、二〇一〇年。

古林亀治郎編、１９８７、『明治人名辞典』、日本図書センター、一九八七年。

松本君平、１８９９、『新聞学』博文館、一八九九年。

丸山泰明、２０１０、『凍える帝国――八甲田雪中行軍遭難事件の民俗誌』青弓社、二〇一〇年。

桃山虔一、１９５１、「運命の朝鮮王家――もと李鍵公殿下の記録」、『文藝春秋』第二九巻一二号、一九五一年九月。

李建志、１９９４、「『東学』の近代化――孫秉熙が日本から受けたウエスタン・インパクト」、『比較文学・文化論集』一〇号、一九九四年。

――、１９９８、「安国善小説集『共進会』に現われた落語『芝浜』の影響」、『比較文学研究』七一号、一九九八年。

――、１９９９、「『寡婦の夢』の世界」、『朝鮮学報』第一七〇輯、一九九九年。

――、２０００、「海を渡った落語――朝鮮開化期の文学『東閣寒梅』と『文七元結』」、延広真治編『江戸の文事』ぺりかん社、二〇〇〇年、所収。

――、２００２、「朝鮮料理「韓山楼」主人・李人植――日本最初の朝鮮料理屋の思想と属性」、『京都ノートルダム女子大学研究紀要』三二号、二〇〇二年。

――、２００４、「戦時落語」、『広島女子大学国際文化学部紀要』一二号、二〇〇四年。

第4章

【一次資料】

『伊藤特派大使韓国往復日誌』、１９０４、国立国会図書館蔵、一九〇四年。

『英親王府日記』、光武元年（一八九七年）～隆熙元年（一九〇七年）。韓国学中央学院所蔵。

『承政院日記』http://sjw.history.go.kr/inspection/insp_year_list.jsp
『李朝実録第五十六冊――高宗実録第４・純宗実録（高宗光武四年～純宗）』、１９６７、学習院大学東洋文化研究所、一九六七年。

The New York Times, １９０６年2月4日、"JU-JITSU AS IN JAPAN: E.H. Harriman's Troupe of Six Clever Wrestlers and Swordsmen."

【公刊文献】

安益泰・八木浩、１９６４、『R・シュトラウス』音楽之友社、一九六四年。

イ・ギョンブン／ヘルマン・ゴチェフスキー、2012、「フランツ・エッケルトは大韓帝国愛国歌の作曲者なのか？――大韓帝国愛国歌に対する新たなる考察」、『歴史批評』一〇一号（ソウル）、二〇一二年冬。

イ・ジソン、2007、『愛国歌形成過程研究――オールド・ラング・サイン（Auld Lang Syne）愛国歌、大韓帝国愛国歌、安益泰愛国歌』、ソウル大学校大学院外交学科碩士（修士）学位論文、二〇〇七年。

イ・ジョンヒ、2008、『大韓帝国期軍楽隊の考察』韓国音楽研究第四四輯（ソウル）、二〇〇八年一二月。

李哲源《イ・チョルウォン》、1954、『王宮史』東国文化社（ソウル）、一九五四年。

一記者、1922、「朝鮮洋楽の夢幻的来歴」、『東明』第一三号～一六号（ソウル）、一九二二年一一月二六日～一二月一七日（全四回）。「一記者」は、崔南善。

小田省吾（述）、2011、『徳寿宮史』、復刻版『韓国併合史研究資料八六 朝鮮文廟及陞廡儒賢 辛未洪景来乱の研究 徳寿宮史』龍渓書舎、二〇一一年。初出は李王職、一九三八年。

片山慶隆、2011、『小村寿太郎――近代日本外交の体現者』中公新書、二〇一一年。

康成銀、2010、『一九〇五年韓国保護条約と植民地支配責任』創史社、二〇一〇年（初版一刷は、二〇〇五年）。

木下直之、2004、「日露戦争を語るもの」、小森陽一・成田龍一編著『日露戦争スタディーズ』、紀伊國屋書店、二〇〇四年、所収。

金源模、1987、「エッケルト軍楽隊と大韓帝国愛国歌」、『崔永禧先生華甲韓国史学論叢』探求堂（ソウル）、一九八七年。

金庚姫、2000、「ハーグ『密使』と『国際紛争平和的処理条約』」、『文学研究論集（文学・史学・地理学）』一二巻、明治大学大学院、二〇〇〇年（一九九九年度）。

金基奭、1995、「光武帝の主権守護外交・一九〇五～一九〇七年――乙巳勒約の無効宣言を中心に」金恵栄訳、海野福寿編『日韓協約と韓国併合――朝鮮植民地の合法性を問う』明石書店、一九九五年、所収。

キム・ムンシク（김문식）、2013、「王はどのように教育されたか（왕은 어떻게 교육을 받았을까?）」、奎章閣韓国学研究院編『朝鮮国王の一生（조선의 국왕의 일생）』所収、クルハンアリ（글항아리）（ソウル）、二〇一三年（八刷）。第一刷は二〇〇九年。

キム・ムンシク／キム・ジョンホ（김문식／김정호）、2003、『朝鮮の王世子教育（조선의 왕세자 교육）』キムヨン（김영）社（ソウル）、二〇〇三年。

木村幹、２００７、『高宗・閔妃――しからば致し方なし』ミネルヴァ書房、二〇〇七年。

クレブスト、アーンソン、１９８９『悲劇の朝鮮――スウェーデン人ジャーナリストが目撃した李朝最後の真実』、河在龍・高演義訳、白帝社、一九八九年。

黒岩比佐子、２００５、『日露戦争――勝利のあとの誤算』文春新書、二〇〇五年。

小池正直、１８８７、『鶏林医事』非売品、一八八七年。

小池正直・森林太郎、１８９６、『衛生新編』南江堂、一八九六年。

高潤香《コ・ユニャン》、２０１２、「日本と韓国における国旗の制定とその社会的認識」、『韓国文化研究』創刊号（大阪）、韓国文化学会、二〇一二年三月。

神戸女学院大学復刻『讃美歌并楽譜』研究会、１９９１、『讃美歌并楽譜（復刻版・付解説）』新教育出版社、一九九一年。

週刊朝日編、１９８２、『続続値段の明治大正昭和風俗史』朝日新聞社、一九八二年。

田尻浩幸、１９９１、「菊初李人稙研究」、延世大学校大学院（碩士論文）、一九九一年。

――――、１９９３、「李人稙の都新聞社見習時節」、『語文論集』第三二号、高麗大学校国語国文学会、一九九三年。

――――、２０００、「李人稙研究」、高麗大学校大学院博士論文、二〇〇〇年。

チェ・チャンオン、２００９～２０１１、「健康なる帝国に向けた侍衛軍楽隊――大韓帝国愛国歌とフランツ・エッケルト」、『音楽ジャーナル』第二三九号、二四一号～二五〇号、二五二号～二五三号、二四五号（ソウル）、二〇〇九年一一月、二〇一〇年一月～一〇月、同年一二月、二〇一一年一月、同年三月（全一四回、未完）。

趙景達、２０１２、『近代朝鮮と日本』岩波新書、二〇一二年。

朝鮮研究会編（大村友之丞編）、１９１０、『朝鮮貴族列伝』朝鮮総督府印刷局（大村友之丞発行）、一九一〇年。

辻田真佐憲、２０１５、『ふしぎな君が代』幻冬舎新書、二〇一五年。

『東京朝日新聞』、一九〇四年。

東京大学駒場博物館特別展、２０１６、『近代アジアの音楽指導者エッケルト――プロイセンの山奥から東京・ソウルへ』、二〇一六年。

戸部良一、２００５、「朝鮮駐屯日本軍の実像――治安・防衛・帝国」、『日韓歴史共同研究（第一期）第三分科会報告書第二巻』公益財団法人日韓文化交流基金、二〇〇五年、所収。

中西光雄、２０１２、『「蛍の光」と稲垣千頴――国民的唱歌と作詞者の数奇な運命』株式会社ぎょうせい、二〇一二年。

南宮堯悦《ナングン・ヨヨル》、１９８７、『開化期の韓国音楽――フランツ・エッケルトを中心に』世光音楽出版社、一九八七年。

成田龍一、２００４、「『国民』の跛行的形成――日露戦争と民衆運動」、小森陽一・成田龍一編著『日露戦争スタディーズ』紀伊國屋書店、二〇〇四年、所収。

原田環、２０１３、「第二次日韓協約における韓国外部大臣の印章問題について」、森山茂徳・原田環編『大韓帝国の保護と併合』東京大学出版会、二〇一三年、所収。

藤井茂利、２０１１、『「童蒙先習」の本文校合と『吐』(送りがな)の研究』西日本新聞社、二〇一一年。

ブルナー、ロバート・Ｆ／カー、ショーン・Ｄ、２０１６、『金融恐慌１９０７――米ＦＲＢ創設の起源とＪ・Ｐ・モルガン』雨宮寛・今井章子訳、東京経済新報社、二〇一六年。

閔甲完、１９６２、『百年恨』文宣閣、一九六二年(第二版)。初版も一九六二年。

安田寛、２００３、『唱歌と十字架――明治音楽事始め』音楽之友社、二〇〇三年(五刷)。初出は一九九三年。

尹炳奭、１９８４、『李相卨伝――海牙特使李相卨의(の)独立運動』一潮閣(ソウル)、一九八四年。

結章

【一次資料】

『英親王府日記』、光武元年(一八九七年)～隆熙元年(一九〇七年)。韓国学中央学院所蔵。

「皇太子金冊文」、隆熙元年(一九〇七年)。韓国学中央学院所蔵。

『承政院日記』http://sjw.history.go.kr/inspection/insp_year_list.jsp
『昭和天皇実録』ＣＤｒｏｍ、宮内庁。

『李朝実録第五十六冊――高宗実録第４・純宗実録(高宗光武四年～純宗)』、１９６７、学習院大学東洋文化研究所、一九六七年。

【公刊文献】

イ・ボクキュ(이복규)、２０１２、「両班の子どもたちはどのように育ったのか――『默斎日記』と『養児禄』を通して見た育児と幼年教育(양반의 아이들은 어떻게 자랐을까 [묵재일기] 와 [양아록] 을 통해 본 아이 기르기와 유년 교육)」、奎章閣韓国学研究院編『朝鮮両班の一生(조선의 양반의 일생)』クルハンアリ(글

항아리）（ソウル）、二〇一二年（四刷）、所収。第一刷は二〇〇九年。

伊藤之雄、２００９、「伊藤博文の韓国統治――ハーグ密使事件以前」、伊藤之雄・李盛煥編著『伊藤博文と韓国統治 初代韓国統監をめぐる百年目の検証』ミネルヴァ書房、二〇〇九年、所収。

大阪府立中之島図書館、「おおさかページ――大阪資料と古典籍」、https://www.library.pref.osaka.jp/nakato/shotenji/70_kan.html、二〇一八年五月七日検索。

岡村浩、２００５、「越後路の篆刻家・山田寒山（七）」、『新潟大学教育人間科学部紀要』第七巻二号、二〇〇五年。

大渓元千代、１９６４、『たばこ王村井吉兵衛』世界文庫、一九六四年。

小田省吾（述）、２０１１、『徳寿宮史』、復刻版『韓国併合史研究資料八六 朝鮮文廟及陞廡儒賢 辛未洪景来乱の研究 徳寿宮史』龍渓書舎、二〇一一年。初出は李王職、一九三八年。

金乙漢、２０１０、『朝鮮の最後の皇太子英親王』ペイパーロード（ソウル）、二〇一〇年。初出は一九七一年。

キム・ムンシク（김문식）、２０１３、「王はどのように教育されたか（왕은 어떻게 교육을 받았을까？）」、奎章閣韓国学研究院編『朝鮮国王の一生（조선의 국왕의 일생）』所収、クルハンアリ（글항아리）（ソウル）、二〇一三年（八刷）。第一刷は二〇〇九年。

キム・ムンシク／キム・ジョンホ（김문식／김정호）、２００３、『朝鮮の王世子教育（조선의 왕세자 교육）』キムヨン（김영）社（ソウル）、二〇〇三年。

木村幹、２００７、『高宗・閔妃――しからば致し方なし』ミネルヴァ書房、二〇〇七年。

倉富勇三郎日記研究会編、２０１２、『倉富勇三郎日記 第二巻――大正一〇年・大正一一年』国書刊行会、二〇一二年。

佐藤六石、１９０９、『作詩作文法』修学堂書店、一九〇九年。

司馬遼太郎、１９９９、『坂の上の雲（二）』文春文庫、一九九九年。初出は一九六九年。

週刊朝日編、１９８１、『値段の明治大正昭和風俗史』朝日新聞社、一九八一年。

新城道彦、２０１５、『朝鮮王公族――帝国日本の準皇族』中公新書、二〇一五年。

ソン・ウへ（송우혜）、２０１２、『最後の皇太子（마지막 황태자）』１巻、プルンヨクサ（푸른역사）社（ソウル）、二〇一二年（第一刷は二〇一〇年）。

瀧井一博、２０１０、『伊藤博文――知の政治家』中公新書、二〇一〇年。

張赫宙、１９５０、『李王家悲史――秘苑の花』世界社、一九五〇年。

趙景達、２０１２、『近代朝鮮と日本』岩波新書、二〇一二年。

朝鮮研究会編（大村友之丞編）、１９１０、『朝鮮貴族列伝』朝鮮総督府印刷局（大村友之丞発行）、一九一〇年。

福富哲、２００８、『無窮花――最後の朝鮮王朝皇太子妃・甲完』、駒草出版、二〇〇八年。

閔甲完、１９６２、『百年恨』文宣閣、一九六二年（第二版）。初版も一九六二年。

村上淑子、２００５、『淵沢能恵の生涯――海を越えた明治の女性』原書房、二〇〇五年。

李王垠伝記刊行会編、２００１、『英親王李垠伝――李王朝最後の皇太子』共栄書房、二〇〇一年。初出は一九七八年。

●や行

山県有朋　240, 331, 335
山梨半造　253
山本権兵衛　240

兪吉濬〔ユ・ギルチュン〕　42, 197, 203
夢野久作　182
尹雨植〔ユン・ウシク〕　214
尹冀鉉〔ユン・ギヒョン〕　225, 229, 308, 318
尹相鐘〔ユン・サンジョン〕　318, 323, 325, 354-5, 358, 363-4
尹致旿〔ユン・チオ〕　198, 251
尹致昊〔ユン・チホ〕　143, 146-7, 297, 299, 337, 339
尹徹求〔ユン・チョルグ〕　224
尹沢栄〔ユン・テギョン〕　165, 187, 212-4, 220-6, 228-9, 231, 308, 314, 317-8, 323, 325, 351, 354-7, 363-5, 372, 380-1, 385
尹徳栄〔ユン・トギョン〕　187, 225, 351
尹喜求〔ユン・ヒグ〕　308, 323-5, 354-5, 358, 363, 368, 372
尹炳奭〔ユン・ビョンソク〕　347
尹奉吉〔ユン・ボンギル〕　20
尹容善〔ユン・ヨンソン〕　115, 182-3, 218-20, 222-5, 228-31, 351

嘉仁　→　大正天皇
吉本光蔵　255
米内光政　335
英祖〔ヨンジョ〕　35-6, 106, 125, 184-5, 215, 357

●ら行

ラムスドルフ　232, 235, 275

李熹〔り・き〕　→　李熹〔イ・ヒ〕
李堈〔り・こう〕　→　李堈〔イ・ガン〕
李鴻章〔り・こうしょう〕　41, 304
李方子〔り・まさこ／イ・バンジャ〕（梨本宮方子）　20-1, 59, 378

ルーズベルト（ローズヴェルト）　266, 274, 326-7, 330-1

ローゼン　95, 327

玄東完〔ヒョン・トンワン〕 76, 82, 222, 225
玄暎運〔ヒョン・ヨンウン〕 151
裕仁 → 昭和天皇

フェントン 305
フォントネ 233, 264, 269
福沢諭吉 198-201
福本日南 398-9
布施辰治 177, 181
ブラウン，サー・ジョン・マクレビー 284-5, 293
プランシ 167
古谷久綱 335
興宣大院君〔フンソンデウォングン〕(大院君，李昰応) 35-41, 46, 61, 97, 99, 124, 170, 186, 195, 197, 332, 349, 381

日置益 148
白禹鏞〔ペク・ウヨン〕 289

ホートン，リリアス 70-1
ホートン・アンダーウッド，ホレイス 71
堀口九萬一 331
堀口大学 331
洪啓勲〔ホン・ゲフン〕 111
洪思翊〔ホン・サイク〕 21
洪鐘宇〔ホン・ジョンウ〕 147
憲宗〔ホンジョン〕 34-6, 100, 102, 183, 185, 214, 219, 221, 295, 323
本多静六 252, 255
洪大妃〔ホンデビ〕 34

●ま行

前間恭作 133-4, 242, 271
正岡子規 398-9
松方正義 240
松平誠子 209, 258
松本君平 243-8, 250, 255

ミムレル 169
宮崎滔天 199
明成皇后〔ミョンソンファンフ〕 → 閔妃〔ミンヒ〕
閔元植〔ミン・ウォンシク〕 101-2
閔甲完〔ミン・カプァン〕 315, 369, 373-4, 376-9, 381, 383-5
閔謙鎬〔ミン・ギョムホ〕 170, 262
閔景植〔ミン・ギョンシク〕 158, 164
閔商鎬〔ミン・サンホ〕 399
閔種黙〔ミン・ジョンムク〕 146-7
閔升鎬〔ミン・スンホ〕 262
閔忠植〔ミン・チュンシク〕 320
閔鳳植〔ミン・ボンシク〕 377, 381-3
閔維重〔ミン・ユジュン〕 262
閔泳綺〔ミン・ヨンギ〕 112, 115
閔泳奎〔ミン・ヨンギュ〕 54, 76, 84, 87, 376
閔泳瓚〔ミン・ヨンチャン〕 117, 169-71, 187, 262-3, 267, 273-5, 288, 292, 298, 312, 343, 345, 356, 366, 381, 393
閔泳喆〔ミン・ヨンチョル〕 234, 240-1
閔泳敦〔ミン・ヨンドン〕 315, 374, 377, 381, 383-5
閔泳煥〔ミン・ヨンファン〕 148, 152, 170-1, 217, 262, 267-8, 291-2, 294, 312, 339-41, 344-5, 347-8, 356, 366, 381
閔泳徽〔ミン・ヨンフィ〕 372
閔妃〔ミンヒ〕(明成皇后) 38-43, 45-6, 48-51, 61-2, 67-8, 71, 76-7, 99, 101, 124, 126, 128-9, 131, 136, 152-4, 172, 177, 182, 185, 188-9, 196, 200, 224, 229, 262, 270, 315, 320, 324, 331, 348-9, 366, 374, 376, 381, 391, 399

睦仁 → 明治天皇
武藤信義 253
村井吉兵衛 258-9, 397
室田義文 335
文祖〔ムンジョ〕 185

明治天皇(睦仁) 12-3, 27, 295
目賀田種太郎 267, 282-3, 293, 299-300, 312, 322, 331-3

本野一郎 232
森鷗外 70, 176
森槐南 398-9
モルガン，ピアモント 274, 328, 330-1

張赫宙〔チャン・ヒョクチュ〕 20, 393-4
竹葉〔チュギョプ〕 74-5, 82, 86
趙重応〔チョ・ジュンウン〕 251
趙忠夏〔チョ・チュンハ〕 157, 164, 212-4, 221-3, 226, 229, 308, 318, 323, 325, 354-5, 357, 363-4, 368, 372, 386
趙東潤〔チョ・ドンユン〕 401
趙漢奎〔チョ・ハンギュ〕 118-9
趙秉式〔チョ・ビョンシク〕 146-7, 156, 186, 294
趙秉世〔チョ・ビョンセ〕 54-5, 146, 268, 339-40, 342-5, 347-8
趙秉聖〔チョ・ビョンソン〕 114-5
趙秉弼〔チョ・ビョンピル〕 189-90, 390
趙王大妃〔チョウワンデビ〕(趙大王大妃) 34, 35-7
哲宗〔チョルジョン〕 33-6, 38, 46, 48, 100, 102-3, 106, 132, 185, 196, 366-7
鄭喬〔チョン・ギョ〕 146
全琫準〔チョン・ボンジュン〕 111
正祖〔チョンジョ〕 35-6, 185, 357
珍田捨巳 241
真香〔チンヒャン〕 74-5, 82, 86

ツェッペリン，フィルデナンド・フォン 176

太祖〔テジョ〕 94, 185, 321, 350
寺内正毅 14

東郷平八郎 391
東条英機 253
東条英教 253
頭山満 328
徳恵翁主〔トッケオンジュ〕 → 李徳恵〔イ・トッケ〕
ドニゼッティ 273
富田銀蔵 181
富田常雄 329
富田常次郎 329

●な行

中西伊之助 181
梨本宮方子 → 李方子〔り・まさこ〕
夏目漱石 176
鍋島桂次郎 335
南陽洪氏〔ナミャンホンシ〕 34, 102, 221
南廷哲〔ナム・ヨンチョル〕 382

ニコライ二世 171, 217, 235, 263-4, 275-6
西原亀三 334

乃木希典 260

●は行

馬建忠〔ば・けんちゅう〕 304-6
朴基洪〔パク・キホン〕 101-2
朴斉純〔パク・ジェスン〕 115, 336-8, 347
朴準承〔パク・ジュンスン〕 76-7, 80, 82-4, 87, 218-9, 222
朴世永〔パク・セヨン〕 305
朴賛珠〔パク・チャンジュ〕 211, 378
朴正煕〔パク・チョンヒ〕 7-8, 26, 149, 175, 302-3
朴定陽〔パク・チョンヤン〕 146-8, 294
朴大福〔パク・テボク〕 119
朴珉準〔パク・ミンジュン〕 218, 222
朴胤錫〔パク・ユンソク〕 82, 222, 225
朴烈〔パク・ヨル〕 177
朴鎔奎〔パク・ヨンギュ〕 202
朴泳孝〔パク・ヨンヒョ〕 148, 203, 246, 306
長谷川好道 336
バード，イザベラ 178-9, 283, 300
パブロフ 233, 236, 264
林権助 234, 237-41, 267, 269, 271, 294, 335-6, 339
原敬 260, 398-9
原田宗助 305
ハリマン，E・H 327-8, 330-1
ハルバート 263, 274-5, 289-90, 340-4, 346-8
藩南朴氏〔パンナムパクシ〕 103

東久世通禧 239
香心〔ヒャンシム〕 206
玄公廉〔ヒョン・ゴンリョム〕 137, 235
玄尚健〔ヒョン・サンゴン〕 233-5, 240, 264
玄鎮健〔ヒョン・ジンゴン〕 137, 235

87, 95, 97, 99-104, 106-7, 111-5, 117-8, 121-32, 134-9, 141, 143-54, 156, 159-63, 166-72, 174-5, 177-9, 182-3, 184-91, 195-204, 206, 212-31, 233-40, 251, 258, 261-71, 274-7, 281, 284-8, 290, 292-3, 296-7, 299, 307-10, 312, 314, 318-34, 336-52, 356-7, 359, 363-7, 372-83, 385-93, 396-7
児玉源太郎　391
小松緑　12, 243-4, 246
小村寿太郎　234, 239, 327-8, 331
小山善　198, 335
孔洪植〔コン・ホンシク〕　113, 116, 118-21, 123, 126-7
コンドル，ジョサイア　272

●さ行

桜井房記　176
佐藤愛麿　341
佐藤六石　397-401
思悼世子〔サドセジャ〕　106, 125, 185

篠田治策　99-100
島村速雄　335
沈相翊〔シム・サンイク〕　212-4, 308-9
沈相薫〔シム・サンフン〕　112, 115, 284-5, 336
沈舜沢〔シム・スンテク〕　54-5, 114
純宗〔じゅんそう〕 → 純宗〔スンジョン〕
昭和天皇（裕仁）　26-7, 176-7, 402-3, 407
白川義則　20
白瀬矗　253
申箕善〔シン・ギソン〕　115, 399
申泰淳〔シン・スンテ〕　337

修仁堂金氏〔スインダンキムシ〕　207
修観堂鄭氏〔スグァンダンチョンシ〕　208
粛宗〔スクチョン〕　35, 96, 262, 314
スティーブンス　267
首陽大君〔スヤンデグン〕　94
純祖〔スンジョ〕　34, 36, 99-100, 185, 316
純宗〔スンジョン／じゅんそう〕（李坧）　13-4, 27, 38-40, 42, 45, 47-9, 56, 60, 63, 77, 87-8, 112, 114-5, 123-4, 126-7, 129, 133-5, 141, 152-3, 157, 165, 191, 195-7, 204, 213, 215-8, 220, 226-8, 271, 277, 285, 308, 310, 312, 314, 319-23, 349, 325, 334, 349-53, 356, 359, 363-7, 375-6, 378, 380, 382-5, 387-90, 395, 397
純献皇貴妃〔スンホンファングィビ〕 → 厳氏〔オムシ〕

西太后〔せいたいごう〕　172
世祖〔セジョ〕　94
世宗〔セジョン〕　184-5, 316
センズ，ウィリアム・フランクリン　284-5

徐相祖〔ソ・サンジョ〕　183
徐相泰〔ソ・サンテ〕　364, 368
徐相勛〔ソ・サンノク〕　401
徐載弼〔ソ・ジェピル〕　142-3, 148
徐守辰〔ソ・スジン〕　222-3, 226
曾禰荒助　396
成岐運〔ソン・ギウン〕　189-0
宋秉畯〔ソン・ビョンジュン〕　247, 401
孫秉熙〔ソン・ビョンヒ〕　177, 247
宣宗〔ソンジョ〕　184-5
成宗〔ソンジョン〕　47
ソンタグ　136-9, 294, 334

●た行

大院君〔たいいんくん〕 → 興宣大院君〔フンソンデウォングン〕
大正天皇（嘉仁）　13-4, 26-7, 401
高崎安彦　335
ダグロン　286
田中義一　253
田中正造　176
田中英光　205
田中光顕　375
タフト　265, 326-7, 341, 348
田村怡与造　177, 247

崔済愚〔チェ・ジェウ〕　111
崔錫斗〔チェ・ソクトゥ〕　76, 82, 93
崔南善〔チェ・ナムソン〕　217, 293
遅塚麗水　244-5
車錫甫〔チャ・ソクポ〕　341
張承遠〔チャン・スンウォン〕　229

323, 352, 364-5, 372, 375-6, 380-5, 388, 402-3

●か行

桂太郎　234, 259-60, 265, 326-8, 331, 341, 348
加藤恒忠　398-9
金子堅太郎　243
嘉納治五郎　329
神尾光臣　253
川上音二郎　169, 199, 233, 235
姜漢欽〔カン・ハングン〕　325, 354-5, 358, 364, 368
姜興根〔カン・フングン〕　118-9
神成文吉　253

木内重四郎　241
箕子〔キジャ〕　55
金日成〔キム・イルソン〕　23-6, 149, 305
金元均〔キム・ウォンギュン〕　305
金乙漢〔キム・ウルハン〕　20-1, 71, 378, 384, 401
金嘉鎮〔キム・ガジン〕　207
金基奭〔キム・キソク〕　340, 342, 345
金圭復〔キム・キュボク〕　76, 82, 86, 93, 222
金景駿〔キム・キョンジュン〕　222-3, 226, 229, 372
金光植〔キム・クァンシク〕　116, 118-20
金今徳〔キム・グムドク〕　205-7, 210
金思重〔キム・サジュン〕　324-5
金思濬〔キム・サジュン〕　115, 196
金思轍〔キム・サチョル〕　186, 221
金在順〔キム・ジェスン〕　119
金在沢〔キム・ジェテク〕　118-9
金正日〔キム・ジョンイル〕　23-5, 149
金正恩〔キム・ジョンウン〕　23-5, 149
金禎根〔キム・ジョングン〕　147
金正男〔キム・ジョンナム〕　25
金鍾和〔キム・ジョンファ〕　113, 116, 118-21, 126-7
金奭基〔キム・ソッキ〕　212-3, 221-3, 226, 229, 308, 323-5
金声根〔キム・ソングン〕　185
金徳漢〔キム・ドクハン〕　218, 222, 224
金東杓〔キム・ドンピョ〕　154-5, 216, 228, 352, 366-8, 382, 389, 397
金来成〔キム・ネソン〕　301
金八峰〔キム・パルボン〕　211
金興雲〔キム・フンウン〕　222-3, 226, 229
金興吉〔キム・フンギル〕　118-9
金福姫〔キム・ボクヒ〕　211
金弘集〔キム・ホンチプ〕　42, 46-7, 52, 55, 111, 113, 123, 125, 141-2, 144, 151, 177, 186, 304-5
金鴻陸〔キム・ホンニュク〕　113-23, 127, 130-1
金晩秀〔キム・マンス〕　372
金永基〔キム・ヨンギ〕　118-9
金容基〔キム・ヨンギ〕　320
金永寿〔キム・ヨンス〕　54
金龍煥〔キム・ヨンファン〕　74-5, 82
金連興〔キム・ヨンフン〕　118-9
金大王大妃〔キムデワンデビ〕　34-6
金海金氏〔キメキムシ〕　102
慶鈺〔キョン・オク〕　218, 222
慶州金氏〔キョンジュキムシ〕　103
景宗〔キョンジョン〕　35, 185, 314
吉永洙〔キル・ヨンス〕　147

具完喜〔ク・ワンヒ〕　238, 241
陸羯南　398-9
クラウゼヴィッツ　176
グレオン　167-70
グレン　233
黒岩涙香　182, 252, 254-7, 259, 327-8
黒崎美智雄　206

高羲敬〔コ・ウィギョン〕　399-400
高永喜〔コ・ヨンヒ〕　115
小池正直　70, 96, 335, 337
黄遵憲〔こう・じゅんけん〕　304
光緒帝〔こうしょてい〕　172
高宗〔こうそう〕　→　高宗〔コジョン〕
幸徳秋水　176
河野広中　254, 259
国分象太郎　242
国分青厓　398-9
高宗〔コジョン／こうそう〕(李熙, 李載晃)　8, 13-5, 27, 33-43, 45-59, 61-4, 67-71, 75-7, 79, 81,

李恒九〔イ・ハング〕 99-100
李方子〔イ・バンジャ〕 → 李方子〔り・まさこ〕
李熙〔イ・ヒ〕 → 高宗〔コジョン〕
李熹〔イ・ヒ／り・き〕(李載晃) 14, 23, 35, 124-5, 163
李玄逸〔イ・ヒョニル〕 314-5
李海昌〔イ・ヘチャン〕 74-6, 82, 86-7, 218, 222, 320
李範晋〔イ・ボムジン〕 43, 45, 117, 170, 187, 262-3, 275-7, 326, 393
李允用〔イ・ユニョン〕 115, 351, 387, 401
李栗谷〔イ・ユルゴク〕 → 李珥〔イ・イ〕
李容翊〔イ・ヨンイク〕 240, 274, 334
李容稙〔イ・ヨンシク〕 189, 191
李容世〔イ・ヨンセ〕 101
李完用〔イ・ワニョン〕 14, 43, 143, 244, 251, 276, 349, 387-8
飯野吉三郎 391
翼宗〔イクチョン〕 34-5, 185, 316
伊沢修二 282-3, 300
伊地知幸介 236
イズボルスキー 264
伊藤博文 8, 15, 20, 51, 118, 133, 151, 232, 240, 242-5, 250-1, 271-4, 276, 294-6, 300, 312, 331, 334-6, 339, 345-6, 348-9, 356, 376-7, 388, 390-3, 395-401
井上馨 240, 272
井上光 236
井上良知 335
井下清 255
林之相〔イム・ジサン〕 364, 368
岩谷松平 258-9
仁祖〔インジョ〕 83
仁宗〔インジョン〕 99
仁同張氏〔インドンチャンシ〕 103

ヴィクトリア女王 176, 275
ウィッテ 326-7
ウィルヘルミナ女王 235, 263-4
義王妃金氏〔ウィワンビキムシ〕 205, 208-11
ウェインガルトナー，フェリックス 301
ウェーベル 43-4, 115
月山大君〔ウォルサンデグン〕 47
内田良平 254, 256, 328, 330, 406

エッケルト，フランツ 167, 217, 255, 272-3, 281-5, 288-90, 292-6, 298, 300, 305
江戸川乱歩 182, 301
エドワード七世 163, 176
袁世凱〔えん・せいがい〕 41

魚允中〔オ・ユンジュン〕 47
太田薫 11
大竹貫一 254, 259
大三輪長兵衛 334
大村益次郎 253
小川平吉 254, 259
尾崎行雄 259
小田省吾 20, 159, 269-70, 295, 308-11, 320-2, 350-1, 371, 375, 400
オーベール 273
厳仁永〔オム・イニョン〕 104
厳圭白〔オム・キュベク〕 104
厳敬燮〔オム・ギョンソプ〕 101-2, 104
厳柱漢〔オム・ジュハン〕 189-90
厳宗燮〔オム・ジョンソプ〕 101-2
厳貞燮〔オム・ジョンソプ〕 101-2
厳鎮国〔オム・ジングク〕 104
厳鎮三〔オム・ジンサム〕 48, 99-102, 104-5, 190, 285
厳鎮弼〔オム・ジンピル〕 104
厳順石〔オム・スンソク〕 118-9
厳柱益〔オム・チュイル〕 104-5, 186, 403
厳柱日〔オム・チュイル〕 399, 400-2
厳柱承〔オム・チュスン〕 104
厳俊源〔オム・チュヌォン〕 101-6, 186-7, 190, 285, 401-2
厳柱明〔オム・チュミョン〕 101-5, 190, 401-2
厳鶴源〔オム・ハグォン〕 101, 105, 190
厳鳳源〔オム・ポンウォン〕 101-2, 104-5, 190
厳英燮〔オム・ヨンソプ〕 101-3, 105
厳氏〔オムシ〕(純献皇貴妃) 38, 41-3, 45, 48-51, 56, 58-70, 72-5, 77, 79-80, 82, 84, 87-8, 91-3, 98-102, 104-5, 125-8, 137, 152-5, 162-3, 171, 182-91, 213-4, 226-7, 231, 285, 308, 312, 318-9,

人名索引

●あ行

愛新覚羅溥儀〔あいしんかくら・ふぎ〕 162-3
青木周蔵 148
秋山定輔 259
アレン，H・N 71, 235, 247, 274
安益泰〔アン・イクテ〕 301-4, 307
安駉寿〔アン・ギョンス〕 142-3, 146
安国善〔アン・グクソン〕 199
安重根〔アン・ジュングン〕 20
安必琮〔アン・ピリョン〕 157, 164, 212, 221-3, 225-6, 229
アンダーウッド牧師 71, 202, 297-8

李珥〔イ・イ〕(李栗谷) 63, 315
李人稙〔イ・インジク〕 4, 191, 241-51, 260-1, 271
李堣〔イ・ウ〕 35, 195, 211-3, 378
李義国〔イ・ウィグク〕 222-3
李瑋鍾〔イ・ウィジョン〕 275-6, 341-2, 356
李源逸〔イ・ウォニル〕 187-8
李応俊〔イ・ウンジュン〕 304, 306
李殷乭〔イ・ウンドル〕 286-7
李垠〔イ・ガン／り・こう〕 14, 38, 49, 57, 73, 81, 124, 153-5, 157-8, 161, 195-212, 349, 364, 381, 385, 398
李基東〔イ・ギドン〕 146
李景夏〔イ・ギョンハ〕 45
李玖〔イ・グ〕 99, 106
李観徴〔イ・クァンジン〕 314-5
李光洙〔イ・グァンス〕 182
李根秀〔イ・グンス〕 218, 222, 224
李根沢〔イ・グンテク〕 234
李根命〔イ・グンミョン〕 115, 225, 230
李鍵〔イ・ゴン〕 195, 204-5, 208-9, 211-2
李建春〔イ・ゴンチュン〕 233, 264
李乾夏〔イ・ゴンハ〕 184
李商在〔イ・サンジェ〕 143, 146
李相卨〔イ・サンソル〕 263, 275-6, 341-3, 345-8, 356
李載克〔イ・ジェグク〕 115, 399
李載純〔イ・ジェスン〕 112, 114-5
李載先〔イ・ジェソン〕 124
李載晃〔イ・ジェファン〕 → 高宗〔コジョン〕
李載冕〔イ・ジェミョン〕 → 李熹〔イ・ヒ〕
李埈鎔〔イ・ジュニョン〕 → 李埈〔イ・ジュン〕
李冑栄〔イ・ジュヨン〕 154, 156, 159, 164, 382
李儁〔イ・ジュン〕 275-6, 341-2, 356
李埈〔イ・ジュン〕(李埈鎔) 23, 35, 125, 152, 195, 349, 381
李址鎔〔イ・ジヨン〕 233-4, 237-8, 240
李昇応〔イ・スンウン〕 183-4, 189-90
李承晩〔イ・スンマン〕 148-9, 210, 297, 302, 309
李昇燁〔イ・スンヨプ〕 137
李世永〔イ・セヨン〕 157, 164, 212, 221-3, 225-6
李墡〔イ・ソン〕 38, 40, 153-4, 195-6, 227
李成桂〔イ・ソンゲ〕 229, 240
李坧〔イ・チョク〕 → 純宗〔スンジョン〕
李道宰〔イ・ドジェ〕 115, 399
李徳恵〔イ・トッケ〕(徳恵翁主) 38, 70, 73, 81, 93, 99
李昰応〔イ・ハウン〕 → 興宣大院君〔フンソンデウォングン〕
李学均〔イ・ハクキュン〕 240-1

世子」と身位が変更される。

1911（明治44）年、学習院中等科に編入し、その後、陸軍中央幼年学校予科2年に編入。

1913（大正2）年、陸軍中央幼年学校本科に入学（14期）。

1915（大正4）年、陸軍士官学校に入学（29期）。

1920（大正9）年、日本の梨本宮家の第一王女・方子（まさこ）と結婚。

1921（大正10）年、長男・李晋が誕生（翌1922年に死去）。

1923（大正12）年、陸軍大学校を卒業（35期）。

1924（大正13）年、参謀本部附となる。

1926（大正15）年、兄の「昌徳宮李王（純宗）」薨去により、李王家を承継し「李王」となる。朝鮮軍司令部附を兼務する。

1927（昭和2）年、方子とともに欧州を巡遊。

1931（昭和6）年、次男・李玖が誕生。

1938（昭和13）年、大日本帝国陸軍少将に進級し、北支那方面軍司令部附となる。

1940（昭和15）年、大日本帝国陸軍中将に進級。留守第4師団長。

1945（昭和20）年、軍事参議官となる。日本敗戦。

1947年（昭和22）年、日本国憲法施行により身位喪失。皇籍離脱により李垠となり、日本国籍を喪失（無国籍）。その後、帰国を試みるが、帝政復古を恐れる李承晩大統領の妨害などによりかなわなかった。

1957（昭和32）年、日本国籍を取得し、渡米。

1962（昭和37）年、前年に来日した朴正熙大統領との面談により、韓国籍の再取得が認められる（方子も）。

1963（昭和38）年、方子とともに韓国に帰国。生活費は韓国政府から支出され、昌徳宮に住まう。

1970（昭和45）年、ソウルで死去、満73歳。朴正熙の許可により王家の宗廟である永寧殿に「懿愍太子」の諡号で位牌が納められた。

1989（平成元）年、方子死去、満87歳。葬儀は、韓国皇太子妃の準国葬として執り行われる。国民勲章槿賞（第一等）が追贈される。

李垠 略年譜

李垠（り・ぎん、イ・ウン：이은）

李氏朝鮮王朝の最後の継嗣として生れ、大韓帝国の皇太子となる。幼少期に、伊藤博文の画策により訪日し、学習院・陸軍士官学校で学ぶ。明治43年、日韓併合によって大日本帝国の「準皇族」となり、皇族・梨本宮家の方子と結婚。帝国陸軍に入隊し中将にまでなり、「大東亜戦争」末期には軍事参議官を務めた。

戦後は、李承晩政権から「対日協力者」として韓国帰国を拒否されたが、朴正熙政権の時代に日韓国交正常化が進むと、李王朝の末裔として韓国に迎え入れられ、ソウル最大の宮殿・昌徳宮に住まい、生活費は韓国政府に保障されるという、王族としての待遇を受けた。生涯を添い遂げた日本人妻・李方子は、夫の死後も韓国に留まり、李朝最後の妃として王朝衣装を着て世界を飛び回り資金を集め、障害児教育に取り組み、韓国政府から国民勲章第一等を追贈された。

＊　＊　＊

1897（光武元）年、李氏朝鮮時代のソウルに生まれる。

1900（光武4）年、「英王（英親王とも）」に冊封。「英親王府」で教育を受ける。

1907（隆熙元）年、大韓帝国「皇太子」となる。伊藤博文が太子太師（教育係）となり「修学院」にて英語や日本語を学びはじめ、1907年12月に渡日。

1908（隆熙2）年、東京にある宿所兼学問所である「鳥居坂御学舎」で、末松謙澄や桜井房記による日本語・日本歴史・地理の教育がはじまる。

1910（隆熙4／明治43）年、「日韓併合」によって、大日本帝国の「準皇族」たる「朝鮮王族」、そして「李王

［著者紹介］

李 建志（り・けんじ）

関西学院大学社会学部教授。専門は、比較文学比較文化・朝鮮文学朝鮮文化・表象社会論。1969年、東京都品川区生まれ。本籍は、韓国済州島。

東京大学大学院総合文化研究科中退。韓国延世大学校大学院人文科学研究科国語国文学専攻中退。京都ノートルダム女子大学専任講師、県立広島女子大学（県立大学統合で県立広島大学）助教授・准教授を経て、現職。

現在、京都市に在住。京都の町家に住みながら、古い衣服（1930年代を中心とした三つ揃いの背広）の蒐集と古書の蒐集をしながら、想像力を駆使して往事――良きにつけ悪しきにつけ――の復元を試みている。京都国際教会所属のプロテスタント信者でもある。

［主な著書］

『朝鮮近代文学とナショナリズム――「抵抗のナショナリズム」批判』（作品社、2007年）

『日韓ナショナリズムの解体――「複数のアイデンティティ」を生きる思想』（筑摩書房、2008年）

『松田優作と七人の作家たち――「探偵物語」のミステリ』（弦書房、2011年）

『京都の町家を再生する――家づくりから見えてくる日本の文化破壊と文化継承』（関西学院大学出版会、2015年）など。

李氏朝鮮 最後の王

李垠 り・ぎん／イ・ウン

第１巻 大韓帝国

1897－1907

2019年 4 月10日 第 1 刷印刷
2019年 4 月15日 第 1 刷発行

著者―――李 建志

発行者―――和田 肇
発行所―――株式会社作品社
102 - 0072 東京都千代田区飯田橋 2 - 7 - 4
Tel 03 - 3262 - 9753 Fax 03 - 3262 - 9757
振替口座 00160 - 3 - 27183
http://www.sakuhinsha.com

編集担当――内田眞人
装丁―――小川惟久
本文組版――ことふね企画
印刷・製本―シナノ印刷（株）

ISBN978-4-86182-731-0 C0020

関西学院大学社会学部研究叢書第 9 編

李氏朝鮮 最後の王

李垠

り・ぎん／イ・ウン

李 建志著

日韓の動乱の歴史の闇に隠された謎の生涯を
新資料や新事実をもとに、初めて明らかにする

以下続刊

第3巻

大日本帝国［大正期］

1912－1927

第4巻

“大東亜戦争”・昭和期

1927－1970

（2019-20年刊行予定）